Hobe | Europarecht

Europarecht

Von
Prof. Dr. Stephan Hobe, LL.M.
Lehrstuhl für Völkerrecht, Europarecht, europäisches und
internationales Wirtschaftsrecht und
Jean-Monnet-Professor für das Recht der Europäischen Integration
an der Universität zu Köln

unter Mitarbeit von
Dr. Michael Lysander Fremuth
Akademischer Rat an der Universität zu Köln

8., neu bearbeitete Auflage

Verlag Franz Vahlen München 2014

Zitiervorschlag: *Hobe* EuropaR Rn.

www.vahlen.de

ISBN 978 3 8006 4820 7

© 2014 Verlag Franz Vahlen GmbH
Wilhelmstraße 9, 80801 München
Druck: Druckhaus Nomos
In den Lissen 12, 76547 Sinzheim

Satz: Jung Crossmedia Publishing GmbH
Gewerbestraße 17, 35633 Lahnau
Umschlagkonzeption: Martina Busch, Grafikdesign, Homburg Kirrberg

Gedruckt auf säurefreiem, alterungsbeständigem Papier
(hergestellt aus chlorfrei gebleichtem Zellstoff)

Vorwort zur 8. Auflage

Das sich rasch fortentwickelnde Europarecht und der erfreuliche Zuspruch machen eine weitere Neuauflage dieses Lehrbuchs erforderlich. Zwar hat es den Anschein, dass die europäische Wirtschafts-, Finanz- und Staatsschuldenkrise jedenfalls ihren krisenhaften Scheitelpunkt überschritten hat und die Situation sich allmählich in den Krisenländern wieder zu normalisieren beginnt. Dies bedeutet indes beileibe nicht, dass schon wieder zur Normalität übergegangen werden könnte. Aber es dürfte die Zeit gekommen sein, Lehren zu ziehen und nach Konsequenzen aus dieser größten Herausforderung der Europäischen Union seit ihrem Bestehen zu fragen.

Nach wie vor gilt dabei für dieses Lehrbuch, dass es von dem Bemühen gekennzeichnet ist, das unabdingbare Grundwissen zur Europäischen Union zu vermitteln, es aber auch den Lernenden als Wiederholungsbuch bei der Vorbereitung auf Prüfung und Examen zur Verfügung stehen will.

Erneut bin ich Herrn Akad. Rat Dr. Michael Lysander Fremuth, dessen Beitrag besonders herausgehoben ist, zu besonderem Dank bei der Mitarbeit an dieser Neuauflage verpflichtet. Auch Frau Sarah Bega hat sich durch ihre große Unterstützung bei der Arbeit an dieser Neuauflage in vorbildlicher Weise verdient gemacht.

Zu danken ist zudem Herrn Kollegen Marc Bungenberg und dessen Mitarbeiter Matthias Motzkus von der Universität Siegen, die das Kapitel zu den europäischen Beihilfen einer kritischen Durchsicht unterzogen haben; gleiches gilt für Herrn wissenschaftlichen Mitarbeiter Demes Tarampouskas vom Institut für das Recht der Europäischen Union (Prof. Ehricke) an der Universität zu Köln.

Zudem haben mich wie gewohnt Frau Daniela Scholz bei der zuverlässigen Abfassung des Manuskripts sowie die studentischen Mitarbeiterinnen und Mitarbeiter Tobias Fuchs, Justin Gräfer, Tobias Großevollmer, Laura Nagel und Julia Schulte unterstützt.

Fragen und Anregungen können gerne an meinen Jean Monnet-Lehrstuhl für Völkerrecht, Europarecht und europäisches und internationales Wirtschaftsrecht, Universität zu Köln, Albertus-Magnus-Platz, 50923 Köln, Email stephan.hobe@uni-koeln.de gerichtet werden.

Köln, im März 2014   *Stephan Hobe*

Vorwort zur 1. Auflage

Obwohl es eine Reihe ausgezeichneter Lehrbücher zum Europarecht gibt, soll hiermit ein weiteres vorgelegt werden. Dies geschieht einerseits in der Überzeugung, dass es angesichts der deutlich gestiegenen Bedeutung des Gemeinschaftsrechts, aber auch wegen der wachsenden öffentlichen Wahrnehmung dieser Bedeutung, kein Nachteil sein muss, eine Vielzahl von Lehrbüchern zur Auswahl zu haben. Andererseits bietet das Lehrbuch Gelegenheit, gewisse eigene Akzente in die Diskussion einzubringen.

Nach Jahren etwas langsamerer Entwicklung hat sich seit der Verabschiedung des Vertrags von Maastricht die europäische Diskussion wieder beschleunigt; die jüngere Debatte um die Frage einer europäischen Verfassung zeigt dies deutlich. Das Lehrbuch ist insofern als Versuch zu verstehen, die groben Entwicklungslinien der Diskussion von nunmehr rund 50 Jahren europäischer Integration in allen Bereichen des Gemeinschaftsrechts nachzuzeichnen.

Das Buch versteht sich damit in erster Linie als Studienbuch, welches Studierenden der Pflicht- oder Wahlfachgruppe Europarecht Orientierung bei der Vorbereitung auf Prüfung und Examen bieten will. Insofern wird versucht, einen knappen Überblick über die verschiedenen Regelungsmaterien zu geben und den Stoff durch häufige Verweise auf Sekundärrecht und Rechtsprechung in seiner konkreten Anwendung zu verdeutlichen. Übungsfälle sollen zudem einen ersten Einstieg in die europarechtliche Fallbearbeitung ermöglichen. Das Buch versteht sich darüber hinaus als Hilfe, um einen ersten Zugriff auf die oftmals komplexe Materie zu erleichtern und Anregungen zum weiterführenden Studium zu geben. Dementsprechend beschränken sich die Literaturhinweise in der Regel auf für Studierende leicht zugängliche Schriften vornehmlich aus der Ausbildungsliteratur.

Der Verfasser schuldet zunächst den wissenschaftlichen Mitarbeiterinnen und Mitarbeitern am Rechtszentrum für europäische und internationale Zusammenarbeit an der Universität zu Köln besonderen Dank. Frau *Hanna Diehl*, Herr *Lars Sloot* und Herr *Alexander Viethen* haben das Buch seit seiner Konzeption mit großem Engagement begleitet und haben damit maßgeblichen Anteil an seinem Zustandekommen. Frau *Gabriele Billigen-Koenen* gebührt Dank für die umsichtige druckfertige Erstellung des Manuskripts. Herrn *Dr. Karl-Ludwig Steinhäuser* vom Carl Heymanns-Verlag sei schließlich für die verlagsseitige Betreuung gedankt.

Köln, im März 2002   *Stephan Hobe*

Inhaltsübersicht

Inhaltsverzeichnis

Abkürzungsverzeichnis

EA	Europa-Archiv
EA	Vertrag zur Gründung der Europäischen Atomgemeinschaft
EAD	Europäischer Auswärtiger Dienst
EAG	Europäische Atomgemeinschaft
EAGFL	Europäischer Ausrichtungs- und Garantiefonds für Landwirtschaft
ECU	European Currency Unit (Europäische Währungseinheit)
EDS	EUROPOL-Drogenstelle
EEA	Einheitliche Europäische Akte
EFTA	European Free Trade Area (Europäische Freihandelszone)
EG	Europäische Gemeinschaft
EG	Vertrag zur Gründung der Europäischen Gemeinschaft (Amsterdamer bzw. Nizza Fassung)
EGBGB	Einführungsgesetz zum Bürgerlichen Gesetzbuch
EGKS	Europäische Gemeinschaft für Kohle und Stahl
EGV	Vertrag zur Gründung der Europäischen Gemeinschaft (Maastrichter Fassung)
EIG	Europäische Investitionsbank
EMRK	Europäische Menschenrechtskonvention
endg.	endgültig
EP	Europäisches Parlament
EPG	Europäische Politische Gemeinschaft
EPÜ	Europäisches Patentübereinkommen
EPZ	Europäische Politische Zusammenarbeit
ERH	Europäischer Rechnungshof
ESA	European Space Agency
EStG	Einkommensteuergesetz
ESZB	Europäisches System der Zentralbanken
ESVP	Europäische Sicherheits- und Verteidigungspolitik
etc.	et cetera
EU	Europäische Union
EU	Vertrag über die Europäische Union (Fassung nach Amsterdam bzw. Nizza)
EuG	Europäisches Gericht erster Instanz/Gericht der Europäischen Union
EuGH	Gerichtshof der Europäischen Gemeinschaften/Gerichtshof der Europäischen Union
EuGRZ	Europäische Grundrechte Zeitschrift
EuGVÜ	Europäisches Gerichtsstands- und Vollstreckungsabkommen
EuR	Europarecht
EURATOM	Europäische Atomgemeinschaft
EuroEG	Euroeinführungsgesetz
Eurojust	Europäische Stelle für Justizielle Zusammenarbeit
Europol	Europäisches Polizeiamt
EUV	Vertrag über die Europäische Union (Maastrichter und Lissabonner Fassung)
EuZW	Europäische Zeitschrift für Wirtschaftsrecht
EVG	Europäische Verteidigungsgemeinschaft
EVÜ	Europäisches Schuldrechtsübereinkommen
EVV	Europäischer Verfassungsvertrag
EWG	Europäische Wirtschaftsgemeinschaft
EWGV	Vertrag zur Gründung der Europäischen Wirtschaftsgemeinschaft
EWI	Europäisches Währungsinstitut
EWIV	Europäische Wirtschaftliche Interessenvereinigung
EWR	Europäischer Wirtschaftsraum
EWS	Europäisches Währungssystem
EWS	Zeitschrift Europäisches Wirtschafts- und Steuerrecht
EZB	Europäische Zentralbank
f., ff.	folgende
FS	Festschrift
GA	Generalanwalt

GASP . . . . Gemeinsame Außen- und Sicherheitspolitik
GATS . . . . General Agreement on Trade in Services
GATT . . . . General Agreement on Tariffs and Trade
gem. . . . . gemäß
GewArch . . . . . . Gewerbearchiv
GG . . . . Grundgesetz
ggf. . . . . gegebenenfalls
GmbH . . . . Gesellschaft mit beschränkter Haftung
GmbHG . . . . Gesetz über die Gesellschaft mit beschränkter Haftung
GMBl. . . . . Gemeinsames Ministerialblatt
GMVO . . . . Gemeinschaftsmarkenverordnung
GPÜ . . . . Übereinkommen über das Europäische Patent für den Gemeinsamen Markt
grundsätzlich . . . . grundsätzlich
GRURint. . . . . . . Gewerblicher Rechtschutz und Urheberrecht, internationaler Teil
GS . . . . Gedächtnisschrift
GSVP . . . . Gemeinsame Sicherheits- und Verteidigungspolitik
GVG . . . . Gerichtsverfassungsgesetz
GVO . . . . Gruppenfreistellungsverordnung
GWB . . . . Gesetz gegen Wettbewerbsbeschränkungen
GZT . . . . Gemeinsamer Zolltarif gegenüber Drittländern

Hrsg. . . . . Herausgeber
HGB . . . . Handelsgesetzbuch
hM . . . . herrschende Meinung

ICLQ . . . . International Comparative Law Quarterly
idR . . . . in der Regel
IGH . . . . Internationaler Gerichtshof
IMF . . . . International Monetary Fund
incl. . . . . inklusive
IPR . . . . Internationales Privatrecht
IPRax . . . . Praxis des Internationalen Privat- und Verfahrensrechts
iSd . . . . im Sinne der/des
iSv . . . . im Sinne von
iVm . . . . in Verbindung mit

JA . . . . Juristische Arbeitsblätter
JIR . . . . Jahrbuch für internationales Recht
JURA . . . . Juristische Ausbildung (Zeitschrift)
JuS . . . . Juristische Schulung (Zeitschrift)
JZ . . . . Juristenzeitung

KG . . . . Kommanditgesellschaft
KOM . . . . Dokument der Europäischen Kommission
KS . . . . Vertrag zur Gründung der Europäischen Gemeinschaft für Kohle und Stahl
KSZE . . . . Konferenz für Sicherheit und Zusammenarbeit in Europa

lit. . . . . litera

Mio. . . . . Millionen
MOE . . . . Mittel- und Osteuropa
Mrd. . . . . Milliarden
mwN . . . . mit weiteren Nachweisen

NATO . . . . North Atlantic Treaty Organization
NJW . . . . Neue Juristische Wochenschrift (Zeitschrift)
Nr. . . . . Nummer
NVwZ . . . . Neue Zeitschrift für Verwaltungsrecht

NZA .... Neue Zeitschrift für Arbeitsrecht
NZG .... Neue Zeitschrift für Gesellschaftsrecht

OECD .... Organization for Economic Cooperation and Development (Organisation für Wirtschaftliche Zusammenarbeit und Entwicklung)
OEEC .... Organization for European Economic Cooperation (Organisation für Europäische Wirtschaftliche Zusammenarbeit)
OHG .... Offene Handelsgesellschaft
OSZE .... Organisation für Sicherheit und Zusammenarbeit in Europa

PHARE .... Poland and Hungary Assistance for the Reconstruction of the Economy
PJZS .... Polizeiliche und Justizielle Zusammenarbeit in Strafsachen

RFSR .... Raum der Freiheit, Sicherheit und des Rechts
RIW .... Recht der Internationalen Wirtschaft
RL .... Richtlinie
Rn. .... Randnummer
Rs. .... Rechtssache
Rspr. .... Rechtsprechung

S. .... Satz
Sart. .... Sartorius
SCE .... societas cooperativa europaea
SDÜ .... Schengener Durchführungsübereinkommen
Slg. .... Amtliche Sammlung der Rechtsprechung des Gerichtshofs und des Gerichts (EuGH und EuG)
sm .... Seemeilen
sog. .... sogenannte(r)
SRÜ .... Seerechtsübereinkommen
stRspr .... ständige Rechtsprechung

TRIPs .... (Agreement on) Trade Related Aspects of Intellectual Property and Rights
Tsd. .... Tausend

UAbs. .... Unterabsatz
UN .... United Nations (Vereinte Nationen)
UN-Charta .... Charta der Vereinten Nationen
UWG .... Gesetz gegen den unlauteren Wettbewerb

v. .... von(m)
verb. .... verbundene
VerfO .... Verfahrensordnung
vgl. .... vergleiche
VN .... Vereinte Nationen
VO .... Verordnung
VVDStRL ...... Veröffentlichungen der Vereinigung der Deutschen Staatsrechtslehrer
VVE .... Vertrag über eine Verfassung für Europa
VwGO .... Verwaltungsgerichtsordnung
VwVfG .... Verwaltungsverfahrensgesetz

WEU .... Westeuropäische Union
WIPO .... World Intellectual Property Organization
WM .... Wertpapiermitteilungen
WSA .... Wirtschafts- und Sozialausschuss
WTO .... World Trade Organization
WuW .... Wirtschaft und Wettbewerb (Zeitschrift)

ZaöRV .... Zeitschrift für ausländisches öffentliches Recht und Völkerrecht

XXII

Literaturverzeichnis

1. Deutschsprachige europarechtliche Lehrbücher und Kommentare (Auswahl)

Arndt, H.-W./Fischer, K./Fetzer, T., Europarecht, 10. Aufl. 2010

Bieber, R./Epiney, A./Haag, M., Die Europäische Union, 10. Aufl. 2012 (zit.: *Bieber/Epiney/Haag*)

Birnstiel, A./Bungenberg, M./Heinrich, H. (Hrsg.), Europäisches Beihilfenrecht, 2013 (zit.: Birnstiel/ Bungenberg/Heinrich/*Bearbeiter*)

Bleckmann, A., Europarecht, 6. Aufl. 1997 (zit.: *Bleckmann* EuropaR)

Borchardt, K.-D., Die rechtlichen Grundlagen der EU, 4. Aufl. 2011

Calliess, C./Ruffert, M. (Hrsg.), EUV/AEUV, 4. Aufl. 2011 (zit.: Calliess/Ruffert/*Bearbeiter*)

Dauses, M. (Hrsg.), Handbuch des EU-Wirtschaftsrechts, (Loseblatt, Stand: 28. EL 2011) (zit.: Dauses/ *Bearbeiter*)

Ehlers, D. (Hrsg.), Europäische Grundrechte und Grundfreiheiten, 3. Aufl. 2009 (zit.: *Bearbeiter* in Ehlers Europäische Grundrechte und Grundfreiheiten)

Epping, V./Lenz, S., Fallrepetitorium Europarecht, 1. Aufl. 2005 (zit.: *Epping/Lenz* Fallrep EuropaR)

Fastenrath, U./Groh, T., Europarecht, 3. Aufl. 2012

Fischer, H. G., Europarecht, 2. Aufl. 2008

Fischer, K., Der Europäische Verfassungsvertrag, 2005

Fischer, P./Köck, H. F./Karollus, M. M., Europarecht, 4. Aufl. 2002

Frenz, W., Handbuch Europarecht, Band 1: Europäische Grundfreiheiten, 2004

Frowein, J. A./Peukert, W., Europäische Menschenrechtskonvention, 3. Aufl. 2009

Geiger, R., EUV/EGV Kommentar, 5. Aufl. 2010

Grabitz, E./Bogdandy, A. v./Nettesheim, M. (Hrsg.), Europäisches Außenwirtschaftsrecht, 2001

Grabitz, E./Hilf, M./Nettesheim, M., Das Recht der Europäischen Union (Loseblatt, Stand: 51. EL 2013) (zit.: Grabitz/Hilf/Nettesheim/*Bearbeiter*)

v. d. Groeben, H./Schwarze, J. (Hrsg.), Kommentar zum EU-/EG-Vertrag, 6. Aufl. 2004 (zit.: v. d. Groeben/Schwarze/*Bearbeiter*)

Hailbronner, K./Jochum, G., Europarecht I, 2005 (zit.: *Hailbronner/Jochum* EuropaR Rn.)

Hailbronner, K./Klein, E./Magiera, S./Müller-Graff, P.-C., Handkommentar zum EG-Vertrag, 1999 (Loseblatt, Stand: 8. EL 2000)

Hakenberg, W., Grundzüge des Europäischen Gemeinschaftsrechts, 4. Aufl. 2007 (zit.: *Hakenberg* Europäisches Gemeinschaftsrecht Rn.)

Haratsch, A./Koenig, C./Pechstein, M., Europarecht, 9. Aufl. 2014 (zit.: *Haratsch/Koenig/Pechstein* EuropaR Rn.)

Herdegen, M., Europarecht, 16. Aufl. 2014 (zit.: *Herdegen* EuropaR § Rn.)

Huber, P. M., Recht der Europäischen Integration, 2. Aufl. 2002

Ihnen, H.-J., Grundzüge des Europarechts, 2. Aufl. 2000

Kilian, W., Europäisches Wirtschaftsrecht, 4. Aufl. 2010 (zit.: *Kilian* EuropWirtschaftsR)

Knill, C., Europäische Umweltpolitik: Steuerungsprobleme und Regulierungsmuster im Mehrebenensystem, 2. Aufl. 2008

Lecheler, H., Einführung in das Europarecht, 2. Aufl. 2003 (zit.: *Lecheler* EuropaR)

Lenz, C. O. (Hrsg.), EG-Handbuch: Recht im Binnenmarkt, 2. Aufl. 1994

Lenz, C.O./Borchardt, K.-D. (Hrsg.), EG-Verträge, 6. Aufl. 2012 (zit.: Lenz/Borchardt/*Bearbeiter*)

Louis, J. V., Die Rechtsordnung der EG, 3. Aufl. 1995

Mittag, J., Kleine Geschichte der Europäischen Union, 2008

Nagel, B., Wirtschaftsrecht der Europäischen Union, 4. Aufl. 2003

Nicolaysen, G., Europarecht I – Die europäische Integrationsverfassung, 2. Aufl. 2002, (zit.: *Nicolaysen* Europarecht I)

Nicolaysen, G., Europarecht II – Das Wirtschaftsrecht im Binnenmarkt, 1996 (zit.: *Nicolaysen* Europarecht II)

Oppermann, T./Classen, C. D./Nettesheim, M., Europarecht, 6. Aufl. 2014 (zit.: Oppermann/Classen/ Nettesheim EuropaR § Rn.)

Pechstein, M./Koenig, C., Die Europäische Union, 3. Aufl. 2000 (zit.: *Pechstein/Koenig* EU Rn.)

Pechstein, M., EU-Prozessrecht: Mit Aufbaumustern und Prüfungsübersichten, 4. Aufl. 2011 (zit.: *Pechstein* EU-ProzR)

Lorenzmeier, S./Rohde, C., Europarecht – schnell erfaßt, 4. Aufl. 2011

Schwarze, J. (Hrsg.), EU-Kommentar, 3. Aufl. 2012 (zit.: Schwarze/*Bearbeiter* Art. Rn.)

Schweitzer, M., Staatsrecht III – Staatsrecht, Völkerrecht, Europarecht, 10. Aufl. 2010

Schweitzer, M./Hummer, W./Obwexer, W., Europarecht, 1. Aufl. 2007 (zit.: *Schweitzer/Hummer* Rn.)

Streinz, R., Europarecht, 9. Aufl. 2012 (zit.: *Streinz* EuropaR Rn.)

Streinz, R. (Hrsg.), EUV/AEUV, Kommentar, 2. Aufl. 2012 (zit.: Streinz/*Bearbeiter* Art. Rn.)

Streinz, R./Ohler, C./Herrmann, C., Der Vertrag von Lissabon zur Reform der EU: Einführung mit Synopse, 3. Aufl. 2010 (zit.: *Streinz/Ohler/Herrmann*)

Vedder, C./Heintschel von Heinegg, W., Europäisches Unionsrecht, 2012 (zit.: Vedder/Heintschel von Heinegg/*Bearbeiter* Art. Rn.)

2. Fremdsprachige europarechtliche Lehrbücher (Auswahl)

Alonso Garcia, R., Derecho Comunitario, Sistema Constitucional y Administrativo de la Comunidad Europea, Madrid 1994

Boulouis, J., Droit institutionnel de l'Union europénne, 6. Aufl. 1997

Cartou, L., L'Union européenne, 6. Aufl. 2006

Craig, P./de Búrca, G., EU Law, 5. Aufl. Corby Northants 2011

Edward, D. O./Lane, R. C., EuropeanUnion Law, 1. Aufl. 2013

Hartley, T. C., The foundations of European Community Law, 7. Aufl. 2010

Horspool, M./Humphreys, M., European Union Law, 6. Aufl. 2010

Isaac, G./Blanquet, M., Droit communautaire général, 9. Aufl. 2006

Kapteyn, P. J.G./Verloren van Themaat, P./Gormley, L. W., Introduction to the Law of the European Communities, 3. Aufl. 1998

Mangas Martin, A./Liñán Nogueras, D., Instituciones y Derecho de la Unión Europea, 7. Aufl. 2012

Pescatore, P., Le droit de l'integration, 1972

Schermers, H. G./Waelbroeck, D. F., Judicial Protection in the European Union, 6. Aufl. 2001

Shaw, J., Law of the European Union, 4. Aufl. 2009

Verhoeven, J., Droit de la Communauté Européenne, 2. Aufl. 2001

Weatherill, S./Beaumont, P., EU Law, 3. Aufl. 1999

3. Entscheidungs- und Materialsammlungen

Sammlung der Rechtsprechung des Gerichtshofs der Europäischen Gemeinschaften (Teil I: Entscheidungen des Gerichtshofs; Teil II: Entscheidungen des Gerichts erster Instanz)

Sammlung der Rechtsprechung des Europäischen Gerichtshofs für Menschenrechte (Série A/Series A)

Bermann, G. A./Goebel, R. J./Davey, W. J./Fox, E. M., Cases and Materials on European Community Law, 1993; Supplement 1995; Supplement 1998; Supplement 2004

Hummer, W./Vedder, C./Lorenzmeier, S., Europarecht in Fällen, 5. Aufl. 2011

Koenig, C./Pechstein, M., Entscheidungen des Europäischen Gerichtshofs, 6. Aufl. 2011

4. Zeitschriften und Jahrbücher (Auswahl)

Cahiers de droit européen (CDE)

Columbia Journal of European Law (CJEL)

Common Market Law Review (CMLR)

Europarecht (EuR)

Europäische Grundrechte-Zeitschrift (EuGRZ)

Europäische Zeitschrift für Wirtschaftsrecht (EuZW)

European Law Journal (ELJ)

European Law Review (ELRev)

Recht der Internationalen Wirtschaft (RIW)

Revue du Marché commun et de l'Union européenne (RevMC)

Revue trimestrielle de droit européen (RTDE)

Yearbook of European Law (YEL)

Zeitschrift für ausländisches öffentliches Recht und Völkerrecht (ZaöRV)

1. Teil. Europa – Entwicklungsgeschichte der Integration, Organisationen neben der Europäischen Union sowie Charakter der Unionsrechtsordnung

Was ist eigentlich die europäische Idee? Gibt es diese überhaupt, und wenn ja, seit wann? Dies sind Fragen, die man nicht nur stellt, wenn man mit dem Studium des Europarechts beginnt. Und diese Fragen sind berechtigt. **1**

Denn konkrete Ausformung im Sinne einer politischen Ordnungsidee hat Europa erst als Konsequenz aus der Katastrophe des Zweiten Weltkrieges und hier nur in einer zunächst unvollkommenen Weise erhalten. Dennoch lässt sich die europäische Idee bis weit in das Mittelalter zurückverfolgen und die freilich unter verschiedenen Vorzeichen gedachte Vorstellung der europäischen Einigung hat Politiker wie auch Staatstheoretiker durch die Jahrhunderte immer wieder bewegt. Nachfolgend sollen deshalb die Entwicklungslinien der europäischen Integration auch im Sinne einer Zurückverfolgung der Europaidee kurz nachgezeichnet werden. Im Anschluss wird dann auf europäische Institutionen neben der Europäischen Union einzugehen und der bisherige Konstitutionalisierungsprozess zu schildern sein, bevor zum Abschluss der Einführung der Charakter der Unionsrechtsordnung anzusprechen sein wird. **2**

§ 1 Die europäische Idee bis 1945

Literatur: *Baumgart*, Vom Europäischen Konzert zum Völkerbund, 1974; *Brunn*, Die Europäische Einigung, 2002; *Buck* (Hrsg.), Der Europa-Gedanke, 1992; *Foerster*, Europa-Geschichte einer politischen Idee, 1967; *Hallstein*, Der unvollendete Bundesstaat, 1969; *Hobe*, Das Europakonzept. Johann Caspar Bluntschlis vor dem Hintergrund seiner Völkerrechtslehre, AVR 31 (1993), 367; *Kirchhof/Schäfer/Tietmeyer* (Hrsg.), Europa als politische Idee und rechtliche Form, 1994; *Schweitzer/Hummer* EuropaR Rn. 22–28; *Oppermann/Classen/Nettesheim* EuropaR § 1.

Die *europäische Idee* lässt sich, wenngleich in einer gänzlich anderen institutionellen Verfasstheit, bis in die Zeit *Karls des Großen* (768–814) zurückverfolgen, in der das Heilige Römische Reich als das Karolingische Reich etwa die Größe der Sechser-Gründungsgemeinschaften EWG, EGKS und Euratom besaß. Allerdings sind solche Betrachtungen mit einer gewissen Vorsicht anzustellen: Einerseits kann die Reichsidee durchaus in ihren auf Vereinigung abzielenden Zügen in gewisser Weise als Vorläufer eines geeinten Europas betrachtet werden. Andererseits wurden zu jener Zeit mit den jüngeren europäischen Ideen nicht vergleichbare Ziele verfolgt, die in erster Linie in der Schaffung und Verteidigung eines christlich geprägten Kulturraums lagen. **3**

Für das ausgehende Mittelalter lässt sich der Bündnisvertrag des böhmischen Königs *Georg von Podebrad* zwischen Böhmen und dem Hohen Rat von Venedig im Jahre 1462 als erste wirkliche Ausprägung europäischen Gedankenguts durch die Schaffung eines Bundes mit eigenen Organen bezeichnen. **4**

5   Nach dem Westfälischen Frieden im 17. Jahrhundert trat an die Stelle der Reichsidee
     die Herausbildung von politisch unabhängigen territorialen Staaten, die sich allmählich
     zu Nationalstaaten entwickelten. Dies war in den Friedensinstrumenten von Münster
     und Osnabrück des Jahres 1648 angelegt, welche den Fürsten insofern Souveränitäts-
     rechte verliehen, als diese nunmehr nicht nur im Inneren »supremapotestas« genossen,
     sondern auch über ein freies Kriegsführungsrecht nach außen verfügten. In dieser Zeit
     spielte deshalb aus Furcht vor möglichen bewaffneten Konflikten der mögliche staat-
     liche Zusammenschluss zum Zwecke der Friedenssicherung eine zunehmend bedeu-
     tende Rolle. Hier traten etwa Friedensentwürfe von *Jean-Jacques Rousseau, Immanuel
     Kant* und *Abbé de Saint Pierre* hervor. Dabei verdient vor allem das Werk des preußi-
     schen Philosophen *Immanuel Kant* »Zum Ewigen Frieden« aus dem Jahre 1795 eine
     besondere Beachtung. *Kant* spricht hier von der Notwendigkeit der Schaffung einer
     »Föderation europäischer Staaten« mit republikanischer Ordnung unter dem Dach
     einer gemeinsamen Verfassung.

6   Doch hat sich weder im 18. noch im 19. Jahrhundert die Idee einer europäischen Staa-
     tenkonföderation durchsetzen können. Allerdings trug die Struktur der nach dem
     Wiener Kongress 1814/15 etablierten Friedensordnung in der Schaffung des Europä-
     ischen Konzerts der Großmächte Preußen, Russland, England, Österreich und Frank-
     reich gewisse institutionalisierte Züge, als deren Essenz die Notwendigkeit der Gleich-
     gerichtetheit der Interessen der europäischen Großmächte zur Erhaltung des Friedens
     im Sinne der gegenseitigen Interessenakzeptanz angesehen werden kann.[1] In der zwei-
     ten Hälfte des 19. Jahrhunderts kam es in der Staatslehre zu Überlegungen der Schaf-
     fung eines »europäischen Staatenvereins«, wie sie etwa vom Schweizer Völkerrechtler
     Johann Caspar Bluntschli 1878 vorgetragen wurden.[2]

7   Die zunehmende Herausbildung von Nationalstaaten am Ende des 19. und zu Beginn
     des 20. Jahrhunderts ließ dann das System der Mächtebalance des Europäischen Kon-
     zerts, insbesondere angesichts der erfolgreichen Einigungsbestrebungen in Italien und
     Deutschland, zerfallen.

8   Nach dem Ersten Weltkrieg gab es in der Zivilgesellschaft eine nur kurze Abkehr von
     der Prämisse uneingeschränkt souveräner Nationalstaaten in Europa. In diese Zeit zwi-
     schen dem Ersten und Zweiten Weltkrieg ist die sog. »Pan-Europa-Bewegung« des ös-
     terreichischen Grafen *Coudenhove-Kalergi* einzuordnen, welche das Ziel verfolgte,
     über die Schaffung der »Vereinigten Staaten von Europa« unter Ausschluss Russlands
     und des Vereinigten Königreichs ein Gegengewicht zu den Großmächten Russland,
     Großbritannien und den Vereinigten Staaten von Amerika zu schaffen (1923).

9   Der Briand-Plan von 1930 umfasste zudem den Vorschlag des französischen Außen-
     ministers *Aristide Briand,* eine europäische Föderation ohne Abtretung nationaler Ho-
     heitsrechte zu schaffen.

---

1 *Baumgart,* Vom Europäischen Konzert zum Völkerbund, 1 ff. Durch den Beitritt Frankreichs 1818 als
  fünfte Großmacht bildete sich das Europäische Konzert zur »Pentarchie der Großmächte« aus; s. zum
  Gesamten auch *Schulz,* Normen und Praxis: Das Europäische Konzert der Großmächte als Sicherheitsrat 1815–1860, 2009.
2 Dazu *Hobe* AVR 31 (1993), 367.

Der aufkommende Faschismus und Nationalsozialismus in Europa sowie der Zweite   10
Weltkrieg (1939–1945) bedeuteten dann allerdings das vorläufige Ende jeder gesamteuropäischen Ambition.

§ 2 Entwicklungslinien der Integration nach 1945

Literatur allgemein: *Brunn,* Die Europäische Einigung, 2002; *Elvert,* Die Europäische Integration, 2. Aufl. 2013; *Hallstein,* Europäische Reden, 1979; *Knipping,* Rom, 25. März 1957 – Die Einigung Europas, 2004; *Haratsch/Koenig/Pechstein* EuropaR Rn. 7–50; *Mittag,* Kleine Geschichte der Europäischen Union, 2008; *Monnet,* Erinnerungen eines Europäers, 1988; *Montag/v. Bonon,* Die Entwicklung des europäischen Gemeinschaftsrechts bis Mitte 2007, NJW 2007, 3397; *Oppermann/Classen/Nettesheim* EuropaR §§ 2, 3; *Oppermann/Classen,* Die EG vor der Europäischen Union, NJW 1993, 5; *Streinz,* Der Vertrag von Amsterdam, JURA 1998, 57; *Tiede/Spiesberger/Bogedain,* Kosovo und Serbien auf dem Weg in die EU?, EuR 2014, 129.

Literatur zum Lissabon-Vertrag: *Corbett/Mendes de Vigo,* Bericht über den Vertrag von Lissabon (Dokument A6-0013/2008), EuGRZ 2008, 234; *Fischer,* Der Vertrag von Lissabon, 2008; *Oppermann,* Die Europäische Union nach Lissabon, DVBl. 2008, 473.

Zeittafel: Europäische Integration nach 1945	
19.9.1946	»Zürcher Rede« Winston Churchills (»Vereinigte Staaten von Europa«)
5.6.1947	»Marshall-Plan«: Einvernehmliche Aufteilung amerikanischer Wiederaufbaumittel durch die europäischen Staaten
9.5.1950	»Schuman-Plan«:Vorschlag einer Europäischen Gemeinschaft für Kohle und Stahl (EGKS/Montanunion) durch den frz. Außenminister *Robert Schuman* nach einer Idee von *Jean Monnet*
27.5.1952	Vertrag über die Europäische Verteidigungsgemeinschaft (EVG)
23.7.1952	Inkrafttreten des EGKS-Vertrags der 6er-Gemeinschaft Deutschland, Frankreich, Italien, Niederlande, Belgien, Luxemburg
30.8.1954	Scheitern der EVG nach verweigerter Zustimmung durch die französische Nationalversammlung
1.6.1955	Konferenz von Messina: Beschluss einer weiteren wirtschaftlichen Integration nach einem Vorschlag von *Paul Henri Spaak*
1.1.1958	Inkrafttreten der »Römischen Verträge« (1957) über die Errichtung einer Europäischen Wirtschaftsgemeinschaft (EWG) und einer Europäischen Atomgemeinschaft (EAG)
6.7.1965– 29.1.1966	»Politik des leeren Stuhls«: Blockade der Arbeit des Rates der EWG durch die französische Regierung unter *Charles de Gaulle*
1.1.1973	»Norderweiterung« der Gemeinschaften um Großbritannien, Irland und Dänemark
1.1.1981	Erste Phase der »Süderweiterung« durch Beitritt Griechenlands
1.1.1986	Zweite Phase der »Süderweiterung« durch Beitritt Spaniens und Portugals
1.1.1987	Verwirklichung des Binnenmarktes durch Inkrafttreten der »Einheitlichen Europäischen Akte«
31.12.1992	Vollendung des Binnenmarktes

11

Zeittafel: Europäische Integration nach 1945	
1.11.1993	Förmliche Gründung der Europäischen Union durch Inkrafttreten des »Maastrichter Vertrags« (1992)
1.1.1995	»EFTA-Erweiterung« der EG um Österreich, Schweden und Finnland
1.1.1999	Beginn der Währungsunion
1.5.1999	Inkrafttreten des »Amsterdamer Vertrags« (1997)
7.12.2000	Feierliche Proklamation der Charta der Grundrechte für die Europäische Union auf dem Ratsgipfel von Nizza
15.12.2001	Einsetzung des Verfassungskonvents auf dem Ratsgipfel von Laeken
1.1.2002	Start des EURO als gemeinsame europäische Währung in zwölf Mitgliedstaaten
24.7.2002	Außerkrafttreten des EGKS-Vertrags
1.2.2003	Inkrafttreten des Vertrags von Nizza
20.6.2003/ 18.7.2003	Übergabe des Entwurfs eines Europäischen Verfassungsvertrags (VVE) durch den Präsidenten des Europäischen Konvents, *Valéry Giscard d'Estaing,* an den Europäischen Rat der Staats- und Regierungschefs in Thessaloniki und Rom (der allerdings vom Europäischen Rat am 18.12.2003 in Brüssel nicht angenommen wird)
1.5.2004	»Osterweiterung« der EU auf 25 Mitgliedstaaten
18.6.2004	Verabschiedung des VVE durch den Europäischen Rat in Brüssel
29.10.2004	Unterzeichnung des überarbeiteten VVE durch die Staats- und Regierungschefs in Rom
29.5.2005	Ablehnung des VVE in Frankreich durch Referendum
1.6.2005	Ablehnung des VVE in den Niederlanden durch (unverbindliches) Referendum
3.10.2005	Aufnahme von Beitrittsverhandlungen mit der Türkei
6/2005– Ende 2006	Reflexionsphase
1.1.2007	Beitritt von Rumänien und Bulgarien
27.3.2007	Berliner Erklärung zu den Römischen Verträgen
23.7.2007– 15.10.2007	Regierungskonferenz zur Fortschreibung der EU-Verträge
13.12.2007	Unterzeichnung des Vertrags von Lissabon
1.12.2009 ab 2010	Inkrafttreten des Vertrags von Lissabon Gegenwärtig noch andauernde Intensivierung der Bemühungen zur Stabilisierung des Euro und Bewältigung der Finanz-, Wirtschafts- und Schuldenkrise
1.7.2013	Beitritt Kroatiens

Phasen der Entwicklung der europäischen Integration	
1. Phase 1950–1958	Gründungsphase
2. Phase 1958–1986	Konsolidierung und allmähliche Erweiterung
3. Phase 1986–1993	Institutionelle Reform und Vollendung des Binnenmarktes
4. Phase 1993–heute	Konstitutionalisierungsphase dabei ab 2010: Grundlegende Überlegungen zur zukünftigen Ausrichtung der EU: Vertiefung der Integration oder erneut Formen intergouvernementaler Zusammenarbeit? (→ Rn. 48)

Schaut man in der Perspektive von über 60 Jahren auf die Entwicklung der europäischen Integration, so kann man, wie hier vorgeschlagen wird, die Entwicklung grob in vier große Phasen einteilen: Eine Gründungsphase in der Zeit von 1949/1950 bis 1958, eine – lange – Konsolidierungs- und allmähliche Erweiterungsphase zwischen 1958 und 1986, eine Phase der Vollendung des Binnenmarktkonzepts und der institutionellen Reformen zwischen 1986 und 1993 und die auch heute noch anhaltende vierte sog. Konstitutionalisierungsphase,[3] die freilich derzeit von mit der Stabilisierung des Euro im Rahmen der gegenwärtigen Schuldenkrise angestellten Überlegungen zur zukünftigen Struktur der Europäischen Union überlagert werden.   **12**

Nach der Katastrophe des Zweiten Weltkrieges und vor dem Hintergrund des sich abzeichnenden Ost-West-Konfliktes und des Kalten Krieges kam es zu Bestrebungen, zumindest Westeuropa durch neue institutionelle Strukturen zu einer dauerhaften Friedensordnung zu verhelfen.   **13**

Einen ersten wichtigen Eckpunkt bildete die »Zürcher Rede« *Winston Churchills* v. 19.9.1946. *Churchill* forderte die Schaffung sog. »Vereinigter Staaten von Europa«, in denen vor allem Deutschland und Frankreich aufgehen sollten, während sich Großbritannien als außenstehender, nach wie vor im Commonwealth engagierter Freund und Förderer verstand. Auch der »Marshall-Plan« aus dem Jahre 1947, also das auf den amerikanischen Außenminister *George C. Marshall* zurückzuführende amerikanische Wiederaufbauprogramm für Europa, hatte die Europäer bereits zur einvernehmlichen Aufteilung bereitgestellter Mittel gezwungen. Es kam daraufhin zu umfangreichen Bestrebungen, auch europäische Institutionen zu schaffen, die in Zeiten des Kalten Krieges nicht zuletzt Verteidigungszwecken dienen sollten, aber auch darüber hinaus gingen (WEU, NATO, Europarat; dazu unten § 4).   **14**

Indes kam es erst im Jahre 1950 zur wirklichen »Initialzündung« bezüglich der europäischen Integration. Der Leiter des französischen Planungsamtes und frühere stellvertretende Generalsekretär des Völkerbundes, *Jean Monnet*, fertigte für den französischen Außenminister *Robert Schuman* den nach *Schuman* benannten Plan, der vorsah, die Schwerindustrie in Frankreich und Deutschland, nämlich Kohle und Stahl, einer gemeinschaftlichen Aufsichtsbehörde zu unterstellen. Dabei sollten die europäischen Staaten – neben Deutschland und Frankreich Italien und die Benelux-Staaten – sich erstmals eigener Hoheitsrechte begeben und diese teilweise auf ein gemeinsames Aufsichtsorgan übertragen. *Monnet* bezeichnete dies selbst als Abkehr vom Primat der nationalstaatlichen Souveränität und versprach sich davon eine Integration und Kontrolle Deutschlands in Europa sowie eine Festigung der Stellung Frankreichs, was insgesamt zu friedenserhaltenden Strukturen auf dem alten Kontinent beitragen sollte. Der französische Außenminister *Schuman* machte dann die Pläne *Monnets* zum Gegenstand einer an Deutschland gerichteten Regierungserklärung. Die Gesamtheit der französisch-deutschen Kohle- und Stahlproduktion sollte einer gemeinsamen Hohen Behörde unterstellt werden; weitere europäische Staaten sollten zur Teilnahme eingeladen werden. Trotz der zunächst nur auf Kohle und Stahl bezogenen Ausrichtung der geplanten Verschmelzung sollte sie das Fundament zu einer europäischen Friedensordnung sein.   **15**

---

3 Andere Einteilung bei *Elvert,* Die europäische Integration, 2. Aufl. 2013, passim, der in Gründungsphase (1952–1970) und Konsolidierungsphase (1970–1992) sowie darauf aufbauende »Europäisierung der Europäischen Union« (seit 1989/1990) unterscheidet.

16 **Auszüge der Schuman-Erklärung vom 9. 5. 1950:** »(...) Der Friede der Welt kann nicht gewahrt werden ohne schöpferische Anstrengungen, die der Größe der Bedrohung entsprechen. (...) Die französische Regierung schlägt vor, die Gesamtheit der französisch-deutschen Kohle- und Stahlproduktion einer gemeinsamen Hohen Behörde zu unterstellen, in einer Organisation, die anderen europäischen Ländern zum Beitritt offen steht. (...) Die Zusammenlegung der Kohle- und Stahlproduktion wird sofort die Schaffung gemeinsamer Grundlagen für die wirtschaftliche Entwicklung sichern – die erste Etappe der europäischen Föderation – und die Bestimmung jener Gebiete ändern, die lange Zeit der Herstellung von Waffen gewidmet waren, deren sicherste Opfer sie gewesen sind. Die Solidarität der Produktion, die so geschaffen wird, wird bekunden, dass jeder Krieg zwischen Frankreich und Deutschland nicht nur undenkbar, sondern auch materiell unmöglich ist. (...)«[4]

17 Deutschland, Italien und die Benelux-Staaten nahmen den Vorschlag *Schumans* auf und schlossen sich nach einer Regierungskonferenz als Sechser-Gemeinschaft im Vertrag über die Europäische Gemeinschaft für Kohle und Stahl (EGKS) zusammen, der am 23. 6. 1952 in Kraft trat. Präsident der Hohen Behörde wurde *Jean Monnet.* Mittlerweile ist der EGKS-Vertrag nach 50 Jahren außer Kraft getreten (per 24. 7. 2002).

18 Trotz dieser Anfangseuphorie stieß die weitere Entwicklung der Integration zunächst auf Schwierigkeiten. Der Plan der Schaffung einer supranationalen europäischen Verteidigungsgemeinschaft (EVG) scheiterte im Jahre 1954 an der auf Souveränitätsgesichtspunkte gestützten Weigerung der französischen Nationalversammlung zur Ratifikation des Abkommens. Dies bedeutete, da auch Bestrebungen zur Begründung einer europäischen politischen Gemeinschaft (EPG) nicht erfolgreich waren, dass die Integration sich zunächst auf den wirtschaftlichen Bereich beschränkte.

19 Auf der Regierungskonferenz von Messina (1. 6. 1955) wurde ein Ausschuss mit der Fortentwicklung der wirtschaftlichen Integration beauftragt. Der belgische Außenminister *Paul Henri Spaak* schlug vor, ein gemeinsames Wirtschaftsregime zu errichten, wobei der Nutzung der Kernenergie ein besonderer Stellenwert eingeräumt werden sollte (sog. »Spaak-Bericht«).

20 Mit den *»Römischen Verträgen«* von 1957 kam es dann zur Gründung der Europäischen Atomgemeinschaft (EURATOM) und der Europäischen Wirtschaftsgemeinschaft (EWG). Sie waren im Grundsatz der Struktur der EGKS vergleichbar, umfassten die sechs gleichen Mitgliedstaaten und erhielten eigene Organe mit Hoheitsrechten. Ziel war im Falle der EURATOM die Schaffung einer gemeinschaftlichen Verfügungsbefugnis über die friedliche Nutzung der Kernenergie und im Falle der Wirtschaftsgemeinschaft eine Zoll- und Wirtschaftsunion. Dies alles sollte aber nach den Plänen dieser Zeit nur jeweils eine Etappe auf dem Weg zur mittelfristigen Etablierung eines föderativ strukturierten Europas sein.

21 **Walter Hallstein (Präsident der EWG-Kommission), Rede zur konstituierenden Sitzung des Europäischen Parlaments in Straßburg vom 19. März 1958:** »(...) Hier und jetzt vollendet sich die Schöpfung, für die vor weniger als drei Jahren in Messina der Grundstein gelegt wurde und die vor genau einem Jahr in Rom mit der Unterschrift der Regierungen unserer sechs Länder beglaubigt worden ist. Die Schöpfung ist eine Staatengemeinschaft mit starken föderativen Zügen. (...) Unsere Gemeinschaft ist nicht ein Sein, sondern ein Werden. Es genügt nicht, Vertragsartikel auf ein Papier zu schreiben und sie zu besiegeln, um eine Gemeinschaft von Menschen herzustellen. (...) Das ist das eine: die

---

4 La Documentation française, 13 Juin 1950, No. 1339, Abdruck in ZaöRV 1950/51, 651.

Konsolidierung unserer Gemeinschaft im Rahmen des Vertrags selbst. Das andere ist die Notwendigkeit, darüber hinauszudenken, dh unseren Vertrag als einen Schritt auf einem längeren Weg zu begreifen, dessen Ende noch ein ganzes Stück vor uns liegt. (...)« (Quelle: *Walter Hallstein*, Europäische Reden, 1979, 48 ff.)

Dieser institutionellen Etablierung der drei Gemeinschaften folgte eine lange, beinahe 30-jährige Konsolidierungsphase.

In den 1960er Jahren kam es dabei zu einem grundlegenden Richtungsstreit über die Weiterentwicklung der Integration. Nachhaltig forderte Frankreich unter Präsident *de Gaulle* den weiteren Transfer von Hoheitsrechten zu begrenzen. Prononcierter Ausdruck dieser Politik war die französische »Politik des leeren Stuhls«, also der Abwesenheit Frankreichs bei den Sitzungen des Rates der EWG, mit welcher Frankreich 1965 deutlich machte, dass es nicht gewillt war, Abstriche am Prinzip der Einstimmigkeit im Rat zugunsten von Mehrheitsentscheidungen hinzunehmen. Die sich daraus entwickelnde Krise wurde durch den sog. »Luxemburger Kompromiss« von 1966 dahingehend beigelegt, dass Entscheidungen, die für die Mitgliedstaaten von besonderem Interesse sind, von jenen nur noch einvernehmlich getroffen werden durften. **22**

Eine bedeutende Annäherung der Gemeinschaften aneinander erfolgte 1967 mit dem Inkrafttreten des Fusionsvertrags, durch den die Organe der Gemeinschaften in den Organen Rat und Kommission zusammengelegt wurden. **23**

Die Folgezeit der Integration war nun von einer stetigen Zunahme der Mitglieder der ursprünglichen Sechser-Gemeinschaft gekennzeichnet. Aber auch inhaltlich wurde parallel dazu das Werk der drei Gründungsverträge durch behutsame Reformen langsam fortentwickelt. **24**

Die *Erweiterung der Gemeinschaften* vollzog sich in mehreren Etappen: 1973 kam es zunächst zur sog. »Norderweiterung«. Mit Großbritannien, das sich zuvor unter Berufung auf seine Verpflichtungen im Commonwealth einer Mitgliedschaft versagt hatte, kam es schon in den Jahren 1963 und 1967 zu Beitrittsverhandlungen, die aber am Widerstand *de Gaulles* scheiterten, der Großbritannien für nicht europatauglich hielt. Erst am 1.1.1973 wurde Großbritannien zusammen mit Irland und Dänemark Mitglied der nunmehr neun Staaten umfassenden Gemeinschaften. **25**

1981 und 1986 kam es im Rahmen der sog. »Süderweiterung« zur Aufnahme der zu Demokratien gewandelten Staaten Griechenland (1.1.1981), Spanien und Portugal (jeweils 1.1.1986), die damit Mitglieder der nunmehr zwölf Staaten umfassenden Gemeinschaften wurden. **26**

Die deutsche Wiedervereinigung durch den Einigungsvertrag v. 3.10.1990 führte dann zur (automatischen) Erweiterung des Gemeinschaftsgebietes um das Gebiet der ehemaligen DDR. **27**

1995 traten weitere europäische Staaten, die zunächst Mitglied der europäischen Freihandelszone »EFTA« waren, den Gemeinschaften bei. So erweiterten Österreich, Schweden und Finnland die Zahl der EG-Mitgliedstaaten auf 15. Die norwegische Bevölkerung hatte allerdings 1994 wie bereits 1972 gegen einen Beitritt votiert. **28**

Den vorläufigen Höhepunkt erreichten die Erweiterungen am 1.5.2004, als mit Estland, Lettland, Litauen, Polen, der Tschechischen Republik, der Slowakei, Ungarn, **29**

Slowenien, dem griechischen Teil Zyperns sowie Malta zehn weitere Mitglieder im Rahmen der sog. »Osterweiterung« aufgenommen wurden.

30 Der Beitritt basiert auf den im April 2003 in Athen feierlich unterzeichneten EU-Beitrittsverträgen. Vorausgegangen waren Beitrittsanträge in den Jahren 1994–1996 und der Abschluss der Erweiterungsverhandlungen beim Europäischen Rat in Kopenhagen am 13.12.2002. Die Verhandlungen, deren Gegenstand vor allem die Übernahme und Anwendung des gemeinsamen Besitzstandes (»*acquis communautaire*«) durch die Beitrittskandidaten war (→ Rn. 20 ff.), hatten im März 1998 mit Polen, Ungarn, der Tschechischen Republik, Lettland, Slowenien und Zypern und im März 2000 mit Malta, der Slowakei, Litauen, Lettland, Rumänien und Bulgarien begonnen. Zur Vorbereitung der Beitrittskandidaten auf den Beitritt und zur Erreichung der Beitrittsvoraussetzungen hatte die Europäische Union im Rahmen der Heranführungsstrategie die Fortführung des PHARE-Programms und noch weitere Heranführungsinstrumente vorgesehen. Die Schwerpunkte bei PHARE lagen im Aufbau von EU-konformen Institutionen und in der Investitionsförderung. Durch die Heranführungsinstrumente im Struktur- und Agrarbereich (ISPA und SAPARD) konnte die Annäherung der Beitrittskandidaten an den gemeinschaftlichen Besitzstand im Infrastrukturbereich (insbesondere Verkehr/Umwelt) sowie die Modernisierung der Landwirtschaft und Nahrungsgüterindustrie gefördert werden. Insgesamt stellte die Europäische Union für die beitretenden Länder bis 2003 über 3 Mrd. EUR pro Jahr als Vorbeitrittshilfen zur Verfügung; für Rumänien und Bulgarien wurden diese Programme im Blick auf deren späteren Beitritt bis 2006 fortgesetzt. Die Beitrittsverhandlungen wurden im Dezember 2004 abgeschlossen, im April 2005 kam es zum Abschluss der Beitrittsverträge,[5] sodass der Beitritt zum 1.1.2007 schließlich vollzogen werden konnte. Der Beitritt Kroatiens ist zudem zum 1.7.2013 erfolgt, nachdem die Staats- und Regierungschefs am 9.12.2011 den Beitrittsvertrag unterschrieben hatten und ein Referendum im Lande v. 22.1.2012 erfolgreich verlaufen war.[6] Im Juni 2012 haben schließlich Beitrittsverhandlungen mit Montenegro begonnen, nachdem der Kommissionsbericht über Reformen in dem Land positiv ausgefallen war. Die Beitrittsverhandlungen mit Serbien haben am 21.1.2014 begonnen, nachdem Serbien die sog. Normalisierungsvereinbarung mit Kosovo im April 2013 umgesetzt hatte. Damit sind derzeit Beitrittsverhandlungen mit Montenegro, der ehemaligen jugoslawischen Republik Mazedonien, Serbien und der Türkei im Gange; potentielle Beitrittskandidaten sind Albanien und der Westbalkan, sowie Bosnien-Herzegowina.[7]

Die Beitrittsverhandlungen zwischen Island und der EU ruhen seit April 2013. Die neugewählte isländische Regierung verkündete nunmehr ein Gesetzesvorhaben, mit dem die 2010 eingereichte Kandidatur für einen Beitritt zurückgezogen werden soll.

31 Auch der Heranführungsprozess für die Türkei wurde verstärkt und die finanzielle Unterstützung aufgestockt. Am 3.10.2005 wurde nach langen Auseinandersetzungen ein Beschluss zur Aufnahme von offiziellen Beitrittsverhandlungen mit der Türkei gefasst. Die Beitrittsverhandlungen sollen ergebnisoffen geführt werden. Die Union ist hier aufgefordert, neben der Prüfung der wirtschaftlichen Leistungsfähigkeit der Tür-

---

5 Der Fortschrittsbericht der Kommission ist abrufbar unter: http://ec.europa.eu/enlargement/key_do cuments/reports_nov_2007_en.htm (Stand: 31.5.2008).

6 Vgl. http://www.zeit.de/politik/ausland/2011-12/kroatien-eu-mitglied.

7 http://ec.europa.eu/enlargement/countries/check-current-status/index_de.htm (Stand Juni 2014).

kei die Grenzen der eigenen Erweiterungsfähigkeit einer kritischen Betrachtung zu unterziehen. Die vielfältigen Unterschiede der Türkei im Vergleich sowohl zu den Mitgliedstaaten als auch zu den anderen Beitrittskandidaten, die zunehmend autokratisch agierende Regierung und die bereits im Osterweiterungsprozess erheblich geforderte Integrationskraft der EU sorgen insofern für durchaus kontroverse Stellungnahmen hinsichtlich der Sinnhaftigkeit ihrer vollen EU-Mitgliedschaft.[8]

Ob es in der Zukunft für die Türkei und auch für Staaten Mitteleuropas wie etwa die Ukraine, nachdem dort die Stärkung der Beziehungen zur EU dem Land im Februar 2014 zu einem Regierungswechsel geführt hatte, einen Sonderstatus geben wird, bleibt abzuwarten.

Mit Blick auf inhaltliche Reformen stellte die Einheitliche Europäische Akte von 1986 die *erste große Revision* der Gemeinschaftsverträge dar. Sie leitete die 3. Phase der Integrationsentwicklung ein, die durch die Vollendung des Binnenmarktes (Einheitliche Europäische Akte) und erste wichtige institutionelle Reformen im Vertrag von Maastricht von 1992/1993 gekennzeichnet war. Ihr Ziel war in erster Linie die Ausdehnung der Gemeinschaftskompetenzen auf bis dahin nicht erfasste Bereiche und eine Vertiefung der Beziehung zwischen den Mitgliedstaaten in Richtung der Schaffung einer Europäischen Union. Kernstück der Einheitlichen Europäischen Akte war die Einführung eines die schrittweise Verwirklichung des Binnenmarktes bis zum 31.12.1992 vorsehenden Art. 8a EWGV (jetzt Art. 26 AEUV). Dabei wird unter Binnenmarkt ein »Raum ohne Binnengrenzen« verstanden, »in dem der freie Verkehr von Waren, Personen, Dienstleistungen und Kapital gemäß den Bestimmungen der Verträge gewährleistet ist« (Art. 26 II AEUV, → Rn. 607). Das Binnenmarktkonzept wurde insofern dynamisiert, als die Mitgliedstaaten zu umfangreichen Rechtssetzungsaktivitäten innerhalb der Frist bis zum 31.12.1992 angehalten wurden. Nach Ablauf der Anpassungsfrist hatten sie im Schnitt bis zu 95 % der entsprechenden Rechtsakte in innerstaatliches Recht umgesetzt. **32**

Damit war der Boden für eine *weitere Entwicklungsstufe* der europäischen Integration bereitet: Die bereits auf der Haager Gipfelkonferenz von 1969 angesprochene und durch die Einheitliche Europäische Akte von 1986 bekräftigte *Perspektive einer Europäischen Union.* Dieses Etappenziel wurde durch den Vertrag über die Europäische Union, den sog. »Vertrag von Maastricht« v. 7.2.1992, erreicht. Inhalt des Maastrichter Vertrags war zunächst die Integration der nach wie vor fortbestehenden drei Gemeinschaften EWG, EGKS und EURATOM in die Europäische Union, wobei diese Union neben den drei vorbestehenden Gemeinschaften als erste Säule über eine zweite Säule im Sinne einer Gemeinsamen Außen- und Sicherheitspolitik und eine dritte Säule einer damals sog. Gemeinsamen Innen- und Justizpolitik verfügen sollte (vgl. Abb. → Rn. 108 und 110). Die Gründungsverträge wurden weiter von einer Vielzahl von Zielsetzungen und Vorhaben flankiert, zu deren wichtigsten ohne Zweifel die Schaffung der Wirtschafts- und Währungsunion zählte, deren Beginn auf den 1.1.1999 festgelegt wurde (Näheres dazu unten in § 21). Seit dieser wichtigen institutionellen Fortentwicklung, der vielleicht wichtigsten des bisherigen Integrationsprozesses überhaupt, ist die wei- **33**

---

8 Für einen dritten Weg zwischen den beiden Antipoden Vollmitgliedschaft und privilegierte Partnerschaft plädiert dabei *Böckenförde,* Europa und die Türkei, in *Böckenförde,* Wissenschaft – Politik – Verfassungsgericht, 2011, 281 ff.

tere Entwicklung gekennzeichnet von einer vierten Phase, der sog. Konstitutionalisierungsphase.

34   Auf der Regierungskonferenz von Amsterdam v. 2.10.1997 wurde der Versuch unternommen, die Integration im nichtwirtschaftlichen Bereich, die bereits in Maastricht begonnen worden war, noch weiter zu vertiefen. Es kam zur *dritten bedeutenden Vertragsrevision*, dem »Amsterdamer Vertrag«, der am 1.5.1999 in Kraft trat. Mit dem Amsterdamer Vertrag erfolgte zum einen die Umbenennung des EU-Vertrags in »EU« und des EG-Vertrags in »EG« sowie zum anderen eine vollständige Neunummerierung der Verträge. Durch die Flexibilitätsklausel des Art. 11 EG sollte den Mitgliedstaaten das Angebot verstärkter Zusammenarbeit gemacht werden. Außerdem sahen Art. 7 EU und Art. 228 EG erweiterte Sanktionsmöglichkeiten gegen nicht die Vertragsziele einhaltende Mitgliedstaaten vor. Schließlich wurden Teile der gemeinsamen Innen- und Justizpolitik in die EG, also die 1. Säule, unter Übernahme des sog. »Schengen-Besitzstandes« überführt. Damit wurde der Abbau von Grenzkontrollen entsprechend dem »Schengener Abkommen« v. 14.6.1985 neuer Bestandteil des EG-Vertrags und die EG erhielt eine neue Zuständigkeit für Visa, Asyl und Einwanderung. An diesem Bereich waren Dänemark, Großbritannien und Irland nur in begrenztem Umfange beteiligt. Schließlich wurden die Voraussetzungen für eine Intensivierung und institutionelle Ergänzung der Gemeinsamen Außen- und Sicherheitspolitiken geschaffen sowie die Rechte des Europäischen Parlaments ein Stück weiter gestärkt. Hinzu kamen (begrenzte) Kompetenzen der EG in den Bereichen Sozial- und Beschäftigungspolitik.

35   Auf den Tagungen des Europäischen Rates v. 3./4.6.1999 in Köln und 15./16.11.1999 in Tampere wurde zudem beschlossen, durch einen speziellen Grundrechtekonvent eine Grundrechtecharta für die Europäische Union ausarbeiten zu lassen. Die Charta sollte zunächst rechtsunverbindlich sein. Der erstmals in der Integrationsgeschichte eingesetzte Konvent war insofern auch nur befugt, dem Europäischen Rat entsprechende Vorschläge zu unterbreiten. Das eingesetzte Gremium setzte sich aus 62 Mitgliedern, Beauftragten der Staats- und Regierungschefs, des Kommissionspräsidenten, des Europäischen Parlaments und der nationalen Parlamente zusammen und tagte unter dem Vorsitz des ehemaligen deutschen Bundespräsidenten *Roman Herzog*. Der Konvent erarbeitete bis zum 2.10.2000 anhand der Rechtsprechung des EuGH, der Europäischen Menschenrechtskonvention und der Rechtsprechung des Europäischen Gerichtshofs für Menschenrechte sowie der europäischen Sozialcharta ein 54 Artikel umfassendes Dokument, das auf dem europäischen Ratsgipfel in Nizza im Dezember 2000 feierlich proklamiert wurde.

36   Am 26.2.2001 wurde in Nizza durch die Außenminister der Mitgliedstaaten der sog. Vertrag von Nizza unterzeichnet,[9] der am 1.2.2003 nach der Hinterlegung der letzten Ratifikationsurkunde in Kraft getreten ist.

37   Es handelt sich beim Nizza-Vertrag um einen völkerrechtlichen Vertrag mit vier Zusatzprotokollen zur Änderung der Gemeinschaftsverträge und des EU-Vertrags und damit um die *vierte größere Vertragsrevision* nach der Einheitlichen Europäischen Akte, »Maastricht« und »Amsterdam«. Ziel des Vertrags von Nizza sollte es sein, einige im Vertrag von Amsterdam noch nicht vorgesehene (institutionelle) Reformen

---

9 BGBl. 2001 II S. 1666.

durchzuführen und die Strukturen von EU und EG an die seinerzeit bevorstehende und nunmehr vollzogene (Ost-)Erweiterung anzupassen. Der Gesamtumfang der Reformen ist mit dem der Verträge von Maastricht und Amsterdam nicht vergleichbar, sodass der Erfolg des Vertrags von Nizza schon deshalb unterschiedlich bewertet wird.

Wichtigstes Anliegen des Vertrags war es, wie angedeutet, die Organe so umzustrukturieren, dass sie trotz eines erweiterten Mitgliederkreises funktionsfähig bleiben. **38**

Einen weiteren Schwerpunkt bildete die Austarierung neuer Grundsätze für die Mehrheitsentscheidungen. Auch im institutionellen Bereich waren einige Änderungen vorgesehen.[10] **39**

Neben der im Rahmen von Nizza verabschiedeten, rechtlich unverbindlichen und an anderer Stelle (→ Rn. 652ff.) ausführlich behandelten Grundrechtecharta war schließlich vor allem die Vereinbarung des sog. Post-Nizza-Prozesses wesentlich. Es ging dabei um die fortlaufende Diskussion über die Finalität der europäischen Integration, zu der die Regierungskonferenz selbst nur einen kleinen Beitrag leisten konnte. Als Themen waren hier unter anderem vorgesehen: **40**

- Das Kompetenzgefüge von Union und Mitgliedstaaten,
- eine (vereinfachende) Neugestaltung der Verträge,
- die Frage nach der Einbeziehung der Grundrechtecharta in die Gründungsverträge
- sowie die Stellung der nationalen Parlamente im Rahmen der EU.[11]

Mit der Erklärung »Die Zukunft der Europäischen Union« des Ratsgipfels von Laeken v. 15.12.2001[12] trat die Post-Nizza-Debatte dann in ein formalisiertes Stadium ein. Es wurde nach dem Vorbild des Konvents zur Erarbeitung der Europäischen Grundrechte-Charta die Einberufung eines »Konvents zur Zukunft Europas« beschlossen, der sich unter dem Vorsitz des früheren französischen Staatspräsidenten *Giscard d'Estaing* sowie des früheren italienischen Ministerpräsidenten *Amato* und des früheren belgischen Ministerpräsidenten *Dehaene* als Vizepräsidenten aus 15 Vertretern der Staats- und Regierungschefs (ein Vertreter pro Mitgliedstaat), 30 Mitgliedern der nationalen Parlamente (zwei pro Mitgliedstaat), 16 Mitgliedern des Europäischen Parlaments und zwei Vertretern der Kommission, insgesamt also 66 Mitgliedern, zusammensetzte; zusammen mit den praktisch gleichberechtigten 39 Repräsentanten der Beitrittskandidaten hatte der Konvent also insgesamt 105 Mitglieder. Als Beginn der auf etwa ein Jahr bemessenen Arbeitszeit des Konvents wurde der 1.3.2003 festgelegt. **41**

Aufgabe des Konvents war die Erarbeitung von Empfehlungen, bzw. bei nicht vorliegendem Konsens von Optionen, zu den im Post-Nizza-Prozess angesprochenen Grundsatzfragen, namentlich also der Frage der Zuständigkeitsverteilung zwischen Gemeinschaften/Union und Mitgliedstaaten sowie der Vereinfachung der Handlungsinstrumentarien und Fragen des institutionellen Gleichgewichts der Organe. **42**

Der fertig gestellte Verfassungsentwurf wurde durch den Vorsitzenden des Verfassungskonvents *Valéry Giscard d'Estaing* am 20.6.2003 dem Europäischen Rat von Thessaloniki und nach letzten redaktionellen Korrekturen endgültig am 18.7.2003 in **43**

---

10 S. dazu im Einzelnen *Pache/Schorkopf* NJW 2001, 1377.
11 Erklärung Nr. 23 zum Vertrag von Nizza, ABl. 2001 C 80 (85), s. dazu *Pache/Schorkopf* NJW 2001, 1386.
12 Doc. SN 273/01.

Rom vorgelegt. Die Absicht, den Verfassungsvertrag noch im gleichen Jahr auf dem Gipfeltreffen in Brüssel am 13. und 14.12.2003 von allen Mitgliedstaaten billigen zu lassen und so den Weg für die Ratifikation zu ebnen, scheiterte jedoch zunächst. Vor allem aufgrund des Widerstandes von Spanien und Polen konnte damals über die vom Nizza-Vertrag abweichende zukünftige Stimmengewichtung im Rat keine Einigkeit erzielt werden. Auf dem Ratsgipfel unter irischer Präsidentschaft am 18.6.2004 in Brüssel kam es dann allerdings nach gewissen Modifikationen des Entwurfs doch zur Verabschiedung des Verfassungsvertrags. An die Unterzeichnung am 29.10.2004 durch die Staats- und Regierungschefs in Rom schloss sich das Ratifikationsverfahren in den Mitgliedstaaten an. Dafür wurde je nach Mitgliedstaat sowohl der Weg über die Zustimmung der nationalen Parlamente gewählt (so in Deutschland) als auch derjenige durch Volksentscheide. Nachdem der Verfassungsvertrag in den Referenden in Frankreich am 19.5.2005 mit 54,68 % und den Niederlanden am 1.6.2005 mit 61,7 % der abstimmungsberechtigten Bevölkerung abgelehnt worden war, empfahl der Europäische Rat am 16./17.6.2005 in allen Mitgliedstaaten eine »Denkpause« einzulegen; das Ratifikationsverfahren selbst sollte aber fortgesetzt werden.[13] Bis zu diesem Zeitpunkt hatten bereits 13 der 25 Mitgliedstaaten den Verfassungsvertrag ratifiziert.

44 Diese Reflexionsphase dauerte bis Ende 2006. In diesem Zeitpunkt war insofern jedenfalls eine wichtige prozedurale Entscheidung gefallen, als dass die drei folgenden Ratspräsidentschaften Deutschlands (1. Halbjahr 2007), Portugals (2. Halbjahr 2007) und Sloweniens (1. Halbjahr 2008) beschlossen, eng zusammenzuarbeiten. Unter der deutschen Ratspräsidentschaft wurde dann, was sich bereits in der Berliner Erklärung zum 50. Geburtstag der Römischen Verträge am 25.3.2007, wenn auch noch nicht in voller Klarheit andeutete, der Prozess wieder in Gang gebracht. Dieser zielte darauf ab, unter strengem Absehen aller Anklänge an den Verfassungscharakter die Substanz des Verfassungsvertrags zu retten und in ein neues Dokument zu überführen. Insofern konnten unter der deutschen Ratspräsidentschaft wesentliche Fortschritte erzielt werden, die es erlaubten, im Juni 2007 eine Regierungskonferenz mit der Aufgabe der Ausarbeitung eines Vertragsentwurfes zu betrauen. Vom 23.7.–15.10.2007 fanden die Beratungen für das neue Dokument statt, welches am 13.12.2007 als Vertrag von Lissabon unter portugiesischer Ratspräsidentschaft feierlich unterzeichnet wurde.[14] Wiederum erwies sich die Annahme des Vertrags von Lissabon in den 27 Mitgliedstaaten zum Teil als nicht unproblematisch. Sie hatte gemäß den verfassungsrechtlichen Bestimmungen zu erfolgen, wobei nur in Irland zwingend ein Referendum vorgesehen war. Nachdem das ungarische Parlament noch im Dezember 2007 vorranging und sodann die Parlamente Maltas, Sloweniens und Rumäniens ebenfalls zugestimmt hatten, scheiterte der Vertrag beim einzigen erforderlichen Referendum in Irland am 12.6.2008. Dennoch wurde der Ratifikationsprozess fortgesetzt, obwohl europakritische Politiker, namentlich in Polen und Tschechien, nunmehr die Ratifikation ihres Landes von einem erfolgreichen Referendum in Irland abhängig machten. Zudem war in Tschechien das Verfassungsgericht gegen das Zustimmungsgesetz zum Vertrag von Lissabon angerufen worden, welches aber in einer ersten Entscheidung vom 26.11.2008 und

---

13 Die Erklärung der Europäischen Rates ist abrufbar unter: http://www.auswaertiges-amt.de/diplo/de/Europa/Verfassung/EuropaeischerRat160605.pdf (Stand: 31.5.2008).

14 Konsolidierte Fassung abrufbar unter: http://www.auswaertiges-amt.de/diplo/de/Europa/Verfassung/VertraegeKonsolidiert.pdf (Stand: 31.5.2008).

einer zweiten Entscheidung v. 3.11.2009 die Beschwerden gegen den Vertrag zurück-wies.

Auch in Deutschland hatten einige Parlamentarier im Wege der Verfassungsbeschwerde **45** die Verletzung der demokratisch verbürgten parlamentarischen Mitwirkungsrechte geltend gemacht. Allerdings hat das BVerfG in seiner Entscheidung v. 30.6.2009[15] diese Verfassungsbeschwerde zurückgewiesen, dabei aber eine Änderung des von Art. 23 GG geforderten parlamentarischen Mitwirkungsverfahrens gefordert. Nachdem der Deut-sche Bundestag und der Bundesrat noch kurz vor dem Ende der 16. Legislaturperiode ein neues parlamentarisches Begleitgesetz verabschiedet hatten, konnte die Bundesre-publik Deutschland den Vertrag von Lissabon ratifizieren.

Auch die Iren stimmten in einem zweiten Referendum am 2.10.2009 mit großer Mehr- **46** heit (67,1 zu 32,9 %) dem Lissabonner Vertrag zu, wobei es ihnen gelang, einige Vor-behalte anbringen zu können.

Nunmehr konnte der Vertrag von Lissabon am 1.12.2009 in Kraft treten, womit die **47** derzeit andauernde 4. Entwicklungsphase, nämlich die Konstitutionalisierungsphase ihren vorläufigen Höhepunkt erreicht hatte.

Seit der im Gefolge der Wirtschafts- und Finanzkrise sich seit 2010 auch in Europa aus- **48** breitenden Schuldenkrise einiger EU Mitgliedstaaten – insbesondere das vom Staats-bankrott mehrfach bedrohte Griechenland, aber auch Portugal, Irland und Italien gerie-ten mehr oder minder in finanzielle Bedrängnis – steht die Frage des Verhaltens der EU gegenüber der die Existenz des Euro bedrohenden Situation auf deren Tagesordnung. Es geht um so bedeutsame wie grundsätzliche Fragen wie denen eines Ausscheidens oder Ausschlusses vom Staatsbankrott bedrohter Staaten aus der Eurozone bzw. deren Rettung durch die anderen Staaten der Euro-Gruppe, sowie des Maßes an Solidarität iSv Hilfeleistungen der übrigen Euro-Gruppenmitglieder mit den in Not geratenen Staa-ten. Bislang kann man insofern eine eher auf Stützung der in Bedrängnis geratenen Eu-rostaaten bis hin zu einer faktischen Aufhebung des einst als Fundamentalregelung gel-tenden *Bail Out*-Verbots, also des Ausschlusses der Haftungsübernahme der Schulden anderer Mitgliedstaaten beobachten. Zudem gehen weitere Vorstellungen hin zur Schaf-fung einer Europäischen Wirtschaftsregierung, ja sogar bis hin zur Einführung sog. Eu-robonds, also gemeinsamer Anleihen der Euro-Staaten anstelle von einzelstaatlichen Anleihen (→ Rn. 979 ff.). Dies alles indiziert eine deutliche Tendenz zur dann in den De-tails noch zu beschließenden Stärkung der Integration. Andererseits zeigen die ekla-tante Schwäche einiger Euro-Länder, die Nicht-Konsensfähigkeit automatischer Sank-tionen bei Verletzung des Eurostabilitätspaktes, wie auch schließlich die Weigerung des Vereinigten Königreichs, die europäischen Verträge durch Vertragsänderung im Sinne einer fiskalischen Stabilitätsunion fortzuschreiben, als eher auf eine intergouvernemen-tale Zukunft Europas hindeutende Befunde, dass das letzte Wort über den Integrations-grad Europas derzeit weder gesprochen, noch in voller Deutlichkeit absehbar ist.[16] In-sofern ist auch derzeit eine Aussage, ob und inwieweit diese Entwicklungen den europäischen Konstitutionalisierungsprozess zu beeinflussen vermögen, noch nicht möglich.

---

15 Vgl. das Urt. des BVerfG NJW 2009, 2276 – Lissabon.
16 Für eine Beschreibung der aktuellen Verschiebungen des Konstruktionsgefüges der Währungsunion s. *Hufeld* integration 2011, 117 ff.

§ 3 Die Neuregelungen des Vertrags von Lissabon im Überblick

Literatur: *Fischer,* Der Vertrag von Lissabon, 2008; *Hobe,* Bedingungen, Verfahren und Chancen europäischer Verfassungsgebung. Zur Arbeit des Brüsseler Verfassungskonvents, EuR 2003, 1; *Hobe,* Eine Europäische Verfassung – wünschenswert oder überflüssig?, 2003; *Jopp/Matl* (Hrsg.), Der Vertrag über eine Verfassung für Europa, 2005; *Oppermann,* Eine Verfassung für die Europäische Union, DVBl. 2003, 1165 (1234); *Oppermann,* Die Europäische Union von Lissabon, DVBl. 2008, 473; *Ruffert,* Schlüsselfragen der Europäischen Verfassung der Zukunft, EuR 2004, 165; *Schiffbauer,* Zum Vertragszustand der EU nach Unterzeichnung des Vertrags von Lissabon, EuGRZ 2008, 1; *Schwarze,* Ein pragmatischer Verfassungsentwurf, EuR 2003, 535; *Schwarze,* Der Reformvertrag von Lissabon – Wesentliche Elemente des Reformvertrags, EuR 2009, Beiheft 1, 9ff.; *Terhechte,* Der Vertrag von Lissabon: Grundlegende Verfassungsurkunde der europäischen Rechtsgemeinschaft oder technischer Änderungsvertrag?, EuR 2008, 143; *A. Weber,* Vom Verfassungsvertrag zum Vertrag von Lissabon, EuZW 2008, 7ff.; *Wessels* et al., Der Verfassungsentwurf des Europäischen Konvents, Integration 2003, 283–575; *Wessels,* Der Vertrag von Lissabon – Eine tragfähige und abschließende Antwort auf konstitutionelle Grundfragen, Integration 2008, 3; *Wessels/Diedrichs,* Die Europäische Union in der Verfassungsfalle?, Integration 2005, 287.

I. Der Europäische Verfassungsvertrag

49 Der Europäische Verfassungsvertrag hat nicht das Licht der Welt erblickt. Er ist mangels Ratifikation in den Niederlanden und Frankreich durch entsprechend negative Referenden und wegen der dann angehaltenen weiteren Ratifikationsverfahren nie in Kraft getreten. An seine Stelle ist nun der am 13.12.2007 verabschiedete und am 1.12.2009 in Kraft getretene Reformvertrag von Lissabon getreten. Für das Verständnis der konstitutionellen Debatte in Europa[17] ist dabei allerdings von nicht unerheblicher Bedeutung, was den Europäischen Verfassungsvertrag als dem wesentlichen Dokument des Konstitutionalisierungsprozesses in seinem Entwurf ausgezeichnet hat. Insofern sei nachfolgend zunächst in kurzer Form der Entwurf des Verfassungsvertrags dargestellt, bevor teilweise im Kontext des Entwurfs des Verfassungsvertrags der Reformvertrag von Lissabon skizziert werden soll.

1. Gliederung des Verfassungsvertrags

50 Der Verfassungsvertrag sollte vier Teile umfassen. Teil I legte dabei in 60 Artikeln die Grundlagen der Europäischen Union fest. Teil II inkorporierte in 54 Artikeln die sog. Bürgerrechte in Form einer fast unveränderten Übernahme der Charta der Grundrechte der Union. In Teil III wurde das wesentliche materielle Unionsrecht ungefähr in der Form des bisherigen EG-Vertrags, also namentlich das Recht der Grundfreiheiten und der spezifischen Unionspolitiken geregelt (insgesamt 322 Artikel), bevor in Teil IV in 11 Artikeln allgemeine und Schlussbestimmungen enthalten waren. Nachfolgend sollen einige Kerngehalte des Verfassungsvertrags skizziert werden.

2. Kernaussagen

a) Rechtspersönlichkeit der EU

51 Gemäß Art. I-7 des Verfassungsvertrags sollte die Union unter »Einebnung« der bisherigen Säulenstruktur Rechtspersönlichkeit erhalten (entspricht Art. 1 EUV).

---

17 Dazu *Peters,* Elemente einer Theorie der Europäischen Verfassung, 2001; *Pernice* VVDStRL 2000, 158; *Hobe* EuR 2003, 1.

Die Integration der bisherigen zweiten Säule in Gestalt der Gemeinsamen Außen- und Sicherheitspolitik wurde in den Art. I-40 und I-41 VVE (jetzt Art. 20 EUV) umrissen.

Die frühere dritte Säule in Gestalt der Polizeilichen und Justiziellen Zusammenarbeit 52 in Strafsachen sollte »Raum der Freiheit, der Sicherheit und des Rechts« genannt und in den Art. I-42 iVm Art. III-257–III-264 VVE stärker in das allgemeine Rechtssetzungssystem der Union einbezogen werden. Die ähnliche Konzeption des Reformvertrags wird unten (→ Rn. 64 ff.) dargestellt.

b) Eintritt und Austritt

In Art. I-58–I-60 VVE wurden Eintritt sowie als Neuerung die Aussetzung der Mitgliedschaft und der freiwillige Austritt aus der Union geregelt. Art. I-60 VVE (*Art. 50 I EUV* enthält *nunmehr* eine entsprechende Regelung) enthielt erstmals die Möglichkeit eines freiwilligen Austritts aus der Union. 53

c) Zuständigkeiten

Nach langen Debatten im Vorfeld unternahm der Verfassungsvertrag eine gewisse 54 Aufteilung der Zuständigkeiten zwischen Union und Mitgliedstaaten. Basierend auf dem Grundsatz der begrenzten Einzelermächtigung (→ Rn. 179) wurde in ausschließliche, geteilte und Unterstützungskompetenzen unterschieden, dies im Wesentlichen in einer Art und Weise, die der bisherigen Zuständigkeitsverteilung zwischen Union und Mitgliedstaaten entsprach (Art. I-12 VVE).

Wies der Verfassungsvertrag einerseits ein System der materiellen Verteilung von Zu- 55 ständigkeiten zwischen Union und Mitgliedstaaten auf, so wurde dieses System andererseits durch ein neues verfahrensmäßiges Kontrollmodell ergänzt (Art. I-11 VVE iVm den Protokollen über die Rolle der nationalen Parlamente bzw. über die Anwendung der Grundsätze der Subsidiarität und Verhältnismäßigkeit). Dieses Kontrollsystem zeichnete sich durch ein politisches Frühwarnsystem mit nachträglichen Klagerechten vor dem Gerichtshof aus.

d) Organe

Im institutionellen Bereich brachte der Verfassungsvertrag zur Bewältigung der stark 56 vergrößerten Union einige Neuerungen.

aa) Europäischer Rat. Ein zentraler Punkt war die Zusammenlegung der Organe der 57 EU und der EG in einem einheitlichen institutionellen Rahmen (Art. I-19 II, entspr. Art. 13 EUV). Er sollte aus den Staats- und Regierungschefs der Mitgliedstaaten sowie dem Präsidenten des Europäischen Rates und dem Präsidenten der Kommission zusammengesetzt sein (Art. I-21 VVE, jetzt Art. 15 EUV). Zudem sollte der seinerzeit neu zu schaffende Außenminister der Union an den Beratungen teilnehmen. Der Rat sollte einen Präsidenten für einen Zeitraum von zweieinhalb Jahren erhalten (Art. I-22 I VVE, vgl. Art. 15 V EUV), womit zur Erhöhung der Arbeitsfähigkeit des Rates das bisherige halbjährliche Rotationsprinzip angesichts der damaligen 25 Mitgliedstaaten aufgegeben werden sollte; die zweieinhalb Jahre andauernde Präsidentschaft sollte und soll nunmehr Gewähr für eine gewisse Kontinuität bieten. Danach sollte der Präsident des Europäischen Rates höchster Repräsentant der Union sein.

bb) Ministerrat. Neben dem Europäischen Rat war in Gesetzgebungs- und Haushalts- 58 angelegenheiten der neben dem Parlament zuständige Ministerrat vorgesehen, der dem Rat des EG-Vertrags ähnelte. Im Ministerrat sollte im Wesentlichen mit qualifizierter Mehrheit entschieden werden, falls in der Verfassung nichts anderes vorgesehen war (Art. I-23 III VVE, entspr. Art. 16 EUV).

59   **cc) Kommission.** Hier sah der Verfassungsvertrag vor, dass bei fünfjähriger Amtszeit die erste nach der Verfassung bestimmte Kommission noch aus einem Staatsangehörigen pro Mitgliedstaat bestehen sollte (Art. I-26 V VVE). Die darauf folgende Kommission sollte auf eine Zahl reduziert werden, die einschließlich Präsident und Außenminister noch 2/3 der Anzahl der Mitgliedstaaten betragen hätte, sofern der Europäische Rat nicht einstimmig eine andere Festlegung getroffen hätte (Art. I-26 VI VVE, Art. 17 V EUV).

60   **dd) Außenminister.** Daneben sollte das auswärtige Handeln der Europäischen Union durch die Schaffung des Amtes eines Außenministers der Union mit einem eigenen Verwaltungsunterbau in Form eines europäischen Auswärtigen Dienstes verbessert werden. Der europäische Außenminister sollte gleichzeitig einer der Vizepräsidenten der Kommission sein (Art. I-26 V iVm Art. I-28 VVE).

Der *Reformvertrag* sieht nunmehr einen Hohen Vertreter der Union für Außen- und Sicherheitspolitik vor (Art. 18 EUV). Dieser ist nicht mit dem Außenminister des Verfassungsvertrags identisch, sondern vielmehr für die Koordinierung der GASP zuständig. Zudem ist er gleichzeitig Vizepräsident der Kommission.

61   **ee) Europäisches Parlament.** Das maximal 750 Abgeordnete umfassende Europäische Parlament sollte durch das nunmehr als Regelfall geltende Mitentscheidungsverfahren bei weitgehender Gleichberechtigung von Parlament und Ministerrat gestärkt werden (Art. I-34 iVm Art. III-396 VVE, vgl. Art. 14 EUV).

e) Finanzsystem

62   Die Regelung des seinerzeit geplanten Finanzsystems in den Art. I-53–I-56 iVm Art. III-402–III-404 VVE enthielt eine deutliche Stärkung des Europäischen Parlaments, sowie die Verpflichtung der Union zur Festlegung eines mehrjährigen Finanzrahmens zur Stärkung der Haushaltsdisziplin (Art. I-55 iVm Art. III-402 VVE).

f) Rechtsakte

63   Wesentlich war zudem, dass der Verfassungsvertrag in Art. I-33 VVE (entspricht Art. 288 AEUV) eine neue Systematik der Rechtsakte der Union enthielt. Unter deutlicher Neuakzentuierung wurde in Legislativakte, also von Rat und Parlament – meist auf Initiative der Kommission – erlassene Rechtsakte, zu denen das europäische Gesetz und das europäische Rahmengesetz gehören sollten, sowie reine Exekutivakte wie die europäische Verordnung und den europäischen Beschluss differenziert. Empfehlungen und Stellungnahmen sollten wie bisher keine rechtliche Verbindlichkeit genießen. Europäische Exekutivakte wie Verordnung oder Beschluss hätten demnach jeweils der Ermächtigung durch einen Legislativakt bedurft (Art. I-35 f. VVE).

II. Der Lissabonner Reformvertrag

64   Der Lissabonner Reformvertrag bewegt sich in vielen Punkten auf dem Fundament des Verfassungsvertrags. Es handelt sich auch hier – ähnlich dem Verfassungsvertrag –

weniger um substantielle Reformen des materiellen EG-/EU-Rechts als um institutionelle Reformen.

Eine Neuerung hat der Reformvertrag dennoch geschaffen: Unter im Entwurf des Verfassungsvertrags nur angedeuteter Aufwertung ihrer institutionellen Struktur wurde nun die Europäische Union als eine ausdrückliche Rechtsperson geschaffen. **65**

Nachfolgend sollen die grundlegenden Änderungen vorgestellt werden, die der Vertrag von Lissabon vorsieht:

Der Vertrag von Lissabon änderte EU und EG. Es gibt also einen Vertrag über die Europäische Union (EUV), der den EU-Vertrag änderte und einen Vertrag über die Arbeitsweise der EU (AEUV), der an die Stelle des EG-Vertrags tritt. **66**

Die Europäische Union hat in Nachfolge der EG nunmehr ausdrücklich eine eigene Rechtspersönlichkeit erhalten und kann somit als Völkerrechtssubjekt auftreten. Dies war zuvor umstritten.[18] Sie verfügt als neues Rechtssubjekt über eigene Organe (Art. 13 EUV) und tritt als Rechtsnachfolgerin an die Stelle der EG (Art. 1 III EUV). Ein Beitritt zur EU hat zukünftig unter anderem vom Rat formulierte Kriterien (zB Erweiterungsfähigkeit) zu berücksichtigen (Art. 49 EUV). Ein Austritt ist nach einem einzuhaltenden Verfahren ausdrücklich vorgesehen (Art. 50 EUV). **67**

Der Reformvertrag hat die Säulenstruktur der Europäischen Union aufgehoben. Die Polizeiliche und Justizielle Zusammenarbeit (PJZS), die nunmehr »Raum der Sicherheit, der Freiheit und des Rechts« heißt, wurde aus ihrer vorwiegend intergouvernementalen Struktur der 3. Säule seit dem Vertrag von Maastricht in ein Rechtsregime entlassen, welches weitgehend – allerdings mit Ausnahmen – dem der früheren EG entspricht. Dies findet unter anderem durch die neue Struktur der ehemaligen PJZS ihren Ausdruck. Insgesamt bleibt allerdings festzuhalten, dass auch die neue Europäische Union nach wie vor über einen auf der Basis intergouvernementaler Zusammenarbeit beruhenden Teil im Bereich der Außen- und Sicherheitspolitik verfügt. **68**

Die EU ist an einen Wertekanon, die sog. Fundamentalprinzipien, gebunden (Art. 6 I EUV). Sie soll der Europäischen Menschenrechtskonvention beitreten (Art. 6 II EUV) und anerkennt die Verfassungsgrundlagen der Mitgliedstaaten (Art. 6 III EUV). Zudem wird für sie die Grundrechte-Charta durch den Verweis im EU-Vertrag mit Ausnahme des Vereinigten Königreichs von Großbritannien und Nordirland sowie Polens verbindlich (Art. 6 I EUV). Diese Werte sind als Homogenitätsgebot zugleich Maßstab für Beitrittskandidaten wie Verpflichtung auch für die bestehenden Mitgliedstaaten. Stellt der Europäische Rat einstimmig fest, dass eine schwerwiegende und anhaltende Verletzung der in Art. 6 I EUV genannten Werte durch einen Mitgliedstaat vorliegt, kann der Rat mit qualifizierter Mehrheit Rechte des betroffenen Staates, einschließlich des Stimmrechts im Rat, aussetzen. So hatte etwa die politische Entwicklung in Ungarn der europäischen Öffentlichkeit Sorge bereitet. Dort hatte die Regierungspartei Fidesz mit ihrer ⅔-Mehrheit eine Reihe von Rechtsänderungen, einschließlich der Verfassung, vorgenommen, die ihr Macht und Einfluss in Justiz, Medien und der Zentralbank dauerhaft sichern und zu Beschränkungen der Menschenrechte, insbesondere der Pressefreiheit, führen sollten. Die Kommission hatte dies bereits 2011 gerügt und es kam zu geringfügigen Änderungen. Nachdem die Kritik auch in den Mitgliedstaaten, **69**

---

18 *Fremuth,* Die Europäische Union auf dem Weg in die Supranationalität, 2010, 35 ff.

dem Europarat und dem EU-Parlament zunahm, hatte die Kommission am 17.1.2012 drei Vertragsverletzungsverfahren eingeleitet. In ihrem Auskunftsersuchen machte die Kommission ihre Bedenken deutlich, dass die getroffenen Maßnahmen mit der Unabhängigkeit der Zentralbank, des Datenschutzbeauftragten sowie des Justizwesens und damit mit dem Unionsrecht vereinbar sind.[19] Zwar wurde das Vertragsverletzungsverfahren wegen starker Absenkung des Rentenalters ungarischer Richter nach der EuGH-Entscheidung v. 6.11.2012[20] und der anschließenden Änderung des Gesetzes durch den ungarischen Gesetzgeber eingestellt. Jedoch stehen weitere Vertragsverletzungsverfahren hinsichtlich einzelner Regelungen der ungarischen Verfassungsreform noch im Raum. Diese Verfahren stellen zwar noch kein Verfahren nach Art. 7 EUV dar, ein solches erscheint aber zumindest möglich.[21]

70 Wie schon der Verfassungsvertrag nimmt auch der Reformvertrag eine Kompetenzabgrenzung zwischen der Union und den Mitgliedstaaten vor, die auch weiterhin dem Grundsatz der begrenzten Einzelermächtigung folgt (Art. 5 I, II EUV). Zukünftige Vertragsrevisionen können die Zuständigkeit der Union nicht nur erweitern, sondern auch einschränken.

Grundsätzlich wird dabei zwischen *ausschließlichen* und *geteilten* Zuständigkeiten unterschieden:

71 *Ausschließliche Zuständigkeiten* bestehen unter Bestätigung der bisherigen Kompetenzverteilung nur in den Bereichen Währung, Außenhandel, Zölle und biologische Meeresschätze sowie Wettbewerbspolitik und in begrenztem Maße für den Abschluss internationaler Abkommen, die die gesamte EU betreffen (Art. 3 AEUV). Alle übrigen Kompetenzen folgen dem Grundsatz *geteilter Zuständigkeit.* So ist, ähnlich der konkurrierenden Zuständigkeit im deutschen Grundgesetz, in Fällen geteilter Zuständigkeit der Union und Mitgliedstaaten die Befugnis gesetzgeberischen Tätigwerdens gegeben, wobei die Mitgliedstaaten ihre Zuständigkeit dann wahrnehmen, sofern und soweit die Union ihre Zuständigkeit nicht ausgeübt bzw. entschieden hat, diese nicht mehr auszuüben (Art. 2 II 2 und 3 AEUV). Die Koordinierung der Wirtschafts- und Beschäftigungspolitik (Art. 5 AEUV) sowie die Gemeinsame Außen- und Sicherheitspolitik (Art. 2 IV AEUV) werden zudem außerhalb der drei vorgenannten Kompetenzen geregelt. Art. 352 AEUV enthält ebenso wie der Verfassungsvertragsentwurf eine Flexibilitätsklausel, die den bisherigen Art. 308 EG präzisiert.

72 Mit den angepeilten institutionellen Änderungen soll vor allem der Notwendigkeit einer Bewältigung immer komplexerer Abstimmungsvorgänge innerhalb der aus mittlerweile 28 Mitgliedstaaten bestehenden Europäischen Union Rechnung getragen und insofern der Entscheidungsprozess erleichtert werden. Dazu dient etwa die Einführung einer Troika-Präsidentschaft für eineinhalb Jahre (Art. 15 III EUV). Der Europäische Rat wird Organ der EU. Sein neuer ständiger Präsident wird für zweieinhalb Jahre vom Europäischen Rat gewählt (Art. 15 V 1 EUV).

73 Zudem wird ein Hoher Vertreter der Union für Außen- und Sicherheitspolitik – unterstützt durch einen Europäischen Auswärtigen Dienst – geschaffen (Art. 18, 27 III

---

19 Vgl. http://europa.eu/rapid/pressReleasesAction.do?reference=IP/12/24 (Stand: 6.9.2014).
20 EuGH 6.11.2012 – C-286/12, BeckRS 2012, 82346.
21 http://www.faz.net/aktuell/politik/europaeische-union/streit-um-verfassungsreform-eu-kommission-will-ungarn-verklagen-12151519.html.

EUV). Der Hohe Vertreter soll gleichzeitig Vizepräsident der Kommission sein. Er wird dem Europäischen Rat der Außenminister vorstehen, der vom Rat für *Allgemeine Angelegenheiten* getrennt wird (Art. 16 II, III EUV).

Bei den nunmehr der EU zugeordneten Organen gibt es folgende leichte Veränderungen zu verzeichnen: **74**

- Das Parlament soll maximal 750 Abgeordnete zuzüglich des Präsidenten des Parlaments umfassen. Die genaue Sitzverteilung soll vom Europäischen Rat auf Vorschlag des Parlaments erfolgen (Art. 14 II, III EUV).
- Die Kommission soll ab dem Jahre 2014 verkleinert werden und dann nicht mehr ein Mitglied pro Mitgliedstaat umfassen. Dabei wird die Rolle des Präsidenten der Kommission gestärkt (Art. 17 V, VI EUV).
- Die Abstimmungsmodalitäten wurden modifiziert. Die Anwendungsfälle der Abstimmung mit qualifizierter Mehrheit werden vor allem in den Bereichen Justiz und Inneres ausgedehnt. Hier haben einige Mitgliedstaaten, so das Vereinigte Königreich und Irland, diesbezüglich von der *Opt Out*-Möglichkeit Gebrauch gemacht.
- Im Rat wurde das System der doppelten Mehrheit in einem bestimmten zeitlichen Ablauf eingeführt (Art. 238 AEUV). Bis zum 1.11.2014 gilt weiterhin das System des Vertrags von Nizza, also Abstimmung mit qualifizierter Mehrheit. Zwischen dem 1.11.2014 und dem 31.3.2017 wird grundsätzlich nach dem System der doppelten Mehrheit abgestimmt. Wenn allerdings bei einem mit qualifizierter Mehrheit zu fällenden Beschluss die Anwendung des Nizza-Regimes von einem Mitgliedstaat beantragt wird, muss dem stattgegeben werden. Bis zum 31.3.2017 gilt die sog. *Ioannina*-Klausel, deren Inhalt in einer Ratsentscheidung festgelegt werden soll. Mit dem 1.4.2017 soll dann das Abstimmungssystem der doppelten Mehrheit in Kraft treten. Zusätzlich soll weiterhin eine – modifizierte – *Ioannina*-Klausel gelten.
- Durch eine verstärkte Einbeziehung nationaler Parlamente, deren Mitwirkungsbefugnisse im Rahmen der Subsidiaritätskontrolle namentlich in zwei Protokollen zum Reformvertrag[22] festgehalten werden, wurde eine gewisse Neubestimmung der Rolle der Mitgliedstaaten wie auch der Konzeption europäischer Demokratie bewirkt (Art. 12 EUV). Hier sollen gem. Art. 8 lit. b EUV die EU-Institutionen einen verstärkten Dialog mit repräsentativen Vereinen und der Zivilgesellschaft führen.

Zum Gerichtshof der Europäischen Union gehören nunmehr der Gerichtshof und das Gericht Erster Instanz und die bereits durch den Nizza-Vertrag geschaffenen Kammern, welche jetzt ausdrücklich Fachgerichte genannt werden (Art. 19 I EUV). Es wird ein Ausschuss hochrangiger europäischer und nationaler Richter sowie Juristen mit anerkannt hervorragender Befähigung für Stellungnahmen zur Eignung von Richterkandidaten geschaffen (Art. 255 AEUV). Zudem werden die Zuständigkeiten der Gerichte durch Klagerechte der Mitgliedstaaten und des Ausschusses der Regionen bezüglich der Subsidiaritätskontrolle ergänzt. Auch findet sich die Verpflichtung der Mitgliedstaaten im Verfassungsvertrag, wirksame Rechtsschutzbehelfe bei Verstößen gegen Unionsrecht zu schaffen (Art. 19 I EUV). **75**

Bezüglich des Rechtsschutzes ist zudem auf eine bedeutende Änderung hinzuweisen: Gemäß Art. 263 UAbs. 4 AEUV kann jede natürliche oder juristische Person gegen **76**

---

22 Protokoll über die Rolle der nationalen Parlamente in der Europäischen Union und Protokoll über die Anwendung der Grundsätze der Subsidiarität und Verhältnismäßigkeit.

sie betreffende Entscheidungen sowie gegen Verordnungen oder an Dritte gerichtete Entscheidungen bei unmittelbarer und individueller Betroffenheit Klage erheben. Dies stärkt die Rechtsschutzmöglichkeit des Individuums gegenüber der bisherigen Rechtslage in erheblicher Weise.

77   Die Sicherheits- und Verteidigungspolitik soll durch verschiedene Elemente gestärkt werden. Mit der Solidaritätsklausel wird die gegenseitige Unterstützung der Mitgliedstaaten im Falle terroristischer Angriffe hervorgehoben (Art. 75 AEUV). Zudem wird ein wechselseitiger Beistand der Mitgliedstaaten im Falle terroristischer Angriffe auf einen Mitgliedstaat betont (Art. 27 EUV). Die bestehende Bandbreite der Missionen im Rahmen der ESVP wird erneut besonders akzentuiert (Art. 43, 44 EUV). Es soll eine ständige strukturierte Zusammenarbeit in der ESVP stattfinden (Art. 42 EUV) und die Europäische Verteidigungsagentur soll stärker in die Arbeit der ESVP einbezogen werden (Art. 45 EUV). Wesentlich bleibt allerdings insofern, dass ausdrücklich der Erlass von Gesetzgebungsakten im Bereich der ESVP ausgeschlossen bleibt (Art. 24 III 2 EUV).

78   In verschiedenen weiteren Politikbereichen ist festzuhalten, dass eine neue horizontale Sozialklausel der Verpflichtung der Union zum Schutz von Beschäftigung und sozialer Sicherheit eine hervorgehobene Stellung verschafft (Art. 145 ff. AEUV) und zum Teil neue, zum Teil verstärkte Rechtsgrundlagen für verschiedene wesentliche Bereiche mit sich bringt: Diese Bereiche sind die Energiepolitik (Art. 194 AEUV), das Gesundheitswesen (Art. 168 AEUV), der Katastrophenschutz (Art. 196 AEUV), die Klimapolitik (Art. 191 AEUV), die Daseinsvorsorge (Art. 151 ff. AEUV), Forschung und technologische Entwicklung (Art. 179 ff. AEUV), territorialer Zusammenhalt (Art. 175 AEUV), Handelspolitik (Art. 206 ff. AEUV), Raumfahrt (Art. 189 AEUV), humanitäre Hilfe (Art. 214 AEUV), Sport (Art. 165 f. AEUV), Fremdenverkehr (Art. 195 AEUV) und administrative Zusammenarbeit (Art. 197 AEUV).

III. Bewertung

79   Mit dem Vertrag von Lissabon ist es gelungen, nach dem Scheitern des Verfassungsvertrags eine schwerwiegende Krise von der EU fernzuhalten bzw. erneut die Handlungsfähigkeit der Union nach deren Erweiterung sicherzustellen. Zwar verzichtet der Vertrag ausdrücklich auf alles, was nach Anklängen an den Verfassungsvertrag aussehen könnte. Dies gilt jedoch nur auf den ersten Blick. Es bleibt festzustellen, dass in der Substanz viele Ergebnisse des Verfassungsvertrags auch in den Reformvertrag von Lissabon Einzug gehalten haben und insofern von einem Zeichen des voranschreitenden Konstitutionalisierungsprozesses die Rede sein kann.

80   Die anhaltende Finanzkrise in der EU und ihrer Euro-Gruppe hat bislang nur begrenzt zu ersten auch rechtlichen Adjustierungen der Vorschriften des EUV und des AEUV geführt. Dabei gilt zunächst zu klären, ob der Erwerb von Staatsanleihen durch die EZB (Art. 123 I AEUV), sowie die Umgehung des *Bail-Out*-Verbots des Art. 125 I AEUV nicht eigentlich auch vertragsrechtlich im Wege ordentlicher Vertragsänderungen bestätigt werden müssten.

Die EZB hatte insoweit im September 2012 den Beschluss über »Technical features of Outright Monetary Transactions« (OMT-Beschluss) gefasst, wonach die EZB in unbegrenzter Höhe Staatsanleihen ausgewählter Mitgliedsstaaten aufkaufen kann. Nach

Auffassung des BVerfG könnte der OMT-Beschluss jedoch gegen das währungspoliti-sche Mandat der EZB und das Verbot der monetären Haushaltsfinanzierung versto-ßen.[23] Das BVerfG hat diese Fragen daher dem EuGH im Rahmen eines Vorabent-scheidungsverfahrens vorgelegt.

Konkret wurde indes die Etablierung des Europäischen Finanzstabilisierungsmecha-nismus (Euro-Rettungsschirm) auf Art. 122 II AEUV gestützt, der sodann nach Aus-laufen von einem ständigen Rettungsschirm, dem Europäischen Stabilisierungsmecha-nismus (ESM), abgelöst wurde, welcher nun ausdrücklich auf einen neu geschaffenen Art. 136 III AEUV gründet. Zudem sollen wohl, wie auf der Sitzung des Europäischen Rates im Dezember 2011 beschlossen wurde, die fiskalische Stabilitätsunion im Wege eines völkerrechtlichen Vertrags, ein Sanktionsautomatismus bei Verstoß gegen die Haushaltsgrundsätze des Art. 126 AEUV und ggf. sogar eine europäische Wirtschafts-regierung errichtet werden. Deutlich wird dabei, dass die kommende Zeit Klarheit da-rüber bringen muss, ob und in welchem Umfang Europa sich auf Vertragsänderungen verständigen kann bzw. den Weg der von einer Ausnahmezustandsargumentation[24] ge-kennzeichneten Nichtänderung der europäischen Verträge weiter gehen will.

§ 4 Europäische Institutionen neben der Union (Europarat, EFTA, OSZE, OECD und ehemalige WEU)

Literatur: *Baudenbacher,* Vier Jahre EFTA-Gerichtshof, EuZW 1998, 391; *Frowein/Peukert,* Europä-ische Menschenrechtskonvention, 3. Aufl. 2009; *Hobe,* Stärkung des Menschenrechtsschutzes in Eu-ropa: Das 11. Zusatzprotokoll zur Europäischen Menschenrechtskonvention; *Hobe,* Einführung in das Völkerrecht, 166 ff.; *Klein,* 50 Jahre Europarat, AVR 2001, 121; *Oppermann/Classen/Nettesheim* Euro-paR § 2 Rn. 5, 8, § 3 Rn. 1; *Seidl-Hohenveldern/Loibl,* Das Recht der Internationalen Organisationen einschließlich der Supranationalen Gemeinschaften, 2000.

Neben der Europäischen Union sind in Europa zahlreiche andere internationale Orga-nisationen tätig. Da diese von – teilweise nicht unerheblicher – Bedeutung auch für das Funktionieren der EU sind, werden ihre Hauptfunktionen nachfolgend kurz skizziert.

I. Der Europarat

Als Reaktion der westeuropäischen Staaten auf die absehbare Teilung der Welt im Kal-ten Krieg kam es am 5.5.1949 zur Gründung des Europarats. Der Europarat hat seinen Sitz in Straßburg. Zentrales Kriterium für die Mitgliedschaft im Europarat ist nach Art. 3 und 4 seiner Satzung[25] die Achtung der Menschenrechte und Grundfreiheiten sowie der Rechtsstaatlichkeit und Demokratie. Dies hat ost- und mitteleuropäische Staaten unter der kommunistischen Herrschaft an einer Mitgliedschaft gehindert, dann aber nach der Zeitenwende von 1989/90 zu deren Aufnahme geführt, sodass der Europarat mittlerweile über 47 Mitglieder verfügt (zuletzt Montenegro im Jahre 2007).

81

---

23 BVerfG BeckRS 2014, 46922.
24 So die treffende Bezeichnung der dieses Vergehen zutreffend kritisierenden *Böckenförde,* Kennt die europäische Not kein Gebot?, in *Böckenförde,* Wissenschaft – Politik – Verfassungsgericht, 2011, 299 (300).
25 Abgedr. in Sart. II, Nr. 110.

Er ist eine internationale Organisation mit den Organen Ministerkomitee, Parlamentarische Versammlung und Sekretariat sowie, als besonderem Organ, dem Europäischen Gerichtshof für Menschenrechte.

82 Zielsetzung und Tätigkeit des Europarats haben seit der Gründung gewisse Neuakzentuierungen erfahren. In der Gründerzeit zwischen 1949 und 1957 widmete sich der Europarat vor allem der politischen Integration in Europa. Zahlreiche Initiativen zur Gründung der Europäischen Gemeinschaften und der Europäischen Union gingen auch vom Europarat aus. Aus der Gründerzeit stammt zudem die Europäische Menschenrechtskonvention von 1950. In der Folgezeit, ab 1958, wandte sich der Europarat stärker politischen, sozialen und kulturellen Aufgaben zu, wie etwa Verbrechensbekämpfung, sozialen Fragen, Bildung und Kultur sowie Umwelt- und Datenschutz.

83 Der mittlerweile bedeutendste Aufgabenbereich ist aber der Menschenrechtsschutz. Rechtsgrundlage ist hier die *Europäische Menschenrechtskonvention* von 1950 mit ihren insgesamt 16 Zusatzprotokollen,[26] von denen das 15. und das 16. Protokoll noch nicht in Kraft getreten sind. Die Menschenrechtskonvention umfasst in erster Linie klassische individuelle Abwehrrechte. In begrenztem Umfang enthält sie daneben auch Teilhaberechte, Verfahrensrechte und staatsbürgerliche Garantien. Die Menschenrechtskonvention gilt für die Unterzeichnerstaaten, die sie ratifiziert haben, und gem. Art. 6 III EUV auch für die Europäische Union, die sich zur Achtung der in der EMRK verbürgten Rechte verpflichtet hat. Insofern ist der durch die EMRK vermittelte Menschenrechtsstandard für die Rechtsprechung des Europäischen Gerichtshofs in Luxemburg, insbesondere angesichts des bisherigen Fehlens eines eigenen verbindlichen Grundrechtskataloges der Union, von hoher Bedeutung (→ Rn. 644).[27]

84 Die Menschenrechtskonvention vermittelt nicht nur materiellen Menschenrechtsschutz, sondern gestaltet diesen auch institutionell aus. Nachdem es früher mit der Menschenrechtskommission und dem Gerichtshof für Menschenrechte zwei mit Rechtsschutzfragen befasste Organe gab, existiert seit dem 1.11.1998, dem Datum des Inkrafttretens des 11. Zusatzprotokolls zur Menschenrechtskonvention, nur noch der Gerichtshof. Dieser kann im Wege der Staatenbeschwerde (Art. 33 EMRK) und der Individualbeschwerde, dh von natürlichen- und juristischen Personen, die sich in ihren Menschenrechten verletzt fühlen (Art. 34 EMRK), angerufen werden.

85 Insgesamt wird man derzeit das Menschenrechtsschutzsystem des Europarates schon aufgrund der Klagemöglichkeiten des Individuums als im Weltmaßstab relativ einzigartig ansehen können. Über den Beitritt der EU zur EMRK wird künftig zudem eine enge Anbindung der Union an die EMRK und den Gerichtshof in Straßburg erfolgen, die die Bedeutung dieses Menschenrechtsregimes im Europarat noch weiter steigern dürfte.

II. Die Europäische Freihandelsorganisation (EFTA)

86 Ende der 1950er Jahre scheiterten Verhandlungen zwischen der EWG und elf Staaten außerhalb der EWG über die Errichtung einer großen Freihandelszone. So kam es zur Gründung einer sog. »Kleinen Freihandelszone«, der *»EFTA (European Free Trade Area)«,* durch sieben Staaten außerhalb der EWG im Jahre 1960. Zeitgleich mit ihrem

---

26 Abgedr. in Sart. II, Nr. 130ff.
27 Dazu ausf. *Frowein/Peukert,* Europäische Menschenrechtskonvention, 3. Aufl. 2009.

Beitritt zur EWG, die ebenfalls den Freihandel garantieren sollte, traten nach und nach immer mehr Staaten aus der EFTA aus. Seit der EFTA-Erweiterungsrunde der EG im Jahre 1995 (→ Rn. 28) beschränkt sich die EFTA nunmehr nur noch auf die Staaten Norwegen, Island, Schweiz und Liechtenstein. Diese Staaten sind durch das EWR-Abkommen (→ Rn. 1188)[28] – welches freilich in der Schweiz nicht unterzeichnet wurde – mit der EG verbunden. Damit ist die Bedeutung der EFTA heute deutlich gemindert.

Die EFTA strebte – anders als die EWG – nie die Vollendung eines Binnenmarktes an, sondern beschränkte sich darauf, als Freihandelszone durch Abschaffung der Binnenzölle und einen gemeinsamen Außenzoll den Charakter einer Zollunion einzunehmen.[29] **87**

III. Die Organisation für Sicherheit und Zusammenarbeit in Europa (OSZE)

Die heute »*Organisation für Sicherheit und Zusammenarbeit in Europa*« (OSZE) ge- **88** nannte Institution ist aus der sog. Konferenz für Sicherheit und Zusammenarbeit in Europa (KSZE) hervorgegangen. Diese war in dem Bestreben des Ostens und Westens entstanden, Mitte der 1970er Jahre ein Gesprächs- und Kooperationsforum im Kalten Krieg zu schaffen. In der Schlussakte von Helsinki wurde die Konferenz für Sicherheit und Zusammenarbeit 1975 durch europäische Staaten, die Sowjetunion, die USA und Kanada begründet. Die KSZE sollte sich vor allem mit den Bereichen der Friedenssicherung, der Menschenrechte und der wirtschaftlichen Kooperation befassen. Die entsprechenden rechtlich unverbindlichen Übereinkünfte waren in drei sog. Körben niedergelegt.

Folgekonferenzen in Belgrad, Madrid und Wien ließen den Dialog zwischen Ost und **89** West über Fragen der Kooperation auf den genannten drei Gebieten nicht abreißen.

Die Zeitenwende von 1989/90 führte auch zu einem Aufgabenwandel der KSZE und **90** zu deren anschließender Umbenennung in »Organisation für Sicherheit und Zusammenarbeit«. Die Zahl der Mitgliedstaaten ist von 34 auf 57 Mitglieder angewachsen. Mittlerweile hat die OSZE auch ein sehr stark ausdifferenziertes Institutionengefüge entwickelt. Neben dem Gipfeltreffen der Staats- und Regierungschefs fungiert als beschlussfassendes Lenkungsgremium der Ministerrat auf der Ebene der Außenminister. Unterhalb der Ministerebene erörtert der Hohe Rat – bestehend aus hochrangigen Beamten der Außenministerien – den Erlass politischer und allgemeiner budgetärer Richtlinien. Darüber hinaus existiert ein Ständiger Rat aus Vertretern der Teilnehmerstaaten. Die Parlamentarische Versammlung setzt sich aus Delegationen der Mitgliedstaaten zusammen. Dazu gibt es ein OSZE-Sekretariat, ein Konfliktverhütungszentrum und ein Büro für demokratische Institutionen und Menschenrechte. Außerdem verfügt die OSZE über das Amt eines Hohen Kommissars für nationale Minderheiten und ein Forum für Sicherheitskooperationen in Fragen der Rüstungskontrolle, in dessen Rahmen vertrauens- und sicherheitsbildende Maßnahmen erörtert werden.

---

28 Grundlage des Tätigwerdens der EFTA ist die Vaduz-Konvention v. 21.6.2001, die seit 1.6.2002 in Kraft ist und die Stockholm-Konvention von 1960 abgelöst hat. Organe der EFTA sind der Rat, der verschiedene Ausschüsse eingesetzt hat, eine Überwachungsbehörde und seit 1994 ein Gerichtshof; zur Rspr. des EFTA-Gerichtshofs s. etwa *Baudenbacher* EuZW 1998, 391.
29 Zum Unterschied zwischen Binnenmarkt und Zollunion → Rn. 613.

IV. Die Organisation für wirtschaftliche Zusammenarbeit und Entwicklung (OECD)

91 Am 16.4.1948 wurde zur Schaffung einer Institution für die Verteilung der Mittel des Marshall-Plans durch 16 europäische Staaten die *Organisation für Europäische Wirtschaftliche Zusammenarbeit* (*Organization for European Economic Cooperation,* OEEC) gegründet. Ihre Aufgabe erstreckte sich darüber hinaus in den 1950er Jahren auf den Abbau nichttarifärer Handelshemmnisse.

92 Die Gründung der Sechser-Gemeinschaft führte zu einer Neuausrichtung und Umwandlung der OEEC in die Organisation für wirtschaftliche Zusammenarbeit und Entwicklung (*Organization for Economic Cooperation and Development,* OECD), deren Aufgabe nun nicht mehr in der europäischen Handelsliberalisierung, sondern in neuen global orientierten Tätigkeiten besteht. Die Organisation umfasst 34 Staaten; neben den europäischen Staaten sind dies Australien und die bedeutendsten Industriestaaten Nordamerikas und Asiens. Sie verfügt über die Organe Rat, Exekutivausschuss und Sekretariat sowie Nebenorgane.

93 Die Aufgaben der OECD umfassen heute im Wesentlichen den Bereich der Wirtschaftsliberalisierung sowie der Sicherung der wirtschaftlichen Entwicklung und des Lebensstandards in den Mitgliedstaaten und schließlich der Entwicklungshilfe. Durch den Zusammenschluss der bedeutendsten Industrienationen liegt die Bedeutung der Organisation mehr im wirtschaftspolitischen Bereich; rechtlich verbindliche Beschlüsse werden hier kaum gefasst.

V. Die Historie der Westeuropäischen Union (WEU)

94 Seit dem Jahre 2011 gibt es die WEU nicht mehr. Ihr wichtiger Einfluss auf die Herausprägung des nach wie vor prekären Gebiets der Verteidigung im Rahmen und durch die Integrationsgemeinschaft macht indes einen kurzen Überblick über das Wirken der WEU erforderlich. Nachdem der Plan der Schaffung einer eigenen europäischen Verteidigungsgemeinschaft (EVG) als europäischem Verteidigungspfeiler gescheitert war (→ Rn. 18), wurde unter dem Eindruck des Ost-West-Konflikts der Brüsseler Verteidigungsvertrag von 1948 in die *Westeuropäische Union* überführt, die zunächst sieben Mitgliedstaaten, nämlich Deutschland, Frankreich, Großbritannien, Italien und die Beneluxstaaten, umfasste.

95 Als Funktion der WEU war der Aufbau eines westeuropäischen Systems kollektiver Sicherheit und damit eines europäischen Verteidigungspfeilers außerhalb der NATO, aber in enger Abstimmung mit dieser, vorgesehen. Wichtigste Inhalte der WEU waren die Rüstungsbegrenzung und die Festlegung einer automatischen Beistandspflicht bei einem Angriff auf ein WEU-Mitglied.

96 Die WEU hatte dabei über lange Zeit ein Schattendasein neben der NATO geführt. Später begann sie sich als europäischer Pfeiler der NATO zu profilieren. Im Rahmen der institutionellen Neuerungen seit dem Vertrag von Maastricht von 1992 wurde schrittweise die Westeuropäische Union bei der Schaffung der GASP in die Europäische Union integriert. Die WEU hatte seit den Petersberger Beschlüssen von 1992[30] einen Bedeutungszuwachs durch ihre Einbindung in Maßnahmen der Konfliktbewäl-

---

30 Bull. BReg. 1992, Nr. 68, 649.

tigung der OSZE oder auch des Sicherheitsrates der Vereinten Nationen erlangt. Durch den Vertrag von Nizza (Art. 17 EU) wurden dann wesentliche Funktionen europäischer Verteidigung von der WEU auf die EU übertragen (auch → Rn. 1228). Heute finden sich also wesentliche ehemalige Aufgaben der WEU in der EU.

Mit Erklärung v. 31.3.2010 hatte die Präsidentschaft der WEU erklärt, dass die Orga-   97
nisation ihre historisch bedeutsame Rolle erfüllt habe, im Hinblick auf den Vertrag von Lissabon und der damit einhergehenden neuen Phase europäischer Sicherheit und Verteidigung aber möglichst bis Ende Juni 2011 abgewickelt werden solle (vgl. http://www.weu.int/). Entsprechend erfolgte am 30.6.2011 die Auflösung der Organisation und wurden die verbleibenden administrativen Aufgaben (etwa die Verwaltung von Rentenansprüchen) durch Ratsbeschluss v. 23.5.2011[31] auf das neu eingerichtete Satellitenzentrum der EU übertragen. Kollektive Sicherheit ist von nun an eine Aufgabe, der sich in Europa vorrangig EU und NATO widmen. Zugleich bezeugt die Einbindung der WEU in den EU-Vertrag die Tendenz, kollektives Vorgehen der Mitgliedstaaten außerhalb des Rahmens der EU tunlichst zu vermeiden.

§ 5 Die Unionsrechtsordnung: Öffentlich-rechtlicher Rahmen zur Garantie der Binnenmarktfreiheiten

Literatur: *v. Bogdandy*, Beobachtungen zur Wissenschaft vom Europarecht, Der Staat 2001, 3; *v. Danwitz*, Verfassungsrechtliche Herausforderungen in der jüngeren Rechtsprechung des Gerichtshofs der Europäischen Union, EuGRZ 2013, 253; *Pernice*, Die Dritte Gewalt im europäischen Verfassungsverbund, EuR 1996, 27; *Schwarze*, Europäisches Verwaltungsrecht, Bd. II, 1988; *Skouris*, Der Einfluss des Europäischen Gemeinschaftsrechts auf die Unterscheidung zwischen Privatrecht und öffentlichem Recht, EuR 1998, 111; *Steindorff*, Markt und hoheitliche Verantwortung in der EG – Vom Werden europäischer Wirtschaftsordnung, ZHR 2000, 223.

Wie vorstehend gezeigt wurde, hat die Integration in den letzten 60 Jahren bedeutende   98
Fortschritte gemacht. Der wesentliche Beitrag des Unionsrechts besteht in der Aufgabe, zur Verwirklichung eines Binnenmarktes und zur Gewährleistung der größtmöglichen wirtschaftlichen Betätigungsfreiheit der Marktteilnehmer beizutragen. Alle Verträge als rechtliche Grundordnungen des Gemeinsamen Marktes bemühen sich um die Herstellung größtmöglicher Freiheiten, was, wie in jeder Rechtsordnung, auch die hoheitliche Setzung eines Rahmens zur verhältnismäßigen Einschränkung individueller Freiheiten mit sich bringt. So war bereits die erste Gemeinschaft, die Europäische Gemeinschaft für Kohle und Stahl, ihrer Konzeption nach darauf angelegt, die Verantwortung für den Kohle- und Stahlbereich der privaten Wirtschaft teilweise zu entziehen und sie hoheitlicher Aufsicht (durch die Hohe Behörde bzw. die Kommission) zu übertragen. Diese supranationale, also direkten hoheitlichen Zugriff der Union auf die Organe der Mitgliedstaaten und die in den Mitgliedstaaten lebenden Bürger ermöglichende Vorgehensweise soll das Gesamtziel des Vertrags – Schaffung und Erhaltung eines Binnenmarktes – erreichbar machen. Auch findet eine hoheitliche Steuerung durch eine Vielzahl von Vorschriften und Eingriffsermächtigungen statt. Gedacht sei hier etwa an das Verbot der Ausübung übermäßiger Marktmacht durch kartellartige Zusammenschlüsse (vgl. etwa Art. 101 ff. AEUV). Im EU-Vertrag findet sich zum einen das Bekenntnis zu

---

31 ABl. 2011 L 136, 62.

einer wettbewerbsfähigen sozialen Marktwirtschaft (Art. 3 III 2 EUV), andererseits gibt es Zielsetzungen (vgl. etwa Art. 3 III 3 EUV) wie sozialen Schutz, Gleichberechtigung und Umweltschutz, die mit der Garantie der Marktfreiheiten auszutarieren sind. Auch hierfür bedarf es eines gewissen stabilen und hoheitlich gesetzten Ordnungsrahmens, der seinerseits durch die Akzeptanz der in Art. 2 EUV erwähnten, für die Union verbindlichen und in allen Mitgliedstaaten geltenden Grundsätze der Freiheit, Demokratie, Achtung der Menschenrechte und Grundfreiheiten sowie Rechtsstaatlichkeit gekennzeichnet ist. Aktionsprogramme der Union, sog. Unionspolitiken, wie etwa die Landwirtschaftspolitik, der Schutz der Grundfreiheiten und der Schutz der im Vordringen begriffenen europäischen Grundrechte vor einer übergroßen Marktmacht, fordern entsprechendes hoheitliches Tätigwerden.

99 Damit zeigt sich, dass das Unionsrecht eine Art hoheitliche Ordnungsfunktion innehat. Den Marktbürgern soll durch die Setzung eines stabilen Ordnungsrahmens die Möglichkeit des Handel(n)s nach marktwirtschaftlichen Grundsätzen gegeben werden; ihr Verhältnis zueinander richtet sich zudem nach dem einschlägigen Privatrecht des jeweiligen Mitgliedstaates, um dessen jedenfalls partielle Harmonisierung das Europarecht indessen bemüht ist. Andererseits wird der Handlungsfreiheit des einzelnen Marktbürgers bzw. Unternehmens im Gemeinsamen Markt durch die Zielsetzungen der Unionsverträge eine gewisse Grenze gesetzt, zum Teil – etwa im Agrarmarkt – beinhaltet das Konzept sogar massive regulative Eingriffe, die einer statischen Planungsverfassung ähneln. Die Definition dieser Grenze ist dem Einzelnen entzogen. Sie obliegt einerseits den Mitgliedstaaten, andererseits in der konkreten Ausfüllung den handelnden Unionsorganen.

100 Man wird damit insgesamt sagen können, dass das Unionsrecht sich als öffentlich-rechtlicher (hoheitlicher) Ordnungsrahmen im Sinne einer öffentlich-rechtlichen Planungsverfassung versteht, die die Grenzen für die entsprechende privatwirtschaftliche Betätigung von Einzelnen und Unternehmen bestimmt. Dieser Ordnungsrahmen ist einerseits nur durch Hoheitsträger – nämlich im Wesentlichen die Mitgliedstaaten – abänderbar. Er ist andererseits in der tagtäglichen Ausfüllung von Hoheitsträgern auf den Einzelfall anwendbar, nämlich durch die Unionsorgane oder die mitgliedstaatlichen Behörden bei der Umsetzung des Unionsrechts.

101 Dabei zeigt dieser Rechtsrahmen auch deutlich konstitutionelle Züge. Im europäischen Mehrebenensystem gestuft organisierter öffentlicher Gewalt ist, zunächst auf völkerrechtlicher Grundlage, seit 1952/1957 ein Konstitutionalisierungsprozess zu beobachten, der schon heute in Stand setzt, von einer, zwischenzeitlich in einem einheitlichen Dokument, dem Europäischen Verfassungsvertrag, und nun im wesentlichen Ansatz im Reformvertrag von Lissabon zusammengefassten, aber nicht darauf beschränkten europäischen Verfassung in Komplementarität zu den Verfassungen der Mitgliedstaaten zur Regulierung europäischer Hoheitsgewalt zu sprechen. Es gibt also sowohl auf der Ebene der Mitgliedstaaten als auch auf der Ebene der Union Vorschriften zur Einhegung der Hoheitsgewalt, welche, da die Aufgabenerfüllung sich je nach der Aufgabe auf nationaler oder europäischer Ebene vollzieht, miteinander in einer Art wechselbezüglichem Verhältnis stehen. Essentielle konstitutionelle Grundprinzipien sind etwa die Binnenmarktfreiheiten (freier Warenverkehr, Freizügigkeit der Arbeitnehmer, Niederlassungsfreiheit, Dienstleistungsfreiheit und freier Kapitalverkehr), Grundrechte der EU-Bürger, »Rule of Law«, Subsidiarität und Verhältnismäßigkeit. Dabei zeigt

Art. 2 EUV von dem Selbstverständnis der Union auch als Wertegemeinschaft, wenn die Norm ausführt, dass die EU auf der Achtung der Menschenwürde, Freiheit, Demokratie, Gleichheit, Rechtsstaatlichkeit und die Wahrung der Menschenrechte einschließlich der Rechte der Personen, die Minderheiten angehören, gründet. Mit Art. 7 ist zudem ein Sanktionsmechanismus vorgesehen, der nachdem eine »eindeutige [und später anhaltende] Gefahr einer schwerwiegenden Verletzung der in Artikel 2 genannten Werte durch einen Mitgliedstaat« festgestellt wurde als ultima ratio die Aussetzung der Mitgliedschaftsrechte, einschließlich der Stimmrechte des Staates im Rat, vorsieht. Zu dieser schärfsten Sanktion ist es bislang nicht gekommen. Gleichwohl zeigen Fälle wie die Ausweisung von Roma (immerhin Unionsbürger) durch Frankreich, die Behandlung von Flüchtlingen in überfüllten Auffanglagern Italiens oder die rechtsstaatlich zweifelhaften Reformen des Staatswesens der regierenden Partei in Ungarn, dass es durchaus im Hinblick auf Art. 2 EUV zweifelhafte Fälle gibt. Da ein Verfahren nach Art. 7 EUV bislang nicht konsensfähig war, gibt es seit geraumer Zeit Forderungen nach einem weiteren Instrument zum Schutz der Werte des Art. 2 EUV und der Rechtsstaatlichkeit. Die Kommission hat dazu im Frühjahr 2014 Rahmenvorschriften für einen neuen Frühwarn- und Dialogmechanismus entwickelt, der keine Erweiterung der vertraglichen Kompetenzen darstellen und Art. 7 EUV ergänzen soll. Entstehen systembedingte Gefahren für die Rechtsstaatlichkeit – also nicht nur singuläre Verstöße – und droht eine schwerwiegende Verletzung im Sinne des Art. 7 EUV, kann die Kommission ein »Verfahren vor Anwendung des Artikel 7« einleiten und im Dialog mit dem Staat versuchen, die Gefahr zu bannen. Dieses Verfahren basiert auf drei Stufen:[32] Zunächst prüft die Kommission, ob eindeutige Anzeichen einer systembedingten Gefahr für die Rechtsstaatlichkeit in einem Mitgliedstaat bestehen. Bejahendenfalls richtet sie eine Stellungnahme an diesen und gibt ihm Möglichkeit zur Stellungnahme. Kommt es im Rahmen dieses Dialogs nicht zu einer Lösung, richtet sie eine Rechtsstaatlichkeitsempfehlung an den Staat, die auch veröffentlicht wird. Trifft der Staat keine Maßnahmen, um den Bedenken der Kommission Abhilfe zu schaffen, kann die Kommission das Verfahren nach Art. 7 EUV eröffnen. Skeptische und mahnende Stimmen bezweifeln die Notwendigkeit eines neuen Verfahrens und betonen, dass Art. 7 EUV grundsätzlich ausreichend und vielmehr der fehlende politische Wille das Problem sei. Ob die neuen Mittel der Kommission ausreichen, um problematische Entwicklungen im Rahmen der Union durch Dialog künftig zu verhindern, einzudämmen oder wieder auszuräumen, bleibt abzuwarten.

Die Unionsrechtsordnung ist als eine Rechtsordnung eigener Art zwischen Völkerrecht und nationalem Recht zu bezeichnen.[33] Sie ist durch das nicht festgelegte Integrationsziel von dynamischer Unerfülltheit[34] und so auf schrittweise Verwirklichung des Ziels einer – wie gezeigt – primär auf die Setzung eines für das möglichst reibungslose grenzüberschreitende Wirtschaften ausreichenden Rahmens angelegt. Dabei soll dieses Ziel durch verschiedene Instrumente der Rechtsangleichung und namentlich durch die supranationale Natur der Union erreicht werden. Wesentlich ist dabei, dass das die   **102**

---

32 Näher dazu Pressemitteilung der Kommission v. 11.3.2014 – IP/14/237.
33 EuGH 15.7.1964 – 6/64, Slg. 1964, 1251 Rn. 1269 = BeckRS 2004, 73387 – Costa/E.N.E.L.; stRspr und hM. Gegen die Qualifizierung des Europarechts als eine vom Völkerrecht zu unterscheidene Rechtsordnung und für eine völkerrechtliche Teilrechtsordnung demgegenüber *Fremuth,* Die Europäische Union auf dem Weg in die Supranationalität, 2010, 279 ff.
34 *Ipsen,* Europäisches Gemeinschaftsrecht, 1972, 198 f.

Union charakterisierende Element der Supranationalität nicht auf eine Aneinanderreihung nationaler Rechtskonzeptionen hin angelegt ist, sondern auf deren Weiterentwicklung im Sinne einer Europäisierung abzielt. Dazu verfügt die Union auch über eigene Hoheitsgewalt.[35] Die Ausübung von Hoheitsgewalt durch Unionsorgane zeigt sich vor allem im sog. unionsunmittelbaren Vollzug, bei dem Europarecht direkt durch Unionsorgane ausgeführt wird (vgl. dazu im Einzelnen → Rn. 366ff.). Allerdings sind es in den meisten Fällen nicht Unionsbehörden, die mit dem Vollzug des Unionsrechts befasst sind, sondern diejenigen der Mitgliedstaaten.

103 Deutlich wird damit auch, dass sowohl öffentlich-rechtliche (hoheitliche) als auch privatrechtliche (zumeist wirtschaftsrechtliche) Komponenten das Unionsrecht prägen und dabei in einem zunehmenden Maße die Unterscheidung zwischen beiden Bereichen verschwimmt. Dies liegt wesentlich daran, dass, weit über das Modell klassischer internationaler Organisationen hinausgehend, das hoheitlich gesetzte Primär- und Sekundärrecht nicht mehr nur die Vertragspartner, also die Mitgliedstaaten als Adressaten kennt, sondern in sehr vielen Fällen direkt an die Marktbürger gerichtet ist und damit, in einer großteils nationales (Wirtschafts-)Recht verdrängenden Form, zum wesentlichen Gestaltungs- und Ordnungsfaktor der Wirtschaftsbeziehungen zwischen und auch in den Mitgliedstaaten geworden ist. Man wird deshalb wohl bereits soweit gehen können, das Unionsrecht als neue, die klassische Unterscheidung in Zivil- und öffentliches Recht weitgehend unbeachtet lassende Rechtsordnung zu bezeichnen. Eine Rechtsordnung, die Elemente einer Verfassung, das Postulat einer – unterschiedlich abgestuften – Angleichung der Privat- und damit der Wirtschaftsrechtsordnungen und eben rein wirtschaftsrechtliche, an die Marktteilnehmer gerichtete Ge- und Verbote kennt. Insoweit hat jedenfalls im unionsrechtlichen Rahmen auch die Einteilung in öffentliches Recht und Privatrecht an Tragweite verloren.[36]

---

35 So auch *Pernice* EuR 1996, 27 (30); aA *v. Bogdandy* Der Staat 2001, 3 (20, 21).
36 *Skouris* EuR 1998, 111 (128).

2. Teil. Die institutionelle Struktur der Europäischen Union

§ 6 Der Rechtsstatus der Europäischen Union

I. Bezeichnungen

Literatur (zu I. und II.): *v. Bogdandy/Nettesheim,* Die Verschmelzung der Europäischen Gemeinschaften in der Europäischen Union, NJW 1995, 2324; *Dörr,* Noch einmal: Die Europäische Union und die Europäischen Gemeinschaften, NJW 1995, 3162; *Everling,* Überlegungen zur Struktur der Europäischen Union und zum neuen Europa-Artikel des Grundgesetzes, DVBl. 1993, 936; Vedder/Heintschel von Heinegg/*Heintschel von Heinegg* EUV Art. 47, Rn. 3–5, AEUV Art. 335; *Oppermann/Classen/Nettesheim* EuropaR § 4; *Pechstein/Koenig* EU Rn. 1–164; *Ress,* Die Europäische Union und die neue juristische Qualität der Beziehungen zu den Europäischen Gemeinschaften, JuS 1992, 985; *Schroeder,* Die Europäische Union als Völkerrechtssubjekt, EuR 2012, Beiheft Nr. 2, S. 9; *Schwarze,* Der Reformvertrag von Lissabon – Wesentliche Elemente des Reformvertrags, EuR 2009, Beiheft 1, 9 ff.; *Schweitzer/Hummer* EuropaR Rn. 950; *Terhechte,* Der Vertrag von Lissabon: Grundlegende Verfassungsurkunde der europäischen Rechtsgemeinschaft, EuR 2008, 143; *Weber,* Vom Verfassungsvertrag zum Vertrag von Lissabon, EuZW 2008, 7 ff.

Seit Begründung der Europäischen Union durch den Vertrag von Maastricht unterschied man die Begriffe *»Europäische Gemeinschaft«* (EG), *»Europäische Gemeinschaften«* (EGen) und *»Europäische Union«* (EU). Da diese Begrifflichkeiten häufig synonym verwendet wurden, ist eine Begriffsklärung notwendig. **104**

Unter *»Europäische Gemeinschaft«* (EG) verstand man die als europäische Wirtschaftsgemeinschaft (EWG) durch die Römischen Verträge von 1957 gegründete und seit Inkrafttreten des Maastrichter Vertrags 1993 als EG bezeichnete Gemeinschaft. **105**

Mit *»Europäische Gemeinschaften«* (EGen) wurden ursprünglich die drei im Zuge der europäischen Integration gegründeten Gemeinschaften, also die Europäische Gemeinschaft für Kohle und Stahl, die Europäische Atomgemeinschaft und die Europäische (Wirtschafts-)Gemeinschaft bezeichnet. Seit dem Auslaufen des auf 50 Jahre geschlossenen EGKS-Vertrags am 23.7.2002 waren darunter nur noch die Europäische Gemeinschaft und EURATOM zu verstehen. **106**

Schließlich umfasste der Begriff *»Europäische Union«* das politische System, basierend auf dem EU-Vertrag, das sich aus den sog. drei Säulen zusammensetzte. Dies waren zum einen die in der 1. Säule zusammengefassten, indes nicht miteinander verschmolzenen beiden Gemeinschaften (EG und EURATOM) sowie in der 2. Säule die Gemeinsame Außen- und Sicherheitspolitik (»GASP«) und in der 3. Säule die Polizeiliche und Justizielle Zusammenarbeit in Strafsachen (»PJZS«, vormals Gemeinsame Innen- und Justizpolitik), die sich beide auf der Basis intergouvernementaler, also die einzelstaatliche Souveränität möglichst wenig berührender, zwischenstaatlicher Zusammenarbeit vollzogen. **107**

108

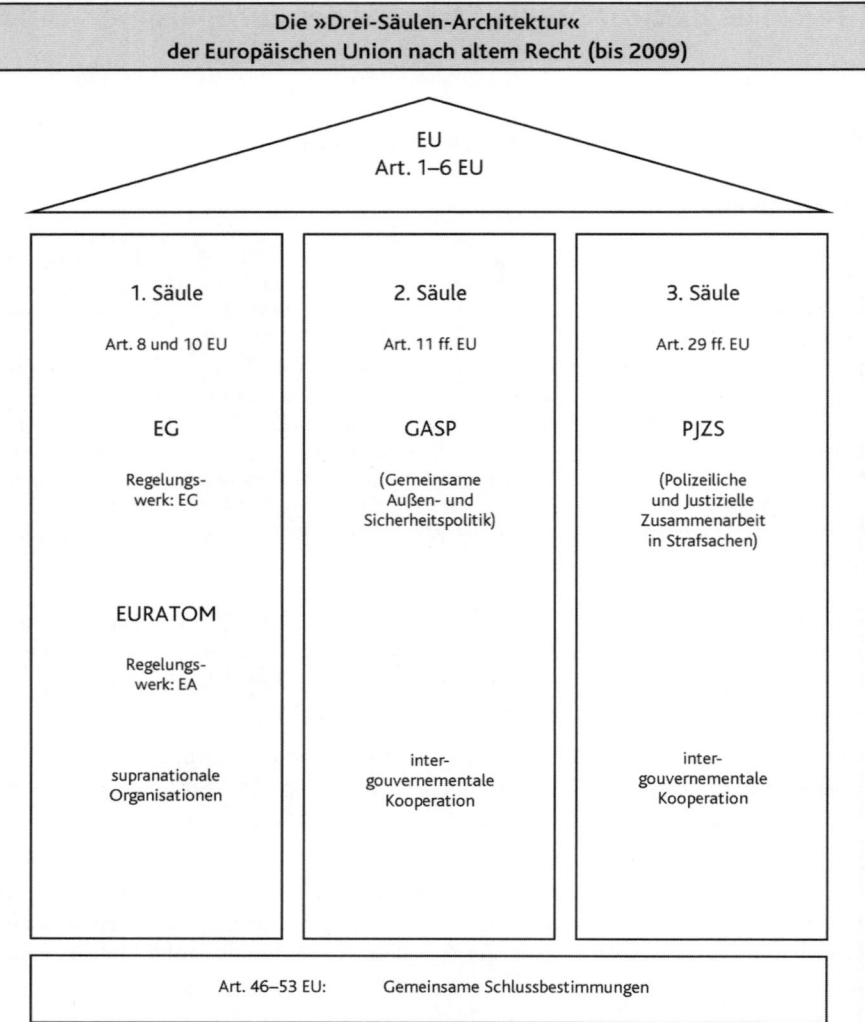

Die »Drei-Säulen-Architektur«
der Europäischen Union nach altem Recht (bis 2009)

EU
Art. 1–6 EU

1. Säule	2. Säule	3. Säule
Art. 8 und 10 EU	Art. 11 ff. EU	Art. 29 ff. EU
EG	GASP	PJZS
Regelungs-werk: EG	(Gemeinsame Außen- und Sicherheitspolitik)	(Polizeiliche und Justizielle Zusammenarbeit in Strafsachen)
EURATOM		
Regelungs-werk: EA		
supranationale Organisationen	inter-gouvernementale Kooperation	inter-gouvernementale Kooperation

Art. 46–53 EU: Gemeinsame Schlussbestimmungen

109 Der Reformvertrag von Lissabon ändert die bestehenden völkerrechtlichen Vertrags-grundlagen grundlegend. Wie schon bislang mit dem EU- und dem EG-Vertrag, gibt es in Zukunft zwei Verträge: Der EU-Vertrag behält seinen bisherigen Namen bei und ist nunmehr als Teil II im Reformvertrag enthalten. Der EG-Vertrag heißt »*Vertrag über die Arbeitsweise der Europäischen Union*« (AEU-Vertrag) und findet sich als Teil III in dem Reformvertrag wieder. Die Namensänderung erfolgte, weil die »*Europäische Gemeinschaft*« nicht mehr als Institution mit eigenem Namen existiert. Ihre Funktionen sind vollständig von der EU übernommen worden. Somit ist die Bezeich-nung »*Gemeinschaften*« konsequent durch »*Union*« ersetzt worden.

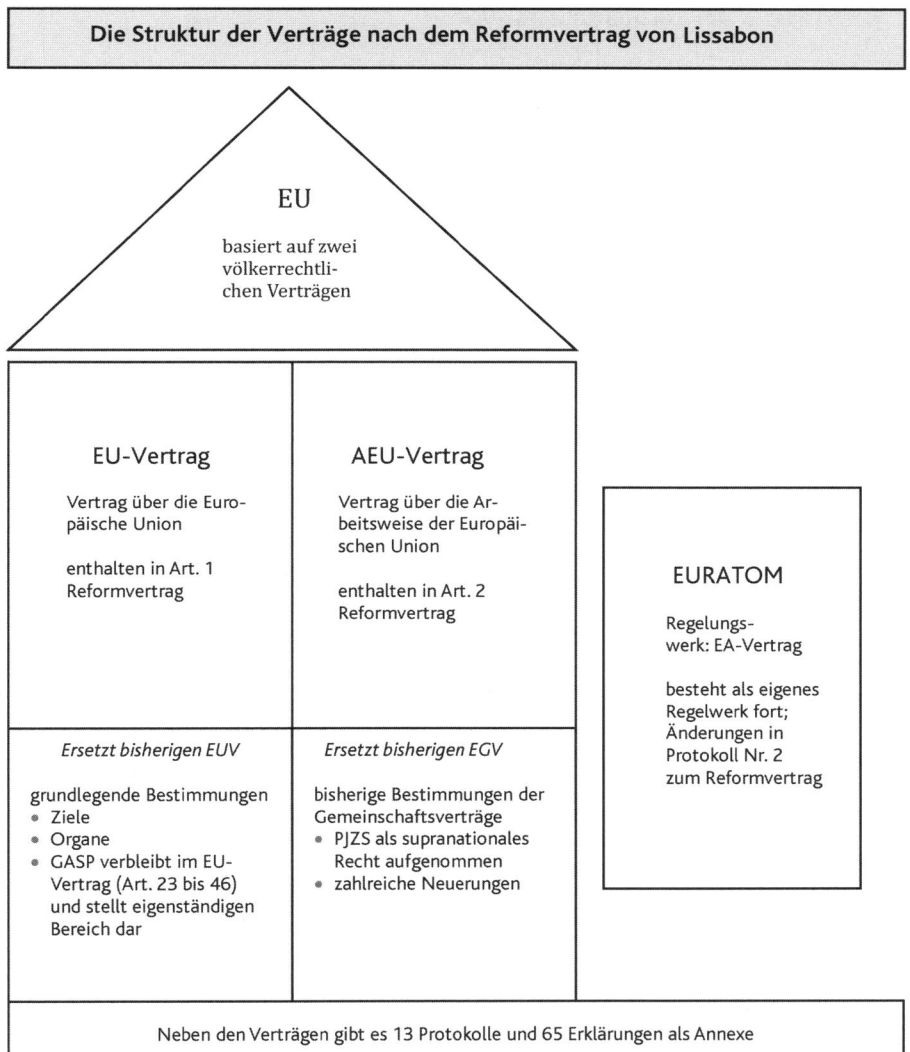

Die Struktur der Verträge nach dem Reformvertrag von Lissabon   110

EU

basiert auf zwei
völkerrechtli-
chen Verträgen

EU-Vertrag

Vertrag über die Euro-
päische Union

enthalten in Art. 1
Reformvertrag

Ersetzt bisherigen EUV

grundlegende Bestimmungen
• Ziele
• Organe
• GASP verbleibt im EU-
  Vertrag (Art. 23 bis 46)
  und stellt eigenständigen
  Bereich dar

AEU-Vertrag

Vertrag über die Ar-
beitsweise der Europäi-
schen Union

enthalten in Art. 2
Reformvertrag

Ersetzt bisherigen EGV

bisherige Bestimmungen der
Gemeinschaftsverträge
• PJZS als supranationales
  Recht aufgenommen
• zahlreiche Neuerungen

EURATOM

Regelungs-
werk: EA-Vertrag

besteht als eigenes
Regelwerk fort;
Änderungen in
Protokoll Nr. 2
zum Reformvertrag

Neben den Verträgen gibt es 13 Protokolle und 65 Erklärungen als Annexe

Das Drei-Säulen-Modell ist damit abgeschafft worden. Der AEU- und der EU-Vertrag   111
sind rechtlich gleichrangig. Die Polizeiliche und Justizielle Zusammenarbeit, die bislang nur im EU-Vertrag aber nicht im EG-Vertrag geregelt war, ist aus dem intergouvernementalen Bereich herausgenommen worden. Durch den Reformvertrag wurde
sie in den supranationalen Bereich überführt und ist fortan im AEU-Vertrag geregelt.
Die frühere zweite Säule, die Gemeinsame Außen- und Sicherheitspolitik, bleibt hingegen weiterhin intergouvernemental und wird somit als eigener Teil fortbestehen. In
Protokoll Nr. 2 zum Reformvertrag sind Änderungen des EAG-Vertrags enthalten,
der als eigenes Regelwerk fortbestehen wird.

II. Rechtsnatur der Europäischen Union

112 Der Vertrag von Lissabon hat eine Klarstellung hinsichtlich der Einordnung der Rechtsnatur der Europäischen Gemeinschaften und der Europäischen Union gebracht.

Nach bisherigem Recht nahmen die »Europäischen Gemeinschaften« nach herrschender Meinung die Stellung eines Staatenbundes besonderer Art ein, die herkömmlich mit dem Begriff der *»supranationalen Organisation«* charakterisiert wurde. Damit sollte zum Ausdruck gebracht werden, dass es sich einerseits um staatliche Zusammenschlüsse iSv internationalen Organisationen handelte, jenen Organisationen allerdings Hoheitsrechte durch die Mitgliedstaaten übertragen wurden, mit der Konsequenz einer möglichen unmittelbaren Berechtigung und Verpflichtung der Bürger der Mitgliedstaaten.

113 Die Übertragung dieser staatlichen Hoheitsbefugnisse regeln die jeweiligen Verfassungen der Mitgliedstaaten, in der Bundesrepublik Deutschland bestimmt etwa Art. 23 I GG (auszugsweise):

> »Zur Verwirklichung eines vereinten Europas wirkt die Bundesrepublik Deutschland bei der Entwicklung der Europäischen Union mit (...). Der Bund kann hierzu durch Gesetz mit Zustimmung des Bundesrates Hoheitsrechte übertragen. (...)«

114 Ursprünglich war es nach den Römischen Verträgen und den Verträgen von Maastricht, Amsterdam und Nizza so, dass die Übertragung der Hoheitsrechte regelmäßig auf die Europäischen Gemeinschaften, also die erste Säule der Europäischen Union, mangels Rechtspersönlichkeit niemals aber auf die Europäische Union als solche erfolgen konnte. Supranationales Recht, also die Gesetze einer autonomen Rechtsordnung,[1] konnte jeweils nur im Rahmen der Europäischen Gemeinschaften gesetzt werden.

115 Dabei waren also die supranationalen *»Europäischen Gemeinschaften«* als internationale Organisationen mit eigener Völkerrechtssubjektivität anzusehen. Sie hatten die Kompetenz zum Abschluss völkerrechtlicher Verträge und waren an die Regeln des Völkerrechts gebunden.

116 Schwieriger noch war die Einordnung der *»Europäischen Union«*. Zu der Frage ihrer Rechtspersönlichkeit hatten sich im Laufe der Zeit verschiedene Theorien entwickelt.

117 Zum einen wurde die These vertreten, die drei ursprünglichen Gemeinschaften seien in der EU aufgegangen bzw. verschmolzen. Aufgrund des einheitlichen institutionellen Rahmens des EU-Vertrags sei daher die Annahme gestattet, dass die EU eine einheitliche Rechtspersönlichkeit darstelle, in der die Rechtspersönlichkeiten der Gemeinschaften aufgegangen seien.[2]

118 Der überwiegende Teil des Schrifttums sah die EU dagegen als institutionelles Dach ohne eigene Rechtspersönlichkeit.[3] Die fehlenden Kompetenzzuweisungen im EU-

---

1 So ausdrücklich EuGH, stRspr seit EuGH 15.7.2014 – 6/64, Slg. 1964, 1251 Rn. 1269 = BeckRS 2004, 73387 – Costa/E.N.E.L.
2 So ausdrücklich *v. Bogdandy/Nettesheim* NJW 1995, 2324; *Ress* JuS 1992, 986.
3 Dazu *Dörr* NJW 1995, 3162; *Bleckmann* EuropaR Rn. 166; *Haratsch/Koenig/Pechstein* EuropaR Rn. 51.

Vertrag zeigten, dass die EU nicht mehr sei, als die Bündelung verschiedener Aktivitäten im Rahmen der europäischen Integration. Dieses Dach werde von drei Säulen, nämlich den Europäischen Gemeinschaften, der Gemeinsamen Außen- und Sicherheitspolitik und der Polizeilichen und Justiziellen Zusammenarbeit in Strafsachen getragen. Während die 1. Säule supranationaler Natur sei, basierten die 2. und 3. Säule auf einer rein völkerrechtlich strukturierten, sog. intergouvernementalen Zusammenarbeit. Die EU selbst erlasse deshalb keine Rechtsakte. Rechtsakte im Bereich der 1. Säule seien solche der Gemeinschaften, Rechtsakte im Bereich der 2. und 3. Säule solche der EU-Mitgliedstaaten.[4]

Das BVerfG bezeichnete die EU als »Staatenverbund«. Sie sei demnach kein Staat und – insofern auch anders als die Gemeinschaften – kein Völkerrechtssubjekt.[5] Der Staatenverbund wurde vielmehr als ein Zusammenschluss von Staaten verstanden, die zwar grundsätzlich unabhängig und souverän blieben, sich aber entschlossen hatten, einen Teil ihrer Aufgaben aus freien Stücken als Rechtsgemeinschaft in Übereinstimmung mit den Verträgen gemeinsam auszuüben.[6]   **119**

Mit dem Vertrag von Lissabon hat die neue EU nunmehr *eigene Rechtspersönlichkeit* erhalten. Gleichzeitig ist sie die Rechtsnachfolgerin der »Europäischen Gemeinschaft«, an deren Stelle sie tritt (Art. 1 III EUV). Es handelt sich insofern um eine partikuläre und partielle (Völkerrechts-)Subjektivität, da der Union diese Fähigkeit von den Mitgliedstaaten funktional beschränkt übertragen worden ist. Des Weiteren entfaltet diese Rechtssubjektivität grundsätzlich gegenüber Dritten keinerlei Rechtswirkungen, es sei denn, die Rechtssubjektivität wird anerkannt, was allerdings auch konkludent erfolgen kann.[7]   **120**

Rechtsgrundlage der EU ist nunmehr der EU-Vertrag und der AEU-Vertrag. Die EU ist befugt, völkerrechtliche Verträge abzuschließen und verfügt als neues Rechtssubjekt über eigene Organe (Art. 13 EUV). Die dem Vertrag von Lissabon beigefügte Erklärung Nr. 24 zur Rechtspersönlichkeit der EU stellt indes klar, dass die Union hierdurch keinesfalls ermächtigt wird, über die ihr übertragenen Zuständigkeiten hinaus gesetzgeberisch tätig zu werden.[8] Die Union bleibt eine völkerrechtliche internationale Organisation, die auf einem völkerrechtlichen Vertrag zwischen den Mitgliedstaaten basiert. Der EU-Vertrag erbringt somit keine spezifische Konstitutionalisierung, wie es noch im Verfassungsvertrag vorgesehen war.   **121**

Die innerstaatliche Rechts- und Geschäftsfähigkeit ist separat in Art. 335 AEUV geregelt.   **122**

---

4 Vgl. *Schweitzer/Hummer* EuropaR Rn. 950, 951.
5 BVerfGE 89, 155 (184, 190) = BeckRS 1993, 08456 – Maastricht.
6 BVerfGE 89, 155 (187 f.) = BeckRS 1993, 08456 – Maastricht.
7 Hierzu Vedder/Heintschel von Heinegg/*Heintschel von Heinegg* EUV Art. 47 Rn. 3 f. Da die EG, deren Rechtsnachfolgerin die Union ist, ohnehin von nahezu allen Staaten und Organisationen anerkannt ist, dürfte das Anerkennungserfordernis praktisch von eher untergeordneter Bedeutung sein.
8 Die Erklärung hat eine lediglich politische Funktion und gibt letztlich das wieder, was nach dem Prinzip der begrenzten Einzelermächtigung bereits rechtlich anerkannt ist. Hierzu *Terhechte* EuR 2008, 143 (147).

III. Beitritt – Assoziierung von Mitgliedern; der *acquis communautaire*

Literatur: Calliess/Ruffert/*Cremer* EUV Art. 49; Vedder/Heintschel von Heinegg/*Heintschel von Heinegg* EUV Art. 49; *Oppermann,* Die Grenzen der EU oder das Vierte Kopenhagener Kriterium, FS Zuleeg, 2005, 72; *Oppermann/Classen/Nettesheim* EuropaR § 42; *v. Scherpenberg,* Der Vertrag über den Europäischen Wirtschaftsraum (EWR), EA 1991, 710; *Schindler,* Vereinbarkeit von EG-Mitgliedschaft und Neutralität, EuZW 1991, 139; Calliess/Ruffert/*Schmalenbach* EUV Art. 8; *Streinz/Ohler/Herrmann* § 4; *Terhechte,* Der Vertrag von Lissabon: Grundlegende Verfassungsurkunde der Europäischen Rechtsgemeinschaft oder technischer Änderungsvertrag?, EuR 2008, 143; Grabitz/Hilf/Nettesheim/*Vedder* EUV Art. 49; *Forster/Mallin,* Die Assoziierung der europäischen Mikrostaaten, SWP-Aktuell 21 (April 2014), 1.

123 Rechtsgrundlage des *Beitritts* zur Union ist Art. 49 EUV. Demnach kann jeder europäische Staat Mitglied der Europäischen Union werden, der die Werte der Union iSd Art. 2 EUV achtet und sich für ihre Förderung einsetzt. In materiell-rechtlicher Hinsicht ergeben sich hieraus keine relevanten Veränderungen gegenüber den früheren Beitrittsvoraussetzungen.

Es muss sich um einen *europäischen* Staat handeln, der um Mitgliedschaft nachsucht;

die frühere Bezugnahme auf die Grundsätze der EU bzw. EG (Freiheit, Demokratie, Menschenrechte und Grundfreiheiten, Rechtsstaatlichkeit) wird ersetzt durch eine Bezugnahme auf die Werte der Union (Achtung der Menschenwürde, Freiheit, Demokratie, Gleichheit, Rechtsstaatlichkeit und die Wahrung der Menschenrechte einschließlich der Minderheitenrechte, Art. 2 EUV). Im Unterschied zu der vorherigen Regelung ist nunmehr ein aktives Element (*»fördern«*) erforderlich.

124 Noch unter dem alten Regime hatten sich neben geschriebenen einige ungeschriebene Beitrittsvoraussetzungen herausgebildet, die auch unter dem neuen Regime Gültigkeit beanspruchen.

Zum einen müssen potentielle EU-Mitglieder die wirtschaftlichen Rahmenbedingungen erfüllen und sich insbesondere zu einer freien marktwirtschaftlichen Grundordnung bekennen sowie über ein Mindestmaß an wirtschaftlicher Leistungsfähigkeit verfügen.

Dazu musste und muss auch heute die Bereitschaft zur Übernahme des europarechtlichen Besitzstandes (des sog. *»acquis communautaire«*) bestehen. Nach einer Definition der Kommission[9] waren unter dem *»acquis communautaire«* der Inhalt, die Prinzipien und politischen Ziele der Verträge einschließlich der Einheitlichen Europäischen Akte, der Verträge von Maastricht, Amsterdam und Nizza mit Protokollen und Erklärungen zu verstehen. Hinzu kommen das Sekundärrecht sowie die Rechtsprechung des Europäischen Gerichtshofs und die Entscheidungen der Union. Schließlich gehören auch internationale Abkommen der Union dazu. Insofern ist der *»acquis communautaire«* als eine Mischung von Recht, Erklärungen, Prinzipien und gemeinsamen Standpunkten sowie Rechtsprechung des Europäischen Gerichtshofs zu verstehen. Die Übernahme des *»acquis communautaire«* bedeutet etwa, dass bereits bestehende europarechtliche Rechtsakte von den Beitrittskandidaten in innerstaatliches Recht umzusetzen sind.

---

9 Europäische Kommission, The Enlargement of Europe: A new Challenge, Bull. EU 3/1992, 12.

Diese Voraussetzung zielt darauf ab, die Identität der EU als bereits existente Union durch den Beitritt neuer Mitglieder nicht zu verändern.

Beitrittsstaaten werden vollumfängliche Mitglieder der EU. Daraus können sich Folge- **125** probleme ergeben, wenn die Mitgliedschaft zu Verpflichtungen führt, die zB mit der selbst gewählten Neutralität (etwa Schwedens, Österreichs oder Finnlands) kollidieren. Dies galt früher vor allem im Bereich der Gemeinsamen Außen- und Sicherheitspolitik, in der die Neutralität der Staaten dann hinderlich werden konnte, wenn ein eigener militärischer Beitrag der Staaten gefordert war. Durch den Reformvertrag von Lissabon ist zwar das Säulenmodell abgeschafft, die GASP jedoch formell als eigenständige »Säule« beibehalten worden. Sie unterliegt weiterhin einem Regime intergouvernementaler Zusammenarbeit. Somit gilt auch weiterhin, dass die gewählte Neutralität potentieller Mitgliedstaaten nur solange nicht hinderlich ist, wie sie sich grundsätzlich bereit erklären, die GASP mitzutragen und daran mitwirken zu wollen.[10]

> **Beispiele:** Österreich hat grundsätzlich an seiner immer während Neutralität festgehalten, konnte aber EU-Mitglied werden, da es eine teilweise Anpassung an die GASP in Aussicht gestellt hatte. Die Schweiz hat dagegen unter anderem ihrem Neutralitätsanspruch einen so hohen Stellenwert eingeräumt, dass sie sich bewusst gegen eine EU/EWR-Mitgliedschaft entschieden hat.

Auch wenn die Beitrittsvoraussetzungen erfüllt sind, besteht kein rechtsverbindlicher **126** Anspruch des Aufnahmekandidaten auf Beitritt. Die Aufnahme setzt neben der einstimmigen Billigung im Rat die Zustimmung des Europäischen Parlaments und die Ratifikation des Beitrittsvertrags durch alle Mitgliedstaaten voraus.

In formeller Hinsicht wurde das bisherige zweigliedrige Beitrittsverfahren[11] nur ge- **127** ringfügig modifiziert.

- In einem ersten Schritt richtet der Beitrittskandidat den Beitrittsantrag an den Rat. Dieser leitet den Antrag an die Kommission zur Abgabe einer Stellungnahme weiter. Nach Abgabe der Stellungnahme entscheidet der Rat, ob Beitrittsverhandlungen aufzunehmen sind. Es finden sodann Verhandlungen auf Ministerebene unter Vorsitz des amtierenden Ratspräsidenten und Teilnahme von Kommissionsmitgliedern statt.
- Neu ist die Pflicht zur Unterrichtung des Europäischen Parlaments und der nationalen Parlamente über den Antrag auf Mitgliedschaft. Der Wortlaut des Art. 49 EUV klärt nicht, wer zu unterrichten hat. Im Zweifel kann aber hiermit nur der Rat gemeint sein.[12] Zweck der Unterrichtung ist die möglichst frühzeitige Information der Parlamente.[13]
- In einem zweiten Schritt fasst der Rat nach Anhörung der Kommission und Zustimmung des Parlaments bei einem Vetorecht eines jeden Mitgliedstaates einen Aufnahmebeschluss. Dazu wird ein völkerrechtlicher Beitrittsvertrag zwischen den Mitgliedstaaten und den Beitrittskandidaten geschlossen.[14] Der Beitritt des Kandidaten ist erst nach der erfolgreichen Ratifikation in allen Mitgliedstaaten abgeschlossen.

---

10 S. *Schindler* EuZW 1991, 139 (145).
11 Beschreibung des Verfahrens bei Grabitz/Hilf/Nettesheim/*Vedder* EUV Art. 49 Rn. 25 ff.
12 *Streinz/Ohler/Herrmann* § 4 S. 37.
13 Vgl. Vedder/Heintschel von Heinegg/*Heintschel von Heinegg* EUV Art. 49 Rn. 12.
14 Calliess/Ruffert/*Cremer* EUV Art. 49 Rn. 3 f.

128 Der Beitritt hat, wie bereits angedeutet, die Wirkung, dass der beigetretene Staat alle sich aus der Mitgliedschaft ergebenden Rechte und Pflichten besitzt und vor allem den *»acquis communautaire«* vollständig übernehmen muss. In der Regel genügt allerdings eine sukzessive Übernahme. Übergangsfristen sind in der Praxis der Union die Regel.[15]

129 Eine Form der Kooperation unterhalb der Schwelle des förmlichen Beitritts stellt die *»Assoziierung«* dar. Für diese Assoziierung gab es nach altem Recht keine Rechtsgrundlage, sondern »nur« vereinzelte Regelungen in den einzelnen Gemeinschaftsverträgen (vgl. Art. 182, 310 EG, 206 EA aF). Nunmehr sind die Regeln über die Assoziierung im vierten Teil des AEU-Vertrags enthalten (Art. 198 ff. AEUV). Eine Assoziierung bedeutet die Anbindung eines Staates, eines Gebietes oder einer internationalen Organisation an die Union, mit dem Ziel, die wirtschaftliche und soziale Entwicklung der angebundenen Länder und Hoheitsgebiete zu fördern sowie enge Wirtschaftsbeziehungen zwischen diesen Ländern und der gesamten Union herzustellen. Die Anbindung kann in ihrer Intensität variieren. Sie bleibt unterhalb der Schwelle des Beitritts, geht aber über ein bloßes Handelsabkommen hinaus.

Nach ihrer Zielsetzung lassen sich verschiedene Assoziierungsabkommen unterscheiden.

130 Als *»konstitutionelle Assoziierung«* iSd Art. 198 AEUV (vormals Art. 182 EG) wird die Verbindung unselbstständiger Hoheitsgebiete der Mitgliedstaaten in Übersee mit der Union bezeichnet.

131 Die *»vertragliche Assoziierung«* nach Art. 217 AEUV (zuvor Art. 310 EG) bedeutet die Verbindung souveräner Staaten bzw. internationaler Organisationen mit der Union. Je nach Intention des Abkommens lässt sich auch noch weiter differenzieren:

132 • *»Entwicklungsassoziierungen«* zielen auf die Erhöhung des Lebensstandards und der wirtschaftlichen Entwicklung ab.

> **Beispiel:** Die ursprünglich von der EG abgeschlossenen sog. Lomé-Abkommen der Union sowie das im Jahr 2000 abgeschlossene, die Lomé-Abkommen ablösende Abkommen von Cotonou mit den ehemaligen Kolonien der Mitgliedstaaten im afrikanisch-karibisch-pazifischen Raum (sog. AKP-Staaten) sollen durch eine Vielzahl von Einzelmaßnahmen einen Beitrag der Union zur Entwicklungshilfe in diesen Gebieten leisten (→ Rn. 1191 f.).

133 • Unter *»Beitrittsassoziierungen«* werden Abkommen verstanden, welche die Vorbereitung europäischer Staaten auf einen künftigen Unionsbeitritt bezwecken.

> **Beispiel:** Das nunmehr für die Union geltende Assoziierungsabkommen zwischen der EG und Griechenland aus dem Jahre 1962.

134 • Unter *»Freihandelsassoziierungen«* werden Abkommen verstanden, die einer Verbesserung der wirtschaftlichen Beziehungen und dem Abbau tarifärer und nichttarifärer Handelshemmnisse dienen.

> **Beispiel:** Das EWR-Abkommen aus dem Jahre 1992
> Um die Wirtschaftsbeziehungen zwischen der EFTA, der Freihandelszone außerhalb der Union, und der Europäischen Union zu harmonisieren, schlossen die Mitgliedstaaten von

---

15 *Oppermann/Classen/Nettesheim* EuropaR § 42 Rn. 23–24, § 32 Rn. 19.

Union und EFTA das Abkommen über den Europäischen Wirtschaftsraum, welches zum 1.1.1994 in Kraft trat.[16]

Es handelt sich hierbei um ein sog. »gemischtes Abkommen«[17], dessen Vertragspartner heute einerseits die Union *und* deren Mitgliedstaaten und andererseits die Drittstaaten Norwegen, Island und Liechtenstein sind. Österreich, Schweden und Finnland haben das EWR-Abkommen ursprünglich als EFTA-Mitgliedstaaten unterzeichnet, sind aber seit dem 1.1.1995 Mitglieder der Europäischen Union. Die Schweiz hat auf eine Mitgliedschaft verzichtet.[18]

Das Abkommen über den Europäischen Wirtschaftsraum sieht die wechselseitige Garantie der in den Verträgen vorgesehenen Marktfreiheiten und Wettbewerbsregeln für die EFTA-Staaten vor. Zudem ist ein Streitbeilegungsverfahren unter Beteiligung des EuGH vorgesehen. Der EWR ist derzeit die größte und damit bedeutsamste Wirtschaftszone der Welt.[19]

Das Verfahren der Assoziierung ist in den Art. 217 ff. AEUV (zuvor Art. 300 und 310 EG) neu geregelt worden. Ebenso wie nach alter Rechtslage führt die Kommission nach einer entsprechenden Ermächtigung durch den Rat die Verhandlungen. Neu ist der ausdrückliche Hinweis auf den Hohen Vertreter für Außen- und Sicherheitspolitik, der die Verhandlungen führt, wenn sich die geplante Übereinkunft auf die Gemeinsame Außen- und Sicherheitspolitik bezieht (Art. 218 II, III AEUV). Nach Ende der Verhandlungen bedarf das Assoziierungsabkommen eines Ratsbeschlusses über den Abschluss der Übereinkunft. Im Gegensatz zu der früheren Regelung, nach der es immer der Zustimmung des Parlaments bedurfte, ist eine solche jetzt nur noch in den in Art. 218 VI lit. a AEUV genannten Fällen erforderlich. In allen übrigen Fällen bedarf es lediglich einer Anhörung des Parlaments (Art. 218 VI lit. b AEUV). Geändert hat sich zudem der Abstimmungsmodus des Rates, der nach früherem Recht nur einstimmig beschließen konnte. Nunmehr genügt während des gesamten Verfahrens ein Beschluss mit qualifizierter Mehrheit (Art. 218 VIII AEUV).[20] **135**

Ein Assoziierungsabkommen bewirkt wechselseitige Verpflichtungen der Parteien. Die Bestimmungen der Abkommen sind nur dann unmittelbar anwendbar, wenn sich ein dahin gehender Parteiwille jedenfalls durch Auslegung ermitteln lässt. Die Rechtsprechung des EuGH ordnet Assoziierungsabkommen als »integrierenden Bestandteil der Gemeinschaftsrechtsordnung« ein.[21] **136**

Eine Sonderrolle nehmen die Europäischen Zwergenstaaten (Mikrostaaten wie Andorra, Liechtenstein, Malta, Monaco, San Marino und der Vatikanstaat) ein. Diese Staaten sind, soweit sie nicht Mitglied der EU – wie Malta – sind, in unterschiedlicher Weise mit der Union verbunden. So gehört Liechtenstein dem EWR an, andere haben unterschiedlich weitreichende Abkommen geschlossen. Vor dem Interesse an einer Vereinheitlichung der Rechtsbeziehungen und einer gegenseitigen Stärkung der Annäherung ist ein Interesse der Mikrostaaten an einer stärkeren Assoziierung zu verzeichnen.[22]

---

16 BGBl. 1993 II S. 267 in der Fassung des Änderungsprotokolls v. 17.3.1993, BGBl. II S. 1294.
17 Dazu → Rn. 160.
18 Zu den jüngsten Handelsabkommen zwischen der Europäischen Gemeinschaft und der Schweiz vgl. → Rn. 1189.
19 Dazu umfassend *v. Scherpenberg* EA 1991, 710.
20 Ausnahmen hiervon sind in Art. 218 VIII UAbs. 2 AEUV geregelt. In den dort genannten Bereichen muss der Rat einstimmig beschließen.
21 EuGH 30.9.1987 – C-J001/86, Slg. 1987, 3719 = BeckEuRS 1987, 133200 – Demirel.
22 Näher dazu *Forster/Mallin* SWP-Aktuell 21, April 2014, S. 1ff.

137 Als weitere politische Alternative zu einem Beitritt oder einer Assoziierung sieht der Lissabonner Vertrag nunmehr vor, dass die Europäische Union besondere Beziehungen zu den Staaten in ihrer Nachbarschaft entwickeln kann (Art. 8 EUV nF). Solch eine Kooperation nach Art. 8 EUV nF mündet nicht in eine Mitgliedschaft. Die sog. nachbarschaftlichen Beziehungen sind vielmehr als dauerhafter Status eines besonderen Näheverhältnisses ohne Mitgliedschaftsrechte angelegt.[23]

138 Die bereits in Art. 7 EUV aF vorgesehene Modifizierung von Mitgliedschaftsrechten ist durch den Vertrag von Lissabon nur unwesentlich verändert worden (Art. 7 EUV nF und Art. 354 AEUV).

139 Gänzlich neu ist schließlich die nunmehr vorgesehene Möglichkeit des *einseitigen* Austritts *einzelner* Mitgliedstaaten aus der EU (Art. 50 EUV nF). Der Austritt ist an keine Voraussetzungen gebunden und kann daher ohne Angabe von Gründen erfolgen. Hierdurch ist einerseits die fortdauernde Souveränität der Mitgliedstaaten, andererseits aber auch die rechtliche Selbstständigkeit der Union sichergestellt.[24] Demgegenüber enthalten die Verträge keine Regelung eines Ausschlusses von Mitgliedern, sodass ein solcher unter den gegenwärtigen Bedingungen nicht möglich erscheint (→ Rn. 176).

IV. Verstärkte Zusammenarbeit

Literatur: *v. Buttlar,* Rechtsprobleme der »verstärkten Zusammenarbeit« nach dem Vertrag von Nizza, ZEuS 2001, 649; *Bender,* Die verstärkte Zusammenarbeit nach Nizza, ZaöRV 2001, 729; *Deubner,* Verstärkte Zusammenarbeit in der verfassten EU, Integration 2004, 274; *Fischer/Köck/Karollus,* Europarecht, 4. Aufl. 2002, Rn. 121; *Herdegen* EuropaR § 4 Rn. 24, § 28 Rn. 9f.

140 Bereits mit dem Amsterdamer Vertrag war im Hinblick auf eine möglicherweise bevorstehende Ausweitung der Anzahl der Mitgliedstaaten und entsprechenden wachsenden Integrationsproblemen in einem neuen Titel VII des EU-Vertrags und in Art. 11 EG die Möglichkeit für eine engere Zusammenarbeit einzelner Mitgliedstaaten geschaffen worden. Diese Möglichkeit der *»verstärkten Zusammenarbeit«* nahm ebenfalls der Vertrag von Nizza angesichts der konkret gewordenen Beitrittsoption auf. Nunmehr waren vor allem in Art. 43 EUV aF die Bedingungen einer verstärkten Zusammenarbeit einzelner Mitgliedstaaten enthalten, auf die Art. 11 II EG verwies.[25]

141 Mit dem Reformvertrag von Lissabon sind die Voraussetzungen einer verstärkten Zusammenarbeit nunmehr in Art. 20 EUV geregelt, der auf Art. 326–334 AEUV verweist.

142 Ebenso, wie nach dem früheren Art. 43 EU muss die verstärkte Zusammenarbeit darauf ausgerichtet sein, der Verwirklichung der Ziele der Union zu dienen, ihre Interessen zu schützen sowie den Integrationsprozess zu stärken. Auch in der neuen Regelung ist somit ein »Rückschrittsverbot« inkorporiert, das auch darin zum Ausdruck kommt, dass der europarechtliche Besitzstand (*»acquis communautaire«,* → Rn. 124) ausdrücklich gewahrt werden muss. Die verstärkte Zusammenarbeit ermöglicht folglich ein Mehr an Integration, nicht indes ein Weniger. Außerdem müssen, wie bereits

---

23 Calliess/Ruffert/*Schmalenbach* EUV Art. 8 Rn. 9.
24 Dazu sogleich → Rn. 167ff.
25 S. *v. Buttlar* ZEuS 2001, 649ff.

nach altem Recht, die Zuständigkeitsgrenzen gewahrt und die ausschließlichen Unionszuständigkeiten beachtet werden (Art. 20 I EUV). Weitere Grenzen bestehen in dem Verbot der Beeinträchtigung des Binnenmarktes und der Achtung des Diskriminierungsverbotes (Art. 326 AEUV). Neu ist der Verweis auf Handelshindernisse und Wettbewerbsverzerrungen, die durch die verstärkte Zusammenarbeit nicht entstehen dürfen. Nichtbeteiligte Staaten dürfen durch die verstärkte Zusammenarbeit nicht beeinträchtigt werden (Art. 327 AEUV). Die mindestens erforderliche Anzahl der an einer verstärkten Zusammenarbeit teilnehmenden Mitgliedstaaten ist von acht auf neun erhöht worden (Art. 20 II EUV). Gänzlich neu ist, dass der Beschluss des Rates über die Ermächtigung zu einer verstärkten Zusammenarbeit in einem in Art. 329 AEUV vorgesehenen formellen Verfahren zu fassen ist und von den Mitgliedstaaten beantragt werden muss. Ebenfalls neu ist, dass die Kommission das Parlament und den Rat regelmäßig über die Entwicklungen einer verstärkten Zusammenarbeit zu unterrichten hat (Art. 328 II AEUV).

Ein aktuelles Bespiel für die verstärkte Zusammenarbeit, das zugleich deutlich macht, welche große – vor allem politische und wirtschaftliche – Relevanz dieses Voranschreiten einzelner Mitgliedstaaten haben kann, ist das Vorhaben einer stärkeren Besteuerung von Finanztransaktionen, dessen Sinnhaftigkeit im Rahmen der Bewältigung der Finanzkrise deutlich wurde. Mit Beschluss des Rates v. 22.1.2013 über die Ermächtigung zu einer Verstärkten Zusammenarbeit im Bereich der Finanztransaktionssteuer (2013/52/EU)[26] wurden einzelne Mitgliedstaaten (Belgien, Deutschland, Estland, Griechenland, Spanien, Frankreich, Italien, Österreich, Portugal, Slowenien und die Slowakei) zur Erhebung einer Finanztransaktionssteuer entsprechend einer von der Kommission bereits vorgeschlagenen Richtlinie,[27] ermächtigt.

V. Die Union der 28 Mitgliedstaaten

> **Literatur:** *Herdegen* EuropaR § 4 Rn. 37 ff.; *Iliopoulos*, Rechtsfragen der Osterweiterung der EU unter besonderer Berücksichtigung des Beitritts der Republik Zypern, EuR 2004, 637 ff.; *Oppermann/Classen/Nettesheim* EuropaR § 3 Rn. 18–20, § 42 Rn. 32–46; *Priebe*, Beitrittsperspektive und Verfassungsreformen in den Ländern des westlichen Balkans, EuR 2008, 301.

Soll die Europäische Union noch weiter wachsen? Gibt es eine »natürliche« Grenze **143** des integrierten Europas und wo ist diese zu ziehen? Nach der größten Erweiterung der EU in den Jahren 2005 und 2007 stellen sich diese Fragen immer dringlicher. Eine deutliche Antwort ist freilich schwierig zu geben. Sicherlich wird die Territorialität Europas eine zentrale Rolle spielen, die Diskussion um die möglichen Beitrittsverhandlungen mit der Türkei, deren kleinster Teil in Europa liegt, lässt aber auch Zweifel an der Relevanz dieses Territorialitätskriteriums aufkommen.

Der Beitritt Kroatiens wurde nach erfolgreichen Beitrittsverhandlungen vollzogen. **144** Die Aufnahme von Verhandlungen mit Mazedonien wurde indes zunächst einmal auf unbestimmte Zeit verschoben. Und auch die Gespräche mit der Türkei haben noch nicht das Stadium der Aufnahme konkreter Beitrittsverhandlungen erreicht. Der Status der Ukraine ist noch gänzlich ungewiss.

---

26 ABl. 2013 L 22/11.
27 COM (2013) 71 final.

145 Jedenfalls ist davon auszugehen, dass neben der vornehmlichen Belegenheit in Europa gewisse qualitative in Art. 6 EUV enthaltene Kriterien maßgebend sein müssen, wie etwa die Beachtung von Rechtsstaatlichkeit, Demokratie und der Achtung der Grundrechte. Aber die Diskussion der Situation seit Beginn des 21. Jahrhunderts mit nunmehr 28 Mitgliedstaaten der Union lässt auch die Funktionsfähigkeit der Union als ein zentrales Kriterium erscheinen.

VI. Außenbeziehungen

Literatur: *Dörr,* Die Entwicklung der ungeschriebenen Außenkompetenzen der EG, EuZW 1996, 39; *Geiger,* Vertragsschlusskompetenzen der Europäischen Gemeinschaft und auswärtige Gewalt der Mitgliedstaaten, JZ 1995, 973; *Gilsdorf,* Die Außenkompetenzen der EG im Wandel – Eine kritische Auseinandersetzung mit Praxis und Rechtsprechung, EuR 1996, 145; *Hilf,* EG – Außenkompetenzen in Grenzen, EuZW 1995, 7; *Kort,* Zur europarechtlichen Zulässigkeit von Abkommen der Mitgliedstaaten untereinander, JZ 1997, 640; Pernice/Maduro/*de Witte,* A Constitution for the European Union, 2004, 95 ff.; *Vedder,* Die Außenbeziehungen der EU und der Mitgliedstaaten: Kompetenz, gemischte Abkommen, völkerrechtliche Verantwortlichkeit und Wirkungen des Völkerrechts, EuR 2007, Beiheft 3, 57.

146 Jedes Tätigwerden der Union im Außenverhältnis bedarf einer vertraglichen Kompetenzzuweisung. Ansonsten würde die Union *ultra vires* handeln, dh außerhalb der ihr zugewiesenen Kompetenzen, und damit rechtswidrig. Aus den Gründungsverträgen und nach der Rechtsprechung des EuGH haben sich im Laufe der Zeit zwei Arten von Außenkompetenzen herausgebildet: Sog. geschriebene und ungeschriebene Außenkompetenzen.

147 Unter *geschriebenen Außenkompetenzen* werden die ausdrücklichen Ermächtigungen der EU über ihr auswärtiges Handeln, zB Art. 21 und 22 EUV sowie Art. 23–46 EUV und Art. 205–222 AEUV, verstanden.

148 Nach altem Recht wurde die damalige EG durch geschriebene Kompetenzen nur zum Abschluss völkerrechtlicher Verträge ermächtigt (zB Art. 133 EG, Art. 310 EG und Art. 182 ff. EG).[28] Durch den Vertrag von Lissabon sind erstmals externe Politikfelder (gemeinsame Handelspolitik, Entwicklungszusammenarbeit, wirtschaftliche und technische Zusammenarbeit mit Drittländern, humanitäre Hilfe, restriktive Maßnahmen) im fünften Teil des AEU-Vertrags (»Das Auswärtige Handeln der Union«, Art. 205–222 AEUV) zusammengefasst und mit Vorschriften über den Abschluss internationaler Übereinkünfte (Art. 216–219 AEUV) sowie über die Beziehungen zu internationalen Organisationen (Art. 220 und 221 AEUV) verbunden.

149 Die Gemeinsame Außen- und Sicherheitspolitik ist, anders noch als im Verfassungsvertrag vorgesehen, nicht in den Teil über das Auswärtige Handeln der Union mit aufgenommen worden. Die diesbezüglichen Regelungen finden sich wie gehabt im EU-Vertrag (Art. 21 und 22 EUV nF). Zunächst legt Art. 21 EUV nF einen umfassenden

---

28 Ein Beispiel für den Abschluss eines völkerrechtlichen Abkommens aufgrund einer geschriebenen Außenkompetenz ist das WTO-Vertragsregime, das mit seinen drei Haupt-Verträgen »GATT 1994« (beruhend auf dem »GATT 1947«), »GATS« und »TRIPS« zum Teil auf Grundlage des Art. 133 EG als sog. gemischte Abkommen sowohl die EG als auch deren Mitgliedstaaten zu freiem Welthandel verpflichtet. Der EuGH hat dazu ausgeführt, dass sich jedenfalls der Abschluss des »GATT 1994« auf die handelspolitische Außenkompetenz des Art. 133 EG stützen lässt, Gutachten 1/94, Slg. 1994, I-267, »WTO/GATT«; dazu *Hilf* EuZW 1995, 7.

Katalog von Grundsätzen und Zielen des auswärtigen Handelns der Union nieder. Auf dieser Grundlage erlässt der Europäische Rat durch Beschluss die strategischen Interessen und Ziele der Europäischen Union (Art. 22 EUV).

Erstmals ist die Kompetenz der Union zum Abschluss völkerrechtlicher Übereinkommen ausdrücklich in Art. 216 I AEUV geregelt. Diese Vertragsabschlusskompetenz ist nach Art. 3 II AEUV ausschließlich.[29] Beide Vorschriften sollen die sog. AETR-Rechtsprechung des EuGH kodifizieren. **150**

Mit der AETR-Entscheidung aus dem Jahre 1971[30] begründete der EuGH nämlich seine Doktrin zu sog. *ungeschriebenen Außenkompetenzen*. Demnach könne eine Kompetenz zum Abschluss völkerrechtlicher Verträge auch ohne ausdrückliche Ermächtigung in den Verträgen enthalten sein.[31] Solche implizierten Außenkompetenzen bestünden sogar dann, wenn der EG eine Kompetenz nur im Innenverhältnis zustünde *und* sie aufgrund dieser Kompetenz tatsächlich bereits Sekundärrecht erlassen habe, das durch völkerrechtliche Verträge der Mitgliedstaaten untereinander beeinträchtigt werden könnte.[32] **151**

Wurde eine solche ungeschriebene Außenkompetenz der (ehemaligen) EG bejaht, wurden völkerrechtliche Abkommen der Mitgliedstaaten in diesem Bereich als gemeinschaftsrechtlich unzulässig erachtet. **152**

Später erweiterte der EuGH seine AETR-Doktrin dahingehend, dass bereits die Zuweisung einer Innenkompetenz für die Annahme einer Außenkompetenz genüge; der Erlass von Sekundärrecht im Vorfeld sei nicht erforderlich.[33] **153**

Hierzu ist kritisch angemerkt worden, dass es sich bei dieser Rechtsprechung um einen exzessiven Gebrauch der *implied powers*-Doktrin[34] handele und insofern unzulässige richterliche Rechtsfortbildung betrieben werde.[35] **154**

In der Rechtsprechung hat der EuGH in seinem Gutachten 1/94 die Doktrin wieder etwas eingeschränkt. Danach setze die Außenkompetenz neben dem Bestehen einer Innenkompetenz auch die zwingende Notwendigkeit des Abschlusses eines völkerrechtlichen Vertrags zur Verwirklichung der Vertragsziele voraus; die interne Zuständigkeit der Union müsse also tatsächlich genutzt worden sein.[36] **155**

Gegen die beiden Regelungen des Reformvertrags, mit denen versucht worden ist, die AETR-Doktrin zu kodifizieren, ist dieselbe Kritik erhoben worden, die bereits in der entsprechenden Rechtsprechung des EuGH geäußert wurde. So heißt es, es komme zu einer nicht unerheblichen Ausweitung der Vertragsschlusskompetenz, sodass man kaum mehr von einer beschränkten Völkerrechtssubjektivität der Union sprechen könne. **156**

---

29 Zur Systematik der Kompetenzen → Rn. 215 ff.

30 EuGH 31.3.1971 – 22/70, Slg. 1971, 263 – AETR.

31 S. dazu *Dörr* EuZW 1996, 39.

32 Vgl. dazu *Gilsdorf* EuR 1996, 145.

33 EuGH 14.10.1976 – C-J/76, Slg. 1976, 1279 = BeckEuRS 1976, 53705 – Kramer.

34 Dazu *Bleckmann* EuropaR Rn. 797 ff.

35 *Gilsdorf* EuR 1996, 145 (148).

36 EuGH, Gutachten 1/94, Slg. 1994, I-5267 – WTO/GATT; dazu *Dörr* EuZW 1996, 39 sowie *Hilf* EuZW 1995, 7; s. auch die Erklärung in der Schlussakte zum Maastrichter Vertrag, die auf die »Grundsätze des AETR«-Urteils verweist.

157 Für den Abschluss völkerrechtlicher Verträge ergibt sich nun folgende Kompetenzordnung: Folgt die Vertragsschlusskompetenz aus einem Vertrag, der den Mitgliedstaaten ausdrücklich eigene Kompetenzen belässt, oder aus einem Rechtsakt der Union, der kein Gesetzgebungsakt ist, hat die Union lediglich eine *geteilte Zuständigkeit* (Art. 2 II AEUV). Demgegenüber hat die Union in den in Art. 3 I AEUV genannten Bereichen und dann, wenn sich die Kompetenznorm aus einem in einem Gesetzgebungsverfahren erlassenen Rechtsakt ergibt (Art. 3 II iVm Art. 289 III AEUV), eine *ausschließliche Zuständigkeit.*

158 Im Fall der geteilten Zuständigkeit werden regelmäßig *gemischte Abkommen* abgeschlossen, an denen nicht nur die Union, sondern auch die einzelnen Mitgliedstaaten beteiligt sind. Bereiche, in denen die vormalige EG von ihren Außenkompetenzen in besonderem Maße Gebrauch gemacht hat, sind etwa das Assoziierungsrecht einschließlich der Entwicklungshilfeabkommen und des EWR (→ Rn. 129ff.) sowie die Abkommen zur Liberalisierung des Welthandels (insgesamt dazu → Rn. 1175ff.). Da auch der Vertrag von Lissabon zu diesen gemischten Abkommen keine Regelung enthält, werden die hierzu diskutierten Probleme unverändert fortbestehen.[37]

§ 7 Das Verhältnis der Mitgliedstaaten zur Europäischen Union

I. Mitgliedstaaten als »Herren der Verträge«

Literatur: Calliess/Ruffert/*Calliess* EUV Art. 50; Grabitz/Hilf/Nettesheim/*Ohler* EUV Art. 48; *Everling,* Zur Stellung der Mitgliedstaaten als »Herren der Verträge«, FS Bernhardt, 1995, 1161; Vedder/Heintschel von Heinegg/*Heintschel von Heinegg* EUV Art. 48; *Scholz,* Europäische Union und deutscher Bundesstaat, NVwZ 1993, 817; *Steinberger,* Der Verfassungsstaat als Glied einer europäischen Gemeinschaft, VVDStRL 1991, 9; *Streinz* EuropaR Rn. 86 ff.

159 Wie bereits angedeutet, sind die Gründungsverträge der EG/EU in ihrer jeweiligen Fassung von den Mitgliedstaaten geschlossene völkerrechtliche Verträge. Sie sind zudem in jedem Mitgliedstaat durch Erfüllung des Ratifikationserfordernisses in Kraft zu setzen. Angesichts der Besonderheit dieser Integrationsverträge stellt sich allerdings die Frage, wie weit die Dispositionsbefugnis der Vertragsparteien über den Vertragsgegenstand insbesondere auch bezüglich einer einseitigen Kündigungsmöglichkeit reicht.

1. Änderungen der Verträge

160 Gerade die Vorgänge um die aktuelle europäische Schuldenkrise machen deutlich, wie wichtig funktionierende Mechanismen zur Änderung der Unionsverträge sind. Das Verfahren zur Vertragsänderung ist durch den Vertrag von Lissabon grundlegend geändert worden. Sah das EU-Recht vor Inkrafttreten des Lissabonner Vertrags nur ein einziges Vertragsänderungsverfahren nach Art. 48 EU aF vor, ist der Lissabonner Vertrag hier um eine teilweise Abmilderung der Anforderungen an eine Vertragsänderung bemüht und sieht nunmehr drei Varianten vor: nämlich das ordentliche Änderungsverfahren nach Art. 48 II–V EUV sowie in den Absätzen 6 und 7 zwei weitere Varianten, die sog. vereinfachten Änderungsverfahren.

---

37 Pernice/Maduro/*de Witte*, A Constitution for the European Union, 2004, 95 (101 f.).

a) Ordentliches Änderungsverfahren

Initiativberechtigt ist jede Regierung eines Mitgliedstaats, das Parlament und die Kommission. Das Initiativrecht des Parlaments ist neu und stellt eine beachtliche Stärkung desselben dar. Regierungen, Parlament und Kommission können dem Rat Entwürfe zur Änderung der Verträge vorlegen. Der Rat übermittelt die Entwürfe daraufhin an den Europäischen Rat und die nationalen Parlamente. Anschließend findet die Vertragsänderung in folgendem dreistufigen Verfahren statt: **161**

Zunächst entscheidet der Europäische Rat über die Zulassung der Initiative.[38] Anschließend kann er einen Konvent einberufen, der die Entwürfe prüft und im Konsensverfahren eine Empfehlung annimmt, die der anschließenden Regierungskonferenz zugeleitet wird. Bei weniger umfangreichen Änderungen kann sich der Rat gegen die Einberufung des Konvents entscheiden und stattdessen den Änderungsentwurf mit entsprechendem Mandat sofort der Regierungskonferenz zuleiten.   **162**

Die Regierungskonferenz der Mitgliedstaaten schließt das Verfahren ab, indem sie über den Änderungsvertrag abschließend entscheidet. Die endgültige Änderung kann somit allein von den Mitgliedstaaten bewirkt werden, die damit »Herren der Verträge« bleiben. Eine Änderung tritt erst in Kraft, wenn der Änderungsvertrag von allen Mitgliedstaaten ratifiziert wurde.   **163**

b) Vereinfachte Änderungsverfahren

Sachlich anwendbar sind die beiden Verfahrensvarianten (Abs. 6) zur Änderung »interner Politikbereiche«[39] sowie (Abs. 7) beim Wechsel von Einstimmigkeit zur qualifizierten Mehrheit im Rat bzw. vom besonderen zum ordentlichen Gesetzgebungsverfahren. Die beiden Varianten stellen deshalb eine Vereinfachung dar, weil keine Regierungskonferenz einberufen werden muss, sondern der Europäische Rat über die Änderungen beschließt (Abs. 6) bzw. keine positive Zustimmung, sondern lediglich ein Veto-Recht eines Mitgliedstaates vorgesehen ist (Abs. 7).[40]   **164**

Im vereinfachten Veränderungsverfahren über Änderungen der Mehrheitserfordernisse bzw. des Gesetzgebungsverfahrens wird zwar keine Regierungskonferenz einberufen, dennoch bleiben die Mitgliedstaaten »Herren der Verträge«, weil der Rat einstimmig beschließen und jeder Mitgliedstaat der Änderung zustimmen muss. Außerdem ist eine Zustimmung des Parlaments erforderlich.   **165**

Demgegenüber ist bei dem vereinfachten Veränderungsverfahren über die internen Politikbereiche lediglich eine Anhörung des Parlaments vorgesehen. Dies ist eine fragwürdige Regelung, da für die schlichte Verfahrensänderung die parlamentarische Zustimmung vorgesehen ist, obwohl diese Änderung längst nicht so weitreichend ist, wie die materiell-rechtliche Änderung interner Politikbereiche.   **166**

---

38 Hierzu Vedder/Heintschel von Heinegg/*Heintschel von Heinegg* EUV Art. 48 Rn. 3f.

39 Hierbei handelt es sich zum Beispiel um den Binnenmarkt, die Grundfreiheiten, die Wirtschafts- und Währungsunion, die Sozialpolitik, Landwirtschaft, Verbraucher- und Umweltschutz und die Justiz- und Innenpolitik. Die Assoziierungspolitik und das auswärtige Handeln sind von dem vereinfachten Änderungsverfahren ausdrücklich ausgenommen.

40 Das Veto-Recht kommt dem nationalen Parlament zu. Gemäß Art. 6 iVm Art. 8 des Protokolls über die Rolle nationaler Parlamente gelten die Beteiligungsrechte für »jede der Kammern eines Parlaments« wenn es sich nicht um ein Einkammersystem handelt. In Deutschland ist demnach der Bundesrat neben dem Bundestag vetoberechtigt.

2. Einseitiges Austrittsrecht

167 Neben der Frage der Dispositionsbefugnis ist außerdem diejenige nach dem einseitigen Austrittsrecht eines Mitgliedstaates von Bedeutung. Früher war es umstritten, ob es ein einseitiges Austrittsrecht eines Mitgliedstaates gibt, da hierzu bislang keine vertragliche Regelung vorgesehen war. Heute besitzt diese Frage eine gewisse Aktualität angesichts mancher Diskussionen über einen Austritt oder Ausschluss bestimmter Länder aus der Eurozone im Rahmen der Maßnahmen zur Behebung der europäischen Schuldenkrise.

168 Der EuGH und ein Teil der Lehre waren der Ansicht, dass die Änderungs- bzw. Aufhebungsbefugnis der Mitgliedstaaten im EU-Vertrag selbst eine immanente Beschränkung findet. Dazu wurden verschiedene Begründungsansätze geliefert. Zum einen wurde vom EuGH die Auffassung vertreten, dass die Verträge ihren völkerrechtlichen Charakter zwar grundsätzlich nicht verloren hätten. Allerdings würden die Verträge, so die Argumentation, durch das spezifisch supranationale Element eine Art neues geschlossenes Rechtssystem darstellen, eine Rechtsordnung eigener Art, welche immanente Schranken für die Zulässigkeit von Änderungen dieses Systems beinhalte.[41]

169 Zudem wurde die Auffassung vertreten, das besondere Eigengewicht bzw. die im Vergleich zum sonstigen Völkerrecht erhöhte Integrationsdichte des Europarechts erlaube keine unbeschränkte Änderungs- bzw. Aufhebungsbefugnis der Mitgliedstaaten.[42] Die europäische Integration führe darüber hinaus zu faktisch-wirtschaftlichen Zwängen und sei zudem mit der Verleihung subjektiver Rechte an die Unionsbürger verbunden, die es im Rahmen einer Änderung bzw. Aufhebung zu schützen gelte. Bereits insofern seien die Vertragsparteien nicht mehr ausschließlich über die Verträge verfügungsbefugt.[43]

170 Das BVerfG sowie ein Teil der Literatur bejahten demgegenüber ein einseitiges Austrittsrecht eines Mitgliedstaates.[44] Als Begründung wurde auf den völkerrechtlichen Grundsatz »*clausula rebus sic stantibus*« verwiesen. Dieses gewohnheitsrechtlich anerkannte und in Art. 62 WVRK verankerte Prinzip erlaubt, Verträge zu ändern, wenn sich die Umstände ändern, welche die Geschäftsgrundlage des Vertragsabschlusses bilden. Im Völkerrecht ist für eine Vertragsänderung zusätzlich erforderlich, dass die Parteien die eingetretene Veränderung der Umstände nicht vorhergesehen haben, dass die Veränderung wesentliche Umstände des Vertrags betrifft und dass sich die vertraglichen Verpflichtungen aufgrund der Änderung wesentlich gewandelt haben. Insofern hat etwa das BVerfG ein Austrittsrecht aus der (ehemaligen) Gemeinschaft als *ultima ratio* bejaht.

171 Mit dem Inkrafttreten des Vertrags von Lissabon ist der Streit über die Zulässigkeit eines einseitigen Austrittsrechts hinfällig geworden. Die völlig neue Regelung des Art. 50 EUV stellt nunmehr ausdrücklich klar, dass jeder Mitgliedstaat die Möglichkeit eines einseitigen, voraussetzungslosen Austritts aus der Europäischen Union hat. Nach Mitteilung der Austrittsabsicht durch den Mitgliedstaat ist der Abschluss eines Austrittsabkommens zwischen der Union und dem austretenden Mitgliedstaat vorge-

---

41 S. dazu EuGH 15.6.1978 – 179/77, Slg. 1976, 455 = BeckRS 2004, 71709 – Defrenne/Sabena.
42 So *Everling*, FS Bernhardt, 1995, 1176.
43 So *Bleckmann* EuropaR Rn. 163.
44 BVerfGE 89, 155 (190) = BeckRS 1993, 08465 – Maastricht und *Streinz* EuropaR Rn. 90.

sehen. Der Austritt muss im Einklang mit den verfassungsrechtlichen Vorschriften des Mitgliedstaates erfolgen, dh das nach Verfassungsrecht zuständige Organ muss den Austritt erklären. In Deutschland müssten demnach nach Art. 23 I 3 GG Bundestag und Bundesrat im Einklang mit Art. 79 II und III GG einen Austritt beschließen.[45]

Als Vorteil der neuen Austrittsregelung kann angeführt werden, dass diese erstens mehr Rechtsklarheit und zweitens eine deutliche Abgrenzung der Union zum Bundesstaat schafft. Außerdem realisiert das Austrittsrecht die Souveränität der Mitgliedstaaten und unterstreicht gleichzeitig die rechtliche Selbstständigkeit der Union. Kritisch bewertet werden muss das neue Austrittsrecht vor allem deshalb, weil es im Widerspruch zum Integrationskonzept steht, das auf einen immer stärker werdenden Zusammenschluss der europäischen Mitgliedstaaten ausgerichtet ist. Ferner ist zu befürchten, dass integrationsunwillige Staaten künftig die Androhung des Austritts als Blockademöglichkeit nutzen könnten. **172**

Im Rahmen der derzeitigen europäischen Schuldenkrise ist erörtert worden, ob bestimmten Ländern – obwohl unwahrscheinlich wegen der Hilfen der anderen Euroländer – ein Austrittsrecht (nur) aus der Eurozone zustünde. Festzuhalten ist hier zunächst, dass Art. 50 EUV jedenfalls nicht ausdrücklich auf einen Austritt aus der Eurozone rekurriert, wiewohl man durchaus der Auffassung sein könnte, dass die Eurozone als Teil der Europäischen Union zu betrachten ist und sich dementsprechend *(a maiore ad minus)* auch das Austrittsrecht hierauf erstrecken könnte. Da indes mit dem Vertrag von Lissabon ausdrücklich das Austrittsrecht in den EUV inkorporiert wurde, und dieses Austrittsrecht als Kennzeichen staatlicher Souveränität auch nach allgemeinem Völkerrecht gegeben ist (vgl. Art. 54 ff. WVK), wird man sich schwer tun, Gründe gegen die gem. Art. 50 EUV genormte Austrittsmöglichkeit eines Eurozonenstaates ins Feld zu führen. Die Ähnlichkeit der Interessenlage der Beteiligten spricht vielmehr für diese Möglichkeit. **173**

3. Auflösungs- und Ausschlussrecht

Während die Frage des einseitigen Austrittsrechts nunmehr aufgrund der ausdrücklichen Regelung gelöst ist, bleibt die nach der Zulässigkeit einer Vertragsauflösung mangels ausdrücklicher Regelung weiterhin problematisch. Anknüpfungspunkt der Frage sind Art. 53 EUV und Art. 356 AEUV, wonach die Verträge auf unbestimmte Zeit gelten. Teilweise sah das Schrifttum hierin ein Verbot der Vertragsauflösung.[46] **174**

Das BVerfG hat eine Auflösung der durch völkerrechtliche Verträge geschaffenen Union als zulässig angesehen.[47] Es gelte das Prinzip des »actus contrarius«, sodass die Signatarstaaten, die die Verträge geschaffen hätten, wie nach allgemeinem Völkerrecht auch, zu deren einverständlicher Auflösung berechtigt seien.[48] Dies wurde damit begründet, dass die Mitgliedstaaten nach wie vor die uneingeschränkten »Herren der Verträge« seien. An ihrer Stellung als völkerrechtliche Handlungsbefugte habe sich auch durch den Inhalt der Verträge nichts geändert. Die Aufhebung stelle demnach **175**

---

45 Calliess/Ruffert/*Calliess* EUV Art. 50 Rn. 15.
46 Vgl. hierzu Grabitz/Hilf/Nettesheim/*Dörr* EUV Art. 53 Rn. 1.
47 BVerfGE 89, 155 (184, 190) = BeckRS 1993, 08465 – Maastricht.
48 Vgl. dazu Art. 39 des WVRK: »Ein Vertrag kann durch Übereinkunft zwischen den Vertragsparteien geändert werden […]«.

einen zulässigen »*actus contrarius*« zum Vertragsschluss bzw. zur Übertragung nationaler Hoheitsrechte dar.[49]

176 Schließlich enthalten die Verträge ebenfalls keine Regelung bezüglich der Zulässigkeit eines Ausschlusses einzelner Mitgliedstaaten. Art. 7 EUV sieht hingegen als äußerste Sanktion die Suspendierung bestimmter Mitgliedschaftsrechte vor. Ob angesichts dieser Regel ein Ausschluss wie nach allgemeinem Völkerrecht für möglich gehalten oder aber gerade wegen der spezielleren Vorgaben des EUV diese Möglichkeit versagt wird, ist lebhaft umstritten.[50] Die besseren Argumente scheinen aber für die letztere Auffassung zu sprechen. Wenn tatsächlich, wofür auch gute Gründe ins Feld geführt werden können, ein derart scharfes Schwert wie das des Ausschlusses bei einem schweren Verstoß gegen den Grundsatz loyaler Zusammenarbeit im Währungsbereich gezückt, sprich: Ein Mitgliedstaat aus der Eurozone ausgeschlossen werden soll, müsste diese Sanktion wohl erst im Wege der von allen EU-Mitgliedstaaten durch Ratifikation zu bestätigenden ausdrücklichen Normierung in den Vertrag eingefügt werden.

II. Kompetenzverteilung

Literatur: *v. Bogdandy/Bast,* Die vertikale Kompetenzordnung der Europäischen Union, EuGRZ 2001, 441; Calliess/Ruffert/*Calliess* EUV Art. 4; *Herzog/Hobe* (Hrsg.), Die Europäische Union auf dem Weg zum verfassten Staatenverbund, 2004; *Görlitz,* Europäischer Verfassungsvertrag und künftige EU-Kompetenzen, DÖV 2004, 374; *Jarass,* EG-Kompetenzen und das Prinzip der Subsidiarität nach Schaffung der Europäischen Union, EuGRZ 1994, 209; *Lambers,* Subsidiarität in Europa – Allheilmittel oder juristische Leerformel?, EuR 1993, 229; *Pernice,* Kompetenzabgrenzung im Europäischen Verfassungsverbund, JZ 2000, 866; *Pipkorn,* Das Subsidiaritätsprinzip im Vertrag über die Europäische Union – rechtliche Bedeutung und gerichtliche Überprüfbarkeit, EuZW 1992, 697.

177 Die Europäische Union kann als supranationale Organisation Handlungsbefugnisse nur dann in Anspruch nehmen, soweit sie ihr von den Mitgliedstaaten übertragen wurden.

178 Eine der wesentlichen Neuerungen des Vertrags von Nizza stellte die Neuordnung der vertikalen Kompetenzverteilung dar. Dies war auch eine der entscheidenden Aufgaben, die dem Verfassungskonvent übertragen worden waren. Der Konvent sollte nach einer besseren Abgrenzung der Zuständigkeiten suchen und hierbei insbesondere die Kompetenzverteilung einfacher und strukturierter gestalten. Im Vorfeld war bereits häufig die Unschärfe der bisherigen Zuständigkeitsregelungen festgestellt worden, sodass seit geraumer Zeit über eine diesbezügliche Neuregelung zwischen Union und Mitgliedstaaten diskutiert wurde.[51] Einigkeit herrschte alsbald darüber, dass die materiell-rechtliche Kompetenzverteilung unangetastet bleiben sollte und sich die Arbeiten auf präzisere Definitionen und eine bessere strukturelle Aufteilung der bestehenden Kompetenzen konzentrieren sollten.[52]

179 Drei etablierte Grundregeln der Zuständigkeitsverteilung nach bisherigem Recht sind nun in die neuen Vertragsregelungen übernommen worden. Als Kompetenzabgren-

---

49 So insbes. BVerfGE 89, 155 (190) = BeckRS 1993, 08465 – Maastricht.

50 Hierzu Calliess/Ruffert/*Calliess* EUV Art. 50 Rn. 16f.

51 S. etwa EuGH 5.10.2000 – C-376/98, Slg. 2000, I-8419 = BeckRS 2004, 76863 – Tabakwerbeverbot; vgl. dazu *Stein* EuZW 2000, 337.

52 Vgl. *Görlitz* DÖV 2004, 374.

zungsgrundregel gilt nach wie vor das »Prinzip der begrenzten Einzelermächtigung«, und als Kompetenzausübungsschranken fungieren das Prinzip der Subsidiarität sowie der Grundsatz der Verhältnismäßigkeit (Art. 5 EUV). Beide Grundsätze werden durch das Protokoll Nr. 2 über die Anwendung der Grundsätze der Subsidiarität und der Verhältnismäßigkeit konkretisiert.[53] Die Arten der Zuständigkeiten finden sich in Titel I des ersten Teils des AEU-Vertrags (Art. 2–6 AEUV).

Nachfolgend sollen die verschiedenen Grundsätze der Abgrenzung mitgliedstaatlicher **180** und unionaler Kompetenzen dargestellt werden. Basierend auf dem Grundsatz der begrenzten Einzelermächtigung werden die Zuständigkeiten in ausschließliche, geteilte und ergänzende Zuständigkeiten unterteilt.

1. Grundregeln

Neu in Art. 5 EUV ist die Zusammenfassung der Grundsätze der Kompetenzvertei- **181** lung und die Präzisierung der drei Schranken der Kompetenzausübung bzw. -abgrenzung. Ergänzt wird Art. 5 EUV durch das Protokoll Nr. 1 über die Rolle der nationalen Parlamente und das Protokoll Nr. 2 über die Anwendung der Grundsätze der Subsidiarität und der Verhältnismäßigkeit.

Damit erfolgt die Prüfung der Zuständigkeit anhand einer europarechtlichen Schran- **182** kentrias.[54] Auf einer ersten Stufe erfolgt die Prüfung, ob die Union überhaupt tätig werden, dh von der ihr zugewiesenen Kompetenz Gebrauch machen kann. Auf der zweiten Stufe ist das die Kompetenzausübung begrenzende Subsidiaritätsprinzip zu beachten. Es ist insoweit zu prüfen, ob die Union im konkreten Falle auch Gebrauch von der ihr zustehenden Kompetenz machen durfte. Auf einer dritten Stufe schließlich ist zu fragen, wie die Union handeln soll, dh Art, Umfang und Intensität der fraglichen Maßnahme sind zu prüfen.

a) Prinzip der begrenzten Einzelermächtigung

Literatur: *Beyer,* Die Ermächtigung der Europäischen Union und ihrer Gemeinschaften, Der Staat, Bd. 35 (1996), 189; Calliess/Ruffert/*Calliess* EUV Art. 5 Rn. 6 ff.; *Jarass,* Die Kompetenzverteilung zwischen der Europäischen Gemeinschaft und den Mitgliedstaaten, AöR 1996, 173; *Jarass,* EG-Kompetenzen und das Prinzip der Subsidiarität nach Schaffung der Europäischen Union, EuGRZ 1994, 209; *Oppermann/Classen/Nettesheim* EuropaR § 11 Rn. 3–5; *Schweitzer/Hummer* EuropaR Rn. 335–341; *Streinz/Ohler/Herrmann* § 11.

Nach dem in Art. 5 I EUV festgehaltenen Prinzip der »begrenzten Einzelermächti- **183** gung« kann die Union nur aufgrund ausdrücklicher Kompetenzzuweisungen durch den EU-Vertrag tätig werden und muss sich bei all ihrem Handeln im Rahmen dieser Kompetenz bewegen. Die Union kann nur solche Materie regeln, die ihr von den Mitgliedstaaten übertragen worden ist. Damit ist klargestellt, dass die Union keine Allzuständigkeit hat und ihr nicht, wie etwa einem Bundesstaat, die Kompetenz-Kompetenz zukommt. Mit der Neufassung des Art. 5 EUV wird das Prinzip nicht nur erstmals

---

53 Bereits unter dem Amsterdamer Vertrag im Jahre 1997 war ein Protokoll Nr. 30 über die Anwendung der Grundsätze der Subsidiarität und der Verhältnismäßigkeit eingeführt worden, das bestimmte Kriterien für die Ausübung im Bereich der konkurrierenden Kompetenzen spezifizierte. Das Protokoll ist zu finden unter: http://eur-lex.europa.eu/de/treaties/dat/11997D/htm/11997D.html (Stand: 30.11.2009).
54 Calliess/Ruffert/*Calliess* EUV Art. 4 Rn. 5.

ausdrücklich genannt, es ist auch inhaltlich ausführlicher definiert und in seiner recht-lichen Wirkung ausdrücklich festgeschrieben worden. Die eindeutige Feststellung, dass die EU nur über jene Zuständigkeiten verfügt, die ihr von den Mitgliedstaaten zu-gewiesen worden sind, wird durch die in Art. 5 II 2 EUV enthaltene Vermutung für die Zuständigkeit der Mitgliedstaaten unterstrichen. In kompetenziellen Zweifelsfällen muss den Mitgliedstaaten der Vorzug gegeben werden.

184 Allerdings ist zu dieser grundsätzlichen Kompetenzverteilung in der Literatur zutref-fend angemerkt worden, dass der Grundsatz der begrenzten Einzelermächtigung durch zum Teil sehr weitreichende Fassungen vertraglicher Kompetenzzuweisungen wie zum Beispiel in Art. 114 AEUV (zuvor Art. 95 I EG) und Art. 352 AEUV (zuvor Art. 308 EG) in nicht unerheblichem Umfang ausgehöhlt werde.[55]

185 Diese Kritik ist von der Rechtsprechung bestätigt worden. Der EuGH hat in seinem Urteil zur Tabakwerbeverbotrichtlinie europarechtliche Kompetenzregelungen rest-riktiv ausgelegt und das Werbeverbot wegen Kompetenzverstoßes für rechtswidrig und nichtig erklärt.[56] Hinsichtlich der Festlegung von *Roaming*-Gebühren, also des Entgeltes, das für Telefonate im Ausland über ein inländisches Mobilfunktelefon zu ent-richten ist, hat der Gerichtshof allerdings die auf Art. 95 EG (Art. 114 AEUV) gestützte VO (EG) Nr. 717/2007 nicht für ungültig erklärt. Auch wenn dem Ziel des Verbrau-cherschutzes maßgebliche Bedeutung zukomme, diene sie der Vermeidung spürbarer Wettbewerbsverzerrungen, die durch zu erwartende unterschiedliche Regelungen der Mitgliedstaaten drohten und die das Funktionieren eines gemeinschaftsweiten Marktes für Roaming empfindlich stören könnten. Der EuGH prüfte zudem umfassend die Grundsätze der Verhältnismäßigkeit und der Subsidiarität, verneinte aber einen Verstoß auch unter Verweis auf das weite Ermessen des Unionsgesetzgebers.[57] Das BVerfG hat insbesondere in seinem Maastricht-Urteil[58] vor einer dynamischen Vertragserweiterung und einer ausufernden Auslegung von Befugnisnormen gewarnt und eine eigene Prü-fungskompetenz bei offensichtlichen Kompetenzüberschreitungen von Unionsorga-nen für sich in Anspruch genommen.[59]

186 Neben einer ausufernden Anwendung ausdrücklicher Kompetenzzuweisungen droht der Grundsatz der begrenzten Einzelermächtigung durch sog. implizite Kompetenz-zuweisungen ausgehöhlt zu werden. In Lehre und Praxis, insbesondere aber in der Rechtsprechung des Europäischen Gerichtshofs, ist anerkannt, dass die Union auch in solchen Bereichen Kompetenzen in Anspruch nehmen kann, in denen keine ausdrück-lichen Kompetenzzuweisungen existieren, deren europarechtliche Regelung aber Vor-aussetzung einer sinnvollen Regelung anderer, explizit zugewiesener Bereiche ist (sog. *»implied powers«*).

187 Schließlich vertritt der EuGH in ständiger Rechtsprechung die Auffassung, dass über den Grundsatz des *»effet utile«*[60] dem Unionsinteresse ggf. auch über den ausdrück-

---

55 *Jarass* EuGRZ 1994, 209 (210).
56 EuGH 5.10.2000 – C-376/98, Slg. 2000, I-8419 = BeckRS 2004, 76863 – Tabakwerbeverbot.
57 EuGH 8.6.2010 – C-58/08, EuZW 2010, 539 Rn. 32 ff. – Roaming.
58 BVerfGE 89, 155 (210) = BeckRS 1993, 08465 – Maastricht.
59 BVerfGE 89, 156, Leitsatz 5 = BeckRS 1993, 08465 – Maastricht, allerdings relativiert im sog. »Bana-nenmarkt-Beschluss«, BVerfGE 102, 147 = BeckRS 2000, 22206.
60 EuGH 15.7.1960 – 20/59, Slg. 1960, 708 = BeckRS 2004, 72222 – Italien/Hohe Behörde der EGKS, stRspr, vgl. dazu *Oppermann/Classen/Nettesheim* EuropaR § 9 Rn. 178.

lichen Wortlaut von Kompetenzzuweisungen hinaus die größtmögliche Geltung verschafft werden müsse.

b) Prinzip der Subsidiarität

Literatur: *Bickenbach,* Das Subsidiaritätsprinzip in Art. 5 EUV und seine Kontrolle in EuR 2013, 523; *Calliess/Ruffert/Calliess* EUV Art. 5; *Calliess,* Kontrolle zentraler Kompetenzausübung in Deutschland und Europa, EuGRZ 2003, 181; *Everling,* Rechtsschutz in der Europäischen Union nach dem Vertrag von Lissabon, EuR 2009, Beiheft 1, 71; *Fischer,* Der Europäische Verfassungsvertrag, 2005; *Herdegen* EuropaR § 6 Rn. 26–29; *Kenntner,* Das Subsidiaritätsprotokoll des Amsterdamer Vertrags, NJW 1998, 2871; *Lambers,* Subsidiarität in Europa – Allheilmittel oder juristische Leerformel, EuR 1993, 229; *Oppermann/Classen/Nettesheim* EuropaR § 11 Rn. 23–33; *Pieper,* Subsidiaritätsprinzip-Strukturprinzip der Europäischen Union, DVBl. 1993, 705; *Pipkorn,* Das Subsidiaritätsprinzip im Vertrag über die EU – rechtliche Bedeutung und gerichtliche Überprüfbarkeit, EuZW 1992, 697; *Schröder,* Vertikale Kompetenzverteilung und Subsidiarität im Konsensentwurf für eine europäische Verfassung, JZ 2004, 8; *Schweitzer/Hummer* EuropaR Rn. 892–906; *Uerpmann-Wittzack/Edenharter,* Subsidiaritätsklage als parlamentarisches Minderheitsrecht, EuR 2009, 313.

Der Begriff der »*Subsidiarität*« entstammt ursprünglich der katholischen Soziallehre. **188** Nach der Definition der Enzyklika »Quadragesimo Anno« des Papstes Pius XI. v. 15.5.1931 hat Subsidiarität einen gesellschaftlichen Anwendungsbereich, in dem etwa im Staatsverband eine Zuständigkeitsverteilung zwischen verschiedenen Gruppen und Gemeinwesen unterschiedlicher Größe, Zusammensetzung und räumlicher Gliederung gefordert wird. Für diese Zuständigkeitsverteilung statuiert das Prinzip eine Nachrangigkeit der Aufgabenwahrnehmung durch die jeweils höhere oder größere Ebene.

Das Subsidiaritätsprinzip ist in Art. 5 III EUV verankert. Es beinhaltet eine Kompe- **189** tenzausübungsregelung, setzt also eine Unionskompetenz voraus und begründet sie nicht, die das Prinzip der begrenzten Einzelermächtigung flankiert und dessen Durchsetzung erleichtern soll. Es begrenzt zugewiesene, unionale Kompetenzen und betrifft damit die Frage des »Ob« des Tätigwerdens. Das Subsidiaritätsprinzip ist in allen Zuständigkeitsbereichen mit Ausnahme der ausschließlichen Kompetenzen anwendbar (Art. 5 III EUV), also jener Sachbereiche, die in Art. 3 I AEUV abschließend aufgezählt sind.[61]

Alle Organe der Union sind an das Subsidiaritätsprinzip gebunden. Nach einer Ent- **190** scheidung des Europäischen Gerichts erster Instanz (EuG) aus dem Jahre 1995[62] hat das Subsidiaritätsprinzip trotz seiner Einfügung im Umweltrecht mit der Einheitlichen Europäischen Akte von 1986 erst durch den Maastrichter Vertrag im allgemeinen Europarecht Wirksamkeit erlangt. Vorher habe es nicht als allgemeiner Rechtsgrundsatz im Europarecht gegolten.

Konkretisiert wird das Subsidiaritätsprinzip durch das Protokoll Nr. 2 über die An- **191** wendung der Grundsätze der Subsidiarität und der Verhältnismäßigkeit, dass sich im Gegensatz zu dem unter dem Amsterdamer Vertrag eingeführten Protokoll Nr. 30 auf

---

61 Darunter fallen zB die Zollunion, die Festlegung der Wettbewerbsregeln, die Währungspolitik für die Mitgliedstaaten der Eurozone und die gemeinsame Handlungspolitik. Im Umkehrschluss gilt das Subsidiaritätsprinzip somit für geteilte Kompetenzen sowie für Unterstützungs-, Koordinierungs- und Ergänzungsmaßnahmen.
62 EuG 21.2.1995 – T-29/92, Slg. 1995, II-289 Rn. 331 = BeckRS 2013, 80691 – SPO U.A.

verfahrensrechtliche Bedingungen beschränkt, nicht aber materiell rechtliche Definitionen spezifiziert.

Nach dem Grundsatz der Subsidiarität kann die Union nur unter folgenden kumulativ vorliegenden Voraussetzungen tätig werden:

- Ein mit einer unionalen Regelung verfolgtes, dh sich aus den Verträgen ergebendes Ziel kann *nicht ausreichend* durch Maßnahmen der Mitgliedstaaten weder auf zentraler noch auf regionaler oder lokaler Ebene verwirklicht werden (sog. Negativkriterium)
- und kumulativ kann das Ziel durch die Verwirklichung auf Unionsebene *besser* erreicht werden (sog. Positivkriterium).

192 Bislang wurden die in Art. 5 II EU verwendeten unbestimmten Rechtsbegriffe *»nicht ausreichend«* und *»besser«* durch die in dem Amsterdamer Subsidiaritätsprotokoll enthaltenen Leitlinien konkretisiert. Danach sollte etwa der Umfang einer Aufgabe bzw. deren nur grenzüberschreitend mögliche Erledigung zentrales Kriterium für eine mögliche bessere Erfüllung auf europäischer Ebene sein. Obwohl die Verbesserung und Spezifizierung dieser Leitlinien Teil des Mandats des Verfassungskonventes war, wurden entsprechende Leitlinien nicht in das Protokoll Nr. 2 mit aufgenommen. Damit bleibt die Auslegung und weitere Konkretisierung dieser Rechtsbegriffe nunmehr der Rechtsprechung und der Literatur überlassen.

193 Eine entscheidende Neuerung brachte der Lissabonner Vertrag schließlich auch hinsichtlich der verfahrensrechtlichen Überprüfbarkeit des Subsidiaritätsprinzips. Zuvor gab es keinerlei unabhängige Kontrollinstanz zur spezifischen Überprüfung von Subsidiaritätsfragen und eine Überprüfung durch den Europäischen Gerichtshof versprach angesichts der unbestimmten Rechtsbegriffe allenfalls bei besonders offensichtlichen Verstößen Erfolg.[63]

194 Art. 2 Prot. Nr. 2 verpflichtet nunmehr die Kommission zur Durchführung umfangreicher Anhörungen, bevor sie einen Rechtsakt vorschlägt. Ein Unterlassen führt zum Vorliegen eines wesentlichen Verfahrensfehlers mit der Folge der Nichtigkeit des späteren Rechtsaktes.[64] Art. 5 Prot. Nr. 2 verpflichtet die Kommission des Weiteren, die Entwürfe von Gesetzgebungsakten im Hinblick auf Subsidiaritäts- und Verhältnismäßigkeitsprinzip ausreichend zu begründen. Wegen des anderslautenden Wortlautes ist davon auszugehen, dass ein Fehlen wohl keinen wesentlichen Verfahrensfehler darstellt.[65]

195 Die größte Bedeutung kommt allerdings der verfahrensrechtlichen Absicherung durch ein *»Frühwarnsystem«* bzw. durch die Subsidiaritätsklage zu.[66] Der Frühwarnmechanismus ist ein präventives Kontrollrecht nationaler Parlamente zur Sicherstellung, dass die unionale Kompetenzausübung den Subsidiaritätsgrundsätzen genügt. Gemäß Art. 6 Prot. Nr. 2 können die nationalen Parlamente bzw. die Kammern eines nationalen Parlaments[67] innerhalb von sechs Wochen eine mit Begründungen versehene Stellungnahme an den Präsidenten des Europäischen Parlaments, des Rates oder der Kom-

---

63 So auch *Pipkorn* EuZW 1992, 700; *Lambers* EuR 1993, 239, *Calliess* EuGRZ 2003, 181.
64 *Schröder* JZ 2004, 8 ff.; aA *Fischer*, Europarecht, 2. Aufl. 2008, 530.
65 Art. 5 S. 2 Protokoll Nr. 2 lautet: »Jeder Entwurf eines Gesetzgebungsaktes sollte einen Vermerk mit detaillierten Angaben enthalten [...]«.
66 Hierzu *Uerpmann-Wittzack/Edenharter* EuR 2009, 313 f.
67 Daher kann auch der Bundesrat allein eine Stellungnahme abgeben, vgl. *Schröder* JZ 2004, 8 ff.

mission übermitteln. Gerügt werden können nur Verstöße gegen das Subsidiaritätsprinzip, nicht aber inhaltliche Gegenstände des Rechtsaktes. Stellungnahmen müssen von den Unionsorganen zwar berücksichtigt werden, haben aber keine kassatorische Wirkung in dem Sinne, dass sie einen Verzicht auf das betreffende Gesetzgebungsvorhaben bewirken könnten.

Geben mindestens ⅓ der Gesamtzahl der nationalen Parlamente, bzw. ¼ im Falle einer **196** Maßnahme betreffend die GASP, Stellungnahmen nach Art. 6 Prot. Nr. 2 ab, muss die Kommission den Gesetzgebungsvorschlag erneut überprüfen (Art. 7 II Prot. Nr. 2). Jedes nationale Parlament hat zwei Stimmen. In einem Zweikammersystem hat jede der beiden Kammern eine Stimme. Nach Abschluss der Überprüfung kann die Kommission bzw. dasjenige Organ, das den Gesetzgebungsakt vorgelegt hat, beschließen, an dem Entwurf festzuhalten, ihn zu ändern oder ihn zurückzunehmen. In jedem Fall kann der Rechtsakt trotz Überprüfung noch ergehen, dh die nationalen Parlamente haben keine Möglichkeit, diesen zu blockieren.[68]

Art. 8 Prot. Nr. 2 normiert schließlich die Zuständigkeit des EuGH für Klagen wegen **197** behaupteten Verstoßes eines Europäischen Gesetzgebungsaktes gegen das Subsidiaritätsprinzip, entsprechend den Vorschriften zur Nichtigkeitsklage. Mit dieser sog. Subsidiaritätsklage haben nationale Parlamente die Möglichkeit, gegen einen beschlossenen Rechtsakt vorzugehen. Im Rahmen der Subsidiaritätsklage ist neu, dass die Klage von Mitgliedstaaten im Namen ihrer nationalen Parlamente oder Kammern der Parlamente dem EuGH übermittelt wird.[69] Es handelt sich damit um eine Prozessstandschaft des Mitgliedstaates für das jeweils klagende Organ.[70] In Deutschland übermittelt demzufolge die Bundesrepublik für die Länder die Klage an den EuGH; dem klageerhebenden Organ, folglich dem Land, obliegt allerdings die Prozessführung. Näheres regelt das Begleitgesetz zum Vertrag von Lissabon.[71]

Insgesamt ist also die prozedurale Seite des Subsidiaritätsprinzips gestärkt worden, da **198** es insbesondere durch das Frühwarnsystem verfahrensrechtliche Verbesserungen erfahren hat. Mangels Aufnahme von Leitlinien, wie sie noch im Amsterdamer Protokoll enthalten waren, ist das Subsidiaritätsprinzip allerdings wiederum wesentlich geschwächt worden, da es nicht durch konkrete, inhaltliche Kriterien spezifiziert wird.

c) Grundsatz der Verhältnismäßigkeit

Literatur: *Oppermann/Classen/Nettesheim* EuropaR § 11 Rn. 33, § 17 Rn. 36; *Pache,* Der Grundsatz der Verhältnismäßigkeit in der Rechtsprechung des Gerichts der EGen, NVwZ 1999, 1033; Vedder/ Heintschel von Heinegg/*Vedder* EUV Art. 5.

Schließlich trägt der Grundsatz der *Verhältnismäßigkeit,* welcher in Art. 5 IV EUV ge **199** regelt ist, zur Abgrenzung der Kompetenzen zwischen Union und Mitgliedstaaten bei. Danach muss sich im Verhältnis zu den Mitgliedstaaten die Wahrnehmung einer Kompetenz durch die Union jeweils als geeignet, erforderlich und angemessen erweisen.[72] Der Grundsatz der Verhältnismäßigkeit war vom Europäischen Gerichtshof schon

---

68 Vgl. CONV 331/02, Syntheseebericht über die Plenartagung am 3./4. 10. 2002 in Brüssel, 7.
69 Vgl. Vedder/Heintschel von Heinegg/*Vedder* EUV Art. 5 Rn. 29.
70 Vgl. Vedder/Heintschel von Heinegg/*Vedder* EUV Art. 5 Rn. 29; *Everling* EuR 2009, Beiheft 1, 71 (75).
71 Vgl. BGBl. 2009 I S. 3022.
72 S. dazu *Oppermann/Classen/Nettesheim* EuropaR § 11 Rn. 33.

längere Zeit als allgemeiner Grundsatz des Europarechts anerkannt worden,[73] bevor er erstmals im EG-Vertrag ausdrücklich Anerkennung gefunden hat. Danach müssen die Maßnahmen der europäischen Organe geeignet und erforderlich sein.[74]

200 Neu ist der Zusatz, dass die Maßnahmen der Union *»inhaltlich wie formal«* nicht über das für die Erreichung der Ziele erforderliche Maß hinausgehen dürfen. Damit ist klargestellt, dass das jeweils mildeste Mittel zu wählen ist, was sowohl die Handlungsform als auch die Regelungsbreite anbelangt.

Im Unterschied zum Subsidiaritätsprinzip ist das Prinzip der Verhältnismäßigkeit auch im Bereich ausschließlicher Zuständigkeiten anwendbar.

d) Flexibilitätsklausel nach Art. 352 AEUV

Literatur: *Calliess,* Kontrolle zentraler Kompetenzausübung in Deutschland und Europa: Ein Lehrstück für die Europäische Verfassung/Zugleich eine Besprechung des Altenpflegegesetz-Urteils des BVerfG, EuGRZ 2003, 181; *Häde/Puttler,* Zur Abgrenzung des Art. 235 EG von der Vertragsänderung, EuZW 1997, 13; *Oppermann/Classen/Nettesheim* EuropaR § 11 Rn. 8–10.

201 Art. 352 AEUV steht als Regelung außerhalb der anderen Kompetenzen, da sie sich allein final definiert und keine erklärten Sachgebiete zum Inhalt hat. Damit durchbricht Art. 352 AEUV jedoch nicht das Prinzip der begrenzten Einzelermächtigung, sondern fügt sich vielmehr in dieses ein. Denn Art. 5 AEUV unterscheidet nicht zwischen detaillierten und allgemeinen Ermächtigungen, sodass Art. 352 AEUV Bestandteil der übertragenen Zuständigkeiten gem. Art. 5 II EU ist. Die Regelung wird den geteilten Kompetenzen zugeordnet, da sie nicht in Art. 3 AEUV genannt ist.

202 Der Verfassungskonvent war ausdrücklich mit dem Mandat beauftragt worden, Art. 352 AEUV (zuvor Art. 308 EG) zu überprüfen sowie Vorkehrungen gegen ein Ausufern der unionalen Zuständigkeiten zu treffen.[75] Dennoch ist die inhaltliche Struktur der Lückenfüllungskompetenz nahezu unverändert geblieben. Allerdings bringt es die Integration der PJZS mit sich, dass der Anwendungsbereich des Art. 352 AEUV gegenüber der vorherigen Regelung im EG-Vertrag weiter geworden ist. Abs. 4 schließt hingegen eine Anwendung im Bereich der GASP ausdrücklich aus.

203 Ursprünglich lag die Bedeutung darin, bestehende Kompetenzen abzurunden, später vor allem aber auch darin, die Aufgaben der Union auf neue, im Vertrag nicht ausdrücklich vorgesehene Politikbereiche, wie etwa Umwelt-, Regional-, Entwicklungs- und Forschungspolitik sowie Terrorismus zu erweitern. Nach der mittlerweile erfolgten Aufnahme vieler weiterer ausdrücklicher Handlungsbefugnisse ist seine Bedeutung zwar nicht geschwunden, indes deutlich begrenzt.

204 Voraussetzung für die Anwendung von Art. 352 AEUV ist, dass eine Maßnahme zur Verwirklichung eines der Ziele der Union im Rahmen der in den Verträgen festgelegten Politikbereiche erforderlich erscheint. Dann kann die Union die geeigneten Maßnahmen treffen, auch wenn keine entsprechende Kompetenz in den Verträgen vorge-

---

73 EuGH 9.8.1994 – C-359/92, Slg. 1994, I-3683 = BeckRS 2004, 76719 – Deutschland/Rat.

74 Vgl. EuGH 21.2.1979 – 138/78, Slg. 1979, 713 = BeckRS 2004, 71585 – Stölting/Hauptzollamt Hamburg-Jonas.

75 *Calliess* EuGRZ 2003, 181 ff. sowie die Erklärung zur Zukunft der Europäischen Union, Bull. EU 12-2001, I.27.

sehen ist. Allerdings muss es sich um ausdrücklich in den Verträgen festgeschriebene Ziele handeln. Zur Ausfüllung des Merkmals der Erforderlichkeit einer Regelung verfügt die Union über einen erheblichen Ermessensspielraum, der allerdings durch Subsidiaritätsprinzip und Verhältnismäßigkeitsgrundsatz eingeschränkt und gerichtlich überprüfbar ist.

Umstritten bleibt die Frage, ob Art. 352 AEUV eingreift, wenn der Vertrag Befugnisse vorsieht, diese aber inhaltlich oder instrumentell nicht ausreichen, um die Ziele der Verträge zu erreichen. Angesichts der Tatsache, dass Art. 352 AEUV von dem Fehlen der zur Zielverwirklichung *»erforderlichen«* Befugnisse ausgeht, wird man dieses wohl bejahen können, sofern dadurch ausdrücklich vorgesehene Vertragsbestimmungen nicht umgangen werden.[76] Zu betonen ist, dass eine Anwendung des Art. 352 AEUV nicht zu einer faktischen Vertragsänderungsbefugnis führen darf. Zudem stellt Art. 352 AEUV keine Kompetenz-Kompetenz dar, dh die Regelung kann nicht zur Schaffung eigener Kompetenzgrundlagen herangezogen werden, sondern lediglich die Rechtsgrundlage für den Erlass einzelner Rechtsakte darstellen.[77] Dadurch ist sichergestellt, dass die Bestimmung keine Grundlage dafür bieten kann, den Bereich der Unionsbefugnisse über den Rahmen dessen hinaus auszudehnen, was sich aus der Gesamtheit der Vertragsbestimmungen und insbesondere den Bestimmungen ergibt, die die Aufgaben und Tätigkeiten der Union festlegen.[78]

Die Regelung ist inhaltlich durch die besondere Subsidiaritätskontrolle in Abs. 2 und das Erfordernis der Zustimmung des Europäischen Parlaments verschärft worden. Außerdem ist in Abs. 3 die Rechtsharmonisierung ausgeschlossen worden. Somit ist in allen Politikbereichen, in denen von der Lückenfüllungskompetenz Gebrauch gemacht wird, die Rechtsharmonisierung ausgeschlossen.

e) Implizite Zuständigkeiten – die »implied powers«-Doktrin

Literatur: *v. Borries*, Gedanken zur Tragweite des Subsidiaritätsprinzips im Europäischen Gemeinschaftsrecht, FS Deringer, 1993; Calliess/Ruffert/*Calliess* AEUV Art. 2 I; *Nicolaysen*, Zur Theorie von den Implied Powers in den Europäischen Gemeinschaften, EuR 1966, 169; *Obwexer*, Die neue Verfassung für Europa, Europablätter 2004, 172; *Oppermann/Classen/Nettesheim* EuropaR § 11 Rn. 11–12; *Oppermann*, Eine Verfassung für die Europäische Union – Der Entwurf des Europäischen Konvents, DVBl. 2003, 1165; *Rabe*, Das Verordnungsrecht der Europäischen Wirtschaftsgemeinschaft, 1963; Vedder/Heintschel von Heinegg/*Vedder* AEUV Art. 352; Art. I-11, Rn. 8; *Wuermeling*, Kalamität Kompetenz: Zur Abgrenzung der Zuständigkeiten in dem Verfassungsentwurf des EU-Konvents, EuR 2004, 216.

Der Grundsatz der begrenzten Einzelermächtigung berücksichtigt nicht nur ausdrückliche Kompetenzen, sondern auch ungeschriebene, implizit im Vertrag angelegte Kompetenzen.[79] Als solche sind der Grundsatz der *»implied powers«* und der Grundsatz des *»effet utile«* zu nennen.

Nach der Lehre von den *»implied powers«* müssen die Bestimmungen völkerrechtlicher Verträge zugleich diejenigen Vorschriften beinhalten, bei deren Fehlen sie sinnlos

205

206

207

208

---

76 Bejahend auch die Rspr. des EuGH 12.7.1973 – 8/73, Slg. 1973, 897 Rn. 3 f. = BeckRS 2004, 73730 – Massey-Ferguson.
77 Vedder/Heintschel von Heinegg/*Vedder* AEUV Art. 352 Rn. 1.
78 EuGH, Gutachten 2/94, Slg. 1996, I-1759 Rn. 30 – EMRK-Gutachten.
79 Grundlegend hierzu die AETR-Entscheidung EuGH 31.3.1971 – 22/70, Slg. 1971, 263 = BeckRS 2004, 72371 – AETR.

wären oder nicht in vernünftiger und zweckmäßiger Weise zur Anwendung gelangen könnten.[80]

209 Nach einer engeren Auffassung ist zur Begründung von »implied powers« an ausdrückliche Unionskompetenzen anzuknüpfen, während eine weitere Auffassung an die Ziele und Aufgaben der Union anknüpft.

210 Streitig ist, ob die »implied powers«-Lehre neben der Vorschrift des Art. 352 AEUV, wonach die Union unter bestimmten Voraussetzungen zur Wahrnehmung von ihr nicht ausdrücklich übertragenen Kompetenzen imstande ist, einen eigenen Anwendungsbereich hat. Teilweise wird behauptet, Art. 352 AEUV stelle eine ausdrückliche Regelung der »implied powers« unter besonderen Verfahrensregeln dar und lasse daneben keinen Anwendungsspielraum mehr.[81] Dem ist allerdings nicht zuzustimmen, da richtigerweise nach dem engen »implied powers«-Konzept immer an vorhandene Kompetenzen der Union anzuknüpfen ist, die Art. 352 AEUV gerade nicht voraussetzt, weil diese Regelung final an den Zielen der Union ausgerichtet ist.[82]

211 Die größte Beachtung findet die Lehre der »implied powers« in der Praxis im Zusammenhang mit den Vertragsschlusskompetenzen der Europäischen Union.[83]

212 Daneben steht zudem der teleologische Auslegungsgrundsatz des »effet utile« in engem Zusammenhang mit dem »implied powers«-Konzept. Er ist auf die Erzielung der größten Wirksamkeit von Vertragskompetenzen ausgerichtet.

2. Arten von Zuständigkeiten

213 Art. 2 AEUV listet erstmals, freilich der bisherigen Abgrenzung entsprechend, verschiedene Zuständigkeitsarten auf und bestimmt die sich aus der jeweiligen Zuständigkeitsart ergebenden rechtlichen Konsequenzen.

a) Ausschließliche Zuständigkeit

214 Gemäß Art. 2 I AEUV darf im Bereich der ausschließlichen Zuständigkeiten nur die Union tätig werden und Rechtsakte erlassen. Die Mitgliedstaaten dürfen nur tätig werden, wenn sie von der Union hierzu ermächtigt worden sind oder um Rechtsakte durchzuführen. Vom Vertrag offen gelassen wurde, wie eine solche Ermächtigung zum Tätigwerden auszusehen hat. Somit ist mit dem Bereich der ausschließlichen Zuständigkeit ein vollständiger Kompetenzverlust der Mitgliedstaaten verbunden.

215 Der Begriff der ausschließlichen Zuständigkeit war lange umstritten,[84] was durch die Neuregelung nunmehr als obsolet angesehen werden kann. Eine ausschließliche Zuständigkeit liegt nur dort vor, wo die Mitgliedstaaten unabhängig von einem konkreten Tätigwerden der Union nicht handlungsbefugt sind.[85]

---

80 *Oppermann/Classen/Nettesheim* EuropaR § 11 Rn. 11; EuGH 8/55, Slg. 1956, 295 – Fédéchar; stRspr.

81 *Rabe*, Das Verordnungsrecht der Europäischen Wirtschaftsgemeinschaft, 1963, 157.

82 So auch *Oppermann/Classen/Nettesheim* EuropaR § 11 Rn. 11.

83 Dazu grundlegend EuGH 31.3.1971 – 22/70, Slg. 1971, 263 Rn. 20–22 = BeckRS 2004, 72371 – AETR; Schluss von Innen- auf Außenkompetenzen der EG, dazu bereits → Rn. 50 ff.

84 Nachweise bei Calliess/Ruffert/*Calliess* AEUV Art. 2 Rn. 2–14.

85 *Borries*, FS Deringer, 1993, 22.

Ebenfalls ist der Streit über die einschlägigen Sachbereiche mit der abschließenden 216
Enummerierung in Art. 3 I AEUV beigelegt worden. Abschließend sind dort die Zollunion, die Festlegung der Wettbewerbsregeln soweit für das Funktionieren des Binnenmarktes erforderlich, die Währungspolitik für die Mitgliedstaaten der Eurozone,
die Erhaltung der biologischen Meeresschätze im Rahmen der gemeinsamen Fischereipolitik sowie die gemeinsame Handelspolitik genannt. Außerdem ist in Art. 3 II
AEUV die Vertragsschlusskompetenz angegeben, für die die Union die ausschließliche
Kompetenz hat.

b) Geteilte Zuständigkeit

Art. 2 II und Art. 4 AEUV legen fest, dass alle der Union übertragenen Zuständigkei- 217
ten mit Ausnahme der in Art. 3 AEUV genannten ausschließlichen sowie die in Art. 6
AEUV genannten Unterstützungs-, Koordinierungs- und Ergänzungszuständigkei-
ten, geteilte Zuständigkeiten sind. Art. 4 II lit. a–k AEUV listet beispielhaft und nicht
abschließend einige Sachgebiete auf, darunter den Binnenmarkt, die Sozialpolitik, die
Landwirtschaft und Fischerei, die Umwelt, die Energie und den Verbraucherschutz.
Ausgenommen sind die Bereiche Forschung, technologische Entwicklung und Raumfahrt, Entwicklungszusammenarbeit und humanitäre Hilfe (Art. 4 III und IV AEUV).

Im Rahmen der geteilten Zuständigkeit dürfen die Mitgliedstaaten von ihrer Rege- 218
lungsbefugnis nur Gebrauch machen, sofern und soweit die Union ihre Regelungsbefugnis noch nicht ausgeübt hat oder sich entschlossen hat, diese nicht mehr auszuüben
(Art. 2 II AEUV).

Teilweise wird in der Literatur die Auffassung vertreten, diese Zuständigkeitskategorie 219
hätte besser mit »konkurrierend« betitelt werden müssen, weil Union und Mitgliedstaaten in gleicher Weise über Rechtssetzungsbefugnisse verfügten.[86] Ein anderer Teil
der Literatur geht hingegen davon aus, dass die Zuständigkeit bei den Mitgliedstaaten
liegt und erst durch eine Rechtssetzung der Union verdrängt wird.[87]

Sofern und soweit die Union von ihrer Kompetenz Gebrauch macht, tritt eine Sperr- 220
wirkung zulasten der Regelungsbefugnis der Mitgliedstaaten ein. Allerdings sagt allein
der Umstand, dass die Union eine Regelung in einem Sachbereich getroffen hat, der in
den Bereich der geteilten Zuständigkeiten fällt, noch nichts über Umfang und Ausmaß
der Sperrwirkung aus. So steht es den Mitgliedstaaten zB frei, eine über eine europarechtliche Mindestnorm hinausgehende Regelung zu treffen.[88] Fraglich ist, ob ebenfalls dann keine Sperrwirkung eintritt, wenn die Union von einer geteilten Kompetenz
Gebrauch macht und einen konkreten Rechtsakt erlässt. In diesem Falle aktualisiert
sich die geteilte Zuständigkeit in einem konkreten Rechtsakt, sodass der Mitgliedstaat
nicht mehr tätig werden kann. Eine Zuständigkeit mit Wirkung einer ausschließlichen
erwirbt die Union indes nicht, sodass im Falle der Änderung oder Aufhebung des
Rechtsaktes die geteilte Kompetenz nach wie vor gegeben ist mit der Möglichkeit des
Wiederauflebens der Zuständigkeit der Mitgliedstaaten.[89]

---

86 Vgl. *Schröder* JZ 2004, 8 ff.
87 *Obwexer* Europablätter 2004, 172 ff.
88 Calliess/Ruffert/*Calliess* AEUV Art. 2 Rn. 10 ff.
89 CONV 724/1/03 v. 28.5.2003, 67.

c) Unterstützende Zuständigkeit

221 Gemäß Art. 2 V AEUV ist die Union in bestimmten Bereichen dafür zuständig, Maßnahmen zur Unterstützung, Ergänzung oder Koordinierung der Maßnahmen der Mitgliedstaaten durchzuführen. Es handelt sich hierbei nicht um eine Kompetenz im eigentlichen Sinne, da sie die Zuständigkeiten der Mitgliedstaaten unberührt lässt.[90] Der Erlass eines verbindlichen Rechtsaktes durch die Union ist zwar möglich, allerdings kann sie nur zusätzliche Maßnahmen ohne Harmonisierungswirkung erlassen. Zweck der Regelung ist es, dass der Union ein Handeln dort ermöglicht werden soll, wo sie und die Mitgliedstaaten gemeinsame Interessen haben.

Im konkreten Fall geht es hierbei um finanzielle Hilfe, um die Koordinierung der Zusammenarbeit der Verwaltung oder mitgliedstaatlicher Handlungen sowie um die Vergabe von Pilotprojekten oder Leitlinien.[91]

d) Besondere Kompetenzarten

222 Die GASP und die Koordinierung der Wirtschafts- und Beschäftigungspolitik der Mitgliedstaaten stellen eigenständige Kompetenzarten für den jeweiligen Sachbereich (Art. 2 III und IV AEUV) dar. Beides sind Sonderbereiche, die sich nicht in das strukturierte Verhältnis von Unions- und mitgliedstaatlicher Kompetenzen einordnen lassen, sondern über einen sachlichen Regelungsbereich definiert sind.[92] In diesen Bereichen trägt die Union lediglich zu der primär erforderlichen Selbstkoordinierung der Mitgliedstaaten bei.

e) Ausschließliche Kompetenzen der Mitgliedstaaten

223 Alle nicht übertragenen Zuständigkeiten sind ausschließliche Kompetenzen der Mitgliedstaaten (Art. 4 I EUV). Dies gilt auch für die in den verschiedenen Kompetenznormen enthaltenen Bereichsausnahmen. Bei den sog. Bereichsausnahmen werden ausdrücklich bestimmte Sachgebiete oder bestimmte Regelungstypen von der Unionskompetenz zugunsten der Mitgliedstaaten ausgenommen, wie zB der Ausschluss der Rechtsharmonisierung bei den unterstützenden Zuständigkeiten.

III. Gegenseitige Pflichten von Union und Mitgliedstaaten

Literatur: *Bleckmann*, Art. 5 EWG-Vertrag und die Gemeinschaftstreue, DVBl. 1996, 483; *v. Bogdandy*, Rechtsfortbildung mit Artikel 5 EG-Vertrag – Zur Zulässigkeit gemeinschaftsrechtlicher Innovationen nach EG-Vertrag und Grundgesetz, FS Grabitz, 1995, 17.

224 Von zentraler und oftmals unterschätzter Bedeutung ist die rechtliche Fundierung des gegenseitigen Verhältnisses von Union und Mitgliedstaaten. Art. 4 EUV normiert ausdrücklich Verhaltenspflichten der Mitgliedstaaten, die sich zum einen in der Verpflichtung zu positivem Handeln, wie dem Umsetzen der Verpflichtungen aus den Verträgen und der Erleichterung der entsprechenden Aufgaben, und zum anderen im Unterlassen von vertragsgefährdenden Maßnahmen niederschlagen.

---

90 *Wuermeling* EuR 2004, 216.
91 CONV 375/1/02 Rev. 1, Schlussbericht der Gruppe V »Ergänzende Zuständigkeiten«.
92 Im Hinblick auf die Systematik ist Art. 2 III AEU verfehlt und die Regelung letztlich nur darauf zurückzuführen, dass der Verfassungskonvent hierzu keine Einigung fand, vgl. *Oppermann* DVBl. 2003, 1165.

Unter die Verpflichtungen der Mitgliedstaaten fällt deshalb etwa die pflichtgemäße 225
Umsetzung europarechtlicher Vorgaben, zB der Richtlinien, in innerstaatliches Recht
sowie die Verpflichtung zu europarechtskonformer Auslegung nationalen Rechts
durch die Gerichte des jeweiligen Mitgliedstaates.[93] Darüber hinaus ist die Anwendung
bzw. Durchsetzung des Unionsrechts durch die entsprechende Ausgestaltung der innerstaatlichen Rechtsordnung, etwa durch entsprechende prozessuale Regelungen, sicherzustellen.[94]

In der Rechtsprechung ist für den Fall der nicht fristgerechten Umsetzung einer Richt- 226
linie – also einer seitens des Mitgliedstaats gegenüber der Union bestehenden Pflicht –
und daraus resultierender – seitens des Mitgliedstaats zu vermeidender – Schäden der
Union eine Schadensersatzpflicht der Mitgliedstaaten gegenüber den Unionsbürgern
abgeleitet worden, die deshalb letztlich – auch – auf dem Grundsatz der Unionstreue
beruht.[95] Aus dem in Art. 4 III EUV verankerten Grundsatz der Zusammenarbeit und
in Abwägung mit Belangen der Rechtssicherheit, erkennt der EuGH dann eine Pflicht
zur Überprüfung und ggf. Rücknahme bestandskräftiger Entscheidungen der Verwaltung an, wenn

(1) das nationale Recht diese Möglichkeit bereit hält und dies ohne die Verletzung der
    Rechte Dritter möglich ist,
(2) die Entscheidung infolge eines letztinstanzlichen Urteils bestandskräftig wurde
    (der Rechtsweg gegen sie also beschritten wurde),
(3) dieses Urteil auf einer unrichtigen Auslegung des Unionsrechts basiert, wie sich
    aus einem späteren Urteil des EuGH ergibt, und das nationale Gericht entgegen
    Art. 267 AEUV die Fragen nicht vorgelegt hat sowie
(4) der Betroffene sich unmittelbar nach Kenntnis der Entscheidung des Gerichtshofs
    mit einem Antrag an die Verwaltungsbehörde gewandt hat.[96]

Das Unterlassen von Maßnahmen, welche geeignet sind, die Verwirklichung von Ver- 227
tragszielen zu gefährden, fällt ebenfalls unter die europarechtliche Treuepflicht.[97]

Die Verpflichtungen der Union werden grundsätzlich implizit aus Art. 4 EUV abgelei- 228
tet und finden sich im Übrigen an anderen Stellen der Verträge spezifisch ausgeprägt.
Darunter fallen etwa das Recht der Mitgliedstaaten, angehört zu werden (vgl. Art. 258,
259 AEUV), die Begründungspflicht für die Inanspruchnahme von Kompetenzen
(Art. 296 II AEUV und Art. 5 Prot. Nr. 2), der aber schon genügt ist, wenn aus der Ge-
samtschau die Gründe für die erlassene Maßnahme klar und eindeutig ersichtlich sind
und der Gerichtshof seine Kontrolle ausüben kann,[98] sowie die Ermessensausübung
der Kommission unter Berücksichtigung der Interessen der Mitgliedstaaten bei Erhebung einer Aufsichtsklage (vgl. Art. 258 II AEUV).

---

93 EuGH 10.4.1984 – 14/83, Slg. 1984, 1891 = BeckRS 2004, 71617 – v. Colson und Kamann; *Bleck-*
   mann EuropaR Rn. 687.
94 EuGH 19.6.1990 – C-213/89, Slg. 1990, I-2433 = BeckRS 2004, 75128 – Factortame I.
95 EuGH 19.11.1991 – C-6/90 und C-9/90, Slg. 1990, I-5357 = BeckRS 2004, 77605 – Francovich; Einzelheiten → Rn. 586 ff.
96 EuGH 13.1.2004 – C-453/00, Slg. 2004, I-837 Rn. 27 ff. = EuZW 2004, 215 – Kühne & Heitz.
97 EuGH 18.12.1997 – C-129/96, Slg. 1997, I-7411 = BeckRS 2004, 74290 – Inter-Environnement Wallonie.
98 EuGH 14.12.2004 – C-434/02, Slg. 2004, I-11825 = BeckRS 2004, 78267 – Arnold André.

229 Darüber hinaus hat auch die Union eine, in Art. 4 III EUV nunmehr ausdrücklich benannte Pflicht zur loyalen Zusammenarbeit und zur Rücksichtnahme auf die Belange der Mitgliedstaaten.[99] Der neue Art. 4 III EUV definiert loyale Zusammenarbeit ausdrücklich als »gegenseitige Unterstützung und Achtung«. Diesem Grundsatz ist eine Loyalitätspflicht der Union gegenüber den Mitgliedstaaten zu entnehmen, insbesondere diese bei der Wahrnehmung ihrer europarechtlichen Aufgaben und Pflichten zu unterstützen. Darüber hinaus benennt Art. 4 II EUV nunmehr ausdrücklich die Pflicht der Union zur Achtung der Gleichheit der Mitgliedstaaten und ihrer jeweiligen nationalen Identität, einschließlich ihrer politischen und verfassungsmäßigen Strukturen. Hierin kommt das Bestreben der Mitgliedstaaten, sich ihre nationale Souveränität bewahren zu wollen, zum Ausdruck.

IV. Diskriminierungsverbot und weitere gegenseitige Verpflichtungen

Literatur: *Schilling*, Gleichheitssatz und Inländerdiskriminierung, JZ 1994, 8.

230 Über die soeben (→ Rn. 226 ff.) skizzierten gegenseitigen Verpflichtungen hinaus wird das Verhältnis zwischen Union und Mitgliedstaaten besonders durch das *allgemeine Diskriminierungsverbot* des Art. 18 AEUV sowie durch viele bereichsspezifische Regelungen des Diskriminierungsverbotes, die Art. 18 AEUV als speziellere Normen vorgehen, geprägt. Dieser Grundsatz gilt auch für die EAG, ohne dass sie dort gesondert normiert sein müsste.[100]

231 Aus der Beseitigung der Staatsangehörigkeit als Differenzierungsmerkmal bzw. dem Erfordernis einer Rechtfertigung jeder entsprechenden Ungleichbehandlung folgt nämlich die tendenzielle Harmonisierung der mitgliedstaatlichen Rechtsordnungen im Rahmen des Binnenmarktes.

232 Neben dem Grundsatz der Unionstreue aus Art. 4 EUV bzw. dem allgemeinen Diskriminierungsverbot aus Art. 18 AEUV gelten im Verhältnis zwischen Mitgliedstaaten und Union noch folgende *weitere gegenseitige Verpflichtungen:*
- Zusammenarbeit und Koordination, vor allem im Bereich der Wirtschafts- und Währungspolitik (vgl. Art. 119 AEUV),
- Beistandspflichten in wirtschaftlichen bzw. politischen Krisensituationen; solche Pflichten sind in verschiedenen Klauseln der Verträge, wo Zusammenarbeits- bzw. Beistandspflichten normiert sind, vorgesehen, so etwa in Art. 143 AEUV (Pflichten bei Zahlungsbilanzschwierigkeiten eines Mitgliedstaats) und in Art. 346 ff. AEUV (Beeinträchtigung sicherheitspolitischer Interessen bzw. des freien Wettbewerbs).

---

99 Teilweise anerkannt v. EuGH etwa in EuGH 6.12.1990 – C-2/88, Slg. 1990, I-3367 = NJW 1991, 2410 – Zwartveld.
100 EuGH EuZW 2010, 26 Rn. 87 f. – Österreich/CEZ.

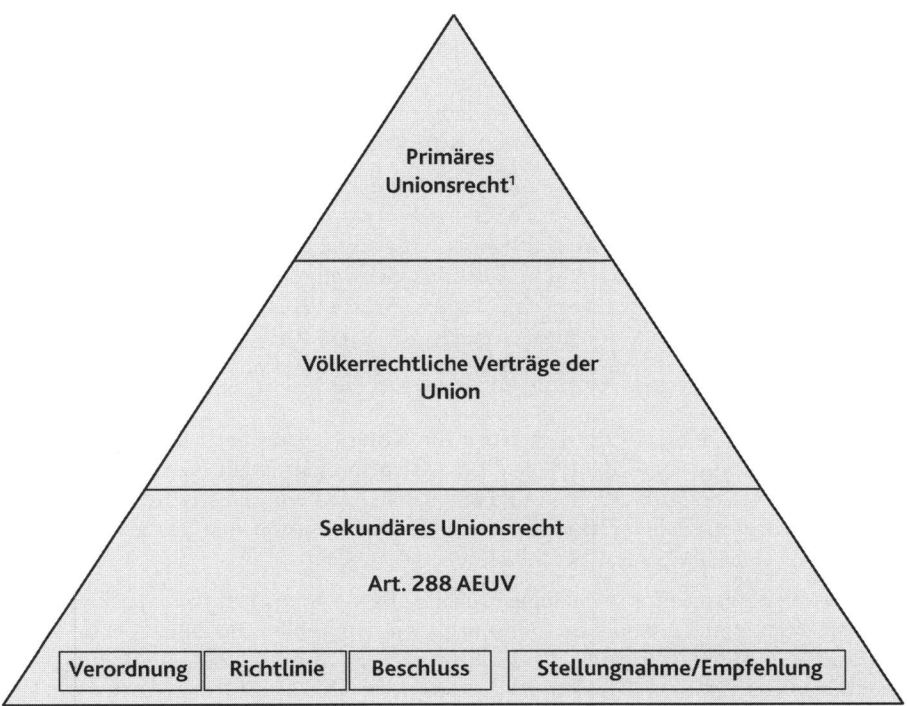

1 Primäres Unionsrecht: EU- und AEU-Vertrag sowie die diesen Verträgen beigefügten Protokolle und Anhänge (vgl. Art. 51 EUV), das Unionsgewohnheitsrecht und die allgemeinen Rechtsgrundsätze.

§ 8 Die Organe der Europäischen Union

I. Organe (Zusammensetzung; Befugnisse; Bedeutung)

Literatur: *Hatje,* Die institutionelle Reform der Europäischen Union – der Vertrag von Nizza auf dem Prüfstand, EuR 2001, 143 ff.; *Oppermann/Classen/Nettesheim* EuropaR § 5 Rn. 3; *Oppermann,* Eine Verfassung für die Europäische Union, DVBl. 2003, 1234; *Ruffert,* Institutionen, Organe und Kompetenzen – der Abschluss eines Reformprozesses als Gegenstand der Europarechtswissenschaft, EuR 2009, Beiheft 1, 31 ff.; *Schoo,* Das neue institutionelle Gefüge der EU, EuR 2009, Beiheft 1, 51 ff.; *Wessels,* Das politische System der Europäischen Union, 115 ff.

Durch den Reformvertrag von Lissabon ist der institutionelle Rahmen der Union neu definiert und organisiert worden. Künftig gibt es nur noch Organe der Union,[101] die in Art. 13 EUV nF ausdrücklich aufgezählt sind. Zum Kreis der bisherigen *Hauptorgane* Europäisches Parlament, Rat, Kommission, EuGH und Rechnungshof (Art. 7 EG) ist der Europäische Rat als Hauptorgan hinzugekommen. Ausdrücklich zu den Organen zählt nunmehr auch die Europäische Zentralbank. Der Sitz der Hauptorgane ist weiterhin in Brüssel (Sitz des Rates, der zuweilen auch in Luxemburg tagt, und der Kommission sowie des Europäischen Rates) bzw. in Straßburg (Sitz des Parlaments) und in Luxemburg (Sitz des Gerichtshofes und des Gerichts 1. Instanz sowie des Rech-

233

101 Dies gilt nicht für Organe der EURATOM.

nungshofes). Von den Hilfsorganen haben der Wirtschafts- und Sozialausschuss sowie der Ausschuss der Regionen ihren Sitz jeweils in Brüssel. Die Organqualität der Europäischen Zentralbank mit Sitz in Frankfurt aM stellt eine Besonderheit dar, weil ihr gleichzeitig nach Art. 282 III AEUV Rechtspersönlichkeit zukommt.[102] Die Europäische Investitionsbank wird nicht mehr ausdrücklich erwähnt (früher Art. 9 EG).

234 Die Unionsorgane kennen zwei *Arbeitssprachen,* Englisch und Französisch, sowie 24 *Amtssprachen* (Bulgarisch, Dänisch, Deutsch, Englisch, Estnisch, Finnisch, Französisch, Griechisch, Italienisch, Irisch, Kroatisch, Lettisch, Litauisch, Maltesisch, Niederländisch, Polnisch, Portugiesisch, Rumänisch, Schwedisch, Slowakisch, Slowenisch, Spanisch, Tschechisch und Ungarisch), die gem. Art. 342 AEUV (vormals Art. 290 EG) vom Rat nunmehr durch Verordnung festgelegt werden. Amtssprachen sind diejenigen Sprachen, in denen sich Unionsbürger an die EG wenden können und Anspruch auf Antwort haben.

235 Bereits durch den Nizza-Vertrag wurden die Kompetenzen der Organe neu akzentuiert, um die Union bzw. die (ehemaligen) Gemeinschaften auf die mitgliedschaftlichen Erweiterungen vorzubereiten und einzustellen. So wurde bspw. die Zusammensetzung des Europäischen Parlaments und der Kommission neu geregelt sowie die qualifizierte Mehrheit bei Ratsbeschlüssen neu definiert.

236 An diese Neuorganisation der Gemeinschafts- bzw. Unionsinstitutionen knüpft der Reformvertrag von Lissabon an. Denn nach wie vor zählen die zunehmende Größe der Union und ihrer Organe und die hierdurch hervorgerufene Schwächung ihrer Funktions- und Leistungsfähigkeit zu den ungelösten Kernproblemen der Union. Ferner stellte die Bewältigung politischer Ungleichgewichte zwischen großen und der Mehrzahl der kleinen Mitgliedstaaten eine zentrale Herausforderung der Reorganisation der Union dar.

237

Die Organe der Union im Überblick		
Organ	**Hauptbefugnisse**	**Stichwort**
Rat	Rechtssetzung (Art. 16 I EUV) »Initiativrecht« (Art. 241 AEUV) Mitwirkung am Haushalt (Art. 313 ff. AEUV) Kontrolle der Mitgliedstaaten (Art. 126 AEUV) Personalhoheit (Art. 286, 302, 305 AEUV) Kontrolle der Unionsorgane/ Klage vor dem EuGH (Art. 263, 265 AEUV)	Rechtssetzungsorgan Vertretung mitgliedstaatlicher Interessen
Europäischer Rat (ER)	Repräsentations- und Steuerungsaufgaben (Art. 15 EUV) Beschlussfassungs-, Benennungs-, Wahl- und Abberufungsrechte (Art. 17 VII EUV, Art. 283 II AEUV) Außenvertretung der GASP durch den Ratspräsidenten (Art. 15 VI EUV)	Politisches Leitentscheidungsorgan
Kommission	Beteiligung an Rechtssetzung (Art. 17 EUV) Initiativrecht (Art. 294 II AEUV) Außenvertretung (Art. 17 I EUV) Kontrolle der Mitgliedstaaten (Art. 126 AEUV) Verwaltung (Art. 127 ff. AEUV)	»Hüterin der Verträge« bzw. »Motor der Integration«

---

102 Es ist kaum zu erklären, wie Organqualität und Rechtspersönlichkeit vereinbar sind, vgl. *Oppermann* DVBl. 2003, 1234 (1236).

Die Organe der Union im Überblick		
Organ	**Hauptbefugnisse**	**Stichwort**
	Kontrolle der Mitgliedstaaten/ gerichtliche Vertretung der EG (Art. 335 AEUV) Haushalt und Rechnungslegung (Art. 313 AEUV) Mitwirkung bei den Außenbeziehungen (Art. 216 ff. AEUV)	
Parlament	Rechtssetzung (Art. 14 EUV) Kontrolle der Unionsorgane (Art. 234 AEUV) Mitwirkung bei den Außenbeziehungen (Art. 216 ff. AEUV, Art. 49 EUV) Bürgernähe (Art. 227, 228 AEUV) Verabschiedung des Haushalts (Art. 14 EUV, Art. 314 AEUV) Mitwirkung bei der Investitur der Kommission (Art. 17 II EUV) Klage vor dem EuGH (Art. 263 AEUV)	Rechtssetzungsorgan »Demokratisierung« der EU
Gerichtshof der Europäischen Union	Wahrung des Rechts (Art. 19 EU) Kontrolle der Organe und der Mitgliedstaaten Individueller Rechtsschutz	Wahrung des Rechts
Rechnungshof	Rechnungsprüfung, Jahresbericht etc. (Art. 287 AEUV) Unterstützung der parlamentarischen Kontrolle (Art. 319 AEUV)	Externe Finanzkontrolle
EZB	Koordinierung der Geld- und Währungspolitik, (Art. 127 ff. AEUV) Rechtssetzungsbefugnisse (Art. 132 AEUV)	Wahrung der Preisstabilität, jüngst und str.: Schutz des Euro-Raums
Nebenorgane	*Hoher Vertreter für Außen- und Sicherheitspolitik* Leitung der GASP (Art. 18, 27 EUV) *Ausschuss der Regionen*→ Vertretung von Regionalinteressen (Art. 300 III, 305 AEUV) *Wirtschafts- und Sozialausschuss* → Einbeziehung von Interessenverbänden zB in der Rechtssetzung (Art. 300 II, 301 AEUV)	

1. Rat

Literatur: *Dreher,* Transparenz und Publizität bei Ratsentscheidungen, EuZW 1996, 487; *Glaesner,* Der Europäische Rat, EuR 1994, 22; *Herdegen* EuropaR § 7 Rn. 16–52; *Huber,* Das institutionelle Gleichgewicht zwischen Rat und Europäischem Parlament in der künftigen Verfassung für Europa, EUR 2003, 574 ff.; *Konow,* Die Beschlussfassung des Rates und die Erweiterung der Europäischen Gemeinschaften, ZRP 1997, 321; *Pernice/Lenski,* Der Vertrag von Lissabon: Reform der EU ohne Verfassung?, 2008, 108 ff.; *Oppermann/Classen/Nettesheim* EuropaR § 5 Rn. 64–92; *Wessels,* Das politische System der Europäischen Union, 2008, 191 ff.

238 Unter der Bezeichnung »*Rat*« wurde der »*Rat der Europäischen Gemeinschaften*« verstanden, der auch »*(EG)-Ministerrat*« genannt wurde. Nunmehr wird nur noch die Kurzbezeichnung »*Rat*« verwendet, da er nicht mehr in der Zusammensetzung der Staats- und Regierungschefs tagt. Diese Ratsformation wurde vom Europäischen Rat übernommen. Die Rechtsgrundlagen der Aufgaben des Rates finden sich in Art. 16 EUV und Art. 237 ff. AEUV (früher: Art. 202 ff. EG bzw. Art. 115 ff. EA).

239 Gemäß Art. 16 II EUV (früher Art. 203 I EG) besteht der Rat aus je einem Vertreter der Mitgliedstaaten auf Ministerebene. Der EU-Vertrag sieht vor, dass er einmal als Rat »Allgemeine Angelegenheiten« oder als Rat »Auswärtige Angelegenheiten« tagt (Art. 16 VI EUV). Weitere Zusammensetzungen können vom Europäischen Rat durch Beschluss festgelegt werden. Diese Regelung orientiert sich an der bisherigen Praxis, nach welcher der Rat je nach zu beratender Fachthematik auf der Ebene der Fachminister zusammen kam. Auch die Staats- und Regierungschefs selbst können eine Formation bilden, um über besonders wichtige Fragen zu beraten. Dies ist jedoch nicht zu verwechseln mit der Zusammenkunft der Staats- und Regierungschefs gemeinsam mit dem Kommissionspräsidenten und dem Ratspräsidenten im Europäischen Rat gem. Art. 15 EUV (→ Rn. 255 ff.).

240 Der Vorsitz des Rates wird auch in Zukunft wechseln (vgl. Art. 16 IX EUV iVm Art. 236 lit. b AEUV). Hiervon ausgenommen ist allerdings der Vorsitz in der Formation »Auswärtige Angelegenheiten«, den der Hohe Vertreter kontinuierlich innehat (Art. 18 III EUV). Der bisherige Generalsekretär des Rates *Javier Solana* übernahm das neu geschaffene Amt des Hohen Vertreters der Union, der im Rat »Auswärtige Angelegenheiten« den Vorsitz führt, nicht. Er schied am 1.12.2009 aus seinem Amt aus. Zur ersten Vorsitzenden des Außenministerrates wurde am 15.11.2009 die Britin *Catherine Ashton* gewählt. Für die anderen Formationen kann der Europäische Rat durch Beschluss den künftigen Rotationsrythmus festlegen (Art. 16 IX EUV). Dabei sollen längerfristige Ergebnisse geschaffen werden.[103] Es findet auch weiterhin eine Zusammenarbeit des gegenwärtigen, des vorherigen und des zukünftigen Vorsitzes als sog. Troika statt. Der Vorsitz hat die Aufgabe, die Ratssitzungen zu koordinieren sowie für die jeweiligen Minister zu sprechen. Er hat dabei die Möglichkeit, eigene Akzente auf europäischer Ebene zu setzen. Unterstützend wirken das Generalsekretariat und die mit Beamten besetzten Ausschüsse mit. Ein bekanntes Beispiel ist der Ausschuss der ständigen Vertreter der Mitgliedstaaten (*Comité des Représentants Permanents des Etats Membres* = COREPER), der aus den Botschaftern der Mitgliedstaaten besteht und die Tätigkeit des Rates vorbereitet (Art. 240 AEUV).

241 Eine entscheidende Neuerung ist durch Art. 16 VIII EUV eingeführt worden. Darin ist erstmalig vorgesehen, dass der Rat öffentlich tagt, wenn er als Gesetzgeber tätig wird. Diese Regelung, die bislang nur in der Geschäftsordnung des Rates vorgesehen war, soll für mehr Transparenz bei der Arbeit des Rates sorgen.

242 Wichtigste Aufgabe des Rates bleibt auch nach dem Vertrag von Lissabon die Rechtssetzung. Der Rat wird als Hauptrechtssetzungsorgan der Union mit umfangreichen Legislativaufgaben tätig. Ihm obliegt zuvörderst die Verwirklichung der Vertragsziele, dennoch ist er auch das Forum, in welchem die Mitgliedstaaten ihre, mitunter zuwiderlaufenden Interessen austragen. Er »regiert« die Union und stellt damit das bedeutsamste Organ mitgliedstaatlicher Interessenvertretung auf europäischer Ebene dar. Die Durchführung seiner Vorschriften überträgt der Rat an die Kommission, sofern nicht in spezifischen und begründeten Fällen der Basisrechtsakt dem Rat die unmittelbare

---

103 Die Erklärung Nr. 9 legt fest, dass drei Mitgliedstaaten den Vorsitz für einen Zeitraum von 18 Monaten gemeinsam ausüben sollen.

Ausübung von Durchführungsbefugnissen vorbehält.[104] Seit dem Vertrag von Lissabon ist allerdings im Bereich der Rechtsetzung das Parlament zu einem beachtlichen Mitgesetzgeber aufgewertet worden, sodass es nun verstärkt eines fortwährenden Ausgleichs zwischen mitgliedstaatlichen und originären Unionsinteressen bedarf.

Je nach zu beschließender Thematik besteht die Möglichkeit einer Beschlussfassung mit einfacher (Art. 238 I AEUV) oder mit qualifizierter Mehrheit (Art. 238 II und III AEUV). Seit dem sog. *»Luxemburger Kompromiss«* aus dem Jahre 1966 (→ Rn. 22) war in vielen Fragen die einstimmige Beschlussfassung zum Regelfall geworden. Dies führte tendenziell zur Verabredung von Minimalkonsensen und ließ in der Vergangenheit die Forderung nach Alternativen zum Prinzip der Einstimmigkeit immer häufiger laut werden.   **243**

Insofern hatte bereits der Nizza-Vertrag Änderungen vorgesehen. Seit dem 1.11.2004 galt ein neuer Abstimmungsmodus (vgl. Art. 12 der Akte zum Beitrittsvertrag[105]). Für die meisten Beschlüsse wurde darin die *qualifizierte Mehrheit* nach Art. 205 II EG zur Voraussetzung gemacht. Demnach verfügten die einzelnen Mitgliedstaaten zur Ermittlung der qualifizierten Mehrheit über unterschiedliche Stimmanteile. Deutschland, Frankreich, Italien und das Vereinigte Königreich verfügten mit je 29 Stimmen über die meisten Anteile, danach folgten Spanien und Polen mit je 27 Stimmanteilen, Rumänien mit 14 usw. Das Schlusslicht bildeten Zypern, Estland, Lettland, Luxemburg und Slowenien mit je vier bzw. Malta mit drei Stimmanteilen.   **244**

Die *qualifizierte Mehrheit* galt in Fällen, in denen der Rat auf Vorschlag der Kommission tätig geworden war (etwa Art. 37 II UAbs. 3 EG), als gegeben, wenn mindestens 255 von 345 Stimmanteilen erreicht worden waren, wobei dann die Mehrheit der Mitgliedstaaten zugestimmt haben musste.   **245**

In allen anderen Fällen galt die qualifizierte Mehrheit erst als erreicht, wenn die erforderlichen 255 Stimmanteile von mindestens ⅔ der Mitglieder des Rates getragen worden waren.   **246**

In beiden vorgenannten Fällen musste zusätzlich, soweit ein entsprechender Antrag eines Mitgliedstaates vorlag, geprüft werden, ob die die qualifizierte Mehrheit bildenden Mitgliedstaaten mindestens 62 % der Gesamtbevölkerung der Gemeinschaft repräsentierten.   **247**

Mit dem Lissabonner Reformvertrag ist das System der unterschiedlichen Stimmengewichtung abgeschafft worden. Als wohl umstrittensten Punkt hat der Reformvertrag über Art. 16 II und III EUV eine neue Definition der *qualifizierten Mehrheit* eingeführt. Danach ist für die qualifizierte Mehrheit in Zukunft eine doppelte Mehrheit aus 55 % der Mitgliedstaaten und 65 % der Bevölkerung erforderlich, wobei eine Sperrminorität mindestens vier Mitgliedstaaten umfassen muss (Art. 16 IV UAbs. 2 EUV).[106] Ergänzt wird diese Regelung durch den sog. *»Ioannina-Mechanismus«*,[107] der Veto-   **248**

---

104 Vgl. dazu Art. 296 AEUV; Art. 1 I des zweiten Komitologiebeschlusses (Sart. II, Nr. 236) und bzgl. der Anforderungen an den Vorbehalt EuGH 20.1.2005 – C-27/02, Slg. 2005, I-481 = BeckRS 2005, 70050 – Kommission/Rat.

105 ABl. 2003 L 236, 33.

106 Sonderregelungen sind in Art. 238 II und III AEUV vorgesehen.

107 Der Name erinnert an den »Kompromiss von Ioannina«, vgl. Beschluss des Rates über die Beschlussfassung des Rates mit qualifizierter Mehrheit v. 29.3.1994 – 94/C 105/01, ABl. 1994 C 105, 1 ff.

Möglichkeiten vorsieht, um einen Beschluss des Rates hinauszuzögern. Sofern der Rat nicht auf Vorschlag der Kommission oder des Hohen Vertreters der Union beschließt, erfordert die qualifizierte Mehrheit 72 % der Ratsmitglieder und 65 % der Bevölkerung der Union (Art. 238 II AEUV).

249

Qualifizierte Mehrheitsentscheidungen gemäß EU-Vertrag von Nizza und gemäß EU-Vertrag von Lissabon[108]		
Rechtsgrundlage	Art. 205 EG (Nizza)	Art. 16 IVEUV (Lissabon)
Absolute Mehrheitserfordernisse	Mehrheit der Mitgliedstaaten	55 % der Mitgliedstaaten
Prozentualer Stimmenanteil	255 der zugeteilten 345 Stimmanteile	Entfällt
Prozentualer Bevölkerungsanteil	62 % (nur auf Antrag eines Ratsmitgliedes)	mind. 65 %
Sperrminorität	keine	mind. 4 Mitgliedstaaten

250 Die neue Regelung über die qualifizierte Mehrheit wird zeitlich gestaffelt eingeführt.[109] Vor Inkrafttreten des Lissabonvertrags bis zum 31.10.2014 gilt zunächst noch die in Nizza vereinbarte Stimmengewichtung. Demnach stimmt der Rat für einen Kommissionsvorschlag, wenn 255 der 345 Stimmanteile dafür stimmen. Auf Antrag eines Mitgliedstaates kann geprüft werden, ob die zustimmenden Ratsmitglieder 62 % der Bevölkerung repräsentieren. Vom 1.11.2014 bis zum 1.11.2017 wird das neue System eingeführt. Bis zum 31.3.2017 kann jeder Mitgliedstaat im Rat beantragen, dass nach dem alten System gemäß dem Vertrag von Nizza abgestimmt werden kann. Ab dem 1.4.2017 gilt die neue Regelung dann uneingeschränkt. Der »Ioannina-Mechanismus« gilt dann in modifizierter Form fort.

251 Mehrheitsbeschlüsse galten gem. Art. 205 I EG zwar als Regelfall, waren aber in den einzelnen Vertragsbestimmungen letztlich die Ausnahme. Nunmehr ist die *qualifizierte Mehrheit* ausdrücklich als allgemeine Abstimmungsregel vorgesehen (Art. 16 III EUV).[110] Zudem kann der Rat für bestimmte Teile der Sozialpolitik, der Umweltpolitik und Aspekte des Familienrechts mit grenzüberschreitendem Bezug den Übergang zu Mehrheitsentscheidungen beschließen, wobei im letztgenannten Fall die nationalen Parlamente ein sechsmonatiges Widerspruchsrecht haben.[111] Durch die Ausweitung der Mehrheitsentscheidungen wird die Handlungsfähigkeit des Rates sichergestellt. Dabei dürfte allerdings die bisherige Praxis der Konsensentscheidungen fortgeführt werden.

252 Die ausschlaggebende Entscheidungsbefugnis des Rates steht wegen der nur mittelbaren demokratischen Legitimation schon seit langem in der Kritik. Anders als in den Mitgliedstaaten, in denen das Parlament durch die unmittelbar durch das Volk gewählten Abgeordneten Legislativfunktionen ausübt, kommt dem Rat keine vergleichbare

---

108 Quelle: Darstellung in Anlehnung an *Wessels,* Das politische System der Europäischen Union, 203.
109 Vgl. hierzu Art. 3 des Protokolls über die Übergangsbestimmungen.
110 Unter dem Vertrag von Nizza waren Entscheidungen mit qualifizierter Mehrheit in 137 Politikbereichen vorgesehen. Nunmehr sind Entscheidungen mit qualifizierter Mehrheit in 181 Bereichen vorgesehen. Neu hinzugekommen sind insbesondere Polizeiliche und Justizielle Zusammenarbeit, Gemeinsame Verkehrspolitik, Asyl sowie diplomatischer und konsularischer Schutz.
111 In allen übrigen Bereichen kann der Europäische Rat den Übergang zur Mehrheitsentscheidung beschließen.

demokratische Legitimation zu. Bei seinen Mitgliedern handelt es sich um von nationalen Parlamenten gewählte Regierungsvertreter. Insofern wurde in jüngerer Zeit verstärkt die Forderung nach mehr Kontrolle und Transparenz gestellt. Mit der Ausweitung des Mitentscheidungsverfahrens im Wege der Reform muss der Rat künftig zusammen mit dem unmittelbar demokratisch legitimierten Parlament entscheiden. Außerdem ist die Publizität von Ratsentscheidungen durch Einführung öffentlicher Sitzungen erhöht worden. Dadurch ist zum einen ein »Mehr« an demokratischer Legitimation erreicht, zum anderen sind Ratsentscheidungen transparenter gemacht worden.

Neben den bedeutenden Legislativbefugnissen kommen dem Rat folgende weitere Befugnisse zu: **253**

- »Kleines« Initiativrecht oder Initiative zur Initiative: Der Rat kann die Kommission zum Tätigwerden auffordern, falls diese von sich aus keine Maßnahmen trifft bzw. anregt (vgl. Art. 241 AEUV);
- Mitwirkungsrecht bei der Aufstellung des Unionshaushaltes (vgl. Art. 314 III, 319 I AEUV);
- Kontrolle der Mitgliedstaaten im Bereich der Wirtschafts- und Währungsunion, insbesondere durch Ergreifen von Maßnahmen zur Wahrung der Haushaltsdisziplin (vgl. Art. 126 VI AEUV);
- Personalmitentscheidungsbefugnisse durch die Möglichkeit der Mitbestimmung der Mitglieder von Rechnungshof, Wirtschafts- und Sozialausschuss, Ausschuss der Regionen (Art. 286 II, 301, 305 AEUV);
- Kontrollbefugnis gegenüber den übrigen Unionsorganen durch Klagebefugnis beim EuGH (vgl. Art. 263, 265 AEUV).

2. Europäischer Rat

Literatur: *v. Einem,* Eine Verfassung für Europa, EuR 2004, 202 ff.; Pernice/*Lenski,* Der Vertrag von Lissabon: Reform der EU ohne Verfassung, 2008, 99 ff.; *Oppermann/Classen/Nettesheim* EuropaR § 5 Rn. 57–63; *Terhechte,* Der Vertrag von Lissabon: Grundlegende Verfassungsurkunde der europäischen Rechtsgemeinschaft oder technischer Änderungsvertrag?, EuR 2008, 143.

Der »*Europäische Rat*«, der bereits in der Struktur der EU und insbesondere der EG **254** fest verankert war (vgl. Art. 3 EUV aF), ist durch den Lissabonner Reformvertrag ausdrücklich in den Rang eines Organes der Europäischen Union gehoben worden (Art. 13 I EUV).

Unter dem alten Regime tagte der Europäische Rat auf der Ebene der EU auf Initiative **255** des Staates, der den Vorsitz der EG innehatte (vgl. Art. 4 I EU aF). Nach dem Nizza-Vertrag kam dem Europäischen Rat das Ernennungsrecht bezüglich des Präsidenten der Kommission zu. Zudem hatte er ein Mitbestimmungsrecht bei der Auswahl potentieller Kommissionsmitglieder, die auf Vorschlag der einzelnen Mitgliedstaaten zur Wahl gestellt wurden (Art. 214 II EG).

Durch den Vertrag von Lissabon ist er in allen seinen Funktionen gestärkt worden. Er **256** gibt der Union die erforderlichen Impulse und legt die Grundzüge der europäischen Politik und Zielvorstellungen fest. Dem Europäischen Rat kommt somit eine »*zentrale Steuerungskompetenz*« zu.

257 Im Zusammenwirken mit dem Parlament und den Mitgliedstaaten kann er zudem künftig anstelle der Regierungskonferenz über Vertragsänderungen beschließen (Art. 48 VI und VII EUV). Dennoch kommt ihm ausdrücklich keine Legislativfunktion zu. Er ist lediglich befugt, Beschlüsse zu fassen, die aber keinen Gesetzescharakter haben (Art. 289 III AEUV und Art. 15 I 2 EUV). Seine Beschlüsse unterliegen nunmehr der Gerichtsbarkeit des EuGH, was aus seiner Stellung als reguläres Unionsorgan folgt.

258 Zu seinen weiteren Aufgaben gehören nach wie vor Personalentscheidungen. So obliegt ihm die Nominierung des Kommissionspräsidenten (Art. 17 VII EUV) und die Ernennung des Hohen Vertreters der Union für Außen- und Sicherheitspolitik (Art. 18 I EUV).

259 Schließlich kann er Gesetzgebungsverfahren auf Antrag eines Ratsmitgliedes, soweit dies im AEU-Vertrag vorgesehen ist, aussetzen und ggf. die Kommission um einen neuen Vorschlag ersuchen (vgl. Art. 48 II, 82 II, 83 II AEUV). Des Weiteren kann der Europäische Rat einen Wechsel von der Einstimmigkeit zur Mehrheitsentscheidung im Rat oder von einem besonderen zu einem ordentlichen Gesetzgebungsverfahren beschließen.

260 Bislang setzte sich der Europäische Rat aus den Staats- und Regierungschefs der Mitgliedstaaten sowie dem Kommissionspräsidenten zusammen. Nun wird er zudem durch einen Ratspräsidenten geleitet (Art. 15 II EUV), wozu die Staats- und Regierungschefs als ersten den ehemaligen belgischen Ministerpräsidenten *van Rompoy* gewählt haben. Die Amtszeit des von den Staats- und Regierungschefs der Union gewählten Präsidenten beträgt zweieinhalb Jahre, wobei eine einmalige Wiederwahl möglich und am 1.3.2012 im Hinblick auf van Rompoy auch erfolgt ist. Mit dem Amt soll dem Europäischen Rat mehr Kontinuität und Kohärenz gegeben werden. Die angestrebte Kontinuität wird zudem dadurch unterstützt, dass die Rotation des Vorsitzes entfällt und der Europäische Rat nicht mehr halb- sondern vierteljährlich tagt.

261 Beschlüsse fasst der Rat im Konsens, soweit nicht ein anderes bestimmt ist (Art. 15 IV EUV; dasselbe galt auch nach dem EU-Vertrag aF, der aber keine ausdrückliche Regelung enthielt). Als Beschlussmodalitäten sind einstimmige, qualifizierte oder einfache Mehrheiten vorgesehen. In allen rechtlich verbindlichen Angelegenheiten ist der Ratspräsident nicht abstimmungsbefugt, was den Charakter des Rates als Staatenorgan unterstreicht.

3. Kommission

Literatur: *Hatje*, Die institutionelle Reform der Europäischen Union – der Vertrag von Nizza auf dem Prüfstand, EuR 2001, 143 (148–151); *Nass*, Eine Institution im Wandel: Die Europäische Kommission, FS Mestmäcker, 1996, 411; *Oppermann/Classen/Nettesheim* EuropaR § 5 Rn. 93–131; *Schoo*, Das neue institutionelle Gefüge der EU, EuR 2009, Beiheft 1, 51 (65 ff.); *Wuermeling*, Mehr Kraft zum Konflikt, EuGRZ 2004, 559 ff.

262 Rechtsgrundlage des Handelns der *Europäischen Kommission* ist fortan Art. 17 EUV (früher: Art. 211 ff. EG bzw. Art. 124 ff. EA). Nach dem Nizza-Vertrag setzte sich die Kommission seit dem 1.5.2004 aus 30 Mitgliedern zusammen, die durch die Mitgliedstaaten entsandt wurden. Größere Mitgliedstaaten (Deutschland, Frankreich, Verei-

nigtes Königreich, Italien, Spanien) entsandten bisher je zwei, kleinere Mitgliedstaaten je ein Mitglied. Angesichts der Erweiterungen von Gemeinschaften und Union im Jahre 2004 wurde die Zahl der Kommissionsmitglieder auf 27, dh jeder Mitgliedstaat stellte nur noch einen Kommissar, begrenzt. Nunmehr sind es nach dem Beitritt Kroatiens 28 Mitglieder.

Der Vertrag von Lissabon knüpft an diese Regelung an und legt fest, dass die Zahl der Mitglieder bis zum 31.10.2014 der Zahl der Mitgliedstaaten entspricht (Art. 17 IV EUV). Ab dem 1.11.2014 wird die Mitgliederzahl auf ⅔ der Zahl der Mitgliedstaaten abgesenkt, sofern nicht der Europäische Rat eine Änderung beschließt (Art. 17 V EUV). Die Mitgliedschaft bestimmt sich dann nach einem »System der gleichberechtigten Rotation«, das in Art. 244 lit. a und b AEUV näher ausgestaltet ist. Das Prinzip entspricht weitgehend dem noch unter dem Nizza-Vertrag beschlossenen Art. 4 des Protokolls über die Erweiterung der Europäischen Union.[112] Da der Europäische Rat mittlerweile jedoch einen abweichenden Beschluss gefasst hat, wird es bei einem Kommissar pro Mitgliedstaat bleiben. Zu wichtig erscheint die Einflussmöglichkeit, die sich die Staaten von »ihrem« Vertreter in der Kommission erhoffen, mögen diese auch rechtlich völlig unabhängig sein. **263**

Der Vertrag von Lissabon änderte ebenfalls das Verfahren für die Ernennung des Kommissionspräsidenten. Nach altem Recht entschied der Europäische Rat mit Zustimmung des Europäischen Parlaments über seine Ernennung (Art. 214 EGV). Künftig wird der Kommissionspräsident auf Vorschlag des Europäischen Rates durch das Europäische Parlament ernannt (Art. 17 VII EUV). Diese auf den ersten Blick nur geringfügige Änderung von der Zustimmungs- zur Ernennungsbefugnis hat eine große Wirkung, weil der Schwerpunkt der Personalentscheidung nun beim Parlament liegt. Hierdurch wird die Kommission enger an das Parlament gebunden. Zwar steigert dies die demokratische Legitimation der Kommission, schmälert allerdings auch die politische Entscheidungsfreiheit.[113] **264**

Bisherige Präsidenten der Kommission waren: *Hallstein* (1958–1967), *Rey* (1967–1970), *Malfatti* (1970–1972), *Mansholt* (1972–1973), *Ortoli* (1973–1977), *Jenkins* (1977–1981), *Thorn* (1981–1985), *Delors* (1985–1995), *Santer* (1995–1999), *Prodi* (1999–2004), *Barroso* (2004–2014). Ab 2014 übernimmt *Juncker* den Kommissionsvorsitz. **265**

Das Ernennungsverfahren der übrigen Kommissionsmitglieder ändert sich nicht. Wie bereits nach früherem Recht werden neue Kommissionsmitglieder, die von den einzelnen Mitgliedstaaten vorgeschlagen werden, mit Zustimmung des Parlaments ernannt (Art. 17 VII EUV). **266**

Die Befugnisse des Kommissionspräsidenten, der unter dem Nizza-Vertrag über die interne Organisation, die Besetzung des Amts des Vizepräsidenten und die Zuständigkeitsverteilung entschied (Art. 217 EG), sind durch den Vertrag von Lissabon reduziert worden. Aus dem Vertrag ergibt sich nur noch seine Befugnis, den einzelnen Kommissionsmitgliedern ihre Zuständigkeiten zuzuweisen (Art. 248 AEUV). **267**

---

112 ABl. EG 2001 C 80/49, 1 ff.
113 *Wuermeling* EuGRZ 2004, 559 (560).

268 Die Kommission wird auf fünf Jahre gewählt. Anders als die Mitglieder des Rates, die Vertreter der Mitgliedstaaten sind, sind die Vertreter der Kommission von den Regierungen der Mitgliedstaaten vollständig unabhängig (vgl. Art. 245 AEUV).

269 Die Kommission selbst ist in verschiedene Aufgabenbereiche gemäß den Aufgaben der Kommissare eingeteilt, wie zB Wettbewerb, Landwirtschaft und Fischerei, Binnenmarkt, Außenbeziehungen, Haushalt, Umwelt sowie Erweiterung. Die Vorlagen für etwaige Rechtsakte werden in der Regel nicht allein von der Kommission ausgearbeitet, sondern in speziellen Expertengruppen und Ausschüssen, sog. »Generaldirektionen« bzw. »Diensten«, vorbereitet. Es gibt mittlerweile 37 dieser Generaldirektionen und Dienste (abgekürzt DG für »*Directions Générales*«),[114] in denen unter anderem Beamte aus den Mitgliedstaaten und unabhängige Sachverständige vertreten sind.

270   **Grobübersicht zum Aufbau der Kommission:**

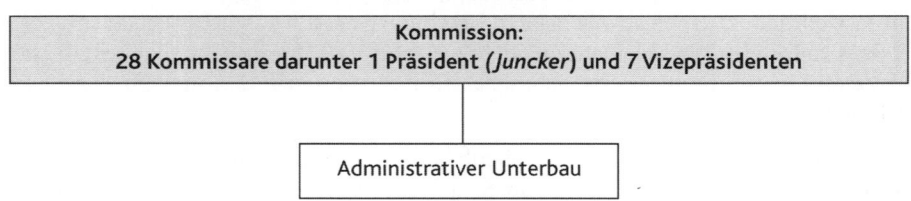

Kommission:			
28 Kommissare darunter 1 Präsident *(Juncker)* und 7 Vizepräsidenten			

Administrativer Unterbau

37 Generaldirektionen und Dienste			
Politiken	**Außenbeziehungen**	**Allgemeine Dienste**	**Interne Dienste**
Beschäftigung, Soziales	Amt für humanitäre Hilfe ECHO	Amt für Veröffentlichungen	Datenverarbeitung
Bildung, Kultur	Außenbeziehungen	Amt für Betrugsbekämpfung	Gebäude, Anlagen und Logistik
Binnenmarkt, Dienstleistungen	Entwicklung	Eurostat	Haushalt
Energie, Verkehr	Erweiterung	Generalsekretariat	Interner Auditdienst
Fischerei	Amt für Zusammenarbeit	Presse und Kommunikation	Juristischer Dienst
Forschung	Handel		Personal, Verwaltung
Gesundheit, Verbraucherschutz			Politischer Beraterstab
Justiz, Sicherheit und andere.			Übersetzung

271 Die wichtigste Aufgabe der Kommission besteht in ihrer Möglichkeit zur Gesetzgebungsinitiative. Auch weiterhin beruhen europarechtliche Rechtsakte, dh Verordnungen, Richtlinien und Beschlüsse, in der Regel auf Vorschlägen der Kommission (Art. 17 EUV). Bei anderen Rechtsakten, dh solchen, die nicht durch ein Gesetzgebungsverfahren erlassen werden, hat die Kommission nur dann ein Initiativrecht, wenn dies ausdrücklich vorgesehen ist (Art. 17 II EUV). Dies gilt vor allem für den Bereich der GASP, in dem hauptsächlich der Europäische Rat und der Rat Beschlüsse erlassen (Art. 31 I EUV). Wird sie von sich aus nicht tätig, so kann der Rat sie dazu auffordern (Art. 241 AEUV). Praktisch kommt dies allerdings kaum vor. Die Kommission hat vielmehr ihrerseits ein hohes Maß an Eigeninitiative entwickelt.

---

114 Vgl. zur Verwaltungsorganisation der Kommission: http://ec.europa.eu/about/ds_de.htm (Stand: 16.7.2014).

Die vormalige Regelung sah ausnahmsweise eigene Rechtssetzungsbefugnisse der **272** Kommission vor, Art. 211 EG. Der Vertrag von Lissabon hat auch hier zu gewichtigen Änderungen geführt und in Art. 290 f. AEUV abschließend die Delegation von Rechtssetzungsbefugnissen normiert. Dabei regelt Art. 290 AEUV die Befugnis der Kommission, »delegierte Rechtsakte« zu erlassen. Dies sind Rechtsakte ohne Gesetzgebungscharakter, dh sie werden nicht entsprechend dem Verfahren nach Art. 294 AEUV erlassen, vgl. Art. 289 III AEUV. Ihre Funktion ist es, den Basis-Rechtsakt von Rat und Parlament, der die wesentlichen Aspekte der Regelung selbst enthalten und die Befugnisübertragung konkret ausgestalten muss, zu ergänzen oder nicht wesentliche Bestimmungen zu ändern. Insbesondere im Bereich technischer Vorgaben soll hier das mitunter langwierige Gesetzgebungsverfahren vermieden und eine kurzfristige Anpassung durch die Kommission ermöglicht werden. Nach Art. 290 II AEUV können sich Rat und Parlament vorbehalten, die Übertragung zu widerrufen oder sie davon abhängig zu machen, dass binnen einer gewissen Frist keine Einwände erhoben werden. Mit diesen Regelungen soll die Verantwortlichkeit der Gesetzgebungsorgane gesichert und die Rolle des Parlaments gegenüber der Vorgängerregelung gestärkt werden. Sie erinnern an das Regelungsverfahren mit Kontrolle, wie es der bisherige Komitologie-Beschluss vorsah (→ Rn. 278). Eine Rechtssetzung der Kommission ist auch im Bereich der Durchführungsbefugnisse nach Art. 291 AEUV gegeben. Solche können der Kommission durch Rechtsakte übertragen werden, wenn die Durchführung von Unionsrecht, die den Mitgliedstaaten obliegt, einheitlicher Bedingungen bedarf. In diesem Rahmen ist insbesondere das Komitologieverfahren von Bedeutung (→ Rn. 278). Die Neuregelung der Rechtssetzungsbefugnisse der Kommission ist geprägt durch eine stärkere Konkretisierung in den Basis-Rechtsakten, größeren Einflussmöglichkeiten des Parlaments und einer stärkeren Kontrolle der Kommission.

Zudem verfügt die Kommission über Exekutivbefugnisse. Namentlich im Bereich des **273** Wettbewerbsrechts und der Wettbewerbspolitik handelt die Kommission wie eine Behörde, indem sie durch Beschluss verbindliche Entscheidungen auch gegenüber Individuen trifft. Sie verwaltet zudem verschiedene Fonds (Agrar-, Sozial-, Regionalfonds).

Schließlich hat die Kommission in ihrer Funktion als »Hüterin des Unionsrechts« eine **274** Kontrollbefugnis in Bezug auf die Einhaltung der Unionsinteressen durch die Mitgliedstaaten. Sie ist in der Lage, beim Europäischen Gerichtshof ein Vertragsverletzungsverfahren gem. Art. 258 AEUV gegen einen Mitgliedstaat anzustrengen, sofern dieser einer Verpflichtung aus dem EU- oder dem AEU-Vertrag nicht nachgekommen ist. Ihr obliegt auch die gerichtliche Vertretung der Union (Art. 335 AEUV).

Zudem verfügt die Kommission über bestimmte Befugnisse im Rahmen der Haus- **275** haltsführung (→ Rn. 242).

Im Bereich der Außenbeziehungen arbeitet die Kommission die durch den Rat abzu- **276** schließenden (Beitritts-)Abkommen aus (Art. 218 II AEUV)[115] und unterhält Beziehungen zu internationalen Organisationen.

---

115 Ausnahmeregelungen gelten für den Abschluss internationaler Übereinkünfte betreffend den Bereich der GASP bzw. den Raum der Freiheit, Sicherheit und des Rechts, vgl. hierzu Erklärung Nr. 36.

277 Seit dem Maastrichter Vertrag hat die Kommission zusätzliche Aufgaben außerhalb der Union zu erfüllen. Diese lagen im Bereich der Gemeinsamen Außen- und Sicherheitspolitik (vgl. Art. 3, 18, 19 EUV aF) bzw. der polizeilichen und justiziellen Zusammenarbeit in Strafsachen (vgl. Art. 34, 36, 39 EUV aF). Handelte die Kommission im Bereich der 1. Säule, so sprach man von der »Kommission« anstelle von »Europäischer Kommission«, da sie in diesem Bereich nicht im Namen der EG handelte. Diese terminologische Unterscheidung ist durch die neue Rechtsfähigkeit der Union und Auflösung der EG obsolet geworden.

278 Die Kommission wird bei Ausübung des Initiativrechts und bei der Rechtssetzung durch mehr als 260 Ausschüsse unterstützt (Komitologie). Diese, unter dem Vorsitz der Kommission tagenden Ausschüsse, setzen sich aus Vertretern der nationalen Behörden zusammen und kanalisieren deren Expertenwissen in die Entscheidungsprozesse der Kommission. Insbesondere die der Kommission überantwortete Rechtssetzung – sie macht einen erheblichen Teil des Gemeinschaftsrechts aus – wurde bis zum Vertrag von Lissabon von diesen Ausschüssen wahrgenommen. Deren mangelnde demokratische Legitimation und schwache Kontrolle war Gegenstand erheblicher Kritik, die noch unter dem Amsterdamer Vertrag zu einer stärkeren sekundärrechtlichen Beteiligung des Parlaments geführt hat.[116] Auf Grundlage des Art. 291 III AEUV wurde die VO (EU) Nr. 182/2011 des Parlaments und des Rates v. 16.2.2011 zur Festlegung der allgemeinen Regeln und Grundsätze, nach denen die Mitgliedstaaten die Wahrnehmung der Durchführungsbefugnisse durch die Kommission kontrollieren,[117] angenommen. Sie ersetzt den bisherigen Komitologie-Beschluss des Rates. Danach wird es künftig zwei Ausschuss-Verfahren geben. Sofern nichts anderes bestimmt ist und in hinreichend begründeten Fällen findet das Beratungsverfahren Anwendung (Art. 2 III VO). Hier kann der Ausschuss zu dem Kommissionsentwurf eines Durchführungsrechtsaktes nach Beratung eine Stellungnahme abgeben. Diese sowie die Beratungsergebnisse soll die Kommission dann so weit wie möglich berücksichtigen (Art. 4 VO). Bei Durchführungsrechtsakten von »allgemeiner Tragweite« sowie bei brisanten Themen findet das Prüfverfahren Anwendung (näher Art. 2 II VO). Im Rahmen dieses – hier nur vereinfacht darzustellenden – Verfahrens (näher vgl. Art. 5 VO) kann die Kommission den Rechtsakt erlassen, wenn der Ausschuss, der jeweils mit qualifizierter Mehrheit entscheidet, eine befürwortende Stellungnahme abgibt. Ein Erlass kommt auch in Betracht, wenn keine Stellungnahme abgegeben wird und keine sensiblen Fragen (Steuerfragen, Schutz von Mensch, Tier und Umwelt) betroffen sind oder der Basis-Rechtsakt dies abweichend regelt. In solchen Fällen kann, ebenso wie bei einer negativen Stellungnahme, ein Berufungsausschuss angerufen werden (dazu Art. 6 VO), der sich aus hochrangigen Vertretern der Mitgliedstaaten zusammensetzt. Stimmt dieser zu, kann der Rechtsakt doch noch erlassen werden; dies gilt grundsätzlich auch, wenn keine Stellungnahme abgegeben wird. Lehnt der Berufungsausschuss den Entwurf ab, ist er gescheitert.[118]

---

116 Im Überblick zum bisherigen Komitologie-Verfahren vgl.: http://www.bundestag.de/dokumente/analysen/2006/Das_Komitologie-Verfahren.pdf.

117 ABl. 2011 L 55, 13.

118 Ein Überblick zu dem komplexen Verfahren findet sich in der Pressemitteilung des Rates v. 14.2.2011, 6378/11 PRESSE 23.

4. Parlament

Literatur: Vedder/Heintschel von Heinegg/*Epping* EUV Art. 17; *Hatje,* Die institutionelle Reform der Europäischen Union – der Vertrag von Nizza auf dem Prüfstand, EuR 2001, 143 (151–153); *Klein,* Europäisches Parteienrecht, FS Ress, 2005, 541; *Mittag/Steuwer,* Politische Parteien in der EU, 2010; *Neßler,* Deutsche und europäische Parteien – Beziehungen und Wechselwirkungen im Prozeß der Demokratisierung der Europäischen Union, EuGRZ 1998, 191; *Oppermann/Classen/Nettesheim* EuropaR § 5 Rn. 21–56; *Schoo,* Das neue institutionelle Gefüge der EU, EuR 2009, Beiheft 1, 51 ff.; *Wägenbaur,* «Mitentscheidung»: Stärkung der Rechte des Europäischen Parlaments?, EuZW 1996, 587.

Rechtsgrundlagen des Tätigwerdens des *Europäischen Parlaments* sind Art. 14 EUV bzw. Art. 223 ff. AEUV. **279**

In dem überarbeiteten EU-Vertrag heißt es, dass sich das Parlament aus Vertretern und Vertreterinnen der Unionsbürger zusammensetzt (Art. 14 II EUV). Die mit dem Nizza-Vertrag vorgenommene Neuverteilung der Sitze, die seit den Europawahlen von 2004 galt, ist durch den Lissabonner Reformvertrag abermals geändert worden. Die vormals von 626 auf 535 verringerte Anzahl der Sitze ist auf eine Gesamtgröße von 750 Abgeordneten zusätzlich des Präsidenten festgelegt worden. **280**

Nach der alten Rechtslage bestimmte sich die Verteilung der Abgeordnetenzahl nach einem sog. ponderierten Schlüssel. Demnach richtete sich die Anzahl der auf einen Mitgliedstaat entfallenden Abgeordneten im Grundsatz nach der Einwohnerzahl der Mitgliedstaaten (Art. 190 EG, Art. 108 II EA, Art. 11 Beitrittsvertrags-Akte). Deutschland entsandte demnach 99 Abgeordnete in das Europäische Parlament, Frankreich, das Vereinigtes Königreich und Italien je 78, Polen und Spanien je 54, Estland, Luxemburg, Zypern je sechs und Malta fünf Abgeordnete. Im Lissabonner Vertrag ist nunmehr kein Verteilungsschlüssel mehr vorgesehen. Im Vertrag ist jetzt nur noch die Mindest- bzw. Höchstzahl (sechs bzw. 96) an Abgeordneten angegeben, die auf einen Mitgliedstaat entfallen kann (Art. 14 II EUV nF). Die Sitzverteilung wird durch einstimmigen Beschluss des Europäischen Rates mit Zustimmung des Parlaments festgelegt.[119] **281**

Nach wie vor ist die Bevölkerung der großen Mitgliedstaaten im Europäischen Parlament aber gegenüber der Bevölkerung in den kleineren Mitgliedstaaten unterrepräsentiert. Die Verteilung erfolgt nach dem Prinzip der sog. »degressiven Proportionalität«, dh mit zunehmender Bevölkerungszahl wird die Zahl zusätzlicher Sitze geringer. Dies wird durch das Erfordernis der doppelt-qualifizierten Mehrheit im Rat bzw. Europäischen Rat ausgeglichen, bei der das zweite Erfordernis die Bevölkerungsmehrheit ist. **282**

Das Parlament verfügt über ein Selbstorganisationsrecht (vgl. Art. 232 AEUV iVm der Geschäftsordnung des Parlaments). Es wird vom Präsidenten des Parlaments repräsentiert. **283**

Je nach politischer Ausrichtung der Vertreter der Mitgliedstaaten ist das Parlament in verschiedene Fraktionen aufgeteilt. Mit Stand v. 1.4.2014 wies es folgende Zusammensetzung auf:[120] **284**

---

119 Hierzu Erklärung Nr. 4 zur Zusammensetzung des Europäischen Parlaments sowie Erklärung Nr. 5 zur politischen Einigung des Europäischen Rates über den Entwurf eines Beschlusses über die Zusammensetzung des Europäischen Parlaments.
120 Vgl. http://www.ergebnisse-wahlen2014.eu/de/election-results-2014.html (Stand: 28.5.2014).

Europ. Volkspartei und Europ. Demokraten	213	Europäische Konservative und Reformisten	46
Fraktion Progressive Allianz/Sozialisten	191	Vereinigte Europ. Linke/Nordische Grüne Linke	42
Liberale/Demokraten für Europa	64	Fraktion Freiheit/Demokratie	38
Grüne/Freie Europ. Allianz	52	Fraktionslose	41

285   Die Abgeordneten werden derzeit in den Mitgliedstaaten im 5-Jahres-Rhythmus gewählt.

286   Da bei den Europawahlen 2009 bereits abzusehen war, dass der Vertrag von Lissabon noch während der Wahlperiode von 2009–2014 in Kraft treten würde, sind entsprechende Übergangsmaßnahmen getroffen worden. Die Zahl der Europaparlamentarier aus denjenigen Staaten, die hiernach *mehr* Abgeordnete stellen dürften, ist entsprechend erhöht worden. Allerdings kommt diesen bislang kein Stimmrecht zu. Zu diesen Ländern zählt bspw. Österreich, dessen Abgeordnetenzahl von 17 auf 19 angestiegen ist. Deutschland ist das einzige Land, welches Parlamentarier (drei) verloren hat. Die Übergangsregelung sieht indes vor, dass Deutschland die 2009 gewählten 99 Abgeordneten bis zu den Europawahlen des Jahres 2014 behalten durfte. Damit war das Parlament vorübergehend auf 754 Mitglieder angewachsen.

287   Mit Beschluss v. 25.6./23.9.2002 hat der Europäische Rat eine Änderung des Akts zur Einführung allgemeiner unmittelbarer Wahlen der Abgeordneten des Europäischen Parlaments (Direktwahlakt) beschlossen.[121] Der ursprüngliche Direktwahlakt[122] v. 20.11.1976 wurde zuletzt durch den Vertrag von Amsterdam v. 2.10.1997 geändert.

288   Ziel des Beschlusses war es, die Wahlen ab 2004 nach allgemeinen Wahlgrundsätzen stattfinden zu lassen, die allen Mitgliedstaaten gemeinsam sind. Diese gemeinsamen Grundsätze sehen vor, dass die Wahlen nach einem allgemeinen, unmittelbaren, freien und geheimen Verfahren stattfinden und die Mitgliedstaaten des Europäischen Parlaments nach dem Verhältniswahlsystem auf der Grundlage von Listen oder von übertragbaren Einzelstimmen gewählt werden. Außerdem ist die Mitgliedschaft im Europäischen Parlament mit der Mitgliedschaft in einem nationalen Parlament nicht mehr vereinbar. Der Deutsche Bundestag hat mit dem »2. Gesetz über die Zustimmung zur Änderung des Direktwahlakts« v. 15.8.2003[123] den Beschluss ratifiziert. Der Beschluss wurde durch Änderungen des Europawahlgesetzes (EuGW) und des Europaabgeordnetengesetzes mit Wirkung v. 22.8.2003 umgesetzt. Das BVerfG hatte im Herbst 2011 entschieden, dass die dort vorgesehene 5%-Klausel (§ 2 VII EuGW) gegen die Wahlrechtsgleichheit und die Chancengleichheit der Parteien verstößt und die Norm für nichtig erklärt.[124] Einschränkungen dieser Fundamentalprinzipien bedürften zwingender Gründe. Die für das deutsche Recht als Rechtfertigungsgrund anerkannte Sicherung der Funktionsfähigkeit des Bundestages lässt das Gericht für die Wahlen zum Europaparlament nicht gelten. Eine Beeinträchtigung der Funktionsfähigkeit der Arbeit des Parlaments sei nicht hinreichend wahrscheinlich, da dessen Funktion und Arbeitsweise vom Bundestag (zu) verschieden sei. In dieser Argumentation kommt zum Ausdruck, dass das BVerfG nicht von einer Gleichwertigkeit der durch das EU Parlament vermittelten demokratischen Legitimation und dessen politischer Relevanz im Ver-

---

121 Verkündet am 21.10.2002, ABl. 2002 L 283, 1.
122 BGBl. 1977 II S. 733.
123 BGBl. 2003 II S. 810.
124 BVerfG Urt. v. 9.11.2011 – 2 BvC 4/10, 2 BvC 6/10, 2 BvC 8/10, BeckRS 2001, 55547.

hältnis zum Bundestag ausgeht, ein Umstand, den auch das Sondervotum zum Urteil kritisiert. Nicht überraschend kommt freilich die Tatsache, dass das BVerfG auch die als Konsequenz auf sein erstes Urteil vom deutschen Gesetzgeber eingeführte 3 %-Sperrklausel (in Anlehnung an andere europäische Staaten) im Jahre 2014 für nicht mit dem Grundgesetz vereinbar erklärt hat, im Wesentlichen aus ähnlichen Gründen wie in seinem Urteil v. 2011 vorgegeben.[125] Hervorzuheben ist, dass der Grundsatz der gleichen Wahl auf Unionsebene nach wie vor fehlt, da, wie oben (→ Rn. 281) gezeigt, die Zuweisung der Sitze im Europäischen Parlament an die einzelnen Mitgliedstaaten nicht deren Bevölkerungsanteilen entspricht und daher das Stimmgewicht der Wähler in den verschiedenen Mitgliedstaaten unterschiedlich bleibt. Jetzt sind die Wahlgrundsätze in Art. 14 III EUV enthalten, demzufolge allgemeine, unmittelbare, freie und geheime Wahlen gelten.

Wie bereits im Nizza-Vertrag vorgesehen, soll der Status europäischer Parteien und deren Finanzierung durch Rechtsgrundlage festgelegt werden (Art. 224 AEUV, früher Art. 191 II EG). Diese Rechtsgrundlage wird nicht mehr durch den Rat im Mitentscheidungsverfahren, sondern gemeinsam von Rat und Parlament durch eine im Gesetzgebungsverfahren beschlossene Verordnung erlassen. **289**

Die anfangs schwachen Befugnisse des Europaparlaments haben seit dem Maastrichter, insbesondere aber seit dem Amsterdamer Vertrag eine tendenzielle Aufwertung erfahren. Mit dem Vertrag von Lissabon sind diese Befugnisse erneut gestärkt worden. Das Parlament wird erstmals ausdrücklich als gemeinsamer Gesetzgeber mit dem Rat genannt. Allerdings ist das Europaparlament, anders als nationale Parlamente, nicht das alleinige Legislativorgan. Seine Legislativfunktion beschränkt sich vielmehr auf eine Mitwirkung an der Rechtssetzung, die allerdings verschiedene Ausformungen haben kann. Durch den Lissabonner Reformvertrag sind die Vielzahl verschiedener Gesetzgebungsverfahren verringert worden, freilich ohne dass ein Initiativrecht des Parlaments vorgesehen wurde. **290**

Die schwächste Beteiligungsform ist die Form der »*Anhörung*« des Parlaments. Das Anhörungsverfahren ist noch im Lissabonner Reformvertrag enthalten. **291**

Eine verstärkte Form der Mitwirkung bestand in dem »*Verfahren der Zusammenarbeit*« (Art. 252 EG). Hierbei hatte der Rat einen Standpunkt auszuarbeiten, den das Parlament ablehnen und den Rat dadurch zu einer einstimmigen Beschlussfassung zwingen konnte. Dieses Verfahren ist mit dem Vertrag von Lissabon abgeschafft worden. **292**

Das »*Verfahren der Mitentscheidung*« ist das Rechtssetzungsverfahren, welches die stärkste Mitwirkungsbefugnis des Parlaments vorsieht, weil dem Parlament ein echtes Vetorecht zukommt. Bereits durch den Nizza-Vertrag ist der Anwendungsbereich des Mitentscheidungsverfahrens ausgedehnt worden. Durch den Vertrag von Lissabon ist das Verfahren zum »*ordentlichen Gesetzgebungsverfahren*« für Verordnungen, Richtlinien und Beschlüsse vorgesehen (Art. 289, 294 AEUV) (→ Rn. 423 ff.). Damit sind die Zuständigkeiten des Europäischen Parlaments erheblich erweitert worden. **293**

Nach wie vor hat das Parlament kein Initiativrecht, es kann aber die Kommission auffordern, tätig zu werden. Dies kann als »*Initiative zur Initiative*« bezeichnet werden **294**

---

125 BVerfG Urt. v. 26.2.2014 – 2 BvE 2/13, BeckRS 20014, 44786.

(Art. 225 AEUV). Neu ist die Regelung, dass die Kommission ihre Gründe mitteilen muss, wenn sie nicht tätig werden will. Eine Art Initiativrecht ist in dem Lissabonner Vertrag insoweit vorgesehen, als dass das Parlament dem Rat und Europäischen Rat Entwürfe vorlegen kann (Art. 48 II und VI EUV).

295 Das Europäische Parlament hat (wie auch der Rat, die Kommission und die Mitgliedstaaten) die Möglichkeit, eine Nichtigkeitsklage gegen Handlungen anderer Institutionen zu erheben, ohne den Nachweis eines besonderen Interesses anstrengen zu müssen (Art. 263 AEUV).

296 Im Bereich der Außenbeziehungen hat das Parlament bestimmten Abkommen der Union (Art. 218 VI lit. a AEUV) sowie Beitrittsanträgen (Art. 49 EUV) zuzustimmen.

297 Bürgernähe soll durch ein Petitionsrecht (Art. 227 AEUV) und die Einrichtung eines Europäischen Bürgerbeauftragten (Art. 228 AEUV, früher: Ombudsmann gem. Art. 195 EG) erreicht werden.

298 Zudem hat das Parlament ein Mitentscheidungsrecht bei der Einsetzung der Kommission. Die Befugnis des Parlaments, den Kommissionspräsidenten zu wählen (Art. 17 VII EUV), ist neu hinzugefügt worden. Hierdurch soll eine »verstärkte Parlamentarisierung« zum Ausdruck gebracht werden.[126] Infolgedessen haben die größeren Parteien (EVP, SPE, ALDE/EDP, EGP, EL, PPEU) vor der Wahl des europäischen Parlaments 2014 auch Kandidaten für das Amt des Kommissionspräsidenten aufgestellt und es kam erstmals zur größeren europapolitischen Debatte zwischen den Kandidaten, die Vorläufer einer stärkeren europäischen Öffentlichkeit sein könnten.

299 Die dem Parlament außerhalb der europarechtlichen Kompetenzen der 1. Säule zugewiesenen Aufgaben gem. Art. 4, 5, 39 und 49 EU aF sind im Zuge der Neuorganisation der Verträge weitestgehend aufgehoben worden.

300 Weitere wesentliche Funktion des Parlaments ist die Ausübung der Haushaltsbefugnisse (→ Rn. 242). Hierauf wird später ausführlich eingegangen. An dieser Stelle genügt die Feststellung, dass im Bereich des Haushaltsrechts der Rat und das Parlament nahezu gleichgestellt worden sind (Art. 314 AEUV). Bei Meinungsverschiedenheiten kann ein Vermittlungsausschussverfahren durchgeführt werden (Art. 314 IV lit. c AEUV).

301 Die Ausweitung der Aufgaben des Parlaments als einziges direkt demokratisch legitimiertes Organ der Union hat einen wichtigen Beitrag zur Demokratisierung der Union geleistet. Insgesamt hat das Parlament seine Befugnisse kontinuierlich ausbauen können und kann als eigentlicher »Gewinner« der Reform bezeichnet werden. Denn diese Entwicklung hat nunmehr einen Höhepunkt durch die Ausweitung des Mitentscheidungsverfahrens als ordentliches Gesetzgebungsverfahren erreicht. Leider sind nach wie vor keine echten europäischen Parteien gegründet worden, obwohl dies erheblich dazu beitragen würde, das beklagte demokratische Defizit zu beseitigen. Derartige Parteien wären geeignet, das oftmals beklagte Fehlen einer Rückkoppelung zwischen den Unionsbürgern und dem Parlament als in maßgeblicher Weise am Rechtssetzungsverfahren beteiligtem Organ zu kompensieren. Sie würden dazu beitragen, »ein europäisches Bewusstsein herauszubilden und den politischen Willen der Bürger der Union zum Ausdruck zu bringen«.[127] Allerdings ist die demokratische Legitimation des Parla-

---

126 Vedder/Heintschel von Heinegg/*Epping* EUV Art. 17 Rn. 23 ff.
127 Dazu ausführlich *Neßler* EuGRZ 1998, 191.

ments durch die noch stärkere Vereinheitlichung des Wahlrechts gestärkt worden. Zu bedauern ist aber, dass nach wie vor die Bevölkerungsanzahl der Mitgliedstaaten bei der Anzahl der Sitze nicht stärker berücksichtigt wurde. Hierdurch könnte die Repräsentativität im Parlament erhöht und damit auch der Legitimationsgrad verstärkt werden.

5. Gerichtshof, Gericht und Fachgerichte

Literatur: *Everling,* Die Zukunft der europäischen Gerichtsbarkeit in einer erweiterten Europäischen Union, EuR 1997, 398; *Lenz,* Die Gerichtsbarkeit in der EG nach dem Vertrag von Nizza, EuGRZ 2001, 433; *Oppermann/Classen/Nettesheim* EuropaR § 5 Rn. 132–154; *Rodrigues Iglesias,* Der Europäische Gerichtshof und die Gerichte der Mitgliedstaaten, NJW 2000, 1889; *Sack,* Zur künftigen europäischen Gerichtsbarkeit nach Nizza, EuZW 2001, 77; Calliess/Ruffert/*Wegener* EUV Art. 19 Rn. 1–57.

Als Rechtsprechungsorgan ist in Art. 19 EUV der »*Gerichtshof der Europäischen Union*« vorgesehen, der die Rechtsprechungsorgane »*Europäischer Gerichtshof*« (EuGH), »*Gericht*« (EuG, vormals: Gericht erster Instanz) sowie beigeordnete »*Fachgerichte*« (vormals gerichtliche Kammern gem. Art. 225a EG) umfasst. Durch den Reformvertrag sind vor allem diese terminologischen Änderungen vorgesehen, die mittlerweile eingebürgerten Abkürzungen EuGH und EuG sollen hier indes weiterhin verwandt werden. **302**

Der Gerichtshof der Union sichert die Wahrung des Rechts bei der Auslegung und Anwendung der Verträge, wobei ihm hinsichtlich der Auslegung ein für die Mitgliedstaaten verbindliches Monopol zukommt. Die Auslegung klärt, wie eine Norm seit ihrem Inkrafttreten zu verstehen und anzuwenden ist, sodass sie auch Fälle erfasst, die vor Klärung durch den Gerichtshof entstanden sind. Nur ausnahmsweise kommt eine Berufung auf die Rechtssicherheit zur Beschränkung der Auslegungswirkung auf zukünftige Fälle in Betracht, wenn aufseiten der Betroffenen guter Glaube vorlag und bei einer rückwirkenden Beachtung der Rechtsprechung schwerwiegende Störungen drohen (etwa wirtschaftlicher Natur, wenn eine große Zahl an Rechtsverhältnissen nun anders zu beurteilen ist).[128] Die Mitgliedstaaten sind verpflichtet, die für einen wirksamen Rechtsschutz erforderlichen Rechtsbehelfe zu gewährleisten (Art. 19 I UAbs. 2 EUV). Die europäischen Rechtsprechungsorgane kontrollieren weiterhin die Legislativakte und das Verwaltungshandeln der Organe der Union sowie das Handeln der Mitgliedstaaten durch die Gewähr individuellen Rechtsschutzes und die rechtsverbindliche Auslegung des Unionsrechts. **303**

Der *EuGH* wurde gem. Art. 85 EGKS und § 5 I des Abkommens über die Übergangsbestimmungen zum EGKS v. 18.4.1951 bzw. durch die Römischen Verträge (Art. 244 EG, Art. 212 EA) gegründet. Er begann seine Arbeit zunächst in Luxemburg, wo er mit Beschluss der Vertreter der Regierungen der Mitgliedstaaten v. 8.4.1965 seinen »vorläufigen Arbeitsort« erhielt. Am 12.12.1992 bestimmten die Vertreter der Regierungen der Mitgliedstaaten gem. Art. 216 EGV (jetzt Art. 289 AEUV), Art. 189 EA, Art. 77 EGKS mit einvernehmlichem Beschluss Luxemburg zum definitiven Sitz des Gerichtshofs (zuvor EuGH) und des ihm seit 1988 beigeordneten Gerichts (zuvor EuG). **304**

---

128 EuGH EuZW 2011, 73 Rn. 35 ff. – Albron Catering.

305   Dem EuGH gehört ein Richter pro Mitgliedstaat an. Die Richter besitzen volle Unabhängigkeit und werden für sechs Jahre in ihr Amt gewählt. Gemäß Art. 255 AEUV muss ein nach dem Vertrag von Lissabon zu gründender Ausschuss Stellungnahmen über die Eignung von Bewerbern für eine Richterstelle abgeben.

306   Unterstützt wird das Gericht von acht Generalanwälten (Art. 19 II EUV iVm Art. 252 AEUV), deren Aufgabe im Abfassen sog. »begründeter Schlussanträge« bei völliger Unabhängigkeit besteht. Relativ häufig eröffnen die begründeten Schlussanträge, die eine vollständige Würdigung der Sach- und Rechtslage eines vor dem Gerichtshof der Europäischen Union anhängigen Falles beinhalten, wichtige Perspektiven des Europarechts.

307   Der Präsident des Europäischen Gerichtshofs wird durch die Richter am Gerichtshof für drei Jahre gewählt (Art. 253 AEUV). Zudem wird der Kanzler als Chef der Verwaltung vom Gerichtshof ernannt (Art. 253 AEUV).

308   Das Gericht (früher Gericht erster Instanz) wurde durch den Beschluss 88/591 des Rates v. 24.10.1988 im Gefolge der Einheitlichen Europäischen Akte von 1986 als weitere Tatsacheninstanz mit eigenen erstinstanzlichen Zuständigkeiten zur Entlastung des Gerichtshofs geschaffen.

Das Gericht ist kein eigenes Unionsorgan, sondern dem Gerichtshof als eigenständiger Spruchkörper beigeordnet. Zusammensetzung und innere Organisation des Gerichts gleichen dem Aufbau des Gerichtshofs. Allerdings verfügt das Gericht nicht über eigene Generalanwälte, wenngleich Art. 2 III des Ratsbeschlusses 88/591 die Möglichkeit vorsieht, dass einzelne Richter des Gerichts bestellt werden können, um die Tätigkeit eines Generalanwalts in »bestimmten Rechtssachen« wahrzunehmen. Die Ernennungsvoraussetzungen für Richter des Gerichts, von denen jeder Mitgliedstaat einen entsenden kann, unterscheiden sich von denen des Gerichtshofes insofern, als sie (lediglich) »über die Befähigung zur Ausübung hoher richterlicher Tätigkeiten verfügen« (Art. 254 UAbs. 2 AEUV), nicht aber wie die Richter des Gerichtshofes, die »in ihrem Staat für die höchsten richterlichen Ämter erforderlichen Voraussetzungen« (Art. 253 AEUV) erfüllen müssen. Auch vor der Auswahl der Richter des Gerichts ist der Eignungsprüfungsausschuss anzuhören.

309   Der Rat kann gemeinsam mit dem Parlament *beigeordnete Fachgerichte* bilden (Art. 257 AEUV, früher: Kammern gem. Art. 225a EG). Sie sind für bestimmte Klagekategorien zuständig und ihre Richter werden durch eine vom Rat und dem Parlament beschlossene Verordnung ernannt. Die Kandidaten müssen jede Gewähr für Unabhängigkeit bieten und über die Befähigung zur Ausübung richterlicher Tätigkeiten verfügen.

310   Die Arbeit der europarechtlichen Judikative wird überwiegend positiv beurteilt. Kritik wird insofern laut, als dass dem Gerichtshof der Europäischen Union vorgeworfen wird, seine Aufgabe zur Rechtsauslegung deutlich in Richtung richterlicher Rechtsfortbildung erweitert und damit seine Kompetenzen überschritten zu haben.[129] Rechtspolitisch bedeutsam ist dabei, dass der Gerichtshof durch seine insgesamt sehr europa(rechts)freundliche Rechtsprechung, insbesondere im Bereich der

---

129 Dazu mwN Calliess/Ruffert/*Wegener* EUV Art. 19 Rn. 1 ff.

Unionsgrundrechte[130] oder der unionsrechtlichen Haftung der Mitgliedstaaten,[131] zu einem maßgebenden Integrationsfaktor geworden ist.

Zu den verschiedenen im EU-Vertrag abschließend geregelten Verfahrensarten → Rn. 499 ff.

6. Rechnungshof

Literatur: *Oppermann/Classen/Nettesheim* EuropaR § 5 Rn. 155–159; *Ries,* Die Finanzkontrolle des Europäischen Rechnungshofs und Evaluation, DÖV 1992, 293.

Der »*Rechnungshof*« gehört ebenfalls zu den in Art. 13 I EUV genannten Organen der Union. Rechtsgrundlage seines Tätigwerdens sind die Art. 285 ff. AEUV (früher Art. 246 ff. EG, Art. 160 a ff. EA). **311**

Der Rechnungshof setzt sich aus je einem Vertreter der Mitgliedstaaten zusammen. Seine Mitglieder, die für einen Zeitraum von sechs Jahren durch den Rat nach Anhörung des Parlaments ernannt werden, üben ihre Aufgaben in völliger Unabhängigkeit aus (Art. 285 II AEUV). Die Mitglieder des Rechnungshofes wählen aus ihrer Mitte den Präsidenten (Art. 286 II AEUV). **312**

Aufgabe des Rechnungshofs ist die sog. »externe Finanzkontrolle«, also die Überprüfung der Rechtmäßigkeit und Ordnungsmäßigkeit der Einnahmen und Ausgaben sowie der Wirtschaftlichkeit der Haushaltsführung der Union (Art. 287 AEUV). Die »interne Kontrolle« des Haushaltsvollzuges erfolgt dagegen nicht durch den Rechnungshof, sondern durch die Kommission. **313**

Die Durchführung der Finanzkontrolle durch den Rechnungshof kann auf verschiedene Weise geschehen. Er kann vor Ort der Unionsorgane oder anderen Einrichtungen, die Einnahmen und Ausgaben für Rechnung der Union verwalten, eine Rechnungsprüfung durchführen und die Ergebnisse in einem Jahresbericht niederschlagen. Er kann ferner anhand ihm vorliegender Rechnungsunterlagen, welche von den Organen an den Rechnungshof zu übersenden sind, die Prüfung durchführen (Art. 287 III AEUV). **314**

Auf Empfehlung des Rates erteilt das Parlament der Kommission Entlastung zur Ausführung des Haushaltsplanes. Zu diesem Zweck prüft das Parlament den Jahresbericht des Rechnungshofs (vgl. Art. 319 AEUV). **315**

Trotz fehlender Vollzugskompetenzen übt der Rechnungshof eine effektive Finanzkontrolle aus, indem er insbesondere durch seinen Jahresbericht einen erheblichen politisch-moralischen Druck auf die Organe erzeugt. Die Rolle des Rechnungshofs bei der Prüfung von Vorwürfen gegen das Finanzgebaren einiger Mitglieder der Santer-Kommission war nicht zu unterschätzen. Schließlich kam es zum Rücktritt dieser Kommission und zur Schaffung einer Einheit zur Betrugsbekämpfung (OLAF) bei der Kommission (vgl. Art. 325 AEUV), die eng mit dem Rechnungshof zusammenarbeitet. **316**

---

130 Vgl. hierzu im Einzelnen § 14.
131 Vgl. hierzu die Urteile EuGH 19.11.1991 – C-6/90 und C-9/90, Slg. 1990, I-5357 = BeckRS 2004, 77605 – Francovich, und EuGH 5.3.1996 – C-46/93 und C-48/93, Slg. 1996, I-1029 Rn. 67 = BeckRS 2004, 77363 – Brasserie du Pêcheur. Dazu im Einzelnen § 12.

7. Europäische Zentralbank als Organ *sui generis*

Literatur: *Gaitanides,* Die Verfassung für Europa und das Europäische System der Zentralbanken, FS Zuleeg, 2005, 550 ff.; *Heun,* Die Europäische Zentralbank in der Europäischen Währungsunion, JZ 1998, 866; *Oppermann,* Eine Verfassung für die Europäische Union, DVBl. 2003, 1234; *Oppermann/Classen/Nettesheim* EuropaR § 19 Rn. 15–25; *Sodan,* Die funktionelle Unabhängigkeit der Zentralbanken, NJW 1999, 1521; *M. Weber,* Das Europäische System der Zentralbanken, WM 1998, 1465.

317   Die »*Europäische Zentralbank*« (EZB) wurde am 1.7.1998 mit eigener Rechtspersönlichkeit im Rahmen der Europäischen Währungsunion errichtet. Sie ist Nachfolgeinstitution des 1994 durch den Maastrichter Vertrag gegründeten Europäischen Währungsinstituts, dessen Aufgabe in der Überwachung des europäischen Währungssystems und der Vorbereitung der Währungsunion bestand, wozu nämlich neben der Festlegung der Konvergenzkriterien auch der Aufbau der Zentralbank zählte (→ Rn. 921). Die Europäische Zentralbank ist in das Europäische System der Zentralbanken (ESZB) integriert, das aus der Europäischen Zentralbank und den Zentralbanken der Mitgliedstaaten besteht.

318   Im Vertrag von Lissabon ist erstmals eine Regelung über das Eurosystem enthalten (Art. 282 I 2 AEUV), bestehend aus der EZB und den Zentralbanken derjenigen Mitgliedstaaten, die den Euro eingeführt haben. Es sind dies bis Februar 2014: Belgien, Deutschland, Estland, Finnland, Frankreich, Griechenland, Irland, Italien, Lettland, Luxemburg, Malta, Niederlande, Österreich, Portugal, Slowakei, Slowenien, Spanien und Zypern. Länder, die den Euro nicht eingeführt haben sind zB: Großbritannien, Dänemark, Schweden und die meisten der neuen Beitrittsländer. Die Minister der Mitgliedstaaten, die den Euro eingeführt haben, beraten auf informellen Tagungen über die mit dem Euro verbundenen finanzpolitischen und wirtschaftspolitischen Fragen (sog. Euro-Gruppe, Art. 137 AEUV iVm dem Protokoll über die Euro-Gruppe). Schließlich nehmen die Eurostaaten eine Sonderrolle ein, für die besondere Bestimmungen gelten, die in einem eigenen Kapitel des AEUV niedergelegt sind (Art. 136 ff. AEUV).

319   Im Lissabonner Vertrag ist die EZB ausdrücklich als Organ der Union genannt (vgl. Art. 13 EUV). Dies ist insofern eine rechtliche Besonderheit, weil sie weiterhin Rechtspersönlichkeit und weitgehende Unabhängigkeit besitzt (Art. 282 III EUV). Es ist bislang ungeklärt, wie Organqualität und gleichzeitige Rechtspersönlichkeit der EZB dogmatisch vereinbar sind.[132] Jedenfalls ist mit der Festlegung der Organqualität der Debatte um die Frage, ob es sich um eine selbstständige internationale Einrichtung handelt, ein Ende gesetzt. Rechtsgrundlage des Tätigwerdens der EZB sind die Art. 127 ff. AEUV (Art. 8, 105 ff. EG).

320   Hauptorgan der Europäischen Zentralbank ist der Europäische Zentralbankrat, der aus den Präsidenten der nationalen Zentralbanken, der an der Währungsunion teilnehmenden Staaten und den Mitgliedern des Direktoriums besteht. Das Direktorium besteht seinerseits aus sechs Fachleuten aus dem Bankwesen, die vom Rat empfohlen und nach Anhörung des Parlaments und des Europäischen Zentralbankrats von den Staats- und Regierungschefs der Mitgliedstaaten ernannt werden. Nachdem der Niederländer *Wim Duisenberg* zum ersten Präsidenten der Europäischen Zentralbank gewählt wor-

---

132 Hierzu *Oppermann* DVBl. 2003, 1234 (1236).

den war, amtierte bis zum 31.10.2011 der Franzose *Jean-Claude Trichet*. Seit November 2011 ist *Mario Draghi* sein Nachfolger.

Vorrangiges Ziel der Europäischen Zentralbank ist es, die Preisstabilität (vgl. Art. 282 **321** II 2 sowie Art. 3 III EUV) zu gewährleisten. Zu diesem Zweck koordiniert die Zentralbank die Geld- und Währungspolitik sowie die Zahlungsverkehrssysteme durch verschiedenste Instrumentarien, insbesondere durch die Genehmigung der Emissionen von Eurobanknoten durch die Mitgliedstaaten seit dem 1.1.2002. In der Wirtschafts- und Finanzkrise hat die EZB zudem den Euro-Währungsraum und die Wirtschaft der Mitgliedstaaten stabilisiert, in dem sie eine – mitunter deutlich kritisierte – Niedrigzinspolitik betrieben und Staatsanleihen in weitem Umfang als Sicherheit akzeptiert und aufgekauft hat. Insofern lässt sich befürchten, dass die EZB, vergleichbar der US-amerikanischen Notenbank, stärker zu einem Instrument der Wirtschaftspolitik wird und das Ziel der Preisstabilität ins Hintertreffen zu geraten droht.

Die Europäische Zentralbank hat eigene Rechtssetzungsbefugnisse, die unter anderem **322** den Erlass von Verordnungen und die Verhängung von Bußgeldern umfassen (vgl. Art. 132 AEUV).

Das Verhältnis der Europäischen Zentralbank zu den Unionsorganen ist von Zusammenarbeit geprägt. Die EZB wird zu allen Vorschlägen für Rechtsakte im Zuständigkeitsbereich der EZB gehört. Sie kann gegenüber zuständigen Organen und Einrichtungen der Union und gegenüber nationalen Behörden Stellungnahmen abgeben. Der Rat kann einstimmig durch Verordnung und mit Zustimmung des Parlaments Aufgaben auf die EZB übertragen (Art. 127 IV und VI AEUV). Voraussetzung des Handelns der nach dem Vorbild der Deutschen Bundesbank geschaffenen EZB ist deren völlige währungspolitische Unabhängigkeit, also Weisungsfreiheit sowohl gegenüber den Mitgliedstaaten als auch der Union. Sie ist insofern als autonome Währungshüterin anzusehen. Die Maßnahmen und Handlungen der EZB unterliegen der Rechtskontrolle durch den Europäischen Gerichtshof. **323**

8. Nebenorgane

a) Europäische Investitionsbank

Literatur: *Europäische Investitionsbank* (Hrsg.), 40 Jahre im Dienste der europäischen Integration, 1998; *Oppermann/Classen/Nettesheim* EuropaR § 18 Rn. 48–69; *Schmidt,* Die Europäische Investitionsbank im Gefüge der Gemeinschaft, Die Bank 1981, 330.

Die *Europäische Investitionsbank* (EIB) zählt anders als in Art. 9 EG aF nicht mehr zu **324** den Organen der Union. Die Investitionsbank ist kein Organ, sondern eine autonome Unionseinrichtung mit Rechtspersönlichkeit (Art. 308 AEUV), die aus Ministern und Fachleuten aus dem Bankwesen zusammengesetzt ist. Die Rechtsgrundlage des Tätigwerdens der Europäischen Investitionsbank ergibt sich nun aus Art. 308 und 309 AEUV.

Die Aufgaben der Investitionsbank bestehen in der Erwirtschaftung von Finanzreserven auf dem offenen Markt, die in, aus Sicht der Union förderungswürdige Vorhaben in den Mitgliedstaaten oder in Drittstaaten investiert werden. Insofern können hier als geförderte Bereiche Industrie, Verkehr, Entwicklungshilfe und Regionalförderung in Betracht kommen (vgl. Art. 309 AEUV). Die Hauptbedeutung der Europäischen In- **325** vestitionsbank besteht damit in der finanziellen Unterstützung von Vorhaben mit bedeutsamem Wert für die europäische Integration.

b) Hohe Vertreter der Union

Literatur: *Calliess/Ruffert/Cremer* AEUV Art. 18; *Epping,* Die Verfassung Europas?, JZ 2003, 812; *Kugelmann,* »Kerneuropa« und der EU-Außenminister – die verstärkte Zusammenarbeit in der GASP, EuR 2004, 322 ff.; *Thym,* Die institutionelle Architektur europäischer Außen- und Sicherheitspolitik, AVR 42 (2004), 44 ff.

326 Ein weiteres Amt, das mit dem Vertrag von Lissabon aufgewertet wurde, ist das Amt des *»Hohen Vertreters der Union für die Gemeinsame Außen- und Sicherheitspolitik«* (Art. 18, 27 EUV). Die noch im EVV vorgesehene Bezeichnung als Amt eines Außenministers der Union wurde aufgegeben. Der Hohe Vertreter wird vom Europäischen Rat ernannt. Durch die Einrichtung des Hohen Vertreters soll zu mehr Kohärenz in den Außenbeziehungen der Union beigetragen werden. Zum ersten Hohen Vertreter wurde die Britin *Catherine Ashton* ernannt.

327 Hauptaufgabe des Hohen Vertreters wird die Durchführung der GASP gemeinsam mit den Mitgliedstaaten sein (vgl. Art. 18 II, Art. 24 EUV). Hierbei kommt ihm erstmalig ein Initiativrecht zu (vgl. Art. 30 I EUV). Außerdem vertritt der Hohe Vertreter die Union in den Bereichen der GASP (Art. 27 II EUV).

328 Institutionell kommt ihm eine Doppelstellung zu. Einerseits ist er der Vizepräsident der Kommission, ferner ist er im Rat in der Formation »Auswärtige Angelegenheiten« (Art. 18 III und IV EUV) tätig. Hierdurch sind Kompetenzkonflikte vorgezeichnet, weil er einerseits im weiterhin intergouvernementalen Bereich der GASP tätig ist und andererseits Teil des supranationalen Organs Europäische Kommission ist. Weitere Kompetenzkonflikte drohen hinsichtlich des Präsidenten des Europäischen Rates, der die Außenvertretung der Union in der GASP wahrnimmt (Art. 15 VI EUV).

c) Ausschuss der Regionen

Literatur: *Oppermann/Classen/Nettesheim* EuropaR § 6 Rn. 14–19; *Schwarze,* Der Reformvertrag von Lissabon – Wesentliche Elemente des Reformvertrags, EuR 2009, Beiheft 1, 9 ff.; *Wiedmann,* Der Ausschuss der Regionen nach dem Vertrag von Amsterdam, EuR 1999, 49; *Wuermeling,* Das Ende der »Länderblindheit«: Der Ausschuss der Regionen nach dem neuen EG-Vertrag, EuR 1993, 197.

329 Rechtsgrundlage des Tätigwerdens des *»Ausschusses der Regionen«* sind die Art. 305 ff. AEUV. Der Ausschuss fungiert als Hilfsorgan der EU. Die mit dem Nizza-Vertrag eingeführte maximale Anzahl von 350 Ausschussmitgliedern ist auch im Vertrag von Lissabon festgelegt worden (Art. 305 AEUV). Der Ausschuss setzt sich aus »Vertretern regionaler und kommunaler Gebietskörperschaften der Mitgliedstaaten« zusammen (Art. 300 III AEUV). Die Zusammensetzung wird nun jedoch nicht mehr durch das Primärrecht, sondern durch einstimmigen Beschluss des Rates auf Vorschlag der Kommission festgelegt. Die Amtszeit der Mitglieder des Ausschusses, die von den Mitgliedstaaten vorgeschlagen und vom Rat ernannt werden, ist von vier auf fünf Jahre erhöht worden. Der Ausschuss wählt seinen Präsidenten und gibt sich eine Geschäftsordnung (Art. 306 AEUV).

Die Einrichtung des Regionalausschusses ist Ausdruck der Anerkennung der dezent- **330** ralen Struktur verschiedener Mitgliedstaaten und damit auch der Tatsache, dass bestimmte Entscheidungen auch auf regionaler Ebene zu berücksichtigen sind. Regionale Interessen sollen in der Unionspolitik bzw. bei Rechtsakten der Union berücksichtigt werden. Dafür steht dem Regionalausschuss die in Anspruch zu nehmende Konsultativbefugnis bei der Rechtssetzung zu, die zum Teil verpflichtend (vgl. etwa Art. 167 V, 177 AEUV), zum Teil nur fakultativ (vgl. Art. 307 AEUV) ausgestaltet ist.

Eine Aufwertung hat der Ausschuss durch den Vertrag von Lissabon insbesondere da- **331** durch erfahren, dass er nun gem. Art. 8 des Subsidiaritätsprotokolls befugt ist, gegen Rechtsakte der Union Nichtigkeitsklage zu erheben, wenn für diese Rechtsakte die Anhörung des Ausschusses erforderlich war.

Trotz seines unverbindlichen Instrumentariums stellt der Ausschuss der Regionen ein **332** bedeutendes Sprachrohr für Regionalinteressen dar und leistet einen Beitrag zu mehr Bürgernähe und Subsidiarität.

d) Wirtschafts- und Sozialausschuss

Literatur: *Kirchner,* Interessenverbände im EG-System und der Integrationsprozeß, Integration 1986, 156; *Oppermann/Classen/Nettesheim* EuropaR § 6 Rn. 3–13; *Calliess/Ruffert/Suhr* AEUV Art. 300 Rn. 4–16.

Rechtsgrundlage des Tätigwerdens des *»Wirtschafts- und Sozialausschusses«* (WSA) **333** sind die Art. 301 ff. AEUV (zuvor Art. 7 II, 257 ff. EG und die Art. 3 II, Art. 165 ff. EA). Der Wirtschafts- und Sozialausschuss als Hilfsorgan der Union besteht aus »Vertretern der Organisationen der Arbeitgeber und der Arbeitnehmer sowie anderen Vertretern der Zivilgesellschaft aus den sozialen und wirtschaftlichen, dem staatsbürgerlichen, dem beruflichen und dem kulturellen Bereich« (vgl. Art. 300 II AEUV). Ebenso wie beim Ausschuss der Regionen ist die zulässige Höchstmitgliederanzahl auf 350 festgelegt. Durch einstimmigen Ratsbeschluss auf Vorschlag der Kommission wird seine Zusammensetzung festgelegt. Die Amtszeit der Mitglieder, die von den Regierungen vorgeschlagen und vom Rat nach Anhörung der Kommission ernannt werden, ist auf fünf Jahre erhöht worden (Art. 302 AEUV). Auch der Wirtschafts- und Sozialausschuss wählt aus seiner Mitte seinen Präsidenten, dessen Amtszeit von zwei auf zweieinhalb Jahre erhöht wurde, und gibt sich eine Geschäftsordnung (Art. 302 AEUV).

Die Aufgaben des WSA lassen sich mit einem Eintreten für soziale und wirtschaftliche **334** Belange in der Unionspolitik bzw. bei den Rechtsakten der Union beschreiben. Dafür kann der Wirtschafts- und Sozialausschuss beratend tätig werden und die Union zu einer Rückkopplung mit den einzelnen Interessenverbänden verpflichten.

Trotz seines unverbindlichen Instrumentariums stellt der WSA eine wichtige Bünde- **335** lung wirtschaftlicher und sozialer Interessenverbände mit faktisch starkem Einfluss auf die Union dar. Unklar ist, inwieweit der Einfluss des WSA langfristig durch die Stärkung des Parlaments schwinden könnte.

II. Das Verhältnis der Organe zueinander (das sog. institutionelle Gleichgewicht)

Literatur: *Doehring*, Demokratiedefizit in der Europäischen Union?, DVBl. 1997, 1133; *Herdegen* EuropaR § 7 Rn. 109; *Schweitzer/Hummer* EuropaR Rn. 923–941.

336   Schon bei der Beschreibung der Kompetenzen des Parlaments bzw. des Rates wurde deutlich, dass das von den Mitgliedstaaten bekannte System der Gewaltenteilung auf europäischer Ebene allenfalls in modifizierter Form verwirklicht ist. Im Ergebnis ist allerdings angesichts der später noch deutlicher zu beschreibenden Durchgriffsbefugnis europäischer Rechtssetzung von großer Bedeutung, ob und in welchem Umfang Organe mit primär exekutivischer Struktur rechtsetzend tätig werden können bzw. bei dieser Aufgabe durch andere, stärker demokratisch legitimierte Organe kontrolliert werden können.

337   Vergleicht man insgesamt das System der zutreffender als »*institutionelles Gleichgewicht*« bezeichneten »*checks and balances*« zwischen den europäischen Organen, fällt zunächst die Zuordnung der Judikative zum Gerichtshof der Europäischen Union relativ leicht. Allerdings ist deren oftmals in Anspruch genommene Rechtsfortbildungsfunktion als Ausgriff auf den Bereich der Legislative unter dem Aspekt der Gewaltenteilung nicht ganz unproblematisch.

338   Legislativ- und Exekutivbefugnisse sind indes auf Unionsebene erheblich schwieriger voneinander zu trennen. Früher lag die Legislativfunktion nicht, oder jedenfalls nicht ausschließlich, beim demokratisch legitimierten Parlament, sondern in erster Linie beim Rat, der aus der Exekutive der Mitgliedstaaten (den Regierungen) hervorgeht. Im Zuge der Reformen der europäischen Institutionen sind die Befugnisse des Parlaments aufgewertet worden und insbesondere durch den Vertrag von Lissabon noch einmal erheblich gestärkt worden. Daneben bleiben bestimmte, vergleichsweise begrenzte, Rechtssetzungsbefugnisse auch bei den Exekutivorganen, wie zB der Kommission. Als neues Organ ist nunmehr der Europäische Rat hinzugekommen, dem Legislativbefugnisse im Rahmen politischer Leitentscheidungen zukommen. Die Exekutive wird in erster Linie durch die Kommission wahrgenommen, die andererseits durch ihr Initiativrecht jedenfalls ansatzweise am Gesetzgebungsprozess teilnimmt.

339   Trotz des gegenüber verfassungsstaatlichen Konzeptionen deutlich modifizierten Systems der Gewaltenteilung bemühen sich die Verträge ersichtlich, die Rechtsstaatlichkeit der Union im Wege gegenseitiger Kontrolle, also durch Aufrechterhaltung eines sog. institutionellen Gleichgewichts, zu gewährleisten. Nach der Rechtsprechung des EuGH gewährleistet dieses Prinzip, dass jedes Organ seine Befugnis unter Beachtung der Befugnisse der anderen Organe ausübt und dass Verstöße hiergegen der Kontrolle des Gerichtshofs unterliegen.[133]

340   Die Gewährleistung der »*checks and balances*« soll etwa durch folgende Mechanismen sichergestellt werden:

---

133 EuGH 22.5.1990 – C-70/88, Slg. 1990, I-2041 = NJW 1990, 1899 – Tschernobyl I; EuGH 30.3.1995 – C-65/93, Slg. 1993, I-643 = BeckRS 2004, 11664 – Parlament/Rat; stRspr.

- Prinzip der begrenzten Einzelermächtigung: Ein Tätigwerden der Union ist nur bei ausdrücklicher Kompetenzzuweisung möglich (vgl. Art. 5 I EUV sowie Art. 13 II EUV).
- Gegenseitige Kontrolle, wie bspw. das Zusammenwirken der Organe bei der Rechtsetzung nach Art. 288 ff. AEUV sowie die Kontrolle der Rechtssetzungsakte durch den EuGH gem. Art. 263 AEUV.
- Neu ist die ausdrückliche Verpflichtung der Organe zur loyalen Zusammenarbeit, vgl. Art. 13 II 2 EUV. Hierdurch sind die Organe rechtlich verpflichtet, aufeinander Rücksicht zu nehmen und sich über die Erreichung der Ziele zu verständigen.
- In diesem Zusammenhang ist ebenfalls die verstärkte Einbeziehung nationaler Parlamente in die europäische Gesetzgebung zu nennen (dazu sogleich → Rn. 342 f.).

Die Diskussion darüber, ob die entsprechende Kompetenzverteilung auf die verschie- **341** denen Organe der EU rechtsstaatlichen Anforderungen letztlich genügt, ist nicht abgeschlossen. Insbesondere ist dabei darauf zu verweisen, dass durchaus fraglich ist, ob und wieweit für den Verfassungsstaat geltende Maßstäbe auch an die Union angelegt werden können.[134]

III. Die nationalen Parlamente

Literatur: *Hobe*, Der offene Verfassungsstaat zwischen Souveränität und Interdependenz, 1998, 149 ff. (422 ff.); *Schoo*, Das neue institutionelle Gefüge der EU, EuR 2009, Beiheft 1, 51 ff.; *Schwarze*, Der Reformvertrag von Lissabon, EuR 2009, Beiheft 1, 9 ff.

Art. 12 EU iVm dem Protokoll über die Rolle der nationalen Parlamente *(»Parla- **342** mentsprotokoll«)*[135] und dem Protokoll über die Anwendung der Grundsätze der Subsidiarität und der Verhältnismäßigkeit *(»Subsidiaritätsprotokoll«)*[136] weisen den nationalen Parlamenten eine aktivere Rolle in der Europäischen Union zu. Hierdurch kommt den nationalen Parlamenten zwar keine Organqualität zu, sie bekommen aber erstmals direkte und unmittelbare Informations- und Kontrollrechte sowie Mitwirkungsrechte am Gesetzgebungsverfahren der Union.

»Der Subsidiaritätsgrundsatz wird zudem durch das Protokoll Nr. 2 über die Anwendung der Grundsätze der Subsidiarität und der Verhältnismäßigkeit (Subsidiaritätsprotokoll) verfahrensmäßig verstärkt. Dies geschieht, indem die nationalen Parlamente durch ein sog. Frühwarnsystem (Art. 12 Buchstabe b EUV-Lissabon, Art. 4 ff. des Subsidiaritätsprotokolls) in die Kontrolle der Beachtung des Subsidiaritätsgrundsatzes eingebunden werden, und durch eine entsprechende, die nationalen Parlamente und den Ausschuss der Regionen einschließende Erweiterung des Kreises der Antragsberechtigten für eine Nichtigkeitsklage vor dem Gerichtshof der Europäischen Union.«[137]

Kernbereich der neuen Kontrollbefugnisse ist die Überwachung der Beachtung des **343** Subsidiaritätsprinzips (Art. 12 EUV). EU-Organe müssen den nationalen Parlamenten künftig Gesetzgebungsvorschläge zuleiten. Diese können die Entwürfe innerhalb von acht Wochen auf die Einhaltung des Subsidiaritätsprinzips überprüfen und ggf. eine

---

134 S. dazu aus staatstheoretischer Perspektive *Hobe*, Der offene Verfassungsstaat zwischen Souveränität und Interdependenz, 1998, 149 ff. (422 f., 440 ff.).
135 ABl. 2007 C 308, 148.
136 ABl. 2007 C 306, 150.
137 BVerfG NJW 2009, 2267 – Lissabon.

Stellungnahme an das Parlament, den Rat und die Kommission richten, dass der Entwurf gegen das Subsidiaritätsprinzip verstoße. Unklar ist, ob auch Verstöße gegen den Grundsatz der Verhältnismäßigkeit gerügt werden dürfen.

344 Rügt ein Drittel der Gesamtstimmen der nationalen Parlamente einen Verstoß gegen das Subsidiaritätsprinzip, muss der Gesetzentwurf von dem entsprechenden Organ überprüft werden. Beruhte der Entwurf auf einer Initiative der Mitgliedstaaten oder fällt der Entwurf inhaltlich in den Bereich der Justiz- und Innenpolitik genügt ein Viertel der Stimmen. Bei der Stimmverteilung hat jedes Parlament grundsätzlich eine Stimme, wobei einem Mitgliedstaat, der über ein Zweikammersystem verfügt, zwei Stimmen zukommen. Nach der Überprüfung kann der Entwurf geändert oder zurückgenommen werden oder unverändert bleiben. Erreicht die ablehnende Stimmenanzahl die Hälfte der Gesamtzahl, müssen Rat und Parlament gemeinsam einen Verstoß gegen das Subsidiaritätsprinzip prüfen.

345 Zur Verwirklichung dieses »Frühwarnsystems«[138] sind auch die Mitwirkungsrechte von Bundestag und Bundesrat in einem Begleitgesetz zum Vertrag von Lissabon angepasst worden, in dem die Modalitäten für die neuen Mitwirkungsrechte geregelt sind. Schließlich kann ein Mitgliedstaat eine Nichtigkeitslage als eine Art »Subsidiaritätsklage« gem. Art. 263 AEUV vor dem EuGH erheben. Dies ist kein eigenständiges Klagerecht, sondern ein im Namen des Parlaments von dem Mitgliedstaat ausgeübtes Klagerecht (Art. 8 des Subsidiaritätsprotokolls).

346 In diesem Zusammenhang ist schließlich Art. 19 EUV zu nennen, der den Mitgliedstaaten die Pflicht zuweist, die erforderlichen Rechtsbehelfe zu schaffen, damit ein wirksamer Rechtsschutz in den vom Unionsrecht erfassten Bereichen gewährleistet ist. Hier wird deutlich, dass die Sicherung der Rechtsgemeinschaft nur gemeinsam mit nationalen Parlamenten möglich ist.

347 Insgesamt führt die verstärkte Einbindung der nationalen Parlamente in den Prozess der europäischen Rechtssetzung zu einer Stärkung der Legitimation der Europäischen Union. Außerdem erhöht die Einbeziehung nationaler Parlamente die Transparenz und Akzeptanz des Entscheidungsprozesses. Zu beachten sind aber auch die Grenzen dieser Kontrollrechte. Die Mitwirkung beschränkt sich inhaltlich auf die Verletzung des Subsidiaritätsprinzips. Die Verletzung anderer Rechte kann nicht gerügt werden.

§ 9 Das Finanzsystem

Literatur: *Griese,* Die Finanzierung der Europäischen Union – Bestandsaufnahme und Ausblick, EuR 1998, 462; *Häde,* Die Finanzverfassung der Europäischen Gemeinschaften – ein Überblick, EuZW 1993, 401; *Hartwig/Petzold,* Solidarität und Beitragsgerechtigkeit, 2005; *Magiera,* Zur Finanzverfassung der Europäischen Union, GS Grabitz, 1995, 410; *Noll,* Haushalt und Verfassung, 2000; *Oppermann/Classen/Nettesheim* EuropaR § 8; *Strohmeier,* Aktuelle Fragen des Haushaltsrechts der Europäischen Gemeinschaft, DÖV 1993, 217.

---

138 Ausführlich zum Frühwarnsystem bereits unter § 7.

I. Grundstruktur

Die Europäische Union stellt für jedes Haushaltsjahr einen Haushaltsplan auf. Rechtsgrundlage für die Aufstellung des Haushaltsplans sind die Art. 310ff. AEUV. In den Haushaltsplan sind alle Einnahmen und Ausgaben einzustellen.[139]   **348**

Der Haushaltsplan wird als Verordnung erlassen. Rechtsgrundlage des komplexen Aufstellungsverfahrens des Haushalts ist Art. 314 AEUV.   **349**

Die Aufstellung des Haushaltsplans vollzieht sich in verschiedenen Etappen: **350**

(1) In der Vorbereitungsphase entwirft die Kommission den Haushaltsplan und legt den Entwurf dem Rat und dem Europäischen Parlament vor. Der Rat leitet seinen Standpunkt zu dem Entwurf dem Parlament zu. Billigt dieses den Standpunkt des Rates oder fasst es keinen Beschluss, so ist der Haushaltsplan zustande gekommen. Nimmt es hingegen Änderungen an, so wird die geänderte Version dem Rat und der Kommission zugeleitet. Sofern der Rat die Änderungen des Parlaments nicht billigt, wird ein Vermittlungsausschuss einberufen, der die Aufgabe hat, innerhalb von 21 Tagen eine Einigung zu erzielen. Verabschiedet der Vermittlungsausschuss innerhalb der Frist einen gemeinsamen Entwurf, so können der Rat und das Europäische Parlament diesen binnen 14 Tagen billigen. Erfolgt die Billigung, fassen beide Organe keinen Beschluss oder billigt ein Organ während das andere schweigt, so gilt der Haushaltsplan als zustande gekommen. Lehnen sowohl Rat als auch Parlament den Entwurf ab oder lehnt ein Organ ab während das andere keinen Beschluss fasst, so erstellt die Kommission einen neuen Entwurf. Gleiches gilt, wenn der Rat den Entwurf zwar billigt, das Parlament ihn aber ablehnt. Wird hingegen der Entwurf vom Rat abgelehnt, jedoch vom Parlament gebilligt, so kann das Parlament die zuvor angenommenen Änderungen mit der Mehrheit seiner Mitglieder und ⅗ der abgegebenen Stimmen bestätigen. Der Haushaltsplan gilt dann in dieser Form als zustande gekommen. Erfolgt die Bestätigung nicht, so kommt der Haushaltsplan in der Fassung des Entwurfs des Vermittlungsausschusses zustande. Erzielt der Vermittlungsausschuss keine Einigung, so legt die Kommission einen neuen Entwurf für einen Haushaltsplan vor.

(2) Nach Verfahrensabschluss wird der Plan durch den Präsidenten des Parlaments festgestellt.

(3) Es folgt der Haushaltsvollzug durch die Kommission unter Mitwirkung der Mitgliedstaaten.

(4) Schließlich erfolgen Rechnungsprüfung, Rechnungslegung und Entlastung der Kommission sowie nachträgliche Kontrollen durch Rat, Parlament und Rechnungshof.[140]

Für die Aufstellung des Haushalts gelten folgende Prinzipien: **351**

- *Jährlichkeit:* Der Haushaltsplan wird für ein Jahr aufgestellt (Art. 310 I AEUV). Die Bewilligung der Ausgaben erfolgt nur für dieses konkret bezeichnete Jahr (Art. 310 II AEUV).
- *Vorherigkeit:* Der Haushaltsplan ist vor Beginn des Haushaltsjahres zu verabschieden. Allerdings erweist sich in der Praxis oft, dass die vollständige Erfassung vor Be-

---

139 Vgl. *Magiera*, GS Grabitz, 1995, 410.
140 Dazu im Einzelnen *Häde* EuZW 1993, 403.

ginn eines Haushaltsjahres nicht möglich und deshalb ein Nothaushalt erforderlich ist (Art. 315 AEUV).

- *Einheit* und *Vollständigkeit:* In den Haushaltsplan sind alle Einnahmen und Ausgaben aufzunehmen (Art. 310 I AEUV).
- *Ausgleich* von Einnahmen und Ausgaben (Art. 310 I AEUV).
- *Spezialität:* Ausgaben sind nach ihrem Verwendungszweck, Einnahmen nach ihrer Herkunft zu spezifizieren (Art. 316 AEUV).
- *Haushaltsdisziplin:* Ohne entsprechende Eigenmittel können finanzwirksame Maßnahmen nicht ergriffen werden. Ziel ist ein Gleichlauf von Haushaltsplan und Haushaltsvollzug. Zu diesem Zweck kooperieren die Organe durch interinstitutionelle Vereinbarungen.[141]

352 Der Haushalt des Europäischen Entwicklungsfonds, Anleihen und Darlehen sowie die Tätigkeit der Europäischen Investitionsbank vollziehen sich außerhalb des Haushaltsplans der Union.[142]

II. Haushalt – Einnahmen und Ausgaben

353 Während EWG und EURATOM in den Anfangsjahren durch Beiträge der Mitgliedstaaten finanziert wurden, verfügte die EGKS von Anfang an über eigene Einnahmen aus der sog. »Montanumlage«. Seit den 1980er Jahren finanzierten sich auch EWG/EG und EURATOM durch Eigenmittel. Die Rechtsgrundlage dieses Eigenmittelsystems bildeten zwei Ratsbeschlüsse aus den Jahren 1988 und 1994.[143]

354 Einnahmequelle für die Union ist zum einen ein Anteil am Bruttonationaleinkommen der Mitgliedstaaten, also Mittel, die auf Basis des Bruttonationaleinkommens der Mitgliedstaaten, begrenzt auf 1,24 %, der Union zustehen. Darüber hinaus finanziert sich die Union aus einem Mehrwertsteueranteil, also einem Anteil am Mehrwertsteueraufkommen der Mitgliedstaaten, und schließlich durch Zölle, also der Erhebung von Abgaben auf Importe aus Drittländern gemäß eines gemeinsamen Zolltarifs, sowie Agrarabschöpfungen und -abgaben als Einnahmen an den Außengrenzen der EU bei Import von Agrarprodukten und Abgaben auf Zucker und Isoglukose.[144] Eine Kreditfinanzierung der Ausgaben der Union ist gem. Art. 311 AEUV grundsätzlich ausgeschlossen.

355 Die Mehrwertsteuereigenmittel knüpfen an die volkswirtschaftliche Leistungsfähigkeit an und benachteiligen damit wohlhabendere Mitgliedstaaten. Das Vereinigte Königreich beansprucht zudem unter Berufung auf die Agrarsituation des Landes den sog. »Britenrabatt«, dh einen unterproportionalen Beitragssatz.[145]

356 Schon seit geraumer Zeit wird um die sog. »Beitragsgerechtigkeit« gestritten, da wenige Mitgliedstaaten den wesentlichen Anteil am Haushalt finanzieren.[146]

---

141 Eingehend zu den Prinzipien *Noll,* Haushalt und Verfassung, 2000, 153 ff.; *Strohmeier* DÖV 1993, 218. S. auch die gemeinsame Erklärung von EP, Rat und Kommission v. 30.6.1982, ABl. 1982 C 194, 1 sowie die Vereinbarung zwischen EP, Rat und Kommission v. 29.10.1993, ABl. 1993 C 331, 1.
142 Dazu *Häde* EuZW 1993, 406.
143 Beschluss des Rates über das System der Eigenmittel der Gemeinschaften v. 24.6.1988, ABl. 1988 L 185, 24 und v. 31.10.1994, ABl. 1994 L 292, 5.
144 Dazu *Griese* EuR 1998, 463.
145 Vgl. allgemein zur Problematik *Magiera,* GS Grabitz, 1995, 419.
146 Vgl. *Hartwig/Petzold,* Solidarität und Beitragsgerechtigkeit, 2005.

Mit der seit 1988 praktizierten *Finanziellen Vorausschau* (1988–1992: Delors I-Paket; **357** 1993–1999: Delors II-Paket; 2000–2006: Agenda 2000) wird der Rahmen für die Haushaltsprioritäten der Union über einen Zeitraum von mehreren Jahren definiert. Sie legt die Höchstbeträge von Verpflichtungsermächtigungen für die verschiedenen Haushaltslinien für jedes Jahr fest, nicht jedoch die tatsächlichen Ausgaben, die im jährlichen Haushaltsverfahren festgeschrieben werden. Nachdem die finanzielle Vorausschau bislang lediglich durch interinstitutionelle Vereinbarung geregelt war, wurde sie durch den Vertrag von Lissabon in das europäische Primärrecht integriert (Art. 312 AEUV). Hiernach legt der Rat einen *mehrjährigen Finanzrahmen* (MFR) für einen Zeitraum von mindestens fünf Jahren durch Verordnung fest. Der Beschluss des Rates muss einstimmig erfolgen und erfordert die Zustimmung des Europäischen Parlaments. Im MFR werden die jährlichen Höchstbeträge, die von der EU in den einzelnen Politikfeldern ausgegeben werden dürfen, festgelegt. Der aktuelle MFR erstreckt sich auf den Zeitraum der Jahre 2014–2020 und sieht eine Obergrenze von 960 Mrd. EUR bei den Mitteln für Verpflichtungen und eine Obergrenze von 908 Mrd. EUR bei den Mitteln für Zahlungen vor.[147]

Für 2014 kann die Europäische Union über Mittel iHv 142,9 Mrd. EUR verfügen,[148] **358** wobei sich die Einnahmen in 2013 auf 132,8 Mrd. EUR belaufen;[149] die Differenz besteht insbesondere in Mitteln für mehrjährige Projekte, die bereits in den Vorjahren generiert und in den Haushalt aufgenommen wurden, jedoch über Jahre verteilt gezahlt werden.

Der Gesamtbetrag der Mittel für geplante Zahlungen machte 2013 13 % des Bruttona- **359** tionaleinkommens der Europäischen Union aus. Die Ausgaben der Union entfallen vor allem, wie aus dem nachfolgenden Schaubild (→ Rn. 362) zu ersehen ist, auf folgende Gebiete:

Nachhaltiges Wachstum, natürliche Ressourcen, globale Partnerschaft, Unionsbürger- **360** schaft, Freiheit, Sicherheit sowie Recht und Verwaltung.

Vergleicht man das Volumen des EU-Haushalts in Einnahmen und Ausgaben mit dem **361** Gesamtvolumen des Bundeshaushalts in Einnahmen und Ausgaben,[150] so fällt auf, dass der Bundeshaushalt 2013 mit 302,0 Mrd. EUR mehr als das doppelte Volumen des EU-Haushalts umfasst hat.

---

147 http://ec.europa.eu/budget/mff/introduction/index_de.cfm.
148 EU-Haushalt für das Jahr 2014 abrufbar unter: http://ec.europa.eu/budget/figures/2014/2014_en.
   cfm (Stand: 6.9.2014).
149 Vgl. http://ec.europa.eu/budget/figures/2013/2013_en.cfm (Stand: 6.9.2014).
150 Vgl. http://www.bundesfinanzministerium.de/nn_124500/sid_975FE41A54A95805E6381A21
   CA325F8A/DE/BMF__Startseite/Multimedia/Infografiken-Bundeshaushalt/20111206Ausga
   benstruktur-BHH-2012.html?__nnn=true (Stand: 6.9.2014).

362   EU-Haushalt 2014[151]

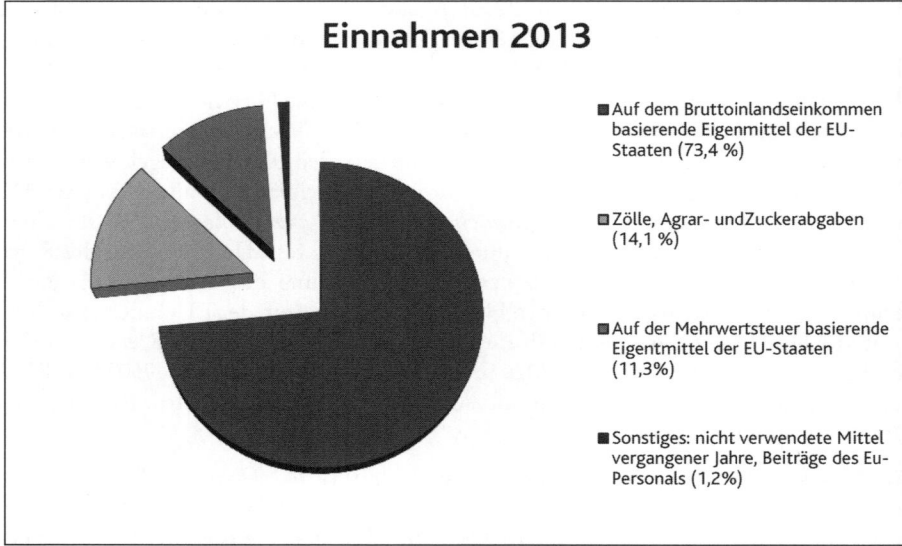

Einnahmen 2013

- ■ Auf dem Bruttoinlandseinkommen basierende Eigenmittel der EU-Staaten (73,4 %)
- ▣ Zölle, Agrar- undZuckerabgaben (14,1 %)
- ■ Auf der Mehrwertsteuer basierende Eigentmittel der EU-Staaten (11,3%)
- ■ Sonstiges: nicht verwendete Mittel vergangener Jahre, Beiträge des Eu-Personals (1,2%)

Quelle: http://www.crp-infotec.de/02euro/finanzen/grafs/eu_haushalt_2013.gif

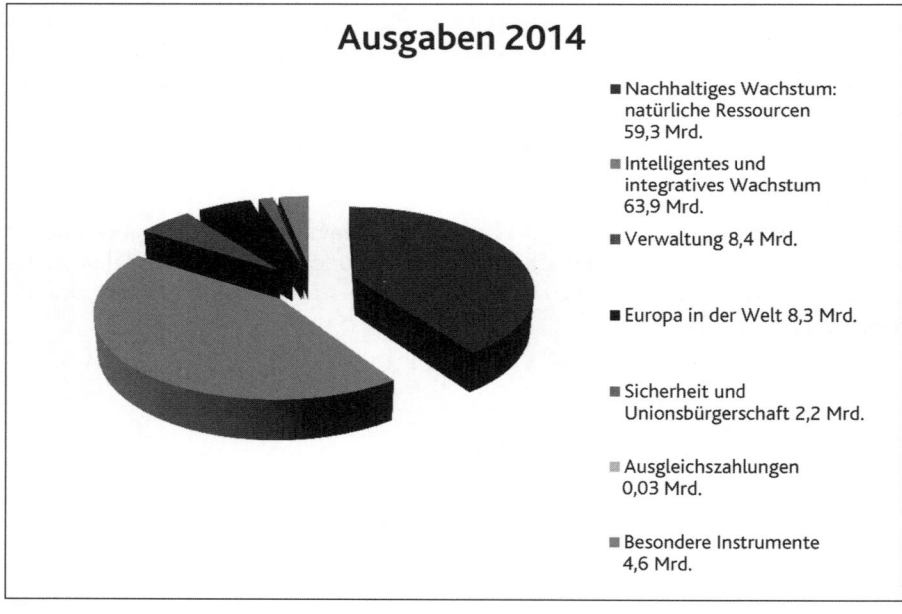

Ausgaben 2014

- ■ Nachhaltiges Wachstum: natürliche Ressourcen 59,3 Mrd.
- ■ Intelligentes und integratives Wachstum 63,9 Mrd.
- ■ Verwaltung 8,4 Mrd.
- ■ Europa in der Welt 8,3 Mrd.
- ■ Sicherheit und Unionsbürgerschaft 2,2 Mrd.
- ▣ Ausgleichszahlungen 0,03 Mrd.
- ■ Besondere Instrumente 4,6 Mrd.

Quelle: http://ec.europa.eu/budget/figures/2014/2014_de.cfm

---

151 Eine Einführung findet sich unter http://ec.europa.eu/budget/explained/budg_system/index_de. cfm (Stand: 14.8.2014).

3. Teil. Die Grundlagen des Unionsrechts

§ 10 Quellen und Geltungsbereich des Unionsrechts

I. Rechtsquellen des Unionsrechts

Literatur: *Bleckmann,* Die Rechtsquellen des Europäischen Gemeinschaftsrechts, NVwZ 1993, 824; *Herdegen* EuropaR § 8 Rn. 1–79; *Haratsch/Koenig/Pechstein* EuropaR Rn. 363–455; *Nettesheim,* Normenhierarchien im EU-Recht, EuR 2006, 737; *Odendahl,* Europarecht, Die Rechtsquellen der Europäischen Union, JA 1995, 781; *Oppermann/Classen/Nettesheim* EuropaR § 9; Calliess/Ruffert/*Ruffert* EUV Art. 52; *Schollmeier,* Die Rechtsquellen der Europäischen Gemeinschaft, JA 1990, 375; *Schroeder,* Neues vom Rahmenbeschluss – ein verbindlicher Rechtsakt der EU, EuR 2007, 349.

Rechtsquellen des Unionsrechts sind zum einen das geschriebene Primär- und Sekundärrecht, zum anderen ungeschriebene allgemeine Rechtsgrundsätze, Gewohnheitsrecht sowie völkerrechtliche Abkommen der Europäischen Union. **363**

Der *räumliche* Geltungsbereich des EU- und des AEU-Vertrags ergibt sich aus Art. 52 **364** EUV iVm Art. 355 AEUV. Er umfasst den europäischen Hoheitsbereich der Mitgliedstaaten (Art. 52 EUV), wobei für die in Art. 349 AEUV genannten Territorien kleinere Anpassungen, insbesondere für die Zoll- und Handelspolitik, Steuerpolitik, Freizonen und Agrar- und Fischereipolitik, gelten.

In *zeitlicher* Hinsicht gelten der geänderte EU- und der AEU-Vertrag wie bisher[1] un- **365** begrenzt. Allerdings ist ein einseitiges, freiwilliges Austrittsrecht eines jeden Mitgliedstaates über ein formelles Verfahren neu eingeführt worden (Art. 50 EUV). Der Austritt ist voraussetzungslos, sodass er ohne Angaben von Gründen erfolgen kann.

Der *persönliche Geltungsbereich* des *Primärrechts* bindet zunächst die Mitgliedstaaten. **366** Zudem sind alle Normen des Unionsrechts ohne weitere Konkretisierung anwendbar,[2] sofern sie also keine weiteren Vollzugsmaßnahmen erfordern und den Mitgliedstaaten keinen Ermessensspielraum lassen. Ferner haben sie unmittelbare Wirksamkeit, dh sie beinhalten für die *Adressaten* einschließlich der Individuen subjektive Rechte.

Hingegen ist der *persönliche Geltungsbereich* des Sekundärrechts wesentlich von dessen Adressatenkreis abhängig und kann deshalb bei verschiedenartigen Sekundärrechtsakten auch unterschiedlich weit gefasst sein. **367**

---

1 Der EGKS-Vertrag war auf 50 Jahre begrenzt und ist zum 23. 7. 2002 ausgelaufen. Das im Montanbereich ab dem 24. 7. 2002 bestehende Regelungsvakuum wurde durch eine bis zum 31. 12. 2010 befristete Ratsverordnung, die im Jahr 2007 zu überprüfen war, gefüllt. Die Kommission hat am 21. 5. 2007 einen Bericht zur Anwendung der Verordnung vorgelegt, in der auf einen Vorschlag zur Änderung der Kohleverordnung verzichtet wird, KOM (2007) 253 endg. Kernstück dieser Verordnung sind Regelungen in Bezug auf staatliche Beihilfen im Montanbereich, die nach wie vor zulässig bleiben sollen, s. Pressemitteilung der Kommission, Doc. IP/01/1080 v. 25.7.2001.

2 EuGH 16. 6. 1966 – 57/65, Slg. 1966, 257 (266) = BeckRS 2004, 73350 – Lütticke.

1. Primäres Unionsvertragsrecht

Literatur: *Heintzen,* Hierarchisierungsprozesse innerhalb des Primärrechts der Europäischen Gemeinschaft, EuR 1994, 35; *Haratsch/Koenig/Pechstein* EuropaR Rn. 367–375; *Oppermann/Classen/Nettesheim* EuropaR § 9 Rn. 19–25; *Schweitzer/Hummer* EuropaR Rn. 13–17; *Herdegen* EuropaR § 8 Rn. 5–14.

368   Das primäre Unionsvertragsrecht (sog. Primärrecht) umfasste früher:
- Den Vertrag zur Gründung der Europäischen Wirtschaftsgemeinschaft (EWGV, danach EGV) v. 25.3.1957[3],
- den Vertrag zur Gründung der Europäischen Atomgemeinschaft (EA) v. 25.3.1957[4] sowie
- Ergänzungen und Änderungen, wobei hier nur beispielhaft hervorgehoben werden sollen
  - die Einheitliche Europäische Akte von 1986[5]
  - der Vertrag über die Europäische Union (Maastricht) von 1992[6]
  - der Vertrag von Amsterdam von 1997[7]
  - der Vertrag von Nizza aus dem Jahre 2000[8]

  sowie rechtlich erhebliche Protokolle und Erklärungen, rechtlich unverbindliche Satzungen sowie Erklärungen, die nur Auslegungsrelevanz haben.

369   Der Vertrag von Lissabon hat nun eine rechtlich einheitliche Europäische Union geschaffen, die Rechtspersönlichkeit besitzt und als Rechtspersönlichkeit an die Stelle der Europäischen Gemeinschaften tritt. Der Vertrag von Lissabon hat den EU-Vertrag überarbeitet und geändert. Der EG-Vertrag ist umbenannt und im Wesentlichen durch den »*Vertrag über die Arbeitsweise der Europäischen Union*« ersetzt worden. Beide Verträge sind ausdrücklich rechtlich gleichrangig (Art. 1 II 3 EUV). Dem Vertrag von Lissabon angehängt sind 65 Erklärungen, 36 Protokolle und mehrere Anhänge, zB die Erläuterungen zur Charta der Grundrechte, welche ebenfalls zum Primärrecht gehören (vgl. Art. 51 EUV). Das bedeutet, dass heute die konsolidierte Fassung des Vertrags über die Europäische Union und der Vertrag über die Arbeitsweise der Europäischen Union sowie der EURATOM die Basis des aktuellen primären Unionsrechts darstellen.

370   Zudem sind die von der Union im Rahmen ihrer auswärtigen Kompetenz abgeschlossenen Verträge Bestandteil des Unionsrechts. Sie stehen im Rang zwischen Primär- und Sekundärrecht (→ Rn. 443).

371   Bereits der EuGH begründete eine gewisse Rechtsquellenhierarchie im Europarecht damit, dass es eine Art »europäische Verfassung« gebe.[9] Mit dem EVV versuchte man, eine solche in einem einheitlichen Dokument zu kodifizieren. Dies scheiterte indes an der Ratifikation des Vertrags. Dennoch wird man davon ausgehen können, dass eine Hierarchie der verschiedenen Rechtsquellen existiert. Bestimmte europarechtlich etab-

---

3   BGBl. 1957 II S. 766.
4   BGBl. 1957 II S. 1014.
5   BGBl. 1986 II S. 1102.
6   BGBl. 1992 II S. 1251.
7   BGBl. 1998 II S. 387.
8   BGBl. 2001 II S. 1667.
9   S. dazu *Hobe* EuR 2003, 1.

lierte Grundsätze, wie etwa das Demokratieprinzip oder die Herrschaft des Rechts (»*rule of law*«), dürften als Verfassungsgrundsätze der Union eine gewisse Maßstabsfunktion für das gesamte Europarecht entfalten. So geht etwa auch der EuGH von gewissen tragenden Grundsätzen des Primärrechts aus, die besondere Resistenz gegen Aushöhlung aufweisen.[10]

Deutlich ist zudem, dass innerhalb der Rechtsquellen des Vertragsrechts ein Rangverhältnis zwischen Primär- und Sekundärrecht besteht. Sekundärrecht darf überhaupt nur dann erlassen werden, wenn eine primärrechtliche Ermächtigung besteht. Von der Kommission erlassenes Recht bedarf seinerseits einer Ermächtigung durch den Rat und das Parlament (→ Rn. 531). Auch wenn es vereinzelt als »Tertiärrecht« bezeichnet wird, ist es organisationsrechtlich dem EU-Sekundärrecht zuzuordnen. **372**

2. Allgemeine Grundsätze des Unionsrechts

Literatur: *Haratsch/Koenig/Pechstein* EuropaR Rn. 436–438; *Hobe,* Bedingungen, Verfahren und Chancen europäischer Verfassungsgebung: Zur Arbeit des Brüsseler Verfassungskonvents, EuR 2003, 1; *Meessen,* Zur Theorie der allgemeinen Rechtsgrundsätze des internationalen Rechts: Der Nachweis allgemeiner Rechtsgrundsätze des Europäischen Gemeinschaftsrechts, JIR 1974, 283; *Oppermann/ Classen/Nettesheim* EuropaR § 9 Rn. 31–51; *Peters,* Elemente einer Theorie der europäischen Verfassung, 2001.

Die in Art. 340 II AEUV erwähnten allgemeinen Rechtsgrundsätze sind von grundsätzlicher Bedeutung, mit sowohl für Behörden als auch Gerichte bindendem Rechtscharakter. Sie gelten grundsätzlich nur subsidiär gegenüber ausdrücklich niedergeschriebenem Recht. **373**

Dabei ist zwischen spezifisch europarechtlichen allgemeinen Rechtsgrundsätzen und allgemeinen Grundsätzen, die sich aus den gemeinsamen Verfassungsüberlieferungen der Mitgliedstaaten ergeben, zu unterscheiden. Erstere ergeben sich aus den Besonderheiten des Unionsrechts und den Erfordernissen des Funktionierens einer Europarechtsordnung. Hierzu zählen etwa der Grundsatz der Einheit der Rechtsordnung, der Grundsatz des europarechtsfreundlichen Verhaltens, der Grundsatz der unmittelbaren Wirkung, der Grundsatz des Vorrangs des Unionsrechts und der europarechtlich begründete Staatshaftungsanspruch. Zu Letzteren zählen etwa der Grundsatz des rechtlichen Gehörs, der Grundsatz von Treu und Glauben, die Verwirkung, *venire contra factum proprium,* das Rückwirkungsverbot sowie der Grundsatz der Verhältnismäßigkeit. **374**

Erstere Rechtsgrundsätze wurden *»unter Berücksichtigung des allgemeinen Systems und der wesentlichen Grundsätze«* der Verträge insbesondere zur Sicherung der *»vollen Wirksamkeit bzw. nützlichen Wirkung«* (effet utile) der Rechtsordnung entwickelt. Letztere hingegen wurden vom EuGH im Wege wertender Rechtsvergleichung aus den mitgliedstaatlichen Rechtsordnungen als Rechtserkenntnisquellen gewonnen.[11] Sie dienen damit dem Gerichtshof als Anhaltspunkt und Richtmaß, um Regelungslücken im geschriebenen Unionsrecht zu füllen. **375**

---

10 EuGH, Gutachten 1/91, Slg. 1991, I-6079, 6105 Rn. 35 – EWR-Gutachten.
11 *Haratsch/Koenig/Pechstein* EuropaR Rn. 436.

376 Voraussetzung für die Annahme allgemeiner Rechtsgrundsätze aus dem Recht der Mitgliedstaaten ist einerseits, dass es sich um Grundsätze und Prinzipien handeln muss, die den Rechtsordnungen der Mitgliedstaaten gemeinsam sind, sowie andererseits, dass sie sich in die Struktur und Ziele der Union einfügen.

377 Bislang war die Bindung der – nunmehr aufgelösten – EG an die Grundrechte ein bedeutender Anwendungsfall der allgemeinen Rechtsgrundsätze. Gemäß Art. 6 II EU aF wurde für die Geltung der Grundrechte ausdrücklich auf die allgemeinen Rechtsgrundsätze der Mitgliedstaaten verwiesen. Heute wird die Charta der Grundrechte der Europäischen Union gem. Art. 6 I EUV nF ausdrücklich als gleichrangig bestehend neben dem EUV und dem AEUV anerkannt. Damit ist die Charta Bestandteil des Vertrags von Lissabon und mit dessen Inkrafttreten verbindlich für die Union und alle Mitgliedstaaten mit Ausnahme von Polen und Großbritannien geworden.[12] Die Bedeutung der allgemeinen Rechtsgrundsätze ist somit eingeschränkt.

3. Gewohnheitsrecht

Literatur: *Bleckmann,* Zur Funktion des Europäischen Gewohnheitsrechts im Europäischen Gemeinschaftsrecht, EuR 1981, 101; *Haratsch/Koenig/Pechstein* EuropaR Rn. 439–446; *Lahr,* Die Legende vom »Luxemburger Kompromiß«, EA 1983, 223; *Oppermann/Classen/Nettesheim* EuropaR § 9 Rn. 29–30; *Schwarze/Schwarze* EUV Art. 19 Rn. 29.

378 Grundsätzlich ist auch das Gewohnheitsrecht als eine europarechtliche Rechtsquelle anzusehen. Um die Geltung von Gewohnheitsrecht annehmen zu können, ist neben der Übung, das Vorliegen einer allgemeinen und beständigen Rechtsüberzeugung in erster Linie durch die Unionsorgane erforderlich, die ebenfalls von den Mitgliedstaaten getragen sein muss. An die Dauer der Übung der Rechtsauffassung sind dabei keine zu hohen Anforderungen zu stellen.

379 Als Beispiel für europäisches Gewohnheitsrecht wird etwa die Mitwirkung von Staatssekretären im Ministerrat genannt.[13] Darüber hinaus könnte das über einen längeren Zeitraum hinaus widerspruchslose Hinnehmen einer das geschriebene Unionsrecht erweiternden Auslegung durch die Rechtsprechung des EuGH auch als Begründung von Gewohnheitsrecht angesehen werden.[14]

380 Die gewöhnlicherweise als *»Luxemburger Kompromiss von 1966«*[15] bezeichnete Vereinbarung, die Frankreichs Politik des »Leeren Stuhles« als Reaktion auf die Einführung von Mehrheitsentscheidungen im Ministerrat zu überwinden versuchte, wird zu Recht nicht als Bildung von Unionsgewohnheitsrecht angesehen. Der »Luxemburger Kompromiss« sah im Kern vor, dass der Rat in Fällen, in denen er mit qualifizierter Mehrheit entscheiden könnte, dennoch weiterverhandeln muss, wenn »sehr wichtige Interessen« eines oder mehrerer Mitgliedstaaten betroffen sind und eine die gegenseitigen Interessen wahrende Lösung gefunden werden muss. Es handelt sich hierbei deshalb nicht um Gewohnheitsrecht, weil es sich dann um die Derogation bestehenden

---

12 Vgl. hierzu das Protokoll über die Anwendung der Charta der Grundrechte der Europäischen Union auf Polen und das Vereinigte Königreich, ABl. 2007 C 306, 156. Vgl. ferner die Erklärungen Nr. 61 und 62, die Polen dazu abgegeben hat, ABl. 2007 C 306, 270.
13 Schwarze/*Hix* EUV Art. 16 Rn. 14.
14 *Bleckmann* EuR 1981, 102 ff.
15 *Bull* EWG 1966, 3 (9).

vertraglichen Primärrechts gehandelt hätte, ohne dass das im Primärrecht vorgesehene Vertragsänderungsverfahren durchgeführt worden wäre. Zudem hatte sich keine konsistente Staatenpraxis herausgebildet. Es wurden nämlich auch nach dem »Luxemburger Kompromiss« weiterhin Mehrheitsentscheidungen getroffen und es wurde immer wieder die Notwendigkeit einer Revision dieser Praxis gefordert. Schließlich wurde Großbritannien trotz Geltendmachung »sehr wichtiger Interessen« von einer aus den Unterzeichnern der Luxemburger Erklärung bestehenden Mehrheit im Jahre 1982 überstimmt.[16]

4. Sekundäres Unionsrecht

a) Allgemeines

Literatur: *Hahn/Oberrath*, Die Rechtsakte der EG – eine Grundlegung, BayVBl. 1998, 388; *Haratsch/Koenig/Pechstein* EuropaR Rn. 376 ff.; *Herdegen* EuropaR § 8 Rn. 34–58; *Magiera*, Die Rechtsakte der EG-Organe, JURA 1989, 595; *Nettesheim*, Normenhierarchien im EU-Recht, EuR 2006, 737; *Oppermann/Classen/Nettesheim* EuropaR § 9 Rn. 64–70; *Schweitzer/Hummer* EuropaR Rn. 347–382.

Sekundäres Unionsrecht besteht vornehmlich aus den von den Organen der Europäischen Union auf Grundlage der Verträge erlassenen Rechtsakten. Gemäß Art. 288 I AEUV stehen den Unionsorganen als Handlungsformen hierzu Verordnungen, Richtlinien, Beschlüsse, Empfehlungen und Stellungnahmen zur Verfügung. Damit ist im Wesentlichen der Katalog aus Art. 249 EG übernommen worden. Allerdings ist die Entscheidung nunmehr durch den Beschluss ersetzt worden. **381**

Außer direkt auf die Verträge selbst gestützt, kann Sekundärrecht auch aus Gewohnheitsrecht, etwa durch die bestimmte Handhabung eines Verwaltungsverfahrens, und aus allgemeinen Rechtsgrundsätzen, wie bei den meisten Rechtssätzen des allgemeinen Verwaltungsverfahrens der Union, fließen.[17] **382**

Art. 289 III und Art. 290 I und II AEUV unterscheiden zwischen Gesetzgebungsakten und Rechtsakten ohne Gesetzgebungscharakter. Im Verfassungsvertrag war hierin noch ersichtlich eine Normenhierarchie vorgesehen, da Rechtsakte ohne Gesetzgebungscharakter nur zur Durchführung von Gesetzgebungsakten erlassen werden konnten. Eine solche Hierarchie sieht der Reformvertrag nicht mehr vor, da die Unterscheidung hauptsächlich formaler Natur ist und lediglich eine Aussage darüber macht, in welchem Verfahren der Rechtsakt zustande gekommen ist. Jeder Sekundärrechtsakt bedarf allerdings einer primärrechtlichen Ermächtigung und ist bei der Bewertung seiner Rechtmäßigkeit am Primärrecht zu messen. Insofern kann von einem Rangverhältnis zwischen Primär- und Sekundärrecht gesprochen werden. **383**

Die Unionsorgane sind in ihrer Entscheidung über die Wahl des Rechtsaktes grundsätzlich frei, es sei denn, die Verträge geben die Handlungsform ausdrücklich vor (Art. 296 I AEUV). **384**

b) Die verschiedenen Handlungsformen

In der Folge sollen nun die verschiedenen Handlungsformen vorgestellt werden.

---

16 *Lahr* EA 1983, 223 (229).
17 *Haratsch/Koenig/Pechstein* EuropaR Rn. 376 ff.

aa) Verordnungen

Literatur: *v. Bogdandy/Bast/Arndt,* Handlungsformen im Unionsrecht, ZaöRV 2002, 77; *Herdegen* EuropaR § 8 Rn. 35; *Oppermann/Classen/Nettesheim* EuropaR § 9 Rn. 71–81.

385   Die *Verordnung* hat allgemeine Geltung (Art. 288 II AEUV). Verordnungen können im ordentlichen Gesetzgebungsverfahren oder im besonderen Gesetzgebungsverfahren, sofern dies im Vertrag ausdrücklich vorgesehen ist, erlassen werden. Verordnungsgeber sind nach Art. 289 I und II AEUV Rat und Parlament gemeinsam oder Rat bzw. Parlament jeweils mit Beteiligung des anderen Gesetzgebungsorgans, wobei regelmäßig einem Tätigwerden beider Gesetzgebungsorgane ein Vorschlag der Kommission vorausgeht.

386   Adressaten der Verordnungen sind einerseits die Union und ihre Institutionen, andererseits die Mitgliedstaaten mit ihren Institutionen aller drei Staatsgewalten sowie schließlich natürliche und juristische Personen innerhalb der Mitgliedstaaten der EU.

387   Der Geltungsbereich der Verordnung erstreckt sich grundsätzlich auf den gesamten räumlichen Geltungsbereich der Verträge und generell auf die Vielzahl der dort wohnenden Personen.

388   Die Verordnung ist verbindlich und gilt unmittelbar in jedem Mitgliedstaat (Art. 288 II AEUV). Es ist also keine innerstaatliche Transformation oder nationale Bekanntgabe des Rechtsaktes erforderlich. Sie ist in allen ihren Teilen verbindlich und gleicht damit einem nationalen Gesetz. Das bedeutet, dass die in der Verordnung enthaltenen Regelungen von nationalen Behörden weder missachtet noch durch innerstaatliche Rechtssätze unterlaufen werden dürfen. Diese Möglichkeit der unmittelbaren Rechtssetzung drückt das supranationale Element der Union aus.[18]

389   Die formalen Anforderungen an Verordnungen wie an das übrige Sekundärrecht sind im Anhang V der Geschäftsordnung des Rates geregelt. Zu ihrer Wirksamkeit bedürfen Verordnungen wie auch die übrigen Gesetzgebungsakte der Veröffentlichung im Amtsblatt der Europäischen Union (Art. 297 AEUV).

bb) Richtlinien

Literatur: *Bauer/Arnold,* Auf »Junk« folgt »Mangold« – Europarecht verdrängt deutsches Arbeitsrecht, NJW 2006, 6; *Ehricke,* Die richtlinienkonforme Auslegung nationalen Rechts vor Ende der Umsetzungsfrist einer Richtlinie, EuZW 1999, 553; *Götz,* Europäische Gesetzgebung durch Richtlinien – Zusammenwirken von Gemeinschaft und Staat, NJW 1992, 1849; *Götz,* Rechtsstaatliche Grundsätze des Gemeinschaftsrechts als Grund und Grenze der innerstaatlichen Anwendung von Richtlinien, FS Ress, 2005, 485; *Haratsch/Koenig/Pechstein* EuropaR Rn. 384–403; *Herdegen* EuropaR § 8 Rn. 36–51; *Hilf,* Die Richtlinie der EG – ohne Richtung, ohne Linie?, EuR 1993, 1; *Junker/Aldea,* Augenmaß im Europäischen Arbeitsrecht – Die Urteile Adeneler und Navas, EuZW 2007, 13; *Lecheler* EuropaR 129ff.; *Oppermann/Classen/Nettesheim* EuropaR § 9 Rn. 82–112.

390   Die *Richtlinie* ist nur hinsichtlich ihrer Zielsetzung verbindlich. Adressaten einer Richtlinie sind zunächst allein die Mitgliedstaaten. Sie überlässt allerdings dem Mitgliedstaat, an den sie gerichtet ist, bei der Umsetzung in nationales Recht regelmäßig

---

18 *Oppermann/Classen/Nettesheim* EuropaR § 9 Rn. 72.

einen gewissen Gestaltungsspielraum (Art. 288 III AEUV). Jedoch sind die Mitgliedstaaten gem. Art. 291 AEUV ausdrücklich verpflichtet, die Regelungen der Richtlinie
vollständig und genau innerhalb der ihnen gesetzten Frist in nationales Recht umzusetzen. Damit soll in flexibler Weise den verschiedenen Rechtsetzungsmodalitäten in den
Mitgliedstaaten Rechnung getragen und den Mitgliedstaaten Gelegenheit gegeben werden, ihr nationales Recht innerhalb einer bestimmten Frist den europäischen Vorgaben
anzupassen. Die Richtlinie erlangt also in der Regel erst nach einem zweistufigen
Rechtsetzungsverfahren unmittelbare Wirksamkeit in den Mitgliedstaaten. Da Richtlinien häufig sehr detaillierte Regelungen enthalten, ist der nationale Gesetzgeber allerdings zunehmend darauf beschränkt, die europäischen Vorgaben nachzubilden. Je
nach Regelung der Einzelkompetenz sind Richtliniengeber der Rat und das Parlament
oder die Kommission.

In der Regel ist die Richtlinie durch ein materielles Gesetz umzusetzen. Eine Umset- **391**
zung durch innerstaatliche Verwaltungspraxis oder Verwaltungsvorschriften ohne Außenwirkung gegenüber dem Bürger genügt nicht.[19] Die innerstaatlichen Stellen haben
zudem das gesamte nationale Recht richtlinienkonform, also derart auszulegen, dass
die mit der Richtlinie beabsichtigten Ziele erreicht werden können; ob das Recht vor
oder nach der Richtlinie erlassen wurde, ist dabei unerheblich.[20] Diese Pflicht ist nach
Auffassung des EuGH dem AEUV immanent.[21] Schranken findet diese Pflicht, alles zu
tun um mittels Auslegung ein richtlinienkonformes Ergebnis zu erzielen, in allgemeinen Rechtsgrundsätzen wie der Rechtssicherheit und des Rückwirkungsverbots sowie
im Wortlaut des auszulegenden Rechts, denn eine Pflicht zur Auslegung *contra legem*
besteht nicht.[22] Anders als hinsichtlich der unmittelbaren Anwendbarkeit von Richtlinien (→ Rn. 393 f.) hat der EuGH für die richtlinienkonforme Auslegung entschieden,
dass jene auch dem Einzelnen entgegen gehalten werden könne.[23] Der entscheidende
Unterschied zur unmittelbaren Anwendbarkeit besteht darin, dass es vorliegend um
die Anwendbarkeit *nationalen* Rechts geht und dessen Auslegung gegen die Interessen
privater Personen gerichtet wird. Es besteht aber grundsätzlich kein Vertrauensschutz
dahingehend, dass sich die Rechtsauslegung nicht ändert.

Beispiel: Die richtlinienkonforme Auslegung hat erheblichen Einfluss auf die Interpretation
und Anwendung des nationalen Rechts und führt mitunter dazu, dass Rechtsfragen nach einer
Entscheidung des EuGH künftig gegen die bislang herrschende Meinung zu entscheiden sind.
So war umstritten, ob der Verkäufer einer mangelhaften Sache im Wege der Nachlieferung den
Ausbau dieser und den Einbau der nachgelieferten Sache schuldet. Der EuGH hat dies (abstrakt) nach Auslegung von Art. 3 II und III RL 1999/44/EG bejaht, wenn der Käufer die Sache
gutgläubig gemäß deren Art und Verwendungszwecks eingebaut hat. Dabei sei unerheblich,
ob der Einbau Pflicht des ursprünglichen Vertrags gewesen sei, denn der Verbraucher solle
durch die Nachlieferung keinerlei zusätzliche Lasten tragen müssen. Dass der deutsche Begriff
der »Nach*lieferung*« eine engere Auslegung nahelegen könne, ändere daran nichts, wie insbesondere der Vergleich mit anderen Sprachfassungen zeige.[24] Im Bereich des Fernabsatzes hat

---

19 S. EuGH 8.10.1996 – C-178/94, Slg. 1996, I-4845 (4884) = BeckRS 2004, 74710 – Dillenkofer; *Ha-
  ratsch/Koenig/Pechstein* EuropaR Rn. 384.
20 Jüngst: EuGH EuZW 2011, 305 Rn. 52 – Lufthansa/Kumpan.
21 EuGH EuZW 2011, 305 Rn. 53 – Lufthansa/Kumpan.
22 EuGH 23.4.2009 – C-378/07 und andere, Slg. 2009, I-3071 Rn. 199f. = BeckRS 2009, 70428 – Angeli-
  daki.
23 EuGH EuZW 2011, 873 Rn. 32 – Hessen/Müksch.
24 EuGH EuZW 2011, 631 Rn. 400ff. – Weber und andere.

der EuGH zudem klargestellt, dass dem Verbraucher nach Art. 6 RL 97/7/EG zum Fernabsatz nicht die Kosten der Zusendung der Waren auferlegt werden könnten, wenn dieser von seinem Widerrufsrecht Gebrauch machte. Dies sei mit der alle Amtssprachen berücksichtigenden Auslegung der Richtlinie, ihrem Ziel ein wirksames Widerrufsrecht zu etablieren sowie der Risikoverteilung zwischen Verbraucher und Unternehmer unvereinbar.[25] Diese verbraucherfreundliche Auslegung wird künftig auch die Rechtsprechung im BGB prägen und macht deutlich, in welchem Umfang auch alltägliche deutsche Rechtsfragen vom Europarecht überformt sind. Der BGH hat zwischenzeitlich festgestellt, dass die verbraucherfreundliche Rechtsprechung des EuGH nicht zugunsten von Rechtsgeschäften zwischen zwei Unternehmern gelte und eine richtlinienkonforme Auslegung des § 439 I Var. 2 BGB außerhalb des Verbrauchsgüterkaufs (§ 474 BGB) nicht angezeigt sei.[26] Es zeigt sich, dass also nur in dem vom Unionsrecht vorgegebenen Rahmen das Auslegungsmonopol des EuGH und dessen besondere Methodik zum Tragen kommen.

392 Umstritten ist die Frage, ob und inwieweit eine Richtlinie bereits *vor ihrer Umsetzung* in nationales Recht Rechtswirkung im Mitgliedstaat erlangen kann (sog. Vorwirkung). Zwar besteht nach der Rechtsprechung des EuGH vor Ablauf der Umsetzungsfrist keine Verpflichtung der mitgliedstaatlichen Organe, bei Kenntnis der Existenz einer Richtlinie auch schon vor Ablauf der Umsetzungsfrist bestehende nationale Bestimmungen richtlinienkonform auszulegen.[27] Ob jedoch den nationalen Gerichten vor Fristablauf ein Recht zur richtlinienkonformen Auslegung zusteht, wird im Hinblick auf die Zuständigkeit des Gesetzgebers zur Umsetzung der Richtlinie kritisch beurteilt.[28] Allerdings kommt ihr insofern eine Vorwirkung zu, als sich aus Art. 4 III EUV, Art. 291 AEUV die Pflicht ergibt, vor der Umsetzung der Richtlinie keine ihrem Regelungsgehalt entgegenstehenden nationalen Vorschriften zu erlassen.[29] Unter besonderen Voraussetzungen kann einer Richtlinie zudem entgegen ihrer Grundkonzeption auch bereits vor ihrer Umsetzung[30] unmittelbare Rechtswirkung zukommen. Dies ist bei begünstigenden Regelungen einer Richtlinie der Fall, wenn die Richtlinie trotz Fristablaufs nicht in innerstaatliches Recht umgesetzt worden ist und von ihrem Inhalt her unbedingt und so hinreichend bestimmt ist, dass sie im Einzelfall angewendet werden kann. Sind diese Voraussetzungen gegeben, kann sich der/die Einzelne gegenüber dem Staat vor nationalen Behörden und Gerichten auf begünstigende Regelungen einer Richtlinie berufen. Die Begründung für diese nur durch erweiternde Auslegung des Vertragstextes herzuleitende unmittelbare Wirkung von Richtlinien liegt darin, dass es treuwidrig wäre, wenn sich ein in der Umsetzung säumiger Mitgliedstaat ge-

---

25 EuGH EuZW 2010, 432 Rn. 42 ff. – Heine GmbH.
26 BGH EuZW 2013, 157 ff.
27 EuGH 4.7.2006 – C-212/04, Slg. 2006, I-6057 = BeckRS 2006, 70506 – Adeneler; so auch *Lecheler* EuropaR 129; zustimmend *Junker/Aldea* EuZW 2007, 13 (15). Der Gerichtshof anerkennt nunmehr auch eine Pflicht, das nationale Recht in Ansehung von Rahmenbeschlüssen der 3. Säule »gemeinschaftsrechtskonform« auszulegen, vgl. EuGH 16.6.2005 – C-105/03, Slg. 2005, I-5285 Rn. 43 = BeckRS 2005, 70453 – Pupino.
28 Dagegen *Ehricke* EuZW 1999, 553 (557 f.); aA *Lecheler* EuropaR 129 f.; *Arndt/Fischer/Fetzer*, Europarecht, 10. Aufl. 2010, 100 f. Der BGH nimmt jedenfalls ein solches Recht für sich in Anspruch, vgl. BGH NJW 1998, 2208.
29 EuGH 18.12.1997 – C-129/96, Slg. 1997, I-7411 = BeckRS 2004, 74290 – Inter-Environnement Wallonie.
30 Das Vorliegen einer Vertragsverletzung wegen nicht vollständiger Umsetzung bestimmt der EuGH nach der Lage, in der sich der Mitgliedstaat bei Ablauf der in der mit Gründen versehenen Stellungnahme gesetzten Frist durch die Kommission befand. Später eintretende Veränderungen sind irrelevant, vgl. EuGH EuZW 2005, 444 Rn. 7 – Antidiskriminierungsrichtlinie.

genüber einem Einzelnen, der sich auf die unmittelbare Wirkung derartiger Bestimmungen stützt, darauf berufen könnte, die sich daraus ergebenden Verpflichtungen zur Umsetzung nicht erfüllt zu haben. Anderenfalls wäre die praktische Wirksamkeit (*effet utile*) des Unionsrechts erheblich gefährdet.[31] Dabei hat der EuGH zudem entschieden, dass sowohl Gerichte als auch Behörden an die entsprechende unmittelbare Wirkung von Richtlinien gebunden sind.[32]

Überaus umstritten ist des Weiteren, ob nicht umgesetzte Richtlinien nach Fristablauf auch eine sog. »*horizontale Drittwirkung*« entfalten können, dh, ob sie auch im Verhältnis zwischen den Unionsbürgern Rechtspositionen begründen können. Die Konsequenz einer derartigen Drittwirkung wäre, dass Richtlinien auch ohne einen innerstaatlichen Umsetzungsakt Verpflichtungen Einzelner begründen könnten, die das Gegenstück zur Begünstigung anderer darstellen würden.[33] **393**

Der EuGH hat eine solche horizontale Drittwirkung bislang mit dem Argument abgelehnt, dass Richtlinien für den Einzelnen grundsätzlich keine ihn verpflichtende unmittelbare Wirkung erzeugen könnten. Zumindest mittelbar kann einer Richtlinie durch richtlinienkonforme Auslegung nationalen Rechts allerdings doch eine gewisse horizontale Drittwirkung zukommen. Die richtlinienkonforme Auslegung des nationalen Rechts ist von der unmittelbaren Anwendbarkeit der Richtlinie dogmatisch indes strikt zu unterscheiden. Während eine richtlinienkonforme Auslegung keine Wirkungen über die Auslegungsgrenzen hinaus entfalten kann und insbesondere nicht *contra legem* erfolgen darf,[34] vermag die unmittelbare Anwendbarkeit die Verdrängung entgegenstehenden nationalen Rechts zu bewirken. Zudem endet die europarechtliche Pflicht zur richtlinienkonformen Auslegung dort, wo die Richtlinie fakultativ ist, mithin keine zwingenden, durch das nationale Recht zu erreichende Vorgaben macht, sondern etwa Abweichungen nur ermöglicht, aber nicht verlangt. Hier bleibt es dem nationalen Recht überlassen, zu beantworten, ob eine abweichende, durch die Richtlinie ermöglichte Regelung dem Einzelnen durch entsprechende Interpretation entgegengehalten werden kann. Verstärkung durch das Europarecht erführe dies dann allerdings nicht, vielmehr sei das auch unionsrechtlich verbürgte Gebot der Rechtssicherheit und der Normenklarheit zu beachten.[35] **394**

Die Ablehnung einer Horizontalwirkung durch den EuGH wird im Hinblick auf das Urteil »Mangold« wohl zu Unrecht bezweifelt. Dort hat der Gerichtshof eine deutsche Regelung, welche die Befristung von Arbeitsverträgen mit Personen, die das 52. Lebensjahr vollendet haben, ermöglichte, wegen einer nicht gerechtfertigten Ungleichbehandlung aus Gründen des Alters als unvereinbar mit dem früheren Gemeinschafts- bzw. Unionsrecht erklärt.[36] Der EuGH verlangte, dass das nationale Gericht mit dem Europarecht unvereinbare Regelungen des nationalen Rechts unangewendet lasse. Da **395**

---

31 EuGH 5.4.1979 – 148/78, Slg. 1979, 1629 Rn. 20 ff. = BeckRS 2004, 71700 – Ratti; s. auch EuGH 19.1.1982 – 8/81, Slg. 1982, 53 = BeckRS 2004, 73735 – Becker.

32 EuGH 22.6.1989 – 103/88, Slg. 1989, 1839 Rn. 28 ff. = BeckRS 2004, 70645 – Fratelli Costanzo.

33 *Herdegen* EuropaR § 8 Rn. 48.

34 EuGH 4.7.2006 – C-212/04, Slg. 2006, I-6057 Rn. 110 = BeckRS 2006, 70506 – Adeneler.

35 EuGH EuZW 2011, 69 Rn. 48 ff. – Accardo.

36 EuGH 22.11.2005 – C-144/04, Slg. 2005, I-885 = BeckRS 2005, 70888 – Mangold: Der Gerichtshof erkannte auf einen Verstoß gegen das Gemeinschaftsrecht, insbesondere Art. 6 I RL 2000/78/EG »Gleichbehandlungsrahmenrichtlinie« v. 13.1.2000, ABl. 2000 L 303, 16 iVm dem allgemeinen Verbot der Altersdiskriminierung.

sich der EuGH bei der Begründung entgegenstehenden Europarechts unter anderem auf eine Richtlinie stützte, die weder in Kraft[37] noch umgesetzt war, wird dies als Anerkennung einer unmittelbaren horizontalen Drittwirkung des Gerichtshofes verstanden.[38] Dass der EuGH tatsächlich so weit gehen wollte, ist eher unwahrscheinlich, insbesondere da er eine horizontale Wirkung noch kurz zuvor und auch kurze Zeit danach wiederholt abgelehnt hatte.[39] Die Anwendung zwischen Privaten ließe sich auch darauf stützen, dass der Gerichtshof von einem allgemeinen Rechtsgrundsatz des Verbots der Altersdiskriminierung auszugehen scheint. Dies wird durch das neueste Urteil des EuGH gestützt, in welchem dieser ausdrücklich davon ausgeht, dass die in Rede stehende Richtlinie den Grundsatz des Verbots der Diskriminierung wegen des Alters lediglich konkretisiert.[40] Gegen die Annahme einer horizontalen Drittwirkung durch den EuGH spricht zudem, dass der Gerichtshof darauffolgend entschieden hat, dass sich der Einzelne in Haftungsfragen gegenüber einer anderen Person auf eine nicht umgesetzte Richtlinie gerade nicht berufen kann.[41] Dies entspricht auch dem Sanktionsgedanken gegenüber dem säumigen Staat, welcher der Annahme der unmittelbaren Anwendbarkeit von nicht umgesetzten Richtlinien zugrunde liegt.

396 Unter besonderen Umständen kommt aber in Fällen, in denen ein Einzelner im Privatrechtsverkehr gegen einen anderen durch die Nichtumsetzung einer Richtlinie einen Schaden erleidet, ein Schadensersatzanspruch gegen den nicht umsetzenden Staat in Betracht. Man spricht insofern vom europarechtlichen Staatshaftungsanspruch (→ Rn. 582 ff.).

397

Unmittelbare Anwendbarkeit von Richtlinien	
Voraussetzungen	1. Umsetzungsfrist abgelaufen 2. Inhaltlich unbedingt und hinreichend bestimmt
Rechtsfolge	Unstreitig vertikale Drittwirkung im Falle individueller Begünstigung, dh Wirkung im Verhältnis Staat-Bürger
Grund	*Effet utile;* zusätzliche Sanktion von Vertragsverletzungen; Rechtsschutzgedanke
Problem	Horizontale Drittwirkung im Verhältnis unter Privaten? EuGH bisher: Keine horizontale Drittwirkung, da RL ausschließlich im Verhältnis zum Staat und nicht ggü. Privaten; zudem keine Verwässerung der Trennlinie zwischen VO und RL.

cc) Beschlüsse

Literatur: *Hahn/Oberrath,* Die Rechtsakte der EG – eine Grundlegung, BayVBl. 1998, 353; *Herdegen* EuropaR § 8 Rn. 53, 54; *Mager,* Die staatengerichtete Entscheidung als supranationale Handlungsform, EuR 2001, 661; *Oppermann/Classen/Nettesheim* EuropaR § 9 Rn. 113–122; Schwarze/*Biervert* AEUV Art. 288 Rn. 32–35.

---

37 Deutschland hatte eine Zusatzfrist beantragt, der EuGH berief sich demgegenüber auf die Vorwirkungen von Richtlinien hinsichtlich des Verbots, das dort enthaltene Ziel zu vereiteln.
38 *Bauer/Arnold* NJW 2006, 6 (9 ff.).
39 EuGH C-397/01 und andere, Slg. 2004, I-8835 Rn. 108 f. – Pfeiffer; EuGH 6.10.2007 – C-411/05, Slg. 2007, I-8531–8596 = BeckRS 2007, 70808 – Palacios.
40 EuGH EuWZ 2010, 177 – Kücükdeveci.
41 EuGH 18.7.2004 – C-490/04, Slg. 2007, I-6095–6152 = BeckRS 2007, 70528 – Carp.

Der *Beschluss* ist ein individueller, in allen seinen Teilen unmittelbar verbindlicher Akt, **398** der durch Rat oder Kommission erlassen wird. Der Beschluss ersetzt die Entscheidung, an deren Stelle er tritt, allerdings mit dem Unterschied, dass er nicht mehr zwingend an einen bestimmten Adressaten gerichtet sein muss (Art. 288 IV AEUV). Der Beschluss bindet nur die Mitgliedstaaten oder die Individuen, an die er gerichtet ist.[42] Aber auch Individuen, die als Nichtadressaten »drittbetroffen« sind, können Beschlüsse anfechten.

Nach herrschender Auffassung konnten einer Entscheidung, bzw. können nach der **399** jetzigen Rechtsterminologie einem Beschluss, auch ohne besondere Ermächtigung in den Verträgen oder in einem Sekundärrechtsakt, Nebenbestimmungen beigefügt werden, wenn der Erlass des entsprechenden Beschlusses im Ermessen des Organs stand, bzw. bei gebundenen Beschlüssen durch die Beifügung der Nebenbestimmung erst die Voraussetzungen für den Erlass hergestellt wurden.[43]

Die Abgrenzung von den noch vorzustellenden unverbindlichen Handlungsformen **400** (Empfehlungen und Stellungnahmen) bereitet in der Praxis teilweise Schwierigkeiten. Der EuGH stellt hinsichtlich der Verbindlichkeit maßgeblich darauf ab, ob eine Maßnahme dazu bestimmt und geeignet ist, unmittelbare rechtliche Wirkungen hervorzurufen.[44]

Soweit Adressat eines Beschlusses nicht ein Mitgliedstaat ist und die Auferlegung einer **401** Zahlung zum Gegenstand hat, ist er gem. Art. 299 I AEUV Vollstreckungstitel.

Ist ein Beschluss hinreichend bestimmt und auch darauf gerichtet, einem Individuum **402** ein Recht einzuräumen, ist er auch Einzelnen gegenüber unmittelbar wirksam.[45]

dd) Empfehlungen und Stellungnahmen

Literatur: *Hahn/Oberrath*, Die Rechtsakte der EG – eine Grundlegung, BayVBl. 1998, 353; *Oppermann/Classen/Nettesheim* EuropaR § 9 Rn. 123–129.

Empfehlungen und *Stellungnahmen* dienen überwiegend der Beurteilung einer gegen- **403** wärtigen Lage. Ihnen kommt zwar keine unmittelbare rechtliche Bindungswirkung zu (Art. 288 V AEUV), sie spielen jedoch in Fragen des Vertrauensschutzes eine Rolle.[46]

Unter Empfehlungen werden Äußerungen eines Organs aufgrund eigener Initiative **404** (zB Ratschlag oder Hinweis eines Organs an einen Mitgliedstaat) und unter Stellungnahme das Eingehen eines Organs auf die Initiative eines anderen Organs (zB Äußerungen des EP auf einen Vorschlag der Kommission) verstanden.[47]

---

42 Insoweit kann, soweit die Adressaten Private sind, der Vergleich zum deutschen Verwaltungsakt gezogen werden.
43 *Hahn/Oberrath* BayVBl. 1998, 353.
44 Schwarze/*Biervert* AEUV Art. 288 Rn. 34.
45 *Hahn/Oberrath* BayVBl. 1998, 393.
46 *Bleckmann* EuropaR Rn. 467.
47 *Hahn/Oberrath* BayVBl. 1998, 353.

ee) Sonstige Rechtshandlungen

Literatur: *Haratsch/Koenig/Pechstein* EuropaR Rn. 414f.; *Oppermann/Classen/Nettesheim* EuropaR § 9 Rn. 130–137.

405 Die Aufzählung der in Art. 288 AEUV genannten Handlungsformen ist nur insofern abschließend, als es sich um Akte handelt, die Rechte und Pflichten für außerhalb der Organe der Union stehende Personen begründen können. Daneben werden durch die Unionsorgane auch weitere Rechtshandlungen vorgenommen, bspw. punktuelle Vertragsänderungen (etwa eine Änderung der Zahl der Kommissionsmitglieder oder Generalanwälte durch den Rat), Akte im Rahmen der Organisationsgewalt, Aufstellung von Programmen, Mitteilungen der Organe, Handlungen zur Regelung der Beziehungen mit Drittstaaten und internationalen Organisationen.

406 Auch diese Handlungen unterliegen einer Rechtmäßigkeitskontrolle durch den EuGH, sofern sie rechtlich verbindlich sind.[48]

5. Auslegung des Unionsrechts und Rechtsfortbildung durch den EuGH

Literatur: *Bleckmann,* Zu den Auslegungsmethoden des Europäischen Gerichtshofs, NJW 1982, 1177; *Dänzer-Vanotti,* Der Europäische Gerichtshof zwischen Rechtsprechung und Rechtssetzung, FS Everling, 1995, 205ff.; *Herdegen* EuropaR § 8 Rn. 73–76; *Meyer,* Die Grundsätze der Auslegung im Europäischen Gemeinschaftsrecht, JURA 1994, 455; *Mosiek,* Effet utile und Rechtsgemeinschaft, 2003; *Oppermann/Classen/Nettesheim* EuropaR § 9 Rn. 165–185; *Schroeder,* Die Auslegung des EU-Rechts, JuS 2004, 180; *Streinz* EuropaR Rn. 611–613; *Ott,* Die anerkannte Rechtsfortbildung des EuGH als Teil des Gemeinschaftlichen Besitzstandes (acquis communautaire), EuZW 2000, 293.

407 Wie überall im Recht, ist der Umfang des Primär- wie auch des Sekundärrechts manchmal nur durch Auslegung zu ermitteln. Die Auslegungsmethoden sind dabei im Wesentlichen vom EuGH entwickelt worden und weichen teilweise von den für die Vertragsauslegung im Völkerrecht entwickelten Grundsätzen ab. Folgende Auslegungsmethoden werden angewendet:

a) Grammatikalische Auslegung

408 Die *grammatikalische Auslegung* rekurriert zunächst auf den natürlichen Wortsinn. Hier bleibt zu beachten, dass bei der Ermittlung des Wortsinns nicht nur die nationale Vertragsfassung zugrunde zu legen ist, sondern eine für alle Mitgliedstaaten relevante Fassung, ggf. durch einen Vergleich der verschiedenen Sprachfassungen.

b) Systematische Auslegung

409 Die *systematische Auslegung* zielt darauf ab, Normen in ihrer systematischen Stellung zu anderen Normen und der Gesamtheit der Regelungen unter Berücksichtigung ihrer Stellung und Funktion im Gesamtgefüge des Vertragstextes oder des Regelwerkes zu interpretieren. Im Wesentlichen sollen damit Widersprüche zwischen einzelnen Bestimmungen der Verträge vermieden werden.

---

48 EuGH 31.3.1971 – 22/70, Slg. 1971, 263 Rn. 36ff. = BeckRS 2004, 72371 – AETR; *Haratsch/Koenig/Pechstein* EuropaR Rn. 414f.

c) Historische Auslegung

Die *Entstehungsgeschichte* einer Norm ist wegen des dynamischen Charakters des 410
Unionsrechts von geringerer Bedeutung. Sie kann daher eher als Ausgangspunkt einer
Interpretation dienen.[49]

d) Teleologische Auslegung

Der an *Sinn und Zweck* einer Norm ausgerichteten Auslegung kommt indes hohe Be- 411
deutung zu. Hierzu wird häufig auf die Ziele und Werte der Union, wie sie in der Prä-
ambel und den Art. 2 und 3 EUV niedergelegt sind, zurückgegriffen. Die teleologische
Auslegung trägt dem evolutiven und dynamischen Prozess der Integration Rechnung.
Ihr zugeordnet ist der vom EuGH angewendete Grundsatz des *effet utile,* wonach
Unionsnormen im Sinne einer größtmöglichen Effektivität zur Erreichung des Unio-
nsziels auszulegen sind. Zuzurechnen ist der teleologischen Auslegung auch der im
Unionsrecht anerkannte Auslegungsgrundsatz von den *implied powers,* wonach der
Union solche Kompetenzen als implizit vom Vertragstext mit zuerkannt betrachtet
werden, ohne die die Union ihre Aufgaben nicht erfüllen könnte.

Der Rechtsprechung des EuGH ist ein deutlicher Vorrang der *effet utile*-Auslegung 412
und des Grundsatzes der *implied powers* zu entnehmen. Damit misst der EuGH der
Effektivierung und der Funktionalität der Union stärkeres Gewicht zulasten der Wahrung staatlicher Souveränität bei.

e) Richterliche Rechtsfortbildung

Von der Auslegung des Vertragstextes abzugrenzen ist der Bereich *richterlicher Rechts-* 413
fortbildung. Hiermit werden auf interpretatorischem Wege gewonnene europarechtliche Befugnisse und mitgliedstaatliche Pflichten, die in den Verträgen jedenfalls nicht
ausdrücklich genannt oder zumindest nur stillschweigend festgelegt sind, umschrie-
ben. Richterliche Rechtsfortbildung geht damit über die Auslegung im engeren Sinne
hinaus und kann teilweise auch den Wortlaut des Gesetzes überschreiten.[50]

Da es sich zwar der Form nach um Rechtsprechung, dem Inhalt nach aber um Rechts- 414
setzung handelt, stellt sich sofort die Frage, ob und inwieweit richterliche Rechtsfortbildung von den Verträgen gedeckt ist. Art. 19 EUV benennt als Aufgabe des EuGH
die Wahrung des Rechts bei der Anwendung und Auslegung der Verträge. Aufgrund
der dynamischen Natur des Unionsrechts, das in fortschreitender Ausgestaltung und
Konkretisierung »lebt«, hat der EuGH aber in vielen Fällen vermeintliche oder erkannte Regelungslücken eigenständig gefüllt. Schon in der frühen Rechtsprechung statuierte der EuGH etwa den Grundsatz der unmittelbaren Anwendbarkeit und Direkt-
wirkung des Sekundärrechts und einiger Teile des Primärrechts.[51] In jüngerer Zeit
waren etwa die Entwicklungen des früher sog. gemeinschaftsrechtlichen Haftungsanspruchs gegen die Mitgliedstaaten jedenfalls nicht ausdrücklich auf Bestimmungen des
EU-Vertrags zurückzuführen.[52]

---

49 Vom EuGH etwa herangezogen in EuGH 7.7.1981 – 158/80, Slg. 1981, 1805, Rn. 13 = BeckRS 2004,
   71821 – Rewe/Hauptzollamt Kiel.
50 S. *Dänzer-Vanotti,* Der Europäische Gerichtshof zwischen Rechtsprechung und Rechtssetzung, FS
   Everling, 1995, 205.
51 S. Urteile des EuGH 5.2.1963 – 26/62, Slg. 1963, 1 (25 f.) = BeckRS 2004, 72706 – van Gend & Loos;
   sowie EuGH 15.7.1964 – 6/64, Slg. 1964, 1251 (1269 ff.) = BeckRS 2004, 73387 – Costa/E.N.E.L.
52 Vgl. EuGH 19.11.1991 – C-6/90 und C-9/90, Slg. 1990, I-5357 = BeckRS 2004, 77605 – Francovich;
   sowie dazu näher in § 12 → Rn. 586 ff.

415 Eine Grenze richterlicher Rechtsfortbildung ist schwer zu ziehen. Unzulässig wäre gesetzeskorrigierendes Richterrecht, wobei der Grundsatz gilt, dass der EuGH bei Fehlen ausdrücklicher Regelungen diese nur in dem Maße weiterentwickeln darf, wie dies elementare Grundsätze des Unionsrechts, insbesondere dessen einheitliche Geltung, unbedingt erfordern. Letztes Korrektiv einer zu ausufernden rechtsfortbildenden Rechtsprechung des EuGH könnte nur die entsprechende Eingrenzung der Kompetenz durch die Mitgliedstaaten im Wege einer Vertragsänderung, also die konkrete Änderung des Art. 19 EUV sein. Da eine solche Korrektur allerdings bislang nicht, auch nicht durch den Reformvertrag, vorgenommen wurde, ist davon auszugehen, dass die Mitgliedstaaten das Maß an richterlicher Rechtsfortbildung durch den EuGH mittragen.

II. Das Verfahren der Rechtssetzung

1. Völkerrechtliche Grundsätze der Primärrechtssetzung

416 Die Europäische Union wurde als internationale Organisation auf der Grundlage völkerrechtlicher Verträge errichtet. Diese Grundlage besteht nach wie vor. Fortbestand, Fortentwicklung und Funktionieren der Union hängen vom Zusammenwirken der Mitgliedstaaten in diesen und mit diesen ab. Dies findet etwa im Verfahren der Vertragsänderung seinen Ausdruck. Vertragsänderungen bedürfen zu ihrer Wirksamkeit der Ratifizierung durch alle Mitgliedstaaten.[53]

2. Verfahren der Sekundärrechtssetzung

Literatur: *Bieber,* Das Gesetzgebungsverfahren der Zusammenarbeit gemäß Art. 149 EWGV, NJW 1989, 1395; *Götz,* Mitwirkungsrechte des Europäischen Parlaments bei der Rechtssetzung, JA 1997, 990; *Fischer/Köck/Karollus,* Europarecht, 4. Aufl. 2002, 664f.; *Haratsch/Koenig/Pechstein* EuropaR Rn. 325–344; *Lecheler* EuropaR 146–157; *Oppermann/Classen/Nettesheim* EuropaR § 11 Rn. 43–80; *Schwarze/Schoo* AEUV Art. 289 Rn. 1 ff.; *Streinz* EuropaR Rn. 505 ff.

a) Einleitung

417 Unter den Unionsorganen ist der Rat das führende Rechtssetzungsorgan. In der Regel liegt das Initiativrecht in der Hand der Kommission. Rat und Parlament haben das Recht, die Kommission zur Vorlage von Vorschlägen aufzufordern. Bei einer ablehnenden Entscheidung muss die Kommission ihre Beweggründe darlegen. Die Anforderungen an die erforderlichen Mehrheiten namentlich im Rat richten sich nach der jeweiligen Kompetenznorm. Zu unterscheiden ist zwischen dem Erfordernis der einfachen oder qualifizierten Mehrheit oder der Einstimmigkeit. Dabei hindern Enthaltungen nicht das Zustandekommen eines Beschlusses.

418 Von zentraler Bedeutung bei der Frage der Ausübung von Rechtssetzungsbefugnissen sind die Mitwirkungsbefugnisse des einzig direkt demokratisch legitimierten Unionsorgans, nämlich des Parlaments. Früher ließen sich die Mitwirkungsbefugnisse in ein Anhörungsverfahren, das Verfahren der Mitentscheidung und das Verfahren der Zustimmung unterteilen. Während das Anhörungsverfahren den Grundfall darstellte, waren das Verfahren nach den Art. 251 und 252 EG (Mitentscheidung und Zusammenarbeit) sowie das Zustimmungsverfahren nur bei einem Hinweis in der jeweiligen Kompetenznorm anwendbar (vgl. etwa Art. 148, 172, 175, 179 EG). Insgesamt war be-

---

53 In der Bundesrepublik Deutschland gem. Art. 59 I GG durch den Bundespräsidenten.

reits seit dem Nizza-Vertrag eine Erweiterung derjenigen Kompetenznormen, die auf das Mitentscheidungsverfahren verwiesen, und damit eine Aufwertung der Rolle des Europäischen Parlaments zu beobachten.

Nach dem Nizza-Vertrag galt das Mitentscheidungsverfahren bereits für sehr viele Be-   **419**
stimmungen.[54] Er führte etwa in den Verfahren nach Art. 13 II, 67 V, 157 III, 159 III und 191 II EG eine Beschlussfassung mit qualifizierter Mehrheit ein. Somit wurden die meisten legislativen Maßnahmen, die nach dem Vertrag von Nizza eine Beschluss- fassung des Rates mit qualifizierter Mehrheit erforderten, im Mitentscheidungsverfah- ren erlassen. Wurde ein Rechtsakt auf mehrere Ermächtigungsgrundlagen gestützt, für die verschiedene Formen der Parlamentsbeteiligung galten, so waren die Anforderun- gen der höchsten Stufe der Parlamentsbeteiligung einzuhalten.

b) Neuerungen im Gesetzgebungsverfahren

Der Vertrag von Lissabon führt zwei grundlegende Neuerungen bei dem europarecht-   **420**
lichen Gesetzgebungsverfahren ein. Zunächst ist die Unterscheidung zwischen Ge- setzgebung und sonstiger Rechtssetzung neu. Letztere umfasst Verwaltungsmaß- nahmen oder richterliche Entscheidungen, Erstere hingegen meint ein bestimmtes formalisiertes Verfahren, das durch das Parlament und den Rat oder durch den Rat al- leine ausgeführt wird. Ferner unterscheidet der Reformvertrag zwischen ordentlichem und besonderem Gesetzgebungsverfahren (Art. 289 I AEUV iVm Art. 294 AEUV und Art. 289 II AEUV). Der in der jeweiligen Kompetenznorm enthaltene Verweis be- stimmt jeweils, welches Verfahren anzuwenden ist.

Es handelt sich hierbei um eine rein formale Unterscheidung danach, ob die Verträge   **421**
ein Gesetzgebungsverfahren anordnen oder nicht. Der Gebrauch der Handlungsfor- men (Art. 288 AEUV) hängt hingegen nicht davon ab, ob es sich um ein Gesetzge- bungsverfahren oder um sonstige Rechtssetzung handelt.

Im Bereich der GASP ist das Gesetzgebungsverfahren ausgeschlossen (Art. 24 II   **422**
EUV).

aa) Ordentliches Gesetzgebungsverfahren. Das ordentliche Gesetzgebungsverfah-   **423**
ren ist immer dann anwendbar, wenn in den Verträgen hinsichtlich des Erlasses eines Rechtsaktes hierauf Bezug genommen wird. Das Verfahren entspricht im Wesentlichen dem bisherigen Mitentscheidungsverfahren (Art. 294 AEUV, früher Art. 251 EG) und wird durch einen Vorschlag der Kommission an das Parlament und den Rat eingeleitet.

Sonderregeln gelten in Art. 48 II, Art. 82 III und Art. 83 III AEUV. In diesen Fällen   **424**
kann ein Mitgliedstaat durch sein Veto das Verfahren aussetzen und eine Vorlage an den Europäischen Rat erwirken.

Ursprünglich wurde das *Verfahren der Mitentscheidung* durch den Maastrichter Ver-   **425**
trag für 15 Rechtsgrundlagen des Vertrags eingeführt. Der Vertrag von Amsterdam dehnte das Verfahren auf 23 weitere Vorschriften aus,[55] der Nizza-Vertrag um weitere sieben. Nunmehr ist das Verfahren als Regelfall vorgesehen.

Im Unterschied zur alten Rechtslage ist das Verfahren in drei anstelle der bisherigen   **426**
zwei Lesungen unterteilt. In der ersten Lesung legen Parlament und Rat ihre jeweiligen

---

54 S. eine Auflistung aller Fälle bei *Fischer/Köck/Karollus,* Europarecht, 4. Aufl. 2002, 664 f.
55 Schwarze/*Schoo* AEUV Art. 294 Rn. 7.

Standpunkte fest (Art. 294 III und IV AEUV). Weichen diese voneinander ab, beginnt die zweite Lesung. Stimmen beide Standpunkte überein, wird der Rechtsakt erlassen.

427 In der anschließenden zweiten Lesung kann das Parlament den Standpunkt des Rates billigen, ablehnen oder abändern (Art. 294 VII AEUV). Übernimmt der Rat diese Abänderungen nicht, kann innerhalb einer sechswöchigen Frist ein Vermittlungsausschuss einberufen werden (Art. 294 X AEUV). In einer anschließenden dritten Lesung können Parlament und Rat gemeinsam mit dem Ausschuss eine Kompromisslösung finden. Die Annahme eines Vermittlungsergebnisses bedarf der Zustimmung von Rat und Parlament. Auf der Grundlage dieses Entwurfs kann dann der Rechtsakt erlassen werden. Erteilt das Parlament seine Zustimmung nicht, ist der vorgeschlagene Rechtsakt endgültig gescheitert (Art. 294 XIII AEUV).

428 Die Besonderheit dieses Verfahrens liegt darin, dass hier eine Überstimmung der Auffassung des Parlaments durch den Rat nicht möglich ist. Darin kommt die starke Stellung des Parlaments zum Ausdruck ebenso wie dadurch, dass Rechtsakte, die auf Grundlage von Art. 294 AEUV erlassen wurden, gem. Art. 297 I AEUV von den Präsidenten des Europäischen Parlaments und des Rates unterzeichnet werden.

429 **bb) Besonderes Gesetzgebungsverfahren.** Bei dem besonderen Gesetzgebungsverfahren erlässt der Rat einen Rechtsakt, das Parlament darf aber nicht gleichberechtigt mitwirken. Es kann nur angehört werden (zB Art. 21 III, 22 I, 23 I AEUV) oder seine Zustimmung erteilen bzw. diese verweigern (zB Art. 19 I, 118 II, 86 I AEUV).

430 Das *Anhörungsverfahren* war ursprünglich als alleinige Beteiligungsform des Parlaments vorgesehen. Die Anhörung soll jeweils nach Bearbeitung eines Vorschlages durch den Rat erfolgen. Führt der Rat danach Änderungen des Vorschlages durch, die den Vorstellungen des Parlaments nicht entsprechen, so ist die Anhörung zu wiederholen.

431 Die Missachtung von Anhörungsrechten stellt die Verletzung einer wesentlichen Formvorschrift iSv Art. 263 II AEUV dar.[56]

432 Mit der am 1.7.1987 in Kraft getretenen Einheitlichen Europäischen Akte wurde das *Zustimmungsverfahren* erstmals eingeführt. Früher wichtige Anwendungsfälle des Zustimmungsverfahrens waren bspw. Beitritte von neuen Mitgliedern (Art. 49 EU aF) und die Währungspolitik (Art. 105 VI EG). Mit dem Vertrag von Lissabon gelten auch hier die Anhörungsverfahren (Art. 49 EUV und Art. 127 AEUV).

433 Beim Verfahren der Zustimmung ist das Parlament darauf beschränkt, dem Rechtsakt zuzustimmen oder ihn abzulehnen. Im Unterschied zum Verfahren der Mitentscheidung steht ihm kein Recht auf inhaltliche Gestaltung des Rechtsakts zu. Das Parlament kann versuchen, diesen Mangel dadurch zu beheben, dass es mit dem Rat in eine Form enger Zusammenarbeit eintritt (Art. 86 der Geschäftsordnung des Parlaments) oder sich bei internationalen Abkommen und Beitrittsverhandlungen über den Stand der Verhandlungen laufend unterrichten lässt.[57]

434 Sowohl das Anhörungsverfahren als auch das Zustimmungsverfahren behalten weiterhin ihre Gültigkeit.[58] Das Verfahren der Zusammenarbeit nach Art. 252 EG, das bereits

---

56 Dazu EuGH 24.3.1986 – 294/83, Slg. 1986, 1339 = BeckRS 2004, 72996 – Les Verts.
57 Schwarze/*Schoo* AEUV Art. 289 Rn. 8 ff.
58 *Streinz* EuropaR Rn. 505 f.

durch den Vertrag von Amsterdam weitestgehend gegenstandslos geworden war, ist in dem Vertrag von Lissabon nicht mehr enthalten.

Gemäß Art. 48 VII EUV kann der Europäische Rat durch Beschluss vom besonderen **435** auf das ordentliche Gesetzgebungsverfahren umstellen.

cc) Das sonstige Rechtsetzungsverfahren. Bei den sonstigen Rechtssetzungsverfah- **436** ren wirkt das Europäische Parlament nicht mit. Entweder erlässt nur der Europäische Rat, der Rat oder die Kommission die jeweilige Maßnahme. In Einzelfällen kann das Parlament mit einer Anhörung oder Zustimmung mitwirken.

3. Politische Koordination im Rahmen der EU (sog. offene Methode der Koordinierung)

Literatur: *Bodewig/Voß,* Die »offene Methode der Koordinierung« in der Europäischen Union – »schleichende Harmonisierung« oder notwendige »Konsentierung« zur Erreichung der Ziele der EU?, EuR 2003, 310; *Oppermann/Classen/Nettesheim* EuropaR § 9 Rn. 134–135.

Eine ebenfalls vertraglich nicht explizit geregelte Rechtshandlung stellt die sog. *»offene* **437** *Methode der Koordinierung«* dar. Hier geht es um die Zusammenarbeit in solchen Bereichen, für die grundsätzlich die Mitgliedstaaten zuständig sind. Nach dem Lissabonner Gipfel des Jahres 2000 sollen nun die Mitgliedstaaten ein gemeinschaftliches Vorgehen im Europäischen Rat auch dann vereinbaren können, wenn bisher keine Befugnisse der EU vorlagen, aber »europäischer Handlungsbedarf« besteht. Dabei sollen sich die Mitgliedstaaten an der Handlungsweise der Besten des Wettbewerbs orientieren und damit insgesamt den Standard innerhalb der Europäischen Union anheben.[59] Dieses Verfahren wird allgemein die »offene Methode der Koordinierung« genannt.

---

59 S. *Oppermann/Classen/Nettesheim* EuropaR § 9 Rn. 135.

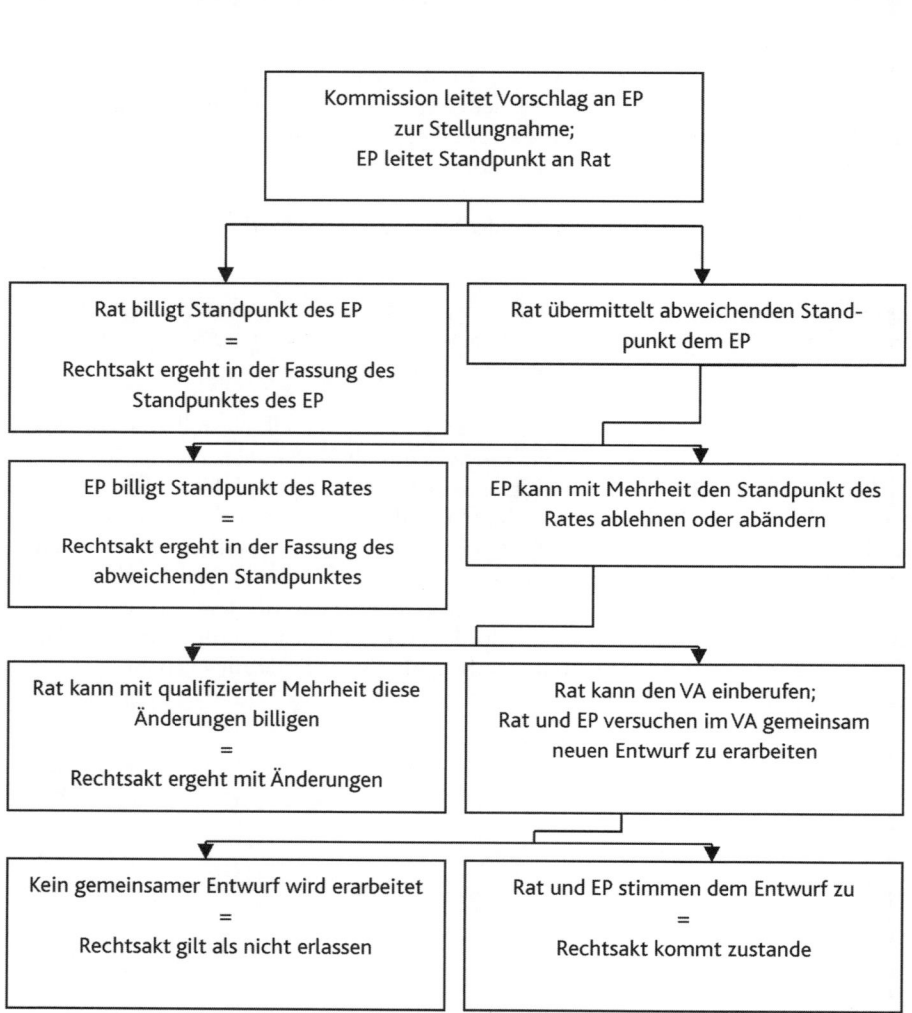

Das Rechtssetzungsverfahren nach Art. 289 iVm 294 AEUV
(vereinfacht)

Kommission leitet Vorschlag an EP
zur Stellungnahme;
EP leitet Standpunkt an Rat

Rat billigt Standpunkt des EP
=
Rechtsakt ergeht in der Fassung des
Standpunktes des EP

Rat übermittelt abweichenden Standpunkt dem EP

EP billigt Standpunkt des Rates
=
Rechtsakt ergeht in der Fassung des
abweichenden Standpunktes

EP kann mit Mehrheit den Standpunkt des
Rates ablehnen oder abändern

Rat kann mit qualifizierter Mehrheit diese
Änderungen billigen
=
Rechtsakt ergeht mit Änderungen

Rat kann den VA einberufen;
Rat und EP versuchen im VA gemeinsam
neuen Entwurf zu erarbeiten

Kein gemeinsamer Entwurf wird erarbeitet
=
Rechtsakt gilt als nicht erlassen

Rat und EP stimmen dem Entwurf zu
=
Rechtsakt kommt zustande

III. Das Verhältnis von Unions- und Völkerrecht

Literatur: *Beljin*, Die Zusammenhänge zwischen dem Vorrang, den Instituten der innerstaatlichen Be-
achtlichkeit und der Durchführung des Gemeinschaftsrechts, NJW 2002, 351; *Epiney*, Zur Stellung des
Völkerrechts in der EU, EuZW 1999, 5; Calliess/Ruffert/*Hahn* AEUV Art. 207 Rn. 141 ff.; *Haratsch/
Koenig/Pechstein* EuropaR Rn. 439–455; *Herdegen*, Internationales Wirtschaftsrecht, 10. Aufl. 2014,
7 ff.; *Hobe*, Einführung in das Völkerrecht, 2008, 145 f.; *Hobe/Müller-Sartori*, Rechtsfragen der Einbindung der EG/EU in das Völkerrecht, JuS 2002, 8; *Meng*, Das Verhältnis der Vereinten Nationen und
ihrer Sonderorganisationen zur EU im Bereich der Wirtschaft in Hobe, *Kooperation* oder Konkurrenz
internationaler Organisationen, 2001, 39 ff.; *Oppermann/Classen/Nettesheim* EuropaR § 9 Rn. 152–

164; *Schwarze,* Das allgemeine Völkerrecht in den innergemeinschaftlichen Rechtsbeziehungen, EuR 1983, 1.

Da die Europäische Union nach dem Vertrag von Lissabon nunmehr unstreitig ein **438** Völkerrechtssubjekt ist, ist sie an das allgemeine Völkerrecht gebunden. Auch in den Außenbeziehungen der Union gilt das allgemeine Völkerrecht in vollem Umfang.[60]

Fraglich ist allerdings, in welchem Umfang sich das Völkerrecht im Europäischen Bin- **439** nenraum auswirkt. Hier hat der EuGH bereits mit seiner frühen Rechtsprechung zum ehemaligen Gemeinschaftsrecht klargestellt, dass durch das Gemeinschafts- bzw. Unionsrecht eine eigenständige Rechtsordnung zwischen staatlichem Recht und Völkerrecht gebildet wurde.[61] Es gilt grundsätzlich das primäre Unionsrecht, das die Regeln des allgemeinen Völkerrechts teilweise verdrängt bzw. überlagert. Eine Ausnahme bildet insofern das zwingende Völkerrecht,[62] gegen welches auch das im Europäischen Binnenraum geltende Recht nicht verstoßen darf.

Im Rang gehen die Regeln des allgemeinen Völkerrechts, soweit es sich um Regeln des **440** zwingenden Völkerrechts handelt, jedem Unionsrecht vor. Ansonsten ist im Verhältnis des Völkerrechts zum primären Unionsrecht jeweils im Einzelfall zu prüfen, ob das allgemeine Völkerrecht durch spezifische europarechtliche Regelungen abbedungen wurde. Gegenüber dem sekundären Unionsrecht ist das allgemeine Völkerrecht allerdings, wie aus Art. 216 II AEUV zu folgern ist, vorrangig.[63]

Völkerrechtliche Abkommen, die die Union geschlossen hat, werden mit ihrem inter- **441** nationalen Inkrafttreten integraler Bestandteil der Unionsrechtsordnung, ohne dass es dazu eines Transformationsaktes oder eines besonderen innereuropäischen Rechtsanwendungsbefehls bedürfte.[64]

Jedes Abkommen behält allerdings auch nach seiner Integration in die Unionsrechts- **442** ordnung seinen völkerrechtlichen Charakter.

Derartige völkerrechtliche Verträge stehen im Rang unter primärem, aber über sekun- **443** därem Unionsrecht.[65] Das hat zur Folge, dass Rechtsakte der Unionsorgane rechtswidrig sind, wenn sie mit völkerrechtlichen Abkommen, an die die Union gebunden ist, unvereinbar sind. Von der Europäischen Union geschlossene Verträge können unmittelbare Wirkung entfalten, wenn sie inhaltlich unbedingt und hinreichend bestimmt sind.[66]

Europarechtliche Abkommen, die unter Verletzung des EU- oder AEU-Vertrags ge- **444** schlossen wurden, bleiben völkerrechtlich gültig, sofern, entsprechend der Wiener

---

60 EuGH 12.12.1972 – 21/72, Slg. 1972, 1219 Rn. 1 ff. = BeckRS 2004, 72304 – International Fruit Company; EuGH 14.7.1976 – 3/76, Slg. 1976, 1279 = BeckRS 2004, 73041 – Kramer; stRspr.
61 EuGH 5.2.1963 – 26/62, Slg. 1963, 1 (25 f.) = BeckRS 2004, 72706 – van Gend & Loos sowie EuGH 15.7.1964 – 6/64, Slg. 1964, 1251 (1285) = BeckRS 2004, 73387 – Costa/E.N.E.L.
62 S. dazu *Hobe* VölkerR 173 ff.
63 So *Haratsch/Koenig/Pechstein* EuropaR Rn. 440.
64 EuGH 30.4.1974 – 181/73, Slg. 1974, 449 Rn. 2–6 = BeckRS 2004, 72053 – Haegemann II; streitig im Hinblick auf WTO-Recht, → Rn. 1194 f.
65 EuGH 12.12.1972 – 21/72, Slg. 1972, 1219 Rn. 5 ff. = BeckRS 2004, 72304 – International Fruit Company.
66 EuGH 5.2.1976 – 87/75, Slg. 1976, 129 Rn. 22 ff. = BeckRS 2004, 73832 – Bresciani; EuGH 30.9.1987 – 12/86, Slg. 1987, 3719 Rn. 14 = BeckRS 2004, 71371 – Demirel.

Vertragsrechtskonvention,[67] die Verletzung nicht offensichtlich war und keine Norm von grundlegender Bedeutung betroffen hat.

445 Abkommen, die durch die Mitgliedstaaten vor Inkrafttreten des EU- oder AEU-Vertrags geschlossen wurden, gelten nach dem Grundsatz *»pacta sunt servanda«,* der für die Union in Art. 351 I AEUV ausdrücklich festgehalten ist, zunächst unverändert weiter. Solange sie mit dem Unionsrecht vereinbar sind, insbesondere Kompetenzen nicht berühren, bleibt dies auch später der Fall. Sofern alte Verträge hingegen nicht oder nicht mehr mit dem Unionsrecht vereinbar sind, sind die entsprechenden Mitgliedstaaten gem. Art. 351 II AEUV verpflichtet, die internationalen Verträge entweder europarechtskonform auszugestalten oder aber zu beenden.[68] Solange aber ein Vertrag in Kraft ist, sind die Mitgliedstaaten gehalten die Vertragspflichten zu erfüllen, selbst wenn dies eine Abweichung vom Europarecht darstellt. Zunächst ist also zu prüfen, ob überhaupt ein Konflikt besteht, sodann ob der Drittstaat vom Mitgliedstaat das EU-rechtswidrige Verhalten unter Berufung auf den Vertrag verlangen kann und schließlich, ob und wie der Mitgliedstaat den Verstoß gegen das EU-Recht ausräumen kann. Lässt der Vertrag keinen Gestaltungsspielraum und scheitern Verhandlungen über dessen Anpassung, kann eine Pflicht zur Kündigung bestehen. Sofern der Vertrag dazu aber keine Möglichkeit belässt, etwa Investitionen für einen gewissen Zeitraum schützt, besteht die Bindung bis zum Ablauf einer etwaigen Frist fort und ist der Verstoß gegen das EU-Recht gerechtfertigt.[69] In diesen seltenen Fällen ist mithin eine Abweichung vom Unionsrecht erlaubt und dessen Anspruch auf einheitliche Beachtung und Durchsetzung zurückgedrängt.

446 An völkerrechtliche Verträge der Mitgliedstaaten ist die Union selbst dann nicht gebunden, wenn ihnen alle Mitgliedstaaten angehören. Dann allerdings kommt eine Qualifizierung des jeweiligen Vertragsinhalts als allgemeiner Rechtsgrundsatz in Betracht.[70]

447 Anders verhält es sich, wenn die Union im Laufe der Zeit ihre Mitgliedstaaten substituiert, weil nach Vertragsschluss die in einem Vertrag geregelte Materie in die Zuständigkeit der Union übergegangen ist. Ein Beispiel hierzu ist das GATT. Das GATT *(General Agreement on Tariffs and Trade)* bildet den Kern der nach dem Zweiten Weltkrieg entstandenen liberalen Welthandelsordnung. Seine Grundprinzipien sind der Grundsatz der Meistbegünstigung (einem Vertragsstaat gewährte Vorzüge sind auf alle Mitgliedstaaten zu erstrecken), der fortschreitende Abbau von Zöllen, der Grundsatz der Inländergleichbehandlung und die Beseitigung nichttarifärer Handelshemmnisse (sog. *tariffs-only-maxime*).[71]

448 Für Zollunionen zwischen den GATT-Vertragsparteien, wie etwa die Europäische Gemeinschaft bzw. deren Rechtsnachfolgerin die Europäische Union, bestehen hinsichtlich der Verpflichtungen aus dem GATT Sonderregelungen (Art. XXIV: 4–10).

449 Während die damalige EG dem Vorläufer des WTO-Abkommens (*World Trade Organisation* = Welthandelsorganisation) und des GATT 94, dem GATT 47, im Gegensatz

---

67 Sart. II, Nr. 320.
68 Für den Bereich der Gemeinsamen Handelspolitik bestehen allerdings Ausnahmen von diesem Grundsatz → Rn. 1178 ff.
69 EuGH EuZW 2011, 793 Rn. 41 ff. – Kommission/Slowakische Republik.
70 *Haratsch/Koenig/Pechstein* EuropaR Rn. 452.
71 *Herdegen,* Internationales Wirtschaftsrecht, 10. Aufl. 2014, 107 ff.

zu ihren Mitgliedern nicht beigetreten war, hat sie das WTO-Abkommen und auch das GATT 94 gezeichnet. Mit Gründung der Gemeinschaft und der Übertragung von umfassenden Kompetenzen im Bereich der Zoll- und Handelspolitik ist die frühere EG bzw. heutige Union mehr und mehr in die Stellung der Mitgliedstaaten hineingewachsen, bzw. bei Neuabschlüssen an deren Stelle oder neben ihre Stellung (zB in der WTO) getreten. Das Nebeneinander der Mitgliedschaft von der Union und ihren Mitgliedstaaten in der WTO lässt sich dadurch erklären, dass die WTO neben dem GATT unter anderem auch noch das TRIPs (*Agreement on Trade Related Intellectual Property Rights,* also das Abkommen über die handelsbezogenen Aspekte des geistigen Eigentums) und GATS (*General Agreement on Trade in Services,* also allgemeines Dienstleistungsabkommen) umfasst, wofür der EG zum Zeitpunkt des Vertragsschlusses keine umfassenden Kompetenzen zukamen.[72] Mittlerweile hat die Union als ihre Rechtsnachfolgerin in Art. 207 V AEUV eine entsprechende Kompetenz erhalten.[73]

Umstritten ist, ob die Vorschriften des GATT im Unionsrecht unmittelbar anwendbar **450** sind und sich Handlungen der Union an ihnen messen lassen müssen. Der EuGH hatte mehrfach Gelegenheit, sich hierzu im Zusammenhang mit der GATT/WTO-Konformität der ehemaligen EG-Bananenmarktordnung zu äußern. In seiner Rechtsprechung zum GATT behandelt er die Frage der unmittelbaren Wirksamkeit von völkerrechtlichen Unionsverträgen im engen Zusammenhang mit der Frage nach ihrem Rang im Unionsrecht. So spricht der EuGH dem GATT aufgrund der »Flexibilität« seiner Bestimmungen die unmittelbare Wirkung ab.[74] Daraus folgt, dass die Regeln des GATT im Bereich der Sekundärrechtssetzung nicht beachtet werden müssten.

Schon dieser Ansatz des EuGH stößt auf Kritik. Die Frage, ob ein Sekundärrechtsakt **451** mit den Vorgaben des Völkerrechts in Einklang steht, sei, so die Kritik, konzeptionell von derjenigen nach der unmittelbaren Wirksamkeit der jeweiligen Bestimmung zu trennen. Allenfalls könne die Verneinung der unmittelbaren Wirkung implizieren, dass zur Erfüllung der völkerrechtlichen Verpflichtungen ein gewisser Beurteilungsspielraum eröffnet werde, was aber ebenfalls nichts daran ändere, dass eben dieser auch überschritten werden könne.[75]

Hinzu kommt, dass mit Gründung der WTO das Streitbeilegungssystem gegenüber **452** der alten »GATT-Regelung« verschärft wurde. Insbesondere birgt die Verletzung des GATT nunmehr das Risiko bestimmter Sanktionen. Schon aus diesem Grunde lässt sich die These des EuGH, dass es sich beim GATT um eine Art *»soft law«* handele, kaum aufrechterhalten. Das übergreifende WTO-Recht genießt Vorrang gegenüber dem sekundären Unionsrecht, genauso wie gegenüber nationalem Recht.

Jüngst hat sich der EuGH erneut zum Verhältnis des allgemeinen Völkerrechts zum **453** Unionsrecht geäußert.[76] In einem Vorabentscheidungsverfahren aus dem Vereinigten

---

72 S. allg. *Meng,* Das Verhältnis der Vereinten Nationen und ihrer Sonderorganisationen zur EU im Bereich der Wirtschaft in Hobe, *Kooperation* oder Konkurrenz internationaler Organisationen, 2001, 39 (49).

73 Dazu etwa Calliess/Ruffert/*Hahn* AEUV Art. 340 Rn. 161 ff.

74 EuGH 12.12.1972 – 21/72, Slg. 1972, 1219 Rn. 1 ff. = BeckRS 2004, 72304 – International Fruit Company; EuGH 16.3.1983 – 267/81, Slg. 1983, 801 Rn. 21 ff. = BeckRS 2004, 72781 – SPI und SAMI; EuGH 5.10.1994 – C-280/93, Slg. 1994, I-4973 Rn. 9 = BeckRS 2004, 75955 – Bananenmarktordnung.

75 So zutreffend *Epiney* EuZW 1999, 11.

76 EuGH BeckRS 2011, 81939.

Königreich hatte er sich zu der Frage zu äußern, ob Luftverkehrslinien aus Nicht-EU-Staaten v. 1.1.2012 an an die in Ausführung des Kyoto-Protokolls erlassene und den Luftverkehr ausdrücklich einbeziehende Emissionszertifikatshandelsrichtlinie der EU dann gebunden seien, wenn ihr angestrebter Ankunftsort ein Flughafen in der EU ist, oder ob, wie von den Klägern vorgetragen, vorrangiges Völkerrecht dagegen spreche. Dabei bejaht der Gerichtshof die Prüfungsmaßstäblichkeit des Völkerrechts für das Unionsrecht dann, wenn die Union grundsätzlich an einen Völkerrechtsakt gebunden ist, und die Art und Struktur der Völkerrechtsnorm eine inhaltliche Unbedingtheit und hinreichende Genauigkeit aufweist. Die Erfüllung dieser Kriterien sei bezüglich der Bindung der EU sowohl an das Abkommen von Chicago von 1944 als auch an das entsprechende bilaterale *Open Skies*-Luftverkehrsabkommen zu verneinen, sodass, weil sich auch für die Berechnung der Zertifikate relevantes Völkergewohnheitsrecht bezüglich des von der Regelung erfassten Überfluges über die Hohe See nicht herausgebildet habe, das Vorabentscheidungsersuchen in einer das klägerische Vorbringen verneinenden Weise entschieden wurde.

IV. Das Verhältnis von nationalem Recht (inkl. nationalen Grundrechten) und Unionsrecht

Literatur: *Epiney,* Zur Stellung des Europarechts in der EU, EuZW 1999, 11; *Everling,* Zum Vorrang des EG-Rechts vor nationalem Recht, DVBl. 1985, 1201; *Hasselbach,* Der Vorrang des Gemeinschaftsrechts vor dem nationalen Verfassungsrecht nach dem Vertrag von Amsterdam, JZ 1997, 942; *Gross,* Zum Fall Silvio Berlusconi – Keine Strafverfolgung wegen Bilanzfälschung auf Grund einer Richtlinie, EuZW 2005, 372; *Henrichs,* Gemeinschaftsrecht und nationale Verfassungen – Eine Konfliktstudie, EuGRZ 1989, 237; *Herdegen* EuropaR § 10 Rn. 1–34, 45–48; *Kuhle-Gehrig,* Europarecht und nationales Recht – Auslegung und Rechtsfortbildung, JA 1998, 807; *Oppermann/Classen/Nettesheim* EuropaR § 10 Rn. 1–36; *Streinz* EuropaR Rn. 194–259.

454 Die Frage des Rangverhältnisses von Unionsrecht und nationalem Recht ist im Grundsatz im Sinne eines Vorrangs des Unionsrechts vor nationalem Recht geklärt.

Die Vorrangfrage war im EVV noch ausdrücklich verankert (Art. I-6 EVV). Der Vertrag von Lissabon sieht eine solche ausdrückliche Regelung hingegen nicht mehr vor. Lediglich in der Erklärung Nr. 17 heißt es, dass, obwohl diesbezüglich eine ausdrückliche Regelung keinen Eingang in die Verträge gefunden habe, dies keine Ablehnung des Vorrangs zur Folge habe. Die Verträge und das von der Union auf der Grundlage der Verträge erlassene Recht hätten gleichwohl im Einklang mit der ständigen Rechtsprechung des EuGH Vorrang vor dem Recht der Mitgliedstaaten.

455 Das Vorrangprinzip gilt nunmehr auch für die PJZS, nicht aber für die GASP, die nach wie vor intergouvernemental ausgestaltet ist.

456 Dennoch gibt es gerade im Bereich der Geltungskraft der Grundrechte gewisse Problemzonen, in denen diese Aussage nur eingeschränkt Gültigkeit beanspruchen kann.

Betrachtet man zunächst die Lehre,[77] so wird unter verschiedenen Aspekten entweder

- im Sinne einer völkerrechtlichen Lösung das Unionsrecht als Völkerrecht angesehen und gemäß der Transformations-, Vollzugs- oder Adoptionstheorie in innerstaatli-

---

77 S. zu den verschiedenen Ansätzen *Streinz* EuropaR Rn. 202 ff.

ches Recht eingeordnet, wobei der Status des Unionsrechts in den Mitgliedstaaten unterschiedlich sein kann.

- Oder es wird nach der bundesstaatlichen Lösung das Verhältnis so betrachtet, dass Unionsrecht nationales Recht brechen kann, bzw. kompetenzwidrig erlassenes Recht nichtig sein soll.

- Europarechtliche Lösungen betrachten das Unionsrecht aufgrund der entsprechenden verfassungsrechtlichen Ermächtigungen der Mitgliedstaaten zur Übertragung von Hoheitsrechten gegenüber dem nationalen Recht jedenfalls im Umfang der Ermächtigung als vorrangig. Sie entnehmen aus dem Prinzip der Sicherung der Funktionsfähigkeit der Europäischen Union eine Kollisionsnorm im Sinne der Vorrangigkeit des Europarechts zur Sicherung seiner Funktionsfähigkeit.

- Schließlich ist die Gesamtakttheorie, die von *Hans-Peter Ipsen* entwickelt wurde, zu nennen. Sie steht der europarechtlichen Lösung nahe und betrachtet die verfassungsrechtliche Ermächtigung (früher Art. 24 I GG, heute Art. 23 I GG) als den unentbehrlichen »Integrationshebel«, welcher die verfassungsrechtliche Öffnung für die Integration bewirkt und damit den Vorrang des Unionsrechts determiniert.

Der EuGH vertritt seit Beginn seiner Rechtsprechung die Theorie des Vorrangs des Europarechts. Eingegangene Verpflichtungen der Mitgliedstaaten wären, so der EuGH, nur eventueller Natur, wenn sie durch späteres nationales Recht in Frage gestellt werden könnten. Daher bestehe ein uneingeschränkter Vorrang des Europarechts vor jeglichem nationalen Recht, also auch dem Verfassungsrecht einschließlich der Grundrechte. Dies stützte er auf die durch den damaligen EG-Vertrag geschaffene eigene Rechtsordnung, die gewollte Beschränkung der Souveränität der Mitgliedstaaten durch die Übertragung von Hoheitsrechten auf die (frühere) Gemeinschaft, den Art. 10 EG aF und das Diskriminierungsverbot des Art. 12 EG aF sowie die in Art. 249 II EG aF angeordnete unmittelbare Geltung von Verordnungen in jedem Mitgliedstaat.[78] Diese Ausführungen sind auf die Rechtsnachfolgerin der EG uneingeschränkt übertragbar. **457**

Das deutsche BVerfG hatte sich zwar zunächst zur Frage der Geltung der (deutschen) Grundrechte, nachdem es ursprünglich der Vorrangthese des EuGH gefolgt war,[79] in der bekannten Solange I-Entscheidung angesichts des Fehlens eines europäischen Grundrechtekatalogs im Jahre 1974 eine eigene Prüfungskompetenz bezüglich der Konformität sekundären Europarechts mit deutschen Grundrechten vorbehalten.[80] **458**

Nach erheblicher Kritik hat es diese Rechtsprechung jedoch im Jahre 1986 in der Solange II-Entscheidung aufgehoben und formuliert: **459**

> »Solange die Europäischen Gemeinschaften (...) einen wirksamen Schutz der Grundrechte gegenüber der Hoheitsgewalt der Gemeinschaften generell gewährleisten, der dem vom Grundgesetz als unabdingbar gebotenen Grundrechtsschutz im Wesentlichen gleich zu achten ist (...), wird das Bundesverfassungsgericht seine Gerichtsbarkeit über die Anwendbarkeit von abgeleitetem Gemeinschaftsrecht (...) nicht mehr ausüben und dieses Recht mithin nicht mehr am Maßstab der Grundrechte des Grundgesetzes überprüfen.«[81]

---

78 So EuGH 15.7.1964 – 6/64, Slg. 1964, 1251 (1270) = BeckRS 2004, 73387 – Costa/E.N.E.L.
79 So etwa BVerfGE 22, 293 – EWG-Verordnungen.
80 BVerfGE 37, 271 = NJW 1974, 1697 – Solange I.
81 BVerfGE 73, 339 = NJW 1987, 577 – Solange II.

460 Für erneute Unklarheiten sorgte das Maastricht-Urteil, welches durch die Betonung eines »Kooperationsverhältnisses zwischen BVerfG und Europäischem Gerichtshof« die Frage aufwarf, ob möglicherweise die Anerkennung des Anwendungsvorrangs des Europarechts, wie sie in Solange II vorgenommen worden war, wieder infrage gestellt werden sollte.[82]

461 Unabhängig davon, ob man dem Maastricht-Urteil tatsächlich eine solche Einschränkung der Solange II-Rechtsprechung entnehmen wollte, traf das BVerfG im Sommer 2000 die Feststellung, dass entsprechend geäußerte Vermutungen unzutreffend seien und an der Aussage von Solange II festgehalten werde.[83]

In seinem Urteil zum Reformvertrag[84] hat das BVerfG zwar die Integrationsfreundlichkeit des Grundgesetzes betont, jedoch gleichzeitig unterstrichen, dass der Integration durch die Ewigkeitsklausel des Art. 79 III GG Grenzen gesetzt seien. Um der Gefahr der Überschreitung des Integrationsauftrags durch die Union entgegen zu wirken, welche der dynamischen Fortentwicklung der Zuständigkeiten der EU anhafte, seien die Verfassungsorgane dazu verpflichtet, ihrer Integrationsverantwortung nachzukommen. Daher behalte sich das Gericht die Möglichkeit der gerichtlichen Überprüfung europäischer Rechtsakte im Hinblick auf ausbrechende Rechtsakte sowie der Wahrung des unantastbaren Kerngehalts der Verfassungsidentität des Grundgesetzes vor.

462 Damit ist die Theorie vom Vorrang des Unionsrechts als durch Lehre und Praxis grundsätzlich anerkannt anzusehen.[85] Nur dann, wenn ein Beschwerdeführer aufzeigen kann, dass das europäische Grundrechtsschutzniveau in keiner Weise einen dem Grundrechtsschutz des Grundgesetzes adäquaten Rechtsschutz vermitteln kann, mag in Ausnahmefällen der Rechtsschutz des BVerfG anhand nationaler Grundrechte eröffnet sein. Dies ist aber insbesondere mit der Aufnahme der europäischen Grundrechtecharta in das Primärrecht (Art. 6 I EUV) eher unwahrscheinlich.

Nach dem Lissabon-Urteil des BVerfG hätte jedoch eine Beschwerde auch dann Aussicht auf Erfolg, wenn der Beschwerdeführer darlegen kann, dass die Union bei dem Erlass des angefochtenen Rechtsakts *ultra vires,* dh außerhalb ihrer Kompetenzen gehandelt hat oder der Kerngehalt der Verfassungsidentität nicht mehr gewahrt ist, sodass das betreffende Unionsrecht keine Anwendung findet. Dabei ermöglicht die Identitätskontrolle die Prüfung, ob »infolge des Handelns europäischer Organe die in Art. 79 III GG für unantastbar erklärten Grundsätze der Art. 1 und Art. 20 GG verletzt werden«.[86]

In seinem Beschluss zur Rechtssache »Honeywell« hat das BVerfG insbesondere die Anforderungen für eine Zulässigkeit der *ultra vires-*Kontrolle konkretisiert und zugleich verschärft. So kommt eine entsprechende Rechtskontrolle nur in Betracht, »wenn ein Kompetenzverstoß der europäischen Organe hinreichend qualifiziert ist.

---

82 BVerfGE 89, 155 = BeckRS 1993, 08465 – Maastricht.
83 BVerfGE 102, 147 = BeckRS 2000, 22206 – Bananenmarkt.
84 BVerfG NJW 2009, 2267 – Lissabon.
85 Ob dies zB im Falle des französischen Conseil d'Etat ebenso der Fall ist, ist fraglich. Vgl. Entscheidung Nr. 287110 des Conseil d'Etat v. 8.2.2008 EuR 2008, 57. Das BVerfG räumt dem Unionsrecht ausdrücklich nur kraft und im Rahmen der fortbestehenden verfassungsrechtlichen Ermächtigung Vorrang ein, vgl. BVerfG NJW 2009, 2267 Rn. 240 – Lissabon.
86 BVerfG NJW 2009, 2267 Rn. 240 – Lissabon.

Das setzt voraus, dass das kompetenzwidrige Handeln der Unionsgewalt offensichtlich ist und der angegriffene Akt im Kompetenzgefüge zu einer strukturell bedeutsamen Verschiebung zulasten der Mitgliedstaaten führt«.[87] Zudem sei vorrangig der EuGH anzurufen, um Klärung und ggf. Abhilfe zu schaffen. Damit dürfte ein Verfahren vor dem BVerfG zur *ultra vires*-Kontrolle kaum von Erfolg gekrönt sein.

Bei der Frage nach dem Verhältnis von Unionsrecht und nationalem Recht gilt inzwischen ebenfalls als gesichert, dass hiermit ein Anwendungsvorrang, kein Geltungsvorrang gemeint ist. Im Falle der Kollision ist entgegenstehendes nationales Recht nicht unwirksam, sondern nur nicht anwendbar.[88] Bei Wegfall der Kollisionslage, etwa durch Änderung des Unionsrechts, kann die nationale Regelung wieder aufleben. Daher wird vom Anwendungsvorrang und nicht vom Geltungsvorrang des Unionsrechts gesprochen.   **463**

Schwierigkeiten begegnet indes die Frage der Anwendbarkeit von nationalen Strafvorschriften, die mit geltendem Unionsrecht unvereinbar sind.   **464**

> **Beispiel:** Der EuGH hatte zu entscheiden, ob die nationalen Gerichte Italiens Strafvorschriften, von deren Europarechtswidrigkeit (mangels wirksamer, verhältnismäßiger und abschreckender Sanktion eines Verstoßes gegen Unionsrecht) sie ausgingen, unangewandt lassen und damit auf zuvor bestehende striktere Vorschriften zurückgreifen können und müssen.[89]

Der EuGH entschied,[90] dass den novellierten Strafvorschriften nicht unter Berufung auf die RL 1968/151/EWG die Anwendung versagt werden könne, da eine Richtlinie – unabhängig von den zu ihrer Durchführung erlassenen innerstaatlichen Rechtsvorschriften – nicht die Wirkung haben könne, die strafrechtliche Verantwortlichkeit der Angeklagten festzulegen oder zu verschärfen.[91]   **465**

Gleiches galt für die Rahmenbeschlüsse nach Art. 34 II lit. b EU aF,[92] welche nach Ansicht des Gerichtshofes ebenfalls für die konforme Auslegung des nationalen Rechts maßgeblich seien.[93]   **466**

V. Der Vollzug des Unionsrechts

> **Literatur:** *Herdegen* EuropaR § 10 Rn. 35–44; *Koenig*, Bedürfen die Bundesländer einer institutionalisierten Hilfestellung beim Verwaltungsvollzug von Europäischem Gemeinschaftsrecht?, DVBl. 1997, 581; *Oppermann/Classen/Nettesheim* EuropaR § 12; *Streinz*, Auswirkungen des vom EuGH »ausge-

---

87 BVerfG BeckRS 2010, 52067.

88 So EuGH 9.3.1978 – 106/77, Slg. 1978, 629 = BeckRS 2004, 70669 – Simmenthal II, wonach die entsprechende Bestimmung »ohne Weiteres unanwendbar« sei.

89 EuGH 3.5.2005 – C-387/02, Slg. 2005, I-3565 Rn. 41 ff. = EuZW 2005, 369 – Silvio Berlusconi.

90 Vgl. krit. *Gross* EuZW 2005, 372 f., der insbesondere darauf hinweist, dass die Richtlinie nicht für sich allein die Strafbarkeit begründe, sondern diese bereits durch bestehendes nationales Recht bestimmt sei und lediglich die Frage bestanden habe, welches nationale Strafrecht anzuwenden gewesen sei. Dem Hinweis des EuGH, dass bei Nichtanwendung der novellierten Vorschriften schärferes Strafrecht gelte, begegnet *Gross* mit einer Relativierung des Rangs des Grundsatzes der rückwirkenden Anwendung milderer Strafgesetze.

91 EuGH 3.5.2005 – C-387/02, Slg. 2005, I-3565 Rn. 41 ff. = EuZW 2005, 369 – Silvio Berlusconi.

92 EuGH 16.6.2005 – C-105/03, Slg. 2005, I-5285 Rn. 33 = BeckRS 2005, 70453 – Pupino. Der Gerichtshof stützt sich auch hier auf allgemeine Rechtsgrundsätze, hält das Verbot aber vorliegend für nicht einschlägig, da lediglich verfahrensrechtliche Vorschriften betroffen seien.

93 Dazu → Rn. 1149 ff.

legten« Gemeinschaftsrechts auf das deutsche Recht, JURA 1995, 6; *Veelken*, Die Bedeutung des EG-Rechts für die nationale Rechtsanwendung, JuS 1993, 265.

467 Grundsätzlich ist zwischen dem direkten Vollzug des Unionsrechts durch die Unionsorgane selbst und dem sog. indirekten Vollzug durch die Behörden der Mitgliedstaaten zu unterscheiden.

468 Gemäß dem Grundsatz der begrenzten Einzelermächtigung soll die Union zur unmittelbaren Ausführung des von ihr gesetzten Rechts nur insofern zuständig sein, als behördliche Stellen auf Unionsebene errichtet sind und ihnen zulässigerweise der Vollzug von Unionsrecht zugewiesen worden ist. Dieser Grundsatz ist nunmehr ausdrücklich in Art. 5 EUV enthalten. Da es aber Unionsbehörden mit gesetzesausführenden und verwaltungsmäßigen Befugnissen nur in sehr begrenztem Umfang gibt (zB Kartellaufsicht gem. Art. 105 AEUV und Beihilfenkontrolle, Art. 108 AEUV), bedeutet diese Grundregel für die Praxis, dass der unmittelbare Vollzug des Unionsrechts durch die Union selbst die absolute Ausnahme darstellt, die Anwendung des Europarechts durch die Behörden der Mitgliedstaaten dagegen die Regel.[94]

469 Insbesondere verpflichtet der in Art. 4 III EUV (ex-Art. 10 EG) verankerte Grundsatz der loyalen Zusammenarbeit die Mitgliedstaaten, alle Maßnahmen allgemeiner und besonderer Art zur Erfüllung der Verpflichtungen aus dem Vertrag und dem Sekundärrecht der Unionsorgane zu ergreifen, bzw. alles zu unterlassen, was eine Gefährdung der Verwirklichung der Ziele der Union, deren Unterstützung für die Mitgliedstaaten obligatorisch ist, mit sich bringt.

470 Für den Ausnahmefall eines direkten Verwaltungsvollzuges durch die Unionsorgane ist auf allgemeine Rechtsgrundsätze aus dem Verwaltungsrecht der Mitgliedstaaten zurückzugreifen.

471 Vollziehen die Mitgliedstaaten das Unionsrecht, kommen deren nationale verwaltungsrechtlichen Vorschriften zur Anwendung,

»soweit das Gemeinschaftsrecht (jetzt Unionsrecht) einschließlich der allgemeinen gemeinschaftsrechtlichen Grundsätze hierfür keine gemeinsamen Vorschriften enthält«.[95]

472 Die unterschiedlichen nationalen Verwaltungsrechtsordnungen werden bezüglich des Verwaltungsvollzuges durch das Diskriminierungsverbot und das Effizienzgebot korrigiert. Aus dem Diskriminierungsverbot folgt, dass das nationale Recht im Vergleich zu gleichartigen, rein nationalen Fällen ohne Unterschied auf den Vollzug von Unionsrecht anzuwenden ist.

473 Das Effizienzgebot fordert, die im nationalen Recht vorgesehenen Verfahrensregeln nicht dazu führen zu lassen, dass die Verwirklichung des Unionsrechts praktisch unmöglich wird. Dies hat in verschiedener Hinsicht Auswirkungen auf das deutsche Verwaltungsrecht (→ Rn. 1106 ff.):

- Widersprüche gegen Maßnahmen zum Vollzug des Europarechts haben keinen Suspensiveffekt, weil der sofortige Vollzug ja angeordnet werden muss (§ 80 I VwGO).

---

94 *Oppermann/Classen/Nettesheim* EuropaR § 12 Rn. 1.
95 EuGH 21.9.1983 – 205/82, Slg. 1983, 2663 Rn. 17 = BeckRS 2004, 72267 – Milchkontor.

- Bei der Rücknahme von Verwaltungsakten muss der Vertrauensschutz grundsätzlich hinter die effiziente Verwirklichung des Unionsrechts zurücktreten. Zu beachten ist allerdings, dass auch das Europarecht Vertrauensschutz kennt, der im Einzelfall, dann aber *qua* Unionsrechts, der Rücknahme entgegenstehen kann.
- Nationale Fristenregelungen, etwa bezüglich der Rechtsbeständigkeit von Verwaltungsakten oder bspw. der Rechtskraft gerichtlicher Entscheidungen, dürfen den Vollzug von Unionsrecht nicht behindern. Sie finden keine Anwendung.
- Ermessensspielräume sind unter Berücksichtigung des Unionsrechts wahrzunehmen, sodass häufig eine Ermessensreduzierung auf Null gegeben ist.[96]

Das »Prinzip der institutionellen Eigenständigkeit« der Mitgliedstaaten besagt zudem, dass es Sache der Mitgliedstaaten ist zu bestimmen, welche Behörden in welchen Verfahren das Unionsrecht vollziehen.[97]   **474**

Unmittelbar geltende Vorschriften des Unionsrechts können direkt von nationalen Behörden vollzogen werden. Bei sog. staatengerichteten Unionsnormen ist zunächst noch die Konkretisierung bzw. grundsätzliche Gestaltung der auszuführenden Norm durch den Mitgliedstaat vorzunehmen.

Innerhalb des deutschen Föderalismus ist vor allem beim Rechtsvollzug die Kompetenzverteilung im Bundesstaat zu beachten. Insofern kommt es häufig zum Vollzug von Europarecht durch Landesbehörden. Stellen Landesbehörden eine Kollision von nationalem Recht und Unionsrecht fest, die sich nicht durch eine europarechtskonforme Auslegung des staatlichen Rechts beheben lässt, so sind sie nicht nur berechtigt, sondern sogar verpflichtet, die kollidierende innerstaatliche Norm zu verwerfen.[98]   **475**

Zwar sind die Mitgliedstaaten nach dem Grundsatz der Unionstreue aus Art. 4 III EUV verpflichtet, den weitgehend ihnen obliegenden Vollzug des Unionsrechts auch durchzuführen. Erzwingbar ist dies allerdings allenfalls indirekt. Es fehlt hier, bis auf wenige Ansätze, nach wie vor an letztverbindlichen Instrumenten der Durchsetzbarkeit.   **476**

Einerseits besteht die Möglichkeit einer Klage vor dem EuGH, etwa im Wege des Vertragsverletzungsverfahrens (Art. 258 AEUV), andererseits die Möglichkeit der Berufung eines Einzelnen auf die Wirkung einer Richtlinie bzw. die Geltendmachung des europarechtlichen Schadensersatzanspruchs (→ Rn. 582 ff.) gegen den jeweiligen Mitgliedstaat. Mit Art. 344 AEUV und Art. 193 EA setzen die Verträge den »guten Willen« der Mitgliedstaaten voraus, indem die in den Verträgen enthaltenen Streitregelungsmechanismen und insbesondere das Rechtsschutzsystem vor dem EuGH für ausschließlich anwendbar erklärt werden. Damit wird das Repressalienrecht des Völkerrechts ausgeschlossen.[99]   **477**

Ein durch den verurteilten Mitgliedstaat nicht beachtetes EuGH-Urteil kann zu einem weiteren Vertragsverletzungsverfahren führen (Art. 260 AEUV). Die in den Verträgen vorgesehenen Sanktionen beinhalten auch die Festsetzung eines vom Mitgliedstaat zu zahlenden Pauschalbetrages oder Zwangsgeldes. Dabei sind Entscheidungen des Ge-   **478**

---

96 BVerwGE 106, 328 = BeckRS 1998, 30012498.
97 *Oppermann/Classen/Nettesheim* EuropaR § 12 Rn. 24; EuGH 11.2.1971 – 39/70, Slg. 1971, 49 Rn. 4 ff. = BeckRS 2004, 71062 – Fleischkontor; stRspr.
98 EuGH 9.3.1978 – 106/77, Slg. 1978, 629 Rn. 17 ff. = BeckRS 2004, 70669 – Simmenthal II.
99 *Oppermann/Classen/Nettesheim* EuropaR § 12 Rn. 43 ff.

richtshofs zwar auch bezüglich einer Zahlungsverpflichtung vollstreckbare Titel, die Vollstreckbarkeit gilt allerdings nicht gegenüber Staaten (Art. 299 I AEUV). Insofern besteht Staaten gegenüber nur die mittelbare Möglichkeit der Sanktionierung, indem Individuen sich entweder auf nicht umgesetzte Richtlinien bei deren genügender Konkretisierung berufen oder aber beim Eintritt eines konkretisierbaren Schadens dem säumigen Mitgliedstaat gegenüber einen europarechtlichen Schadensersatzanspruch geltend machen können (→ Rn. 582 ff.).

479 Die Entwicklungen des Unionsrechts und die Rechtsprechung des EuGH führen zu einer Angleichung der einzelnen verwaltungsrechtlichen Konzepte in den Mitgliedstaaten im Sinne einer voranschreitenden »Europäisierung« des Verwaltungsrechts. Diese hat insbesondere iVm der zuletzt angesprochenen Haftung der Mitgliedstaaten für fehlenden Vollzug einen erheblichen Einfluss auf die verwaltungsrechtlichen Strukturen mit sich gebracht.

§ 11 Das Rechtsschutzsystem

Literatur (allgemein): *Calliess,* Kohärenz und Konvergenz bei Europäischem Individualrechtsschutz, NJW 2002, 3577; *Everling,* Rechtsschutz in der EU nach dem Vertrag von Lissabon, EuR 2009, Beiheft 1, 71; *Hamer,* Neueste Entwicklungen im Europäischen Rechtsschutzsystem, JA 2003, 666; *Herdegen* EuropaR § 9 Rn. 1–41; *Kokott/Dervisopoulos/Henze,* Aktuelle Fragen des effektiven Rechtsschutzes durch die Gemeinschaftsgerichte, EuGRZ 2008, 10; *Lindner,* Individualrechtsschutz im europäischen Gemeinschaftsrecht – Ein systematischer Überblick, JuS 2008, 1; *Müller-Graff/Schwarze,* Rechtsschutz und Rechtskontrolle nach Amsterdam, EuR 1999, Beiheft 1; *Oppermann/Classen/Nettesheim* EuropaR § 13; *Schweitzer/Hummer* EuropaR Rn. 443–485; *Streinz* EuropaR Rn. 610–709.

I. Kompetenzen des Gerichtshofes der Europäischen Union – Verfahrensgrundsätze

Literatur: *Bleckmann* EuropaR Rn. 1013 ff.; *Brandt,* Der EuGH und das Gericht 1. Instanz (EuG) – Aufbau, Funktion und Befugnisse, JuS 1994, 300; *Classen,* Rechtsstaatlichkeit als Primärrechtsgebot in der Europäischen Union – Vertragsrechtliche Grundlagen und Rechtsprechung der Gemeinschaftsgerichte, EuR 2008, Beiheft 3, 7; *Cremer,* Der Rechtsschutz des Einzelnen gegen Sekundärrechtsakte der Union gem. Art. III-270 Abs. 4 Konventsentwurf des Vertrags über eine Verfassung für Europa, EuGRZ 2004, 577; *Everling,* Rechtsschutz in der Europäischen Union nach dem Vertrag von Lissabon, EuR 2009, Beiheft 1, 71; *Hummer/Vedder/Lorenzmeier,* Europarecht in Fällen, 2012; *Oppermann/Classen/Nettesheim* EuropaR § 13 Rn. 6–28; *Vedder/Heintschel von Heinegg/Pache* EUV Art. 19, AEUV Art. 263; *Schröder,* Neuerungen im Rechtsschutz der Europäischen Union durch den Vertrag von Lissabon, DÖV 2009, 61.

1. Zuständigkeiten von Gerichtshof, Gericht und Fachgerichten/Rechtsmittel

480 Wie bereits dargelegt (→ Rn. 302 ff.), sichert der Gerichtshof der Europäischen Union im Rahmen seiner Zuständigkeit die Wahrung des Rechts (Art. 19 EUV) und gewährt in den dafür vorgesehenen Fällen Rechtsschutz. Die Gerichtsbezeichnung ist, wie bereits erwähnt, neu geregelt worden. Der »Gerichtshof der Europäischen Union« umfasst den Gerichtshof, das Gericht und die Fachgerichte. Im Unterschied zu den Gerichten der meisten anderen internationalen Organisationen (vgl. etwa den IGH der Vereinten Nationen, anders indes der EGMR des Europarates) können auch natürliche und juristische Personen unter bestimmten Voraussetzungen Rechtsschutz vor dem EuGH erlangen. Die Ausweitung des Rechtsschutzes natürlicher Personen gegen Unionsrechtsakte mit allgemeiner Geltung kann daher als die wesentliche Neuregelung des Vertrags von Lissabon bezeichnet werden, da sie eine entscheidende Weiterentwicklung zu einer umfassenderen Klagebefugnis Einzelner, die lange Zeit Gegenstand kontroverser Diskussionen war, darstellt.[100]

Innerhalb seiner Zuständigkeit nimmt der Gerichtshof der Europäischen Union, als **481** unabhängiges Organ der Rechtspflege, Kontroll- und Gestaltungsaufgaben wahr und interpretiert das Unionsrecht verbindlich.[101] Zu seinen Aufgaben gehört es dabei auch, das Unionsrecht fortzubilden und zu festigen.

Die Zuständigkeiten des Gerichtshofs der Europäischen Union sind in den Grün- **482** dungsverträgen enumerativ aufgeführt und damit ebenso abschließend, wie die dort genannten Verfahrensarten (dazu im Einzelnen → Rn. 499ff.). Der Gerichtshof der Europäischen Union besitzt keine Kompetenz zur Klärung von Auslegungs- oder Gültigkeitsfragen des nationalen Rechts.

Durch den Vertrag von Nizza wurde das Rechtsprechungssystem einer grundlegenden **483** Reform unterzogen, die nahezu unverändert in den Vertrag von Lissabon übernommen werden konnte. Demnach gibt es zwei Rechtszüge. In der 1. Instanz sind streitentscheidende Organe, neben dem Gericht, auch die Fachgerichte sowie der Gerichtshof. Der Gerichtshof kann mithin nach Maßgabe der Verträge sowohl erstinstanzlich, als auch als Rechtsmittelinstanz tätig werden. Abgrenzungen der Zuständigkeitsverteilung können dabei im Rahmen der Satzung angepasst werden. Bei Unzuständigkeit des Gerichts oder des Gerichtshofes erfolgt eine Verweisung, wobei der Gerichtshof eine abschließende Zuständigkeitsprüfung vornimmt. Bei der Befassung beider Gerichte mit identischen oder gleichartigen Fragen und der Anhängigkeit zusammenhängender Rechtsfragen kann das Gericht das Verfahren gem. Art. 54 III EuGH-Satzung[102] bis zur Entscheidung des Gerichtshofes aussetzen. Ferner kann sich das Gericht an den Gerichtshof wenden, wenn es der Auffassung ist, dass eine Rechtssache eine Grundsatzentscheidung erfordert.

Das Gericht ist gem. Art. 256 I AEUV in folgenden Klageverfahren für Entscheidun- **484** gen im ersten Rechtszug zuständig: Für direkte Klagen natürlicher und juristischer Personen, insbesondere für Anfechtungsklagen (Art. 263 AEUV, früher Art. 230 EG), Untätigkeitsklagen (Art. 265 AEUV, früher Art. 232 EG) und Schadensersatzklagen (Art. 268 AEUV, früher Art. 235 EG) und für den Bereich der Schiedsgerichtsbarkeit (Art. 272 AEUV, früher Art. 238 EG). Ausgenommen sind solche Klagen, die einem Fachgericht übertragen oder laut Satzung dem Gerichtshof vorbehalten sind. So ist funktional das Gericht für den öffentlichen Dienst als Fachgericht für dienstrechtliche Streitigkeiten zuständig. Weitere Zuständigkeiten werden dem Gericht durch Verordnungen zugewiesen und zwar für Klagen gegen die Entscheidungen der Beschwerdekammern des Harmonisierungsamtes für den Binnenmarkt und für Klagen gegen Entscheidungen des Sortenschutzamtes.

---

100 *Everling* EuR 2009, Beiheft 1, 73f.
101 Dazu → Rn. 407ff.
102 Sart. II, Nr. 245. Bislang ist noch keine Änderung der EuGH-Satzung erfolgt (Stand: 31.10.2009).

485 Der Gerichtshof bleibt zuständig für die anderen Klagen, insbesondere das Vertrags- verletzungsverfahren gem. Art. 258 AEUV (früher Art. 226 EG) und das Vorabent- scheidungsverfahren (Art. 267 AEUV, früher Art. 234 EG), wobei in der EuGH-Sat- zung in Zukunft dem Gericht auch andere Klagekategorien als die in Art. 256 AEUV aufgeführten zugewiesen werden können. So kann bereits jetzt dem Gericht die Zu- ständigkeit für Vorabentscheidungen auf bestimmten Gebieten übertragen werden. Insgesamt soll es aber dabei bleiben, dass dem Gerichtshof die Entscheidung der grundlegenden Fragen des Unionsrechts vorbehalten ist.

486 Schließlich kann der Rat auf der Grundlage des Art. 262 AEUV (früher Art. 229 a EG) im Wege eines besonderen Gesetzgebungsverfahrens beschließen, dem Gerichtshof die Zuständigkeit für Rechtsstreitigkeiten im Zusammenhang mit dem geistigen Eigentum zuzuweisen.

487 Seit dem Vertrag von Nizza bestand für den Rat gem. Art. 225 a EG die Möglichkeit, einstimmig sog. gerichtliche Kammern zu schaffen. Diese Befugnis ist mit der neuen Regelung in Art. 257 AEUV übernommen worden. Allerdings müssen nunmehr der Europäische Rat und der Rat gemeinsam im ordentlichen Gesetzgebungsverfahren über die Bildung der beigeordneten Fachgerichte beschließen. Sie haben nach wie vor eine Zuständigkeit in erster Instanz für bestimmte Kategorien von Klagen auf genau festgelegten Gebieten, etwa für Streitsachen in Personalangelegenheiten oder im Be- reich des geistigen Eigentums. Im Ergebnis wurde damit eine Entlastung des Gerichts bezweckt. Im Jahre 2004 wurde ein Gericht für den öffentlichen Dienst der Europä- ischen Union als Fachgericht errichtet.[103]

488 Gegen Entscheidungen der beigeordneten Fachgerichte kann vor dem insoweit zu- ständigen Gericht Revision eingelegt werden, Art. 257 III AEUV.

489 Gegen Entscheidungen des Gerichts können vor dem Gerichtshof Rechtsmittel einge- legt werden. Gemäß Art. 256 I 3 AEUV (zuvor Art. 225 I 3 EG sowie 140 a I EA) ist die Einlegung von Rechtsmitteln gegen Entscheidungen des Gerichts beim Gerichtshof auf Rechtsfragen beschränkt, sodass Rechtsmittel nur auf eine behauptete Unzuständigkeit des Gerichts, auf Verfahrensfehler, die die Interessen des Rechtsmittelsführers beein- trächtigen sowie auf die Verletzung des Unionsrechts gestützt werden können.[104]

490 Will man die verschiedenen Tätigkeitsbereiche des Gerichtshofes – bei aller Zurück- haltung – an innerstaatlichen Kategorien messen, wird man einmal die Tätigkeit des Gerichtshofes als Verfassungsgericht im Falle von Streitentscheidungen über Organ- und Staatenstreitigkeiten sowie die Konformität von Primär- und Sekundärrecht her- vorzuheben haben. Sodann fungiert der Gerichtshof als Verwaltungsgericht in Fragen der Rechtmäßigkeit bzw. der rechtswidrigen Unterlassung von Organhandlungen. Schließlich handelt er als Dienst- und Disziplinargericht bei Streitigkeiten zwischen der Union und deren Bediensteten. Er ist das amtliche Interpretationsorgan in Fragen der Auslegung des Europarechts und ähnelt einem Zivilgericht, wenn er über die Haf- tung der Union im Rahmen von Schadensersatzklagen entscheidet.[105]

---

103 ABl. 2004 L 333, 7.
104 *Hummer/Vedder/Lorenzmeier,* Europarecht in Fällen, 5. Aufl. 2011, 354.
105 S. zu dieser Kategorisierung auch *Bleckmann* EuropaR Rn. 1013 ff. und *Brandt* JuS 1994, 305.

Unionsgerichtsbarkeit, Art. 19 EUV; Art. 251–281 AEUV (»Dreigliedriger Instanzen-   **491**
zug«)

Unionsgerichtbarkeit, Art. 19 EUV; Art. 251–281 AEUV (»Dreigliedriger Instanzenzug«)

I. Gerichtshof

1. **Zusammensetzung**
⇒ pro Mitgliedstaat ein Richter, Art. 19 II EUV
⇒ Unterstützung durch 8 Generalanwälte, Art. 252 AEUV

2. **Zuständigkeit:**
⇒ Gerichtshof der Europäischen Union sichert »Wahrung des Rechts bei der Auslegung und Anwendung der Verträge«, Art. 19 I EUV
⇒ Rechtsweg zum Gerichtshof ist nur eröffnet, wenn ihm die Schwierigkeiten ausdrücklich zugewiesen sind

3. **Beschlussfassung:**
⇒ grds. in Kammern mit 3 oder 5 Richtern, Art. 251 AEUV; Art. 16 EuGH-Satzung
⇒ Auf Antrag eines Mitgliedstaates oder Unionsorgans Entscheidung durch große Kammer (11 Richter), Art. 251 II AEUV, Art. 16 II EuGH-Satzung

Ausnahme: Mehrheitsentscheidung im Plenum, Art. 251 S. 2 AEUV

Merke!
Gegen die Entscheidungen des Gerichts
kann ein auf Rechtsfragen beschränktes Rechtsmittel
zum EuGH eingelegt werden, Art. 256 I UAbs. 2 AEUV

II. Gericht, Art. 19 EUV, Art. 254, 256 AEUV

1. **Zusammensetzung**
⇒ pro Mitgliedstaat mindestens 1 Richter, Art. 19 II UAbs. 2 EUV
⇒ keine Generalanwälte

2. **Zuständigkeit**
⇒ gem. Art. 256 I AEUV ist das Gericht zuständig für Entscheidungen über Nichtigkeits-, Untätigkeits-, Schadensersatz- und Bedienstetenklagen und für Klagen aufgrund von Schiedsklauseln
⇒ gem. Art. 256 III AEUV auch zuständig für Vorlagefragen, Art. 267 AEUV in besonderen Sachgebieten; Gericht kann aber aus eigener Initiative diese Fragen dem Gerichtshof vorlegen bzw. dessen Entscheidung kann vom Gerichtshof überprüft werden
Ausnahme: Klagen, die beigeordneten Fachgerichten übertragen werden oder die satzungsgemäß dem Gerichtshof vorbehalten sind

3. **Beschlussfassung:**
⇒ grds. in Kammern mit 3 oder 5 Richtern, Art. 50 I EuGH-Satzung
⇒ in bestimmten Fällen durch Einzelrichter oder im Plenum, Art. 50 II und III EuGH-Satzung

Merke!
Gegen die Entscheidungen der Fach-
gerichte kann ein Rechtsmittel zum EuG eingelegt werden.
Art. 257 III, 256 II AEUV; ausnahmsweise Überprüfung der Rechtsmittel-
entscheidung des Gerichts durch Gerichtshof, Art. 256 II UAbs. 2 AEUV

III. Beigeordnete Fachgerichte, Art. 19 EUV, Art. 257 AEUV

⇒ Rat und Parlament können beigeordnete Fachgerichte einrichten, die erstinstanzlich für bestimmte, vom Rat und Parlament festzulegende, Kategorien von Klagen zuständig sind, Art. 257 AEUV
⇒ Zuständigkeit für bestimmte Klagekategorien im ersten Rechtszug (»Fachgerichtsbarkeit«)
⇒ 2004: Errichtung des Gerichts für den öffentlichen Dienst in der Europäischen Union (GöD); zuständig für Beamtensachen (Erklärung Nr. 16 zu Art. 225a EGV)
⇒ Fachgerichte für Materien des Zivil- und Prozessrechts sowie für Asylsachen denkbar!

2. Verfahrensgrundsätze

492   In den Verträgen findet sich nur eine fragmentarische Regelung des Verfahrensablaufs vor dem Gerichtshof, dem Gericht und dem Gericht für den öffentlichen Dienst (GöD). Die übrigen Regelungen finden sich in der EuGH-Satzung und in der Verfahrensordnung des Gerichtshofs (VerfO EuGH),[106] welche ergänzt wird durch die zusätzliche Verfahrensordnung des Gerichtshofs,[107] zudem in der Verfahrensordnung des Gerichts,[108] im Beschluss des Rates zur Errichtung eines Gerichts erster Instanz der Europäischen Gemeinschaften sowie in der Verfahrensordnung des Gerichts für den öffentlichen Dienst der EU.[109] Die Verfahrensregeln für das Gericht, den Gerichtshof und das GöD sind im Wesentlichen identisch. Verfahrenssprachen für den Gerichtshof der Europäischen Union sind die Amtssprachen, wobei prinzipiell der Kläger bzw. im Vorabentscheidungsverfahren das vorlegende Gericht die Sprache bestimmt. Bei Klagen gegen einen Mitgliedstaat ist die Amtssprache des Beklagten weitere Verfahrenssprache.[110] Interne Arbeitssprache des Gerichtshofs der Europäischen Union ist allerdings Französisch. Versuche von Frankreich, die französische Sprache als alleinige Verfahrenssprache zu etablieren, sind bislang stets zurückgewiesen worden. Dies wäre mit der Gleichheit der Mitgliedstaaten und der Bürgernähe der EU auch kaum vereinbar.

493   Gemäß Art. 20 EuGH-Satzung gliedert sich das Verfahren in einen schriftlichen und einen mündlichen Teil. Das schriftliche Verfahren beginnt mit der Klageerhebung durch Einreichung der Klageschrift bzw. der Vorlagefrage eines nationalen Gerichts (Art. 21 und 22 EuGH-Satzung). Innerhalb eines Monats nach Zustellung der Klageschrift hat der Beklagte die Klage zu beantworten (Art. 40 VerfO EuGH). Klageschrift und Klagebeantwortung können ggf. durch eine Erwiderung des Klägers und eine Gegenwiderung des Beklagten ergänzt werden.

494   Das sich hieran anschließende mündliche Verfahren endet mit den Schlussanträgen des Generalanwalts (Art. 59 VerfO EuGH), beim Gericht nur dann, wenn ein Generalanwalt bestellt ist (vgl. dazu Art. 17–19 und Art. 61 EuG VerfO), und umfasst weiterhin die mündliche Verhandlung sowie ggf. die Vernehmung von Zeugen und Sachverständigen.

495   Bei den Direktklagen, bei denen es sich um kontradiktorische Verfahren handelt, werden die Parteien durch Anwälte oder Bevollmächtigte vertreten (Art. 19 EuGH-Satzung). Für natürliche und juristische Personen besteht Anwaltszwang (Art. 19 III EuGH-Satzung). Sie müssen sich von einem Rechtsanwalt mit Zulassung in einem der Mitgliedstaaten oder einem Rechtslehrer an einer Hochschule vertreten lassen. Mitgliedstaaten und Unionsorgane können sich hingegen von eigenen Bevollmächtigten vertreten lassen.

---

106 Sart. II, Nr. 250. Verfahrensordnung v. 19.6.1991, ABl. 1991 L 176, 7; zul. geänd. am 13.1.2009, ABl. 2009 L 24, 8.
107 Sart. II, Nr. 250a. Erlassen am 4.12.1974, ABl. 1974 L 350, 1; zul. geänd. am 21.2.2006, ABl. 2006 L 72, 1.
108 Sart. II, Nr. 252. Verfahrensordnung v. 2.5.1991, ABl. 1991 L 136, 1; zul. geänd. am 7.7.2009; ABl. 2009 L 184, 10.
109 ABl. 2007 L 225, 1.
110 Vgl. zu den Einzelheiten Art. 29 VerfO EuGH in der durch den Beschl. des Rates v. 19.4.2004 zur Änderung von Art. 29 § 1 der Verfahrensordnung des Gerichtshofes geänderten Fassung, ABl. 2004 L 132, 2 v. 29.4.2004.

Der Gerichtshof der Europäischen Union entscheidet durch Urteil oder Beschluss, je **496** nachdem, ob eine mündliche Verhandlung stattgefunden hat. Die Beratungen sind geheim. Die Urteile ergehen zwar durch Mehrheitsbeschluss, sie werden aber von allen an der Beratung teilnehmenden Richtern unterzeichnet und das Abstimmungsverhalten sowie mögliche abweichende Meinungen treten nach außen hin nicht in Erscheinung.

Das Verfahren ist im Rahmen des nach Art. 72 VerfO EuGH Zulässigen kostenfrei, **497** wenn kein Antrag auf Tragung der Kosten durch die unterliegende Partei gestellt wird. Die Vollstreckung der Urteile erfolgt nach Art. 280 iVm Art. 299 AEUV durch die Organe und nach den Vorschriften des Zivilprozessrechts des Staates, in dessen Hoheitsgebiet sie stattfindet. Die Zwangsgewalt liegt also insoweit bei den Mitgliedstaaten.[111]

Die Rechtssachen des Gerichtshofes werden mit dem Buchstaben »C« (Cour) gekenn- **498** zeichnet; den Seitenzahlen seiner Entscheidungen wird in der amtlichen Entscheidung eine I vorangestellt (zB EuGH, Slg. 2000, I-1). Die Rechtssachen des Gerichts werden unter dem Buchstaben »T« (Tribunal) geführt und die Seitenzahlen in der amtlichen Entscheidungssammlung mit einer vorangestellten II gekennzeichnet (zB EuG, Slg. 2000, II-1).

II. Verfahrensarten

1. Vertragsverletzungsverfahren

Literatur: *Pechstein* EU-ProzR Rn. 252–330; *Oppermann/Classen/Nettesheim* EuropaR § 13 Rn. 29–40; *Streinz* EuropaR Rn. 622–627; *Thiele,* Sanktionen gegen EG-Mitgliedstaaten zur Durchsetzung von Europäischem Gemeinschaftsrecht – Das Sanktionsverfahren nach Art. 228 Abs. 2 EG, EuR 2008, 320.

Das *»Vertragsverletzungsverfahren«* nach Art. 258, 259 AEUV (Übersicht dazu **499** → Rn. 556 f.) dient dazu, Verstöße der Organe und Behörden eines Mitgliedstaates gegen primäres oder sekundäres Unionsrecht seitens der Kommission prozessual zu rügen, die insofern ihrer Rolle als Hüterin der Verträge nachkommen kann. Damit erfüllt das Vertragsverletzungsverfahren eine ausschließlich objektivrechtliche Funktion, indem hier ein Verfahren zur gleichförmigen Durchsetzung und Sicherstellung des Unionsrechts zur Verfügung gestellt wird. Auf die Verletzung subjektiver Rechte der Unionsbürger kommt es im Rahmen dieses Verfahrens nicht an. Die Rüge einer Vertragsverletzung ist daneben – wie wohl in der Praxis eher selten – gem. Art. 259 AEUV auch durch Mitgliedstaaten möglich. Auf der Beklagtenseite steht regelmäßig ein Mitgliedstaat.

Ein atypisches Vertragsverletzungsverfahren stellt die Möglichkeit der Europäischen **500** Zentralbank dar, entsprechend den Befugnissen der Kommission im Vertragsverletzungsverfahren gegen nationale Zentralbanken vorzugehen (Art. 271 lit. d S. 2 AEUV).

Ziel des Vertragsverletzungsverfahrens ist es, die Mitgliedstaaten zur Einhaltung der **501** Verträge, dabei insbesondere zur rechtzeitigen und angemessenen Umsetzung von Richtlinien anzuhalten. Die Bedeutung dieses Verfahrens wird dadurch ersichtlich,

---

111 Dazu *Pechstein* EU-ProzR Rn. 169.

dass Anfang des Jahres 2008 die Anzahl der verspäteten Umsetzungen zwar leicht gesunken war, aber allein gegen Deutschland noch 89 Vertragsverletzungsverfahren wegen fehlerhafter Umsetzung von EU-Recht anhängig waren.[112]

502 Vor einer Klage nach Art. 258 AEUV muss der betroffene Mitgliedstaat angehört werden und ihm muss die Gelegenheit gegeben werden, die Beanstandungen zu beseitigen. Vor einer Klage nach Art. 259 AEUV muss ein außergerichtliches Vorverfahren unter Einbeziehung der Kommission durchgeführt werden (Art. 259 II–IV AEUV). In diesem Vorverfahren ist dem angegriffenen Staat Gelegenheit zur Stellungnahme zu den gegen ihn erhobenen Vorwürfen zu geben. Dabei hört die Kommission den Mitgliedstaat zunächst zu den Vorwürfen an. Sodann nimmt sie zum Verfahrensstand Stellung und hat ggf. zu begründen, worin ihrer Ansicht nach eine Vertragsverletzung zu sehen ist. Dem Mitgliedstaat ist danach eine Frist zur Abhilfe zu setzen. Ist diese fruchtlos abgelaufen, kann Klage erhoben werden. Insofern müssen Vorverfahren und gerichtliches Verfahren denselben Streitgegenstand haben.

503 Das Vorverfahren dient dazu, die außergerichtliche Beilegung von Streitigkeiten zu ermöglichen bzw. dem betroffenen Staat Gelegenheit zu geben, einen Rechtsverstoß zu beseitigen, bevor er mit einer Klage überzogen wird. Ändert der Mitgliedstaat das gerügte Verhalten und ist die Kommission dann immer noch der Auffassung, dass ein Verstoß gegen Unionsrecht vorliegt, ist ein erneutes Vorverfahren durchzuführen. Kommt der Staat der Stellungnahme innerhalb der gesetzten Frist nach, ist die Klage gegenstandslos und das Verfahren deshalb einzustellen.

504 Die Vertragsverletzungsklage ist begründet, wenn die von der Kommission oder dem klagenden Staat behaupteten Tatsachen zutreffen, das angegriffene Verhalten dem beklagten Mitgliedstaat rechtlich zuzurechnen ist und sich hieraus ein Verstoß gegen eine Bestimmung des Unionsrechts ergibt.

505 Werden Zulässigkeit und Begründetheit der Klage bejaht, wird also durch Urteil ein Vertragsverstoß festgestellt, ist der betroffene Mitgliedstaat verpflichtet, mit Wirkung für die Zukunft den europarechtswidrigen Zustand unverzüglich durch einen vertragsgemäßen zu ersetzen (Art. 260 I AEUV). Kommt der Mitgliedstaat dieser Pflicht nicht nach, kann gegen den betreffenden Mitgliedstaat ein zu zahlender Pauschalbetrag oder ein Zwangsgeld verhängt werden. Gegenüber dem Staat kann allerdings keine Zwangsvollstreckung durchgeführt werden (Art. 260 II AEUV).[113] Gleichwohl bezeichnet der EuGH das Verfahren nach Art. 260 II AEUV als ein Vollstreckungsverfahren,[114] das aber voraussetzt, *dass* eine Vertragsverletzung festgestellt wurde. Hier ist mitunter sorgfältig zu prüfen, was im ersten Urteil des Gerichtshofes enthalten ist. Mit dem Vertrag von Lissabon ist hier eine bedeutende Änderung eingeführt worden. Konnte nach altem Recht ein Pauschalbetrag bzw. ein Zwangsgeld nur in einem zweiten Verfahren, in dem die Nichtbefolgung des Urteils festgestellt wurde, verhängt werden, kann der Gerichtshof künftig bereits in seinem ersten Urteil Sanktionen festsetzen, jedenfalls wenn es um die fehlende Umsetzung von Richtlinien geht und die Kommission eine entsprechende Maßnahme benannt hat (Art. 260 III AEUV).

---

112 Vgl. die Presseerklärung der Kommission v. 14.2.2008, IP/08/235.
113 S. dazu bereits → Rn. 532. Zuletzt hierzu *Thiele* EuR 2008, 320 ff.
114 EuGH EuZW 2013, 946 Rn. 23 – VW II.

Dieses Zwangsgeld ist auf das Konto »Eigenmittel« zu überweisen, darüber sowie über die Abstellung des Vertragsverstoßes wacht die Kommission. Diese ist bei der Beurteilung aber auf eine formale Kontrolle beschränkt, kann also das Zwangsgeld nur im Rahmen des Tenors verlangen. Sie ist nicht befugt, selbstständig zu entscheiden, ob und wann der Mitgliedstaat einen vertragskonformen Zustand schafft und auf dieser Grundlage das Zwangsgeld anzupassen. Dies liefe den Verfahrensrechten des Mitgliedstaates und dem Entscheidungsmonopol des EuGH zuwider.[115] Glaubt die Kommission eine andauernde oder erneute Vertragsverletzung zu erkennen, muss sie das in Art. 258 AEUV vorgesehene Verfahren einleiten, dass schließlich in eine Entscheidung des EuGH münden kann.

2. Nichtigkeitsklage

> **Literatur:** *Nowak/Behrend,* Kein zentraler Individualrechtsschutz gegen Gesetzgebungsakte der Europäischen Union?, EuR 2014, 86 ff.; *Pechstein* EU-ProzR Rn. 332–568; *Oppermann/Classen/Nettesheim* EuropaR § 13 Rn. 41–53 und 56–66; *Riedel,* Rechtsschutz gegen Akte Europäischer Agenturen, EuZW 2009, 565 ff.; *Streinz* EuropaR Rn. 630–661; *Thiele,* Sanktionen gegen EG-Mitgliedstaaten, zur Durchsetzung von Europäischem Gemeinschaftsrecht – Das Sanktionsverfahren nach Art. 228 Abs. 2 EG, EuR 2008, 320 ff.

Eine »*Nichtigkeitsklage*« gem. Art. 263 AEUV (Übersicht dazu → Rn. 557) eröffnet **506** dem Klageberechtigten die Möglichkeit, Rechtsakte der Unionsorgane auf deren Rechtmäßigkeit hin gerichtlich überprüfen zu lassen. Sie zielt auf Wiederherstellung des dem Unionsrecht entsprechenden Zustandes durch die Beseitigung des rechtswidrigen Unionsaktes. Rechtlich unverbindliche Akte können mit der Nichtigkeitsklage nicht angegriffen werden, dies gilt etwa für die Entscheidung des Petitionsausschusses des Parlamentes, einer zulässigen Petition nicht abzuhelfen, sondern diese einer anderen Stelle zu überweisen.[116] Die inhaltliche Entscheidung über eine Petition unterliegt nämlich dem freien Ermessen des Parlamentes und nicht der Kontrolle der Unionsrichter. Die Entscheidung über die Nichtzulässigkeit einer Petition ist eingedenk der Rechte aus Art. 227 AEUV und Art. 44 GRCh anfechtbar.[117]

Aktiv parteifähig sind Rat, Europäisches Parlament, Kommission und Mitgliedstaaten **507** (Art. 263 II AEUV), daneben die Europäische Zentralbank, der Rechnungshof und – insoweit neu – der Ausschuss der Regionen (Art. 263 III AEUV) als teilprivilegierte Klageberechtigte. Aber auch natürliche und juristische Personen sind unter besonderen Voraussetzungen klageberechtigt (Art. 263 IV AEUV). Zu den nach Art. 263 IV AEUV Parteifähigen gehören bspw. auch die deutschen Bundesländer.

Mit der neu eingefügten ausdrücklichen Nennung des Ausschusses der Regionen als parteifähiges Organ ist die bislang offen gebliebene Frage, ob auch anderen nicht genannten Organen eine aktive Parteifähigkeit zuerkannt werden könne, beantwortet worden. Nach alter Rechtslage stellte sich diese Frage, etwa im Falle des Wirtschafts- und Sozialausschusses oder des Ausschusses der Regionen.[118] Dafür sprach, dass diese

---

115 EuG EuZW 2011, 402 Rn. 57 ff. – Portugal/Kommission, mkritAnm v. *Wendenburg* EuZW 2011, 407.
116 EuG EuZW 2013, 358 Rn. 15 ff. – Schönberger.
117 EuG 14.9.2011 – T-308/07, Slg. 2011 II-00279 Rn. 21 = BeckRS 2011, 81347 – Tegebauer.
118 *Pechstein* EU-ProzR Rn. 354.

Organe andernfalls dem Wohlverhalten anderer Organe ausgesetzt wären, ohne sich gegen die Verletzung ihrer Rechte zur Wehr setzen zu können. Auf der anderen Seite konnte die vertraglich fehlende Klagemöglichkeit gerade als Ausdruck eines von den Mitgliedstaaten wohl austarierten institutionellen Gleichgewichts angesehen werden. Gegen eine Klagemöglichkeit sprachen insoweit auch der Vertragswortlaut und das Prinzip der begrenzten Einzelermächtigung. Durch den Umstand, dass der Ausschuss der Regionen nunmehr ausdrücklich als teilprivilegiertes klageberechtigtes Organ genannt wird, ist davon auszugehen, dass nicht ausdrücklich genannten Organen diese Stellung nicht zukommt.

508 Passiv parteifähig sind der Rat, die Kommission, das Europäische Parlament und die Europäische Zentralbank. An dieser Stelle wurde hier der Europäische Rat sowie die Handlungen der Einrichtungen oder sonstigen Stellen der Union mit Rechtswirkung gegenüber Dritten hinzugefügt. Mit letzterem Zusatz wird die bisherige Praxis bestätigt, dass Maßnahmen, die von, durch Organe eingesetzten Agenturen und Einrichtungen erlassen wurden, angefochten werden können.[119]

509 In dem Fall, dass sich im Verfahren sowohl auf Kläger- wie auf Beklagtenseite zwei Organe gegenüberstehen, kommt der Nichtigkeitsklage die Bedeutung eines aus dem deutschen Verfassungsprozessrecht bekannten »Organstreitverfahrens« zu. In diesem Zusammenhang ist es jedenfalls vertretbar, auch Organteilen des Europäischen Parlaments, wie Präsident, Präsidium, Fraktionen und einzelnen Abgeordneten ein Klagerecht zuzuerkennen.

510 Wollen natürliche und juristische Personen im Klagewege die Nichtigkeit eines Unionsrechtsaktes rügen, müssen sie unmittelbar betroffen sein. Dies ist eine Frage der Klagebefugnis (→ Rn. 512).

511 Im Rahmen der Nichtigkeitsklage können nur die abschließend in Art. 263 II AEUV aufgezählten Gründe geltend gemacht werden. Diese sind Unzuständigkeit, Verletzung wesentlicher Formvorschriften (etwa Verletzung von Beteiligungs- und Anhörungsrechten), Verletzung des Vertrags bzw. einer bei seiner Durchführung anzuwendenden Rechtsnorm oder Ermessensmissbrauch.

512 Mitgliedstaaten, Rat, Kommission und Parlament sind im Hinblick auf die Klagebefugnis privilegiert. Dementsprechend brauchen sie, im Gegensatz zu natürlichen und juristischen Personen, dem Rechnungshof und der Europäischen Zentralbank kein besonderes Rechtsschutzinteresse vorzuweisen. Privatpersonen bzw. juristische Personen sind darüber hinaus grundsätzlich in ihrer Klagemöglichkeit beschränkt. Für sie steht die Nichtigkeitsklage nach Art. 263 IV nur in drei Fällen offen: Gegen Handlungen, die an sie gerichtet sind (Var. 1, dies betrifft vor allem Entscheidungen), gegen Handlungen, die sie unmittelbar und individuell betreffen (Var. 2, dies erfasst auch Entscheidungen an Dritte und adressatenlose Handlungen) sowie gegen »Rechtsakte mit Verordnungscharakter, die sie unmittelbar betreffen und keine Durchführungsmaßnahmen nach sich ziehen« (Var. 3).

513 Die dritte Variante stellt die bedeutendste Neuregelung des Vertrags von Lissabon in Bezug auf das Rechtsschutzsystem dar. Nach alter Rechtslage konnten natürliche und juristische Privatpersonen nur dann gegen einen Rechtsakt vorgehen, wenn sie durch

---

119 Hierzu *Riedel* EuZW 2009, 565 ff.

ihn individuell und unmittelbar selbst betroffen waren. Dies war regelmäßig allein bei Entscheidungen bzw. »Scheinverordnungen«, dh bei solchen Verordnungen, die ihrem Inhalt nach eigentlich eine Entscheidung darstellen, der Fall. Der Gerichtshof der Europäischen Union bejahte eine individuelle Betroffenheit zudem dann, wenn der angegriffene Rechtsakt den Kläger »aus dem Kreis aller übrigen Personen heraushebender Umstände in ähnlicher Weise individualisiert wie den Adressaten einer Entscheidung«.[120] Diese von der sog. »Plaumann-Formel« errichtete Schwelle wurde selten erreicht. Dies hat den Generalanwalt *Jacobs* bewogen, maßgeblich auf die unmittelbare Betroffenheit abzustellen, um einen effektiven unionalen Rechtsschutz zu garantieren. Der EuGH ist diesem Ansinnen nicht gefolgt und hat unter Verweis auf den Wortlaut betont, dass es den Mitgliedstaaten obliege, die Verträge zu ändern.[121]

Hieran wurde insbesondere kritisiert, dass der Betroffene im Falle eines allgemein geltenden Unionsrechtsaktes, anwendbar ohne einen notwendigen Vollzugsakt, erst einen Gesetzesverstoß begehen müsse, um einen anfechtbaren Rechtsakt zu erhalten. Außerdem war umstritten, ob Individuen auch Richtlinien angreifen können, zB durch eine analoge Anwendung des Art. 263 IV AEUV. Angesichts der Tatsache, dass auch die Richtlinie unter Umständen gegenüber Einzelnen unmittelbare Wirkung entfalten kann, wurde eine solche Anwendung im Sinne eines effektiven Rechtsschutzes als konsequent erachtet.[122] Nunmehr kommt es nicht mehr zwingend auf eine individuelle, sondern auf eine unmittelbare Betroffenheit an. Diese ist zunächst stets gegeben, wenn der Kläger Adressat eines Beschlusses ist. Bei Verordnungen, die per Definition allgemein, also auch unmittelbar gelten, ist dies umstritten. Nach einer Auffassung soll jede Verordnung iSd Art. 288 II AEUV anfechtbar sein. Es dürfte dem Wortlaut, einer grundrechtsfreundlichen Interpretation der Verträge (vgl. Art. 47 EU-Grundrechtecharta) und dem Selbstverständnis der EU als Rechtsgemeinschaft entsprechen, dass auch Verordnungen vereinfacht angefochten werden können, wenn sie nur unmittelbar wirken und keiner Durchführungsakte bedürfen.[123] Allerdings dürften Richtlinien von der Klageerleichterung schon deshalb nicht erfasst sein, weil sie ohne Umsetzung Einzelne nicht belasten dürfen.[124] Die Gegenmeinung möchte Verordnungen, die im Gesetzgebungsverfahren erlassen wurden, von der erleichterten Klagebefugnis ausnehmen und die Erweiterung der Klagemöglichkeit im Wesentlichen auf Durchführungsakte begrenzen. Dieser Auffassung hat sich nun auch der EuGH angeschlossen, indem er ein Urteil des Gerichts in der Rechtsmittelinstanz bestätigt hat.[125] Der Gerichtshof begründet dies wesentlich mit der Entstehungsgeschichte der Norm und führt in systematischer Hinsicht aus, dass der Begriff der Handlung nach Var. 1 und 2 einen weiteren Anwendungsbereich haben müsse, als der der Rechtsakte mit Verordnungscharakter. Auch eine grundrechtsfreundliche Interpretation des Art. 263 IV AEUV (vgl. Art. 47 EU-Grundrechtecharta) verlange keine vom Willen des Normgebers abweichende Auslegung, zumal mit dem Vorabentscheidungsverfahren (Art. 267 AEUV) und der Indizenzkontrolle nach Art. 277 AEUV eine Überprüfung unionaler Rechtsakte mit

514

---

120 Sog. Plaumann-Formel, Urt. des EuGH 15.7.1963 – 25/62, Slg. 1963, 199; vgl. auch Urt. 1.4.2004 – C-263/02, Slg. 2004, I-3425 = BeckRS 2004, 75798.
121 EuGH 25.7.2002 – C 50/00, Slg. 2002, I-6677 Rn. 45.
122 So auch *Pechstein* EU-ProzR Rn. 411 ff.
123 Näher dazu Vedder/Heintschel v. Heinegg/*Pache* AEUV Art. 263 Rn. 40.
124 So *Everling* EuR 2009, Beiheft 1, 71 (74) mit Verweis auf *Oppermann/Classen/Nettesheim* EuropaR § 13 Rn. 58.
125 EuGH EuZW 2014, 22.

allgemeiner Geltung möglich sei. Diese Ausführungen sind, insbesondere in Ansehung einer grundrechtsfreundlichen Interpretation, zu Recht kritisiert worden.[126] In der Praxis gilt nunmehr allerdings, dass im Wege der Nichtigkeitsklage von Individuen Handlungen mit allgemeiner Geltung unter Ausschluss von Gesetzgebungsakten angefochten werden können. Dabei wird die »Plaumann-Formel« für die 2. Var. (Handlungen, die unmittelbar und individuelle betreffen) weiterhin anwendbar sein.

515 Rechnungshof, Europäische Zentralbank und der Ausschuss der Regionen sind nur teilprivilegiert, da sie die Klage gem. Art. 263 III AEUV spezifisch zur »Wahrung ihrer Rechte« erheben müssen.

516 Für die Klageerhebung gilt gem. Art. 263 VI AEUV eine Ausschlussfrist von zwei Monaten. In Abs. 6 ist auch der Beginn des Fristablaufs festgelegt. Dieser ist am schwierigsten für den Nichtadressaten einer Entscheidung zu bestimmen, der gem. Art. 263 IX AEUV Klage erheben kann. Er muss dies innerhalb von zwei Monaten, nachdem er von der Entscheidung Kenntnis erlangt hat, tun.

517 Die Nichtigkeitsklage ist begründet, wenn der angefochtene Rechtsakt des beklagten Unionsorgans jedenfalls teilweise mit einem der in Art. 263 II AEUV genannten Nichtigkeitsgründe behaftet ist und dieser unionsrechtliche Verstoß entweder vom Kläger geltend gemacht oder vom Gericht *ex officio* aufgegriffen wird.

518 Im Falle einer erfolgreichen Klage wird der angegriffene Rechtsakt des Unionsorgans durch das Gericht für nichtig erklärt (Art. 264 I AEUV). Das Urteil wirkt *ex tunc* und *erga omnes*. Gemäß Art. 266 I AEUV sind ggf. die Folgen tatsächlicher oder rechtlicher Art, die auf dem für nichtig erklärten Rechtsakt beruhen, zu beseitigen.

3. Untätigkeitsklage

Literatur: *Oppermann/Classen/Nettesheim* EuropaR § 13 Rn. 54–66; *Pechstein* EU-ProzR Rn. 570–668; *Streinz* EuropaR Rn. 661–671.

519 Gegenstand der *»Untätigkeitsklage«* ist gem. Art. 265 AEUV (Übersicht dazu → Rn. 555 und → Rn. 558) die Rüge der vertragswidrigen Untätigkeit von Unionsorganen wie dem Parlament, dem Rat, dem Europäischen Rat oder der Kommission sowie der Europäischen Zentralbank. Aktiv parteifähig sind die Mitgliedstaaten und die Unionsorgane sowie natürliche und juristische Personen, passiv parteifähig die oben benannten Unionsorgane. Neu ist der Zusatz, dass die Untätigkeitsklage entsprechend für die Einrichtungen und sonstigen Stellen der Union gilt. Klagegegenstand ist das Unterlassen einer Beschlussfassung trotz einer primärrechtlichen Verpflichtung.

520 Die Erhebung einer Untätigkeitsklage ist nur zulässig, »wenn das infrage stehende Organ, die Einrichtung oder die sonstige Stelle zuvor aufgefordert worden ist, tätig zu werden« (Art. 265 II 1 AEUV). Vor der Klageerhebung ist daher ein Vorverfahren durchzuführen, in dem das betroffene Organ zum Tätigwerden aufgefordert wird. Hat das Organ binnen zwei Monaten nach dieser Aufforderung nicht Stellung genommen, kann die Klage innerhalb einer weiteren Frist von zwei Wochen erhoben werden (Art. 265 II 2 AEUV). Durch das Vorverfahren wird der Gegenstand des gerichtlichen Verfahrens begrenzt.

---

126 *Nowak/Behrend* EuR 2014, 86 (95 ff.).

Im Verhältnis zur Nichtigkeitsklage ist die Untätigkeitsklage subsidiär. Die Feststellung 521
einer vertragswidrigen Untätigkeit kommt daher nicht in Betracht, wenn das beklagte
Organ, sei es auch in rechtswidriger Weise, tätig geworden ist.[127] Klageberechtigt sind
neben den Mitgliedstaaten und Unionsorganen auch natürliche und juristische Personen. Erstere sind privilegiert klageberechtigt, da das Klagerecht natürlicher und juristischer Personen ihnen gegenüber in zweifacher Weise eingeschränkt ist. Zum einen können diese nur verbindliche Rechtsakte begehren (also keine Stellungnahmen und
Empfehlungen). Zum anderen muss der erstrebte Rechtsakt individualbezogen sein.

Der Streit, ob eine natürliche oder juristische Person die Untätigkeit eines Organs rügen 522
kann, wenn sie zwar nicht Adressat der begehrten Maßnahme ist, jedoch von
ihrem Erlass unmittelbar und individuell betroffen wäre, ist durch Urteil des EuGH
beigelegt worden. Anknüpfend an den Grundsatz, dass Art. 230 und Art. 232 EG aF
denselben Rechtsbehelf regeln, hat der EuGH klargestellt, auch Art. 232 EG aF sei dahingehend auszulegen, dass der Einzelne Untätigkeitsklage erheben könne, wenn ein
Organ einen Rechtsakt, der ihn in dieser Weise betroffen hätte, pflichtwidrig nicht erlassen hat.[128]

Das Rechtsschutzbedürfnis für eine Klage fehlt, wenn der Beklagte die begehrte Maß- 523
nahme nach oder während der Durchführung des Vorverfahrens, aber noch vor Klageerhebung erlässt. Wird die begehrte Handlung erst nach Rechtshängigkeit, aber noch
vor der Urteilsverkündung vorgenommen, so erklärt der Gerichtshof den Rechtsstreit
in der Hauptsache für erledigt und entscheidet gem. Art. 69 § 6 VerfO EuGH bzw.
Art. 87 § 6 VerfO EuG über die Kosten nach freiem Ermessen.

Die Untätigkeitsklage ist begründet, wenn es das beklagte Organ unter Verletzung 524
einer sich aus dem primären oder sekundären Unionsrecht ergebenden Handlungspflicht unterlassen hat, einen Beschluss zu fassen (vgl. Art. 265 I AEUV) bzw. im Fall
einer Individualklage einen verbindlichen Rechtsakt an den Kläger zu richten (Art. 265
III AEUV).

Im Fall der Verurteilung des verklagten Organs lautet die Entscheidung des Gerichts- 525
hofs der Europäischen Union auf Feststellung einer konkreten Rechtsverletzung. Die
Handlungspflicht des verurteilten Unionsorgans folgt dann aus Art. 266 AEUV.[129]
Kommt das verurteilte Organ dieser Handlungspflicht nicht nach, kann erneut Untätigkeitsklage erhoben werden.

4. Amtshaftungsklage

Literatur: *Oppermann/Classen/Nettesheim* EuropaR § 13 Rn. 67; *Pechstein* EU-ProzR Rn. 669–739;
Streinz EuropaR Rn. 673–677.

Die »*Amtshaftungsklage*« gem. Art. 268 iVm Art. 340 II und III AEUV (Übersicht 526
dazu → Rn. 555 und → Rn. 559), die geschädigten Privaten eine Schadensersatzmöglichkeit eröffnen will, sichert die rechtlich anerkannten Interessen der Unionsbürger damit
auch auf einer Tertiärebene.

---

127 Schwarze/*Schwarze* AEUV Art. 265 Rn. 3.
128 EuGH 26.11.1996 – C-68/95, Slg. 1996, I-6065 Rn. 58 = BeckRS 2004, 77696 – T. Port; EuG
 15.9.1998 – T-95/96, Slg. 1998, II-3407 Rn. 58 ff. = BeckRS 2008, 71139 – Gastevision Telecino.
129 S. *Oppermann/Classen/Nettesheim* EuropaR § 13 Rn. 53.

527 Aktiv parteifähig ist nach ständiger Rechtsprechung jede natürliche oder juristische Person des öffentlichen Rechts oder Privatrechts, sowie darüber hinaus auch nicht rechtsfähige Verbände (zB Gewerkschaften). Auch Personen mit Wohnsitz außerhalb des Geltungsbereichs der Verträge können Schadensersatzklage erheben. Partei des Rechtsstreits auf der Klägerseite kann sein, wer einen eigenen Schadensersatzanspruch geltend machen kann. Ob auch die Mitgliedstaaten parteifähig sind, wird zum Teil bejaht,[130] zum Teil wird eine gegenüber etwa dem Verfahren der Vertragsverletzung subsidiäre Klagemöglichkeit in Betracht gezogen.[131] Passiv parteifähig ist nur die Union, weshalb jede Schadensersatzklage gegen sie gerichtet werden muss.

528 Im Verhältnis zu innerstaatlichen Klagemöglichkeiten ist die Amtshaftungsklage vor dem Gerichtshof der Europäischen Union subsidiär, nicht aber gegenüber anderweitigen Klagearten vor dem Gerichtshof der Europäischen Union. Der nationale Rechtsweg ist immer dann eröffnet, wenn der fehlerhafte Vollzug von rechtmäßigem Unionsrecht infrage steht.

529 Die Amtshaftungsklage bietet Individualklägern die Möglichkeit, normative Unionsakte einer gerichtlichen Rechtmäßigkeitskontrolle zu unterwerfen. Es wird allerdings nicht die Gültigkeit des rechtswidrigen Unionsaktes beseitigt, sondern lediglich Schadensersatz zugesprochen.

530 Art. 340 II AEUV sieht zwar selbst keine Klagefrist vor. Der Gerichtshof behandelt aber die in Art. 46 EuGH-Satzung geregelte Verjährungsfrist des Amtshaftungsanspruchs als prozessuale Sachurteilsvoraussetzung. Die Amtshaftungsklage muss daher innerhalb von fünf Jahren nach Eintritt des schadenstiftenden Ereignisses erhoben werden.[132]

531 Die Amtshaftungsklage ist begründet, wenn ein Organ, die Europäische Zentralbank oder ein Bediensteter der Union in Ausübung einer Amtstätigkeit im Falle administrativen Unrechts eine dem Schutz des Geschädigten dienende Rechtsnorm oder im Falle normativen Unrechts eine höherrangige, dem Schutz des Einzelnen dienende Rechtsnorm in qualifizierter Weise verletzt und dadurch unmittelbar einen kausalen Schaden des Klägers verursacht hat.[133]

532 Ist die Amtshaftungsklage zulässig und begründet, so ergeht die stattgebende Sachentscheidung über die Verurteilung zur Schadensersatzzahlung in Form eines Leistungsurteils. Soweit lediglich die Haftung der Union dem Grunde nach festgestellt wird, ergeht die Sachentscheidung in Form eines Feststellungsurteils. Im Gegensatz zum nicht vollstreckbaren Feststellungsurteil erhält der Kläger mit dem Leistungsurteil einen vollstreckbaren Titel (Art. 280 AEUV). Die erfolgreiche Amtshaftungsklage führt – wie angedeutet – nicht zu der (inzidenten) Beseitigung der rechtswidrigen Handlung, die den Amtshaftungsanspruch auslöst.[134]

---

130 *Streinz* EuropaR Rn. 625.
131 Schwarze/*Berg* AEUV Art. 340 Rn. 13.
132 S. auch *Haratsch/Koenig/Pechstein* EuropaR Rn. 555.
133 *Pechstein* EU-ProzR Rn. 707.
134 *Pechstein* EU-ProzR Rn. 737.

5. Das Vorabentscheidungsverfahren

Literatur: Dauses/*Dauses* P. II; *Herdegen* EuropaR § 9 Rn. 25–38; *Oppermann/Classen/Nettesheim* EuropaR § 13 Rn. 68–84; *Pechstein* EU-ProzR Rn. 740–906; *Pescatore*, Das Vorabentscheidungsverfahren nach Art. 177 EWG-Vertrag und die Zusammenarbeit zwischen dem Gerichtshof und den nationalen Gerichten, BayVBl. 1987, 33; *Streinz* EuropaR Rn. 678–690; Streinz/*Ehricke* AEUV Art. 267; *Trautwein*, Das Vorabentscheidungsverfahren gem. Art. 177 EG, JA 1997, 561.

Primäres Ziel des »*Vorabentscheidungsverfahrens*« nach Art. 267 AEUV (Übersicht dazu → Rn. 555 und 560) ist die Sicherung der einheitlichen Auslegung des Unionsrechts durch den EuGH. Dies kann für den Individualrechtsschutz insofern von Bedeutung sein, als natürliche und juristische Personen auf diesem Wege vor nationalen Gerichten die Ungültigkeit des für ihr Verfahren maßgeblichen Unionsrechtsakts geltend machen können. Es soll verhindert werden, dass nationale Gerichte die Bestimmungen des Primär- und Sekundärrechtes in verschiedener Weise auslegen. In seiner Bedeutung gehört das Vorabentscheidungsverfahren zu den wichtigsten Verfahren. **533**

Entgegen seiner Bezeichnung, handelt es sich aber bei dem Vorabentscheidungsverfahren nicht um ein Gerichtsverfahren, in welchem zunächst der Gerichtshof der Europäischen Union und dann das nationale Gericht entscheidet. Es stellt vielmehr ein Zwischenverfahren dar, welches einen Teilausschnitt des vor dem nationalen Gericht anhängigen Gesamtverfahrens bildet.[135] **534**

Vorlageberechtigt ist jedes Gericht eines Mitgliedstaats. Gerichte im Sinne des Unionsrechts sind dabei alle unabhängigen Organe, die auf gesetzlicher Grundlage in einem rechtsstaatlich geordneten Verfahren Rechtsstreitigkeiten anhand von Rechtsnormen mit Rechtskraftwirkung zu entscheiden haben.[136] Nicht unter den Gerichtsbegriff fallen damit etwa private Schiedsgerichte[137] oder die Beschwerdekammern der Europäischen Schulen, die als Organe einer internationalen Organisation zwar Gerichte im funktionalen Sinne, aber keine eines »Mitgliedstaats« sind.[138] Ausgeschlossen sind weiterhin Vorlagen durch die Parteien des Ausgangsverfahrens, Organe der Union, Verwaltungsbehörden der Mitgliedstaaten, Gerichte dritter Staaten und internationale Gerichtshöfe. **535**

Die im Vorabentscheidungsverfahren zu klärenden Auslegungsfragen können sich zunächst auf das Primärrecht beziehen. Weiterhin können »Handlungen der Organe, Einrichtungen und sonstigen Stellen«, also das Sekundärrecht, zur Überprüfung ihrer Gültigkeit dem EuGH vorgelegt werden. Auch Fragen nach dem Bestehen und dem Inhalt der allgemeinen Grundsätze des Unionsrechts können den Gegenstand eines Vorlageverfahrens bilden. **536**

Nicht zuständig ist der EuGH in diesem Verfahren für die Auslegung nationalen Rechts. Er kann auch nicht über die Vereinbarkeit einer innerstaatlichen Maßnahme mit dem Unionsrecht entscheiden, wie ihm dies im Vertragsverletzungsverfahren nach Art. 258 und Art. 259 AEUV möglich wäre. Allerdings besteht für den nationalen Rich- **537**

---

135 *Rengeling/Middeke/Gellermann*, Rechtsschutz in der EU, 1994, Rn. 350.

136 *Oppermann/Classen/Nettesheim* EuropaR § 13 Rn. 68–86.

137 EuGH 27.4.1994 – C-393/92, Slg. 1994, I-1477 Rn. 21 ff. = BeckRS 2004, 76988 – Gemeinde Almelo; s. Rechtsprechungsübersicht dazu bei Streinz/*Ehricke* EG Art. 234 Rn. 28 ff.

138 EuGH EuZW 2011, 670 Rn. 37 ff. – Miles.

ter die Möglichkeit, abstrakt anzufragen, ob eine einem bestimmten nationalen Gesetz entsprechende Maßnahme vom Unionsrecht verboten wäre.[139] Unzulässig ist auch die Vorlage bezüglich eines Rechtsaktes, dessen Wirksamkeit bereits in einem Verfahren nach Art. 263 AEUV hätte angegriffen werden können, wenn dies nunmehr wegen Verstreichens der hierzu gebotenen Frist nicht mehr möglich ist. In der Praxis deutet der Gerichtshof unzulässige Vorlagefragen regelmäßig in zulässige Fragen nach der Gültigkeit oder Auslegung des Unionsrechts um.

538 Die Vorlagefrage muss aus der Sicht des vorlegenden Gerichts entscheidungserheblich für das laufende Verfahren sein (Art. 267 II AEUV). Maßgeblich ist die subjektive Einschätzung des vorlegenden Gerichts. Der Gerichtshof ist aber nicht endgültig an diese Sichtweise gebunden, sondern kann die Vorlagefrage auch als unzulässig zurückweisen, wenn etwa das Verfahren abgeschlossen ist oder es den Parteien nicht tatsächlich auf den Ausgang eines möglicherweise rein fiktiven Verfahrens ankommt, bzw. andere prozessfremde Zwecke verfolgt werden sollen. Die Vorlage ist nicht mehr zulässig, wenn das Verfahren vor dem vorlegenden Gericht bereits abgeschlossen ist.[140]

539 Fraglich ist, ob eine Vorlagepflicht oder nur ein Vorlagerecht nationaler Gerichte besteht. Bei unterinstanzlichen Gerichten liegt die Entscheidung über eine Vorlage im Ermessen des jeweiligen Spruchkörpers, wobei die Vorlage von den Parteien jeweils angeregt werden kann. Bei letztinstanzlichen Gerichten besteht hingegen eine Vorlagepflicht (Art. 267 III AEUV). Nach einer Auffassung, die diesen Begriff abstrakt auslegt, sind hierunter nur die obersten Gerichte eines Gerichtszweiges zu verstehen,[141] nach einer anderen konkreten Sichtweise kommt es auf die Nichtanfechtbarkeit im Einzelfall an.[142]

540 Dem Gerichtshof der Europäischen Union kommt das Verwerfungsmonopol hinsichtlich der Unionsakte zu. Deshalb ergibt sich, abweichend von dem oben Gesagten, auch für unterinstanzliche Gerichte dann eine Vorlagepflicht, wenn sie eine unionsrechtliche Regelung für ungültig halten.[143] Sind allerdings die aufgeworfenen Fragen bereits in einem gleichgelagerten Fall durch den Gerichtshof der Europäischen Union beantwortet worden, bzw. besteht bereits eine gesicherte unionsrechtliche Rechtsprechung zu einer Frage oder ist eine richtige Auslegung des Unionsrechts offensichtlich, sodass kein vernünftiger Zweifel an der Beantwortung der gestellten Frage bleibt, sind entsprechende Vorlagen unzulässig.[144]

541 Ein Vorlagerecht besteht allerdings dann, wenn eine Innovation der Rechtsprechung angeregt werden soll. Will ein nationales Gericht von der bisherigen Rechtsprechung des Gerichtshofs der Europäischen Union abweichen, muss es die betreffende Frage vorlegen.[145]

542 Kommt ein so vorlageverpflichtetes Gericht dieser Pflicht in willkürlicher Weise nicht nach, so hat es neben Art. 267 III AEUV und Art. 4 EUV auch nach deutschem Recht das grundrechtsgleiche Recht auf den gesetzlichen Richter (Art. 101 I 2 GG) verletzt,

---

139 Zutreffend *Streinz* EuropaR Rn. 633.
140 EuGH 21.4.1988 – 338/85, Slg. 1988, 2041 Rn. 11 = BeckRS 2004, 70683 – Pardini.
141 Dauses/*Dauses* P. II Rn. 182.
142 Schwarze/*Schwarze* AEUV Art. 267 Rn. 41.
143 EuGH 22.10.1987 – 314/85, Slg. 1987, 4199 Rn. 17 = BeckRS 2004, 70741 – Foto Frost.
144 Sog. »acte-clair-Doktrin«, vgl. *Pechstein/König* EU Rn. 838.
145 *Streinz* EuropaR Rn. 639.

sodass bei Vorliegen der weiteren Voraussetzungen eine Verfassungsbeschwerde des Betroffenen in Betracht zu ziehen ist.

In seiner Entscheidung zu einer Auslegungsvorlage stellt der Gerichtshof der Europä- **543** ischen Union in den Entscheidungsgründen des Urteils detaillierte Auslegungskriterien auf. Diese haben zur Folge, dass die Gerichte der Mitgliedstaaten nunmehr verpflichtet sind, das Unionsrecht in der Auslegung des Gerichtshofs der Europäischen Union anzuwenden oder bei Zweifeln an der Richtigkeit erneut vorzulegen. Bei Gültigkeitsfragen überprüft der Gerichtshof der Europäischen Union die Rechtmäßigkeit der Unionshandlung anhand von höherrangigem Recht. Im Tenor seiner Entscheidung stellt er die Gültigkeit oder Ungültigkeit der Entscheidung fest. Diese Entscheidung entfaltet eine umfassende *erga omnes*-Wirkung und schließt ein erneutes Vorlageverfahren in dieser Sache aus.

Grundsätzlich entfalten Vorabentscheidungsurteile Rückwirkung, der Gerichtshof der **544** Europäischen Union kann jedoch die Wirkung seiner Entscheidung *ex nunc* begrenzen.[146]

6. Die Subsidiaritätsklage

Literatur: *Everling,* Rechtsschutz in der Europäischen Union nach dem Vertrag von Lissabon, EuR 2009, Beiheft 1, 71; *Uerpmann-Wittzack/Edenharter,* Subsidiaritätsklage als parlamentarisches Minderheitenrecht, EuR 2009, 313 ff.

Abschließend ist auf die mit dem Lissabonvertrag neu eingeführte Subsidiaritätsklage **545** gem. dem Subsidiaritätsprotokoll hinzuweisen (→ Rn. 188 ff.). Gemäß Art. 8 Prot. Nr. 2 ist der Gerichtshof für Klagen von Mitgliedstaaten wegen Verstoßes gegen das Subsidiaritätsprinzip zuständig. Diese Feststellung enthält insoweit nichts Neues. Bemerkenswert ist aber, dass Mitgliedstaaten im Namen ihrer nationalen Parlamente bzw. einer Kammer des Parlaments auftreten können und daher nur in Prozessstandschaft tätig werden.

Gemäß § 3 II des deutschen Begleitgesetzes[147] muss der Bundestag eine Subsidiaritätsklage erheben, wenn ein Viertel seiner Mitglieder einen entsprechenden Antrag stellt.

Ob dieses neue Klagerecht eine besondere praktische Relevanz erlangen wird, bleibt abzuwarten, da die bisherige Praxis gezeigt hat, dass die Mitgliedstaaten besonders häufig die Verhältnismäßigkeit oder die Rechtsgrundlage gerügt haben. Hierauf ist die Subsidiaritätsklage indes nicht anwendbar.[148]

---

146 *Pechstein* EU-ProzR Rn. 870.
147 Nachdem die ursprüngliche Fassung des Gesetzes über die Ausweitung und Stärkung der Rechte des Bundestages und des Bundesrates in Angelegenheiten der Europäischen Union (BT-Drs. 16/8489), welche weder ausgefertigt noch verkündet worden war, durch das Urt. des BVerfG zum Vertrag von Lissabon teilweise für verfassungswidrig erklärt worden ist, gilt nunmehr die in BGBl. 2009 I S. 3022 veröffentlichte Fassung.
148 *Everling* EuR 2009, Beiheft 1, 71 (76).

7. Vorläufiger Rechtsschutz

Literatur: *Pechstein* EU-ProzR Rn. 907–942; *Kühn,* Grundzüge des neuen Eilverfahrens vor dem Gerichtshof der Europäischen Gemeinschaften im Rahmen von Vorabentscheidungsersuchen, EuZW 2008, 263; *Triantafyllou,* Zur Europäisierung des vorläufigen Rechtsschutzes, NVwZ 1992, 129; *Wägenbaur,* Die jüngere Rechtsprechung der Gemeinschaftsgerichte im Bereich des vorläufigen Rechtsschutzes, EuZW 1996, 327.

546 Klagen gegen Rechtsakte der Unionsorgane entfalten keine aufschiebende Wirkung (Art. 278 S. 1 AEUV). Der mit Rechtsmitteln angegriffene Rechtsakt muss daher auch weiterhin befolgt werden. Nur so kann der Unionsgesetzgeber die Kontinuität der unionsrechtlichen Verwaltungspraxis gewährleisten. Um irreparable Schäden zu vermeiden, stellt das Unionsrecht daher Rechtsbehelfe des vorläufigen Rechtsschutzes zur Verfügung, die die Durchführung einer Rechtshandlung hemmen, ohne ihre Wirksamkeit zu berühren.

547 Ein entsprechender Antrag ist nur zulässig, wenn er von der Partei eines beim Gerichtshof der Europäischen Union bereits anhängigen Rechtsstreits gestellt wird und sich auf diesen bezieht (Art. 83 § 1 VerfO EuGH/Art. 104 § 1 VerfO EuG). Es handelt sich beim vorläufigen Rechtsschutz folglich um einen akzessorischen Rechtsbehelf. Der Sache nach kann einstweiliger Rechtsschutz im Unionsrecht auf drei verschiedene Weisen auftreten:

a) Antrag nach Art. 278 S. 2 AEUV

548 Die Aussetzung des Vollzugs der angefochtenen Handlung gem. Art. 278 S. 2 AEUV ist dann die einschlägige Form des vorläufigen Rechtsschutzes, wenn die Klage sich in der Hauptsache gegen eine Rechtswirkung entfaltende, vollziehbare Maßnahme eines Unionsorgans richtet. Spezifische Bedeutung kommt dieser Antragsart daher insbesondere bei einer Nichtigkeitsklage im Hauptsacheverfahren zu.

b) Antrag nach Art. 279 AEUV

549 Als Gegenstand eines Antrags auf einstweilige Anordnung nach Art. 279 AEUV kommt jedes Ge- oder Verbot in Betracht, das zur vorläufigen Gestaltung oder Regelung streitiger Rechtsverhältnisse aus Sicht des Antragstellers geeignet und erforderlich ist, um die Schaffung vollendeter Tatsachen vor einer Entscheidung in der Hauptsache zu verhindern.[149] Diese Antragsart kommt daher insbesondere in Betracht, wenn ein Antrag nach Art. 278 AEUV nicht genügend Schutz verspricht oder Streitgegenstand keine belastende Unionsmaßnahme ist, die ausgesetzt werden könnte. Dies ist etwa der Fall, wenn es sich bei dem Hauptsacheverfahren um eine Feststellungsklage, eine Untätigkeitsklage oder eine Schadensersatzklage handelt.

c) Antrag nach Art. 299 IV 1 AEUV

550 Der Anwendungsbereich des Art. 299 IV 1 AEUV ist darauf beschränkt, die zwangsweise Durchsetzung einer auf Zahlung gerichteten Leistungsanordnung vorübergehend auszusetzen und damit die gegenüber Art. 278 S. 2 AEUV grundsätzlich speziellere Antragsart.

---

149 Schwarze/*Schwarze* AEUV Art. 279 Rn. 7.

Befugt zur Stellung eines solchen Antrages auf einstweiligen Rechtsschutz sind alle **551** Rechtssubjekte, die zur Klage in der Hauptsache berechtigt sind, also den Schutz eigener Interessen verfolgen. Als sog. »privilegierte Antragsberechtigte« sind die Organe der Union und die Mitgliedstaaten darüber hinaus befugt, den Schutz der Interessen Dritter zu verfolgen.[150]

Der Antrag auf vorläufigen Rechtsschutz ist begründet, wenn der Antragsteller glaub- **552** haft macht, dass die Anordnung zur Vermeidung eines schweren und nicht wiedergutzumachenden Schadens unter Abwägung der beteiligten Rechte dringend erforderlich ist und die anhängige Klage in der Hauptsache – nach summarischer Prüfung – eine hinreichende Aussicht auf Erfolg besitzt.[151]

d) Eilverfahren im Rahmen des Art. 267 AEUV

Seit dem 1.3.2008 besteht die Möglichkeit, im Wege eines Eilverfahrens vorläufigen **553** Rechtschutz durch den Gerichtshof der Europäischen Union zu erlangen. Dieses Verfahren ist nur im Rahmen von Vorabentscheidungsersuchen nach Art. 267 AEUV statthaft und ausschließlich auf jene Bereiche anwendbar, die vom Dritten Teil, Titel IV sowie von Titel V AEUV erfasst sind.[152] Mit der Einführung des Eilverfahrens soll der Gefährdung bestimmter individueller Rechte, die sich aus der Dauer eines Gerichtsverfahrens ergeben kann, begegnet werden. So sieht bspw. Art. 267 IV AEUV vor, dass der Gerichtshof im Falle eines Verfahrens, welches eine inhaftierte Einzelperson betrifft, in kürzester Zeit eine Entscheidung trifft. Damit soll dem gesteigerten Rechtsschutzbedürfnis des Betroffenen Rechnung getragen werden.[153] Das Eilverfahren dient jedoch nicht dazu, das normale Vorabentscheidungsverfahren zu verdrängen, sondern es soll vielmehr neben diesem wie auch dem bisherigen beschleunigten Verfahren nach Art. 104a VerfO-EuGH bestehen. Dabei ist allerdings zu beachten, dass dem Antrag auf Anordnung eines Eilverfahrens, welches ein Ausnahmeverfahren darstellt, nur in den Fällen entsprochen werden kann, in denen aufgrund von »Dringlichkeit« die Anwendung dieses abweichenden Verfahrens gerechtfertigt erscheint.

Durch Beschränkung und Vereinfachung der Abschnitte des Vorabentscheidungsver- **554** fahrens soll das Verfahren die nötige Effizienz erhalten. So erlaubt bspw. Art. 104 lit. b § 6 I 1 VerfO-EuGH, das Vorabentscheidungsersuchen zunächst in Form einer Kopie mittels Fernkopierer oder sonstiger technischer Kommunikationsmittel, die beim EuGH vorhanden sind, einzureichen.

Wesentliche Abweichungen des Eilverfahrens vom normalen Vorabentscheidungsverfahren sind unter anderem:

- Über den Antrag bezüglich der Einleitung entscheidet eine eigens dazu berufene Kammer.
- Von der Durchführung der schriftlichen Phase kann bei äußerster Dringlichkeit abgesehen werden.
- Der Generalanwalt legt keinen Schlussantrag vor, sondern wird lediglich vor einer Entscheidung der Kammer gehört (vgl. Art. 104 lit. b § 5 I VerfO-EuGH).

---

150 *Wägenbaur* EuZW 1996, 329.
151 *Pechstein* EU-ProzR Rn. 931.
152 Eingehend dazu *Kühn* EuZW 2008, 263.
153 Vgl. *Everling* EuR 2009, Beiheft 1, 84.

- Die Dauer soll vom Eingang des Vorabentscheidungsersuchens bis zur abschließenden Entscheidung drei Monate nicht überschreiten.

555

Prüfungshinweis:

Im Rahmen des einstweiligen Rechtsschutzes insbesondere nach Art. 278; 279 AEUV empfiehlt sich ein dreifacher Prüfungsaufbau:

1. Es muss glaubhaft gemacht werden, dass die begehrte aufschiebende Wirkung (Art. 278 AEUV) oder sonstige Anordnung (Art. 279 AEUV) in tatsächlicher und rechtlicher Hinsicht notwendig (fumus boni iuris) ist und
2. dass sie dringlich ist, sie also der Vermeidung eines schweren nicht wieder gut zu machenden Schadens dient.
3. Schließlich sind die konfligierenden Interessen (Interesse am vorläufigen Rechtsschutz gegenüber dem Interesse and der Durchführung der angefochtenen Handlung oder der Wahrung des status quo) gegeneinander abzuwägen.

Nach der Rechtsprechung kann ein Antrag bereits erfolgreich sein, wenn es darum geht, die Prüfung komplexer und heikler Fragen einer eingehenden Prüfung und Entscheidung in der Hauptsache vorzubehalten.

Insbesondere in Prüfungen dürften aber die Erfolgsaussichten eine besondere Rolle spielen, es ist dann also eine materielle Rechtsprüfung gefragt. Der mit einem entsprechenden Antrag befasste Unionsrichter genießt ein breites Ermessen sowohl hinsichtlich der Prüfung als auch der Rechtsfolge, insbesondere hinsichtlich des Inhaltes einer Anordnung nach Art. 279 AEUV.[154]

---

154 EuG EuZW 2013, 34 Rn. 15 f., 29 – Evonik Degussa GmbH.

Schaubild: Die Verfahrensarten vor dem EuGH im Überblick (vereinfacht)

	Vertragsverletzungsverfahren (Art. 258, 259 AEUV)	Nichtigkeitsklage (Art. 263 AEUV)	Untätigkeitsklage (Art. 265 AEUV)	Amtshaftungsklage (Art. 268 iVm 340 II AEUV)	Vorabentscheidungsverfahren (Art. 267 AEUV)
Antrags-/Klageziel	Rüge der Verletzung von Unionsrecht durch nationale Organe und Behörden	Beseitigung eines rechtswidrigen Unionsaktes	Feststellung rechtswidriger Untätigkeit von EP, ER Rat, Kommission oder EZB	Schadensersatz für EU-Rechtsakte	Auslegung der Primär- und Gültigkeitsprüfung des sekundären Unionsrechts
Antrags-/Klageberechtigter	Kommission und Mitgliedstaaten	Rat, Kommission, Mitgliedstaaten, ER, EP, EZB, ERH, natürliche und juristische Personen	Mitgliedstaaten, Unionsorgane, natürliche und juristische Personen	Natürliche und juristische Personen sowie nicht rechtsfähige Verbände wie zB Gewerkschaften	Jedes Gericht eines Mitgliedstaates
Besondere Zulässigkeitsvoraussetzungen	Bei Art. 258 AEUV: Anhörung des betroffenen Mitgliedstaates. Bei Art. 259 AEUV: Ordnungsgemäße Durchführung eines Vorverfahrens unter Einbeziehung der Kommission (jeweils mit Ausnahme der Fälle von Art. 114 IX und 348 II AEUV, in denen unmittelbare Klage zulässig ist)	Rüge einer der in Art. 263 II AEUV aufgezählten Gründe. Klagebefugnis natürlicher und juristischer Personen (Rechtsakte muss sie unmittelbar, aber nicht notwendigerweise individuellbetreffen) Klagefrist: 2 Monate	Aufforderung an Organ, tätig zu werden. Natürliche und juristische Personen können nur den Erlass verbindlicher und individualbezogener Rechtsakte begehren. Nichtigkeitsklage zum Erreichen des Klageziels nicht möglich (Subsidiarität) Frist des Art. 265 II AEUV	Keine Klage auf nationalem Rechtsweg möglich Klagefrist: 5 Jahre (Art. 46 EuGH-Satzung)	Entscheidungserheblichkeit der Vorlagefrage Zweifel bezüglich Auslegung und Gültigkeit des Unionsrechts. Hierzu keine gefestigte EuGH-Rechtsprechung. Keine Umgehung einer etwa wegen Verfristung unzulässigen Nichtigkeitsklage

556   Vertragsverletzungsverfahren – Art. 258, 259 AEUV

A. Zulässigkeit
I. Zuständiges Gericht
1. Eröffnung der Unionsgerichtsbarkeit
   Die Eröffnung der Unionsgerichtsbarkeit ist nur bei besonderem Anlass zu prüfen.
2. sachliche Zuständigkeit
   Gemäß Art. 256 I UAbs. 1 AEUV iVm Art. 51 Satzung/EuGH fällt das Vertragsverletzungsverfahren in die ausschließliche sachliche Zuständigkeit des Gerichtshofs.

II. Beteiligtenfähigkeit
1. Aktivlegitimation
   - die Kommission (Art. 258 AEUV)
   - die Mitgliedstaaten (Art. 259 AEUV)
2. Passivlegitimation
   - die Mitgliedstaaten (Art. 258, 259 AEUV)

III. Klageziel
Rüge der Verletzung von Unionsrecht (Primär- und Sekundärrecht) durch nationale Organe und Behörden

IV. Klagebefugnis
Klagende Partei muss »der Auffassung sein« (= überzeugt sein), der beklagte Mitgliedstaat habe eine Vertragsverletzung begangen

V. Besondere Zulässigkeitsvoraussetzung
Vorverfahren (Zweck: Ermöglichung außergerichtlicher Streitbeilegung)
1. Art. 258 AEUV
   - *1. Schritt:* Mahnschreiben der Kommission, wodurch dem Mitgliedstaat innerhalb einer bestimmten Frist Gelegenheit zur Äußerung gegeben wird
   - *2. Schritt:* Begründete Stellungnahme der Kommission, in der die Vertragsverletzung in tatsächlicher und rechtlicher Hinsicht bezeichnet wird
2. Art. 259 AEUV
   - *1. Schritt:* Befassung der Kommission durch Antrag des Mitgliedstaates
   - *2. Schritt:* Streitiges Verfahren der Kommission, in dem sie dem Mitgliedstaat Gelegenheit zur Äußerung gibt, Art. 259 III AEUV
   - *3. Schritt:* Begründete Stellungnahme der Kommission

VI. Rechtsschutzbedürfnis
Grundsätzlich zu unterstellen. Ausnahme: Der Mitgliedstaat hat den Verstoß innerhalb der von der Kommission gesetzten Frist behoben

VII. Form/Frist
1. Form
   - schriftlich (Art. 19 Satzung/EuGH, Art. 38 VerfO)
   - Bezeichnung der Parteien, des Streitgegenstandes, des Antrags und der Gründe
2. Frist
   keine, aber keine Klage vor Ablauf der dem Mitgliedstaat gesetzten Äußerungsfrist gemäß Art. 258 II AEUV

B. Begründetheit

Die Klage ist begründet, wenn der von der Kommission bzw. dem Mitgliedstaat gerügte Vertragsverstoß tatsächlich vorliegt und rechtlich schlüssig ist.

Der Mitgliedstaat kann sich verteidigen, indem er

- darlegt, die vorgetragene Rechtsauffassung sei falsch;
- die zugrunde gelegten Tatsachen bestreitet.

Dabei ist zu beachten, dass innenpolitische Gegebenheiten eine Vertragsverletzung nicht rechtfertigen können. Der Mitgliedstaat kann sich nicht auf das (Fehl-)Verhalten anderer Mitgliedstaaten oder Organe berufen.

Nichtigkeitsklage Art. 263, 264 AEUV

557

A. Zulässigkeit

I. Zuständiges Gericht

1. Eröffnung der Unionsgerichtsbarkeit
nur bei Anlass zu prüfen!
2. sachliche Zuständigkeit
   - grundsätzlich der Gerichtshof
   - ausnahmsweise das Gericht bei Klagen von natürlichen oder juristischen Personen gem. Art. 256 II AEUV iVm Art. 3c Ratsbeschluss 88/591

II. Beteiligtenfähigkeit

1. Aktivlegitimation
   - Art. 263 II AEUV: Rat, Europäisches Parlament, Kommission, Mitgliedstaaten
   - Art. 263 III AEUV: Europäische Zentralbank, Rechnungshof und Ausschuss der Regionen
   - Art. 263 IV AEUV: Natürliche und juristische Personen
2. Passivlegitimation
   - der Rat, die Kommission, das Europäische Parlament und die EZB, Art. 263 I AEUV
   - Einrichtungen und sonstige Stellen der Union, Art. 263 I aE AEUV

III. Klageziel

Beseitigung rechtswidriger Gemeinschaftsakte

- *Klagegegenstand* können nur Rechtsakte der Organe mit bindender Außenwirkung sein (zB Verordnungen, Richtlinien, Beschlüsse iSd Art. 288 AEUV)
- *Klagegründe Art. 263 II AEUV:* Unzuständigkeit, Verletzung wesentlicher Formvorschriften, Verletzung der Verträge oder einer bei seiner Durchführung anzuwendenden Rechtsnorm, Ermessensmissbrauch

IV. Klagebefugnis

1. privilegierte Kläger
   - Mitgliedstaaten, Rat, Kommission und Europäisches Parlament sind ohne weitere Voraussetzungen klagebefugt
   - Rechnungshof und EZB sind nur klagebefugt, wenn die Verletzung eigener Vertragskompetenzen geltend gemacht wird (minderprivilegierte Kläger)

2. nicht-privilegierte Kläger
- natürliche oder juristische Personen sind erstens klagebefugt, wenn sie gegen die an sie »gerichteten oder sie unmittelbar und individuell betreffenden Handlungen« Klage erheben, Art. 263 IV AEUV
- natürliche oder juristische Personen können zweitens gegen Rechtsakte mit Verordnungscharakter, die sie unmittelbar betreffen, Klage erheben, Art. 263 IV AEUV

unmittelbar = wenn die angegriffene Maßnahme den Kläger direkt benachteiligt, dh ohne dass es eines weiteren Durchsetzungsaktes oder Verwaltungsvollzuges bedarf
- bei Verordnungen bzw. Scheinverordnungen wohl stets gegeben (str.)
- ggf. bei Richtlinien, sofern sie gegenüber Einzelnen unmittelbare Wirkung entfalten. Im Übrigen sind Richtlinien wohl nicht erfasst, da sie ohne Umsetzung Einzelne nicht belasten.

V. Rechtsschutzbedürfnis
Regelmäßig zu unterstellen

VI. Form/Frist
1. Form
- schriftlich (Art. 19 Satzung/EuGH, Art. 38 VerfO bzw. Art. 44 VerfO EuG)
- Bezeichnung der Parteien, des Streitgegenstandes, des Antrags und der Gründe
2. Frist Art. 263 VI AEUV
- Ausschlussfrist zwei Monate; beachte jedoch Entfernungsfrist gem. Art. 81 § 2 VerfO iVm Anlage II zur VerfO
- Fristbeginn in Abs. 6 geregelt

B. Begründetheit
Die Klage ist begründet, wenn der angefochtene Rechtsakt des beklagten Unionsorgans jedenfalls teilweise mit einem der in Art. 263 II AEUV genannten Nichtigkeitsgründe behaftet ist und dieser europarechtliche Verstoß entweder vom Kläger geltend gemacht wird oder vom Gericht von Amts wegen festgestellt wird.

I. Unzuständigkeit
Ein Unionsorgan übt eine Befugnis aus, die ihm durch das Europarecht nicht zugewiesen ist.

II. Verletzung wesentlicher Formvorschriften
betrifft alle sonstigen Verfahrensvorschriften, die bei der Vorbereitung, Beschlussfassung und äußeren Gestaltung von Rechtsakten zu beachten sind (zB Beteiligungs- und Anhörungsrechte)

III. Verletzung des Vertrags oder einer bei seiner Durchführung anzuwendenden Rechtsnorm
Prüfungsmaßstab ist das gesamte primäre und sekundäre Unionsrecht

IV. Ermessensmissbrauch
wenn der Rechtsakt in Wahrheit zu einem anderen als dem angegebenen Zweck vorgenommen wurde

Urteil: Das Gericht erklärt den angegriffenen Rechtsakt für nichtig (Gestaltungswirkung, Art. 264 I AEUV). Das Urteil wirkt *ex tunc* und *erga omnes*.

Nur ausnahmsweise Beschränkung der Urteilswirkung nach Art. 264 II AEUV. Handlungspflicht des Organs folgt aus Art. 266 AEUV.

Untätigkeitsklage – Art. 265 AEUV   558

A. Zulässigkeit
I. Zuständiges Gericht
1. Eröffnung Unionsgerichtsbarkeit (nur bei Anlass zu prüfen!)
2. sachliche Zuständigkeit
   - grundsätzlich der Gerichtshof
   - ausnahmsweise das Gericht bei Klagen von natürlichen oder juristischen Personen gem. Art. 256 II AEUV iVm Art. 3 c Ratsbeschluss 88/591

II. Beteiligtenfähigkeit
1. Aktivlegitimation
   - Art. 265 I AEUV: Mitgliedstaaten, Unionsorgane
   - Art. 265 III AEUV: Jede natürliche oder juristische Person
2. Passivlegitimation
   - Art. 265 I AEUV: Das Europäische Parlament, der Europäische Rat, der Rat, die Kommission oder die EZB
   - Art. 265 I 2. Hs. AEUV: Einrichtungen und sonstige Stellen der Europäischen Union

III. Klageziel
Feststellung rechtswidriger Untätigkeit, dh Unterlassen einer Beschlussfassung durch das beklagte Unionsorgan

IV. Klagebefugnis
1. privilegierte Kläger
   Mitgliedstaaten, Europäischer Rat, Rat, Kommission und Europäisches Parlament sind ohne weitere Voraussetzungen klagebefugt
2. nicht-privilegierte Kläger
   - natürliche oder juristische Personen sind nur klagebefugt, wenn der unterlassene Rechtsakt »an sie zu richten« wäre, dh wenn sie Adressat wären, Art. 265 III AEUV
   - außerdem wenn sie nicht Adressat, aber »unmittelbar und individuell betroffen« sind (grundsätzlich der Nichtigkeitsklage)

V. Besondere Zulässigkeitsvoraussetzung
Vorverfahren Art. 265 II AEUV
schriftliche Aufforderung, den betreffenden Rechtsakt zu erlassen und Inaussichtstellen der Klage bei Untätigkeit

VI. Rechtsschutzbedürfnis
Subsidiarität zur Nichtigkeitsklage: Untätigkeitsklage ist nur statthaft, wenn das beklagte Organ seit der Aufforderung zur Stellungnahme *gänzlich nichts* getan hat; sobald irgendeine Maßnahme getroffen wurde, ist Nichtigkeitsklage zu erheben.

VII. Form/Frist
1. Form

- schriftlich (Art. 19 Satzung/EuGH, Art. 38 VerfO bzw. Art. 44 VerfO EuG)
- Bezeichnung der Parteien, des Streitgegenstandes, des Antrags und der Gründe
  2. Frist Art. 265 II 2 AEUV
     zwei Monate, beginnend mit dem Zugang der Aufforderung zur Stellungnahme gem. Art. 265 II AEUV, beachte jedoch Entfernungsfrist gem. Art. 81 § 2 VerfO iVm Anlage II zur VerfO

B. Begründetheit
Die Untätigkeitsklage ist begründet, wenn das beklagte Unionsorgan unter Verletzung einer sich aus dem primären oder sekundären Unionsrecht ergebenden Handlungspflicht unterlassen hat, einen Beschluss zu fassen (Art. 265 I AEUV) bzw. einen verbindlichen Rechtsakt an den Kläger zu richten (Art. 265 III AEUV)

C. Inhalt des Urteils:
Feststellung einer konkreten Rechtsverletzung
Handlungspflicht des Organs ergibt sich aus Art. 266 AEUV.
Anmerkung: Bei Nichtbeachtung des Feststellungsurteils kann ein weiteres Vertragsverletzungsverfahren eingeleitet werden. Im Rahmen dieses Urteils ist auch die Festsetzung eines Zwangsgeldes möglich. In der Praxis ist die Nichtbeachtung durch die Mitgliedstaaten allein aufgrund des hohen politischen Drucks, den die Feststellung einer Vertragsverletzung erzeugt, eher selten.

559   **Amtshaftungsklage – Art. 268 iVm Art. 340 II AEUV**

A. Zulässigkeit
  I. Zuständiges Gericht
    1. Eröffnung der Unionsgerichtsbarkeit (nur bei Anlass zu prüfen!)
    2. sachliche Zuständigkeit
      - grundsätzlich der Gerichtshof
      - ausnahmsweise das Gericht bei Klagen von natürlichen oder juristischen Personen gem. Art. 256 II AEUV iVm Art. 3c Ratsbeschluss 88/591
  II. Beteiligtenfähigkeit
    1. Aktivlegitimation
      jeder dem ein Schadensersatzanspruch zustehen kann: Natürliche oder juristische Person, nicht rechtsfähige Verbände, die Mitgliedstaaten (str.)
    2. Passivlegitimation
      die Gemeinschaft, vertreten durch das Organ, dem das schädigende Verhalten zuzurechnen ist
  III. Klageziel
    Schadensersatz für Rechtsakte der Union
    Klagegegenstand: Alle Ansprüche der außervertraglichen Haftung, Art. 340 II AEUV
  IV. Klagebefugnis
    Der Kläger muss geltend machen, durch eine rechtswidrige Handlung eines Unionsorgans einen Schaden erlitten zu haben.

V. Rechtsschutzbedürfnis
- fehlt, wenn durch eine rechtzeitig erhobene Nichtigkeits- oder Untätigkeitsklage der Schaden hätte verhindert werden können
- Subsidiarität gegenüber innerstaatlichen Klagemöglichkeiten

VI. Form/Frist
1. Form
   - schriftlich (Art. 19 Satzung/EuGH, Art. 38 VerfO bzw. Art. 44 VerfO EuG)
   - Bezeichnung der Parteien, des Streitgegenstandes, des Antrags und der Gründe
2. Frist
   Der AEUV sieht selbst keine Frist vor, aber es gilt die fünfjährige Verjährungsfrist des Art. 46 Satzung/EuGH

B. Begründetheit
Die Klage ist begründet, wenn der geltend gemachte Anspruch in tatsächlicher und rechtlicher Hinsicht besteht.

I. Amtstätigkeit
jedes hoheitliche (administrative oder legislative) Handeln oder Unterlassen der Unionsorgane, Einrichtungen oder Bediensteten

II. Rechtsverletzung
1. administratives Unrecht
   Verletzung einer Norm die zumindest auch dem Schutz des Klägers dient
2. normatives Unrecht
   hinreichend qualifizierte Verletzung einer höherrangigen, dem Schutz des Klägers dienenden Norm *hinreichend qualifiziert* = wenn das Organ seine Kompetenzen offenkundig und erheblich überschritten hat

III. Schaden
IV. Kausalität
zwischen dem schädigenden Verhalten und dem eingetretenen Schaden

V. Verschulden
nicht erforderlich

C. Rechtsfolgen
Bei Zulässigkeit und Begründetheit der Amtshaftungsklage, ergeht eine stattgebende Entscheidung in der Sache in Form eines Leistungsurteils, welches eine Verurteilung zur Leistung von Schadensersatz in Geld zum Gegenstand hat. Damit erhält der Kläger einen vollstreckbaren Titel (Art. 280, 299 AEUV).
Ein Feststellungsurteil ergeht hingegen dann, wenn lediglich die Haftung der Gemeinschaft dem Grunde nach festgestellt wird.
Eine Beseitigung der rechtswidrigen Handlung findet *nicht* statt!

Vorabentscheidungsverfahren – Art. 267 AEUV   560

A. Annahmefähigkeit der Vorlagefrage

I. Gemeinschaftliche und sachliche Zuständigkeit
Grundsätzlich ist der Gerichtshof für das Vorabentscheidungsverfahren zuständig. Von der in Art. 256 III AEUV vorgesehenen Möglichkeit, in der Sat-

zung des Gerichtshofs dem Gericht im Einzelnen zu bestimmende Sachgebiete zu übertragen, wurde bislang jedoch kein Gebrauch gemacht.

II. Vorlagegegenstand

Die Aufzählung der statthaften Gegenstände eines Vorabentscheidungsverfahrens in Art. 267 I lit. a und b AEUV ist abschließend!

III. Vorlagebefugnis

1. Vorlageberechtigung nach Art. 267 II AEUV
   jedes Gericht eines Mitgliedstaates = alle unabhängigen Organe, die in einem rechtsstaatlich geordneten Verfahren Rechtsstreitigkeiten mit Rechtskraftwirkung zu entscheiden haben (europarechtlicher Begriff)
2. Vorlagepflicht nach Art. 267 III AEUV
   wenn gegen die Entscheidung des mitgliedstaatlichen Gerichts keine Rechtsmittel gegeben sind
   - Rechtsmittel = ordentliche Rechtsmittel, Berufung und Revision
   - str. ob konkrete Betrachtung (kein Rechtsmittel im konkreten Rechtsstreit) oder abstrakte Betrachtung (generell nur letztinstanzliche Gerichte)
   - Vorlagepflicht entfällt nur, wenn zu der Rechtsfrage bereits eine gefestigte Rechtsprechung besteht oder die Antwort völlig offensichtlich ist, sodass für vernünftige Zweifel kein Raum besteht

IV. Vorlageziel

1. Auslegungsfrage
   betrifft die Auslegung des primären und sekundären Unionsrechts sowie Satzungen, *nicht* nationales Recht
2. Gültigkeitsfrage
   Rechtmäßigkeit von Handlungen der Organe und der EZB

V. Besondere Voraussetzungen

Entscheidungserheblichkeit Art. 267 II AEU
subjektive Einschätzung des mitgliedstaatlichen Gerichts, dass die Vorlagefrage entscheidungserheblich ist

VI. Form

ordnungsgemäße Formulierung und Begründung der Vorlagefrage
- bei Gültigkeitsfrage unproblematisch
- bei Auslegungsfrage meist abstrakte Anfrage, ob eine nationale Vorschrift bestimmten Inhalts gegen Gemeinschaftsrecht verstoßen würde, weil konkrete nationale Vorschrift vom Gerichtshof nicht überprüft werden darf

Beachte: Zumeist deutet der Gerichtshof eine annahmeunfähige Vorlagefrage in eine annahmefähige um!

B. Beantwortung der Vorlagefrage durch Urteil des Gerichtshofs

I. Auslegungsfrage

- Aufstellung von Auslegungskriterien durch den Gerichtshof
- Bindung des vorlegenden Gerichts und aller weiterer mit diesem Rechtsstreit befassten Gerichte, grundsätzlich keine Bindung im formalen Sinne, dh erneute Vorlage möglich

II. Gültigkeitsfrage

- Feststellung der (Un-)Gültigkeit der Gemeinschaftshandlung durch das Gericht anhand von höherrangigem Recht

- umfassende Bindungswirkung, keine erneute Vorlage möglich

Vorabentscheidungen entfalten grundsätzlich Rückwirkung, der EuGH kann aber die Wirkung ex nunc begrenzen

III. Auszug eines EuGH-Urteils[155]

Zur Veranschaulichung der Arbeitsweise des EuGH wird nachfolgend in Auszügen **561** ein Originalurteil wiedergegeben.

Urteil des Gerichtshofes
5. Oktober 2000 (1)

In der Rechtssache C-376/98
Bundesrepublik Deutschland, vertreten durch (...), Klägerin,
gegen
Europäisches Parlament, vertreten durch (...)
und
Rat der Europäischen Union, vertreten durch (...) Beklagte,
unterstützt durch
Französische Republik, vertreten durch (...)
Republik Finnland, vertreten durch (...)
Vereinigtes Königreich Großbritannien und Nordirland,
vertreten durch (...)
und
Kommission der Europäischen Gemeinschaften,
vertreten durch (...) Streithelfer,
wegen Nichtigerklärung der Richtlinie 98/43/EG des Europäischen Parlaments und des Rates v. 6.7.1998 zur Angleichung der Rechts- und Verwaltungsvorschriften der Mitgliedstaaten über Werbung und Sponsoring zugunsten von Tabakerzeugnissen (ABl. L 213, 9)
erlässt
Der Gerichtshof
unter Mitwirkung des Präsidenten (...), der Kammerpräsidenten (...)
Generalanwalt (...)
Kanzler (...)
aufgrund des Sitzungsberichts,
nach Anhörung der Parteien in der Sitzung v. 12. April 2000, (...)
nach Anhörung der Schlussanträge des Generalanwalts in der Sitzung v. 15. Juni 2000,
folgendes
Urteil

1. Mit Klageschrift, die am 19. Oktober 1998 in der Kanzlei des Gerichtshofes eingegangen ist, hat die Bundesrepublik Deutschland gemäß Art. 230 EG Klage auf Nichtigerklärung der Richtlinie 98/43/EG des Europäischen Parlaments und des Rates v. 6.7.1998 zur Angleichung der Rechts- und Verwaltungsvorschriften der Mitgliedstaaten über Werbung und Sponsoring zugunsten von Tabakerzeugnissen (ABl. L 213, 9; im Folgenden: Richtlinie) erhoben.
3. Die Richtlinie wurde auf der Grundlage von Art. 47 II EG, Art. 55 EG und Art. 95 EG erlassen.
4. [Die Richtlinie wird in Auszügen wiedergegeben.]
9. Die Bundesrepublik Deutschland stützt ihre Klage auf sieben Klagegründe: (...)

---

155 EuGH 5.10.2000 – 376/98, Slg. 2000, I-8419 und I-8498 = BeckRS 2004, 76863 – Tabakwerbeverbot.

Zu den Klagegründen, wonach die Wahl der Rechtsgrundlage verfehlt sei

Vorbringen der Parteien

12. Nach Auffassung der Klägerin, die sich insoweit sowohl auf die Merkmale des Werbemarkts für Tabakerzeugnisse als auch auf eine rechtliche Würdigung des Art. 95 stützt, ist diese Bestimmung als Rechtsgrundlage für die Richtlinie ungeeignet. [Begründung der Klägerin wird wiedergegeben.]

13. Was zunächst die Merkmale des Marktes angehe, so sei die Werbung für Tabakerzeugnisse im Wesentlichen eine Tätigkeit, deren Auswirkungen die Grenzen des jeweiligen Mitgliedstaats nicht überschritten.

15. Was die sog. ortsgebundenen Werbeträger wie Außen- und Kinowerbung sowie die Werbung im sog. Horeca-Bereich (Hotels, Restaurants und Cafés), etwa auf Sonnenschirmen oder Aschenbechern, betreffe, so sei ein Handel mit solchen Produkten zwischen den Mitgliedstaaten so gut wie inexistent und bisher keinerlei Einschränkung unterworfen. Auch die Werbung durch Gratisverteilung sei aus steuerlichen Gründen auf das jeweilige nationale Vermarktungsgebiet beschränkt.

23. Was zweitens Art. 95 EG betreffe, so ermächtige er den Gemeinschaftsgesetzgeber zur Angleichung nationaler Rechtsvorschriften, soweit dies zur Förderung des Binnenmarktes erforderlich sei. (...) Erforderlich sei vielmehr, dass der Rechtsakt zur Vollendung des Binnenmarktes tatsächlich beitrage.

24. Dies sei hier aber nicht der Fall. Da die einzige zugelassene Werbung, nämlich die an den Verkaufsstätten, nur 2 % der Werbeausgaben der Tabakhersteller ausmache, enthalte die Richtlinie de facto ein Totalverbot für Tabakwerbung. (...) Sie schaffe darüber hinaus neue Handelshemmnisse, die es zuvor nicht gegeben habe. (...)

29. Art. 95 EG dürfe außerdem nur dann als Rechtsgrundlage gewählt werden, wenn die Beeinträchtigungen der Grundfreiheiten und die Wettbewerbsverzerrungen spürbar seien. (...)

31. Das (...) Vorbringen belege aber, dass spürbare Hemmnisse für den Handel mit Werbeträgern für Tabakerzeugnisse und die Dienstleistungsfreiheit von Werbeagenturen ebenso wenig bestünden wie spürbare Wettbewerbsverzerrungen unter den Werbeagenturen.

36. Das Parlament, der Rat und die ihre Anträge unterstützenden Streithelfer sind der Auffassung, dass die Richtlinie wirksam auf der Grundlage von Art. 95 EG erlassen worden sei. (...) [Begründung folgt].

44. Die Richtlinie, die durch die Angleichung der nationalen Rechtsvorschriften einen einheitlichen Rahmen für die Tabakwerbung im Binnenmarkt schaffe, habe wirksam auf der Grundlage von Art. 95 EG erlassen werden können.

Würdigung durch den Gerichtshof

Die Heranziehung von Art. 95, Art. 47 II und Art. 55 EG als Rechtsgrundlage und ihre gerichtliche Kontrolle

76. Die Richtlinie betrifft die Angleichung der Rechts- und Verwaltungsvorschriften der Mitgliedstaaten über Werbung und Sponsoring zugunsten von Tabakerzeugnissen. Es handelt sich dabei um nationale Bestimmungen, denen großteils gesundheitspolitische Ziele zugrunde liegen.

80. Im vorliegenden Fall wurde die von der Richtlinie vorgesehene Angleichung der nationalen Vorschriften über die Werbung und das Sponsoring zugunsten von Tabakerzeugnissen auf die Art. 95, Art. 47 II und Art. 55 EG gestützt.

83. Aus der Zusammenschau dieser Bestimmungen ergibt sich, dass Maßnahmen gem. Art. 95 EG die Voraussetzungen für die Errichtung und das Funktionieren des Binnenmarktes verbessern sollen. Diesen Artikel dahin auszulegen, dass er dem Gemeinschaftsgesetzgeber eine allgemeine Kompetenz zur Regelung des Binnenmarktes gewährte, widerspräche nicht nur dem Wortlaut der genannten Bestimmungen, sondern wäre auch unvereinbar mit dem in Artikel 5 EG niedergelegten Grundsatz, dass die Befugnisse der Gemeinschaft auf Einzelermächtigungen beruhen.

85. So hat der Gerichtshof im Rahmen der Prüfung, ob Art. 95 zu Recht als Rechtsgrundlage gewählt wurde, festzustellen, ob mit dem Rechtsakt, dessen Gültigkeit infrage steht, tatsächlich die vom Gemeinschaftsgesetzgeber angeführten Zwecke verfolgt werden (...).

86. Zwar kann Art. 95, wie der Gerichtshof in der Randnummer 35 des Urteils Spanien./.Rat festgestellt hat, als Rechtsgrundlage herangezogen werden, um der Entstehung neuer Hindernisse für den Handel infolge einer heterogenen Entwicklung der nationalen Rechtsvorschriften vorzubeugen. Das Entstehen solcher Hindernisse muss jedoch wahrscheinlich sein und die fragliche Maßnahme ihre Vermeidung bezwecken.

89. Im Licht dieser Erwägungen ist zu prüfen, ob die Richtlinie auf der Grundlage von Art. 95, Art. 47 II und Art. 55 EG erlassen werden durfte.
Die Richtlinie

95. Es ist demnach zu prüfen, ob die Richtlinie tatsächlich zur Beseitigung von Hemmnissen des freien Warenverkehrs und der Dienstleistungsfreiheit sowie von Wettbewerbsverzerrungen beiträgt.
Die Beseitigung von Hemmnissen des freien Warenverkehrs und der Dienstleistungsfreiheit

96. Es ist davon auszugehen, dass wegen der vorhandenen Unterschiede zwischen den nationalen Rechtsvorschriften über Werbung für Tabakerzeugnisse Hemmnisse für den freien Warenverkehr und die Dienstleistungsfreiheit bestehen oder wahrscheinlich entstehen können.

99. Für einen großen Teil der Formen von Tabakwerbung lässt sich das in Artikel 3 I der Richtlinie enthaltene Verbot jedoch nicht damit rechtfertigen, Hemmnisse für den freien Verkehr von Werbeträgern oder für die Dienstleistungsfreiheit in diesem Werbesektor müssten beseitigt werden. (…)

101. Die Richtlinie stellt auch nicht den freien Verkehr von Erzeugnissen sicher, die ihren Bestimmungen entsprechen.

105. Demnach kann der Gemeinschaftsgesetzgeber die Wahl von Art. 95, Art. 47 II und Art. 55 EG als Rechtsgrundlage der Richtlinie nicht mit der Erwägung rechtfertigen, Hemmnisse für den freien Verkehr von Werbeträgern und die Dienstleistungsfreiheit müssten beseitigt werden.
Die Beseitigung von Wettbewerbsverzerrungen

106. Im Rahmen der Rechtmäßigkeitskontrolle einer auf der Grundlage von Art. 95 EG erlassenen Richtlinie ist v. Gerichtshof zu prüfen, ob die Wettbewerbsverzerrungen, auf deren Beseitigung der Rechtsakt zielt, spürbar sind (Urteil Titandioxid, Rn. 23).

112. Was zweitens Wettbewerbsverzerrungen auf dem Markt für Tabakerzeugnisse angeht, so ist die Richtlinie auch in diesem Bereich nicht zur Beseitigung spürbarer Wettbewerbsverzerrungen geeignet; (…)

115. Nach alledem ist festzustellen, dass die Richtlinie nicht auf der Grundlage von Art. 95, Art. 47 II und Art. 55 EG erlassen werden durfte.

118. Da die Klagegründe, dass Art. 95, Art. 47 II und Art. 55 EG keine geeignete Rechtsgrundlage für die Richtlinie darstellen, durchgreifen, brauchen die übrigen Klagegründe nicht geprüft zu werden. Die Richtlinie wird insgesamt für nichtig erklärt.

Kosten (…)
Aus diesen Gründen
hat
Der Gerichtshof

für Recht erkannt und entschieden:

11. Die Richtlinie 98/43/EG des Europäischen Parlaments und des Rates v. 6.7.1998 zur Angleichung der Rechts- und Verwaltungsvorschriften der Mitgliedstaaten über Werbung und Sponsoring zugunsten von Tabakerzeugnissen wird für nichtig erklärt.

12. Das Europäische Parlament und der Rat der Europäischen Union tragen die Kosten des Verfahrens. Die Französische Republik, die Republik Finnland, das Vereinigte Königreich Großbritannien und Nordirland und die Kommission der Europäischen Gemeinschaften tragen ihre eigenen Kosten.

Unterschriften der Richter

Verkündet in öffentlicher Sitzung in Luxemburg am 5. Oktober 2000.

Der Kanzler

Der Präsident

1: Verfahrenssprache: Deutsch.

Anmerkung: Zu beachten ist, dass sich der Aufbau der Urteile des Gerichtshofs der Europäischen Union seit 1985/86 geändert hat. Es hat sich nunmehr durchgesetzt, dass sich nach den Leitsätzen der Sitzungsbericht des Berichterstatters sowie die Schlussanträge des Generalanwalts anschließen. Danach folgt das Urteil, das noch einmal eine Kurzdarstellung des Sachverhalts enthält und dessen Entscheidungsgründe auch nicht mehr ausdrücklich als solche ausgewiesen sind. Vor der Urteilsformel, dem Tenor, wird noch über die Kosten entschieden. Dem Tenor folgen die Unterschriften der am Verfahren beteiligten Richter und der Verkündungsvermerk.[156]

IV. Rechtsschutz gegen europäische Hoheitsakte durch nationale Gerichte

Literatur: *Erichsen/Frenz,* Gemeinschaftsrecht vor deutschen Gerichten, JURA 1995, 422; *Herdegen* EuropaR § 10 Rn. 26–35; *Odendahl,* Das »Kooperationsverhältnis« zwischen BVerfG und EuGH in Grundrechtsfragen, JA 2000, 219; *Rodriguez-Iglesias,* Der Europäische Gerichtshof und die Gerichte der Mitgliedstaaten – Komponenten der richterlichen Gewalt in der Europäischen Union, NJW 2000, 1889; *Streinz* EuropaR Rn. 649–661.

1. Zuständigkeit nationaler Gerichte bezüglich europarechtlicher Rechtssachen

562 Wie bereits festgestellt, besitzt der Gerichtshof der Europäischen Union ein Monopol hinsichtlich der autoritativen und finalen Entscheidung von unionsrechtlichen Fragen. Soweit jedoch keine ausdrückliche vertragliche Zuständigkeit des Gerichtshofs der Europäischen Union begründet ist, sind die einzelstaatlichen Gerichte zur Streitentscheidung berufen. Insbesondere selbstständige nationale Durchführungsmaßnahmen unterliegen zunächst in vollem Umfang der Prüfungs- und Verwerfungskompetenz der nationalen Gerichte.[157] Der Rechtsschutz gegenüber Handlungen mitgliedstaatlicher Behörden, die ja überwiegend (→ Rn. 467ff.) das Unionsrecht vollziehen, richtet sich also nach nationalem Recht. Zudem haben die mitgliedstaatlichen Gerichte eine wesentlich auf Art. 4 III EUV gegründete Verpflichtung zur Gewährung effektiven Rechtsschutzes.[158] Soweit nationale Gerichte im Rahmen ihrer Kompetenz das Europarecht auslegen und anwenden, fungieren sie als funktionale Unionsgerichte. Dabei gilt allerdings zu beachten, dass dann, wenn bei der Beurteilung der nationalen Maßnahme Fragen der Gültigkeit oder Auslegung von Unionsrecht infrage stehen, diese endgültig nur durch den Gerichtshof der Europäischen Union geklärt werden können. Soweit eine nationale Gerichtszuständigkeit gegeben ist, darf diese aus europarechtlicher Perspektive nicht zum Anlass genommen werden, die Vereinbarkeit der europarechtlichen Rechtsgrundlage mit nationalen Verfassungsbestimmungen, insbesondere mit nationalen Grundrechten zu überprüfen.

---

156 S. dazu *Hummer/Vedder/Lorenzmeier,* Europarecht in Fällen, 5. Aufl. 2011, 174f.

157 *Oppermann/Classen/Nettesheim* EuropaR § 13 Rn. 12.

158 EuGH 25.7.2002 – C-50/00, Slg. 2002, I-6677 Rn. 42 = BeckRS 2004, 77500 – Union de Pequeños Agricultores.

2. Berufung auf nationale Grundrechte und nationales Recht gegenüber Unionsrechtsakten?

Es ist bereits oben dargelegt worden (→ Rn. 457 ff.), dass namentlich das deutsche **563** BVerfG eine Zeit lang einen eigenständigen Prüfungsanspruch am Maßstab der Grundrechte gegenüber sekundären Unionsrechtsakten reklamiert hatte.[159] Die dem entgegenstehende Solange II-Entscheidung von 1986[160] war durch bestimmte Formulierungen des Maastricht-Urteils, wonach das BVerfG die unabdingbaren Grundrechtstandard gewährleiste,[161] infrage gestellt worden. Nach dem Bananenmarktbeschluss[162] ist die Zulässigkeit einer Überprüfung sekundären Unionsrechts durch das BVerfG entsprechend Art. 100 I GG nur noch unter engen Voraussetzungen zulässig. Danach

> »muss die Begründung der Vorlage eines nationalen Gerichts oder einer Verfassungsbeschwerde im Einzelnen darlegen, dass die gegenwärtige Rechtsentwicklung zum Grundrechtsschutz im europäischen Gemeinschaftsrecht, insbesondere die Rechtsprechung des EuGH, den jeweils als unabdingbar gebotenen Grundrechtsschutz generell nicht gewährleistet«.

Damit wird deutlich, dass das BVerfG sich wieder auf den Bahnen des Solange II-Be- **564** schlusses bewegt.[163]

Entsprechend ist eine Berufung auf nationale Grundrechte gegen Unionsrechtsakte **565** nach der Rechtsprechung des BVerfGs nur dann möglich, wenn seitens des Antragstellers die Einhaltung eines unabdingbar gebotenen Grundrechtsstandards generell infrage gestellt wird. Weiterhin behält sich das BVerfG vor, jedenfalls im Falle erheblicher bzw. evidenter Kompetenzüberschreitungen von Unionsorganen einzuschreiten. Wird hingegen in einer Verfassungsbeschwerde etwa die Unvereinbarkeit eines Unionsrechtsaktes mit dem Grundgesetz gerügt, wäre eine solche Beschwerde zumindest mangels Klagebefugnis unzulässig. Jedenfalls ursprünglich hatte das BVerfG diese Zulässigkeitsvoraussetzung einschränkend dahingehend ausgelegt, dass für die Erhebung einer Verfassungsbeschwerde das Vorliegen eines Aktes deutscher öffentlicher Gewalt notwendig sei, wozu Rechtsakte supranationaler Organisationen ebenso wenig wie die anderer ausländischer Hoheitsträger zu zählen seien. Das Maastricht-Urteil wurde teilweise so verstanden, das BVerfG habe sich hier dafür ausgesprochen, dass auch Akte supranationaler Organisationen in diesem Sinne als Akte öffentlicher Gewalt anzusehen seien,[164] Verfassungsbeschwerden aber, soweit sie eben nicht auf die Nichteinhaltung eines unabdingbaren Grundrechtsstandards gestützt würden, mangels Klagebefugnis unzulässig seien. Die Entscheidung im Bananenmarkt-Beschluss hat hier nunmehr insofern für Klarheit gesorgt, als das BVerfG darin ausdrücklich die Maßstäbe seines Solange II-Urteils für anwendbar erklärt hat.

Mit dem Lissabon-Urteil hat das BVerfG zudem bekräftigt, dass der Anwendungsvorrang des Unionsrechts jedoch nur dann und soweit gilt, wie sich die Union im Rahmen der ihr verfassungsrechtlich übertragenen Ermächtigungen bewegt.[165] Dies hat zur

---

159 So BVerfGE 37, 271 = NJW 1974, 1697 – Solange I, → Rn. 457 ff.
160 BVerfGE 73, 339 = NJW 1987, 577 – Solange II.
161 BVerfGE 89, 155 (174) = BeckRS 1993, 08465 – Maastricht.
162 BVerfGE 102, 147 (164) = BeckRS 2000, 22206 – Bananenmarkt.
163 Vgl. auch Friauf/Höfling/*Hobe*, Berliner Kommentar zum Grundgesetz, 2004, Art. 23 Rn. 35.
164 *Gersdorf* DVBl.1994, 675.
165 Vgl. BVerfG NJW 2009, 2267 Rn. 240 – Lissabon.

Folge, dass auch im Falle von Handlungen der Unionsorgane »*ultra vires*« Verfassungsbeschwerden zulässig sein können (vgl. aber die Einschränkung durch den *Honeywell*-Beschluss, Rn. 461).

3. Problem des einstweiligen Rechtsschutzes

566   Ein besonderes Problem stellt sich dann, wenn vor nationalen Gerichten einstweiliger Rechtsschutz gegen Akte begehrt wird, die mit Unionsrecht in Verbindung stehen. Denn auch im Eilverfahren besteht ggf. die Pflicht des nationalen Richters, bei Zweifeln über Auslegung und Gültigkeit des Unionsrechts eine Vorabentscheidung des Gerichtshofs der Europäischen Union herbeizuführen.

567   Im Falle zweifelhafter Auslegung ist der nationale Richter nicht gehindert, aufgrund eigener Interpretation vorläufigen Rechtsschutz zu gewähren und die Vorabentscheidung des Gerichtshofs der Union bis zur Entscheidung in der Hauptsache abzuwarten.

568   Im Fall ernstlicher Zweifel an der Gültigkeit von Unionsrecht darf der Richter dann einstweiligen Rechtsschutz gewähren, wenn er erhebliche Zweifel an der Gültigkeit der Handlung der Union hat und er die Gültigkeitsfrage, sofern der Gerichtshof mit ihr noch nicht befasst war, diesem selbst vorlegt. Zudem muss die Entscheidung dringlich sein, dem Antragsteller ein schwerer und nicht wiedergutzumachender Schaden drohen, das Interesse der Union an einer effektiven Umsetzung des Unionsrechts angemessen berücksichtigt werden und der Richter bei der Prüfung aller dieser Voraussetzungen die Entscheidungen des Gerichthofs der Europäischen Union über die Rechtmäßigkeit der Verordnung oder eines Beschlusses im Verfahren des vorläufigen Rechtsschutzes betreffend gleichartige einstweilige Anordnungen auf Unionsebene beachten.[166] So ist zum einen zwar der nationale Richter gehalten, das Verwerfungsmonopol des Gerichtshofs der Europäischen Union zu beachten, zum anderen aber ist auch dem Interesse des Einzelnen an effektivem Rechtsschutz und damit letztlich auch dem Interesse der Union daran, dass primäres Unionsrecht nicht durch Sekundärrechtsakte verletzt wird, Rechnung zu tragen.

§ 12 Haftungsfragen

Nachfolgend sind zwei strukturell unterschiedliche Haftungsfragen darzustellen. Zum einen geht es bei der in Art. 340 AEUV (zuvor Art. 288 EG) angeordneten Haftung der Union in der Regel um ein Fehlverhalten ihrer Organe, zum anderen geht es um die davon zu trennende und aus dem allgemeinen Unionsrecht herzuleitende Haftung der Mitgliedstaaten gegenüber den eigenen Staatsbürgern für ein unionsrechtlich relevantes staatliches Fehlverhalten.

I. Haftung der Union

Literatur: Schwarze/*Berg* AEUV Art. 340 Rn. 1 ff.; *v. Bogdandy,* Europa 1992 – Die außervertragliche Haftung der Europäischen Gemeinschaften, JuS 1990, 872; Calliess/Ruffert/*Ruffert* AEUV Art. 340; *Detterbeck,* Haftung der Europäischen Gemeinschaft und gemeinschaftsrechtlicher Staatshaftungsan-

---

166 EuGH 9.11.1995 – C-465/93, Slg. 1995, I-3761 Rn. 51 = BeckRS 2004, 77379 – Atlanta-Fruchthandelsgesellschaft I.

spruch, AöR 2000, 202; *Fischer*, Die gemeinschaftsrechtliche Staatshaftung, JA 2000, 348; *Gilsdorf*, Die Haftung der Gemeinschaft aus normativem Handeln, EuR 1975, 73; *Ginther*, Haftung und Verantwortung im Völkerrecht, FS Zemanek, 1994, 335 ff.; *Haack*, Grundsätzliche Anerkennung der außervertraglichen Haftung der EG für rechtmäßiges Verhalten nach Art. 288 II EG, EuR 2006, 696; *Haratsch/Koenig/ Pechstein* EuropaR Rn. 605–621; *Koenig*, Haftung der Europäischen Gemeinschaft gem. Art. 288 II EG wegen rechtswidriger Kommissionsentscheidungen in Beihilfesachen, EuZW 2005, 202; *Oppermann/ Classen/Nettesheim* EuropaR § 14 Rn. 1–10; Vedder/Heintschel von Heinegg/*Pache* AEUV Art. 340.

1. Völkerrechtliche Haftung der Union

Die völkerrechtliche Haftung der Union ist in den Verträgen nicht ausdrücklich ange- **569** sprochen. Es gelten daher die für internationale Organisationen als Völkerrechtssubjekte allgemein anwendbaren Rechtsgrundsätze. Danach haftet die Europäische Union für völkerrechtliche Delikte ihrer Organe. Als solche gelten völkerrechtswidrige, ein anderes Völkerrechtssubjekt schädigende und – nach herrschender Ansicht – schuldhafte Verletzungen von Völkerrechtsregeln.[167] Subsidiär haften die Mitgliedstaaten als Begründer und Träger der Union ähnlich einer Gesamtschuldnerschaft.

2. Innereuropäische Haftung der Europäischen Union

Anspruchsgrundlage für die gegenüber der völkerrechtlichen Haftung weitaus bedeu- **570** tendere Frage der innereuropäischen Haftung ist Art. 340 AEUV,[168] der zwischen vertraglicher (Abs. 1) und außervertraglicher (Abs. 2) Haftung unterscheidet.

a) Vertragliche Haftung, Art. 340 I AEUV

Von der vertraglichen Haftung der Union sind Ansprüche aus Nicht- oder Schlechter- **571** füllung eines privat- oder verwaltungsrechtlichen Vertrags der Union mit einer natürlichen oder juristischen Person erfasst.[169] Die vertragliche Haftung steht im Zusammenhang mit Art. 335 AEUV, der nunmehr die Rechts- und Geschäftsfähigkeit der Union regelt. Auch Ansprüche aus Leistungskondiktion werden hierzu gezählt. Streitig ist, ob Ansprüche aus Nichtleistungskondiktion und Geschäftsführung ohne Auftrag unter die vertragliche Haftung zu fassen sind. Zum Teil wird dies mit der Begründung abgelehnt, dass solche Ansprüche nach internationalem Privatrecht keine vertraglichen Ansprüche darstellten (Art. 38 II und III, Art. 39 EGBGB) und diese Regelung ins Unionsrecht zu übernehmen sei.[170] Andere wollen auch diese Fälle in die vertragliche Haftung einbeziehen.[171]

Die vertragliche Haftung bestimmt sich gem. Art. 340 I AEUV grundsätzlich nach **572** dem nationalen Recht, das auf den betreffenden Vertrag anzuwenden ist. Vorrangig gilt es, die Vertragsbestimmungen als Ausdruck des übereinstimmenden Willens der Parteien auszulegen, was zu einem gänzlichen Ausschluss der Anwendung eines nationalen Rechts führen kann. Meist wird jedoch die Anwendbarkeit eines bestimmten Rechts vereinbart.[172]

---

167 *Ginther*, FS Zemanek, 1994, 335 ff.; *Oppermann/Classen/Nettesheim* EuropaR § 4 Rn. 10.
168 Zuvor Art. 288 EGV; s. auch Art. 188 EA.
169 *Haratsch/Koenig/Pechstein* EuropaR Rn. 605 f.
170 Schwarze/*Berg* AEUV Art. 340 Rn. 6.
171 *Detterbeck* AöR 2000, 208; Vedder/Heintschel von Heinegg/*Pache* Art. III-431 Rn. 4.
172 Calliess/Ruffert/*Ruffert* AEUV Art. 340 Rn. 4.

b) Außervertragliche Haftung, Art. 340 II AEUV

573 Die außervertragliche Haftung der Union ergibt sich aus den allgemeinen Rechtsgrundsätzen, die den Rechtsordnungen der Mitgliedstaaten gemeinsam sind. Hiervon zu unterscheiden ist die persönliche Haftung der Bediensteten gegenüber der Union – nicht indes dem Geschädigten selbst[173]– nach Art. 340 IV AEUV.

574 Durch den Verweis auf diese allgemeinen Rechtsgrundsätze ergibt sich die Ermächtigung des EuGH, im Wege »wertender Rechtsvergleichung« einen europarechtlichen Haftungsstandard zu entwickeln. Die so herausgearbeiteten Grundsätze müssen zwar nicht allen Rechtsordnungen der Mitgliedstaaten gemeinsam sein oder sich an der Rechtsordnung mit den weitest reichenden oder engsten Haftungsvoraussetzungen orientieren. Von grundlegenden Prinzipien, die den Rechtsordnungen der Mitgliedstaaten gemeinsam sind, darf aber nicht abgewichen werden. Vor diesem Hintergrund hat der EuGH in einer Reihe von Entscheidungen zur außervertraglichen Haftung bestimmte Haftungsvoraussetzungen aufgestellt.[174] Danach muss eine *Amtshandlung* einen *hinreichend qualifizierten Verstoß* gegen eine Rechtsnorm begründen, die dem Einzelnen Rechte zu verleihen beabsichtigt *(Schutznorm)*. Neben der *Rechtswidrigkeit* des Verhaltens ist zudem ein *Kausalzusammenhang* zwischen dem Verhalten, welches den Organen und Bediensteten zur Last gelegt wird, und dem eingetretenen *Schaden* erforderlich. Im Interesse des Geschädigten sollte auf ein oft nur schwer nachweisbares Organverschulden verzichtet werden.[175] Die Voraussetzungen eines solchen Anspruchs lauten deshalb wie folgt:

575 • Amtshandlung
Bei dem zur Last gelegten Handeln der Organe und Bediensteten muss es um eine Handlung gehen, die im unmittelbaren inneren Zusammenhang mit der Erfüllung von Unionsaufgaben steht. Dabei ist ein weites Verständnis zugrunde zu legen, so haftet die EU zB auch für die Europäische Investitionsbank. Die Europäische Zentralbank ist zwar nunmehr zu den Organen der Union zu zählen, sie haftet jedoch aufgrund ihres Sonderstatus gem. Art. 340 III AEUV für sich und die Handlungen ihrer Bediensteten selbst. Diese Amtshandlung muss Außenwirkung entfalten und kann dem legislativen,[176] exekutiven oder dem judikativen Bereich entspringen.[177] Dem aktiven Handeln entspricht unter dem Begriff der Amtshandlung auch ein Unterlassen bei einer Rechtspflicht zum Handeln.

576 • Rechtswidrigkeit der Amtshandlung und Verletzung einer Schutznorm
Rechtswidrig ist eine Amtshandlung, wenn sie gegen eine höherrangige Europarechtsnorm verstößt. Jene Norm muss von ihrer Ausrichtung her zumindest auch

---

173 Str., vgl. *Oppermann/Classen/Nettesheim* EuropaR § 14 Rn. 10.
174 ZB EuGH 28.4.1971 – 4/69, Slg. 1971, 325 Rn. 10 = BeckRS 2004, 71090 – Lütticke/Kommission; EuGH 2.12.1971 – 5/71, Slg. 1971, 975 Rn. 11 = BeckRS 2004, 73209 – Schöppenstedt.
175 *Oppermann/Classen/Nettesheim* EuropaR § 14 Rn. 9, so verzichtet auch der EuGH auf die Nennung eines Verschuldenserfordernisses, vgl. EuGH 28.4.1971 – 4/69, Slg. 1971, 325 Rn. 11 = BeckRS 2004, 71090 – Lütticke/Kommission.
176 Da die Klage auf Schadensersatz eine selbstständige Funktion hat, bedeutet sie bzgl. unionsrechtlicher Legislativakte auch keine arg. e. Art. 263 IV AEU unzulässige Popularklage gegen Verordnungen, vgl. EuGH 2.12.1971 – 5/71, Slg. 1971, 975 Rn. 2f. = BeckRS 2004, 73209 – Schöppenstedt.
177 Zur Problematik der Schadensersatzansprüche für normatives und judikatives Unrecht s. *Detterbeck* AöR 2000, 212.

den Schutz des Geschädigten bezwecken.[178] Sie muss keine subjektiv-öffentlichen Rechte begründen; es genügt, wenn sie zumindest faktisch dem individuellen Interesse des Antragsstellers dient. Fraglich ist, ob eine Haftung der Union auch bei einer rechtmäßigen Handlung einsetzen kann. Dies würde einem europarechtlichen Aufopferungsanspruch nahe kommen, der nur in einigen Rechtsordnungen der Mitgliedstaaten bekannt ist. Nachdem dieser zunächst weder ausdrücklich noch implizit abgelehnt wurde, hat das EuG mittlerweile indes eine Haftung der Union für rechtmäßiges Handeln grundsätzlich anerkannt, diese jedoch an das Vorliegen eines außergewöhnlichen Schadens geknüpft.[179]

• Hinreichend qualifizierte Verletzung   577
Die in Rede stehende Maßnahme muss gegen eine primärrechtliche oder sekundärrechtliche Norm des Unionsrechts verstoßen. Es kommt allerdings nicht jede Norm in Betracht, sondern es muss sich um eine Schutznorm handeln, das heißt, sie muss den Schutz subjektiver Rechte bezwecken, und es muss sich um einen hinreichend qualifizierten Verstoß handeln.[180] Hinsichtlich der somit vorausgesetzten Qualität der Verletzungshandlung kommt nach der Rechtsprechung des EuGH eine Haftung der Union nur dann in Betracht, wenn in dem Rechtssetzungsakt »eine hinreichend qualifizierte Verletzung einer höherrangigen, dem Schutz des Einzelnen dienenden Rechtsnorm« zu sehen ist.[181] Eine solch hinreichend qualifizierte Verletzung soll dann vorliegen, wenn das rechtsetzende Organ die Grenzen seiner Befugnisse offenkundig und erheblich überschritten hat. Dies ist dann der Fall, wenn ein Verstoß gegen eine Norm mit besonderer Bedeutung vorliegt, der Schaden bei einer klar umrissenen und abgegrenzten Gruppe von Personen eintritt und wenn der Schaden über die Grenzen des allgemeinen wirtschaftlichen Risikos hinausgeht.[182]

• Schaden   578
Dem Antragsteller muss zudem ein Schaden entstanden sein. Als solcher ist grundsätzlich jeder Nachteil zu verstehen, den der Betroffene an seinem Vermögen oder an seinen sonstigen geschützten Rechtsgütern erleidet.[183] Hierzu gehören neben dem entgangenen Gewinn auch immaterielle Schäden. Der Schaden muss noch nicht eingetreten sein, es genügt, dass der künftige Eintritt eines Schadens unmittelbar bevorsteht und mit hinreichender Sicherheit vorhergesehen werden kann.
Die Schadenssumme wird durch einen Vergleich zwischen der tatsächlich bestehenden Situation und derjenigen, die ohne das schadensauslösende Verhalten bestünde,

---

178 Schwarze/*Berg* AEUV Art. 340 Rn. 37.
179 Vgl. hierzu die zunächst noch theoretischen Erörterungen in der Entscheidung EuG 28.4.1998 – T-184/95, Slg. 1998, II-667 Rn. 59 = BeckRS 1998, 55207 – Dorsch-Consult sowie die ausdrückliche Bejahung in der Entscheidung EuG 14.12.2005 – T-69/00, Slg. 2005, II-5393 = BeckRS 2005, 70967 – FIAMM/FIAMM Technologies.
180 In der Benennung der Schutznorm ist der Gerichtshof nicht immer eindeutig. Bzgl. einer fehlerhaften Negativentscheidung der Kommission im Rahmen der Rückforderung rechtswidriger Beihilfen stellte er allgemein auf die »Grundsätze für die Rückforderung staatlicher Beihilfen« ab, ohne die Frage zu beantworten, ob die damaligen Art. 87 I und 88 II EG (jetzt: Art. 107 I und 108 II AEUV) Schutznormcharakter haben oder auf den einschlägigen Art. 14 I der Verfahrensordnung (Nr. 659/1999/EG) einzugehen. Näher *Koenig* EuZW 2005, 202.
181 ZB EuGH 2.12.1971 – 5/71, Slg. 1971, 975 Rn. 11 = BeckRS 2004, 73209 – Schöppenstedt; EuGH 19.5.1992 – C-104/89, Slg. 1992, I-3061 Rn. 12 = BeckRS 2004, 74058 – Mulder.
182 EuGH 19.5.1992 – C-104/89, Slg. 1992, I-3061 Rn. 12 = BeckRS 2004, 74058 – Mulder.
183 Zur Schadensermittlung EuGH 19.5.1992 – C-104/89, Slg. 1992, I-3061 Rn. 23ff. = BeckRS 2004, 74058 – Mulder.

ermittelt. Zu berücksichtigen ist dabei ein mitwirkendes Verschulden des Geschädigten, einschließlich seiner Schadensabwendungs- und Schadensverringerungspflicht.

579 • Kausalität zwischen Amtshandlung und Schaden
Die Amtshandlung muss schließlich in einem Kausalzusammenhang zum entstandenen Schaden stehen. Nach dem Grundsatz adäquater Kausalität liegt dieser dann nicht vor, wenn der Eintritt des Schadens als Folge der Handlung völlig unwahrscheinlich war.

580 • Verschulden
Der Schadensersatzanspruch gegen die Union ist verschuldensunabhängig.

581 Als Rechtsfolge bietet der Schadensersatzanspruch nach Art. 340 II und III AEUV einen Ersatz des entstandenen Schadens im Wege der Naturalrestitution oder, wenn dies nicht möglich ist, Ersatz durch Entrichtung eines entsprechenden Geldbetrages. Hierfür ist mit dem selbstständigen Rechtsbehelf des Art. 268 AEUV der Rechtsweg zum EuGH eröffnet. Nicht verlangt werden kann die Nichtigerklärung oder die Aufhebung eines rechtswidrigen Unionsaktes. Die Ansprüche aus Art. 340 II und III AEUV sind auf Gewährung sekundären Rechtsschutzes gerichtet. Primärer Rechtsschutz unmittelbar gegen die Schadensquelle wird hingegen nicht gewährt. Liegt neben einer Unionshandlung auch eine Handlung eines Mitgliedstaates vor, welche geeignet ist, einen Schadensersatzanspruch des Antragsstellers zu begründen, so ändert dies nichts an der Haftung der Union. Mitgliedstaat und Union sind nach allgemeinen Rechtsgrundsätzen Gesamtschuldner, dh der Antragsteller kann sich wahlweise an einen von beiden halten, während ggf. ein Ausgleich zwischen Union und Mitgliedstaaten im Innenverhältnis stattfindet.

II. Die unionsrechtliche Staatshaftung der Mitgliedstaaten

Literatur: *Böhm*, Voraussetzungen einer Staatshaftung bei Verstößen gegen primäres Gemeinschaftsrecht, JZ 1997, 53; *Brüning*, Staatshaftung bei überlanger Dauer von Gerichtsverfahren, NJW 2007, 1094; *v. Danwitz*, Die gemeinschaftsrechtliche Staatshaftung der Mitgliedstaaten, DVBl. 1997, 1; *Dänzer-Vanotti*, FS Everling, 1995, 215f.; *Detterbeck*, Haftung der Europäischen Gemeinschaft und gemeinschaftsrechtlicher Staatshaftungsanspruch, AöR 2000, 202; *Epping/Lenz* Fallrep EuropaR; *Giesberts/Eickelberg*, Rechtliche Grundlage einer Verletzung subjektiv-öffentlicher Rechte beim EG-Staatshaftungsanspruch im Bereich des harmonisierten Sekundärrechts, EuZW 2005, 231; *Häde*, Keine Staatshaftung für mangelhafte Bankenaufsicht – Zum Urteil des EuGH vom 12.10.2004 in der Rs. C-222/02, EuZW 2005, 39; *Herdegen* EuropaR § 10 Rn. 8–18; *Kenntner*, Ein Dreizack für die offene Flanke: Die neue EuGH-Rechtsprechung zur judikativen Gemeinschaftsrechtsverletzung, EuZW 2005, 235; *Kischel*, Gemeinschaftsrechtliche Staatshaftung zwischen Europarecht und nationaler Rechtsordnung, EuR 2005, 441; *Kluth*, Die Haftung der Mitgliedstaaten für gemeinschaftsrechtswidrige höchstrichterliche Entscheidungen – Schlussstein im System der gemeinschaftsrechtlichen Staatshaftung, DVBl. 2004, 393; *Ossenbühl*, Der gemeinschaftsrechtliche Staatshaftungsanspruch, DVBl. 1992, 993; *Oppermann/Classen/Nettesheim* EuropaR § 14 Rn. 11–23; *Pieper*, Fälle und Lösungen zum Europarecht, 2004; *Radermacher*, Gemeinschaftsrechtliche Staatshaftung für höchstrichterliche Entscheidungen, NVwZ 2004, 1415; *Saenger*, Staatshaftung wegen Verletzung europäischen Gemeinschaftsrechts, JuS 1997, 865; *Schoch*, Staatshaftung wegen Verstoßes gegen Europäisches Gemeinschaftsrecht, JURA 2002, 837.

1. Allgemeines

Anders als für die europarechtliche Haftung aus Art. 340 AEUV fehlt es auch nach **582** dem Inkrafttreten des Reformvertrags an einer expliziten vertraglichen Festlegung der Haftung der Mitgliedstaaten. Allerdings kennen die Mitgliedstaaten jeweils eigene Staatshaftungssysteme, so in Deutschland gem. § 839 BGB iVm Art. 34 GG. Um die Rechte des Einzelnen möglichst wirksam zu schützen und die volle Wirksamkeit des Unionsrechts zu gewährleisten, wurde der EuGH im Wege der Rechtsfortbildung tätig. Dies hat zur Entwicklung des unionsrechtlichen Staatshaftungsanspruchs geführt.

Neben Art. 4 EUV, den Grundprinzipien des Unionsrechts und den allgemeinen **583** Rechtsgrundsätzen der Mitgliedstaaten erkennt der EuGH die Grundlage der Staatshaftung im Wesen der durch die Verträge geschaffenen Rechtsordnung an.[184]

Umstritten ist, ob es sich dabei um eine eigenständige unionale Staatshaftung handelt[185] **584** oder der nationalstaatliche Staatshaftungsanspruch lediglich modifiziert und etwa hinsichtlich der Haftung für legislatives Unrecht oder des dort erforderlichen Verschuldens erweitert wird.[186] Nach Auffassung des EuGH handelt es sich um einen Anspruch, der seine Grundlage unmittelbar im Unionsrecht findet, wobei die Folgen des verursachten Schadens im Rahmen des nationalen Haftungsrechts zu beheben sind.[187] Der europarechtliche Anspruch kommt insoweit subsidiär zum Tragen, wenn das nationale Recht entsprechende Ansprüche nicht vorsieht.[188] Zudem darf das nationale Recht in seinen Voraussetzungen für die Staatshaftung nicht ungünstiger sein, als bei entsprechenden innerstaatlichen Ansprüchen und in seiner Ausgestaltung die Erlangung der Entschädigung nicht praktisch unmöglich machen oder übermäßig erschweren.[189]

Beispiel: Vorschriften, welche die mitgliedstaatliche Haftung ausschließen, zB durch Aus- **585** schluss der Drittbezogenheit einer Bankaufsichtspflicht etwa nach § 4 IV FinDAG, können daher an Unionsrecht zu messen sein.[190] Sofern dies nicht entgegensteht, bleibt allein das nationale Verfassungsrecht Maßstab.[191]

---

184 EuGH 19.11.1991 – C-6/90 und C-9/90, Slg. 1990, I-5357 = BeckRS 2004, 77605 – Francovich; EuGH 5.3.1996 – C-46/93 und C-48/93, Slg. 1996, I-1029 Rn. 93 = BeckRS 2004, 77363 – Brasserie du Pêcheur; EuGH 13.6.2006 – C-173/03, Slg. 2006, I-5177 = BeckRS 2006, 70454 – Traghetti del Mediteraneo; zu anderen Herleitungen s. *Detterbeck* AöR 2000, 231; krit. insbes. *Ossenbühl* DVBl. 1992, 995, der den EuGH *ultra vires* handeln sieht, und *Dänzer-Vanotti*, FS Everling, 1995, 215f.
185 BGHZ 134, 30 (34) (unmittelbare Anwendung des gemeinschaftsrechtlichen Haftungsanspruchs wegen der dem deutschen Recht fremden Haftung für legislatives Unrecht).
186 Nach *Herdegen* EuropaR § 10 Rn. 8, hängt dies vom Entwicklungsstand des nationalen Rechts ab. Konsequenzen hat diese Frage für den Prüfungsaufbau. Ein an § 839 BGB iVm Art. 34 GG orientierter Fallaufbau findet sich unter anderem bei *Pieper*, Fälle und Lösungen zum Europarecht, 2004, 147 (Fall 11).
187 EuGH 19.11.1991 – C-6/90 und C-9/90, Slg. 1990, I-5357 = BeckRS 2004, 77605 – Francovich.
188 EuGH 1.6.1999 – C-302/97, Slg. 1999, I-3099 Rn. 62ff. = BeckRS 2004, 76163 – Konle; *Herdegen* EuropaR § 10 Rn. 8.
189 EuGH 19.11.1991 – C-6/90 und C-9/90, Slg. 1990, I-5357 = BeckRS 2004, 77605 – Francovich; EuGH 23.5.1996 – C-5/94, Slg. 1996, I-2553 Rn. 31 = BeckRS 2004, 77498 – Hedley Lomas.
190 Im konkreten Fall hat der EuGH die Vereinbarkeit der infrage stehenden Vorschriften mit den entsprechenden RL bestätigt, die keinen Anspruch auf Bankaufsicht vorsähen, EuGH EuZW 2003, 689 Rn. 30, 40 – Inspire Art.
191 Vgl. *Häde* EuZW 2005, 39ff. zum Ausschluss der Staatshaftung für mangelhafte Bankenaufsicht aus verfassungsrechtlicher Sicht im Wechselspiel zum Unionsrecht.

2. Das Urteil Francovich und nachfolgende Fälle

586 Bahnbrechend für die Haftung der Mitgliedstaaten bei einem Verstoß gegen Unionsrecht war das Urteil in der Rechtssache »*Francovich*«.[192] Nach dem zugrunde liegenden Sachverhalt hatte der italienische Staat eine Richtlinie, die dem Schutz von Arbeitnehmern bei Zahlungsunfähigkeit des Arbeitgebers dienen sollte, nicht fristgemäß umgesetzt.[193] Deshalb war Italien bereits 1989 verklagt worden. 1990 kam es dann zu einer Klage auf Schadensersatz, weil Arbeitnehmer durch die Zahlungsunfähigkeit ihres Arbeitgebers Gehaltszahlungen, die bei fristgemäßer Umsetzung der Richtlinie gesichert gewesen wären, verloren hatten. In dem hierzu ergangenen Urteil stellte der EuGH fest, dass die Mitgliedstaaten für solche Schäden hafteten, die dem Einzelnen dadurch entstünden, dass eine Richtlinie nicht fristgerecht in nationales Recht umgesetzt worden ist.

587 In den nachfolgenden Fällen, etwa in den Urteilen »*Brasserie du Pêcheur*«[194] und »*Dillenkofer*«,[195] erweiterte der EuGH diese Staatshaftung dahingehend, dass generell bei der Verletzung von Europarecht eine Verpflichtung zum Schadensersatz besteht, so etwa nicht nur für eine unzureichende Umsetzung von Richtlinien, sondern auch für die Nichtanpassung von formellen nationalen Gesetzen an das primäre Unionsrecht sowie für administrative Verstöße gegen primäres Unionsrecht.

588 Der Grundsatz der Staatshaftung für Verstöße gegen das Europarecht folgt nach der Rechtsprechung des EuGH aus dem Wesen der mit den Verträgen geschaffenen Rechtsordnung.[196] Auf die Haftung der Mitgliedstaaten sind nach Auffassung des EuGH die Vorschriften zur außervertraglichen Haftung der Union (jetzt: Art. 340 II AEUV) und die dazu entwickelten Grundsätze entsprechend anzuwenden.[197]

3. Voraussetzungen

589 Ein Schadensersatzanspruch besteht nach der Rechtsprechung des EuGH, wenn folgende Voraussetzungen erfüllt sind:

Ein Organ oder Amtsträger eines Mitgliedstaats verstößt gegen eine primär- oder sekundärrechtliche Norm des Unionsrechts, welche die Verleihung von Rechten an Einzelne bezweckt (Schutznorm). Der Verstoß muss hinreichend qualifiziert sein. Zwischen dem Verstoß und dem eingetretenen Schaden besteht ein unmittelbarer Kausalzusammenhang. Danach ergibt sich folgende Gliederung:

590 • Verstoß gegen eine subjektive Rechte vermittelnde Norm des Unionsrechts

---

192 EuGH 19.11.1991 – C-6/90 und C-9/90, Slg. 1990, I-5357 = BeckRS 2004, 77605 – Francovich.

193 Mittlerweile ist in Fortentwicklung der ursprünglichen RL 1980/987/EWG am 8.10.2002 eine neue RL 2002/47/EG in Kraft getreten, die darauf abzielt, die ursprüngliche Richtlinie an die Rspr. des EuGH anzupassen und zu ergänzen.

194 EuGH 5.3.1996 – C-46/93 und C-48/93, Slg. 1996, I-1029 = BeckRS 2004, 77363 – Brasserie du Pêcheur.

195 EuGH 8.10.1996 – C-178/94, Slg. 1996, I-4845 = BeckRS 2004, 74710 – Dillenkofer auch bekannt unter »MP-Travel-Line«.

196 So die Urteile EuGH 19.11.1991 – C-6/90 und C-9/90, Slg. 1990, I-5357 = BeckRS 2004, 77605 – Francovich, und EuGH 5.3.1996 – C-46/93 und C-48/93, Slg. 1996, I-1029 Rn. 67 = BeckRS 2004, 77363 – Brasserie du Pêcheur.

197 EuGH 5.3.1996 – C-46/93 und C-48/93, Slg. 1996, I-1029 Rn. 28f., 40ff. = BeckRS 2004, 77363 – Brasserie du Pêcheur.

Der Verstoß gegen das Unionsrecht kann sowohl in einem Handeln als auch in einem Unterlassen liegen. Über das Konstrukt der Schutzpflicht und des pflichtwidrigen Unterlassens (iVm Art. 4 EUV) kommt so eine mittelbare staatliche Haftung für privates, sich als unmittelbar schädigend erweisendes Verhalten in Betracht. Haftungsbegründend ist indes allein das staatliche Unterlassen.

Beispiel: In Verletzung seiner zu diesem Zeitpunkt aus Art. 28 EG iVm Art. 10 EG aF hergeleiteten Pflicht, die erforderlichen Maßnahmen zur Abwehr auch nicht-staatlicher Beeinträchtigungen des Warenverkehrs zu verhindern, unterließ es Frankreich, Blockaden und sonstige Gewaltakte heimischer Bauern gegen Warenimporte aus anderen Mitgliedstaaten zu beenden und so die Verwirklichung von Grundfreiheiten der Exporteure unter anderem zu sichern.[198] Eine Rechtfertigung in der Nichtverhinderung einer Blockade kann aber in den Grundrechten, etwa der Meinungs- und Versammlungsfreiheit, gesehen werden. Dabei gilt es, praktische Konkordanz herzustellen, dh die bestehenden Interessen gegeneinander abzuwägen und in das rechte Gleichgewicht zu stellen.[199]

591

Irrelevant ist, welchem staatlichen Organ der schadensverursachende Verstoß zuzuordnen ist,[200] sodass eine Haftung für die Legislative,[201] Exekutive[202] und Judikative[203] in Betracht kommt.

592

Der Begriff des Verstoßes setzt voraus, dass ein rechtswidriges mitgliedstaatliches Verhalten vorliegt. Ein Verstoß ist mithin dann gegeben, wenn der mitgliedstaatlichen Handlung Europarecht entgegensteht. Die verletzte Norm muss schließlich gerade dem Schutz Einzelner zu dienen bestimmt sein. Wie in dem oben dargestellten *»Francovich«*-Fall, ist dies häufig bei entgegen Art. 288 III AEUV nicht,[204] verspätet oder nicht ordnungsgemäß[205] umgesetzten Richtlinien unter der Voraussetzung der Fall, dass die Richtlinie das Ziel hat, dem Einzelnen Rechte zu verleihen. Eine Berufung auf eine Richtlinie kommt erst dann in Betracht, wenn dieser entgegen ihrer eigentlichen Konzeption unmittelbare Rechtswirkung zukommt. Für den Fall einer unmittelbaren Anwendbarkeit schließt dies einen Schadensersatzanspruch aus, dies ist daher zuerst zu prüfen.[206] Neben der, dem Bereich der Legislative zufallenden Richtlinienproblematik, kommt ein Verstoß durch die Exekutive, etwa durch die grundfreiheitswidrige Verweigerung einer Ausfuhrgenehmigung, ebenso in Betracht, wie eine Verletzung des

593

---

198 EuGH 9.12.1997 – C-265/95, Slg. 1997, I-6959 Rn. 30 ff. = BeckRS 2004, 75819 – Kommission/Frankreich (dabei behält sich der EuGH die Prüfung vor, ob die im Ermessen der Mitgliedstaaten getroffenen Maßnahmen geeignet sind → Rn. 35).

199 EuGH 12.6.2003 – C-112/00, Slg. 2003, I-5659 Rn. 74, 81 = BeckRS 2004, 74143 – Eugen Schmidberger.

200 EuGH 5.3.1996 – C-46/93 und C-48/93, Slg. 1996, I-1029 Rn. 32 = BeckRS 2004, 77363 – Brasserie du Pêcheur; EuGH 28.6.2001 – C-118/00, Slg. 2001, I-5063 Rn. 35 = BeckRS 2004, 74191 – Larsy; EuGH 30.9.2003 – C-224/01, Slg. 2003, I-10239 Rn. 31 = BeckRS 2004, 75214 – Köbler.

201 EuGH 5.3.1996 – C-46/93 und C-48/93, Slg. 1996, I-1029 Rn. 34 = BeckRS 2004, 77363 – Brasserie du Pêcheur bzgl. der Nichtanpassung innerstaatlichen Rechts an höherrangiges Unionsrecht.

202 EuGH 23.5.1996 – C-5/94, Slg. 1996, I-2553 = BeckRS 2004, 77498 – Hedley Lomas.

203 EuGH 30.9.2003 – C-224/01, Slg. 2003, I-10239 Rn. 31 ff. = BeckRS 2004, 75214 – Köbler, vgl. *Kluth* DVBl. 2004, 393.

204 EuGH EuGH 19.11.1991 – C-6/90 und C-9/90, Slg. 1990, I-5357 = BeckRS 2004, 77605 – Francovich.

205 EuGH 26.3.1996 – C-392/93, Slg. 1996, I-1631 Rn. 37 ff. = BeckRS 2004, 76981 – British Telecommunications.

206 Vgl. dazu *Epping/Lenz* Fallrep EuropaR 71 (Fall 10).

Unionsrechts durch die nationale, auch höchstrichterliche Rechtsprechung, bspw. wenn diese einen europarechtswidrigen Zustand schafft oder bestätigt.

594 Der Verstoß muss gegen eine Schutznorm erfolgen, dh eine Norm, die zumindest auch dem Einzelnen Rechte zu verleihen beabsichtigt. Dies ist vor allem unter Beachtung des Wortlautes und Zwecks der Vorschrift zu ermitteln,[207] wobei im Falle der Harmonisierung, allein auf das entsprechende Sekundärrecht abzustellen ist.[208]

- Hinreichend qualifizierter Rechtsverstoß

595 Wie der EuGH im Fall »Brasserie du Pêcheur« ausführte, ist das Merkmal der hinreichenden Qualifizierung dann erfüllt, wenn ein Mitgliedstaat die Grenzen, die seinem Ermessen beim Vollzug oder bei der Umsetzung des Unionsrechts gesetzt sind, offenkundig und erheblich überschreitet.[209] Dies ist eine grundsätzlich von den nationalen Gerichten vorzunehmende Bestimmung im Einzelfall,[210] die sich nach der Art des Verstoßes richtet.

596 Während die Exekutive bei der Ausführung von Gesetzen nicht unbedingt einen großen Entscheidungsspielraum hat, besteht meist für den Gesetzgeber ein solcher und ist entsprechend zu berücksichtigen. Ein hinreichend qualifizierter Verstoß liegt jedenfalls vor, wenn ein Verhalten entgegen einem Urteil des EuGH fortgesetzt wird[211] oder hinsichtlich einer bestimmten Fallgestaltung bereits eine spezifische Rechtsprechung des EuGH besteht und vernünftige Zweifel an der Unerlaubtheit des Verhaltens nicht aufkommen können. Ferner ist auf das Maß an Klarheit und Genauigkeit der verletzten Vorschrift abzustellen. Bei der fehlerhaften Umsetzung einer Richtlinie ist bspw. zu fragen, ob die gewählte Auslegung in gutem Glauben getroffen werden konnte und nicht offenkundig dem Wortlaut und der Zielsetzung der Richtlinie widerspricht.[212] Eine schlichte Verletzung des Unionsrechts reicht aber bereits dann zur Bejahung eines qualifizierten Verstoßes aus, wenn dem Mitgliedstaat zu dem Zeitpunkt der verletzenden Handlung überhaupt kein oder nur ein erheblich verringerter Handlungsspielraum zustand.[213] Grundvoraussetzung einer Staatshaftung sowohl für die Nichtumsetzung als auch die Schlechtumsetzung einer Richtlinie ist, dass der Inhalt der Rechte, deren Verleihung die Richtlinie bezweckt, auf der Grundlage der Richtlinie bestimmt werden kann. Ist das nicht möglich, ist die Richtlinie inhaltlich zu unbestimmt. Selbst die völlige Untätigkeit eines säumigen Mitgliedstaats begründet dann keinen hinreichend qualifizierten Rechtsverstoß. Klare und eindeutige Kriterien für

---

207 EuGH 8.10.1996 – C-178/94 und andere, Slg. 1996, I-4845 Rn. 34ff. = BeckRS 2004, 74710 – Dillenkofer.

208 *Giesberts/Eickelberg* EuZW 2005, 233ff.

209 EuGH 5.3.1996 – C-46/93 und C-48/93, Slg. 1996, I-1029 Rn. 45 = BeckRS 2004, 77363 – Brasserie du Pêcheur; EuGH 17.10.1996 – C-283/94 Slg. 1996, I-5063 Rn. 50 = BeckRS 2004, 75976 – Denkavit.

210 EuGH 1.6.1999 – C-302/97, Slg. 1999, I-3099 Rn. 59 = BeckRS 2004, 76163 – Konle; EuGH 28.6.2001 – C-118/00, Slg. 2001, I-5063 Rn. 30 = BeckRS 2004, 74191 – Larsy.

211 EuGH 28.6.2001 – C-118/00, Slg. 2001, I-5063 Rn. 44 = BeckRS 2004, 74191 – Larsy.

212 EuGH 26.3.1996 – C-392/93, Slg. 1996, I-1631 Rn. 42ff. = BeckRS 2004, 76981 – British Telecommunications.

213 EuGH 23.5.1996 – C-5/94, Slg. 1996, I-2553 Rn. 28 = BeckRS 2004, 77498 – Hedley Lomas. Dies hat der Gerichtshof für das Unterlassen von Maßnahmen zur Umsetzung einer RL innerhalb der festgesetzten Frist angenommen, vgl. EuGH 8.10.1996 – C-178/94, Slg. 1996, I-4845 (4884 Rn. 86) = BeckRS 2004, 74710 – Dillenkofer.

die Beantwortung der Frage, ob der Inhalt des fraglichen Rechts allein auf der Grundlage der Richtlinie mit hinreichender Genauigkeit bestimmt werden kann, gibt es jedoch (bislang) nicht.[214]

Wegen der Besonderheiten der richterlichen Funktion (Unabhängigkeit) und der Belange der Rechtssicherheit (Rechtskraft), nimmt der EuGH die Haftungsvoraussetzungen für judikatives Unrecht nur in dem Ausnahmefall an, dass das letztinstanzliche Gericht offenkundig gegen das geltende Recht verstoßen habe. Kriterien der Einzelfallbeurteilung seien das Maß an Klarheit und Präzision der verletzten Vorschrift, die Vorsätzlichkeit des Verstoßes, die Entschuldbarkeit des Rechtsirrtums, ggf. die Stellungnahme eines Unionsorgans sowie die Verletzung der Vorlagepflicht. Ein hinreichend qualifizierter Verstoß liege jedenfalls dann vor, wenn das Gericht die einschlägige Rechtsprechung des Gerichtshofes offenkundig verkenne.[215]   **597**

> **Beispiel:** In der Entscheidung »Köbler« hat der EuGH das Vorliegen der qualifizierten Anforderungen verneint. Der Österreichische Verwaltungsgerichtshof hatte die Beschwerde des Klägers abgewiesen, dem eine Dienstalterszulage verwehrt wurde, da er die erforderlichen 15 Jahre Berufserfahrung nicht ausschließlich an inländischen Universitäten erworben hat. Zwar sei diese Regelung eine Verletzung der Arbeitnehmerfreizügigkeit, die Verletzung durch die Judikative aber nicht hinreichend qualifiziert. Es fehle eine ausdrückliche Regelung durch das Europarecht und die Beantwortung der Frage sei weder durch die Rechtsprechung vorgenommen worden, noch liege sie auf der Hand.[216]   **598**

- Kausalzusammenhang zwischen Verstoß und Schaden
  Hier gelten gegenüber den oben erwähnten Voraussetzungen zu Art. 340 II AEUV keine weiteren Besonderheiten. Der Schaden kann auch immaterieller Natur sein und der unmittelbare Kausalzusammenhang ist nach der Adäquanztheorie zu verneinen, wenn der Schaden zu weit von der Handlung des Staates entfernt oder sogar erst durch das Dazwischentreten Dritter entstanden ist.[217]   **599**

- Rechtswidrigkeit und Verschulden
  Die Rechtswidrigkeit wird durch den Verstoß gegen das Europarecht indiziert, ein Verschulden des staatlichen Organs ist nicht erforderlich.[218] Die objektiven und subjektiven Gesichtspunkte, die für ein mitgliedstaatliches Verschulden relevant sind, können aber für die Frage des hinreichend qualifizierten Verstoßes beachtlich sein.[219]   **600**

---

214 So zutreffend *Detterbeck* AöR 2000, 236.

215 EuGH 30.9.2003 – C-224/01, Slg. 2003, I-10239 Rn. 53 ff. = BeckRS 2004, 75214 – Köbler; dazu auch *Kluth* DVBl. 2004, 393 und kritisch unter Betonung der Bedeutung der Vorlagepflicht *Radermacher* NVwZ 2004, 1417. Nach *Radermacher* kommt eine Staatshaftung nur in Betracht, wenn eine Auslegungsfrage des Unionsrechts trotz bestehender Unklarheit nicht vorgelegt wurde (NVwZ 2004, 1420). Zur Anwendung dieser Rspr. durch den BGH, vgl. BGH EuZW 2005, 31 (unterlassenes Vorabentscheidungsverfahren). Nach *Kenntner* EuZW 2005, 237 schließt der EuGH mit dieser Entscheidung die offene Flanke der Aushöhlung des Unionsrechts durch Nichtvorlage durch die mitgliedstaatlichen Gerichte. Auch er betont die Vorlageverpflichtung.

216 EuGH 30.9.2003 – C-224/01, Slg. 2003, I-10239 Rn. 121 ff. = BeckRS 2004, 75214 – Köbler.

217 Streinz/*Geldermann* AEUV Art. 288 Rn. 27.

218 EuGH 8.10.1996 – C-178/94, Slg. 1996, I-4845 Rn. 28 (4884) = BeckRS 2004, 74710 – Dillenkofer; *Oppermann/Classen/Nettesheim* EuropaR § 4 Rn. 26.

219 EuGH 5.3.1996 – C-46/93 und C-48/93, Slg. 1996, I-1029 Rn. 78 = BeckRS 2004, 77363 – Brasserie du Pêcheur.

• Rechtsfolge: Schadensersatz

601 Sind die Voraussetzungen für eine Haftung der Mitgliedstaaten gegeben, so haben diese vollen Schadensersatz und nicht nur Entschädigung zu leisten. Anders als im deutschen Amtshaftungsrecht kann auch Naturalrestitution verlangt werden.

602 Der unionsrechtliche Haftungsanspruch gegen die Mitgliedstaaten ist vor den nationalen Gerichten geltend zu machen, die dann an die unionsrechtlichen Grundsätze gebunden sind. Die Ausgestaltung der Staatshaftung überlässt der EuGH dem nationalen Haftungsrecht, jenes darf die Durchsetzung des europarechtlichen Anspruchs aber nicht übermäßig erschweren.[220] Wer für den Schaden haftet, ist ebenfalls Frage des nationalen Rechts, wobei den Mitgliedstaat jedenfalls eine subsidiäre Ausfallhaftung trifft.[221]

603 In Deutschland ist für entsprechende Klagen gem. Art. 34 S. 3 GG bzw. § 40 II 1 VwGO der Zivilrechtsweg gegeben. Sachlich zuständig sind gem. § 71 II Nr. 2 GVG die Landgerichte.

604 Für das deutsche Staatshaftungsrecht ist die Rechtsprechung des EuGH vor allem insofern von Bedeutung, als auf diesem Wege legislatives Unrecht, das grundsätzlich nicht zu einem deutschen Staatshaftungsanspruch führt, wegen des Anwendungsvorrangs des Unionsrechts nunmehr sanktionierbar wird. Im Übrigen darf, anders als im deutschen Recht, kein Verschulden gefordert werden.[222]

605 Für eine Haftung der deutschen öffentlichen Hand nach Maßgabe des unionsrechtlichen Staatshaftungsrechts ist allerdings nur dann noch Raum, wenn zwischen dem Unionsrecht und dem nationalen Ausführungsakt keine Fehleridentität besteht, wenn also die Rechtswidrigkeit des nationalen Ausführungsaktes nicht gerade auf der Rechtswidrigkeit des Europarechts beruht.[223]

606 Folgendes ergibt sich für die Prüfung eines Schadensersatzanspruchs als allgemeinem Haftungstatbestand unter Berücksichtigung der Richtlinienproblematik:

---

220 EuGH 19.11.1991 – C-6/90 und C-9/90, Slg. 1990, I-5357 = BeckRS 2004, 77605 – Francovich.
221 EuGH 1.6.1999 – C-302/97, Slg. 1999, I-3099 Rn. 61 ff. = BeckRS 2004, 76163 – Konle.
222 Zu den Sonderproblemen der Haftung des Bundes für Verstöße der Länder s. *Detterbeck* AöR 2000, 247 f.
223 *Detterbeck* AöR 2000, 252 f.

Aufbauschema (vereinfacht): Unionsrechtlicher Staatshaftungsanspruch

I. Vorprüfung (nur !) bei Nichtumsetzung einer EU-Richtlinie:	Auf die Richtlinie darf sich nicht unmittelbar berufen werden können, da diese entweder nicht unbedingt und/oder nicht hinreichend genau bestimmt ist. Andernfalls scheidet ein unionsrechtlicher Staatshaftungsanspruch insoweit aus.

Wenn RL nicht
unmittelbar anwendbar:

II. Anspruch aus unionsrechtlicher Haftung der Mitgliedstaaten (Art. 340 II AEUV analog iVm allgemeinen Rechtsgrundsätzen):	1. *Voraussetzungen* a) Verletzung einer Schutznorm 　(i)　durch die Legislative, unter anderem durch Nicht-, verspätete oder Falschumsetzung einer Richtlinie, wobei die Richtlinie dem Einzelnen hinreichend bestimmbare Rechte verleihen muss (vgl. die Urteile »Francovich« und »Brasserie du Pêcheur«). 　(ii)　durch die Exekutive (vgl. »Hedley Lomas«). 　(iii)　durch die Judikative (vgl. »Köbler«). b) Hinreichend qualifizierter Verstoß 　Die Anforderungen an den Verstoß richten sich nach der Art der Verletzung. c) Unmittelbarer adäquater Kausalzusammenhang zwischen Rechtsverletzung und Schaden 2. *Rechtsfolge* a) Anspruch auf *Schadensersatz* (Höhe richtet sich nach nationalem Recht) b) Geltendmachung vor *nationalen Zivilgerichten*

4. Teil. Der europäische Binnenmarkt

§ 13 Das Binnenmarktkonzept

I. Europäischer Binnenmarkt

> **Literatur:** *Behrens*, Die Konvergenz der wirtschaftlichen Freiheiten im europäischen Gemeinschaftsrecht, EuR 1992, 145; *Dauses*, Die rechtliche Dimension des Binnenmarktes, EuZW 1990, 8; *Grabitz/ v. Bogdandy*, Vom Gemeinsamen Markt zum Binnenmarkt, JuS 1990, 170; *Schwarze/Hatje* AEUV Art. 26; *Haus/Cole*, Grundfälle zum Europarecht, JuS 2003, 561; *Kilian* EuropWirtschaftsR Rn. 93–175; *Oppermann/Classen/Nettesheim* EuropaR § 22; *Reich*, Binnenmarkt als Rechtsbegriff, EuZW 1991, 203; *Schweitzer/Hummer* EuropaR Rn. 1062; *Streinz* EuropaR Rn. 855 ff.

1. Begriff und Entwicklung

Nach Art. 3 III EUV, Art. 26 AEUV ist die Errichtung des Binnenmarktes das Ziel der Union. Gemäß Art. 26 II AEUV wird Binnenmarkt dabei wie folgt definiert: 607

> »Der Binnenmarkt umfasst einen Raum ohne Binnengrenzen, in dem der freie Verkehr von Personen, Dienstleistungen und Kapital gemäß den Bestimmungen der Verträge gewährleistet ist.«

Ziele sind also die Verwirklichung der Grundfreiheiten, die Gewährleistung eines unverfälschten Wettbewerbs, der Abbau steuerlicher Schranken und der Abbau von Grenzkontrollen sowie bestehender Zölle und nichttarifärer Handelshemmnisse durch das Instrument der Rechtsangleichung.   608

Beim Binnenmarktbegriff handelt es sich einerseits um eine politische Zielsetzung, die der Integration ihre spezifische Richtung verleiht, andererseits um einen Rechtsbegriff, der für einige Kompetenznormen im Vertrag von Bedeutung ist (vgl. etwa Art. 114 I 2 AEUV).   609

Nachdem bereits mit Abschluss der Verträge das Binnenmarktkonzept zentraler Bestandteil der damaligen Gemeinschaftsrechtsordnung geworden war, kam es nach der *Brüsseler Tagung* des Europäischen Rates im Jahre 1985 zu einer Aufforderung des Rates an die Kommission, ein detailliertes Programm für die endgültige Verwirklichung des Binnenmarktes bis 1992 auszuarbeiten. Der wesentliche Grund war die bis dahin erst sehr schleppend vorangegangene Harmonisierung. Das Weißbuch der Kommission v. 14.6.1985[1] sah einen Maßnahmenkatalog zur Beseitigung aller materiellen, technischen und steuerlichen Schranken zwischen den Mitgliedstaaten bis zum 31.12.1992 vor. In die Einheitliche Europäische Akte[2] (EEA) wurde das Binnenmarktkonzept ausdrücklich aufgenommen. Hier kam es insbesondere zur Einführung der Rechtsgrundlage des Art. 100a EG (später Art. 95 EG, nunmehr Art. 114 AEUV), wonach Mehrheitsentscheidungen auf vormals dem Einstimmigkeitsprinzip unterworfene Sachgebiete erstreckt wurden.   610

---

1 KOM (1985) 310 endg.
2 ABl. 1987 L 169, 1.

611 Die Abgrenzungsproblematik der Begriffe Binnenmarkt und Gemeinsamer Markt kann mit der durch den Vertrag von Lissabon eingeführten einheitlichen Bezeichnung als obsolet erachtet werden.[3] Zuvor wurden die Begriffe nahezu sinngleich nebeneinander verwendet.[4] Der EuGH hatte bereits im Jahre 1995 entschieden, dass der Unterscheidung beider Begriffe keine eigenständige Bedeutung für die Abgrenzung der Rechtsgrundlagen zukomme.[5] Nunmehr ist der Begriff des Gemeinsamen Marktes ausnahmslos durch den Begriff des Binnenmarktes ersetzt worden.

2. Instrumente zur Verwirklichung des Binnenmarktes

612 Als Instrument zur Verwirklichung des Binnenmarktes dient in erster Linie die Rechtsangleichung (Art. 114 AEUV, zuvor Art. 95 I EG). Um gleiche Wettbewerbsbedingungen in allen Mitgliedstaaten eintreten zu lassen, sollen im Wesentlichen gleiche rechtliche Rahmenbedingungen bestehen. Dafür gilt es bestehende Handelshindernisse abzubauen und wahrscheinliche Hindernisse zu vermeiden. Zwar reicht das bloße Bestehen von Unterschieden in den mitgliedstaatlichen Rechtsordnungen nicht aus, um die Kompetenz des Art. 114 AEUV zu beanspruchen. Anders ist es aber, wenn diese Unterschiede geeignet sind, die Grundfreiheiten zu beeinträchtigen und sich auf diese Weise unmittelbar auf das Funktionieren des Binnenmarktes auszuwirken.[6] Wenn die Voraussetzungen des Art. 114 AEUV vorliegen, kommt die Norm in Ermangelung einer ausschließlichen Kompetenz als Rechtsgrundlage auch in Betracht, wenn maßgeblich der Gesundheitsschutz intendiert ist.[7] Maßnahmen des Unionsgesetzgebers können dann etwa in der Pflicht zur Vermarktung oder Genehmigung eines Produktes sowie dessen Verbot liegen.

613 Ein weiteres wesentliches Instrument des Binnenmarktes ist die Schaffung der *Zollunion.* Sie besteht aus zwei Elementen, einerseits dem Verbot, zwischen den Mitgliedstaaten Zölle und Abgaben gleicher Wirkung[8] zu erheben, andererseits der Einführung eines Gemeinsamen Zolltarifs gegenüber Drittstaaten (zum Zeitpunkt der Einführung in Art. 23 I, Art. 3 I lit. a EG geregelt, jetzt Art. 28 I AEUV). Der Gemeinsame Zolltarif gegenüber Drittländern (GZT) wurde durch die VO 950/1968/EWG des Rates v. 28.6.1968[9] eingeführt und ist seit dem 1.7.1968 in Kraft. Seit dem 1.1.1994 wird das Zollrecht der EG durch den einheitlichen Zollkodex europaweit geregelt; insofern hat eine Übertragung der ursprünglich mitgliedstaatlichen Kompetenzen zur Festsetzung der Zollsätze auf die EG stattgefunden. Der Gemeinsame Zolltarif wird entweder autonom vom Rat (Art. 31 AEUV; zuvor Art. 26 EG), im Rahmen von Handelsabkom-

---

3 Hierzu noch die Vorauflage Rn. 488–490.

4 Schwarze/*Hatje* Art. 26 AEUV Rn. 7.

5 EuGH 13.7.1995 – C-350/92, Slg. 1995, I-1985 Rn. 32 = BeckRS 2004, 76646 – Spanien/Rat.

6 EuGH EuZW 2005, 598 Rn. 28 ff. – Alliance for Natural Health; EuGH 12.12.2006 – C-380/03, Slg. 2006, I-11573 = BeckRS 2006, 70964 – Tabakwerbeverbot II.

7 EuGH 14.12.2004 – C-434/02, Slg. 2004, I-11825 = BeckRS 2004, 78267 – Arnold André.

8 Davon erfasst sind einseitige staatliche Abgaben wegen des zwischenstaatlichen Warenverkehrs, die importierte bzw. exportierte Waren teurer als einheimische Waren machen und damit geeignet sind, den EU-Freiverkehr zu beschränken, vgl. *Oppermann/Classen/Nettesheim* EuropaR § 22 Rn. 24. Zur Abgrenzung gegenüber Abgaben nach Art. 110 AEU, die zwar auch anlässlich eines Grenzübertritts erhoben werden können, aber gleichermaßen für in- und ausländischen Produkte erhoben werden, vgl. *Streinz* EuropaR Rn. 855 ff.

9 ABl. 1968 L 172, 1.

men mit Drittstaaten (Art. 207 AEUV; zuvor Art. 133 EG) oder durch Assoziierungsabkommen (Art. 217 AEUV; zuvor Art. 310 EG) festgelegt.

Der Verwirklichung des Binnenmarktes dienen auch das *Herkunfts-* bzw. das *Aner-*   **614**
kennungsprinzip im Gegensatz zum *Bestimmungslandprinzip*. Nach dem *Bestim-*
mungslandprinzip sind Waren, Dienstleistungen oder Personen im zwischenstaatlichen Verkehr dem Regulierungssystem desjenigen Mitgliedstaates unterworfen, in
dem sie vermarktet bzw. in dem sie tätig werden sollen. Nach dem *Herkunftsprinzip*
genügen für die Verwertung von Waren und Dienstleistungen bzw. für die wirtschaftliche Betätigung von Personen die Standards des Mitgliedstaats, aus dem die Waren
oder Leistungen exportiert werden bzw. die Personen kommen. Das Bestimmungsland nimmt seinen eigenen Regulierungsanspruch zurück und begrenzt ihn auf die inländischen Waren und Leistungen, wobei die jeweilige Regulierung des Herkunfts-
lands implizit als gleichwertig anerkannt wird. Das Anerkennungsprinzip ist im
Herkunftsprinzip enthalten und gewährleistet, dass jede Ware, Leistung oder Person
im Binnenmarkt frei zirkulieren kann, wenn sie den Qualitäts- und Qualifikationsnor-
men des Herkunftslandes entspricht.[10]

II. Grundfreiheiten und Diskriminierungsverbot

Literatur: *Braun,* Antidiskriminierungsgesetz – ein neuer Anlauf, ZRP 2005, 135; *Calliess,* Der Unionsbürger: Status, Dogmatik und Dynamik, EuR 2007, Beiheft 1, 7; *Doerfert,* Unionsbürgerschaft/Anspruch
auf Sozialleistungen, JA 2002, 464; *Düsterhaus,* Nationalität – Mobilität – Territorialität – Gemeinschaftsrechtliche Ansprüche mobiler Unionsbürger gegen ihre Heimatstaaten, EuZW 2008, 103; *Eber-
hartinger,* Konvergenz und Neustrukturierung der Grundfreiheiten, EWS 1997, 43; *Ehlers,* Die Grundfreiheiten des europäischen Gemeinschaftsrechts, Teil 1, JURA 2001, 266; Teil 2, JURA 2001, 482; *Ehlers* in
Ehlers Europäische Grundrechte und Grundfreiheiten § 7; *Edinger,* Schutz vor Diskriminierung, DRiZ
2005, 66; *Emmert,* Europarecht, 1996, § 25; *Frenz,* Handbuch Europarecht, Bd. 1: Europäische Grundfreiheiten, 2004; *Gundel,* Die Rechtfertigung von faktischen Eingriffen in die Grundfreiheiten des EGV, JURA
2001, 79; *Herdegen* EuropaR § 6 Rn. 17 ff., § 12, § 14 ff.; *Heydt,* Der Funktionswandel der EG-Grundfreiheiten infolge der Verwirklichung des Binnenmarktes, EuZW 1993, 105; *Hobe,* Die Unionsbürgerschaft
nach dem Vertrag von Maastricht, Der Staat 1993, 245; *Tettinger/Stern/Hobe,* Kommentar zur Grundrechte-Charta, 2006; *Hoffmann,* Die Grundfreiheiten des EG-Vertrags als koordinationsrechtliche und
gleichheitsrechtliche Abwehrrechte, 2000; *Huber,* Unionsbürgerschaft, EuR 2013, 637; *Schwarze/Ho-
loubek* AEUV Art. 18; *Ipsen,* Europäisches Gemeinschaftsrecht, 1972; *Jarass,* Elemente einer Dogmatik
der Grundfreiheiten II, EuR 2000, 705; *St. Klumpp,* Diskontinuität und ihre Folgen für das Antidiskrimi-
nierungsrecht, NZA 2005, 848; *Lenz/Borchardt/Lenz* AEUV Art. 19; *Oppermann/Classen/Nettesheim*
EuropaR § 22 Rn. 2–16; *Schilling,* Gleichheitssatz und Inländerdiskriminierung, JZ 1994, 8; *v. Steinau-
Steinrück/Schneider/Wagner,* Der Entwurf eines Antidiskriminierungsgesetzes: Ein Beitrag zur Kultur
der Antidiskriminierung?, NZA 2005, 28 ff.; *Streinz/Leible,* Die unmittelbare Drittwirkung der Grundfreiheiten, EuZW 2000, 459; *Wernsmann,* Bindung Privater an Diskriminierungsverbote durch Gemeinschaftsrecht, JZ 2005, 224; *v. d. Groeben/Schwarze/Zuleeg,* Kommentar zum EUV/EGV, EG Art. 12.

1. Allgemeines

Grundfreiheiten erweisen sich als Ordnungsinstrument im Binnenmarkt und haben   **615**
daher in Abgrenzung zu den Grundrechten eine stärker ausgeprägte wirtschaftliche
Ausrichtung, bei welcher der Marktbürger als Rechtsträger zur Vollendung des Binnenmarktes beiträgt. Sie dienen somit dazu, die Bedingungen von Marktfreiheit und

---

10 *Behrens* EuR 1992, 145 (156).

Marktgleichheit im Binnenmarkt herzustellen und zu sichern. Im Sinne der Herstellung von Marktfreiheit soll sichergestellt werden, dass im zwischenstaatlichen Verkehr der Produkte und Wirtschaftssubjekte keine grenzübertrittsspezifischen Hindernisse mehr bestehen. Unter dem Gesichtspunkt der Marktgleichheit soll den Produkten und Wirtschaftssubjekten die Möglichkeit gegeben werden, überall in der Union unter voller Beibehaltung der Individualität in den Wettbewerb eintreten zu können; darüber hinaus sollen nationale Marktordnungen gegenüber dem zwischenstaatlichen Verkehr neutral verfasst sein.[11]

Dazu hat der AEU-Vertrag die Arbeitnehmer-, Niederlassungs- und Dienstleistungsfreiheit als *Diskriminierungsverbote* ausgestaltet, das Gebot der Inländergleichbehandlung vorgesehen und die Freiheit des Kapital- und Zahlungsverkehrs als *Beschränkungsverbot* formuliert. Zudem werden heute, wie nachfolgend noch zu beschreiben ist, die Diskriminierungsverbote iSv Beschränkungsverboten ausgelegt.[12]

616 Das in den Grundfreiheiten enthaltene Diskriminierungsverbot erweist sich dabei als Ausdruck des im gesamten Anwendungsbereich der Verträge geltenden allgemeinen Diskriminierungsverbotes des Art. 18 AEUV und ergänzt dieses insoweit, als es Diskriminierungen aus unterschiedlichen Gründen erfasst.

617 Zu den Grundfreiheiten wurde eine Vielzahl an sekundärrechtlichen Bestimmungen erlassen, die einer Prüfung der primärrechtlichen Grundfreiheiten dann vorgehen, wenn sie rechtmäßig und abschließend sind. Freilich sind diese Bestimmungen ihrerseits im Lichte des Primärrechts auszulegen.[13]

2. Allgemeines Diskriminierungsverbot (Art. 18 AEUV)

618 Mit dem allgemeinen unionsrechtlichen Diskriminierungsverbot[14] findet sich ein geschriebenes Grundrecht außerhalb der EU-Grundrechte-Charta im AEUV. Dessen Inhalt ist das Verbot von Diskriminierungen »aus Gründen der Staatsangehörigkeit«, welches neben unmittelbaren beabsichtigten Diskriminierungen auch indirekte Ungleichbehandlungen, also solche, die an Tatbestände anknüpfen, die in unmittelbarem Zusammenhang mit der Staatsangehörigkeit stehen, umfasst. Der diskriminierende Charakter einer Schlechterstellung von EU-Ausländern gegenüber eigenen Staatsangehörigen ist allerdings nicht bereits deshalb ausgeschlossen, weil nicht sämtliche Inländer bevorzugt, sondern einige ihrerseits benachteiligt werden.[15] Schon *Hans-Peter Ipsen* hatte 1972 das Diskriminierungsverbot als »Magna Charta des Gemeinschaftsrechts« bezeichnet[16] und tatsächlich ist die Relativierung der Bedeutung von singulären Staatsangehörigkeiten ein maßgeblicher Schritt für die Integration eines politischen Gemeinwesens, wie es etwa die Normierung des Gleichheitssatzes für alle Bürger ungeachtet ihre Zugehörigkeit zu einem Bundesland in Bundesstaaten verdeutlicht.[17]

---

11 *Hoffmann*, Die Grundfreiheiten des EG-Vertrags als koordinationsrechtliche und gleichheitsrechtliche Abwehrrechte, 2000, 25.
12 Zum Unterschied zwischen Diskriminierungsverbot und Beschränkungsverbot → Rn. 636.
13 Vgl. etwa die Besprechung des Urt. EuGH C-239/02, Slg. 2004, I-7007 – Douwe Egberts von *Streinz* JuS 2005, 548.
14 Zur Bedeutung des Diskriminierungsverbots s. allg. → Rn. 232 ff.
15 EuGH 3. 1. 2000 – C-254/98, Slg. 2000, I-151 Rn. 27 = BeckRS 20004, 75730 – TK-Heimdienst.
16 *Ipsen*, Europäisches Gemeinschaftsrecht, 1972, 592.
17 Vgl. nur Art. 33 I GG für die Bundesrepublik Deutschland.

Überwiegend wird das Diskriminierungsverbot als *relatives Verbot* bezeichnet, welches nicht absolut eine auf die Staatsangehörigkeit begründete Diskriminierung verbietet, sondern jeweils nach spezifischer Rechtfertigung verlangt.[18]

Art. 18 AEUV gilt grundsätzlich nur im Anwendungsbereich der Verträge, also nur bei sog. grenzüberschreitenden Sachverhalten. Eine Konsequenz des Diskriminierungsverbotes kann nun auch die Schlechterstellung eigener Staatsangehöriger sein. Diese Problematik tritt immer dann auf, wenn sich Ausländer im Inland zu Recht auf Vorschriften der Verträge berufen und damit eine faktische und auch rechtliche Besserstellung gegenüber Inländern erreichen. Die sog. umgekehrte Diskriminierung[19] ist jedoch ein verfassungsrechtliches, kein europarechtliches Problem (→ Rn. 629 ff.).   **619**

Das allgemeine Diskriminierungsverbot ist gegenüber den spezifischen in den Grundfreiheiten enthaltenen Diskriminierungsverboten subsidiär.   **620**

Die überwiegende Auffassung steht auf dem Standpunkt, das Diskriminierungsverbot wirke ausschließlich im vertikalen Verhältnis zwischen den einzelnen Unionsorganen sowie den Mitgliedstaaten einerseits und den Unionsbürgern andererseits. Zum Teil wird allerdings in der Literatur auch die weitergehende Auffassung vertreten, dass auch Private in ihren Beziehungen untereinander an Art. 18 AEUV gebunden seien.[20]   **621**

Im Zusammenhang mit der Unionsbürgerschaft (Art. 20 ff. AEUV) ist festzuhalten, dass die Vorschriften der Art. 20–25 AEUV den Anwendungsbereich des allgemeinen Diskriminierungsverbotes durch die Zuerkennung bestimmter, an den Status des Unionsbürgers geknüpfter Rechte ausdehnen. Diese Tendenz zeigt sich vor allem in grenzüberschreitenden Prozessrechtsverhältnissen.[21] Jüngst hat das BVerfG unter Verweis auf das unionsrechtlich geltende und Anwendungsvorrang genießende Diskriminierungsverbot nach Art. 18 AEUV und den Grundfreiheiten entschieden, dass sich auch juristische Personen aus dem EU-Ausland auf Grundrechte berufen können. Entgegen seinem Wortlaut wurde Art. 19 III GG unionsrechtskonform ausgelegt, sodass nun auch juristische Personen aus der EU vor dem BVerfG Verfassungsbeschwerde einlegen können, wenn ihre Tätigkeit einen hinreichenden Inlandsbezug aufweist, im Anwendungsbereich des Europarechts liegt und das gerügte Grundrecht wesensmäßig auf sie anwendbar ist.[22] Freilich senkt diese unionsrechtlich-induzierte Anwendungserweiterung des Art. 19 III GG nicht die allgemeinen (hohen) Hürden einer zulässigen Verfassungsbeschwerde, die insbesondere rügen muss, dass der Grundrechtsschutz im Rahmen der Union generell nicht mehr dem deutschen Schutzniveau im Wesentlichen vergleichbar gewährleistet ist. Zu beachten ist jedoch, dass ein Verstoß gegen Grundrechte auch vorliegt, wenn das Unionsrecht den Mitgliedstaaten einen Umsetzungsspielraum belässt, etwa die Gerichte aber irrig annehmen, an vermeintlich zwingendes   **622**

---

18 v. d. Groeben/Schwarze/*Zuleeg* EG Art. 12 Rn. 3 und EuGH 15.5.1986 – 222/84, Slg. 1986, 1651 Rn. 32 ff. = BeckRS 2004, 72403 – Johnston; EuGH 23.1.1997 – C-29/95, Slg. 1997, I-285 Rn. 19, 28 = BeckRS 2004, 76037 – Pastoors«.

19 Dazu *Epiney*, Umgekehrte Diskriminierungen, 1995.

20 So etwa Grabitz/Hilf/Nettesheim/*von Bogdandy* AEUV Art. 18 Rn. 27. Zur hM s. nur v. d. Groeben/Schwarze/*Zuleeg* EG Art. 12 Rn. 17.

21 S. etwa EuGH 23.1.1997 – C-274/96, Slg. 1998, I-7637 = BeckRS 2004, 76037 – Bickel und Franz, wo die Durchführung eines Strafverfahrens in Italien gegen deutsche bzw. österreichische Staatsbürger in italienischer Sprache trotz Existenz von Bestimmungen, die für Südtirol eine Verhandlung in deutscher Sprache ermöglichten, als Verstoß gegen Art. 12 iVm Art. 17 ff. EG aF angesehen wurde.

22 BVerfG BeckRS 2011, 54011, Abs. 68 ff.

Unionsrecht gebunden zu sein und sie deshalb die nationalen Grundrechte nicht ausreichend zur Geltung bringen.[23]

3. Antidiskriminierungsmaßnahmen (Art. 19 AEUV)

623 Durch den *Vertrag von Amsterdam* wurden zusätzliche Antidiskriminierungsmaßnahmen in den Vertrag eingefügt. Ziel ist die Bekämpfung bestimmter Erscheinungsformen der Diskriminierung. Es wurde eine Kompetenz des Rates begründet, Maßnahmen zu treffen, um die Diskriminierung aus Gründen des Geschlechts,[24] der Rasse, der ethnischen Herkunft, der Religion oder der Weltanschauung, einer Behinderung, des Alters oder der sexuellen Orientierung zu bekämpfen. Die Vorschrift enthält eine (subsidiäre) Ermächtigungsgrundlage für den Rat zum Tätigwerden, entfaltet aber keine direkte und unmittelbare Wirkung gegenüber dem EU-Bürger.[25] Art. 19 II AEUV, dessen Vorgängervorschrift Art. 13 II EG durch den Nizza-Vertrag erstmalig eingefügt wurde, erlaubt die Verabschiedung von nicht harmonisierenden Maßnahmen zur Unterstützung von Antidiskriminierungsmaßnahmen der Mitgliedstaaten im ordentlichen Gesetzgebungsverfahren, welches nun in Art. 294 AEUV geregelt ist.[26]

624 Insbesondere die Frage der Diskriminierung wegen des Alters hat den Gerichtshof in der jüngeren Vergangenheit häufig beschäftigt. Dieser hat etwa das Vorliegen einer verbotenen Diskriminierung für den Fall des Arbeitshöchstalters von 68 Jahren für Professoren und Professorinnen sowie der einzigen fortdauernden Beschäftigungsmöglichkeit in Form eines befristeten Arbeitsvertrags ab Erreichen des 65. Lebensjahres verneint, sofern dieses Formen unmittelbar altersbedingter Ungleichbehandlungen dem beschäftigungspolitischen Ziel der Einstellung junger Professoren und Professorinnen und einer hochwertigen Lehre durch generationengerechte Verteilung der Professorenstellen dient.[27] Umgekehrt hat der Gerichtshof entschieden, dass das Geschlecht bei Versicherungstarifen nicht als Risikofaktor eingepreist werden dürfe. Hier sehen die Klauseln der Versicherer für Frauen aufgrund der höheren Lebenserwartung und geschlechtsspezifischer Kosten etwa im Gesundheitsbereich (Schwangerschaft und Folgebetreuung) idR höhere Tarife vor. Dies ließ Art. 5 II der RL 2004/113/EG zur Gleichbehandlung beim Zugang zu und bei der Versorgung mit Gütern und Dienstleistungen als Abweichung vom Grundsatz der Gleichbehandlung auch bei den Prämien und der Leistungen im Bereich des Versicherungswesens (Art. 5 I) auch zu. Der Gerichtshof entschied jedoch, dass eine solch unbefristete Ausnahmemöglichkeit mit dem Grundsatz der Gleichbehandlung von Männern und Frauen nach Art. 21, 23 der Grundrechtecharta unvereinbar sei und Art. 5 II der Richtlinie mit Wirkung v. 21.12.2012 ungültig werde.[28] Demgegenüber ist eine Höchstaltersgrenze von 30 Jahren für die Einstellung in den feuerwehrtechnischen Dienst zulässig, um die Einsatzbereitschaft und das ordnungsgemäße Funktionieren der Berufsfeuerwehr zu garantieren, da insoweit die Anforderungen des Berufes mit der altersbedingten körperlichen Leis-

---

23 BVerfG BeckRS 2011, 54011, Abs. 88.
24 Zur Gleichbehandlung von Männern und Frauen vgl. RL 1979/207/EWG, ABl. 1979 L 6, 24; s. dazu EuGH 11.3.2003 – C-186/01, Slg. 2003, I-2479 = BeckRS 2004, 74778 – Dory und Anmerkung von *Trautwein* JA 2004, 75.
25 Lenz/Borchardt/*Lenz* AEUV Art. 19 Rn. 1ff.
26 S. dazu Streinz/*Streinz* AEUV Art. 19 Rn. 19f.
27 EuGH EuZW 2011, 116 Rn. 45ff. – Georgiev zu Art. 6 I der RL 2000/87/EG.
28 EuGH EuZW 2011, 301 Rn. 25ff. – ASBL.

tungsfähigkeit in engem Zusammenhang stünden.[29] Der Gesetzgeber muss jedoch die legitimen Ziele in kohärenter und systematischer Weise verfolgen – dementsprechend lässt sich eine Altersgrenze von 68 Jahren für die Kassenzulassung von Zahnärzten dann nicht aus Gründen des Gesundheitsschutzes rechtfertigen, wenn diese Privatpatienten weiterhin behandeln dürfen. Wohl aber können arbeitspolitische Erwägungen (etwa Generationengerechtigkeit und Berufschancen jüngerer Mediziner) eine Rechtfertigung darstellen.[30] Nicht zu rechtfertigen ist auch die Regelung des § 622 UAbs. 2 BGB, wonach Arbeitszeiten vor dem 25. Lebensjahr bei der Bemessung der Kündigungsfrist nicht zu berücksichtigen sind. Zwar können Ziele der Beschäftigungs- und Arbeitsmarktpolitik eine Ungleichbehandlung rechtfertigen, die Regelung ist jedoch nicht geeignet, dem Schutz der Arbeitnehmer zu dienen, da selbst bei einer langen Betriebszugehörigkeit und Kündigung im höheren Alter die Zeiten unberücksichtigt bleiben. Die Vermutung einer erhöhten Mobilität von jungen Arbeitnehmern greift dann aber nicht mehr.[31]

Bedeutsame, noch auf Grundlage von Art. 13 EG (nunmehr Art. 19 AEUV) erlassene Rechtsakte sind etwa die RL 2000/43/EG v. 29.6.2000 zur Anwendung des Gleichbehandlungsgrundsatzes ohne Unterschied der Rasse oder der ethnischen Herkunft,[32] die RL 2000/78/EG v. 27.1.2000 zur Festlegung eines allgemeinen Rahmens für die Verwirklichung der Gleichberechtigung in Beschäftigung und Beruf[33] sowie die RL 2004/113/EG v. 13.12.2004 zur Verwirklichung des Grundsatzes der Gleichbehandlung von Männern und Frauen beim Zugang zu und bei der Versorgung mit Gütern und Dienstleistungen.[34] **625**

Für Kontroversen sorgte das Vorhaben, die Umsetzung dieser Richtlinien sowie der RL 2002/73/EG v. 23.9.2002 (Gender-RL)[35] zum Anlass zu nehmen, ein umfassendes Diskriminierungsrecht zu schaffen, das weitreichende Regelungen im Arbeits-[36] und allgemeinen Zivilrecht trifft und auch Private zu Adressaten des Diskriminierungsverbotes macht. Neben der Änderung einer Reihe von Gesetzen sollte insbesondere ein eigenständiges Antidiskriminierungsgesetz[37] geschaffen werden. Dessen allgemeines Diskriminierungsverbot gilt allerdings nur für sog. Massengeschäfte und privatrechtliche Versicherungsgeschäfte. Das vom Bundesrat in den Vermittlungsausschuss verwiesene und für den Bundestag später unter die Diskontinuität fallende Antidiskriminierungsgesetz ging in mancher Hinsicht über die Vorgaben der Richtlinien hinaus (vor allem bzgl. der Diskriminierungsmerkmale). Der Vorwurf lautet insbesondere auf **626**

---

29 EuGH EuZW 2010, 142 Rn. 39 ff. – Wolf.
30 EuGH EuZW 2010, 137 Rn. 44 ff. – Petersen.
31 EuGH EuZW 2010, 177 Rn. 36 ff. – Kücükdeveci.
32 ABl. 2000 L 180, 22.
33 ABl. 2000 L 303, 16; zum Begriff der Behinderung s. EuGH 11.7.2006 – C-13/05, Slg. 2006, I-6467 = BeckRS 2006, 70515 – Navas. Zum Begriff der unmittelbaren Diskriminierung s. das Urt. des EuGH EuZW 2008, 497 ff. Der Gerichtshof entschied, dass das Verbot der unmittelbaren Diskriminierung nicht auf Personen beschränkt ist, die selbst behindert sind. So verstößt eine diskriminierende Behandlung eines Arbeitnehmers mit einem behinderten Kind gegen das in der RL enthaltene Verbot, wenn nachgewiesen ist, dass die Benachteiligung des Arbeitnehmers wegen der Behinderung des Kindes erfolgt ist.
34 ABl. 2004 L 373, 37.
35 ABl. 2002 L 269, 15 auf Grundlage des Art. 141 III EG.
36 Zu den Folgen für das Arbeitsrecht vgl. *Steinau-Steinrück/Schneider/Wagner* NZA 2005, 28 ff.
37 BT-Drs. 15/4538.

einen zu starken Eingriff in die Privatautonomie durch die Möglichkeit eines Kontra-hierungszwanges sowie Formen der abgestuften Beweislast.[38] Nachdem die Umset-zungsfrist der genannten Richtlinien mit Ausnahme der RL 2004/113/EG abgelaufen war und hinsichtlich der RL 2000/43/EG (Anti-Rassismus) der EuGH die Bundesre-publik wegen versäumter Umsetzung bereits verurteilt hatte,[39] beschloss der Bundes-tag am 14.8.2006 das in großen Teilen mit dem Antidiskriminierungsgesetz identische Allgemeine Gleichbehandlungsgesetz[40]. Der Kommission ging dieses indes in einigen Punkten nicht weit genug. Sie hat daher ein erneutes Vertragsverletzungsverfahren gegen die Bundesrepublik wegen fehlerhafter Umsetzung eingeleitet und in einer Stel-lungnahme zur Nachbesserung der nationalen Vorschriften aufgefordert.[41]

4. Spezielles Diskriminierungsverbot (Art. 157 AEUV)

627 Das Gebot der Zahlung gleichen Entgelts für Männer und Frauen mit seiner sozialen Zielrichtung entfaltet indes unmittelbare Anwendbarkeit und ist damit ein subjektives Grundrecht des Arbeitnehmers oder der Arbeitnehmerin auf gleiches Entgelt bei glei-cher und gleichwertiger Arbeit. Der Begriff des Entgeltes umfasst alle gegenwärtigen oder künftigen in bar oder in Sachleistungen gewährten Vergütungen, sofern sie der Arbeitgeber dem Arbeitnehmer zumindest mittelbar aufgrund des Dienstverhältnisses gewährt. Irrelevant ist dabei, ob diese Leistung aufgrund eines Arbeitsvertrags, Rechts-vorschriften oder freiwillig erbracht wird.[42]

628 Hier sind primär die Mitgliedstaaten die Adressaten; das Diskriminierungsverbot wirkt aber auch horizontal, also in Tarifverträgen und privatrechtlichen Arbeitsverhältnissen. Es verleiht Schutz sowohl vor unmittelbaren als auch vor mittelbaren Diskriminierun-gen. Konkretisiert wird Art. 157 AEUV (zuvor Art. 141 EG) durch die RL 2006/54/EG v. 5.7.2006 zur Verwirklichung des Grundsatzes der Chancengleichheit und Gleichbe-handlung von Männern und Frauen in Arbeits- und Beschäftigungsfragen, welche die RL 1975/117/EWG v. 10.2.1975 zur Angleichung der Rechtsvorschriften der Mitglied-staaten über die Anwendung des Grundsatzes des gleichen Entgelts für Männer und Frauen ersetzt.[43] Die RL 1976/207/EWG v. 9.2.1976 zur Verwirklichung der Gleichbe-handlung von Männern und Frauen hinsichtlich des Zugangs zur Beschäftigung, zur Berufsausbildung und zum beruflichen Aufstieg sowie in Bezug auf die Arbeitsbedin-gungen[44] flankiert die Durchsetzung der Gleichberechtigung, erfasst indes keine Fragen des Entgelts. Der Gerichtshof betont, dass im Rahmen dieser Richtlinie Maßnahmen der mittelbaren Diskriminierung aus sachlichen Gründen gerechtfertigt werden kön-nen, zB die Förderung der Einstellung junger Menschen; dass aber eine Rechtfertigung aus sachlichen Gründen im Falle einer unmittelbaren allein auf dem Geschlecht beru-henden Diskriminierung ausscheide (kein zwangsweiser früherer Renteneintritt von Frauen).[45]

---

38 Vgl. *Braun* ZRP 2005, 135; *Edinger* DRiZ 2005, 66; bzgl. Art. 13 EG als Kompetenzgrundlage zur Bekämpfung von Diskriminierungen unter Privaten vgl. *Wernsmann* JZ 2005, 224.
39 EuGH 28.4.2005 – C-329/04, Slg. 2005, I-3707 = BeckRS 2005, 70308 – Kommission/Deutschland. Zu den Folgen der unterlassenen Umsetzung vgl. *Klumpp* NZA 2005, 848.
40 BGBl. 2006 I S. 1897.
41 S. dazu die Presseerklärung der Kommission v. 8.10.2009 IP/09/1447.
42 EuGH 8.9.2005 – C-191/03, Slg. 2005, I-7631 Rn. 29 = BeckRS 2005, 70674 – McKenna.
43 ABl. 2006L 204, 23; zuvor ABl. 1975 L 45, 19.
44 ABl. 1976 L 39, 40, zul. geänd. durch RL 73/2002/EG, ABl. 2002 L 269, 15.
45 EuGH EuZW 2011, 67 Rn. 41 – Kleist.

5. Inländerdiskriminierung

Aufgrund des Verbots der Schlechterbehandlung von Unionsausländern wegen ihrer **629** Staatsangehörigkeit kann es dazu kommen, dass für Inländer strengere Standards als für EU-Ausländer gelten.[46] Man spricht dann von sog. umgekehrter Diskriminierung. Grundsätzlich steht das Unionsrecht der Inländerdiskriminierung nicht entgegen, die Rechtmäßigkeit beurteilt sich vielmehr nach nationalem Recht,[47] in Deutschland also etwa nach dem allgemeinen Gleichheitssatz des Art. 3 I GG.[48] Eine Ausnahme von der unionsrechtlichen Zulässigkeit der Inländerdiskriminierung gilt aber hinsichtlich der Harmonisierung durch Sekundärrecht. In diesem Bereich ist kein grenzüberschreitender Bezug verlangt und auch Inländer können sich auf die Sekundärrechtswidrigkeit einer nationalen Vorschrift berufen.[49]

Folglich gilt es, sorgsam den Anwendungsbereich einer Sekundärrechtsnorm zu be- **630** stimmen. Ist diese nicht anwendbar, ist ein Rückgriff auf das Primärrecht möglich. Sofern das Primärrecht Anwendung findet, muss ein grenzüberschreitender Sachverhalt vorliegen. Die Inländerdiskriminierung ist nach nationalem Recht zu beurteilen.[50]

> **Beispiel:** Eine belgische Verordnung verbietet die Verwendung von Begriffen wie »Schlanker **631** werden« und ähnliche für die Etikettierung von und Werbung für Lebensmittel(n). Während hinsichtlich der Etikettierung ein Verstoß gegen die RL 2000/13/EG vorlag, musste das nationale Verbot die Werbung betreffend an Art. 28, 30 EG (nunmehr ersetzt durch Art. 34, 36 AEUV) gemessen werden. Dies verlangt jedoch einen grenzüberschreitenden Sachverhalt, der bei den einheimischen Produkten des Klägers nicht vorlag.[51]

Ein grenzüberschreitender Sachverhalt kann selbstverständlich durch das harmonisie- **632** rende Sekundärrecht selbst verlangt werden, sodass eine Inländerdiskriminierung aus Sicht des Unionsrechts zulässig bliebe.

> **Beispiel:** Eine Richtlinie beschränkt das Ermessen des Mitgliedstaates hinsichtlich der Bestimmung der von Ärzten erworbenen Rechte nur im Hinblick auf solche Personen, die von einer Freizügigkeit Gebrauch gemacht haben.[52]

6. Unionsbürgerschaft

Über die Grundfreiheiten hinausgehende Freizügigkeitsrechte enthält die Unionsbür- **633** gerschaft, die in den Art. 20–25 AEUV (zuvor Art. 17–22 EG) geregelt ist.[53] Danach ist Unionsbürgern Freizügigkeit im gesamten »Unionsgebiet« gewährleistet, und zwar unabhängig von der Motivation einer möglicherweise beabsichtigten grenzüber-

---

46 Zur allgemeinen Bedeutung der Inländerdiskriminierung → Rn. 619 ff.
47 EuGH 5. 12. 2000 – C-448/98, Slg. 2000, I-10663 Rn. 22 = BeckRS 2004, 77310 – Guimont; EuGH 15. 7. 2004 – C-239/02, Slg. 2004, I-7007 Rn. 57 = BeckRS 2004, 75718 – Douwe Egberts.
48 Insgesamt dazu *Schilling* JZ 1994, 8; kritisch *Heydt* EuZW 1993, 105, der bereits zu diesem Zeitpunkt keinen Platz für die Inländerdiskriminierung im System des damaligen EG-Vertrags mehr sah.
49 EuGH 12. 12. 1990 – C-241/89, Slg. 1990, I-4695 Rn. 16 = BeckRS 2004, 75367 – SARPP.
50 Vgl. dazu EuGH 15. 7. 2004 – C-239/02, Slg. 2004, I-7007 Rn. 57 = BeckRS 2004, 75718 – Douwe Egberts.
51 Stark vereinfachte Darstellung von EuGH 15. 7. 2004 – C-239/02, Slg. 2004, I-7007 Rn. 57 = BeckRS 2004, 75718 – Douwe Egberts.
52 EuGH 18. 11. 2004 – C-10/02 und C-11/02, Slg. 2004, I-11107 = BeckRS 2004, 78181 – Fascicolo und andere/Regione Puglia und andere.
53 S. dazu etwa *Hobe* Der Staat 1993, 245.

schreitenden wirtschaftlichen Tätigkeit (Art. 21 AEUV).[54] Die darüber hinaus gewährten Rechte, etwa das kommunale Wahlrecht und das Wahlrecht bei den Wahlen zum Europäischen Parlament (Art. 22 AEUV), die Verbesserung des diplomatischen und konsularischen Schutzes von Unionsbürgern im Ausland (Art. 23 AEUV) und das Petitionsrecht zum Europäischen Parlament (Art. 24 AEUV) sowie das sich aus Art. 11 IV EUV ergebende Recht zur Bürgerinitiative zielen auf die Stärkung des *status activus* des in der Union lebenden Bürgers im Unionsgebiet. Dabei gilt es festzuhalten, dass die Unionsbürgerschaft nicht etwa an die Stelle der von den jeweiligen Mitgliedstaaten vermittelten Staatsangehörigkeiten tritt, sondern diese Staatsangehörigkeiten voraussetzt (Art. 20 AEUV). Damit ist zugleich sichergestellt, dass die Mitgliedstaaten der Union nicht ihrer Staatsvölker – rechtlich durch die Staatsangehörigen – definiert, und damit ihrer souveränen Staatlichkeit verlustig gehen.[55] Die Einräumung des kommunalen Wahlrechts für EU-Ausländer hat in Deutschland eine Verfassungsänderung in Art. 28 I 3 GG erforderlich gemacht, wonach bei Wahlen zu kommunalen Parlamenten nunmehr auch EU-Ausländer das aktive und passive Wahlrecht besitzen. Dabei erfolgt allerdings die konkrete Ausgestaltung der Unionsbürgerschaft aufgrund von Sekundärrecht, was etwa dazu führt, dass in der Bundesrepublik Deutschland die dort zuständigen Länder (unterschiedliche) Vorschriften über das passive Wahlrecht der Unionsbürger erlassen haben.

634 Art. 25 AEUV fordert zudem zur Fortentwicklung der Unionsbürgerschaft auf, wofür die Kommission alle drei Jahre einen entsprechenden Bericht anfertigt und ihn dem Parlament, dem Rat und dem Wirtschafts- und Sozialausschuss zuleitet. Die aus der Unionsbürgerschaft fließenden Rechte sind auch in der Europäischen Grundrechte-Charta (→ Rn. 652 ff.) in Kapitel V (Art. 39 ff.) enthalten.[56]

635 Eine Weiterentwicklung der Unionsbürgerschaft ist zudem durch den EuGH erfolgt. Dieser bezeichnet die Unionsbürgerschaft als den grundlegenden Status der Menschen in der Union und hat aus der Unionsbürgerschaft iV mit dem Diskriminierungsverbot und dem Freizügigkeitsrecht Ansprüche hergeleitet, die in Konkurrenz zu den Gewährleistungen der Grundfreiheiten treten, darüber aber auch deutlich hinausgehen können.[57] Der Gerichtshof betont, dass die Unionsbürger tatsächlich in den Genuss des Kernbestands der Unionsbürgerrechte gelangen müssten. Daraus folge dann etwa, dass den Eltern minderjähriger Kinder, die im Unterschied zu diesen keine Unionsbürger seien, der Aufenthalt und die Arbeitserlaubnis in einem Mitgliedstaat nicht verweigert werden dürfe – andernfalls wären die Kinder gezwungen die Union zu verlassen, was deren Recht aus Art. 20 AEUV zuwiderliefe.[58] Mithin ist ein Nicht-Unionsbürger rechtsreflexartig über die Unionsbürgerschaft seiner nahen Angehörigen geschützt. Der Schutz von Ehe und Familie (Art. 7, 9 und 33 EU-GRCh) dürfte dafür sprechen, dass dementsprechend auch die Ehe- und Lebenspartner von Unionsbürgern geschützt

---

54 Zur Unionsbürgerschaft und dem sich daraus und aus dem Nichtdiskriminierungsgrundsatz ergebenden Anspruch von Studenten aus EU-Ländern vgl. EuGH 20.9.2001 – C-184/99, Slg. 2001, I-6193 = BeckRS 2004, 74766 – Grzelczyk; dazu *Doerfert* JA 2002, 464; vgl. auch EuGH 15.3.2005 – C-209/03, Slg. 2005, I-2119 = BeckRS 2005, 70203 – Bidar; EuGH EuZW 2007, 767 – Morgan.
55 So BVerfGE 123, 267 (405) = BeckRS 2009, 35262 – Lissabon.
56 Für eine Kommentierung der die Unionsbürgerschaft betreffenden Bestimmungen der Art. 39, 40 und 46 der Europäischen Grundrechte-Charta, s. etwa Tettinger/Stern/*Hobe*, Kommentar zur Grundrechte-Charta, 2006.
57 Vgl. die Ausführungen zur Arbeitnehmerfreizügigkeit § 16.
58 EuGH EuZW 2011, 359 – Zambrano.

sind, da die Situation vergleichbar ist und den Unionsbürger die Wahrnehmung der aus diesem Status erwachsenden Rechte ebenfalls vereitelt würde, müsste sie aus persönlicher Verbundenheit die Union gemeinsam mit ihrem drittstaatsangehörigen Partner verlassen. Weiter präzisiert hat der EuGH seine Rechtsprechung zum Aufenthaltsrecht von Drittstaatsangehörigen jedoch mit den Entscheidungen Yoshikazu Iida[59] und Dereci,[60] wonach ein an die Unionsbürgerschaft anzuknüpfendes Recht auf Zusammenführung von Familienangehörigen nur in Ausnahmefällen anzuerkennen sei. Letztere Entscheidung stellt klar, dass ein solcher Ausnahmefall nicht allein deshalb gegeben ist, wenn der Aufenthalt des drittstaatsangehörigen Elternteils aus wirtschaftlichen Gründen lediglich wünschenswert, aber nicht zwingend erforderlich ist. Von (finanz-)politischer Bedeutung sind schließlich die Entscheidungen des Gerichtshofs, die Unionsbürgern Ansprüche auf soziale Leistungen in anderen Mitgliedstaaten gewähren können.

Vor dem Hintergrund der Auswirkungen von Unionsbürgerschaft wurde ebenfalls vielfach über die Ausgestaltung des europäischen Führerscheinrechts diskutiert. Die Anerkennung von ausländischen EU/EWR-Führerscheinen war Gegenstand mehrfacher EuGH-Entscheidungen. So stellte sich unter anderem die Frage, ob bei einer im Inland erfolgten Entziehung der Fahrerlaubnis die anschließend in einem anderen Mitgliedstaat erworbene Fahrerlaubnis anerkannt werden müsse. In der Rs. Akyüz[61] hat der EuGH insoweit klargestellt, dass eine solche Anerkennung nicht versagt werden dürfe, falls die Fahrerlaubnis zwar innerstaatlich versagt, in einem anderen Mitgliedstaat jedoch erteilt wurde. In der Rs. Hofmann[62] hat der EuGH diese Linie erneut mit der Begründung bestätigt, dass der Beurteilungskompetenz des Ausstellungsstaates einer Fahrerlaubnis Vorrang einzuräumen sei. Ein Mitgliedstaat der EU dürfe die Anerkennung einer von einem anderen Mitgliedstaat ausgestellten Fahrerlaubnis nicht verweigern, wenn die Sperrfrist im Zeitpunkt der Ausstellung abgelaufen und die Voraussetzung eines ordentlichen Wohnsitzes im Ausstellerstaat eingehalten worden sei. Sollte jedoch eine Fahrerlaubnis während einer im Anerkennungsstaat laufenden Sperrfrist erteilt worden sein, dürfe dieser die Anerkennung verweigern.

III. Reichweite der Schutzrichtung der Grundfreiheiten

Ursprünglich waren die Grundfreiheiten im Wesentlichen als Diskriminierungsverbote, also als Verbote der Schlechterbehandlung aufgrund von Staatsangehörigkeit oder Staatszugehörigkeit formuliert. Der EuGH hat in seiner Rechtsprechung sukzessive die meisten Diskriminierungsverbote zu allgemeinen Beschränkungsverboten ausgebaut. Das bedeutet, dass auch nichtdiskriminierende allgemeine Beschränkungen, die sich negativ auf die Wahrnehmung der Grundfreiheiten auswirken, prinzipiell verboten und damit jedenfalls rechtfertigungsbedürftig sind. Folge jedes Beschränkungsverbots ist es, dass auch unterschiedslos auf In- und Ausländer anwendbare Normen mit dem Europarecht vereinbar, also auch verhältnismäßig sein müssen. Das bedeutet, dass beim Beschränkungsverbot tatbestandlich jede Behinderung bereits als Eingriff gilt und ein Vergleich mit der Inlandsregelung nicht stattfindet, während beim bloßen

636

---

59 EuGH NVwZ 2013, 357 – Yoshikazu Iida.
60 EuGH NVwZ 2012, 97 – Dereci.
61 EuGH NJW 2012, 1341 – Akyüz.
62 EuGH NJW 2012, 1935 – Hofmann.

Diskriminierungsverbot der Eingriff nur im Vergleich mit dem inländischen Sachverhalt feststellbar ist.

IV. Beschränkung der Grundfreiheiten

637 Der EuGH hat in ständiger Rechtsprechung eine Systematik der Beschränkung von Grundfreiheiten herausgearbeitet.[63] Es müssen vier Voraussetzungen erfüllt sein, damit eine die Grundfreiheiten beeinträchtigende Maßnahme zulässig ist:

- Die Maßnahme muss *in nichtdiskriminierender Weise* angewendet werden (str.).
- Es müssen *zwingende Gründe des Allgemeinwohls* für die Maßnahme vorliegen, was immer dann zu bejahen ist, wenn die Maßnahme unionsrechtlich anerkannten Belangen zu dienen bestimmt ist.
- Die Maßnahme muss *geeignet* sein, die Verwirklichung des mit ihr verfolgten Zwecks zu gewährleisten.
- Die Maßnahme darf nicht über das hinausgehen, was zur Zweckerreichung *erforderlich* ist.

638 Neben dieser allgemeinen, an die Rechtsprechung im Fall »*Cassis de Dijon*« angelehnten Beschränkungssystematik, kommt eine Beschränkung durch eine auch *diskriminierend* ausgestaltete Maßnahme in Betracht, wenn der Mitgliedstaat sich auf einen geschriebenen Rechtfertigungsgrund berufen kann, bspw. Art. 36 AEUV (zuvor Art. 30 EG) für die Warenverkehrsfreiheit.

V. Adressaten der Grundfreiheiten

639 Die Grundfreiheiten binden zunächst die Unionsorgane und alle Mitgliedstaaten, also die mit der Durchführung des Unionsrechts befassten mitgliedstaatlichen Stellen. Laut Rechtsprechung des Europäischen Gerichtshofs können unter Umständen auch Private durch die Grundfreiheiten gebunden werden. Dies soll immer dann der Fall sein, wenn der Schutz Einzelner vor der Macht privater Verbände dies erforderlich macht. Es ist also eine Analyse der Vertragsbeziehungen erforderlich, die sich jeweils dadurch auszeichnen muss, dass sie asymmetrisch zum Nachteil des Privaten ausgestaltet ist.[64]

VI. Konkurrenz der Grundfreiheiten

640 Eine nationale Maßnahme, die mehrere Grundfreiheiten betrifft, wird vom EuGH grundsätzlich nur im Hinblick auf eine dieser Freiheiten geprüft, wenn im konkreten Fall die anderen Grundfreiheiten der zu prüfenden zugeordnet werden können und ihr gegenüber völlig zweitrangig sind.[65] Dabei ist zu prüfen, ob der Aspekt einer Grundfreiheit im Vordergrund steht.[66]

641 **Beispiel:** Das Verbot des ambulanten Verkaufs von Zeitschriftenabonnements ohne Genehmigung berührt vor allem Fragen des freien Warenverkehrs iSd Art. 34ff. AEUV (zuvor Art. 28ff. EG). Die Dienstleistungsfreiheit tritt dahinter auch unter Beachtung der selbstständigen Verrichtung des Anbietens zurück.[67] Demgegenüber fällt die Veranstaltung einer Lotterie in einem anderen Mitgliedstaat allein unter die Dienstleistungsfreiheit. Die Versendung von

---

63 S. dazu EuGH 30.11.1995 – C-55/94, Slg. 1995, I-4165 Rn. 37 = BeckRS 2004, 77557 – Gebhard.
64 EuGH 15.12.1995 – C-415/93, Slg. 1995, I-4921 = BeckRS 2004, 77129 – Bosman; *Herdegen* EuropaR § 14 Rn. 12.
65 EuGH 25.3.2004 – C-71/02, Slg. 2004, I-3025 Rn. 46 = BeckRS 2004, 77729 – Industrieauktionen.
66 EuGH 22.1.2005 – C-390/99, Slg. 2002, I-607 Rn. 31f. = BeckRS 2004, 76971 – Canal Satélite.
67 EuGH EuZW 2005, 499 Rn. 34ff. – Burmanjer.

Werbematerial und Anmeldeformularen ist kein Selbstzweck, sondern ermöglicht nur die Teilnahme an der Lotterie. Nach Auffassung des EuGH betreffen diese Tätigkeiten daher keine »Waren« iSd Art. 34 AEUV bzw. Art. 28 EG, sodass die Warenverkehrsfreiheit nicht anwendbar ist.[68]

Meist beziehen sich die Aussagen des EuGH zur Konkurrenz auf die Prüfung des Verhältnisses der Warenverkehrs- zur Dienstleistungsfreiheit. Hier trifft indes der die Subsidiarität der Dienstleistungsfreiheit vorsehende Art. 57 AEUV bereits eine Konkurrenzregelung. Diese dürfte aber von ihrem Regelungszweck eher auf andere Grundfreiheiten, die keine entsprechende Subsidiaritätsbestimmung und Konkurrenzklausel enthalten, zu übertragen sein.

642

VII. Allgemeines Prüfungsschema zu den Grundfreiheiten

Nachfolgend wird ein allgemeines Aufbauschema vorgeschlagen, welches die Aufbauprobleme bei der Prüfung möglicher Eingriffe und deren Rechtfertigung in alle Grundfreiheiten aufzeigen soll. Dennoch wird in kurzen Anmerkungen schon an dieser Stelle auf einige Spezifika verschiedener Grundfreiheiten hingewiesen.

643

Allgemeines Prüfungsschema zu den Grundfreiheiten

A. Anwendbarkeit der Grundfreiheit
- Keine Anwendbarkeit, wenn abschließendes Sekundärrecht besteht
- Keine Anwendbarkeit, wenn die Grundfreiheit eine Bereichsausnahme vorsieht (Art. 45 IV (insbes. Justiz, Polizei und Militär), Art. 51 UAbs. 1 AEUV)

B. Eingriff in den Schutzbereich

I. Persönlicher Schutzbereich
- Staatsangehörige der Mitgliedstaaten
- Gesellschaften mit Sitz, Hauptverwaltung oder Niederlassung innerhalb der Gemeinschaft, Art. 54 AEUV (entsprechend)
- Drittstaatsangehörige im Rahmen der Arbeitnehmer- oder Niederlassungsfreizügigkeit, wenn sie Familienangehörige von Unionsbürgern sind

II. Voraussetzungen der jeweiligen Grundfreiheit
- Warenverkehrsfreiheit (Art. 34 ff. AEUV): Waren sind zunächst körperliche Gegenstände, die einen Geldwert haben und deshalb Gegenstand von Handelsgeschäften sein können; das Verständnis des Europarechts von Waren ist allerdings ein weites, sodass neben Abfällen auch Elektrizität, Gas und Wasser erfasst sind
- Arbeitnehmerfreizügigkeit (Art. 45 ff. AEUV): Arbeitnehmer sind Personen, die während einer bestimmten Zeit für einen anderen nach dessen Weisung Leistungen erbringen, für die sie als Gegenleistung eine Vergütung erhalten (auch bspw. Lehrer, Professoren)
- Niederlassungsfreiheit (Art. 49 ff. AEUV): Geschützt wird die Aufnahme oder Ausübung einer festen und ständigen Einrichtung in einem anderen Mitgliedstaat auf unbestimmte Zeit

---

68 EuGH 24.3.1994 – C-275/92, Slg. 1994, I-1039 Rn. 21 ff. = BeckRS 2004, 75900 – Schindler.

- Dienstleistungsfreiheit (Art. 56 ff. AEUV): Selbstständige, grenzüberschreitende und entgeltliche Erwerbstätigkeit; aktive, passive sowie Korrespondenzdienstleistung möglich
- Kapital- und Zahlungsverkehrsfreiheit (Art. 63 ff. AEUV)

III. Grenzüberschreitender Sachverhalt
IV. Staatliche Maßnahme

- Adressaten der Grundfreiheiten sind die Gemeinschaftsorgane und die Mitgliedstaaten
- Auch ein Unterlassen kann tatbestandsmäßig sein, wenn die Mitgliedstaaten erforderliche und geeignete Maßnahmen zur Verwirklichung der Grundfreiheiten nicht getroffen haben [EuGH 9.12.1997 – C-265/95, Slg. 1997, I-6959 Rn. 30 ff. = BeckRS 2004, 75819– Kommission/Frankreich]
- unter Umständen auch Bindung von Privaten
  - Transferregelungen und Ausländerklauseln von Fußballverbänden können einen Eingriff in die Arbeitnehmerfreizügigkeit darstellen [EuGH 15.12.1995 – C-415/93, Slg. 1995, I-4921 = BeckRS 2004, 77129 – Bosman]
  - Kollektive Verbandsvorschriften können einen Eingriff in die Dienstleistungsfreiheit darstellen [EuGH 11.4.2000 – C-51/96 und C-191/97, Slg. 2000, I-2549 = BeckRS 2004, 77521 – Deliège]
  - Bindung eines privaten Arbeitgebers an die Grundfreiheiten [EuGH 6.6.2000 – C-281/98, Slg. 2000, I-4139 = BeckRS 2004, 75965 – Angonese]
  - Kollektive Maßnahmen von Gewerkschaften oder Gewerkschaftsverbänden können einen Eingriff in die Niederlassungsfreiheit darstellen [EuGH BeckRS 2007, 465581 – Viking]

V. Diskriminierungsverbot: Inländergleichbehandlung

- Unmittelbare (direkte) Diskriminierungen: Anknüpfung an die Staatsangehörigkeit
- Mittelbare (indirekte) Diskriminierungen: Anknüpfung an Merkmale, die regelmäßig von Ausländern erfüllt werden (Wohnsitz, Sprache)

VI. Beschränkungsverbot (Dassonville-Formel)

Jede unterschiedslos angewendete Maßnahme, die geeignet ist, den innergemeinschaftlichen Verkehr mittel- oder unmittelbar, tatsächlich oder potentiell zu behindern, dh alle Maßnahmen, die die Inanspruchnahme der Grundfreiheiten »weniger attraktiv machen«

VII. Keck-Formel für unterschiedslos anwendbare Maßnahmen

- Unterschiedslos anwendbare Maßnahmen, die nur die Modalität betreffen, sind nicht geeignet, eine Beschränkung der Grundfreiheit darzustellen
  → Tatbestand ist nicht erfüllt
- Unterschiedslos anwendbare Maßnahmen betreffen den Marktzugang
  → Tatbestand ist erfüllt

C. Rechtfertigung
I. Schranken

- Normierte Rechtfertigungsgründe der Grundfreiheiten
  - Art. 36, Art. 45 III, Art. 52 AEUV

- Insbesondere: »Öffentliche Ordnung und Sicherheit« (eng und unionsautonom auszulegen)
- *Cassis*-Formel: »Zwingende Gründe des Allgemeinwohls« für unterschiedslose Beschränkungen und nunmehr wohl auch mittelbare Diskriminierungen (str.), insbesondere: wirksame steuerliche Kontrolle, Schutz der öffentlichen Gesundheit, Lauterkaut des Handelsverkehrs, Verbraucherschutz, Umweltschutz
- (nationale)Grundrechte
  - Das einschlägige Grundrecht muss europarechtlich anerkannt sein
  - Der Schutz kann im Einzelnen über den des gemeinschaftlich anerkannten Grundrechtsschutz hinausgehen [EuGH 14.10.2004 – C-36/02, Slg. 2004, I-9606 = BeckRS 2004, 78088 – Laserdrome]

II. Schranken-Schranken

- Verhältnismäßigkeit
- Gemeinschaftsgrundrechte

§ 14 Grundrechte der Europäischen Union

Literatur: *Barriga,* Entstehung der Charta der Grundrechte der EU, 2003; *Callewaert,* Der Beitrag des Europäischen Gerichtshofes für Menschenrechte zur Rechtsstaatlichkeit in der Europäischen Union, EuR 2008, Beiheft 3, 177; *Everling,* Rechtsschutz in der Europäischen Union nach dem Vertrag von Lissabon, EuR 2009, Beiheft 1, 71ff.; *Fremuth,* Familienzusammenführung minderjähriger Kinder Drittstaatsangehöriger, EuZW 2006, 571; *Härtel,* Die Europäische Grundrechteagentur: Unnötige Bürokratie oder gesteigerter Grundrechtsschutz, EuR 2008, 489ff.; *Herdegen* EuropaR § 8 Rn. 24–32; Calliess/Ruffert/*Kingreen* EUV Art. 6; *Hufeld/Rathke,* Der Grundrechtsschutz nach Lissabon im Wechselspiel zwischen der Charta der Grundrechte der Europäischen Union, Europäischer Menschenrechtskonvention und den nationalen Verfassungen, EuR-Bei 2013, 7; *Lindner,* Grundrechtsschutz in Europa – System einer Kollisionsdogmatik, EuR 2007, 160; *Lindner,* Zur grundsätzlichen Bedeutung des Protokolls über die Anwendung der Grundrechtecharta auf Polen und das Vereinigte Königreich, EuR 2008, 786; Pernice/*Mayer,* Der Vertrag von Lissabon: Reform der EU ohne Verfassung, 2008, 87; *Meyer,* Kommentar zur Charta der Grundrechte der Europäischen Union, 2003; *Oppermann/Classen/Nettesheim* EuropaR § 17 Rn. 7–12; *Obwexer,* Der Beitritt der EU zur EMRK: Rechtsgrundlagen, Rechtsfragen und Rechtsfolgen, EuR 2012, 115; *Pernice,* Der Vertrag von Lissabon und die Grundrechte, EuR 2009, Beiheft 1, 87; *Polakiewicz,* Der Abkommensentwurf über den Beitritt der Europäischen Union zur Europäischen Menschenrechtskonvention, EuGRZ 2013, 472; *Schlichting/Pietsch,* Die Europäische Grundrechteagentur, EuZW 2005, 587; *Schmitz,* Die EU-Grundrechtecharta aus grundrechtsdogmatischer und grundrechtstheoretischer Sicht, JZ 2001, 833; *Stern/Tettinger* (Hrsg.), Kölner Gemeinschaftskommentar zur Europäischen Grundrechtecharta, 2006; Streinz/Ohler/Hermann § 14, *Tettinger,* Die Charta der Grundrechte der Europäischen Union, NJW 2001, 1010; *Weber,* Vom Verfassungsvertrag zum Vertrag von Lissabon, EuZW 2008, 7.

I. Grundrechtsschutz in der Geschichte der Union

Das frühere Gemeinschaftsrecht kannte keine geschriebenen Grundrechte. Eine Ausnahme stellten das spezifisch gemeinschaftsrechtliche Diskriminierungsverbot des Art. 12 EG aF, das allgemeine Diskriminierungsverbot des Art. 13 EG aF sowie das 644

Verbot der Zahlung unterschiedlichen Entgelts für Männer und Frauen für geleistete Arbeit nach Art. 141 EG aF dar.

645 Auch bei den Grundfreiheiten handelt es sich *nicht* um Grundrechtssurrogate. Sie weisen eine andere Zielrichtung auf, da sie grundsätzliche und unter Rechtfertigungsvorbehalt stehende Verbote gegenüber den Mitgliedstaaten hinsichtlich der Einschränkung des freien grenzüberschreitenden Wirtschaftens enthalten. Sie berechtigten das Individuum als Marktbürger. Grundrechte hingegen beinhalten klassischerweise gegen die Hoheitsgewalt gerichtete Abwehrrechte zugunsten der Freiheit des Individuums als Bürger eines politischen Gemeinwesens.

646 Die Unionsbürgerschaft der Art. 17 ff. EG aF (→ Rn. 633 ff.) gewährte dem Unionsbürger zwar verschiedene Rechte wie zB das Freizügigkeitsrecht, das Recht auf diplomatischen und konsularischen Schutz sowie das Wahlrecht bei Kommunalwahlen bzw. den Wahlen zum Europäischen Parlament. Dies war vor dem Vertrag von Lissabon allerdings nicht mit einem Grundrechtsschutz der Unionsbürger gegenüber Gemeinschaftsrechtsakten verknüpft.

647 Angesichts der von etlichen Mitgliedstaaten als defizitär empfundenen Lage bezüglich des Grundrechtsschutzes im Gemeinschaftsrecht – weitgehend nicht kodifiziert und praktisch bei nicht immer genauer Vorhersehbarkeit nur der Rechtsprechung des EuGH zu entnehmen – hatte der Europäische Rat in Köln am 3./4.6.1999 den Beschluss zur Erarbeitung einer Europäischen Grundrechte-Charta getroffen. Auf dem Rat von Tampere am 15./16.10.1999 wurde dafür ein *Grundrechte-Konvent* eingerichtet, der sich unter dem Vorsitz des früheren Bundespräsidenten und ehemaligen Präsidenten des BVerfG, *Roman Herzog,* aus 62 Mitgliedern, darunter 15 Beauftragten der Staats- und Regierungschefs der Mitgliedstaaten, einem Beauftragten des Präsidenten der Kommission, sowie 16 Mitgliedern des Europäischen Parlaments und je zwei – also insgesamt 30 – Mitgliedern der nationalen Parlamente zusammensetzte. Die bis zum 2.10.2000 andauernde Arbeit an der Grundrechte-Charta stand von vornherein zwar unter der Prämisse, dass die Charta rechtsunverbindlich bleiben und deshalb nicht in das Primärrecht aufgenommen werden sollte. Die feierliche Proklamation der Grundrechte-Charta, die am 7.12.2000 auf dem Ratsgipfel in Nizza stattgefunden hat,[69] brachte jedoch zum Ausdruck, dass sich die Union nicht als bloße Wirtschaftsgemeinschaft begreift, sondern auch ein konstitutionellen Schranken unterworfenes politisches Gemeinwesen darstellt.

648 Art. 6 II EU aF verpflichtete die Union immerhin zur Achtung der Grundrechte und Grundfreiheiten und verwies auf die Verfassungsüberlieferungen der Mitgliedstaaten und die Europäische Konvention zum Schutze der Menschenrechte.

649 Diese Achtung vor den Grundrechten ist auch von den Gemeinschaftsorganen hervorgehoben worden, wie etwa in einer Gemeinsamen Erklärung des Parlaments, des Rates und der Kommission v. 5.4.1977[70] sowie der Bezugnahme der Mitgliedstaaten auf den bisher erreichten Grundrechtsschutz in der Präambel der Einheitlichen Europäischen Akte und der Erklärung der Grundrechte und Grundfreiheiten des Europäischen Par-

---

69 Zum Entstehungsprozess der Charta vgl. im Einzelnen *Barriga,* Entstehung der Charta der Grundrechte der EUS, 1 ff.
70 ABl. 1977 C 103, 1.

laments v. 12.4.1989.[71] Diesen Erklärungen kam aber keine rechtliche Verbindlichkeit, sondern nur affirmative und deklaratorische Bedeutung zu.[72] Der Grundrechtsschutz vor dem Inkrafttreten der Grundrechte-Charta basierte demgegenüber vor allem auf der Rechtsprechung des EuGH.

II. Rechtsprechung des EuGH

In seiner frühen Rechtsprechung hat sich der Gerichthof wenig »grundrechtssensibel«   650
gezeigt. Zutreffend hat er die Berufung auf nationale Grundrechte, über die er als Teil des nationalen Rechts nicht zu befinden hat, zurückgewiesen, ohne jedoch ein Pendant auf europarechtlicher Ebene anzubieten.[73] Nachdem zunehmend deutlich wurde, dass auch Unionsbürgerinnen und Unionsbürger von Hoheitsakten der supranationalen Gewalt in ihren Freiheitsrechten betroffen sein können, war es der EuGH, der seit dem Urteil in der Rechtssache *Stauder* aus dem Jahre 1969[74] anerkannte, dass es Grundrechtsschutz im Unionsrecht gibt. Er ordnete diesen Grundrechtsschutz den allgemeinen Rechtsgrundsätzen zu und gewann das konkrete Ausmaß des Grund-rechtsschutzes im Wege sog. *wertender Rechtsvergleichung* aus den gemeinsamen Ver-fassungsüberlieferungen, wie sie sich insbesondere aus den Verfassungsurkunden der Mitgliedstaaten und der Europäischen Menschenrechtskonvention herleiten ließen.[75] Die Heranziehung der Europäischen Menschenrechtskonvention lag deshalb nahe, weil diese von allen Mitgliedstaaten ratifiziert worden ist und zudem bereits in Art. 6 II EUV aF ausdrücklich als rechtsverbindlich in Bezug genommen wurde.

Wiederholt wurde allerdings Kritik auch von Seiten des deutschen BVerfG dahingehend   651
geäußert, dass europäischen Grundrechtsverbürgungen teilweise ein gegenüber den na-tionalen Grundrechten unterschiedlicher Standard eigen sein kann (→ Rn. 454ff.). Dies hat nicht zuletzt auch zu der bereits erwähnten *Solange*-Rechtsprechung des BVerfG ge-führt. Es darf vermutet werden, dass die Rechtsprechung nationaler (Verfassungs-) Ge-richte, auch des BVerfG, kraft derer die Beanspruchung eines Vorrangs des Unionsrecht partiell zurückgewiesen wurde, wenn und sofern kein adäquater Grundrechtsschutz auf Ebene des Unionsrechts sichergestellt ist, ein zusätzlicher Motiviationsfaktor für den EuGH, einen effektiven Grundrechtsschutz zu garantieren, gewesen ist. Festzuhalten bleibt daher, dass auch schon vor Inkrafttreten der Grundrechte-Charta ein umfangrei-cher und effektiver Grundrechtsschutz durch den Gerichtshof im Rahmen seines Rich-terrechts entwickelt wurde.[76] Die Bedeutung, die der Rechtsprechung des EuGH zu-kommt, reflektiert auch das geltende Recht, wenn es in Art. 6 III EUV die Grundrechte weiterhin als allgemeine Grundsätze des Unionsrechts bezeichnet.

---

71 ABl. 1989 C 120, 51.
72 Zur Grundrechtsgewährleistung im Rahmen der europäischen Sozialpolitik s. *Nicolaysen* Europa-recht II, 465f.
73 Zusammenfassend in Ehlers Europäische Grundrechte und Grundfreiheiten § 10 Rn. 26.
74 EuGH 12.11.1969 – 29/69, Slg. 1969, 419 Rn. 7 = BeckRS 2004, 72956 – Stauder.
75 Schilderung dieser Rspr. bei *Lenz,* Der europäische Grundrechtsstandard in der Rechtsprechung des Europäischen Gerichtshofs, EuGRZ 1993, 585ff.; *Schilling,* Bestand und allgemeine Lehren der bür-gerschützenden allgemeinen Rechtsgrundsätze des Gemeinschaftsrechts, EuGRZ 2000, 3ff.
76 Vertiefend in Ehlers Europäische Grundrechte und Grundfreiheiten §§ 14ff.

III. Die Grundrechtecharta als Teil des Unionsrechts

652 Mit dem Vertrag von Lissabon neu eingeführt wurde allerdings Art. 6 I EUV. Dieser lautet: »Die Union erkennt die Rechte, Freiheiten und Grundsätze an, die in der Charta der Grundrechte der Europäischen Union v. 7.12.2000[77] in der am 12.12.2007 in Straßburg angepassten Fassung[78] niedergelegt sind«. War die Charta im EVV noch als Teil II integriert, wurde nach dessen Scheitern auf eine Inkorporation in die Verträge verzichtet und stattdessen lediglich dieser Verweis auf die Verbindlichkeit der Charta aufgenommen.

653 Nachdem der EuGH vor dem Inkrafttreten des Reformvertrags die Charta lediglich als Rechtserkenntnisquelle heranziehen konnte, hat der Verweis die rechtliche Wirkung, dass die Charta Teil des Primärrechts geworden, sie also in die Verträge inkorporiert worden, ist. Sie steht gleichrangig neben den anderen Verträgen,[79] dh neben dem durch Lissabon geänderten Vertrag über die Europäische Union (EU-Vertrag) und neben dem AEU-Vertrag, der den EG-Vertrag ablöst. Die Charta ist rechtlich verbindlich für die Union, ihre Organe und alle Mitgliedstaaten, allerdings bestehen Ausnahmeregeln für Polen und Großbritannien.[80] Gemäß Art. 1 I des Protokolls ist der EuGH nicht befugt, seine Befugnis zur Feststellung, dass das mitgliedstaatliche Recht Polens oder Großbritanniens gegen die Charta verstößt, *auszuweiten*. Ferner stellt Art. 1 II des Protokolls fest, dass Titel IV der Charta (»Solidarität«) keine für Polen oder Großbritannien einklagbaren Rechte schafft, sofern diese nicht ohnehin bereits in der Rechtsordnung Polens bzw. des Vereinigten Königreichs anerkannt sind. Art. 2 regelt schließlich, dass eine Bezugnahme der Charta auf innerstaatliches Recht für Polen und Großbritannien nur insoweit gilt, wie das jeweilige nationale Recht entsprechende Regelungen enthält.[81] Die Ausnahmeregelungen haben also keine Auswirkung auf die ausnahmslose Bindung der EU-Organe an die Charta. Fraglich ist allerdings, ob und inwieweit das Protokoll im Falle Polens und Großbritanniens tatsächlich eine Einschränkung der Bindungswirkung intendiert. Dabei ist zu beachten, dass Art. 51 I Grundrechtecharta ohnehin bestimmt, dass die Charta ausschließlich bei der Durchführung des EU-Rechts gilt. Demnach sind auch Polen und Großbritannien weiterhin an die Charta gebunden, wenn es sich um mitgliedstaatliche Regelungen zur Durchführung von Unionsrecht, dh von Primär- und Sekundärrecht sowie die Umsetzung von Richtlinien handelt. Ein nicht der Durchführung von EU-Recht dienender polnischer oder britischer Rechtsakt muss demgegenüber nur an nationalem Grundrechtsstandard sowie an sonstigem EU-Recht überprüft werden, die Bindung an Grundfreiheiten bleibt ebenfalls bestehen. Zur Überprüfung dieser Rechtsakte ist und bleibt der EuGH generell nicht befugt. Sollte dieser in Zukunft im Wege einer gegenüber der derzeitigen Praxis extensiven Auslegung des Begriffs der Durchführung des Unionsrechts

---

77 ABl. 2000 C 364, 1.

78 ABl. 2007 C 303, 1.

79 So hat der EuGH in seiner Entscheidung auf die rechtliche Verbindlichkeit von Art. 21 I der Charta hingewiesen, EuGH EuWZ 2010, 177 – Kücükdeveci.

80 Vgl. hierzu das Protokoll über die Anwendung der Charta der Grundrechte der Europäischen Union auf Polen und das Vereinigte Königreich, ABl. 2007 306, 156. Ferner die Erklärungen Nr. 61 und 62, die Polen dazu abgegeben hat, ABl. 2007 C 306, 270. Die Tschechische Republik hat in einer Erklärung Nr. 53 zur Charta der Grundrechte zum einen deren Beschränkung auf den Kompetenzbereich der Union und zum anderen den Schutz bestehender Grundrechte betont.

81 Vertiefend zur Bedeutung des Protokolls, s. *Lindner* EuR 2008, 786 (788 ff.).

seine Befugnisse auch auf solche Rechtsakte erweitern, so wäre dies für Polen und Großbritannien nicht verbindlich.[82] Inwiefern diese Ausnahmeregeln darüber hinaus praktische Relevanz erlangen werden, bleibt schon im Hinblick darauf abzuwarten, dass die Rechtsprechung des EuGH zu den Grundrechten weiterhin als Teil des »acquis communautaire« für alle Mitgliedstaaten verbindlich ist.[83] Gleichwohl schürt allein der Eindruck eines Europas der unterschiedlichen Geschwindigkeiten bezüglich des Grundrechtschutzes Zweifel an einer Union als Rechtsgemeinschaft.[84] Des Weiteren schafft die Charta keine neuen Kompetenzen und darf auch nicht zur Erweiterung bestehender Kompetenzen genutzt werden, so ausdrücklich die Erklärung Nr. 1 zur Charta der Grundrechte der Europäischen Union.[85] Mittlerweile hat sich der EuGH zur Frage des Protokolls geäußert. In der Rs. C 411/10 stellt er unter Berufung auf dessen Wortlaut und Erwägungsgründe fest, dass das Protokoll die Geltung der Charta für das Vereinigte Königreich oder für Polen nicht infrage stellt. Vielmehr erkennt er eine Bestätigung des durch Art. 51 GRCh definierten Anwendungsbereichs. Zu Art. 1 II (Ausnahme bezüglich Titel IV »Solidarität«) musste sich der Gerichtshof nicht äußern.[86]

Die Charta gliedert sich nach einer Präambel in sechs Teile, wobei die im Jahre 2000 **654** ausgearbeitete Charta auf besonderes Drängen der britischen Regierung im Rahmen der Regierungskonferenz 2003/2004 verändert und in der neuen Fassung im Jahr 2007 erneut verkündet wurde.[87] Trotz der aktuellen Sonderregelungen für Großbritannien haben die Charta-Änderungen, insbesondere was den Anwendungsbereich und die Bindung für Mitgliedstaaten anbelangt, weiterhin Bestand.

In Teil 1, der die Art. 1–5 umfasst, sind das Recht auf Leben, körperliche Unversehrtheit, das Verbot der Folter, unmenschlicher Behandlung oder Strafe sowie das Verbot der Sklaverei und der Zwangsarbeit enthalten. Der zweite Teil enthält in Art. 6–19 die klassischen Freiheitsrechte wie zum Beispiel den Schutz der Familie, der Religionsfreiheit, der Meinungsfreiheit, und der Versammlungsfreiheit. Der dritte Teil beinhaltet Gleichheitsrechte und Diskriminierungsverbote, Teil 4 beinhaltet sog. Solidaritätsrechte und soziale Rechte wie etwa soziale Sicherheit, Gesundheits-, Umwelt- und Verbraucherschutz, Teil 5 enthält Bürgerrechte und justizielle Rechte. In einem abschließenden Teil sind Bestimmungen allgemeiner Art zum Anwendungsbereich der Charta und ihrem Verhältnis zu anderen Dokumenten enthalten.

Nach den Generalanwälten ist nun auch der EuGH dazu übergegangen, die Charta regelmäßig anzuwenden. Die Entwicklung seit 2009 verdeutlicht, dass auch in der Judikatur des Gerichtshofs die Grundrechte aus der Charta – in der Auslegung und Anwendung mit sonstigem Primärrecht gleichberechtigt – eine wachsende Rolle spielen. So hat der EuGH auf die Charta abgestellt, etwa um Sekundärrecht auszulegen[88] oder den Grundsatz der Altersdiskriminierung zu begründen,[89] aber auch um eine Einschränkung von Grundfreiheiten aus Gründen des grundrechtlich abgesicherten Gesund-

---

82 So auch *Lindner* EuR 2008, 786 (795).
83 → Rn. 124.
84 So auch *Streinz/Ohler/Herrmann* § 14, 104.
85 ABl. 2007 C 306, 249.
86 EuGH NVwZ 2012, 417 Rn. 116 ff. – N. S./Secretary of State for the Home Department.
87 Zu den Modifikationen vgl. *Streinz/Ohler/Herrmann* § 14, 99 ff.
88 EuGH EuZW 2011, 63 Rn. 63 ff. – Chatzi.
89 EuGH EuZW 2011, 301 Rn. 25 ff. – ASBL.

heitsschutzes zu rechtfertigen.[90] In der Rs. Schecke GbR/Land Hessen hat er Unionssekundärrecht nicht nur anhand des Rechts auf Schutz der personenbezogenen Daten und auf Schutz des Familienlebens nach Art. 7, 8 der Charta umfassend geprüft, sondern es zudem aufgrund einer Grundrechtsverletzung (unverhältnismäßige Pflicht zur Veröffentlichung der Namen von Agrarbeihilfenempfängern) für ungültig erklärt.[91] Aufsehen erregt haben zudem die Urteile des EuGH zur Datenvorratsspeicherungsrichtlinie und in der Rs. Google. Hinsichtlich der RL 2006/24/EG über die Vorratsspeicherung von Daten, die bei der Bereitstellung öffentlich zugänglicher elektronischer Kommunikationsdienste oder öffentlicher Kommunikationsnetze erzeugt oder verarbeitet werden, erkennt der Gerichtshof einen unverhältnismäßigen Eingriff in das Grundrecht auf Achtung des Privatlebens nach Art. 7 GRCh und das Recht auf den Schutz personenbezogener Daten nach Art. 8 GRCh: Zwar erkennt der EuGH die Bekämpfung schwerer Straftaten, des internationalen Terrorimsus zumal, und damit die Aufrechterhaltung der öffentlichen Sicherheit als legitimes Ziel an, jedoch beschränke sich die Vorratsdatenspeicherungsrichtlinie nicht auf das absolut Notwendige und enthalte keine ausreichenden Vorgaben zur Missbrauchsbekämpfung.[92] In der Rs. Google[93] schließlich hat der Gerichtshof in Auslegung der RL 95/46/EG zum Schutz natürlicher Personen bei der Verarbeitung personenbezogener Daten und zum freien Datenverkehr weitreichende Folgerungen für Anbieter von Internet-Suchmaschinen getroffen. Er spricht dem Individiuum nicht nur einen Anspruch auf die Entfernung von »links« zu anderweitig im Internet verfügbaren persönlichen Informationen zu, sondern führt auch aus, dass wegen der Grundrechte aus den Art. 7 und 8 der Charta das Interesse des/der Einzelnen daran, dass ihn/sie betreffende Informationen einer breiten Öffentlichkeit nicht mehr durch Einbeziehung in eine online-Ergebnisliste zur Verfügung gestellt werden, und die wirtschaftlichen Interessen des Suchmaschinenbetreibers und auch die Interesse der breiten Öffentlichkeit am Zugang zu der Information bei einer anhand des Namens der betroffenen Person durchgeführten Suche grundsätzlich überwögen. Der EuGH scheint gewillt, die Rechte des Einzelnen gerade auch in der digitalen Welt, deren Gefahren er sich bewusst zeigt, verteidigen zu wollen. Welche Auswirkungen das für das Internet und dessen wirtschaftliche Grundlagen, wie Suchmaschinen, zeitigen wird, bleibt abzuwarten.

655 Aufgrund der wachsenden Bedeutung der Grundrechte in der Rechtsprechung des EuGH steht zu erwarten, dass künftig auch in Examensprüfungen verstärkt Unionsgrundrechte zu erörtern sein werden. Insoweit sind insbesondere zwei Prüfungsarten wahrscheinlich: Zum einen können Unionsgrundrechte als Beschränkungstatbestand in eine Prüfung von Grundfreiheiten integregiert werden, sodass zu untersuchen ist, ob eine staatliche Maßnahme (Tun oder Unterlassen), die dem Grundrechtsschutz zu dienen bestimmt ist (bspw. Nichtauflösung einer Demonstrationen, sodass es zu einer Beeinträchtigung des innergemeinschaftlichen Warenhandels kommt), als Eingriff in eine Grundfreiheit (bspw. die Warenverkehrsfreiheit) gerechtfertigt werden kann. Zum anderen dürften künftig auch verstärkt originär grundrechtliche Aufgabenstellungen anzutreffen sein, wobei dann zu untersuchen sein wird, ob eine Maßnahme der

---

90 EuGH EuZW 2010, 578 Rn. 65 – Pérez.
91 EuGH EuZW 2010, 939 Rn. 45 ff. – Schecke GbR/Land Hessen (bzgl. natürlicher Personen, juristische Personen genießen insoweit einen geringeren Schutz, → Rn. 87).
92 EuGH NVwZ 2014, 709 Rn. 32 ff. – Vorratsdatenspeicherung.
93 EuGH BeckRS 2014, 80862 – Google.

Europäischen Union oder der Mitgliedstaaten im Anwendungsbereich des Unionsrechts mit den Unionsgrundrechten vereinbar ist.

Um sich für entsprechende Prüfungen zu wappnen, soll hier eine knappe Prüfungsübersicht mit Anmerkungen präsentiert werden, die eine erste Orientierung in grundrechtlichen Prüfungen ermöglicht.

Kurzes Prüfungsschema zu Grundrechten nach der Charta

A. Anwendbarkeit der EU-Grundrechte-Charta

B. Eröffnung des Schutzbereiches
 I. Persönlicher Schutzbereich
II. Sachlicher Schutzbereich

C. Eingriff in den Schutzbereich

D. Rechtfertigung des Eingriffs
 I. Schrankenklausel
II. Schrankenschranke
  – **Gesetzliche Grundlage**
  – **Beachtung des Wesensgehalts**
  – **Legitimer Zweck**
  – **Eignung der umstrittenen Maßnahme**
  – **Erforderlichkeit**
  (– **Angemessenheit**)

Hinweise zum Prüfungsschema: Mit Inkrafttreten der EU-Grundrechtecharta kann für grundrechtliche Fragestellungen regelmäßig auf dieses Dokument zurückgegriffen werden, ohne zu verkennen, dass die Grundrechte als allgemeine Rechtsgrundsätze – und damit aus einer anderen Rechtsquelle gespeist (vgl. Art. 6 III EUV) – fortgelten. Die Grundrechtecharta muss zeitlich, persönlich und materiell anwendbar sein. In diesem Zusammenhang ist insbesondere Art. 51 GRCh anzusprechen. Die Charta bindet die Union umfänglich, die Mitgliedstaaten ausweislich des Wortlautes aber »[...] ausschließlich bei der Durchführung des Rechts der Union«. Eine nah am Wortlaut orientierte Lesart würde den Anwendungsbereich auf Maßnahmen der Umsetzung von europarechtlichen Vorgaben etwa durch Verordnungen oder Richtlinien reduzieren. Der EuGH hat jedoch in der Rs. Fransson betont, dass der »Anwendungsbereich« des Unionsrechts maßgeblich sei[94] und die Einschlägigkeit europarechtlicher Grundrechte im Zusammenhang mit einem innerstaatlichen steuerstrafrechtlichen Fall auch mit rechtlich garantierten finanziellen Interessen der Union und einschlägigem Sekundärrecht begründet, obwohl die infrage stehenden nationalen Maßnahmen (es ging um das Verbot der Doppelbestrafung infolge einer verwaltungs- und einer strafrechtlichen Sanktion) nicht der Umsetzung des Unionsrechts dienten. Dies hat das BVerfG zu einem *obiter dictum* bewogen, wonach es nicht ausreichend sei, wenn eine nationale Regelung bloß den abstrakten Anwendungsbereich des Unionsrechts betreffe oder nur rein tatsächliche Auswirkungen auf diesen zeitige.[95] Im Rahmen des Schutzbereiches kann zu unterscheiden sein, ob ein Grundrecht nur für Unionsbürger gilt (etwa bei manchen Bürgerrechten aus Titel V) oder für alle Menschen, wie dies für die meisten Rechte der Fall ist und etwa durch die Wendung »jede Person« zum Ausdruck gebracht wird. Auch juristische Personen können sich auf Grundrechte berufen, sofern jene von ihnen sinnvollerweise geltend gemacht werden können (bspw. das Eigentumsrecht, nicht aber die Men-

---

94 EuGH EuZW 2013, 203 Rn. 16ff. – Fransson.
95 BVerfG BeckRS 2013, 49916 Abs. 91 – Antiterrordatei.

schenwürde). Im sachlichen Schutzbereich muss das infrage kommende Grundrecht definiert und dann der Sachverhalt unter dieses subsumiert werden. Für die Auslegung sind insbesondere die EMRK sowie die Überlieferungen des nationalen Verfassungsrechts bedeutsam (vgl. Art. 52 III, IV GRCh). Insofern dürften hier regelmäßig Kenntnisse der deutschen Grundrechtsinterpretation in einer Klausur fruchtbar gemacht werden können. Dies gilt auch für die Frage des Eingriffs, der in einem staatlichen Tun oder einem Unterlassen bestehen kann. Für die Frage der Rechtfertigung enthält Art. 52 I GRCh wichtige Hinweise zum Prüfungsaufbau (vgl. das obige Prüfungsschema) und stellt die allgemeine Rechtfertigungsnorm dar, neben die noch ergänzende Vorgaben zur Rechtfertigung aus den jeweiligen Grundrechtsverbürgungen hinzutreten können. Insbesondere hinsichtlich des legitimen Zwecks der Einschränkung ist darauf zu achten, dass es sich um einen unionsrechtlich anerkannten Zweck handeln muss. Hier bietet es sich an, in der Präambel, den einleitenden Arikeln über Grundsätze und gemeinsame Werte, aber auch in den Kompetenzbestimmungen nach entsprechenden Hinweisen zu suchen. So findet sich der Umweltschutz in der Präambel des EUV, als Zielvorgabe nach Art. 3 III EUV sowie in der Kompetenznorm des Art. 4 II lit. e) AEUV und ergänzend in Titel XX des AEUV. In der Zusammenschau sind umweltpolitische Erwägungen durchaus als legitime Ziele des Gemeinwohls vom Unionsrecht anerkannt, die Beschränkungen von Grundrechten rechtfertigen können. Die Prüfung der Eignung, Erforderlichkeit und Angemessenheit folgt den bekannten Vorgaben, wobei zu beachten ist, dass der EuGH nicht immer sauber zwischen Erforderlichkeit und Angemessenheit differenziert.

IV. Probleme des europäischen Grundrechtsschutzes

656 Die Aufnahme der Charta in das Primärrecht ist überwiegend positiv aufgenommen worden. Sie dient der Überwindung bisher existierender Rechtsunsicherheit. Denn bislang wurde insbesondere der unklare Rechtsstatus der Charta, der ausdrücklich keine rechtsverbindliche Qualität zukommen sollte, kritisiert. Nun kommt der Grundrechtecharta ausdrücklich verbindliche Rechtsqualität zu. Dennoch gibt es weitere ungeklärte Probleme hinsichtlich des Grundrechtsschutzes auf Unionsebene

657 Neben der Grundrechtecharta legt die EMRK ebenfalls einen auf Unionsebene zu beachtenden Grundrechtsstandard fest. Als Konsequenz aus dem noch nicht vollzogenen Beitritt der Union zur EMRK würde folgen, dass alle Maßnahmen der Union und ihrer Organe, einschließlich der Urteile des EuGH, als Handlungen der Vertragspartei Europäische Union unmittelbar einer Kontrolle des Europäischen Gerichtshofs für Menschenrechte anhand der EMRK unterlägen. Damit überwachten sowohl der EuGH als auch der EGMR das Unionsrecht auf seine Vereinbarkeit mit den Grundrechten, sodass aus verschiedenen Grundrechtsmaßstäben herrührende Auslegungsdivergenzen zumindest denkbar erschienen.[96]

658 Als nicht unproblematisch werden zudem die verschiedenen Qualitäten der einzelnen Rechte in der Charta, die zum Teil über den reinen Abwehrcharakter hinausgehen, angesehen. Außerdem sind die Formulierung des sachlichen und persönlichen Anwendungsbereichs (Art. 51 I Grundrechtecharta), die Schrankenregelung des Art. 52 Grundrechtecharta und das Niveau der Grundrechtsverbürgung nach Art. 53 Grundrechtecharta kritisiert worden.[97]

659 Ferner ist bemängelt worden, dass der Individualrechtsschutz vor dem EuGH (vgl. Art. 263 IV AEUV) nur marginal ausgeprägt sei.[98] So gibt es bspw. keine mit einer na-

---

96 Calliess/Ruffert/*Kingreen* EUV Art. 6 Rn. 35.
97 Vgl. insofern krit. *Calliess* EuZW 2001, 261; *Schmitz* JZ 2001, 833; *Everling* EuZW 2003, 225.
98 Calliess/Ruffert/*Kingreen* EUV Art. 6 Rn. 35.

tionalen Verfassungsbeschwerde vergleichbare Rechtsschutzmöglichkeit auf Unionsebene.[99]

Schließlich sind die für Polen und Großbritannien vorgesehenen Sonderregeln auf erhebliche Kritik gestoßen.[100] Diese Sonderregeln sehen insbesondere vor, dass die Charta keine für Polen und Großbritannien einklagbaren Rechte schafft, sofern diese nicht im nationalen Recht vorgesehen sind.[101] Beanstandet wurde vor allem, dass die Beschreitung grundrechtlicher Sonderwege die gemeinsame Wertebasis der Union und der Mitgliedstaaten überhaupt infrage stellte. Mit der jüngeren Rechtsprechung des EuGH steht jedoch zu erwarten, dass die realen Auswirkungen der Sonderregelungen sehr begrenzt sein dürften.   **660**

V. Ausblick

Fraglich ist, inwiefern die Grundrechte-Charta zur Effektivität des europäischen Grundrechtsschutzes beitragen kann. Bevor ein solcher Ausblick gewagt werden soll, ist darauf hinzuweisen, dass der EuGH in zunehmendem Maße auf die Grundrechte-Charta abstellt und diese daher seit 2009 deutlich an Relevanz gewonnen hat.   **661**

Bereits insofern kann die Rechtsverbindlichkeit als Gewinn betrachtet werden. Insbesondere ist durch den rechtsverbindlichen Verweis im EU-Vertrag größere Rechtsklarheit geschaffen worden. Zwar ist die Charta nicht im Reformvertrag selbst integriert, wohingegen noch im EVV vorgesehen war, dass die Charta in diesen nur geringfügig verändert eingehen sollte und bei einer Ratifikation durch alle Mitgliedstaaten damit unmittelbarer Bestandteil des europäischen Primärrechts geworden wäre.[102] Eine Aufnahme in die Gründungsverträge hätte wohl eine wesentliche – über einen schlichten Verweis hinausgehende – Klarstellung bezüglich Schutzbereich und Schranken der Grundrechte bedeutet. Dennoch ist zu beachten, dass in Deutschland das BVerfG[103] und, auf europäischer Ebene, sowohl die Generalanwälte in ihren Schlussanträgen[104], als auch das Europäische Gericht erster Instanz[105] auf die Charta Bezug genommen hatten. Sogar der EuGH hatte trotz ausstehender Ratifikation des Verfassungsvertrags in allen Mitgliedstaaten in seinem Urteil v. 27.6.2006[106] erstmalig eine solche Bezugnahme vorgenommen und der Charta damit inzidenter auch rechtliche Bedeutung verliehen. Somit konnte die Grundrechtecharta bereits vor einer Ratifikation des Reformvertrags zwar nicht als Rechts-, zumindest aber doch als eine Rechtserkenntnisquelle herangezogen und operabel gemacht werden. Vor diesem Hintergrund scheint es für die Rechtsverbindlichkeit und Effektivität des europäischen Grundrechtsschutzes von nicht allzu großer Bedeutung zu sein, ob die Charta nun in die Verträge integriert ist,   **662**

---

99 Vorschläge Deutschlands, eine Grundrechtsbeschwerdemöglichkeit direkt zum EuGH einzurichten, waren bereits im Verfassungskonvent erfolglos geblieben.

100 Vgl. Protokoll Nr. 30 über die Anwendung der Charta der Grundrechte auf Polen und das Vereinigte Königreich sowie *Lindner* EuR 2008, 786 ff.

101 Zu den zweifelhaften Motiven beider Mitgliedstaaten vgl. *Mayer* EuR 2009, Beiheft 1, 1 (87, 92).

102 Zum Europäischen Verfassungsvertrag s. darüber hinaus → Rn. 49 ff.

103 BVerfG NJW 2003, 1926.

104 GA *Albers,* EuGH C-63/01, Slg. 2003, I-14447 Rn. 80 ff. – Evans; GA *Maduro,* EuGH C-160/03, Slg. 2005, I-2077 Rn. 35 – Spanien/Eurojust.

105 EuG 30.1.2002 – T-54/99, Slg. 2002, II-313 Rn. 48, 57 = EuZW 2002, 186 – max.mobile; EuG T-236/01 und andere, Slg. 2004, II-1181 Rn. 137 – Tokai Carbon.

106 EuGH 27.6.2006 – C-540/03, Slg. I-5769 = BeckRS 2006, 70498, mAnm *Fremuth* EuZW 2006, 571.

oder ob sie durch einen Verweis für rechtsverbindlich erklärt wird, wie es nunmehr geschehen ist. Zudem ist die jetzige Lösung weitaus übersichtlicher, als wenn in einem zusätzlichen Teil die Charta eingegliedert worden wäre. Seine jüngere Rechtsprechung macht jedenfalls deutlich, dass die textliche Ausgliederung der Charta für den EuGH kein Hindernis darstellt, einen effektiven Grundrechtsschutz zu gewährleisten und die Grundrechtecharta mit Leben ausfüllen.

663 Eine Aufwertung und Antizipation hatte die normative Entwicklung bereits durch die VO Nr. 168/2007/EG[107] des Rates erfahren, welche die Europäische Stelle zur Beobachtung von Rassismus und Fremdenfeindlichkeit in die Europäische Grundrechteagentur umgewandelt hat. Ihre Einrichtung erfolgte aufgrund einer im »Haager Programm zur Stärkung von Freiheit, Sicherheit und Recht in der Europäischen Union« vom November 2004 enthaltenen Forderung. Bei der Grundrechteagentur handelt es sich um ein unabhängiges Fachzentrum für Grundrechtsfragen, in dem Daten erhoben, analysiert, gesammelt und verbreitet werden. Ihre Aufgabe ist es, die Organe der EU und die Mitgliedstaaten bei der Ausarbeitung und Durchführung der mit den Grundrechten in Zusammenhang stehenden Rechtsvorschriften zu beraten. Die Agentur wird auch unter Bezugnahme auf die Grundrechte-Charta tätig.[108] Zudem veröffentlicht die Agentur einen Jahresbericht zu Grundrechtsfragen mit Beispielen für bewährte Verfahrensweisen. Dagegen befasst sie sich nicht mit der Prüfung von Beschwerden, der Fassung von Beschlüssen, der Rechtmäßigkeit von Rechtsakten iSv Art. 263 AEUV oder der Frage, ob ein Mitgliedstaat seiner Verpflichtung aus den Verträgen iSv Art. 258 AEUV nachgekommen ist. Der Aufgabenbereich der Agentur ist auf den Zuständigkeitsbereich der Union beschränkt. Um eine Überschneidung mit der Tätigkeit des Europarats, der für die Menschenrechte der Hauptbezugspunkt bleibt, zu vermeiden, ist die Koordination der beiden Einrichtungen im Wege einer institutionellen Beziehung vorgesehen.

664 Insgesamt ist festzustellen, dass die Charta zwar kein Abbild der nationalen Verfassungen aber dennoch Teil eines europäischen Konstitutionalisierungsprozesses ist. Grundrechte werden zunehmend wichtiger im Rahmen der Union und zeugen von deren Charakter auch als Wertegemeinschaft. Hierbei sind insbesondere künftige Entwicklungen des Individualrechtsschutzes vor dem EuGH abzuwarten. Dieser hat jedoch begonnen, deutlich zu machen, dass er es mit dem Schutz der Grundrechte ernst meint.

665 Schließlich sieht Art. 6 II EUV zur Vervollständigung der europäischen Grundrechte-Architektur vor, dass die Union – wie seit den 1970er Jahren diskutiert – der EMRK beitritt.[109] Dies setzte zunächst eine entsprechende Änderung der EMRK voraus, da dieser zuvor nur Staaten beitreten konnten (→ Rn. 661).[110] Durch das 14. Zusatzprotokoll wurde die EMRK nun dahingehend geändert, dass künftig auch die Union beitreten kann (Art. 59 II EMRK).

Dennoch bleiben zunächst viele Fragen offen. Dies betrifft die Frage, auf welche Weise der EU-Richter am EGMR bestimmt werden kann und ob die EU nach einem Beitritt wie jedes andere Mitglied behandelt wird. Unklar ist ebenfalls, welches Verhältnis zwi-

---

107 VO 168/2007/EG zur Errichtung einer Agentur der Europäischen Union für Grundrechte, v. 15.2.2007, ABl. 2007 L 53, 1.
108 Näher *Schlichting/Pietsch* EuZW 2005, 587 ff.
109 EuGH, Gutachten, 2/94, Beitritt der Gemeinschaft zur EMRK, Slg. 1996, I-1759.
110 Die Änderung ist nun durch das 14. ZP zur EMRK erfolgt.

schen den Grundrechten und den Grundfreiheiten besteht[111] und vor allem wird das Verhältnis zwischen EuGH und EGMR – auch durch die richterliche Praxis beider Gerichte – zu klären sein. Insbesondere stellt sich die Frage, ob der EGMR, dem BVerfG vergleichbar, sich auf eine Reservekompetenz zurückzieht, sofern der EuGH ein der EMRK im Wesentlichen vergleichbaren Grundrechtsschutz sicherstellt. Der EGMR prüft bereits Rechtsakte auch der Union auf ihre Vereinbarkeit mit der EMRK, da sich deren Mitgliedstaaten, die auch Vertragspartei der EMRK sind, deren Bindungen nicht durch die supranationale Zusammenarbeit entledigen können.

In der Rs. Bosphorus hat der EGMR ausgeführt, es gebe eine widerlegbare Vermutung dafür, dass auch die EU einen der EMRK vergleichbaren Grundrechtsschutz gewährleiste[112] und damit das Rechtsverhältnis zum EuGH als ein Kooperationsverhältnis anerkannt.[113] Dass aber der Union eine gegenüber den Mitgliedstaaten privilegierte Stellung zukommt, kann nicht unterstellt werden. Der EuGH wird sich wohl mit der Vorstellung anfreunden müssen, dass es spätestens nach dem Beitritt der EU zur EMRK eine weitere Kontrollinstanz geben wird. Dabei dürfte der EuGH aber von dem weiten Ermessensspielraum profitieren, den der EGMR bereits den Mitgliedstaaten einräumt. Die EMRK selbst gilt dann als völkerrechtlicher Vertrag auch in der Unionsrechtsordnung. Sie wird zum direkten und selbstständigen Maßstab für Sekundärrecht, steht aber nicht automatisch über dem Primärrecht.

Die konkreten Bedingungen des Beitritts wurden zwischenzeitlich ausgehandelt, wobei Protokoll Nr. 8 zur EMRK strikte Vorgaben für die Verhandlungslinie der Union macht und insbesondere deren Zuständigkeitsordnung zu sichern versucht. Im April 2013 wurde nunmehr zwischen den Vertragsstaaten der EMRK und der EU der Entwurf eines Beitrittsabkommens vereinbart, der seit August 2013 Gegenstand eines Gutachtenverfahrens vor dem EuGH nach Art. 218 Abs. 11 AEUV ist. Im Rahmen dieses Gutachtenverfahrens soll die Vereinbarkeit des Entwurfs des Beitrittsabkommens mit dem primären Unionsrecht überprüft werden.

Ob mit einem Beitritt der EU zur EMRK praktische, materielle Konsequenzen verbunden sein werden, bleibt abzuwarten. Nach Art. 6 III EUV sind nämlich die Grundrechte, wie sie in der EMRK gewährleistet sind und wie sich aus den gemeinsamen Verfassungsüberlieferungen der Mitgliedstaaten ergeben, als allgemeine Grundsätze Teil des Unionsrechts. Art. 52 III Grundrechte-Charta bestimmt zudem, dass »soweit diese Charta Rechte enthält, die den durch die Europäische Konvention zum Schutze der Menschenrechte und Grundfreiheiten garantierten Rechten entsprechen, sie die gleiche Bedeutung und Tragweite haben, wie sie ihnen in der genannten Konvention verliehen wird.« Eingedenk dieser rechtlichen Absicherung einer Konformität zwischen den Grundrechten der EU und solchen der EMRK sowie der bereits seit langem erfolgenden Rezeption der Judikatur des EGMR durch die Rechtsprechung des EuGH, scheint eine deutlich Divergenz zwischen den beiden Rechtsdokumenten ebenso unwahrscheinlich wie eine ernsthafte Auseinandersetzung zwischen den Gerichtshöfen.

---

111 Vgl. hierzu die Entscheidungen des EuGH aus dem Jahre 2007; EuGH BeckRS 2007, 465581 – Viking; EuGH BeckRS 32007, 71079 – Laval, in denen der Gerichthof zum Verhältnis von Grundfreiheiten gegenüber Grundrechten Stellung nimmt.

112 EGMR BeckRS 2005, 10385 Rn. 156 – Bosphorus.

113 Näher dazu: *Bröhmer* EuZW 2006, 71 ff.

1. Abschnitt. Die Grundfreiheiten

§ 15 Warenverkehrsfreiheit

Literatur: Schwarze/*Becker* AEUV Art. 35; *Becker*, Das Verbot tarifärer und nicht-tarifärer Hemmnisse des EU-Warenverkehrs, JA 1997, 65; *Epiney* in Ehlers Europäische Grundrechte und Grundfreiheiten § 8; Ehlers/*Epiney*, Einbeziehung gemeinschaftlicher Umweltschutzprinzipien in die Bestimmung mitgliedstaatlichen Handlungsspielraums, DVBl. 1993, 93; *Epping/Lenz* Fallrep EuropaR 85–117 (Fälle 11–14); *Fischer*, Pflicht der Mitgliedstaaten zum Schutz des Warenverkehrs – EuGH-Urteil vom 9.12.1997, Rs. C-265/95, JA 1998, 838; *Fremuth*, »Cassis de Dijon« – Zu der dogmatischen Einordnung zwingender Erfordernisse, EuR 2006, 866; *Freund*, Keck und die Folgen – Zur neueren Rechtsprechung des EuGH zur Warenverkehrsfreiheit, JA 1997, 716; *Gündisch*, Preisgarantie für Strom aus Windkraftanlagen keine Beihilfe, NJW 2001, 3686; *Herdegen* EuropaR § 15 Rn. 1–34; *Jarass*, Elemente einer Dogmatik der Grundfreiheiten II, EuR 2000, 705; *Karenfort/Schneider*, Das Dosenpfand – Verstoß gegen die Warenverkehrsfreiheit durch Unterlassen?, EuZW 2003, 587; *Kenntner*, Grundfälle zur Warenverkehrsfreiheit, JuS 2004, 22; *Kühne*, Zur Vereinbarkeit des StromEsG mit dem Gemeinschaftsrecht, JZ 2001, 759; Lenz/Borchardt/*Lux* AEUV Art. 34; *Ludwigs/Weidermann*, Drittwirkung der Europäischen Grundfreiheiten – Von der Divergenz zur Konvergenz?, JURA 2014, 152; *Koch*, EuGH: Brenner-Blockade durch Demonstration – Kein Verstoß gegen die Warenverkehrsfreiheit durch Unterlassen, EuZW 2003, 598; *Koenig/Meurer/Engelmann*, Das EuGH-Urteil »Deutscher Apothekerverband/DocMorris«, EWS 2004, 65; *Lecheler* EuropaR 2003; *Oliver/Jarvis*, Free Movement of Goods in the European Community, 2003; *Oppermann/Classen/Nettesheim* EuropaR § 22 Rn. 17–21; *Orth*, Zur Übung – Abschlusstest im Europarecht, JuS 2002, 442; *Ruge*, Deutsches Stromeinspeisungsgesetz enthält keine Beihilferegelung, EuZW 2001, 247; *Schmahl/Jung*, Horizontale Drittwirkung der Warenverkehrsfreiheit?, NVwZ 2013, 607; *Streinz* EuropaR Rn. 855–895.

I. Grundkonzeption und Schutzbereich

1. Sachlicher Schutzbereich

666 Angesichts der Bedeutung des freien Warenaustausches stellt die Warenverkehrsfreiheit eine besonders wichtige Grundfreiheit im Binnenmarkt dar, die das dort geltende Verbot von Zöllen und Abgaben gleicher Wirkung ergänzt und ausgestaltet. Sie betrifft nur den innereuropäischen Warenverkehr (vgl. Art. 28 II, Art. 29 AEUV).

667 Zweck des Grundsatzes der Warenverkehrsfreiheit ist die Gewährleistung des freien innereuropäischen Warenverkehrs.[114] Es sollen also staatliche Hindernisse für den freien Warenverkehr ausgeschaltet und der freie Wettbewerb im Binnenmarkt dadurch gesichert werden, dass in andere Mitgliedstaaten gelieferte oder aus anderen Mitgliedstaaten eingeführte Waren den gleichen Marktzugang und die gleiche Vermarktungschance haben wie im Inland hergestellte oder verkaufte Erzeugnisse.

668 Der Bedeutung der Warenverkehrsfreiheit entspricht die Vielzahl der erlassenen Sekundärrechtsakte, die zu deren Ausgestaltung auf den verschiedensten Gebieten erlassen wurden. Sie dienen nicht allein der Beförderung des Warenhandels (vgl. etwa RL 1998/34/EG[115] über ein Informationsverfahren auf dem Gebiet der Normen und technischen Vorschriften), sondern auch zB dem Verbraucherschutz (vgl. etwa RL 2000/

---

114 *Epiney* in Ehlers Europäische Grundrechte und Grundfreiheiten § 8 Rn. 7 ff.
115 ABl. 1998 L 204, 37, zul. geänd. durch ABl. 2006 L 363, 813.

13/EG[116] hinsichtlich der Etikettierung und Aufmachung von Lebensmitteln und der Werbung dafür sowie die einschlägigen RL betreffend das Verbot irreführender Werbung[117]). Ist eine sekundärrechtliche Harmonisierungsmaßnahme einschlägig, ist zu prüfen, wie weit deren Umfang und damit deren Verdrängung des Primärrechts, reichen.

> **Beispiel:** Die Richtlinie über den elektronischen Geschäftsverkehr erfasst den Vorgang des Verkaufs von Kontaktlinsen über das Internet, nicht aber deren Lieferung. Folglich ist ein Vertriebsverbot von Kontaktlinsen außerhalb von Fachgeschäften für medizinische Hilfsmittel unmittelbar an Art. 34 AEUV zu messen, wobei eine Rechtfertigung aus Gründen der öffentlichen Gesundheit schwer fallen dürfte.[118]

Voraussetzung für die Anwendung des Grundsatzes der Warenverkehrsfreiheit ist, **669** dass eine Tätigkeit mit *grenzüberschreitendem Bezug* vorliegt, dh dass der Handel bzw. Vertrieb von Waren grenzüberschreitend ist, denn Art. 34 f. AEUV schützen den *inner*europäischen Handel.[119] Der Umstand, dass eine Vorschrift in der Praxis nicht auf eingeführte Erzeugnisse angewandt wird, schließt aber die Möglichkeit einer Behinderung des grenzüberschreitenden Handels und damit die Anwendbarkeit der Art. 34 ff. AEUV nicht aus.[120]

> **Beispiel:** In Frankreich war die Bezeichnung *jambon de montagne* für Schinken von Schweinen, die in einer bestimmten Bergregion lebten, reserviert. Ein französischer Produzent verwendete den Begriff unerlaubt und wurde angeklagt. Der EuGH hat das Vorbringen, es handle sich um einen rein innerstaatlichen Sachverhalt, da die Regelung nur auf französische Produzenten angewandt werde, zurückgewiesen, da von der Regelung zumindest potenziell eine Behinderung des Warenverkehrs ausgehen könne.[121] Damit ist der konkrete Anlass für die Anwendbarkeit des Art. 34 AEUV nicht erheblich. **670**

Unter Ware iSd Art. 28 II AEUV ist dabei ein körperlicher Gegenstand zu verstehen, **671** der über eine Grenze verbracht wird und Gegenstand von Handelsgeschäften sein kann.[122] Wesentlich ist, dass nur die Ware die Grenze überqueren muss.[123] Ein eingeführtes Erzeugnis in diesem Sinne liegt aber auch dann vor, wenn eine Ware aus dem Herstellerstaat ausgeführt und in diesen wieder eingeführt wird, sofern die Ausfuhr nicht objektiv erkennbar missbräuchlich allein zum Zweck der Wiedereinfuhr und damit der Umgehung nationaler gesetzlicher Bestimmungen erfolgte.[124]

> **Beispiel:** Unter den Begriff der »Ware« fallen auch Abfälle[125] sowie Elektrizität,[126] Gas und **672** Wasser. Zahlungsmittel sind keine Waren,[127] sodass Münzen nur dann unter Art. 34 AEUV fal-

---

116 ABl. 2000 L 109, 29, zul. geänd. durch ABl. 2009 L 188, 14.
117 Vgl. Hailbronner/Wilms/*Hailbronner*, Stand 2010, EG Art. 28 Rn. 226 ff.
118 EuGH EuZW 2011, 112 ff. – Ker-Optika.
119 EuGH 18. 2. 1987 – 98/86, Slg. 1987, 809 Rn. 7 ff. = BeckRS 2004, 73993 – Mathot.
120 EuGH 5. 12. 2000 – C-448/98, Slg. 2000, I-10663 Rn. 17 = BeckRS 2004, 77310 – Guimont.
121 EuGH 7. 5. 1997 – C-321/94, Slg. 1997, I-2343 Rn. 44 f. = BeckRS 2004, 76351 – Pistre und andere.
122 *Epiney* in Ehlers Europäische Grundrechte und Grundfreiheiten § 8 Rn. 8.
123 Vgl. EuGH 10. 12. 1968 – 7/68, Slg. 1968, 633 = BeckRS 2004, 73554 – Kommission/Italien; s. *Jarass* EuR 2000, 705; s. dazu auch das allgemeine Prüfungsschema → Rn. 725.
124 EuGH 11. 12. 2003 – C-322/01, Slg. 2003, I-14887 Rn. 127 ff. = BeckRS 2004, 76357 – DocMorris; EuGh 27. 6. 1996 – C-240/95, Slg. 1996, I-3179 Rn. 10 = BeckRS 2004, 75361 – Rémy Smit.
125 EuGH 9. 7. 1992 – C-2/90, Slg. 1992, I-4431 Rn. 23, 28 = BeckRS 2004, 74896 – Kommission/Belgien; EuGH 8. 11. 2007 – C-221/06, Slg. 2007, I-9643 = BeckRS 2007, 70918 – Frohnleiten.
126 EuGH 27. 4. 1994 – C-393/92, Slg. 1994, I-1477 Rn. 28 = BeckRS 2004, 76988 – Gemeinde Almelo.
127 EuGH 23. 11. 1978 – 7/78, Slg. 1978, 2247 Rn. 23, 25 = BeckRS 2004, 73562 – Thompson.

len, wenn ihr Austausch im Hinblick auf den Sammlerwert, nicht etwa zur Begleichung von Schulden erfolgt.

673 Neben Waren als körperlichen Gegenständen können allerdings auch Dienstleistungen verkörpert sein, wie dies zB bei Filmen oder Computerprogrammen der Fall ist. Auf den körperlichen Gegenstand als solchen ist dann die Warenverkehrsfreiheit anzuwenden.[128] Allerdings gilt der Anwendungsbereich der Warenverkehrsfreiheit nicht für die Übertragung von Rechten, wie etwa das Urheberrecht, das Patentrecht oder das Markenzeichen, es sei denn, eine Trennung von Ware und Leistung ist ausnahmsweise nicht möglich.[129]

674 Das Prinzip der Warenverkehrsfreiheit verbietet die Aufstellung sog. *mengenmäßiger Beschränkungen*. Hierunter sind staatliche Maßnahmen zu verstehen, die mittels Rechtsvorschrift das Verbringen von Waren aus anderen oder in andere Mitgliedstaaten (Art. 34, 35 EG) der Menge oder dem Wert nach begrenzen (sog. Kontingente) oder sogar völlig untersagen (sog. Verbringungsverbote). Ferner fallen unter das Verbot Durchfuhrverbote und -beschränkungen, wobei der Zeitraum (vorübergehend oder dauerhaft) irrelevant ist.

675 Darüber hinaus zielt der Grundsatz der Warenverkehrsfreiheit auch auf die Beseitigung sog. *»Maßnahmen gleicher Wirkung wie mengenmäßige Beschränkungen«*.[130] Damit sollen solche Maßnahmen erfasst sein, die über ausdrückliche mengenmäßige Beschränkungen hinaus faktisch zu einer Verminderung bzw. Erschwerung der Einfuhr von Waren führen, sodass das Verbot der Maßnahmen gleicher Wirkung im Ergebnis die Verhinderung einer Umgehung des Verbots mengenmäßiger Beschränkung bewirken soll. Damit kommt diesem Verbot aber eine besondere Bedeutung zu. Es ist zudem stark von der Rechtsprechung des EuGH geprägt und wurde ebenso wie das Verbot mengenmäßiger Beschränkungen von diesem frühzeitig für unmittelbar anwendbar erklärt, sodass der einzelne Marktbürger sich direkt auf die Verbote berufen und sie notfalls auch gerichtlich geltend machen kann.[131]

676 Aus dem klassisch gewordenen *»Dassonville«*[132]-Fall, den der EuGH im Jahre 1974 entschieden hat, mag ersichtlich werden, welcher Art »Maßnahmen gleicher Wirkung wie eine mengenmäßige Beschränkung« sein können.

Sachverhalt: Ein belgischer Händler hatte in Frankreich einen Posten freiverkäuflichen Scotch-Whisky ordnungsgemäß erworben, aber unter Verletzung belgischer Vorschriften nach Belgien eingeführt. Nach diesen Vorschriften war erforderlich, dass für die Ware eine Ursprungsbezeichnung der britischen Zollbehörden existierte, die der belgische Händler jedoch nicht besaß. Eine solche Bescheinigung wäre über einen französischen Händler auch nur unter erheblichen Schwierigkeiten zu bekommen gewesen. Gegen den Importeur wurde in Belgien ein Strafverfahren unter Bezugnahme auf die belgischen Vorschriften eingeleitet, in dessen Verlauf im Wege des Vorabentscheidungsverfahrens nach Art. 267 AEUV (früher Art. 177 EG) der Europäische Gerichtshof angerufen wurde.

---

128 Vgl. EuGH 11.7.1985 – 60/84, Slg. 1985, 2605 = BeckRS 2004, 73418 – Cinéthèque; EuGH 30.4.1974 – 155/73, Slg. 1974, 409 Rn. 7f. – Sacchi.
129 EuGH 30.4.1974 – 155/73, Slg. 1974, 409 = BeckRS 2004, 71793 – Sacchi sowie EuGH 6.3.1978 – 135/77, Slg. 1978, 855 = BeckRS 2004, 71560 – Bosch.
130 *Epiney* in Ehlers Europäische Grundrechte und Grundfreiheiten § 8 Rn. 52.
131 EuGH 19.12.1968 – 13/68, Slg. 1968, 680 (692f.) = BeckRS 2004, 71493 – Salgoil.
132 EuGH 11.7.1974 – 8/74, Slg. 1974, 837 = BeckRS 2004, 73731 – Dassonville.

Entscheidungsgründe *Dassonville*-Urteil:

Rn. 5: »Einen Verstoß gegen Art. 34,[133] dh eine Maßnahme gleicher Wirkung stellt die Handelsregelung eines Mitgliedstaats dar, die geeignet ist, den innergemeinschaftlichen Handelsverkehr *mittelbar oder unmittelbar, tatsächlich oder potentiell* zu behindern.«

Rn. 6: »Solange es noch an einer Gemeinschaftsregelung fehlt, die den Verbrauchern die Echtheit der Ursprungsbezeichnung eines Erzeugnisses gewährleistet, kann ein Mitgliedstaat Maßnahmen ergreifen, um unlautere Verhaltensweisen auf diesem Gebiet zu unterbinden, jedoch darf er nur unter der Bedingung einschreiten, dass die getroffenen Maßnahmen sinnvoll sind und die geforderten Nachweise keine Behinderung des Handels zwischen den Mitgliedstaaten bewirken, mithin von allen Staatsangehörigen erbracht werden können.«

Damit war im Wege der Interpretation des unbestimmten Rechtsbegriffs der »Maßnahmen gleicher Wirkung« die *Dassonville-Formel* entwickelt, die also wie folgt lautet: **677**

»Jede Handelsregelung der Mitgliedstaaten, die geeignet ist, den gemeinschaftlichen Handelsverkehr *mittelbar oder unmittelbar, tatsächlich oder potentiell* zu behindern, ist als Maßnahme gleicher Wirkung wie eine mengenmäßige Beschränkung anzusehen.«[134] **678**

Nach dieser Formel wird jegliche Diskriminierung, egal ob offensichtlich oder versteckt, erfasst. Über den eigentlichen Wortlaut des Art. 34 AEUV hinaus werden auch unterschiedslos auf inländische wie auf EG-ausländische Produkte wirkende Maßnahmen erfasst. Die Maßnahme gleicher Wirkung knüpft nicht notwendigerweise an eine Diskriminierung an, vielmehr hat der EuGH ein allgemeines Beschränkungsverbot etabliert. Unerheblich ist dabei, ob eine Behinderung geringfügig ist und noch andere Möglichkeiten für den Vertrieb der Erzeugnisse bestehen.[135] Art. 34 AEUV differenziert nicht nach der Intensität der Auswirkung einer Maßnahme gleicher Wirkung auf den Handel, allenfalls bei Vorschriften mit rein hypothetischen Auswirkungen könne anderes gelten.[136] Eine Maßnahme entgeht auch nicht allein deshalb dem Verbot des Art. 34 AEUV, weil die zuständige Stelle zur Gewährung von Befreiungen ermächtigt ist und von dieser Möglichkeit zugunsten eingeführter Produkte großzügig Gebrauch macht.[137] Ebenso wenig hielt die Schaffung einer staatlichen Einfuhrmonopolstelle für alkoholische Getränke der Überprüfung stand, obwohl diese zur Beschaffung der durch die Bürger angeforderten Produkte verpflichtet war.[138] **679**

Im konkreten Fall erwies sich die belgische, das Ursprungsbezeichnungserfordernis beinhaltende Regelung als mit Art. 34 AEUV unvereinbar. **680**

Die Einbeziehung auch mittelbarer und potentieller Behinderungen macht nun deutlich, dass mit der Dassonville-Formel der Anwendungsbereich der Warenverkehrsfreiheit sehr weit gezogen wurde, auch wenn der Gerichtshof in seiner weiteren Recht- **681**

---

133 Nummerierung des EWGV bei Erlass des Urteils s. Art. 30 EWGV.

134 EuGH 11.7.1974 – 8/74, Slg. 1974, 837 Rn. 5 = BeckRS 2004, 73731 – Dassonville.

135 EuGH 5.4.1984 – 177/82, Slg. 1984, 1797 Rn. 14 = BeckRS 2004, 72008 – van de Haar und Kaveka de Meern.

136 EuGH 18.5.1993 – C-126/91, Slg. 1993, I-2361 Rn. 21 = BeckRS 2004, 74267 – Yves Rocher.

137 EuGH 16.12.1980 – 27/80, Slg. 1980, 3839 Rn. 14 = BeckRS 2004, 72812 – Fietje.

138 EuGH 5.6.2007 – C-170/04, Slg. 2007, I-4072 Rn. 30 = BeckRS 2007, 703389 – Rosengren.

sprechung solche Maßnahmen, deren einfuhrbehindernde Wirkung zu ungewiss und mittelbar sei, ausgenommen hat.[139]

682 Die dennoch weiterhin sehr weite Fassung des Anwendungsbereichs bewog den EuGH später im Urteil *»Keck«*[140] dazu, die Dassonville-Formel durch eine Bereichsausnahme auf derEbene des Tatbestandes einzuschränken. Der EuGH führt in diesem Urteil das Kriterium der *Produkt- oder Vertriebsbezogenheit* von Maßnahmen ein.

683 Dem *Keck*-Urteil lag folgender Sachverhalt zugrunde:

> **Sachverhalt:** Das französische Recht verbot dem Einzelhandel den Verkauf von Produkten unter Einkaufspreis, die sog. *»vente à perte«*. Zwei elsässische Einzelhändler, die sowohl in Frankreich als auch in Deutschland, wo es dieses Verbot nicht gab, tätig waren, wurden in Frankreich wegen Verstoßes gegen dieses Verbot angeklagt. Sie machten indes geltend, dass diese Regelung nicht mit der Warenverkehrsfreiheit (Art. 34 AEUV) vereinbar sei.

684 Entscheidungsgründe *Keck*-Urteil:

Rn. 8: »Der Umstand, dass Unternehmen mit Verkaufstätigkeit in verschiedenen Mitgliedstaaten unterschiedlichen Rechtsvorschriften unterliegen, schafft noch keine verbotene Diskriminierung, da die staatlichen Vorschriften für jede Verkaufstätigkeit im Staatsgebiet ungeachtet der Staatsangehörigkeit gelten.«

Rn. 12: »Das Verbot des Weiterverkaufs zum Verlustpreis *(vente à perte)* ist keine Maßnahme gleicher Wirkung, da sie nicht die Regelung des Warenverkehrs zwischen den Mitgliedstaaten bezweckt.«

Rn. 16/17: »Entgegen der bisherigen Rechtsprechung ist die Anwendung nationaler Bestimmungen, die bestimmte Verkaufsmodalitäten beschränken oder verbieten, auf Erzeugnisse aus anderen Mitgliedstaaten nicht geeignet, den Handel zwischen den Mitgliedstaaten im Sinne der Dassonville-Formel zu beeinträchtigen, *sofern diese Bestimmungen für alle betroffenen Wirtschaftsteilnehmer gelten, die ihre Tätigkeit im Inland ausüben, und sofern sie den Absatz der inländischen Erzeugnisse und der Erzeugnisse aus anderen Mitgliedstaaten rechtlich wie tatsächlich in der gleichen Weise berühren.* Sind diese Voraussetzungen nämlich erfüllt, so ist die Anwendung derartiger Regelungen auf den Verkauf von Erzeugnissen aus einem anderen Mitgliedstaat, die den von diesem Staat aufgestellten Bestimmungen entsprechen, nicht geeignet, den Marktzugang für diese Erzeugnisse zu versperren oder stärker zu behindern, als sie dies für inländische Erzeugnisse tut. Diese Regelungen fallen daher nicht unter den Anwendungsbereich von Art. 34 AEU.«[141]

685 Daraus ergibt sich die Unterscheidung zwischen *nichtdiskriminierenden Verkaufsmodalitäten* und *produktbezogenen Regelungen*. Nichtdiskriminierende Verkaufsbeschränkungen, die von ihrer Zielsetzung her nicht auf den freien Warenverkehr einwirken sollen, sind vom Anwendungsbereich des Art. 34 AEUV bereits auf tatbestandlicher Ebene ausgenommen. So fällt etwa das Verkaufsverbot an Sonntagen nicht unter Art. 34 AEUV, wenn die sich daraus ergebenden Beschränkungen auf den innereuropäischen Handel »den Rahmen der einer solchen Regelung eigentümlichen Wirkungen nicht überschreiten«.[142] Regelungen über Bezeichnung, Form, Abmessung, Zusammenset-

---

139 EuGH 7.3.1990 – C-69/88, Slg. 2990, I-583 Rn. 11 – Krantz (Pfändungsrecht); EuGH EuZW 2011, 429 Rn. 17 – Guanieri (Prozesskostenhilfe).
140 EuGH 24.11.1993 – C-267/91, Slg. 1993, I-6097 = BeckRS 2004, 75834 – Keck; s. dazu auch das allgemeine Prüfungsschema → Rn. 643.
141 Nummerierung bei Erlass des Urteils s. Art. 30 EWGV (Hervorhebungen nicht im Original).
142 EuGH 23.11.1989 – 145/88, Slg. 1989, 3851 Rn. 17 = BeckRS 2004, 71679 – Torfaen.

zung, Etikettierung und Verpackung von Produkten sind hingegen produktbezogen und fallen damit in den Anwendungsbereich des Art. 34 AEUV.[143] Ein Werbeverbot (für alkoholische Getränke) stellt sich als eine über eine reine Verkaufsmodalität hinausgehende, den Marktzugang beschränkende Regelung dar.

Die *Keck*-Rechtsprechung kommt folglich nicht zur Anwendung, wenn der Marktzugang von Erzeugnissen aus einem anderen Mitgliedstaat und deren Absatz durch die Regelung der Verkaufsmodalität versperrt oder stärker behindert wird, als dies bei inländischen Produkten der Fall ist. Eine unbedeutende und zufällige Wirkung könne dabei eher nicht als geeignet angesehen werden, den Handel zwischen den Mitgliedstaaten zu behindern.[144] **686**

Beispiel: Eine Beschränkung des Marktzugangs hat der EuGH in einem Werbeverbot für alkoholische Getränke gesehen, da einheimische Produkte besser bekannt sein könnten,[145] sowie in einem Werbeverbot für Lebensmittel mit Begriffen wie »Schlankwerden« und ähnliche, da in dem Zwang zur Aufgabe eines Werbesystems ein Einfuhrhindernis gesehen werden könne und nationale Produkte den Verbrauchern in stärkerem Maße vertraut seien.[146] Grundsätzlich darf der Marktzugang ausländischer Waren nicht mit höheren, zusätzlichen Kosten verbunden sein.[147] Der Zwang für einzelne Mitgliedstaaten unterschiedliche Systeme der Werbung und Absatzförderung anzuwenden, kann selbst dann ein Einfuhrhinderniss darstellen, wenn die nationale Bestimmung für inländische und eingeführte Erzeugnisse gilt.[148] **687**

Der Gerichtshof betont das Kriterium des Marktzugangs auch in der *DocMorris*-Entscheidung, indem er feststellt, dass ein Versandverbot für im Einfuhrstaat zugelassene Arzneimittel keine Verkaufsmodalität im Sinne der *Keck*-Ausnahme sei, weil es ausländischen Apotheken ein für den unmittelbaren Zugang zu diesem Markt eher geeignetes Mittel versperre und damit der Marktzugang stärker behindert würde als für inländische Erzeugnisse.[149] Indem der EuGH dabei auf den »deutschen Markt der Endverbraucher« abstellt, gelingt es ihm ansatzweise auch, den relevanten Markt zu bestimmen und abzugrenzen.[150] **688**

Ungeachtet der vielfältigen[151] und teilweise mit beachtlichen Argumenten[152] vorgebrachten Kritik an der *Keck*-Rechtsprechung, empfiehlt es sich, der Rechtsprechung mit folgendem Prüfungsaufbau zu folgen: **689**

---

143 Für Beispiele aus der Rspr. des EuGH s. EuGH 30.11.1993 – C-317/91, Slg. 1993, I-6227 Rn. 39 = BeckRS 2004, 76305 – Renault/Audi; EuGH 6.7.1995 – C-470/93, Slg. 1995, I-1923 Rn. 14 = BeckRS 2004, 77406 – Mars und EuGH 5.11.2002 – C-325/00, Slg. 2002, I-9977 Rn. 22f. = BeckRS 2004, 76380 – CMA-Gütezeichen.

144 EuGH 26.5.2005 – C-20/03, Slg. 2005, I-4133 Rn. 17 = BeckRS 2005, 70390 – Burmanjer bzgl. des Verbots des ambulanten Anbietens von Zeitschriftenabonnements ohne Genehmigung.

145 EuGH 8.3.2001 – C-405/98, Slg. 2001, I-1795 Rn. 25 = BeckRS 2004, 77075 – Konsumentombudsmannen (Rechtfertigung durch Gesundheitsschutz nach Art. 30 möglich).

146 EuGH 15.7.2004 – C-239/02, Slg. 2004, I-7007 Rn. 32 = BeckRS 2004, 75718 – Douwe Egberts.

147 EuGH 3.1.2000 – C-254/98, Slg. 2000, I-151 Rn. 25 = BeckRS 20004, 75730 – TK-Heimdienst.

148 EuGH 18.5.1993 – C-126/91, Slg. 1993, I-2361 Rn. 10 = BeckRS 2004, 74267 – Yves Rocher.

149 EuGH 11.12.2003 – C-322/01, Slg. 2003, I-14887 Rn. 74 = BeckRS 2004, 76357 – DocMorris.

150 *Koenig/Meurer/Engelmann* EWS 2004, 67f.

151 Umfangreiche Darstellung bei *Oliver/Jarvis,* Free Movement of Goods in the European Community, 2003, 122ff., die letztlich aber den *Keck*-Ansatz für den vernünftigsten und klarsten halten, 132.

152 Vgl. GA *Jacobs* in EuGH 9.2.1995 – C-412/93, Slg. 1995, I-179 – Leclerc-Siplec, der insbesondere das Abstellen auf eine Diskriminierung für verfehlt hält, da eine Marktbeschränkung nicht allein deshalb entfalle, weil eine Regelung auch national beschränkend wirke.

1. Ist die Regelung
   a) Produktbezogen? Art. 34 AEUV greift.
   b) Vermarktungs- und verkaufsbezogen?
      → Wenn ja: Art. 34 AEUV kann ausgeschlossen sein.
2. Ist die Vermarktungs- und Verkaufsregelung
   a) Diskriminierend und/oder verhindert bzw. beeinträchtigt den Marktzugang?
      → Art. 34 AEUV greift. Zwingende Erfordernisse im Sinne der *Cassis*-Formel und eine Rechtfertigung, bei formal diskriminierenden Maßnahmen allein nach Art. 36 AEUV, sind zu prüfen.
   b) Unterschiedslos und beschränkt nicht den Marktzugang des ausländischen Produkts?
      → Nach der *Keck* ist damit bereits der Tatbestand des Art. 34 AEUV nicht erfüllt.

690 Die *Dassonville*-Formel findet keine Anwendung auf Maßnahmen gleicher Wirkung wie *Ausfuhr*beschränkungen iSd Art. 35 AEUV, da sonst nahezu jede Maßnahme, die regulierend und Kosten verursachend auf Produktion und Vertrieb von Waren wirkt, geeignet sein könnte, die Ausfuhr zu beeinträchtigen. Dies hätte zur Folge, dass die Verfolgung von Gemeinwohlzielen auch in diesem Bereich einer gemeinschaftlichen Rechtfertigung bedürfte und die Kontrolle des EuGH extrem ausgeweitet würde.[153] Maßnahmen gleicher Wirkung iSd Art. 35 AEUV sind daher nur solche, »die spezifische Beschränkungen der Ausfuhrströme bezwecken oder bewirken und damit unterschiedliche Bedingungen für den Handel innerhalb eines Mitgliedstaats und seinen Außenhandel schaffen, sodass die inländische Produktion oder der Binnenmarkt des betroffenen Staats zum Nachteil der Produktion oder des Handels anderer Staaten einen besonderen Vorteil erlangt«.[154] Der Gerichtshof stellt damit vor allem auf das Diskriminierungsverbot ab, schließt zugleich eine Schlechterbehandlung von Inländern nicht aus. Gefordert wird in Anlehnung an die *Keck*-Rechtsprechung der Ausschluss solcher Regelungen, die nur auf die Produktion selbst bezogen sind.[155]

690a In jüngerer Zeit hat der EuGH seine Rechtsprechung fortentwickelt und aufbauend auf den hier zitierten Leitentscheidungen einen Drei-Stufen-Test entwickelt.[156] Danach folgt aus Art. 34 AEUV die Verpflichtung der Staaten:[157]

1. Den Grundsatz der Nichtdiskriminierung zu beachten, als insbesondere keine rechtlich unterschiedlichen Regelungen für gleiche Sachverhalte zu treffen.
2. Den Grundsatz der gegenseitigen Anerkennung von Erzeugnissen, die in einem andern Mitgliedstaat hergestellt und in den Verkehr gebracht wurden, zu beachten und darauf aufbauend
3. Erzeugnissen aus anderen Mitgliedstaaten freien Zugang zu den nationalen Märkten zu gewährleisten.

---

153 *Streinz* EuropaR Rn. 863.
154 EuGH 18.11.1979 – 15/79, Slg. 1979, 3409 Rn. 7 = BeckRS 2004, 71737 – Groenveld.
155 Schwarze/*Becker* AEUV Art. 34 Rn. 12.
156 Näher *Brigola* EuZW 2012, 248 ff.
157 Jüngst dazu EuGH EuZW 2013, 21 ff. – Elenca.

In der Fallbearbeitung kann dieser Test eine Orientierung bieten, gleichwohl dürfte der auch hier vorgeschlagene Prüfungsaufbau (vgl. III.) sich für eine Falllösung regelmäßig empfehlen. Die oben erwähnten Grundsätze des Drei-Stufen-Tests sind dann insbesondere bei der *Keck*- und der *Cassis de Dijon*-Formel zu berücksichtigen.

2. Persönlicher Schutzbereich

Eine Berufungsmöglichkeit auf die Warenverkehrsfreiheit hat unabhängig von der Staatsangehörigkeit jeder, der eine entsprechende Warentransaktion durchführt. Dass nicht allein Gemeinschaftsinländer Inhaber der Grundfreiheit sind, folgt bereits daraus, dass die Art. 34 ff. AEUV im Unterschied zu anderen Grundfreiheiten eine solche Beschränkung des persönlichen Schutzbereichs nicht vorsehen. **691**

Die Warenverkehrsfreiheit verpflichtet sowohl die Mitgliedstaaten, als auch die Gemeinschaftsorgane bei deren Maßnahmen.[158] Die Pflicht besteht zunächst darin, die verbotenen Maßnahmen zu unterlassen bzw. zu beseitigen, zum anderen ist der Staat unter Umständen aber auch verpflichtet, private Beschränkungen abzuwehren. Private sind durch diese Grundfreiheit nämlich nicht verpflichtet, für deren Verhalten bieten allenfalls die Wettbewerbsregelungen der Art. 101 f. AEUV eine Handhabe. Aus der *Dassonville*-Formel ergibt sich die Herausnahme Privater aus dem Adressatenkreis aus dem Erfordernis einer »staatlichen« Maßnahme. **692**

> **Beispiel:** Eine solche Schutzpflicht aus Art. 10 EG iVm Art. 28 EG (jetzt geregelt in Art. 4 III EUV und Art. 34 AEUV) hat der EuGH bspw. im Fall der Einfuhrblockade durch französische Bauern gegenüber Obst und Gemüse aus anderen Mitgliedstaaten angenommen. Diese Schutzpflicht wurde durch das Unterlassen einer effektiven Abwehr der Beschränkung durch die französischen Behörden verletzt.[159] **693**

Problematisch erscheint in diesem Zusammenhang, dass eine Vielzahl von Handlungen Privater durch den persönlichen Schutzbereich erfasst wird, obschon sich die Grundfreiheiten eigentlich gegen staatliches Handeln richten. So können auch schutzbereichsneutrale Handlungen Privater erfasst werden, wie bspw. Werbeanpreisungen oder Boykotte ausländischer Produkte, da der EuGH für die Annahme einer Maßnahme gleicher Wirkung keine Beeinträchtigungsschwelle festgelegt hat.[160] Sie würden dann ggf. eine staatliche Pflicht zur Abwehr auslösen, wobei ein entsprechendes Unterlassen unter Berufung auf die Gemeinschaftsgrundrechte der Beteiligten gerechtfertigt werden kann.[161] **694**

> **Beispiel:** Im Fall »*Schmidberger*« anerkannte der EuGH eine Berufung auf die Meinungs- und Versammlungsfreiheit als Rechtfertigung des staatlichen Unterlassens der Abwehr einer Blockade des Brenner-Tunnels.[162] **695**

---

158 Dazu EuGH EuZW 2005, 598 Rn. 28 ff.– Alliance for Natural Health.

159 EuGH 9.12.1997 – C-265/95, Slg. 1997, I-6959 Rn. 32 = BeckRS 2004, 75819 – Kommission/Frankreich; EuGH 12.6.2003 – C-112/00, Slg. 2003, I-5659 Rn. 59, 74 = BeckRS 2004, 74143 – Eugen Schmidberger.

160 S. dazu *Koch* EuZW 2003, 598.

161 EuGH 12.6.2003 – C-112/00, Slg. 2003, I-5659 Rn. 56 ff. = BeckRS 2004, 74143 – Eugen Schmidberger.

162 Vgl. EuGH 12.6.2003 – C-112/00, Slg. 2003, I-5659 Rn. 56 ff. = BeckRS 2004, 74143 – Eugen Schmidberger.

3. Räumlicher Schutzbereich

696 Der räumliche Schutzbereich der Warenverkehrsfreiheit entspricht grundsätzlich dem in Art. 52 EUV und Art. 355 AEUV definierten Anwendungsbereich des Vertrags über die Arbeitsweise der Europäischen Union, umfasst also die Hoheitsbereiche aller Mitgliedstaaten. Damit gelten die Art. 34 und 35 AEUV grundsätzlich nur im Handel zwischen den Mitgliedstaaten. Für die Beziehungen mit den überseeischen Ländern und Gebieten legt Art. 199 Nr. 1 AEUV als Zielsetzung fest, dass die Mitgliedstaaten diesen gegenüber das System anwenden, das sie aufgrund des AEU-Vertrags untereinander anwenden (zur näheren Ausgestaltung → Rn. 1177 ff.).

697 Im Rahmen des Abkommens über den Europäischen Wirtschaftsraum (EWR) (→ Rn. 1188 f.) wurde festgelegt, dass dem AEUV entsprechende Bestimmungen, also auch die den Art. 34 ff. AEUV entsprechenden Art. 11–13, Art. 16 EWR-Abkommen in gleicher Weise auszulegen sind. Durch diese Bestimmungen wird dafür gesorgt, dass im EWR (dh neben den EG-Mitgliedstaaten auch in Island, Norwegen und Liechtenstein) der Sache nach die vertraglichen Regelungen über die Warenverkehrsfreiheit Anwendung finden. Grundsätzlich gilt aber auch hier, dass dann, wenn ein Gemeinschaftsorgan gegenüber einem Drittland, welches Partner eines Zollunions- oder Freihandelsabkommens ist, eine Schutzmaßnahme trifft, deren Zulässigkeit an den Voraussetzungen der in dem betreffenden Abkommen enthaltenen Schutzklausel zu messen ist.[163] Die Warenverkehrsfreiheit erstreckt sich also inhaltlich auch auf den räumlichen Bereich der EWR-Länder. Diese können sich aber nur auf die entsprechende Vorschrift des EWR-Abkommens berufen.

4. Drittwirkung

Die horizontale Drittwirkung der EU-Grundfreiheiten ist im Detail weiterhin ungeklärt. Bislang hatte der EuGH eine unmittelbare Bindungswirkung für privatrechtliche Handlungsformen ausdrücklich und unter bestimmten Umständen lediglich für die Personenverkehrsfreiheiten bejaht. Hinsichtlich der Warenverkehrsfreiheit wurde eine Drittwirkung bislang abgelehnt.[164] Nunmehr hat der Gerichtshof in der Rs. Fra. bo SpA/DVGW[165] erstmals entschieden, dass Art. 28 ff. AEUV auch auf private Normungs- und Zertifizierungstätigkeiten anzuwenden sei, sofern »die Erzeugnisse, die von dieser Einrichtung zertifiziert werden, nach den nationalen Rechtsvorschriften als mit dem nationalen Recht konform angesehen werden und dadurch ein Vertrieb von Erzeugnissen, die nicht von dieser Einrichtung zertifiziert wurden, erschwert wird«. Zwar hat der EuGH somit eine Bindung von privaten Einrichtungen an Art. 28 ff. AEUV bejaht, wenn ihre Tätigkeit aufgrund einer gesetzlichen Vermutung und einer faktischen Monopolstellung der Einrichtung eine eigene Beeinträchtigung des freien Warenverkehrs verursacht. Ob der EuGH mit diesem Urteil von seiner bisherigen restriktiven Rechtsprechung abrücken will, bleibt abzuwarten.[166]

---

163 EuG 22.1.1997 – T-115/94, Slg. 1997, II-39 Rn. 101 ff. – Opel Austria/Rat.
164 EuGH 1.10.1987 – 311/85, Slg. 1987, 3801 = BeckRS 2004, 70731 – Vlaamse.
165 EuGH 12.7.2012 – C-171/11, BeckRS 2012, 81441 – Fra.bo.
166 Für einen grundlegenden Paradigmenwechsel in der Rspr. zur Warenverkehrsfreiheit *Ludwigs/Weidermann* JURA 2014, 152 (161), *Roth* EWS 2013, 16 (27); aA *Schmahl/Jung* NVwZ 2013, 607 (610), *Schweitzer* EuZW 2012, 765 (767 f.).

II. Schranken und Ausnahmen

Staatliche Maßnahmen, welche die Warenverkehrsfreiheit einschränken, stellen nicht **698** notwendigerweise bereits eine Verletzung der Grundfreiheit dar, sondern können sich ggf. als zulässig erweisen, wenn sie gerechtfertigt sind. Es muss dann grundsätzlich eine geeignete (gesetzliche) Grundlage für die Beschränkung bestehen, und die Beschränkung muss sich im Verhältnis zum eingeschränkten Rechtsgut als verhältnismäßig erweisen.

Allerdings ist nach der Rechtsprechung des EuGH der Rückgriff auf die Möglichkeit **699** der Rechtfertigung dann ausgeschlossen, wenn eine Sekundärrechtsregelung existiert und diese abschließenden Charakter hat, bzw. den Schutz des betreffenden Rechtsguts im erforderlichen Umfang regelt.[167] Es ist deshalb bei der Prüfung der Rechtmäßigkeit einer Handelsbeschränkung jeweils zunächst festzustellen, ob für den betreffenden Bereich Sekundärrechtssetzung besteht.

Eine Verletzung des Grundsatzes der Warenverkehrsfreiheit kann nun aus zwei Grün- **700** den ausscheiden. Neben den in Art. 36 AEUV ausdrücklich genannten Rechtfertigungsgründen für staatliche Beschränkungen der Handelsfreiheit können dies auch sog. »zwingende Erfordernisse« sein, die nach der Rechtsprechung des EuGH im Einzelfall eine Verletzung der Warenverkehrsfreiheit entfallen lassen. Zum Teil wird das Vorliegen »wichtiger Erfordernisse« als ungeschriebener Rechtfertigungsgrund angesehen. In der Sache ergibt sich daraus jedoch zunächst kein Unterschied.[168] Nach überwiegender Auffassung soll es sich bei den entsprechenden Gründen bereits um den Tatbestand ausschließende sog. *immanente Schranken* handeln, sodass zunächst darauf einzugehen ist.

1. Immanente Schranken

Der EuGH hat den Grundsatz des Vorliegens zwingender Erfordernisse in der Leit- **701** entscheidung »*Cassis de Dijon*«[169] entwickelt.

> **Sachverhalt:** Die Klägerin wollte aus Frankreich nach Deutschland eine Partie »Cassis de Dijon« einführen, um sie in Deutschland auf den Markt zu bringen. Sie beantragte bei der Bundesmonopolverwaltung für Branntwein die Einfuhrgenehmigung für dieses Erzeugnis. Diese wurde ihr mit der Begründung verweigert, das Erzeugnis sei wegen eines zu geringen Weingeistgehalts in Deutschland nicht als Branntwein verkehrsfähig (§ 100 BranntweinmonopolG und Durchführungs-VO). Nach diesen Bestimmungen setzt die Verkehrsfähigkeit eines Fruchtsaftlikörs wie Cassis einen Mindestweingeistgehalt von 25% voraus, wobei das in Frankreich frei gehandelte Erzeugnis einen Weingeistgehalt von 15%–20% hatte.

Inhalt des Vorabentscheidungsverfahrens nach Art. 267 AEUV waren unter anderem **702** die folgenden Vorlagefragen:

- Ist die deutsche Regelung über den Mindestweingeistgehalt eine Maßnahme gleicher Wirkung iSd Art. 34 AEUV (damals Art. 30 EWG)?

---

167 *Jarass* EuR 2000, 705 (720).
168 S. dazu das Prüfungsschema in → Rn. 725 und den Übungsfall in → Rn. 740.
169 EuGH 20.2.1979 – 120/78, Slg. 1979, 649 Rn. 1 ff. = BeckRS 2004, 71378 – Rewe/Bundesmonopolverwaltung für Branntwein.

- Kann diese Festsetzung unter den Begriff der »Diskriminierung in den Versorgungs- und Absatzbedingungen zwischen den Angehörigen der Mitgliedstaaten« des Art. 37 AEUV (damals Art. 36 EWG) fallen?

703 Entscheidungsgründe *Cassis de Dijon*-Urteil:
Zunächst stellt der EuGH fest, dass Art. 37 AEUV als speziellere Regelung für staatliche Handelsmonopole in dem konkreten Fall nicht einschlägig sei, da es nicht um das Monopol selbst und dessen Ausschließlichkeitsrecht, sondern allgemein um die Herstellung und Vermarktung alkoholischer Getränke gehe. Maßstab sei deshalb ausschließlich Art. 34 AEUV.

Rn. 8: »Hemmnisse für den Binnenhandel der Gemeinschaft, die sich aus den Unterschieden der nationalen Regelungen über die Vermarktung der Erzeugnisse ergeben, müssen hingenommen werden, soweit diese Bestimmungen *notwendig sind, um zwingenden Erfordernissen gerecht zu werden*, insbesondere den Erfordernissen einer wirksamen steuerlichen Kontrolle, des *Schutzes der öffentlichen Gesundheit*, der *Lauterkeit des Handelsverkehrs* und des *Verbraucherschutzes*.«

704 Damit hat der EuGH ein den Rechtfertigungsgründen des Art. 36 AEUV ähnliches Kriterium der zwingenden Erfordernisse, die eine Handelsbeschränkung ermöglichen können, eingeführt.

705 Im Unterschied zu den in Art. 36 AEUV angesprochenen Rechtfertigungsgründen, sind die zwingenden Erfordernisse nicht formal diskriminierend, sie sind also unterschiedslos auf in- und ausländische Waren anwendbar.

706 Im Ergebnis wurden die Vorschriften des Branntweinmonopolgesetzes nicht als im allgemeinen Interesse liegend angesehen.

707 Später hat der EuGH die *Cassis*-Formel auf formal unterschiedslose aber faktisch diskriminierende Maßnahmen erweitert, also etwa auf nationale Produktstandards, die auf in- und ausländische Produkte gleichermaßen anwendbar, von ausländischen aber sehr viel schwerer als von inländischen Produzenten zu erfüllen sind bzw. für einen ausländischen Importeur mit sehr viel größeren Belastungen verbunden sind.[170] Diese Rechtsprechung hat er fortgesetzt.[171]

708 Beschränkungen der Warenverkehrsfreiheit aus zwingenden Gründen des Allgemeinwohls sind also prinzipiell nur bei formal nicht diskriminierenden Maßnahmen zu rechtfertigen. Allerdings hat der EuGH eine Ausnahme »wegen der Besonderheit der Abfälle« und der »Grundsätze der Entsorgungsautarkie und Entsorgungsnähe« für die unterschiedliche Behandlung von in Entsorgungsgebieten und anderswo, also in anderen Mitgliedstaaten anfallenden Abfällen (Waren iSd Art. 34 AEUV) aufgestellt, und diese Grundsätze als nicht diskriminierend angesehen.[172] Die *Preussen-Elektra*-Entscheidung des EuGH wird ebenfalls so verstanden, dass dort eine formal diskriminierende Maßnahme aus Umweltschutzgesichtspunkten, also aus zwingenden Erfor-

---

170 EuGH 10.1.1985 – 229/83, Slg. 1985, 1 Rn. 29 = BeckRS 2004, 72439 – Centres Leclerc; dazu auch *Lecheler* EuropaR 245 f.
171 Jüngst EuGH EuZW 2013, 507 Rn. 49 ff. – Libert bzgl. des Nachweises einer ausreichenden Bindung an eine Gemeinde, um dort Liegenschaften übertragen zu bekommen.
172 EuGH 9.7.1992 – C-2/90, Slg. 1992, I-4431 = BeckRS 2004, 74896 – Kommission/Belgien mAnm *Epiney* DVBl. 1993, 93; jetzt auch EuGH 8.11.2007 – C-221/06, Slg. 2007, I-9643 = BeckRS 2007, 70918 – Frohnleiten; s. außerdem das allgemeine Prüfungsschema → Rn. 643.

dernissen gemäß der *Cassis*-Formel, gerechtfertigt wird.[173] Auch in späteren Entscheidungen spricht der EuGH gelegentlich davon, dass eine »ungleiche Behandlung […] nur mit den Bestimmungen des EG-Vertrags […] vereinbar [ist], wenn sie Situationen betrifft, die nicht objektiv miteinander vergleichbar sind, oder durch einen zwingenden Grund des Allgemeininteresses gerechtfertigt ist.«[174]

Diese Ausführungen des EuGH zeigen aber zugleich, dass eine Berufung auf zwingende 709 Erfordernisse schließlich auch in Betracht kommt, wenn eine Diskriminierung deshalb ausscheidet, weil die zugrunde liegenden Sachverhalte nicht vergleichbar sind. Dies ist ggf. durch eine Inzidentprüfung zu ermitteln. So hat der EuGH eine Meldepflicht von ausländischen selbstständigen Dienstleistungserbringern, die nationalen Dienstleistern nicht oblag, nicht als Diskriminierung gewertet, da die Kontrolle der Einhaltung des Rechts durch solche nicht dauerhaft niedergelassene Dienstleister schwerer falle, sodass objektive Umstände vorlägen, die gegen die Forderung der Gleichbehandlung sprächen. Ob eine solche Meldepflicht etwa zur Bekämpfung von Sozialbetrug als legitimem Ziel dann rechtmäßig ist, hängt von der Verhältnismäßigkeit im Einzelfall ab.[175]

Die dogmatische Einordnung der *Cassis de Dijon*-Formel ist, wie angedeutet, streitig. 710 Während sie teilweise als immanente Schranke des Art. 34 AEUV angesehen wird,[176] sodass eine entsprechende Maßnahme bereits nicht den Tatbestand eines Eingriffs in die Warenverkehrsfreiheit erfülle, wird auch vertreten, dass es sich bei der *Cassis*-Formel um einen zusätzlichen Rechtfertigungsgrund handele, sodass zwar der Schutzbereich der Warenverkehrsfreiheit eröffnet, die Maßnahme jedoch konkret gerechtfertigt wäre.[177]

Der unter den Entscheidungsgründen angeführte Katalog von zwingenden Erfordernissen, also »wirksame steuerliche Kontrolle, Schutz der öffentlichen Gesundheit, Lauterkeit des Handelsverkehrs und Verbraucherschutz«, ist nicht abschließend. Dies deutet sich bereits im *Cassis*-Urteil an, wo die genannten nur mögliche zwingende Erfordernisse sind. Dementsprechend wurden auch später neben den genannten Rechtsgütern etwa der Umweltschutz und der Schutz von Kulturgütern als weitere zwingende Erfordernisse anerkannt, der Gesundheitsschutz hingegen später wieder aus dem Anwendungsbereich hinausgenommen und dem Art. 36 AEUV zugeordnet.[178]

Schließlich muss jegliche Maßnahme, die aufgrund zwingender Erfordernisse erfolgt, 712 sich als *verhältnismäßig* erweisen. Sie muss geeignet sein, das mit der Maßnahme verfolgte Ziel zu erreichen. Eine bloße Förderung des Zwecks reicht nicht aus, allerdings muss eine Maßnahme das Ziel nicht in bestmöglicher Weise verwirklichen. Zudem

---

173 EuGH 13.3.2001 – C-379/98, Slg. 2001, I-2099 Rn. 68f. = BeckRS 2004, 76881 – Preussen-Elektra; *Gündisch* NJW 2001, 3686; *Kühne*, Zur Vereinbarkeit des StromEsG mit dem Gemeinschaftsrecht, JZ 2001, 759; *Ruge*, Deutsches Stromeinspeisungsgesetz enthält keine Beihilferegelung, EuZW 2001, 247; zu den wettbewerbsrechtlichen Auswirkungen dieser Rspr. s. § 22.
174 EuGH EuZW 2013, 238 Rn. 17 – Philips.
175 EuGH EuZW 2013, 234 Rn. 43ff. – Limosa.
176 *Herdegen* EuropaR § 15 Rn. 14f.
177 Vertieft dazu *Fremuth* EuR 2006, 866 (871ff.).
178 Vgl. zum Umweltschutz EuGH 7.2.1985 – 240/83, Slg. 1985, 535 Rn. 15 = BeckRS 2004, 72561 – ADBHU; EuGH 20.9.1988 – 302/86, Slg. 1988, 4607 Rn. 8 = BeckRS 2004, 73084 – Dänische Pfandflaschen; zu Kulturgütern EuGH 11.7.1985 – 60/84, Slg. 1985, 2605 Rn. 24 = BeckRS 2004, 73418 – Cinéthèque; zum Gesundheitsschutz EuGH 25.7.1991 – C-1/90, Slg. 1991, I-4151 Rn. 13 = BeckRS 2004, 74008 – Aragonesa.

muss die Maßnahme erforderlich zur Zweckerreichung sein. Es dürfen keine gleich wirksamen, weniger oder gar nicht beschränkenden Alternativen vorhanden sein. Die Maßnahme darf darüber hinaus nicht über das zur Verfolgung des Zwecks Notwendige hinausgehen. Schließlich darf kein grobes Missverhältnis zwischen Zweck und Mittel vorliegen; das Ziel muss hinreichend schwerwiegend im Verhältnis zum Eingriff in die Grundfreiheit sein.

2. Rechtfertigung nach Art. 36 AEUV

713 Art. 36 AEUV gestattet den Mitgliedstaaten, von den Verboten der Art. 34 und 35 AEUV zum Schutz bestimmter Rechtsgüter abzuweichen, dh solche Schutzvorschriften auch dann aufrechtzuerhalten, wenn dadurch der innereuropäische Handel beeinträchtigt wird. Solche Maßnahmen dürfen allerdings weder »willkürlich« diskriminieren noch eine verschleierte Handelsbeschränkung darstellen.

714 Art. 36 AEUV gilt für alle von Art. 34 und 35 AEUV erfassten Maßnahmen, dh für mengenmäßige Beschränkungen und Maßnahmen gleicher Wirkung, für diskriminierende, aber auch für nichtdiskriminierende Maßnahmen.[179] Insofern ist der Anwendungsbereich des Art. 36 AEUV weiter als die *Cassis*-Formel, die nach überwiegendem Verständnis immer noch voraussetzt, dass die nationale Maßnahme zumindest formal für einheimische und EU-ausländische Waren gleichermaßen gilt.

715 Aufgrund der Auswirkungen auf den freien Warenverkehr ist Art. 36 AEUV eng auszulegen, dh nationale Maßnahmen sind mit der Vorschrift nur insofern vereinbar, als sie notwendig sind, um eines der dort aufgeführten Rechtsgüter zu schützen.[180] Wenn eine abschließende Unionsregelung zum Schutze des jeweiligen Rechtsguts besteht, ist ein Rückgriff auf Art. 36 AEUV unzulässig und nur noch das Sekundärrecht maßgeblich.[181]

716 Die Aufzählung der geschützten Rechtsgüter ist, anders als bei den zwingenden Erfordernissen, in Art. 36 AEUV abschließend. Andere Schutzobjekte, wie zB Verbraucheroder Umweltschutz, können hier nicht berücksichtigt werden.[182]

717 Eine nähere Begriffsbestimmung ist insbesondere für die weiten Tatbestände der öffentlichen Sittlichkeit, Ordnung und Sicherheit angezeigt: So versteht der EuGH unter der öffentlichen Sittlichkeit den Inbegriff der Moralvorstellungen einer bestimmten Gesellschaft zu einer bestimmten Zeit.[183] Die öffentliche Ordnung wird bestimmt durch hoheitlich festgelegte Grundregeln, die wesentliche Interessen des Staates und seiner Einrichtungen berühren.[184] Ähnlich bezeichnet die öffentliche Sicherheit grundlegende Interessen des Staates, wie die Aufrechterhaltung wesentlicher öffentlicher Dienstleistungen oder das sichere und wirksame Funktionieren des Lebens des Staates, die äußere Sicherheit oder die Strafverfolgung.[185]

---

179 Vgl. EuGH 4.6.1992 – C-13/91, Slg. 1992, I-3617 Rn. 14 = BeckRS 2004, 74295 – Michel Debus.
180 EuGH 12.7.1979 – 153/78, Slg. 1979, 2555 Rn. 5 = BeckRS 2004, 71777 – Fleischzubereitungen.
181 EuGH 11.12.2003 – C-322/01, Slg. 2003, I-14887 Rn. 102 = BeckRS 2004, 76357 – DocMorris.
182 EuGH 17.6.1981 – 113/80, Slg. 1981, 1625 Rn. 7 = BeckRS 2004, 71277 – Kommission/Irland.
183 EuGH 14.12.1979 – 34/79, Slg. 1979, 3795 Rn. 15 = BeckRS 2004, 70877 – Henn und Darby.
184 EuGH 14.1.1997 – C-124/95, Slg. 1997, I-81 Rn. 43f. = BeckRS 2004, 74256 – Centro; EuGH 17.6.1987 – 154/85, Slg. 1987, 2717 Rn. 13, 18 = BeckRS 2004, 71791 – Kommission/Italien.
185 EuGH 4.10.1991 – C-367/89, Slg. 1991, I-4621 Rn. 22ff. = BeckRS 2004, 76784 – Richardt.

Die Rechtsgüter Gesundheit und Leben von Menschen nehmen nach der Rechtsprechung des EuGH den ersten Rang ein, wobei die Staaten im Rahmen der Grenzen des Vertrags über die Arbeitsweise der Europäischen Union selbst entscheiden könnten, welches Schutzniveau sie gewährleisten wollen.[186]   **718**

Beispiel: Ein interessantes Beispiel für die Differenzierung mitgliedstaatlicher Maßnahmen zwischen Tatbestand und Rechtfertigung sowie im Rahmen der Rechtfertigungsprüfung selbst findet sich in der *DocMorris*-Entscheidung. Dort hat der EuGH ein nationales Verbot des Versands von in dem Mitgliedstaat nicht zugelassenen Arzneimitteln nicht als Maßnahme gleicher Wirkung iSd Art. 28 EG aF gewertet, da sie mit dem Sekundärrecht (hier: RL 1965/65/EWG und Gemeinschaftskodex für Humanarzneimittel) übereinstimme.[187] Was zugelassene Medikamente betrifft, differenziert der Gerichtshof weiter und anerkennt die Möglichkeit eines Verbots für verschreibungspflichtige Medikamente unter Berufung auf den Schutz von Gesundheit und Leben der Menschen (Schutz der öffentlichen Versorgung vor größeren Gefahren und der Festpreisregelung als Teil des deutschen Gesundheitswesens), wogegen er eine Rechtfertigung für nicht verschreibungspflichtige Medikamente nicht anzuerkennen vermag.[188]   **719**

Art. 36 AEUV macht die Zulässigkeit handelshemmender, nationaler Maßnahmen in mehrfacher Hinsicht von der Wahrung des Verhältnismäßigkeitsgrundsatzes abhängig. Nach Satz 1 müssen die Beschränkungen »gerechtfertigt« sein, um die in dieser Bestimmung genannten Zwecke zu erreichen. Nach der Rechtsprechung des EuGH müssen deshalb die Maßnahmen notwendig bzw. erforderlich sein und es darf kein milderes Mittel in Betracht kommen, welches das betreffende Rechtsgut ebenso wirksam schützt.[189] Zudem verbietet Satz 2 die sog. »willkürliche Diskriminierung« zwischen den Mitgliedstaaten und untersagt eine »verschleierte Beschränkung des Handels zwischen den Mitgliedstaaten«. Bei der Prüfung der Zweck-Mittel-Relation einer Handelsbeschränkung kann auch die EMRK Maßstab sein, darüber hinaus ist auch eine Berufung auf das Vorsorgeprinzip möglich.   **720**

Beispiel: Die Prüfung der Verhältnismäßigkeit etwa eines Verkehrsverbotes kann durch das Vorsorgeprinzip und eine damit einhergehende Risikobewertung beeinflusst sein. Droht von einem Produkt eine tatsächliche Gesundheitsgefahr auszugehen,[190] sind zunächst die möglichen negativen Auswirkungen zu bestimmen, um dann eine umfassende Bewertung des Gesundheitsrisikos auf Grundlage der zuverlässigsten und neuesten wissenschaftlichen Daten und Forschungsergebnisse vorzunehmen. Fortbestehende Unsicherheiten hinsichtlich des Risikos bei der Wahrscheinlichkeit eines Schadens für die öffentliche Gesundheit können dann beschränkende Maßnahmen rechtfertigen, wenn sie objektiv und nicht diskriminierend sind.[191]   **721**

---

186 EuGH 11.12.2003 – C-322/01, Slg. 2003, I-14887 Rn. 103 = BeckRS 2004, 76357 – DocMorris.
187 EuGH 11.12.2003 – C-322/01, Slg. 2003, I-14887 Rn. 53 = BeckRS 2004, 76357 – DocMorris.
188 EuGH 11.12.2003 – C-322/01, Slg. 2003, I-14887 Rn. 109 ff. = BeckRS 2004, 76357 – DocMorris.
189 EuGH 15.12.1976 – 35/76, Slg. 1976, 1871 Rn. 18 f., 27 = BeckRS 2004, 70929 – Simmenthal; EuGH 16.4.1991 – C-347/89, Slg. 1991, I-1747 = BeckRS 2004, 76614 – Bayern/Eurim-Pharm; s. jüngst zur nicht möglichen Rechtfertigbarkeit eines absoluten Verbots des Versandhandels mit Arzneimitteln EuGH 11.12.2003 – C-322/01, Slg. 2003, I-14887 Rn. 54 ff. = BeckRS 2004, 76357 – DocMorris; zur Frage der europarechtlichen Vereinbarkeit der Einführung des Dosenpfandes in Deutschland s. etwa *Karenfort/Schneider* EuZW 2003, 587.
190 EuGH 23.9.2003 – C-192/01, Slg. 2003, I-9693 Rn. 46 = BeckRS 2004, 74834 – Kommission/Dänemark.
191 EuGH 23.9.2003 – C-192/01, Slg. 2003, I-9693 Rn. 51 ff. = BeckRS 2004, 74834 – Kommission/Dänemark; EuGH EuZW 2005, 53 Rn. 51 ff. – Kommission/Königreich der Niederlande; EuGH EuZW 2005, 598 Rn. 68 – Alliance for Natural Health.

3. Rechtfertigung durch verschiedene weitere Schutzklauseln

722 An anderer Stelle zählt der AEU-Vertrag noch weitere zur Rechtfertigung von Handelsbeschränkungen geeignete Schutzklauseln auf. Es handelt sich hierbei um:

- **Art. 114 IV AEUV,** eine Schutzklausel, die strengere nationale Bestimmungen als eine gem. Art. 114 I AEUV beschlossene gemeinschaftliche Harmonisierungsmaßnahme rechtfertigt,
- **Art. 169 IV AEUV,** der strengere nationale Regelungen des Verbraucherschutzes als eine gem. Art. 169 III AEUV beschlossene Unionsmaßnahme rechtfertigt,
- **Art. 193 AEUV,** der strengere nationale Regelungen des Umweltschutzes als eine gem. Art. 192 AEUV beschlossene Gemeinschaftsmaßnahme rechtfertigt,
- **Art. 346 AEUV,** der die Erzeugung von und den Handel mit Waffen, Munition und Kriegsmaterial rechtfertigt,
- **Art. 347 AEUV,** der Maßnahmen gegen eine schwerwiegende innerstaatliche Störung der öffentlichen Ordnung, im Kriegsfall, bei einer ernsten, eine Kriegsgefahr darstellenden internationalen Spannung und zur Erfüllung internationaler Verpflichtungen zur Aufrechterhaltung des Friedens und der Sicherheit rechtfertigt,
- **Art. 349 I AEUV,** der Maßnahmen zugunsten der französischen überseeischen Departements, der Azoren, Madeiras und der Kanarischen Inseln rechtfertigt.

4. Rechtfertigung aus kollidierenden Grundrechten

723 Lange Zeit hat der EuGH zum Verhältnis der Grundfreiheiten zu den Unionsgrundrechten geschwiegen. Im Zusammenhang mit den Brenner-Blockaden hat er jedoch deutlich gemacht, dass zwar auch das Handeln Privater im Hinblick auf ein staatliches Unterlassen eine Maßnahme gleicher Wirkung darstellen kann, sich diese jedoch möglicherweise im Wege einer praktischen Konkordanz zwischen Grundfreiheit und Unionsgrundrecht rechtfertigen lasse.[192] Der EuGH geht hier dreistufig vor: Zunächst muss im Rahmen der Vorlagefrage das nationale Gericht selbst davon ausgehen, dass das staatliche Handeln (hier Unterlassen) in den Schutzbereich eines nationalen Grundrechts fällt. Sodann überprüft der Gerichtshof, ob das nationale Grundrecht abstrakt auch durch das Unionsrecht anerkannt wird. Schließlich wird durch eine Abwägung zwischen Art. 34 AEUV und dem Grundrecht unter Berücksichtigung der Verhältnismäßigkeit deren Verhältnis zueinander bestimmt und entschieden, ob im konkreten Fall die Warenverkehrsfreiheit hinter dem Grundrecht zurückzustehen hat.

724 Vorliegend ging der EuGH von einem Vorrang der Versammlungs- und Meinungsfreiheit im Hinblick auf die Warenverkehrsfreiheit aus. Denkbar sind aber auch Fälle, in denen das (irische) Abtreibungsverbot, dessen Anerkennung im Rahmen des Inkrafttretens des Lissabonner Reformvertrags ausdrücklich zugesagt wurde, und das damit verbundene Verbot der Ausreise zum Zwecke der Abtreibung (Verstoß gegen Art. 56 AEUV) möglicherweise durch die Schutzpflicht des Staates im Hinblick auf das ungeborene Leben gerechtfertigt werden kann.

---

192 EuGH 12.6.2003 – C-112/00, Slg. 2003, I-5659 Rn. 81 = BeckRS 2004, 74143 – Eugen Schmidberger.

III. Prüfungsschema zur Warenverkehrsfreiheit

Prüfungsschema zur Warenverkehrsfreiheit – Art. 34 AEUV   725

A. Anwendbarkeit

- keine Anwendbarkeit, wenn abschließende Harmonisierung durch sekundäres Unionsrecht (Art. 114 AEUV)
- keine Anwendbarkeit, wenn Anwendungsbereich speziellerer Vorschriften berührt (Art. 30, Art. 114, Art. 107 AEUV)
- Grundfreiheitskonforme Auslegung?

B. Eingriff in den Schutzbereich

I. persönlicher Schutzbereich
Jeder, der eine entsprechende Warentransaktion durchführt, kann sich auf Art. 34 AEUV berufen.

II. Voraussetzungen des Art. 34 AEUV
Ware iSd Art. 28 II AEUV

III. grenzüberschreitender Sachverhalt
Problem: Inlandsware und Rückverbringung inländischer Waren

IV. Verletzungshandlung
= Beeinträchtigung des freien Warenverkehrs

1. mengenmäßige Beschränkung
Staatliche Maßnahmen, die mittels Rechtsvorschrift die Ein- oder Ausfuhr von Waren dem Wert oder der Menge nach begrenzen; darunter fallen auch Durchfuhrverbote
Problem: Unterlassen der Abwehr einer privaten Behinderung

2. Maßnahmen gleicher Wirkung
a) Begriff
nach *Dassonville*: Jede Regelung eines Mitgliedsstaates, die geeignet ist, den innergemeinschaftlichen Handelsverkehr mittelbar oder unmittelbar, tatsächlich oder potentiell zu gefährden
Problem: Unterlassen der Abwehr privater Behinderungen → Handlungspflicht des Mitgliedstaates
b) Ungleichbehandlung
Schlechterbehandlung von Importware gegenüber inländischer Ware
Problem: Inländerdiskriminierung
c) Bereichsausnahme nach der *Keck*-Rechtsprechung
Verkaufs- und Vertriebsmodalitäten die gleichermaßen für inländische und ausländische Erzeugnisse (also unterschiedslos) gelten, sind keine Maßnahmen gleicher Wirkung im Sinne der *Dassonville*-Formel

Wenn Eingriff in den Schutzbereich [+]: Maßnahme verboten, sofern keine Schranke oder Rechtfertigung eingreift.

C. Rechtfertigung

I. Schranken
1. Rechtfertigung nach Art. 36 AEUV
abschließende und eng auszulegende Rechtfertigungsgründe; anwendbar auch auf formal diskriminierende Maßnahmen

a) Schutz der in Art. 36 S. 1 AEUV genannten Interessen
b) kein Verstoß gegen das Missbrauchsverbot des Art. 36 S. 2 AEUV

2. »immanente Schranke« im Sinne der *Cassis*-Formel
   Staatliche Regelungen, die notwendig sind, um *zwingenden Erfordernissen* gerecht zu werden, müssen hingenommen werden.
   - zwingende Erfordernisse sind:
     – wirksame steuerliche Kontrolle
     – Verbraucherschutz
     – Lauterkeit des Handelsverkehrs
     – Umweltschutz
   - anwendbar auf unterschiedslose und faktisch diskriminierende Maßnahmen

3. nationale Grundrechte
   Beachte: Grundsätzlich (zur Ausnahme: EuGH 14.10.2004 – C-36/02, Slg. 2004, I-9606 = BeckRS 2004, 78088 – Laserdrome) muss das Grundrecht europarechtlich anerkannt sein

II. Schranken-Schranken
1, Verhältnismäßigkeit der Beschränkung
2. Beachtung der Gemeinschaftsgrundrechte

D. Rechtsfolgen
Eine staatliche Regelung, die gegen Art. 34 AEUV verstößt und nicht gerechtfertigt ist, ist wegen Verstoßes gegen das Unionsrecht unanwendbar.

IV. Schutz gewerblichen und kommerziellen Eigentums

Literatur: *Kunz-Hallstein*, Europäisierung und Modernisierung des deutschen Warenzeichenrechts, Fragen einer Anpassung des deutschen Markenrechts an die EG-Markenrichtlinie, GRURint 1990, 747.

726 Eng verflochten mit dem Schutz der Warenverkehrsfreiheit ist der Schutz gewerblichen und kommerziellen Eigentums. Nachdem dieser Bereich bisher allein auf sekundärrechtlicher Ebene geregelt war, findet sich mit dem Inkrafttreten des Reformvertrags in Art. 118 AEUV erstmalig eine explizite Kompetenz der Union zum Erlass von Maßnahmen zur Schaffung eines europäischen Rechtstitels über einen einheitlichen Schutz der Rechte des geistigen Eigentums.

Auch im Rahmen der Verwirklichung des Binnenmarktes spielt der Schutz des geistigen Eigentums eine gewichtige Rolle. Um ein Umfeld zu schaffen, welches Innovationen und Investitionen begünstigt, soll mithilfe der Richtlinie zur Durchsetzung der Rechte des geistigen Eigentums[193] eine Angleichung der Durchsetzungsinstrumente erfolgen, um eine Chancengleichheit der Inhaber von Rechten am geistigen Eigentum bei der Wahrung ihrer Rechte herzustellen.

727 Einen signifikanten Beitrag zum Schutz gewerblichen und kommerziellen Eigentums leistet das europäische Markenrecht. So wurde durch drei EG-Verordnungen[194] als Al-

---

193 RL 2004/48/EG v. 29.4.2004, ABl. 2004 L 157, 45.
194 Gemeinschaftsmarken-Verordnung (GMVO): 40/1994/EG v. 20.12.1993, ABl. 1994 L 11, 1, ersetzt durch die Verordnung über die Gemeinschaftsmarke 207/2009/EG v. 26.2.2009, ABl. 2009 L 78, 1;

ternative zum nationalen Markenschutz eine europäische Gemeinschaftsmarke eingeführt. Eine Gemeinschaftsmarke kann für alle Zeichen erworben werden, die sich
grafisch darstellen lassen. Beispiele sind sowohl die Bezeichnung von Waren und
Dienstleistungen, Farbkombinationen, Hörzeichen, Wort-, Ziffern-, Buchstabenkom-
binationen, als auch dreidimensionale Gestaltungen. Die Gemeinschaftsmarke schafft
eine echte Alternative im Sinne eines zusätzlichen Schutzes zum nationalen Markenschutz, der durch die Verordnungen nicht berührt wird. Die Gemeinschaftsmarke ent-
steht durch Registrierung beim »Harmonisierungsamt für den Binnenmarkt – Marken,
Muster und Modelle« (Art. 143 III und IV GMVO) mit Sitz in Alicante, Spanien. Die
Registrierung bewirkt einen EU-weiten Schutz, soweit sie nicht in Widerspruch zum
Kennzeichnungsrecht in einem Mitgliedstaat steht. Dieser Widerspruch kann sich aus
älteren nationalen oder aus nicht eingetragenen, aber tatsächlich benutzten Marken
(Warenzeichen) ergeben und ist Folge der Subsidiarität der Gemeinschaftsmarke zum
nationalen Markenschutz.

Neben der Gemeinschaftsmarke besteht auch die Möglichkeit, eine Marke beim inter- **728**
nationalen Büro der *World Intellectual Property Organization* (WIPO) in Genf zu
hinterlegen und gemäß dem Madrider Markenübereinkommen[195] ein Bündel von
Schutzrechten zu erwerben.

Durch die Richtlinie zur Angleichung der Rechtsvorschriften der Mitgliedstaaten über **729**
die Marken[196], welche die zum 27.11.2008 ausgelaufene Markenrechtsharmonisie-
rungsrichtlinie 1989/104/EWG[197] des Rates v. 21.12.1988 ersetzt, und die RL 1998/
71/EG des Europäischen Parlaments und des Rates v. 13.10.1998 über den rechtlichen
Schutz von Mustern und Modellen[198] wird eine Neuordnung des materiellen Markenrechts angestrebt. Ziel ist die Angleichung der Rechtsvorschriften der Mitgliedstaaten,
um Unterschiede des nationalen Markenrechts zu beseitigen, die den freien Waren-
und Dienstleistungsverkehr behindern und damit die Wettbewerbsbedingungen in der
Union verfälschen könnten.

Der Anwendungsbereich der Richtlinien betrifft Marken für Waren und Dienstleis- **730**
tungen, die in einem Mitgliedstaat eingetragen sind. Die eingetragene nationale Marke
verleiht dem Inhaber ein ausschließliches Recht. Er kann also Dritten gegenüber die
Benutzung der Marke von seiner Zustimmung abhängig machen bzw. eine Lizenzge-
bühr verlangen. Wenn der Inhaber die Marke allerdings selbst innerhalb von fünf Jahren nach Eintragung nicht ernsthaft nutzt, verfällt sie. Nicht geschützt werden ferner
irreführende, verwechslungsfähige und anstößige Marken.

Laut Rechtsprechung des EuGH kann sich der Inhaber eines Markenrechts, das nach **731**
den Rechtsvorschriften eines Mitgliedstaates geschützt ist, auf diese Vorschriften aber
nicht berufen, um sich der Einfuhr eines Erzeugnisses zu widersetzen, das auf dem
Markt eines anderen Mitgliedstaates von ihm selbst oder mit seiner Zustimmung regel-

---

Gemeinschaftsmarken-Durchführungsverordnung (GM-DVO) 2868/1995/EG v. 13.12.1995, ABl.
1995 L 303, 1; zul. geänd. durch VO 355/2009/EG v. 31.3.2009, ABl. 2009 L 109, 3; Gemeinschafts-
marken-Gebührenverordnung (GMGebVO) 2869/1995/EG v. 12.12.1995, ABl. 1995 L 303, 3; zul.
geänd. durch VO 355/2009/EG v. 31.3.2009, ABl. 2009 L 109, 3.
195 MMA v. 14.4.1891 in der Stockholmer Fassung v. 14.7.1967, BGBl. 1970 II S. 391 (418).
196 RL 2008/95/EG v. 22.10.2008, ABl. 2008 L 299, 25.
197 ABl. 1989 L 40, 1.
198 ABl. 1998 L 289, 28.

mäßig in den Verkehr gebracht wurde. Dieser Grundsatz der sog. unionsweiten Erschöpfung des Markenrechts wurde sowohl in die GMVO als auch in die Harmonisierungsrichtlinie sowie in die sie ersetzenden Rechtsakte aufgenommen.

Die Errichtung einer Europäischen Beobachtungsstelle für Marken- und Produktpiraterie durch die Kommission, welche der konsequenteren und gezielteren Durchsetzung der Rechte des geistigen Eigentums dienen soll, unterstreicht die hervorgehobene Bedeutung dieser Rechte für den Binnenmarkt. Die Beobachtungsstelle soll zur Sammlung von Daten, zur Schärfung des Bewusstseins und zur Förderung des Dialogs genutzt werden und zudem den Gedankenaustausch und den Austausch von bewährten Verfahren zur Durchsetzung der Rechte des geistigen Eigentums zwischen Unternehmen und nationalen Behörden unterstützen.[199]

V. Verbot von Handelsmonopolen

Literatur: *Kilian* EuropWirtschaftsR Rn. 222, 471; *Nicolaysen*, Europarecht II – Das Wirtschaftsrecht im Binnenmarkt, 1996, 83–85; *Oppermann/Classen/Nettesheim* EuropaR § 22 Rn. 44–47.

732 Wenn ein staatliches Handelsmonopol besteht, existiert für die jeweilige Ware kein Markt, da der Handel ausschließlich dem Staat bzw. der von ihm damit beauftragten Stelle vorbehalten ist. Damit ist eine Beeinträchtigung des freien Warenverkehrs möglich, wenn keine inländischen Produkte exportiert bzw. ausländische importiert werden. Anderen Marktteilnehmern wird der Zutritt zum nationalen Markt verwehrt und Verbraucher können die Waren nicht überall im Binnenmarkt ungehindert erwerben. Art. 37 AEUV regelt deshalb Stellung und Handlungsmöglichkeiten staatlicher Handelsmonopole im Bereich der Warenverkehrsfreiheit.

733 Staatliche Handelsmonopole sind alle Einrichtungen, durch die ein Mitgliedstaat unmittelbar oder mittelbar die Einfuhr oder Ausfuhr zwischen den Mitgliedstaaten rechtlich oder tatsächlich kontrolliert, lenkt oder merklich beeinflusst (Art. 37 I 2 AEUV).[200]

734 Ein staatliches Monopol liegt vor, wenn der Staat sich selbst oder einer ihm unterstellten Behörde die Produktion, den Einkauf oder Verkauf einer bestimmten Ware mittels Rechtsakt vorbehält. Art. 37 AEUV erfasst also nur durch einen staatlichen Akt geschaffene Monopole. Es muss sich zudem um ein Handelsmonopol handeln. Nicht erfasst sind dagegen die Auswirkungen der anderen Bestimmungen einer nationalen Regelung, die sich von der Funktionsweise des Monopols trennen lassen, auch wenn sie sich auf diese auswirken. Maßstab ist in diesem Fall Art. 34 AEUV.[201] Das Monopol hat dann Umsätze von Handelswaren zum Gegenstand, hinsichtlich derer ein Wettbewerb und ein zwischenstaatlicher Warenaustausch möglich sind, sofern dieser Warenaustausch zwischen den Angehörigen der Mitgliedstaaten tatsächlich von Bedeutung ist.[202]

735 Um Waren in diesem Sinne handelt es sich bei beweglichen körperlichen Gegenständen sowie bei Elektrizität.

---

199 Vgl. die Pressemitteilung der Europäischen Kommission v. 30.3.2009, IP/09/497.
200 Vgl. auch EuGH 4.5.1988 – 30/87, Slg. 1988, 2479 Rn. 11 = BeckRS 2004, 73069 – Bodson; EuGH 27.4.1994 – C-393/92, Slg. 1994, I-1477 Rn. 28 = BeckRS 2004, 76988 – Gemeinde Almelo.
201 EuGH 23.10.1997 – C-189/95, Slg. 1997, I-5909 Rn. 36 = BeckRS 2004, 74806 – Franzén.
202 EuGH 15.7.1964 – 6/64, Slg. 1964, 1251 = BeckRS 2004, 73387 – Costa/E.N.E.L.

Art. 37 I AEUV verlangt von den Mitgliedstaaten, dass sie ihre staatlichen Handelsmo- **736**
nopole »umformen«, sodass jede Diskriminierung in den Versorgungs- und Absatzbedingungen zwischen den Angehörigen der Mitgliedstaaten ausgeschlossen ist. Das bedeutet, dass nicht die totale Abschaffung der Monopole erforderlich ist,[203] sondern nur
gewährleistet sein muss, dass es im innereuropäischen Handelsverkehr zu keiner Diskriminierung aufgrund der Monopolstellung kommt.

Durch das Diskriminierungsverbot untersagt sind jegliche durch das Monopol verur- **737**
sachten rechtlichen oder tatsächlichen Benachteiligungen für aus anderen Mitgliedstaaten stammende oder in andere Mitgliedstaaten verbrachte Waren im Vergleich zu ein-
heimischen Produkten. Damit ist ein grundsätzliches Ein- oder Ausfuhrmonopol
verbunden; auch der Verkauf von Waren zu einem Preis, der so niedrig ist, dass Waren
aus anderen Mitgliedstaaten einen Wettbewerbsnachteil erleiden und der durch öffentliche Mittel finanziert wird, verstößt gegen das Diskriminierungsverbot.[204]

Nicht untersagt ist wiederum die Schlechterstellung einheimischer Waren durch das **738**
Monopol, also die sog. Inländerdiskriminierung (→ Rn. 629). Wenn durch Art. 37
AEUV einheimische Erzeuger gegenüber denjenigen aus anderen Mitgliedstaaten benachteiligt werden, ist diese Benachteiligung lediglich die Konsequenz daraus, dass in
den betreffenden Mitgliedstaaten – ggf. anders als in den anderen Mitgliedstaaten – ein
staatliches Handelsmonopol besteht.

Die ursprüngliche Fassung des Art. 37 AEUV sah für die Umformung eine Frist bis **739**
zum 31.12.1969 vor. Seit dem Ablauf dieser Frist kann ein Verstoß gegen das Diskriminierungsverbot vor Gericht geltend gemacht werden, die Norm ist demnach unmittelbar anwendbar.

VI. Übungsfall: Cassis de Dijon, EuGH 20.2.1979 – 120/78, Slg. 1979, 649 (660 ff.)

»Rewe-Zentral-AG./.Bundesmonopolverwaltung für Branntwein«, EUGH 20.2.1979 – 120/78, Slg. **740**
1979, 649 ff. = BeckRS 2004, 71378; vgl. auch: *H.-J. Schütz*, Die klassische Entscheidung: Cassis de Dijon, JURA 1998, 631; *M. Fremuth*, Cassis de Dijon, EuR 2006, 866.
Vorabentscheidungsverfahren, Thema: Freier Warenverkehr.
Sachverhalt: → Rn. 701.
Vorlagefrage: Ist die Regelung des § 100 III Branntweinmonopolgesetz (BMG), dass Likör einen Mindestweingeistgehalt von 25 % aufweisen muss, um in der Bundesrepublik Deutschland verkehrsfähig
zu sein, mit Gemeinschaftsrecht, insbesondere den Vorschriften über den freien Warenverkehr, vereinbar?

Prüfung: Möglicherweise liegt ein Verstoß gegen Art. 34 AEUV vor.

1. Schutzbereich:
(Ware iSd Art. 28 II AEUV)
Voraussetzung für die Anwendung des Art. 28 AEUV ist, dass es sich bei der Regelung um eine staat-
liche Maßnahme handelt. Die Bestimmung des § 100 III BMG ist eine hoheitliche Maßnahme
Deutschlands.

---

203 Krit. *Oppermann/Classen/Nettesheim* EuropaR § 22 Rn. 45–46, der eine Auflösungspflicht für den
   Fall bejaht, dass die Abschaffung aller diskriminierenden Funktionen nur so möglich ist.
204 EuGH 13.3.1979 – 91/78, Slg. 1979, 935 = BeckRS 2004, 73908 – Abgabenregelung für Branntwein.

Ferner müsste Cassis de Dijon eine Ware iSd Art. 28 II AEUV sein. Der Likör ist ein körperlicher Gegenstand, der einen Geldwert hat und daher Gegenstand von Handelsgeschäften sein kann. Es handelt sich also um eine Ware gem. Art. 28 II AEUV.

2. Eingriff in Art. 34 AEUV:
(mengenmäßige Beschränkung oder Maßnahme gleicher Wirkung: »Dassonville« und »Keck«)
Es liegen keine Regelungen über die Menge des einzuführenden Branntweines, also keine mengenmäßigen Beschränkungen vor. Es könnte sich bei der Festsetzung des Mindestweingeistgehalts aber um eine »Maßnahme gleicher Wirkung« (wie eine mengenmäßige Beschränkung) handeln. Darunter ist jede Handelsregelung der Mitgliedstaaten zu verstehen, die geeignet ist, den gemeinschaftlichen Verkehr mittelbar oder unmittelbar, tatsächlich oder potentiell zu behindern (sog. *»Dassonville-Formel«*, → Rn. 678). Dadurch, dass der französische Likör nach der deutschen Regelung in Deutschland nicht verkehrsfähig ist – und somit nicht verkauft werden kann – liegt eine Beeinträchtigung des Handels vor. Der Likör soll von Frankreich nach Deutschland gehandelt werden, sodass auch der grenzüberschreitende Handelsverkehr betroffen ist.
Nach der *»Keck-Rechtsprechung«* des EuGH ist die Dassonville-Formel jedoch einzuschränken: Vom Anwendungsbereich des Art. 34 AEUV nicht erfasst werden nichtdiskriminierende, dh nicht zwischen in- und ausländischen Produkten unterscheidende Maßnahmen, die lediglich *Verkaufsmodalitäten* regeln. Art. 100 III BMG sieht vor, dass Likör mit einem Weingeistgehalt von unter 25 Vol. % in Deutschland nicht in den Verkehr gebracht, dh nicht verkauft werden darf. Daher ist keine Verkaufsmodalität betroffen. Die Maßnahme ist am Maßstab des Art. 34 AEUV zu messen (ebenso, wenn das Produkt zwar verkauft, die Bezeichnung »Likör« aber nicht verwendet werden dürfte; anders zB, wenn der Likör nur in bestimmten Geschäften oder zu bestimmten Zeiten verkauft werden dürfte; dann ist Art. 34 AEUV nicht anwendbar).

3. Rechtfertigung:
(zwingendes Erfordernis; Art. 36 AEUV; Verhältnismäßigkeit)
Möglicherweise ist der Eingriff in Art. 34 AEUV durch § 100 III BMG aber gerechtfertigt.

a) *Cassis*-Rechtsprechung
Möglicherweise ist die Regelung aus Verbraucherschutzgründen »gerechtfertigt«, bzw. fällt als sog. »immanente Schranke« nicht unter den Tatbestand des Art. 34 AEUV (Zuordnung str. → Rn. 701ff. und 725). Formal nicht diskriminierende Maßnahmen können nach der Rechtsprechung des EuGH im Unterschied zu den formal diskriminierenden Maßnahmen unabhängig von Art. 36 AEUV zulässig sein, soweit sie notwendig sind, um höherwertigen, zwingenden Interessen der Allgemeinheit im Einzelfall (sog. »Cassis-Formel«) gerecht zu werden. Dafür ist zu klären, ob es sich bei der Norm um eine formal diskriminierende oder eine formal unterschiedslos anwendbare Regelung handelt. § 100 III BMG unterscheidet nicht zwischen deutschem und ausländischem Branntwein, sondern sieht für alle Branntweine unabhängig von ihrer Herkunft einen Mindestweingeistgehalt vor. Daher handelt es sich um eine formal nicht diskriminierende Maßnahme; eine Beschränkung des Art. 34 AEUV aufgrund zwingender Allgemeinwohlinteressen ist daher möglich. Der Verbraucherschutz ist ferner ein anerkanntes Allgemeinwohlinteresse.

Verhältnismäßigkeit:
Voraussetzung ist, dass die Maßnahme verhältnismäßig ist, dh notwendig und angemessen, um Verbraucherschutzinteressen zu verfolgen. Allerdings dient die deutsche Regelung diesem Interesse nicht: Dem Verbraucherschutz, einer angemessenen Unterrichtung der Käufer, würde bereits durch eine ausführliche Etikettierung Genüge getan. Eine Transparenz der Angebote an den Verbraucher wird also durch ein Verbot der Verkehrsfähigkeit nicht erreicht.

b) Art. 36 AEU
Art. 36 AEUV enthält darüber hinaus ausdrückliche Rechtfertigungsgründe, wonach Einfuhr-, Ausfuhr- und Durchfuhrbeschränkungen bzw. -verbote aus Gründen der öffentlichen Sittlichkeit, Ordnung und Sicherheit, zum Schutz der Gesundheit und des Lebens von Menschen, Tieren oder Pflanzen, des na-

tionalen Kulturguts oder des gewerblichen und kommerziellen Eigentums zulässig sein können. Fraglich ist also, welchem Zweck die Maßnahme dient. Dazu führt die deutsche Regierung aus, es werde durch die deutsche Regelung eine größere Transparenz der Angebote an die Verbraucher gewährleistet. Ferner werde die öffentliche Gesundheit geschützt, da die nach der Regelung nicht zugelassenen Erzeugnisse leichter zu einer Gewöhnung führen könnten als Getränke mit höherem Weingeistgehalt. Von diesen beiden Gründen ist nur der Gesundheitsschutz in der Aufzählung des Art. 36 AEUV vorhanden, der Verbraucherschutz findet sich hier nicht.

Verhältnismäßigkeit:
Eine Rechtfertigung aus Gründen des Gesundheitsschutzes ist allerdings nur möglich, soweit die Maßnahme verhältnismäßig ist, vgl. Art. 36 S. 2 AEUV, dh die Maßnahme für den Gesundheitsschutz notwendig und angemessen ist. Aufgrund der Norm sind zwar Branntweine mit einem niedrigeren Alkoholgehalt nicht verkehrsfähig, dem Verbraucher steht jedoch ein umfangreiches Angebot anderer Getränke mit niedrigerem Alkoholgehalt zur Verfügung. Durch die Regelung werden Verbraucher also nicht vor dem Verzehr niedrigprozentiger Alkoholgetränke und damit vor übermäßigem Alkoholgenuss geschützt, sodass die Maßnahme für den Gesundheitsschutz nicht notwendig ist.

Ergebnis: Daher erfüllt § 100 III BMG weder einen Rechtfertigungsgrund des Art. 36 AEUV, noch verfolgt die Regelung ein im Allgemeininteresse liegendes Ziel im Sinne der Cassis-Rechtsprechung. Die Maßnahme ist nicht gerechtfertigt und stellt daher ein gegen Art. 34 AEUV verstoßendes Handelshemmnis dar.

§ 16 Arbeitnehmerfreizügigkeit

Literatur: *Becker* in Ehlers Europäische Grundrechte und Grundfreiheiten § 9; *Bode,* Unterhaltsbeihilfen für ausländische Studenten ohne Daueraufenthaltserlaubnis, EuZW 2005, 279; *Epping/Lenz* Fallrep EuropaR 51–55 (Fall 7), 119–127 (Fall 15), 135–141 (Fall 17); *Fischer/Strempel,* Arbeitnehmerfreizügigkeit und öffentliche Verwaltung – Zur Ausnahmeregelung des Art. 48 IV EGV, JURA 1995, 357; *Hobe/Tietje,* Europäische Grundrechte auch für Profi-Sportler, JuS 1996, 486; *Klein/Haratsch,* Das Aufenthaltsrecht der Studenten, die Unionsbürgerschaft und intertemporales Gemeinschaftsrecht, JuS 1995, 7; *Nettesheim,* Die europäischen Grundrechte auf wirtschaftliche Mobilität, NVwZ 1996, 342; *Obwexer,* Ausländische Grade aus Lehrgängenuniversitären Charakters in Deutschland, EuZW 2008, 300; *Oppermann/Classen/Nettesheim* EuropaR § 27; Schwarze/*Schneider/Wunderlich* AEUV Art. 45.

I. Grundkonzeption und Schutzbereich

Der Grundsatz der Arbeitnehmerfreizügigkeit umfasst die Gewährleistung der Mobilität typischerweise weisungsabhängig Beschäftigter im Binnenmarkt als einem Raum ohne Binnengrenzen. Als Konkretisierung des allgemeinen Diskriminierungsverbots, aber auch darüber hinausgehend, wird die Schlechterbehandlung von Arbeitnehmern aus anderen Mitgliedstaaten im Vergleich zu eigenen Staatsangehörigen hinsichtlich Entlohnung und Beschäftigungs- und Arbeitsbedingungen untersagt. Art. 45 AEUV enthält so eine Vielzahl von Gewährleistungen, die bis auf das Verbleiberecht des Abs. 3 lit. d mittlerweile sämtlich unmittelbar anwendbar sind.[205]

741

Die primärrechtlichen Garantien des Art. 45 AEUV werden zudem durch auf Art. 46 AEUV (ex-Art. 40 EG) gestütztes umfangreiches Sekundärrecht abgesichert (→ Rn. 767).

742

---

205 Vgl. EuGH 15.10.1969 – 15/69, Slg. 1969, 363 Rn. 7 = BeckRS 2004 – Ugliola; EuGH 15.12.1995 – C-415/93, Slg. 1995, I-4921 Rn. 93 = BeckRS 2004, 77129 – Bosman.

1. Persönlicher Schutzbereich

743 Weder das Primärrecht noch das Sekundärrecht definieren den Begriff des »Arbeitnehmers«. Der EuGH hat jedoch einen unionsrechtlichen Arbeitnehmerbegriff entwickelt und versteht unter Arbeitnehmern *»Personen, die während einer bestimmten Zeit für einen anderen nach dessen Weisung Leistungen erbringen, für die sie als Gegenleistung eine Vergütung erhalten«.*[206]

744 Geschützt sind zunächst Arbeitnehmer aus anderen EU-Mitgliedstaaten.[207] EU-Ausländer genießen damit gegenüber Ausländern aus Drittstaaten im Binnenmarkt eine bevorzugte Stellung. Nach Maßgabe des Sekundärrechts (→ Rn. 767) können über die Arbeitnehmer hinaus auch deren Familienangehörige von den Freizügigkeitsrechten profitieren.

745 Drittstaatsangehörige können sich, wenn sie Familienangehörige von Unionsbürgern sind, aufgrund von Sekundärrecht oder nach Maßgabe sog. Assoziierungsabkommen mit Drittstaaten auf die Grundfreiheit berufen.[208]

746 Nach der Rechtsprechung des EuGH können sich auch Arbeitgeber, die im Mitgliedstaat ihrer Niederlassung Angehörige eines anderen Mitgliedstaats als Arbeitnehmer beschäftigen, auf die Grundfreiheit berufen.[209]

2. Sachlicher Schutzbereich

747 Wie bereits der Formulierung des Art. 45 AEUV zu entnehmen ist, zielt die Vorschrift auf die Gewährung von Freiheiten im Zusammenhang mit entgeltlicher Betätigung. Im Zentrum steht jeweils die Arbeitsaufnahme bzw. Beschäftigung in einem anderen Mitgliedstaat als dem eigenen Heimatstaat.

748 Die Entgeltlichkeit der Betätigung war Gegenstand verschiedener Rechtsstreitigkeiten. Insbesondere war streitig, ob Ausbildungszeiten als entgeltliche Beschäftigung gelten können. Der EuGH hat das jedenfalls für die Fälle bejaht, in denen die Ableistung eines Referendariats mit dem Staat als einzigem Anbieter notwendiges Durchgangsstadium für das spätere Ergreifen eines Berufes, etwa im juristischen oder pädagogischen Bereich, ist.[210] Auch Profi-Sportler, die für ihre Tätigkeit eine Gegenleistung (idR Geld) erhalten, sodass ihre sportliche Betätigung den Charakter einer entgeltlichen Arbeitsleistung hat, sind als Arbeitnehmer zu betrachten.[211]

749 Ferner vermittelt Art. 45 AEUV dem Arbeitnehmer nur dann Rechte, wenn sein Arbeitsverhältnis ein grenzüberschreitendes Element enthält.[212] In Ausnahmefällen wurde ein grenzüberschreitendes Element auch dann angenommen, wenn ein Arbeit-

---

206 EuGH 3.7.1986 – 66/85, Slg. 1986, 2121 Rn. 16, 17 = BeckRS 2004, 73510 – Lawrie-Blum.
207 *Becker* in Ehlers Europäische Grundrechte und Grundfreiheiten § 9 Rn. 5.
208 S. auch EuGH 25.7.2002 – C-459/99, Slg. 2002, I-6591 = BeckRS 2004, 77359 – MRAX.
209 EuGH 7.5.1998 – C-350/96, Slg. 1998, I-2521 Rn. 19–25 = BeckRS 2004, 76648 – Clean Car-Autoservice.
210 EuGH 3.7.1986 – 66/85, Slg. 1986, 2121 = BeckRS 2004, 73510 – Lawrie-Blum; EuGH EuZW 2010, 97 Rn. 26 – Pesla.
211 EuGH 15.12.1995 – C-415/93, Slg. 1995, I-4921 Rn. 73 = BeckRS 2004, 77129 – Bosman; EuGH EuZW 2010, 342 Rn. 27 ff. – Olympique Lyonnais.
212 *Becker* in Ehlers Europäische Grundrechte und Grundfreiheiten § 9 Rn. 19.

nehmer einen im Ausland erlernten Beruf in seinem eigenen Heimatstaat ausüben will.[213]

Die Bestimmung im Einzelnen:

Art. 45 I AEUV normiert den Grundsatz, dass innerhalb der Gemeinschaft die Freizü- **750**
gigkeit der Arbeitnehmer gewährleistet wird. Die Bedeutung dieser Garantie wird ersichtlich, wenn man sich vergegenwärtigt, dass in den sechs Gründungsstaaten der EG
1973 etwa 900.000 Wanderarbeitnehmer Gebrauch von der Arbeitnehmerfreizügigkeit
machten. 1987 waren es dann in den damals zwölf Mitgliedstaaten bereits ca. 2,35 Millionen. Ihnen standen etwa 2,83 Millionen Arbeitnehmer aus Drittstaaten gegenüber.
Ende 2010 lebten allein in Deutschland ca. 2,44 Millionen Staatsangehörige aus den anderen Mitgliedstaaten der EU, darunter ca. 520.000 Italiener, ca. 420.000 Polen und ca.
280.000 Griechen.[214] Wegen der Befürchtung einer »Schwemme von Arbeitnehmern«
aus den neuen osteuropäischen Mitgliedstaaten haben dreizehn der alten Mitgliedstaaten in den jeweiligen Beitrittsverträgen Beschränkungen des Zugangs für entsprechende
Arbeitnehmer ausgehandelt. Auf der Grundlage eines Berichts der Kommission über
die Wirkung der Beschränkungen mussten sich die Mitgliedstaaten entscheiden, ob
diese Maßnahmen ab Mai 2006 um weitere drei Jahre verlängert werden sollten. Daraufhin entschlossen sich Belgien, Dänemark, Frankreich, Luxemburg und die Niederlande
für eine schrittweise Lockerung der Übergangsregelungen, während Österreich und
Deutschland die Beschränkungen aufrechthielten. Nach dem Ablauf dieser drei Jahre
im Mai 2009, kann ein Mitgliedstaat die Übergangsregelungen nunmehr nur noch im
Falle schwerwiegender Störungen des Arbeitsmarktes oder der Gefahr derartiger Störungen nach Mitteilung an die Europäische Kommission beibehalten. Übergangsregeln
bestehen seither lediglich in Deutschland und Österreich fort. Von dem den neuen Mitgliedstaaten zustehenden Recht zur Einführung reziproker Regelungen hat indes lediglich Ungarn Gebrauch gemacht, diese jedoch seit dem 1.1.2009 wieder außer Kraft gesetzt.

Nach dem Beitritt von Rumänien und Bulgarien haben Belgien, Deutschland, Irland,
Frankreich, Italien, Luxemburg, die Niederlande, Österreich und das Vereinigte
Königreich ihre Märkte für Arbeitnehmer aus diesen beiden Ländern noch nicht vollständig geöffnet. Der EuGH hat festgestellt, dass diese Übergangsregelungen und darauf gestützte Maßnahmen, wie etwa das Erfordernis einer Arbeitserlaubnis für Arbeitnehmer aus jenen Staaten, mit Art. 56 und 57 AEUV vereinbar sind.[215]

Art. 45 II AEUV kann als spezielle Ausprägung des allgemeinen Diskriminierungsver- **751**
bots des Art. 18 AEUV angesehen werden.[216] Hier wird das Gebot der Gleichbehandlung in Bezug auf Beschäftigung, Entlohnung und sonstige Arbeitsbedingungen festgelegt. Damit soll den Arbeitnehmern innerhalb der EU eine freie, also von der
Staatsangehörigkeit unabhängige, Standortwahl für die Ausübung ihrer Betätigung ermöglicht werden. Art. 45 II AEUV ist zudem lex specialis gegenüber dem aus der
Unionsbürgerschaft folgenden Freizügigkeitsrecht nach Art. 21 I AEUV, das aller-

---

213 EuGH 7.2.1979 – 115/78, Slg. 1979, 399 = BeckRS 2004, 71299 – Knoors; stRspr.
214 S. Schwarze/*Schneider/Wunderlich* AEUV Art. 45 Rn. 2.
215 EuGH EuZW 2011, 348 – Vicoplus.
216 *Becker* in Ehlers Europäische Grundrechte und Grundfreiheiten § 9 Rn. 21.

dings dann wieder auflebt, wenn bspw. ein Unionsbürger die Arbeitssuche aufgibt und sich deshalb nicht mehr auf Art. 45 III lit. a und b AEUV berufen kann.

752 Eine für Art. 45 II AEUV relevante Diskriminierung liegt vor, wenn unterschiedliche Regelungen auf vergleichbare Sachverhalte oder dieselben Vorschriften auf ungleiche Sachverhalte angewendet werden. Dabei verbietet Art. 45 II AEUV nicht nur die offene direkte Diskriminierung aus Gründen der Staatsangehörigkeit, sondern auch sog. verdeckte mittelbare Diskriminierungen, die durch Anknüpfungen an andere Voraussetzungen als die Staatsangehörigkeit wie zB Herkunftsort, Wohnsitz, Abschluss der Ausbildung oder Sprachfähigkeiten zum gleichen Ergebnis führen. Ein Nachweis für die tatsächliche Benachteiligung ist nicht erforderlich, es reicht vielmehr aus, dass eine Regelung potentiell geeignet ist, auf andere Arbeitnehmer stärkere Auswirkungen zu haben als auf Inländer.[217]

753 In Art. 45 III AEUV wird die Freizügigkeit durch die Gewährung des Rechtes auf den Zugang zum Arbeitsmarkt und das Einreise-, Aufenthalts- und Verbleiberecht für EU-Arbeitnehmer konkretisiert.

3. Räumlicher Schutzbereich

754 Der räumliche Schutzbereich der Vorschrift entspricht grundsätzlich dem in Art. 52 EUV und Art. 355 AEUV definierten Anwendungsbereich des Vertrags über die Arbeitsweise der Europäischen Union, der sich über den gesamten Bereich der Hoheitsgebiete der Mitgliedstaaten erstreckt.

755 Die unionsrechtlichen Freizügigkeitsregeln können aber auch dann anwendbar sein, wenn zwar die fragliche Tätigkeit außerhalb der Union ausgeübt wird, das Arbeitsverhältnis aber trotzdem einen räumlichen Bezug oder eine hinreichend enge Verbindung zum Gebiet der Union aufweist.[218]

4. Diskriminierungs- und Beschränkungsverbot

756 Nach seiner Formulierung zielt Art. 45 AEUV zunächst schwerpunktmäßig auf ein Verbot unterschiedlicher Behandlung, konkretisiert damit also im Kern das allgemeine Diskriminierungsverbot des Art. 18 AEUV. Deshalb war lange Zeit umstritten, ob Art. 45 AEUV über das Gebot der Inländergleichbehandlung hinaus ein weiterer Schutzgehalt zukommt.

757 Zu diesem Streit hat sich der EuGH im »Bosman«-Urteil geäußert.[219] Dort ging es um die Frage, inwieweit Transferregelungen im Profi-Fußball die Arbeitnehmerfreizügigkeit der Fußballspieler beeinträchtigen. Hier formulierte der EuGH:

> »Bestimmungen, die einen Staatsangehörigen eines Mitgliedstaats daran hindern oder davon abhalten, sein Herkunftsland zu verlassen, um von seinem Recht auf Freizügigkeit Gebrauch zu machen,

---

217 EuGH 23.5.1996 – Slg. 1996, I-2617 Rn. 18–21 = BeckRS 2004, 75327 – O'Flynn.

218 EuGH 30.4.1996 – C-214/94, Slg. 1996, I-2253 Rn. 15 = BeckRS 2004, 75138 – Boukhalfa.

219 EuGH 15.12.1995 – C-415/93, Slg. 1995, I-4921 = BeckRS 2004, 77129 – Bosman; vgl. auch die Folgeurteile zum Bosman-Urt. EuGH 11.4.2000 – C-51/96 und C-191/97, Slg. 2000, I-2549 = BeckRS 2004, 77521 – Deliège; EuGH 13.4.2000 – C-176/96, Slg. 2000, I-2681 = BeckRS 2004, 74696 – Lehtonen.

stellen (daher) Beeinträchtigungen dieser Freiheit dar, auch wenn sie unabhängig von der Staatsangehörigkeit des betroffenen Arbeitnehmers Anwendung finden.«[220]

Das Urteil wird weitgehend so ausgelegt, dass das Gericht den Anwendungsbereich **758** der Arbeitnehmerfreizügigkeit von einem bloßen Diskriminierungsverbot zu einem Beschränkungsverbot ausgedehnt hat.[221] Das bedeutet, dass Eingriffe in die Arbeitnehmerfreizügigkeit vorbehaltlich möglicher Rechtfertigungen unabhängig von einer Diskriminierung verboten sind.

5. Drittwirkung der Arbeitnehmerfreizügigkeit

Der Gleichbehandlungsgrundsatz des Art. 45 AEUV bindet nicht nur die Mitglied- **759** staaten und ihre Einrichtungen sowie die Unionsorgane, sondern auch Rechtssubjekte des Privatrechts.[222] Gerade Arbeitsbedingungen werden in Europa in der Regel von Privatrechtssubjekten und nicht von staatlichen Stellen festgelegt. Wenn das Diskriminierungs- und Beschränkungsverbot des Art. 45 AEUV auf staatliche Maßnahmen beschränkt wäre, könnten verbotene Mobilitätsschranken ohne Weiteres durch private Stellen wieder aufgerichtet werden. Dieses Ergebnis soll die Drittwirkung verhindern.[223]

Eine sekundärrechtlich verankerte Drittwirkung findet sich in Art. 7 IV der VO 1612/ **760** 1968/EWG (→ Rn. 767 ff.), der vorsieht, dass Bestimmungen in Einzelarbeitsverträgen, Tarifverträgen und sonstigen Kollektivverträgen nichtig sind, wenn sie hinsichtlich des Zugangs zur Beschäftigung, der Beschäftigung selbst, der Entlohnung sowie der übrigen Arbeits- und Kündigungsbedingungen unterschiedliche Regelungen für In- und Ausländer vorsehen oder zulassen.

II. Schranken und Ausnahmen

Nach der Rechtsprechung des EuGH sind bei Freizügigkeitsbeschränkungen mög- **761** liche Rechtfertigungstatbestände zu prüfen, die auf objektiven, von der Staatsangehörigkeit der betroffenen Arbeitnehmer unabhängigen Gründen beruhen und in einem angemessenen Verhältnis zum verfolgten Zweck stehen müssen. Mögliche Rechtfertigungsgründe geben Art. 45 III und IV AEUV vor.

1. Öffentliche Sicherheit, Ordnung und Gesundheit (Art. 45 III AEUV)

Bei den verwendeten Begriffen der öffentlichen Sicherheit, Ordnung und Gesundheit **762** handelt es sich um spezifisch unionsrechtliche Begriffe, die zB nicht mit dem deutschen Polizei- und Ordnungsrecht in Übereinstimmung zu stehen brauchen. So hat etwa der Gerichtshof in einem Urteil v. 26.2.1975 ausdrücklich festgestellt, dass nicht allein deswegen vom Vorbehalt des Art. 45 III AEUV unter dem Gesichtspunkt der öffentlichen Ordnung und Sicherheit Gebrauch gemacht werden kann, weil nach

---

220 EuGH 15.12.1995 – C-415/93, Slg. 1995, I-4921 Rn. 96 = BeckRS 2004, 77129 – Bosman; s. dazu auch das allgemeine Prüfungsschema → Rn. 643.
221 *Nettesheim* NVwZ 1996, 342; *Hobe/Tietje* JuS 1996, 486.
222 EuGH 12.12.1974 – 36/74, Slg. 1974, 1405 Rn. 16–19 = BeckRS 2004, 70975 – Walrave & Koch; EuGH 6.6.2000 – C-281/98, Slg. 2000, I-4139 Rn. 30–60 = BeckRS 2004, 75965 – Angonese.
223 Zur Drittwirkung von Grundfreiheiten vgl. *Becker* in Ehlers Europäische Grundrechte und Grundfreiheiten § 9 Rn. 45 ff.

deutschem Polizei- und Ordnungsrecht ein Verstoß gegen die öffentliche Sicherheit und Ordnung vorliegt.[224] Alle Vorbehalte sind als Einschränkungen der Grundfreiheiten eng auszulegen; bei der Auslegung der Vorbehalte haben die mitgliedstaatlichen Behörden aber grundsätzlich einen Beurteilungsspielraum. Sekundärrecht und Rechtsprechung des EuGH können die Schranken konkretisieren.

a) Öffentliche Sicherheit und Ordnung

763 Beschränkungen unter Berufung auf die öffentliche Sicherheit und Ordnung sind nur zulässig, wenn aufgrund objektiver Umstände von der betroffenen Person ein Verhalten zu erwarten ist, durch das ein Grundinteresse der Gesellschaft im Aufnahmestaat gegenwärtig, tatsächlich und hinreichend schwer gefährdet ist. Ausschlaggebend ist also das subjektive Verhalten der einzelnen Person, sodass generalpräventive Maßnahmen ausgeschlossen sind.[225] Verhaltensweisen dürfen ferner dann nicht als besondere Gefährdung der öffentlichen Sicherheit und Ordnung angesehen werden, wenn der jeweilige Mitgliedstaat bei seinen eigenen Staatsangehörigen keine oder keine vergleichbar drastischen Maßnahmen wegen solcher Verhaltensweisen ergreift.[226]

b) Gesundheit

764 Auch für diese Generalklausel gilt eine restriktive Handhabung, sodass eine gegenwärtige und erhebliche Gefährdung von Grundinteressen der Gesellschaft vorliegen muss. Die Gründe, die die Verweigerung der Einreise bzw. eine Ausweisung aufgrund von Krankheiten oder anderer Leiden rechtfertigen können, sind in der Freizügigkeitsrichtlinie 2004/38/EG konkretisiert (→ Rn. 769ff.).

2. Beschäftigung in der öffentlichen Verwaltung (Art. 45 IV AEUV)

765 In ständiger Rechtsprechung versteht der EuGH den Begriff der öffentlichen Verwaltung als spezifisch unionsrechtlichen Begriff. Dabei stellt er nicht auf die institutionelle Ausgestaltung, sondern auf die konkrete Funktion ab. Es kommt zentral darauf an, ob die in Rede stehende Tätigkeit unmittelbar oder mittelbar an die Ausübung hoheitlicher Befugnisse geknüpft ist und die Erledigung solcher Aufgaben mit sich bringt, die auf die Wahrnehmung der allgemeinen Belange des Staates oder anderer öffentlicher Körperschaften gerichtet ist,[227] wie etwa in Justiz, Polizei und Militär. Die Erfüllung solcher Aufgaben setze nämlich »ein Verhältnis besonderer Verbundenheit des jeweiligen Stelleninhabers zum Staat sowie die Gegenseitigkeit von Rechten und Pflichten voraus, die dem Staatsangehörigkeitsband zugrunde liegen«.[228] Dies ist etwa für die Einstellung in das damals noch als Beamtenverhältnis ausgestaltete Studienreferendariat verneint worden, da Studienreferendare zwar an der Notengebung und Versetzung der Schüler mitwirken, ihre hoheitlichen Befugnisse aber nicht von solchem Gewicht seien, dass eine Ausnahme nach Art. 45 IV AEUV gerechtfertigt wäre.[229] Auch das

---

224 EuGH 26.2.1975 – 67/74, Slg. 1975, 297 = BeckRS 2004, 73515 – Bonsignore/Stadt Köln.
225 Vgl. EuGH 26.2.1975 – 67/74, Slg. 1975, 297 = BeckRS 2004, 73515 Rn. 5ff. – Bonsignore/Stadt Köln.
226 EuGH 18.5.1982 – 115/81, Slg. 1982, 1665 Rn. 9 = BeckRS 2004, 71301 – Adoui.
227 EuGH 26.5.1982 – 149/79, Slg. 1980, 3881 Rn. 10 = BeckRS 20040/71712 – Kommission/Belgien.
228 EuGH 26.5.1982 – 149/79, Slg. 1980, 3881 Rn. 10 = BeckRS 20040/71712 – Kommission/Belgien; EuGH 2.7.1996 – C-290/94, Slg. 1996, I-3285 Rn. 2 = BeckRS 2004, 70644 – Kommission/Griechenland.
229 EuGH 3.7.1986 – 66/85, Slg. 1986, 2121 = BeckRS 2004, 73510 – Lawrie-Blum.

Rechtsreferendariat fällt nicht unter die Ausnahme, da Referendare, selbst wenn ihre Ausbildungsstellen öffentlich-rechtliche Einrichtungen darstellen, unter Aufsicht und weisungsgebunden agieren und nicht unmittelbar und spezifisch an der Ausübung öffentlicher Gewalt teilhaben.[230] In Deutschland steht Unionsbürgern der Weg in das Beamtenverhältnis generell offen, mit Verweis auf Art. 45 IV AEUV sind aufgabenabhängig Ausnahmen nach § 7 II BBG möglich.

3. Gründe des allgemeinen Wohls

Im Gegensatz zu Diskriminierungen aus Gründen der Staatsangehörigkeit können – ähnlich wie bei der Warenverkehrsfreiheit – unterschiedslos anwendbare Beschränkungen der Arbeitnehmerfreizügigkeit zudem dann aus dem Tatbestand ausgenommen bzw. gerechtfertigt sein, wenn sie zwingenden Gründen des Allgemeininteresses dienen.[231] Eine solche Regelung muss stets dem Verhältnismäßigkeitsgrundsatz genügen. **766**

III. Relevantes Sekundärrecht

Viele der sekundärrechtlichen Vorschriften wurden durch die Rechtsprechung des EuGH dergestalt präzisiert, dass sich in Teilbereichen der Regelungsgehalt des einschlägigen Sekundärrechts nicht mehr aus der Lektüre der jeweiligen Vorschriften allein erschloss. Längere Zeit arbeitete die Kommission daher an einer Anpassung des geltenden Sekundärrechts an die Rechtsprechung des EuGH sowie an veränderte wirtschaftliche und technische Rahmenbedingungen. Im Jahre 2004 wurde schließlich die sog. Freizügigkeitsrichtlinie verabschiedet, die mit Wirkung v. 30.4.2006 die VO 1612/1968/EWG ändert und mehrere Richtlinien aufhebt. **767**

1. VO 1612/1968/EWG des Rates über die Freizügigkeit der Arbeitnehmer in der Gemeinschaft v. 15.10.1968[232]

Die in der Praxis sehr bedeutsame VO 1612/1968/EWG normiert das Verbot der Diskriminierung nach der Staatsangehörigkeit beim Zugang zur Beschäftigung (Art. 1 ff.) sowie bei der Ausübung der Beschäftigung (Art. 7 ff.). Art. 6 der Verordnung legt fest, dass an EU-Ausländer hinsichtlich der allgemeinen beruflichen Anforderungen keine anderen Maßstäbe angelegt werden dürfen als an Inländer. Durch Art. 7–9 wird der Gleichbehandlungsgrundsatz für Arbeitnehmer konkretisiert, die die Staatsangehörigkeit eines Mitgliedstaats besitzen und die in einem anderen Mitgliedstaat abhängig beschäftigt sind (sog. Wanderarbeitnehmer). Sie genießen hinsichtlich einer Vielzahl von Aspekten ein Recht auf Inländergleichbehandlung: **768**

- **Art. 7 I:** Bezüglich Beschäftigungs- und Arbeitsbedingungen;
- **Art. 7 II:** Gleiche soziale Vergünstigungen (Konkretisierung für den Bereich der Sozialversicherung durch die VO 883/2004/EG);[233]
- **Art. 7 III:** Bezüglich des Zugangs und des Besuchs von Berufsschulen und Umschulungszentren.

---

230 EuGH EuZW 2010, 97 Rn. 30 ff. – Pesla.
231 EuGH 31.3.1993 – C-19/92, Slg. 1993, I-1663 Rn. 32 = BeckRS 2004, 74812 – Kraus.
232 ABl. 1968 L 257, 2; abgedr. in Sart. II, Nr. 180.
233 VO 883/2004/EG v. 29.4.2004 zur Koordinierung der Systeme der sozialen Sicherheit, ABl. 2004 L 166 v. 4.8.2007, 1, ber. Fassung in ABl. 2004 L 200, 1, abgedr. in Sart. II, Nr. 185.

- **Art. 7 IV:** Normiert, dass diskriminierende Bestimmungen in Einzelarbeitsverträgen, Tarifverträgen oder sonstigen Kollektivvereinbarungen nichtig sind. Insofern entfaltet der Gleichbehandlungsgrundsatz der Verordnung Drittwirkung.
- **Art. 8:** Normiert die Gleichbehandlung hinsichtlich der Ausübung von gewerkschaftlichen Rechten und
- **Art. 9:** Statuiert Inländergleichbehandlung hinsichtlich der Besitzerlangung und des Eigentumserwerbs des von Wanderarbeitnehmern benötigten Wohnraums.

2. RL 2004/38/EG über das Recht der Unionsbürger sich im Hoheitsgebiet der Mitgliedstaaten frei zu bewegen und aufzuhalten v. 29. 4. 2004[234]

769 Die bereits erwähnte Freizügigkeitsrichtlinie, die in Deutschland durch das Freizügigkeitsgesetz/EU[235] umgesetzt wurde, bezweckt, das Freizügigkeits- und Aufenthaltsrecht aller Unionsbürger und ihrer Familienangehörigen zu vereinheitlichen. Grundsätzlicher Ansatzpunkt soll nunmehr die Unionsbürgerschaft selbst sein. Die bestehenden verschiedenen Gemeinschaftsinstrumente, die zwischen verschiedenen Personengruppen, wie Arbeitnehmern, Selbstständigen oder Studenten trennen, werden zumindest sekundärrechtlich weitgehend vereinheitlicht.

770 Die Regelungen der Richtlinie gelten nach Art. 3 für jeden Unionsbürger und seine Familienangehörigen iSd Art. 2 II. Die Art. 4 und 5 statuieren das grundsätzliche Recht auf Aus- und Einreise. Dazu bedarf es lediglich eines gültigen Reisepasses bzw. Personalausweises. Die Mitgliedstaaten dürfen weder ein Visum noch einen gleichwertigen Nachweis verlangen, wobei hier Familienangehörige, die nicht selbst Unionsbürger sind, Einschränkungen unterworfen sind. Das Verbot erfasst sämtliche Formalitäten und sonstige Anforderungen, von denen die Einreise in das Hoheitsgebiet eines Mitgliedstaats abhängen soll und die zur Kontrolle des Ausweispapiers an der Grenze hinzukommen, unabhängig davon, wann, wo und in welcher Form die Erlaubnis erteilt wird. Ebenso unzulässig sind Fragen nach Zweck und Dauer der Reise sowie nach den entsprechenden finanziellen Mitteln.[236]

771 Zunächst besteht nach Art. 6 ein dreimonatiges Aufenthaltsrecht, das keiner Begründung bedarf. Ein Aufenthaltsrecht über drei Monate hinaus setzt nach Art. 7 entweder die Tätigkeit als Arbeitnehmer bzw. als Selbstständiger im Aufnahmestaat oder den Nachweis ausreichender Existenzmittel ohne Inanspruchnahme von Sozialhilfeleistungen voraus. Dieselben Rechte bestehen jeweils für die Familienangehörigen. Ein dauerhaftes Aufenthaltsrecht erwirbt nach Art. 16, wer sich rechtmäßig fünf Jahre unterbrochen im Aufnahmestaat aufgehalten hat. Ein dauerhaftes Aufenthaltsrecht erwirbt nach Art. 17 auch, wer nach mindestens dreijähriger Tätigkeit im Aufnahmestaat aus dem Erwerbsleben ausscheidet.

772 Die Richtlinie legt schließlich in den Art. 27ff. die Anwendung des Ordnungsvorbehalts des Art. 45 III AEUV fest. Grundsätzlich dürfen Mitgliedstaaten die Freizügigkeit aus Gründen der öffentlichen Ordnung, Sicherheit und Gesundheitbeschränken. Diese Möglichkeit der Mitgliedstaaten wird durch die Richtlinie in Übereinstimmung

---

234 ABl. 2004 L 158, 77.
235 Zuletzt geänd. durch das Gesetz zur Änderung des Bundespolizeigesetzes und anderer Gesetze (BPolGuaÄnG) v. 26. 2. 2008, BGBl. I S. 215, abgedr. in Sart. I, Nr. 560.
236 Vgl. EuGH 30. 5. 1991 – C-68/89, Slg. 1991, I-2637 = BeckRS 2004, 77689 – Kommission/Niederlande.

mit der bisherigen Rechtsprechung des EuGH genauer ausgeformt und eingeschränkt. Nach Art. 27 I 2 der Richtlinie darf der Vorbehalt nicht für wirtschaftliche Zwecke benutzt werden. Nach Art. 27 II der Richtlinie darf bezüglich Maßnahmen der öffentlichen Sicherheit oder Ordnung nur das persönliche Verhalten des Betroffenen ausschlaggebend sein, wobei eine strafrechtliche Verurteilung per se nicht ausreicht, sondern es vielmehr auf die entsprechenden Einzelfallumstände ankommt.[237]

Art. 29 der Richtlinie regelt die Einschränkungsmöglichkeiten der Freizügigkeit aus Gründen der Gesundheit. Eine Einschränkung rechtfertigen hier allein Krankheiten mit epidemischem Potenzial sowie sonstige ansteckende Krankheiten, gegen die Maßnahmen zum Schutz der Staatsangehörigen des Aufnahmestaats getroffen werden. **773**

Die Entscheidung über eine Beschränkung des Aufenthaltsrechts muss dem Betroffenen nach Art. 30 mitgeteilt und begründet werden. Art. 31 legt umfangreiche Verfahrensgarantien fest. **774**

3. VO 883/2004/EG v. 29.4.2003 zur Koordinierung der Systeme der sozialen Sicherheit[238]

Diese Verordnung über die Koordinierung der Systeme der sozialen Sicherheit garantiert die Gleichbehandlung von Beschäftigen (Arbeitnehmer und Selbstständige) sowie deren Familienangehörigen in den sozialen Sicherungssystemen. Dabei wird kein einheitliches europäisches System geschaffen, sondern es werden lediglich nationale Systeme koordiniert. Die Art. 11–13 der VO legen zunächst fest, welchen Rechtsvorschriften eines Mitgliedstaats die jeweilige Person unterliegt. Entscheidend ist grundsätzlich der Ort der Beschäftigung. Gemäß Art. 4 der VO stehen ihr dann die gleichen Rechte und Pflichten aufgrund der Rechtsbestimmungen dieses Mitgliedstaats zu, wie den Staatsangehörigen dieses Staates. Die VO gilt nach Art. 3 für Sozialversicherungsleistungen bei Krankheit, Mutterschaft, Invalidität, Alter, Arbeitsunfällen, Berufskrankheiten und Arbeitslosigkeit sowie für Vorruhestands- und Familienleistungen. Nach Art. 6 der VO werden die Versicherungszeiten, die in den einzelnen Mitgliedstaaten erworben wurden, zusammengerechnet. **775**

4. VO 44/2001/EG v. 22.12.2000[239]

Die Verordnung zur gerichtlichen Zuständigkeit und der Anerkennung und Vollstreckung von Entscheidungen in Zivil- und Handelssachen beschränkt die Möglichkeit, die internationale Zuständigkeit für individuelle Arbeitsverträge im Rahmen von Gerichtsstandsvereinbarungen zu verankern. Eine Klage des Arbeitgebers kann nach Art. 20 der Verordnung nur am Wohnort des Arbeitnehmers erhoben werden. Eine Klage des Arbeitnehmers kann gem. Art. 19 wahlweise am Wohnort des Arbeitgebers oder bei sonstigen Gerichtsständen erhoben werden. **776**

---

237 Vgl. dazu EuGH 29.9.2004 – C-482/01, Slg. 2004, I-5257 = BeckRS 2004, 77461 – Orfanopoulos und Oliveri/Baden-Württemberg.
238 ABl. 2004 L 166, 1.
239 ABl. 2001 L 12, 1.

5. Studenten/berufsqualifizierende Abschlüsse

777 Studenten können sich nicht auf Art. 45 AEUV bzw. hierzu ergangenes Sekundärrecht berufen, sondern sind auf die Art. 18 und 21 AEUV beschränkt. Das Sekundärrecht sieht dabei keine Gleichstellung hinsichtlich sozialer Sicherheiten wie zB BAföG vor.[240] In seiner 2005 ergangenen Entscheidung *Bidar* hat der Gerichtshof allerdings aus eben den Art. 18 und 21 AEUV (früher geregelt in Art. 12 und 18 EG) einen Anspruch ausländischer Studenten auf Gleichbehandlung auch bei Unterhaltsleistungen hergeleitet. Früher hatte der Gerichtshof noch geurteilt, dass nur die Frage der Studiengebühren selbst in den Anwendungsbereich des Art. 18 AEUV fiele. Eine darüber hinausgehende Förderung des studentischen Lebensunterhalts sei Teil der Kultur- und Sozialpolitik und damit Sache der Mitgliedstaaten.[241] Davon wich der EuGH in seiner Entscheidung *Bidar* ab und verwies dazu auf die Einführung der Unionsbürgerschaft und des Titels XI EG (jetzt geregelt in Titel X AEUV) zur Sozialpolitik.[242] Ein Student, der sich zu Studienzwecken ins Ausland begebe, mache von der Bewegungsfreiheit des Art. 21 AEUV Gebrauch. Die Mitgliedstaaten könnten jedoch darauf achten, dass die Gewährung von Unterhaltsbeihilfen nicht zu einer übermäßigen Belastung werde und jene auf solche Studenten beschränken, die nachgewiesen hätten, dass sie sich bis zu einem gewissen Grad in die Gesellschaft dieses Staates integriert hätten.[243] Insoweit dürfte eine Ungleichbehandlung gerechtfertigt sein. Dieses Urteil ist wegen seiner finanziellen Folgen, der Einebnung von Unterschieden zu den speziellen Grundfreiheiten sowie der Umgehung entgegenstehenden Sekundärrechts starker Kritik ausgesetzt.[244]

778 Mit der Anerkennung von Studien-, Ausbildungs-, Schul- und Berufsabschlüssen befasst sich schließlich die RL 2005/36/EG über die Anerkennung von Berufsqualifikationen,[245] die eine Vielzahl früherer sekundärrechtlicher Regelungen zusammenfasst. Wenn allerdings keine sekundärrechtliche Regelung zur Anerkennung existiert, dann ist es grundsätzlich Sache der Mitgliedstaaten, die Voraussetzungen für den Zugang zu bestimmten Berufen zu regeln.[246] Diese Regelungen müssen unter Beachtung und Wahrung der Freizügigkeit getroffen werden, dürfen diese also nicht beschränken.[247] Die nationalen Behörden dürfen daher den Zugang zu einem bestimmten Beruf nicht wegen des Nichtvorliegens eines nationalen Abschlusses verweigern, sondern müssen prüfen, ob die im Herkunftsstaat erworbenen Kenntnisse den nach nationalem Recht

---

240 Vgl. Art. 24 II der FreizügigkeitsRL 38/2004/EG, ABl. 2004 L 158, 77.
241 EuGH 21.6.1988 – 39/86, Slg. 1988, 3161 = BeckRS 2004, 71074 – Lair; EuGH 21.6.1988 – 197/86, Slg. 1988, 3205 = BeckRS 2004, 72180 – Brown.
242 EuGH 15.3.2005 – C-209/03, Slg. 2005, I-2119 Rn. 39–42 = BeckRS 2005, 70203 – Bidar.
243 EuGH 15.3.2005 – C-209/03, Slg. 2005, I-2119 Rn. 56f. = BeckRS 2005, 70203 – Bidar, eine Verbindung zum nationalen Arbeitsmarkt könne dagegen nicht verlangt werden (→ Rn. 58); s. auch EuGH EuZW 2007, 767 Rn. 43 – Morgan, wonach eine staatliche Förderung eines Auslandsstudiums nicht von einer vorherigen Ausbildung oder eines einjährigen Studiums im Inland abhängig gemacht werden kann.
244 Vgl. *Bode* EuZW 2005, 279.
245 ABl. 2005 L 255, 22, abgedr. in Sart. II, Nr. 184, sog. Hochschuldiplomrichtlinie; zul. geänd. durch VO 1127/2008/EG v. 22.10.2008, ABl. 2008 L 311, 1.
246 Schwarze/*Schneider*/*Wunderlich* AEUV Art. 45 Rn. 66ff.
247 Zur Rechtmäßigkeit des Verbots des Führens bestimmter im Ausland erworbener akademischer Grade s. *Obwexer* EuZW 2008, 300.

erforderlichen Kenntnissen gleichwertig sind.[248] Ist dies der Fall, besteht seitens des Aufnahmestaats die Pflicht, den ausländischen Abschluss anzuerkennen.

§ 17 Niederlassungsfreiheit

Literatur: Calliess/Ruffert/*Bröhmer* AEUV Art. 49; *Burgi,* Freier Personenverkehr in Europa und nationale Verwaltung, JuS 1996, 958; *Däubler/Heuschmid,* Cartesio und MoMiG – Sitzverlagerung ins Ausland und Unternehmensmitbestimmung, NZG 2009, 493; *Epping/Lenz* Fallrep EuropaR 119–127 (Fall 15), 143–150 (Fall 18); *Freitag,* Der Wettbewerb der Rechtsordnungen im internationalen Gesellschaftsrecht (Anmerkung zur Centros-Entscheidung), EuZW 1999, 267; *Frobenius,* »Cartesio«: Partielle Wegzugsfreiheit für Gesellschaften in Europa, DStR 2009, 487 ff.; *Germelmann,* Konkurrenz von Grundfreiheiten und Missbrauch von Gemeinschaftsrecht – Zum Verhältnis von Kapitalverkehrs- und Niederlassungsfreiheit in der neueren Rechtsprechung, EuZW 2008, 596 ff.; *Grohmann,* Beschränkungen des Wegzugs von Gesellschaften innerhalb der EU – Rechtssache Cartesio, EuZW 2008, 463; *Grohmann/Gruschinske,* Beschränkungen des Wegzugs von Gesellschaften innerhalb der EU – die Rechtssache Cartesio, EuZW 2008, 463 ff.; *Hatje,* Die Niederlassungsfreiheit im europäischen Binnenmarkt, JURA 2003, 160; *Hennrichs/Pöschke/v. d. Laage und andere,* Die Niederlassungsfreiheit der Gesellschaften in Europa, ZWB 2009, 2009; *Horn,* Deutsches und europäisches Gesellschaftsrecht und die EuGH-Rechtsprechung zur Niederlassungsfreiheit – Inspire Art, NJW 2004, 893; *Kilian,* Freizügigkeit der Anwälte in der EU, JA 2000, 429; *Kindler,* Auf dem Weg zur Europäischen Briefkastengesellschaft? Die »Überseering«-Entscheidung des EuGH und das internationale Privatrecht, NJW 2003, 1073; *Kluth/Rieger,* Die neue Berufsanerkennungsrichtlinie – Regelungsgehalt und Auswirkungen für Berufsangehörige und Berufsorganisation, EuZW 2005, 486 (491); *Oppermann/Classen/Nettesheim* EuropaR § 28; *Lenz/Borchardt/Scheuer* AEUV Art. 53; *Tietje* in Ehlers Europäische Grundrechte und Grundfreiheiten § 10.

I. Grundkonzeption und Schutzbereich

Die Niederlassungsfreiheit ist Teil des Binnenmarktes (Art. 26 II AEUV) und ermöglicht dem selbstständig Erwerbstätigen die freie Wahl des Unternehmensstandortes, was eine Entscheidung ermöglichen soll, die sich nur an ökonomischen Gesichtspunkten orientiert.[249] Damit bezweckt sie die Förderung von wirtschaftlicher und sozialer Mobilität sowie der wirtschaftlichen Verflechtungen der Mitgliedstaaten.[250]   779

1. Persönlicher Schutzbereich

In den Schutzbereich der Niederlassungsfreiheit sind Staatsangehörige der Mitgliedstaaten unabhängig davon einbezogen, ob sie ihren Wohnsitz in der EU haben oder nicht. Unbeachtlich ist dabei auch, ob sie neben der Staatsangehörigkeit eines der Mitgliedstaaten auch noch die eines Drittstaates besitzen.[251] Die Gründung von Agenturen, Zweigniederlassungen usw. ist allerdings gem. Art. 49 I 2 AEUV nur geschützt, wenn der Begünstigte auch im Hoheitsgebiet eines Mitgliedstaates ansässig ist.   780

Gleichfalls geschützt sind gem. Art. 54 AEUV die nach den Rechtsvorschriften eines Mitgliedstaates zulässig gegründeten Gesellschaften, die ihren satzungsmäßigen Sitz,   781

---

248 EuGH 15.10.1987 – 222/86, Slg. 1987, 4097 Rn. 13 = BeckRS 2004, 72405 – Heylens.
249 *Tietje* in Ehlers Europäische Grundrechte und Grundfreiheiten § 10 Rn. 2.
250 EuGH 30.11.1995 – C-55/94, Slg. 1995, I-4165 Rn. 25 = BeckRS 2004, 77557 – Gebhard.
251 EuGH 7.7.1992 – C-369/90, Slg. 1992, I-4239 = BeckRS 2004, 76798 – Micheletti.

ihre Hauptverwaltung oder ihre Hauptniederlassung innerhalb der Union haben.[252] Als Gesellschaften gelten nach Art. 54 II AEUV Gesellschaften des bürgerlichen sowie des Handelsrechts, wobei Genossenschaften sowie sonstige juristische Personen des öffentlichen wie auch des Privatrechts, soweit sie Erwerbszwecke verfolgen, eingeschlossen sind. Ausgenommen sind damit gemeinnützige Gesellschaften.[253] Die deutsche OHG, die KG und die Gesellschaft bürgerlichen Rechts sind von diesem europarechtlichen Gesellschaftsbegriff mit umfasst. Tochterunternehmen ausländischer Gesellschaften aus Nichtmitgliedstaaten können sich auf die Niederlassungsfreiheit berufen, wenn sie ihren gesellschaftsrechtlichen Hauptsitz in einem Mitgliedstaat haben und eine Zweigniederlassung in einem anderen Mitgliedstaat gründen. Die Staatsangehörigkeit der Gesellschafter oder der Kapitaleigner ist dabei irrelevant.[254]

2. Sachlicher Schutzbereich

782 Die Niederlassungsfreiheit schützt die grenzüberschreitende Aufnahme und Ausübung einer selbstständigen Erwerbstätigkeit auf der Grundlage einer festen und ständigen Einrichtung in einem anderen Mitgliedstaat auf unbestimmte Zeit.[255] Die selbstständige Erwerbstätigkeit unterscheidet dabei die Niederlassungsfreiheit von der Arbeitnehmerfreizügigkeit. Unter selbstständigen Erwerbstätigkeiten sind alle nach eigener Disposition und auf eigenes wirtschaftliches Risiko tatsächlich ausgeübten Tätigkeiten zu verstehen, die der Erzielung von Einkommen dienen.

783 In Abgrenzung zur Dienstleistungsfreiheit zielt die Niederlassungsfreiheit auf eine sowohl dauerhafte als auch rechtliche Eingliederung in den Wirtschaftsablauf des Aufnahmestaates ab. Weitere Abgrenzungskriterien gegenüber der Dienstleistungsfreiheit sind die Häufigkeit der Tätigkeit, die regelmäßige Wiederkehr bzw. ihre Kontinuität.[256]

784 Nicht erforderlich ist, dass das Unternehmen in nur einem Mitgliedstaat ansässig ist, vielmehr sind gleichzeitig Niederlassungen in anderen Mitgliedstaaten möglich.[257] Dabei kann ein Unternehmen unterschiedliche Standards für die Errichtung von Gesellschaften und für die Gründung von Zweigniederlassungen ausnutzen.[258]

785 Strittig war lange Zeit, ob zur von der Niederlassungsfreiheit erfassten freien Standortwahl auch der Erhalt der bisherigen Rechtsfähigkeit zählt. Nach der gesellschaftsrechtlichen Sitztheorie wird nämlich bei der Verlegung des effektiven Verwaltungssitzes die Neugründung im Aufnahmestaat verlangt. Hatte der EuGH dabei zunächst in der Rechtssache »Centros«[259] die Neugründung bei der Begründung einer Zweigniederlassung lediglich für nicht erforderlich gehalten, so judizierte er in seinem Urteil »Über-

---

252 *Tietje* in Ehlers Europäische Grundrechte und Grundfreiheiten § 10 Rn. 16.
253 Vgl. EuGH 17.6.1997 – C-70/95, Slg. 1997, I-3395 = BeckRS 2004, 77725 – Sodemare SA.
254 EuGH 25.7.1991 – C-221/89, Slg. 1991, I-3905 Rn. 33 = BeckRS 2004, 75196 – Factortame Ltd.
255 Der Schutzbereich der Niederlassungsfreiheit ist nicht legal definiert, vgl. *Tietje* in Ehlers Europäische Grundrechte und Grundfreiheiten § 10 Rn. 17.
256 EuGH 30.11.1995 – C-55/94, Slg. 1995, I-4165 Rn. 27 = BeckRS 2004, 77557 – Gebhard. Zur Abgrenzung der Niederlassungsfreiheit von der Kapitalverkehrsfreiheit, s. *Germelmann* EuZW 2008, 596.
257 EuGH 1.7.1965 – 107/63, Slg. 1984, 2971 Rn. 19 = BeckRS 2004, 70666 – Klopp.
258 So EuGH 9.3.1999 – C-212/97, Slg. 1999, I-1459 Rn. 27 = BeckRS 2004, 75214 – Centros.
259 EuGH 9.3.1999 – C-212/97, Slg. 1999, I-1459 = BeckRS 2004, 75214 – Centros.

seering«[260] ausdrücklich, dass es gegen die Niederlassungsfreiheit verstoße, wenn ein Mitgliedstaat einer nach dem Recht eines anderen Mitgliedstaates wirksam gegründeten Gesellschaft mit satzungsmäßigem Sitz in einem anderen Mitgliedstaat die Rechts- und Parteifähigkeit abspreche, weil die Gesellschaft ihren tatsächlichen Verwaltungssitz verlegt habe, ohne eine vom Recht des Aufnahmestaates vorgesehene Rechtsform zu haben. Die Mitgliedstaaten seien vielmehr nach Art. 43 und 48 EG – nunmehr Art. 49 und 54 AEUV – verpflichtet, nach dem Recht anderer Mitgliedstaaten wirksam gegründete Gesellschaften als rechts- und parteifähig anzuerkennen, soweit das Recht des Gründungsstaates ihnen diese Freiheit zuspreche.[261] Damit hatte der EuGH das »Hereinverlegen« des Sitzes als Teil der Niederlassungsfreiheit qualifiziert und in »SEVIC«[262] dasselbe für das »Hineinverschmelzen« angenommen.

Nunmehr hat der EuGH in der Rechtssache »Cartesio«,[263] insoweit in Fortführung der bereits in der Rechtssache »Daily Mail« festgelegten Grundsätze, entschieden, dass demgegenüber der Wegzug einer Gesellschaft nationalen Beschränkungen unterliegt, genauer, dass es keinen europarechtlichen Anspruch auf formwahrenden Wegzug gibt. Mit anderen Worten schützen Art. 49, 54 AEUV nicht eine Verlegung des Sitzes unter Wahrung des Herkunftsstatuts. Zulässig ist die grenzüberschreitende Verlegung des Sitzes aber unter Änderung des Gesellschaftsstatuts. Somit hat sich der EuGH gegen einen Gleichklang zwischen Zuzugs- und Wegzugsfreiheit ausgesprochen.[264]   **786**

Obwohl die Grundfreiheit von der Formulierung her an ein bloßes Diskriminierungsverbot erinnert, wie dies auch in der frühen Rechtsprechung des EuGH zum Ausdruck kam,[265] entspricht es nun der allgemeinen Ansicht, dass der EuGH in jüngerer Rechtsprechung die Niederlassungsfreiheit zu einem allgemeinen Beschränkungsverbot erweitert hat.[266]   **787**

Die Niederlassungsfreiheit ist allerdings nur bei einem *grenzüberschreitenden Bezug* des Sachverhalts anwendbar. Die Schlechterstellung eigener Staatsangehöriger gegenüber EU-Ausländern erweist sich nicht als Problem der Niederlassungsfreiheit. Von dieser Regel wird allerdings von der Rechtsprechung dann eine Ausnahme gemacht, wenn der in Rede stehende Sachverhalt einen *europarechtlichen Bezug hat*. Dann ist ggf. die Berufung auf die Niederlassungsfreiheit auch gegenüber dem eigenen Staat möglich.[267] So hat der EuGH aus Art. 49 AEUV etwa das Recht von Inländern auf An-   **788**

---

260 EuGH 5.11.2002 – C-208/00, Slg. 2002, I-9919 Rn. 52ff. = BeckRS 2004, 74969 – Überseering BV/ NCC Baumanagement GmbH.

261 S. zu dieser Vorbedingung EuGH 27.9.1988 – 81/87, Slg. 1988, 5483 Rn. 15 = BeckRS 2004, 73768 – Daily Mail.

262 EuGH 13.12.2005 – C-411/03, Slg. 2005, I-10805 = BeckRS 2005, 70961 – SEVIC.

263 EuGH NZG 2009, 61ff. – CARTESIO. Cartesio, eine nach dem ungarischen Recht gegründete Kommanditgesellschaft, wollte ihren Sitz nach Italien verlegen, das ungarische Recht kennt hingegen keine Gesellschaften, die ihren Sitz außerhalb Ungarns haben (entspr. der Sitztheorie). Cartesio berief sich auf eine »Wegzugsfreiheit« nach Art. 43, 48 EG aF (jetzt Art. 49, 54 AEU). Der EuGH folgte dem nicht und entschied, dass das nationale Recht die Sitzverlegung unter Wahrung des Statuts verbieten könne. Zu der Bedeutung des Urteils vgl. *Hennrichs/Pöschke/v. d. Laage/Klawina* WM 2009, 2009ff.

264 Hierzu *Däubler/Heuschmid* NZG 2009, 493ff.; *Grohmann/Gruschinske* EuZW 2008, 463ff.; *Frobenius* DStR 2009, 487ff.

265 EuGH 12.2.1987 – 221/85, Slg. 1987, 734 Rn. 11 = BeckRS 2004, 72395 – Kommission/Belgien.

266 So bereits EuGH 1.7.1965 – 107/63, Slg. 1984, 2971 = BeckRS 2004, 70666 – Klopp; s. auch Calliess/Ruffert/*Bröhmer* EG Art. 49 Rn. 21 mwN.

267 EuGH 7.2.1979 – 136/78, Slg. 1979, 437 Rn. 10ff. = BeckRS 2004, 71567 – Auer.

erkennung einer in einem anderen Mitgliedstaat erworbenen Berufsausbildung abgeleitet.[268]

3. Adressaten

789 Neben den Mitgliedstaaten können unter Umständen auch Private Adressaten der Niederlassungsfreiheit sein. So hat der EuGH durch die Annahme einer Beschränkung der Niederlassungsfreiheit eines Unternehmens durch Kollektivmaßnahmen, die von Seiten einer Gewerkschaft durchgeführt wurden, den Kreis der Verpflichteten auf diese Vereinigungen erweitert.[269]

II. Schranken und Ausnahmen

1. Teilhabe an der Ausübung öffentlicher Gewalt (Art. 51 I AEUV)

790 Die Niederlassungsfreiheit ist nicht auf Tätigkeiten anwendbar, die in einem Mitgliedstaat dauernd oder zeitweise mit der Ausübung öffentlicher Gewalt verbunden sind. Es handelt sich wie bei Art. 45 IV AEUV nicht um eine abstrakte Betrachtung, sondern um eine Beurteilung des Einzelfalls, also der Frage, ob ein konkretes Berufsbild unmittelbar und spezifisch mit der Ausübung öffentlicher Gewalt verbunden ist. Dabei werden nur bestimmte Tätigkeiten von den Ausnahmen erfasst, nicht aber per se ganze Berufsgruppen. Etwas anderes gilt nur dann, wenn die Berufsausübung als Ganzes so sehr durch die mit der Ausübung hoheitlicher Gewalt verbundenen Tätigkeiten geprägt ist, dass eine Abstraktion unmöglich ist.[270]

791 Art. 51 I AEUV ist als Ausnahmetatbestand eng auszulegen.[271] Er ist deshalb auf Tätigkeiten beschränkt, die zur Wahrnehmung der Interessen eines Mitgliedstaates, insbesondere im Rahmen der Aufrechterhaltung der inneren und äußeren Sicherheit, unbedingt erforderlich sowie unmittelbar und spezifisch (nicht etwa nur gelegentlich oder vorbereitend) mit der Ausübung öffentlicher Gewalt verbunden sind.[272] Maßgeblich dürften dabei die Entscheidungsautonomie der handelnden Stelle und insbesondere das Element des einseitigen Zwangs sein. Dabei ist die Ausgestaltung des konkreten Beschäftigungsverhältnisses irrelevant, also etwa die Frage, ob die öffentliche Gewalt durch staatliche Amtsträger oder durch Private, im Angestellten- oder im Beamtenverhältnis ausgeübt wird.

792 Ein Beispiel für das Nichtvorliegen der Ausübung öffentlicher Gewalt iSd Art. 51 I AEUV sind etwa rechtsanwaltliche Tätigkeiten bei Gericht. Rechtsanwälte wirken dort zwar an der Ausübung öffentlicher Gewalt mit, das Berufsbild ist aber nicht klassischerweise dadurch geprägt. Die teilweise obligatorische Mitwirkung von Rechtsanwälten bei Gericht genügt den Anforderungen nicht.[273] Der EuGH hat auch entschieden, dass die Tätigkeit von Notaren nicht unter Art. 51 I AEUV fällt und damit die Beschränkung auf deutsche Staatsangehörige nach § 5 BNotO nicht gerechtfertigt werden kann. Der Gerichtshof stellt insbesondere darauf ab, dass die Leistung der No-

---

268 EuGH 31.3.1993 – C-19/92, Slg. 1993, I-1663 Rn. 15 = BeckRS 2004, 74812 – Kraus.

269 EuGH BeckRS 2007, 465581 – Viking; s. dazu auch das allgemeine Prüfungsschema → Rn. 643.

270 EuGH 2/74, Slg. 1974, 631 Rn. 44–47 – Reyners.

271 *Tietje* in Ehlers Europäische Grundrechte und Grundfreiheiten § 10 Rn. 59.

272 EuGH 21.6.1974 – 2/74, Slg. 1974, 631 Rn. 45ff. = BeckRS 2004, 72208.

273 EuGH 10.12.1991 – C-306/89, Slg. 1991, I-5863 Rn. 7 = BeckRS 2004, 76190 – Kommission/Griechenland.

tare auf Wunsch der Mandanten erfolge und damit freiwillig sei; zudem sieht er die Notare in einer, wenn auch beschränkten Wettbewerbssituation. Dies sei für die Ausübung öffentlicher Gewalt eher unüblich.[274]

2. Rechtfertigungsgründe

a) Öffentliche Ordnung, Sicherheit und Gesundheit (Art. 52 I AEUV)

Als Beschränkung der Grundfreiheit ist der Rechtfertigungstatbestand des Art. 52 I AEUV eng auszulegen. Er umfasst sowohl diskriminierende Maßnahmen als auch »erst recht« nichtdiskriminierende Maßnahmen. Damit ist er über den Wortlaut des Art. 52 I AEUV hinaus auch für unterschiedslos die Niederlassungsfreiheit berührende Maßnahmen anwendbar. Inhaltlich kann hier auf die Ausführungen zu Art. 45 III AEUV unter → Rn. 762 ff. verwiesen werden. Auch hier hat die Schranke durch die Rechtsprechung des EuGH und durch das Sekundärrecht eine Konkretisierung erfahren. Zu Letzterem ist hier vor allem auf die Art. 27 ff. der bereits näher vorgestellten Freizügigkeitsrichtlinie 2004/38/EG[275] zu verweisen. Schließlich müssen in die Niederlassungsfreiheit eingreifende Maßnahmen verhältnismäßig sein. Hier ist etwa zu beachten, ob der Aufnahmestaat eine entsprechende Maßnahme für eigene Staatsangehörige vorsieht. So kann zB eine Ausweisung wegen Prostitution nur erfolgen, wenn der jeweilige Staat auch die Prostitution eigener Staatsangehöriger bekämpft.[276] 793

b) Zwingende Gründe des Allgemeininteresses als ungeschriebene Beschränkungsmöglichkeit

Der EuGH hat festgestellt, dass formal nicht diskriminierende Beschränkungen des Art. 49 AEUV zulässig sind, wenn sie aus zwingenden Gründen des Allgemeinwohls erfolgen und verhältnismäßig sind.[277] Damit hat er die *»Cassis de Dijon«*-Rechtsprechung zur Warenverkehrsfreiheit auf die Niederlassungsfreiheit übertragen. 794

Danach müssen *vier Voraussetzungen* erfüllt sein: 795

- Die Maßnahme muss *formal nicht diskriminierend* sein,
- die Einschränkung muss aus *zwingenden Interessen des Allgemeinwohls* erfolgen,
- sie muss *geeignet* sein, die Verwirklichung des mit der Maßnahme verfolgten Zieles zu gewährleisten,
- sie darf *nicht über das hinausgehen,* was zur Erreichung dieses Ziels erforderlich ist.[278]

Der EuGH geht dazu über, auch formal diskriminierende Maßnahmen am Maßstab der zwingenden Gründe des öffentlichen Interesses zu messen.[279] 796

---

274 EuGH EuZW 2011, 468 Rn. 84 ff. – Kommission/Deutschland.
275 ABl. 2004 L 158, 77.
276 EuGH 18.5.1982 – 115/81, Slg. 1982, 1665 Rn. 9 = BeckRS 2004, 71301 – Adoui.
277 EuGH 30.11.1995 – C-55/94, Slg. 1995, I-4165 Rn. 37 = BeckRS 2004, 77557 – Gebhard; EuGH
    9.3.1999 – C-212/97, Slg. 1999, I-1459 Rn. 34 = BeckRS 2004, 75214 – Centros.
278 EuGH 30.11.1995 – C-55/94, Slg. 1995, I-4165 Rn. 37 = BeckRS 2004, 77557 – Gebhard.
279 EuGH 15.5.1997 – C-250/95, Slg. 1997, I-2471 = BeckRS 2004, 75444 – Futura Participations SA.

III. Relevantes Sekundärrecht

1. Freizügigkeitsrichtlinie 2004/38/EG

797 Vgl. dazu die Ausführungen zur Arbeitnehmerfreizügigkeit (→ Rn. 160 ff.).

2. Ermächtigung zur Sekundärrechtsetzung in Art. 53 I und II AEUV

798 Art. 53 I AEUV ermächtigt den Rat und das Parlament, im ordentlichen Gesetzgebungsverfahren Richtlinien für die gegenseitige Anerkennung von Diplomen, Prüfungszeugnissen und sonstigen Befähigungsnachweisen zu erlassen. Art. 53 I 2. Alt. AEUV
ermächtigt den Rat ferner, Richtlinien zur Koordinierung der Rechts- und Verwaltungsvorschriften der Mitgliedstaaten über die Aufnahme und Ausübung selbstständiger Tätigkeiten zu erlassen. Von beiden Ermächtigungen, die bereits in den Vorgängervor-
schriften enthalten waren, hat der Rat in zahlreichen Fällen Gebrauch gemacht. Die
Richtlinien betreffen oftmals aufgrund des Art. 55 EG (nun Art. 62 AEUV) nicht nur
die Niederlassungsfreiheit, sondern auch den Bereich der Dienstleistungsfreiheit.[280]

799 So sind gem. Art. 47 EG (jetzt Art. 53 I AEUV) zahlreiche Richtlinien zur Anerkennung von Ausbildungen und Prüfungen diverser Berufsgruppen erlassen worden.
Dies sind etwa:

- RL 1989/48/EWG des Rates v. 21.12.1988 über eine allgemeine Regelung zur Anerkennung der Hochschuldiplome, die mindestens eine dreijährige Berufsausbildung
  abschließen,[281]
- RL 1992/51/EWG des Rates v. 18.6.1992 über eine zweite allgemeine Regelung zur
  Anerkennung beruflicher Befähigungsnachweise,[282]
- die Ergänzung dieser Regelungen durch die RL 1999/42/EG des Europäischen Parlaments und des Rates v. 7.6.1999 über ein Verfahren zur Anerkennung der Befähigungsnachweise für die unter die Liberalisierungs- und Übergangsrichtlinien fallen-
  den Berufstätigkeiten,[283]
- RL 1989/384/EWG des Rates v. 10.6.1985 über die gegenseitige Anerkennung von
  Diplomen, Prüfungszeugnissen und sonstigen Befähigungsnachweisen auf dem Gebiet der Architektur,[284]
- RL 1993/16/EWG des Rates v. 5.4.1993 zur Regelung der Freizügigkeit für Ärzte
  und zur gegenseitigen Anerkennung ihrer Diplome, Prüfungszeugnisse und sonstigen Befähigungsnachweise.[285]

---

280 Nachweise bei Lenz/Borchardt/*Scheuer* AEUV Art. 53 Rn. 3–6.
281 ABl. 1989 L 19, 16; diese RL ist am 20.10.2007 außer Kraft getreten und durch die RL 2005/36/EG
    v. 7.9.2005, ABl. 2005 L 255, 22 ersetzt worden; zul. geänd. durch VO (EG) Nr. 279/2009 der Kom-
    mission v. 6.4.2009, ABl. 2009 L 93, 11.
282 ABl. 1992 L 209, 25; diese RL ist am 20.10.2007 außer Kraft getreten und durch die RL 2005/36/
    EG v. 7.9.2005, ABl. 2005 L 255, 22 ersetzt worden; zul. geänd. durch VO (EG) Nr. 279/2009 der
    Kommission v. 6.4.2009, ABl. 2009 L 93, 11.
283 ABl. 1999 L 201, 77; diese RL ist am 20.10.2007 außer Kraft getreten und durch die RL 2005/36/
    EG v. 7.9.2005, ABl. 2005 L 255, 22 ersetzt worden; zul. geänd. durch VO (EG) Nr. 279/2009 der
    Kommission v. 6.4.2009, ABl. 2009 L 93, 11.
284 ABl. 1985 L 223, 15; diese RL ist am 20.10.2007 außer Kraft getreten und durch die RL 2005/36/
    EG v. 7.9.2005, ABl. 2005 L 255, 22 ersetzt worden; zul. geänd. durch VO (EG) Nr. 279/2009 der
    Kommission v. 6.4.2009, ABl. 2009 L 93, 11.
285 ABl. 1993 L 165, 1; diese RL ist am 20.10.2007 außer Kraft getreten und durch die RL 2005/36/EG
    v. 7.9.2005, ABl. 2005 L 255, 22 ersetzt worden; zul. geänd. durch VO (EG) Nr. 279/2009 der Kom-
    mission v. 6.4.2009, ABl. 2009 L 93, 11.

Gestützt unter anderem auf die Art. 40, 47 I, II 1 und 3, 55 EG, jetzt Art. 46, 53 I, 62   800
AEUV, haben Parlament und Rat die RL 2005/36/EG v. 7.9.2005 über die Anerkennung von Berufsqualifikationen (gegen die Stimmen Deutschlands) erlassen, die die
oben genannten Richtlinien zum 20.10.2007 ersetzt hat.[286] Diese Richtlinie weicht
von den bisherigen sektoralen Regelungen einzelner Berufe ab und regelt allgemein
die Anerkennung für reglementierte Berufe, dh solche Betätigungen, bei deren Aufnahme oder Ausübung oder eine der Arten der Ausübung direkt durch Rechts- und
Verwaltungsvorschriften an den Besitz bestimmter Berufsqualifikationen gebunden
ist, vgl. Art. 3 I lit. a. Dabei differenziert die Richtlinie zwischen der Ausübung der
Niederlassungs- und der Dienstleistungsfreiheit, sieht für den Marktzugang das Prinzip gegenseitiger Anerkennung und Mindestharmonisierung vor, für die Berufsausübung dagegen das Bestimmungslandprinzip, wonach das Recht des Bestimmungslan-
des Anwendung findet.[287]

IV. Insbesondere: Die Grundstrukturen des europäischen Gesellschaftsrechts (Die *société européenne*)

Literatur: *Freitag,* Der Wettbewerb der Rechtsordnungen im internationalen Gesellschaftsrecht (Anmerkung zur Centros-Entscheidung), EuZW 1999, 267; *Grunewald,* Gesellschaftsrecht, 8. Aufl. 2011,
165; *Horn,* Deutsches und europäisches Gesellschaftsrecht und die EuGH-Rechtsprechung zur Niederlassungsfreiheit – Inspire Art, NJW 2004, 893; *Hopt,* Europäische Aktiengesellschaft – per aspera ad
astra?, EuZW 2002, 1; *Kluth/Rieger,* Die neue EU-Berufsanerkennungsrichtlinie – Regelungsgehalt und
Auswirkungen für Berufsangehörige und Berufsorganisationen, EuZW 2005, 486 (491); Lenz/Borchardt/
Scheuer AEUV Art. 50; *Nagel,* Deutsches und europäisches Gesellschaftsrecht, 2000, 350; *Nicolaysen*
Europarecht II 197.

Gesellschaften, die sich im Binnenmarkt wirtschaftlich betätigen wollen, unterliegen   801
zunächst einmal dem nationalen Recht des Staates, in dem sie gegründet worden sind.
Es gibt allerdings verschiedene Grundformen, etwa von Kapitalgesellschaften. Dies
wird deutlich, wenn man die deutsche Aktiengesellschaft betrachtet und sie mit der
französischen *société anonyme* sowie der *public limited company* in Großbritannien
vergleicht. Ähnliches ist festzustellen für die Gesellschaft mit beschränkter Haftung
bzw. die *société à responsabilité limitée* und die *private limited company.* Da die Rechts-
voraussetzungen für das Tätigwerden und die innere Struktur dieser Gesellschaften
sich nicht in allen Mitgliedstaaten gleichen, wird jede grenzüberschreitende Tätigkeit
insbesondere im Hinblick auf die Niederlassungsfreiheit behindert bzw. eingeschränkt.
Deshalb enthält Art. 50 II lit. g AEUV den Auftrag, das Gesellschaftsrecht der Mitgliedstaaten zu harmonisieren sowie eigene europarechtliche Formen des Gesellschaftsrechts zu schaffen, mit denen die Gründung europäischer, vom nationalen Recht
losgelöster Gesellschaften ermöglicht wird. So sehr wünschenswert die Realisierung
beider Ziele erscheint, so schwierig erweist sie sich doch in der Praxis. Ende 2001
konnte man sich immerhin auf ein Statut für eine *société européenne* einigen, deren
Schaffung seit über 30 Jahren angestrebt wurde.[288]

---

286 ABl. 2005 L 255, 22.
287 Näher *Kluth/Rieger* EuZW 2005, 486 (491).
288 VO 2157/2001/EG v. 8.10.2001 über das Statut der Europäischen Gesellschaft (SE), ABl. 2001
    L 294, 1 sowie RL 2001/86/EG v. 8.10.2001 zur Ergänzung des Statuts der Europäischen Gesell-
    schaft hinsichtlich der Beteiligung der Arbeitnehmer, ABl. 2001 L 294, 22.

802 Im Bereich der Harmonisierung ist die Union durch den Erlass einzelner Richtlinien
für verschiedene Teilbereiche vorangeschritten.[289]

803 Die Projekte zur Rechtsvereinheitlichung beruhen auf ersten Initiativen der Kommission zur Verabschiedung relevanten Sekundärrechts aus dem Jahre 1970[290] bzw.
1989.[291]

804 Zweck eines vereinheitlichten europäischen Gesellschaftsrechts soll die Ermöglichung
grenzüberschreitender Fusionen sowie Umwandlungen und Sitzverlegungen sein. Dies
soll Gesellschaften in die Lage versetzen, das Wirtschaftspotential bereits bestehender
Unternehmen mehrerer Gesellschaften durch Konzentrations- und Fusionsmaßnahmen zusammenzufassen. Dieser Zweck spiegelt sich auch in den Gründungsmöglichkeiten für eine *société européenne* wider. Das Steuerrecht, das Wettbewerbsrecht sowie
der gewerbliche Rechtsschutz und das Insolvenzrecht werden allerdings von der VO
2157/2001/EG nicht erfasst. Die Verordnung trat am 8.10.2004 in Kraft. Zu diesem
Zeitpunkt endete auch die Umsetzungsfrist für die begleitende RL 2001/1986/EG.
Durch die Verordnung werden die gesellschaftsrechtlichen Grundzüge und die Struktur
der *société européenne* vorgegeben. Es werden jedoch nur die wesentlichen Rahmenbedingungen geschaffen; die weitere Ausgestaltung bleibt den Mitgliedstaaten vorbehalten. Geregelt sind etwa die Gründungsmöglichkeiten, der Aufbau und die Verfassung
einer *société européenne* sowie deren Liquidation. In Deutschland ist das Gesetz zur
Einführung der Europäischen Gesellschaft am 28.12.2004 im Bundesgesetzblatt verkündet worden.

805 Die *société européenne* ist eine Kapitalgesellschaft, deren Kapital in Aktien gestückelt
ist. Sie besitzt als juristische Person Rechtspersönlichkeit, die sie durch die Eintragung
in das Register erwirbt. Die Mindestkapitalsumme beträgt 120.000 EUR.

Zur Gründung einer *société européenne* bestehen vier Möglichkeiten:
- Gründung durch Verschmelzung von zwei oder mehr Aktiengesellschaften aus mindestens zwei verschiedenen Mitgliedstaaten,
- Gründung einer Holding durch AGs und GmbHs, die ihren Sitz in verschiedenen
Mitgliedstaaten oder Tochtergesellschaften bzw. Niederlassungen in einem anderen
Mitgliedstaat haben,
- Gründung einer gemeinsamen Tochtergesellschaft,

---

289 RL 1968/151/EWG v. 9.3.1968, ABl. 1968 L 65, 8: Publizitätspflichten der Kapitalgesellschaften;
RL 1977/91/EWG v. 13.12.1976, ABl. 1977 L 26, 1: Gründung der Aktiengesellschaften sowie Erhaltung und Änderung ihres Kapitals; RL 1978/855/EWG v. 9.10.1978, ABl. 1978 L 295, 36: Fusion von Aktiengesellschaften innerhalb eines Mitgliedstaates; RL 1978/660/EWG v. 25.7.1978,
ABl. 1978 L 222, 11: Jahresabschluss von Gesellschaften bestimmter Rechtsformen; RL 1982/891/
EWG v. 17.12.1982, ABl. 1982 L 378, 47: Spaltung von Aktiengesellschaften (Ergänzung der RL
1978/855/EWG); RL 1983/849/EWG v. 13.6.1983, ABl. 1983 L 193, 1: Konsolidierter Abschluss
von Mutter- und Tochterunternehmen; RL 1984/253/EWG v. 10.4.1984, ABl. 1984 L 126, 20: Zulassung der zur Bilanzprüfung beauftragten Personen; RL 1989/666/EWG v. 21.12.1989, ABl. 1989
L 395, 36: Offenlegungsbestimmung für Zweigniederlassungen von Gesellschaften eines anderen
Mitgliedstaats; RL 1989/667/EWG v. 21.12.1989, ABl. 1989 L 395, 40: Regelungen für eine
GmbH mit nur einem Gesellschafter; RL 2002/87/EG des Europäischen Parlaments und des Rates
v. 16.12.2002 über die zusätzliche Beaufsichtigung der Kreditinstitute, Versicherungsunternehmen
und Wertpapierfirmen eines Finanzkonglomerats, ABl. 2002 L 35, 1 ff.; RL 2008/7/EG v. 12.2.2008
des Rates betreffend die indirekten Steuern auf die Ansammlung von Kapital, ABl. 2008 L 46, 11 ff.
290 ABl. 1970 C 124, 1.
291 ABl. 1989 C 263, 41, geänd. durch ABl. 1991 C 176, 1.

● Umwandlung einer Aktiengesellschaft nationalen Rechts, wenn diese seit mindestens zwei Jahren eine Tochtergesellschaft in einem anderen Mitgliedstaat hat.

Die *société européenne* soll entweder die Struktur eines dualen Systems mit einer Hauptversammlung der Aktionäre sowie einem Leitungsorgan und einem Aufsichtsorgan oder eine monistische Struktur mit nur einem Verwaltungsorgan erhalten.

806

Die *société européenne* unterliegt neben den Unionsverordnungen den Rechtsvorschriften, die die Mitgliedstaaten speziell für sie erlassen und dem Recht, das auf eine in dem Sitzstaat gegründete Aktiengesellschaft anwendbar ist. Das bedeutet, dass grundsätzlich das Recht über nationale Aktiengesellschaften anwendbar ist, soweit es keine spezielle nationale und europarechtliche Regelung gibt.[200]

807

Darüber hinaus sind, basierend auf der VO 1985/2137/EWG des Rates v. 25.7.1985,[292] auf der Grundlage von Art. 308 EG (jetzt Art. 352 AEUV) die Voraussetzungen für die Schaffung einer sog. *Europäischen Wirtschaftlichen Interessenvereinigung* (EWIV) geschaffen worden.[293] Nach § 1 des Ausführungsgesetzes sollen in Deutschland die Regeln der OHG gelten. Die Europäische Wirtschaftliche Interessenvereinigung richtet sich als Rechtsform nach dem Vorbild des französischen *groupement d'intérêt économique*. Zweck soll die Schaffung eines Rahmens und einer Rechtsform für die grenzüberschreitende Zusammenarbeit von Unternehmen oder Freiberuflern aus verschiedenen Mitgliedstaaten sein. Diese Tätigkeiten bleiben auf Hilfstätigkeiten beschränkt. Damit soll die EWIV die wirtschaftliche Tätigkeit ihrer Mitglieder erleichtern und entwickeln, aber keine Gewinne für sich selbst erzielen. Sie soll also lediglich die wirtschaftliche Tätigkeit ihrer Mitglieder unterstützen. Nach Art. 4 II der Verordnung soll die grenzüberschreitende Zusammenarbeit dadurch erleichtert werden, dass auf jeden Fall zwei Mitglieder vorhanden sein müssen, die ihre Haupttätigkeit oder Hauptverwaltung in verschiedenen Mitgliedstaaten der Europäischen Union haben. Eine EWIV darf nicht mehr als 500 Arbeitnehmer beschäftigen (Art. 3 II lit. c VO). Sie ist in das Register des Sitzstaates einzutragen; dessen Recht ist auch ergänzend anwendbar. Die gemeinschaftlich handelnden Mitglieder sowie die Gesellschafter, die die Gesellschaft nach außen vertreten, gelten als Organe der EWIV. Die Gewinne sind auf die Mitglieder zu verteilen, die Verluste müssen ausgeglichen werden. Die Haftung der Mitglieder für die Verbindlichkeiten ist unbeschränkt und gesamtschuldnerisch.[294]

808

Angelehnt an das Statut der Europäischen Gesellschaft hat der Rat am 22.7.2003 außerdem ein Statut für die Europäische Genossenschaft und eine entsprechende Richtlinie über die Beteiligung der Arbeitnehmer verabschiedet. Nach der VO 2003/1435/EG[295] kann ab dem 18.8.2006 eine sog. *»societas cooperativa europaea«* (SCE) gegründet werden. Deutschland ist seiner Pflicht zur Umsetzung der begleitenden Richtlinie[296] in nationales Recht durch den Erlass des Gesetzes zur Einführung der Europäischen Gesellschaft und zur Änderung des Genossenschaftsrechts[297] nachgekommen. Schließlich gibt es noch einige Verordnungsvorschläge, wie zB zur Schaffung des Sta-

809

---

292 ABl. 1985 L 199, 1.
293 Deutsches Ausführungsgesetz, BGBl. 1988 I S. 514.
294 S. zum gesamten Bereich *Grunewald*, Gesellschaftsrecht, 8. Aufl. 2011, 165 ff.
295 ABl. 2003 L 207, 1.
296 ABl. 2003 L 207, 25.
297 EuroGesEinfG v. 14.8.2006, BGBl. I S. 19.

tuts eines *Europäischen Vereins*,[298] oder der *Europäischen Gegenseitigkeitsgesell-schaft*.[299]

§ 18 Dienstleistungsfreiheit

Literatur: *v. Bogdandy*, Europäischer Protektionismus im Medienbereich, EuZW 1992, 9; *v. Danwitz*, Die Rechtsprechung des EuGH zum Entsenderecht, EuZW 2002, 237; *Deckert*, Europäische Privat-rechtsharmonisierung am Beispiel des Bankrechts – eine Problemübersicht, JA 1997, 75; *Epping/Lenz* Fallrep EuropaR 129–150 (Fälle 16–18); *Fischer*, Zur Durchsetzbarkeit des gemeinschaftsrechtlichen Diskriminierungsverbots vor nationalen Gerichten, EuZW 2009, 208 ff.; *Frenz*, Grundfragen der Nieder-lassungs- und Dienstleistungsfreiheit im neuen Gewande, GewArch 2007, 98; *Hailbronner/Nachbaur*, Die Dienstleistungsfreiheit in der Rechtsprechung des EuGH, EuZW 1992, 105; Lenz/Borchardt/*Ha-kenberg* EG Art. 49 (50); *Koenigs*, Rechtsfragen des Arbeitnehmer-Entsendegesetzes und der EG-Ent-senderichtlinie, DB 1997, 225; *Kort*, Schranken der Dienstleistungsfreiheit im europäischen Recht, JZ 1996, 132; *Graf Lambsdorff*, Die Dienstleistungsrichtlinie in den Beratungen des Europaparlaments, EuZW 2005, 577; *Lemor/Haake*, Ausgesuchte Rechtsfragen der Umsetzung der Dienstleistungsrichtli-nie, EuZW 2009, 65 ff.; *Lottes*, Das erweiterte Zeitmoment beim Begriff Dienstleistung, EuZW 2004, 112; *Oppermann/Classen/Nettesheim* EuropaR § 25 Rn. 5–32; *Pache* in Ehlers Europäische Grund-rechte und Grundfreiheiten § 11; *Schulz*, Medienkonvergenz light – Zur neuen europäischen Richtlinie über audiovisuelle Mediendienste, EuZW 2008, 129; *Trautwein*, Dienstleistungsfreiheit und Diskrimi-nierungsverbot im Europäischen Gemeinschaftsrecht, JURA 1995, 191; *Trautwein*, Fernsehen ohne Grenzen, JA 1999, 302.

I. Grundkonzeption und Schutzbereich

810 Der Dienstleistungsbereich hat aufgrund der allgemeinen Ausdehnung des sog. tertiä-ren Sektors im Wirtschaftsleben eine deutliche Aufwertung seiner Bedeutung erfahren. Die Dienstleistungsfreiheit war ursprünglich in Ergänzung zu Arbeitnehmerfreizügig-keit und Niederlassungsfreiheit als nur subsidiärer Auffangtatbestand geschaffen wor-den, genießt aber heute durchaus eigenständige Bedeutung.[300]

1. Sachlicher Schutzbereich

811 Gemäß dem Grundsatz der Dienstleistungsfreiheit nach Art. 56 ff. AEUV wird das Recht gewährt, eine Dienstleistung über die Grenze hinweg in einem anderen Mit-gliedstaat zu erbringen, ohne dort eine dauerhafte Niederlassung haben zu müssen. Dabei liegt der Grundfreiheit ein spezifisch europarechtlicher Dienstleistungsbegriff zugrunde, der sich nicht mit dem nationalrechtlichen Begriff etwa aus § 611 BGB de-cken muss. Nach Art. 57 I und II AEUV unterfallen dem Dienstleistungsbegriff insbe-sondere gewerbliche, kaufmännische, handwerkliche und freiberufliche Tätigkeiten, für die in der Regel ein Entgelt erwartet wird und die nicht bereits dem freien Waren-, Kapital- oder Personenverkehr unterliegen. Dabei kommt der Aufzählung in Art. 57 II AEUV nur Beispielscharakter zu. Grundsätzlich erfasst die Dienstleistungsfreiheit alle selbstständigen, grenzüberschreitenden und entgeltlichen Erwerbstätigkeiten. Die Leistung muss nur in der Regel gegen Entgelt erfolgen, es kann also durchaus auch eine normalerweise entgeltliche, im konkreten Fall jedoch unentgeltliche Leistung da-

---

298 ABl. 1992 C 99, 1, geänd. durch ABl. 1993 C 236, 1.
299 ABl. 1992 C 99, 40, geänd. durch ABl. 1993 C 236, 40.
300 *Pache* in Ehlers Europäische Grundrechte und Grundfreiheiten § 11 Rn. 1.

runter fallen. Keine Dienstleistungen sind etwa staatliche Schul- und Ausbildungsangebote, da diese jedenfalls nicht primär gegen Entgeltzahlung erfolgen.[301]

Umstritten ist die Frage der *Schutzwürdigkeit einer Tätigkeit.* Grundsätzlich ist es **812** nach der EuGH-Rechtsprechung Sache des nationalen Gesetzgebers, über die Legalität einer Dienstleistung zu entscheiden. Dies kann etwa bei Schwangerschaftsabbrüchen[302] und Glücksspielen[303] entscheidend sein. Ist die Dienstleistung danach legal, so darf der Dienstleister selbst, nicht jedoch Dritte, für diese auch in anderen Mitgliedstaaten werben.[304]

Gemäß Art. 58 I AEUV ist der Transport- und Verkehrssektor aus dem Bereich der **813** Dienstleistungsfreiheit ausgenommen, da hier die spezielleren Regeln der Art. 70 ff. AEUV über den Verkehr gelten. Die Vorschriften über die Dienstleistungsfreiheit sind jedoch dann anwendbar, wenn und soweit die mit dem Verkehrssektor verbundenen Hilfsleistungen betroffen sind, wie zB die eines Reisevermittlers.

Auf die Dienstleistungen von Banken und Versicherungen findet gem. Art. 58 II **814** AEUV die Dienstleistungsfreiheit grundsätzlich Anwendung. Ausgeschlossen ist eine Überprüfung am Maßstab der Art. 56 ff. AEUV jedoch dann, wenn die Beschränkung nach den Regeln über den freien Kapitalverkehr (Art. 63 ff. AEUV) zulässig ist.

Das für die Anwendbarkeit der Dienstleistungsfreiheit erforderliche *grenzüberschrei-* **815** *tende Element* kann in mehrfacher Weise hervortreten:

- Der Dienstleistungserbringer überquert die Grenze. Diese Möglichkeit wird ausdrücklich in Art. 56 AEUV genannt. In diesem Fall gewährt Art. 57 III AEUV dem Dienstleistungserbringer auch ein Aufenthaltsrecht im Aufnahmestaat für die Dauer der Erbringung der Dienstleistung (sog. aktive Dienstleistung).
- Andererseits kann sich der Dienstleistungsempfänger über die Grenze zum Leistungserbringer begeben, zB um Bewirtung und Beherbergung als Tourist in Anspruch zu nehmen oder auch die Dienstleistung eines Arztes oder Augenoptikers (sog. passive Dienstleistung).[305]
- Schließlich kann auch nur die Dienstleistung die Grenze überqueren, wobei Dienstleistungsempfänger und -erbringer in ihrem jeweiligen Heimatstaat verbleiben (sog. Korrespondenzdienstleistung).[306]

Art. 56 und 57 III AEUV sind unmittelbar als Rechtsgrundlagen vor nationalen Gerichten anwendbar.[307]

In der Rechtsprechung des EuGH ist die zunächst als Diskriminierungsverbot statu- **816** ierte Dienstleistungsfreiheit nunmehr als allgemeines Beschränkungsverbot aner-

---

301 EuGH 27.9.1988 – 263/86, Slg. 1988, 5365 Rn. 18–20 = BeckRS 2004, 72754 – Humbel.
302 EuGH 4.10.1991 – C-159/90, Slg. 1991, I-4685 = BeckRS 2004, 74541 – Grogan.
303 EuGH 24.3.1994 – C-275/92, Slg. 1994, I-1039 = BeckRS 2004, 75900 – Schindler.
304 EuGH 4.10.1991 – C-159/90, Slg. 1991, I-4685 Rn. 24 ff. = BeckRS 2004, 74541 – Grogan.
305 EuGH 21.2.1984 – 86/82 und 26/83, Slg. 1984, 377 Rn. 10 = BeckRS 2004, 73828 – Luisi und Carbone.
306 EuGH 10.5.1995 – C-384/93, Slg. 1995, I-1141 = BeckRS 2004, 76917 – Alpine Investments. Ein praktisch bedeutsamer Anwendungsfall der Korrespondenzdienstleistung ist das Anbieten einer Dienstleistung, zB Sportwetten, über das Internet, vgl. hierzu EuGH 6.11.2003 – C-243/01, Slg. 2003, I-13031 Rn. 54 = BeckRS 2004, 75381 – Gambelli; EuGH NJW 2009, 3221 Rn. 52 – Liga, Bwin./.Santa Casa.
307 EuGH 3.12.1974 – 33/74, Slg. 1974, 1299 Rn. 18 ff. = BeckRS 2004, 70832 – van Binsbergen.

kannt.[308] Erfasst sind alle auch unterschiedslosen Beschränkungen, die geeignet sind, die Tätigkeit des Dienstleistenden, der in einem anderen Mitgliedstaat ansässig ist und dort rechtmäßig ähnliche Dienstleistungen erbringt, zu unterbinden, zu behindern oder weniger attraktiv zu machen.[309]

817   **Beispiel:** Die Erbringung der Dienstleistung wird von einer Genehmigung abhängig gemacht; vom Unternehmer wird eine Bürgschaft für den Mindestlohn verlangt.

2. Verhältnis zu anderen Grundfreiheiten

818   Gemäß Art. 57 I AEUV ist die Dienstleistungsfreiheit gegenüber den anderen Grundfreiheiten subsidiär.[310]

a) Abgrenzung zur Arbeitnehmerfreizügigkeit

819   Im Grundsatz sind die Regeln über die Arbeitnehmerfreizügigkeit bei abhängiger Beschäftigung, diejenigen der Dienstleistungsfreiheit bei selbstständigen Tätigkeiten einschlägig. Sollte ein Arbeitnehmer für seinen Arbeitgeber in einem anderen Mitgliedstaat Dienstleistungen erbringen, ist nach der Dauer der Beschäftigung abzugrenzen. Bei nur vorübergehender Leistungserbringung gelten die Art. 56 ff. AEUV; bei dauerhafter Leistungserbringung tritt die Dienstleistungserbringung durch den Arbeitnehmer in den Hintergrund und für ihn gelten die Vorschriften über die Arbeitnehmerfreizügigkeit.[311]

b) Abgrenzung zur Niederlassungsfreiheit

820   Anders als die Niederlassungsfreiheit, die auf eine dauerhafte Tätigkeit abzielt, hat die Leistungserbringung im Rahmen der Dienstleistungsfreiheit nur vorübergehenden Charakter (Art. 57 III AEUV). Kern der Dienstleistungsfreiheit ist somit der nur vorübergehende Ortswechsel unter Beibehaltung des Standortes im Heimatstaat sowie die Rückkehr dorthin nach Erbringung der Dienstleistung. Für die Abgrenzung ist zu fragen, ob der Wirtschaftsteilnehmer in dem Mitgliedsstaat, in dem er die Dienstleistung anbietet, niedergelassen ist oder nicht. Die Dienstleistungsfreiheit ist dann nicht anwendbar, wenn der Wirtschaftsteilnehmer die Dienstleistung in stabiler und kontinuierlicher Weise von einem Berufsdomizil im Empfängerstaat aus erbringt.[312]

821   Die für den Bürger strengeren Vorschriften der Niederlassungsfreiheit hat der EuGH etwa auch für den Fall für anwendbar erklärt, dass zwar keine Zweigstelle existiert, jedoch über einen Beauftragten eine ständige Präsenz im Empfängerstaat aufrechterhalten wird.[313] Damit sollte vermieden werden, dass sich ein Dienstleistungserbringer die Dienstleistungsfreiheit zunutze macht, um sich den im Erbringungsstaat geltenden Be-

---

308 EuGH C-76/90, Slg. 1991, I-4221 Rn. 12 – Säger; vgl. auch EuGH verb. C-369/96 und C-376/96, Slg. 1999, I-8453 Rn. 33 – Arblade und andere, sowie EuGH C-58/98, Slg. 2000, I-7919 – Corsten; noch anders dagegen EuGH 10.5.1995 – C-384/93, Slg. 1995, I-1141 = BeckRS 2004, 76917 – Alpine Investments und EuGH C-215/01, Slg. 2003, I-14847 – Schnitzer, wo parallel zur Keck-Rspr. das Beschränkungsverbot noch auf solche Hindernisse beschränkt wurde, die den grenzüberschreitenden Marktzugang tangieren.
309 EuGH C-445/03, Slg. 2004, I-10191 Rn. 20 – Kommission/Luxemburg; EuGH C-60/03, Slg. 2004, I-9553 Rn. 31 – Pereira Félix.
310 *Pache* in Ehlers Europäische Grundrechte und Grundfreiheiten § 11 Rn. 4 ff.
311 *Hailbronner/Nachbaur* EuZW 1992, 105.
312 EuGH C-171/02, Slg. 2004, I-5645 Rn. 24, 25 – Kommission/Portugal.
313 EuGH 4.12.1986 – 205/84, Slg. 1986, 3755 Rn. 21 = BeckRS 2004, 72268 – Kommission/BRD.

rufsregelungen zu entziehen. Insofern wird die Auffassung vertreten, für Dienstleistungen, die grenzüberschreitend in einem solchen Ausmaß erbracht werden, dass sie nach ihrer objektiven wirtschaftlichen Bedeutung der Tätigkeit einer Zweigniederlassung vergleichbar sind, seien die Regeln über das Niederlassungsrecht anwendbar.[314]

c) Abgrenzung zur Warenverkehrsfreiheit

Im Grundsatz zielt die Warenverkehrsfreiheit auf die Mobilität von Produkten, die 822 Dienstleistungsfreiheit auf die Mobilität von grenzüberschreitend zu erbringenden Leistungen ab. Abgrenzungsprobleme ergeben sich etwa, wenn im Zusammenhang mit der grenzüberschreitenden Lieferung von Waren auch eine Dienstleistung im Bestimmungsland erbracht wird, so wie etwa eine Installation oder Wartung. Der EuGH fragt hier danach, zu welcher der beiden Grundfreiheiten der größere Bezug besteht. Stellt sich heraus, dass eine der Grundfreiheiten der anderen zugeordnet werden kann und ihr gegenüber völlig zweitrangig ist, so prüft der EuGH nur die andere Grundfreiheit.[315]

3. Persönlicher Schutzbereich

Die Dienstleistungsfreiheit begünstigt natürliche Personen, die die Staatsangehörigkeit 823 eines Mitgliedstaates besitzen und in einem der Mitgliedstaaten ansässig sind.[316] Dabei ist unbeachtlich, ob eine Person neben der Staatsangehörigkeit eines Mitgliedstaates noch die Staatsangehörigkeit eines Drittstaats besitzt. Über Art. 62 iVm Art. 54 AEUV sind ihnen juristische Personen gleichgestellt. Verpflichtet sind durch die Vorschriften über die Dienstleistungsfreiheit neben den staatlichen Organen ggf. auch Private. Dies gilt jedenfalls dann, wenn Private in erheblicher Weise regelnd am Dienstleistungsverkehr teilnehmen, wie zB private Verbände oder Berufsorganisationen (sog. horizontale Wirkung der Dienstleistungsfreiheit).[317]

II. Schranken und Ausnahmen[318]

1. Art. 62 iVm Art. 51 AEUV

Art. 62 AEUV erklärt die Art. 51–54 AEUV für anwendbar. Damit kann auch die 824 Dienstleistungsfreiheit für Fälle der Ausübung hoheitlicher Gewalt (Art. 51 AEUV) in verhältnismäßiger Weise eingeschränkt werden; es gilt damit im Wesentlichen das zu Art. 51 ff. AEUV Gesagte (→ Rn. 790 ff.). Betroffen sind zB Leistungen der öffentlichen Gesundheitsdienste wie Seuchenvorsorge und Impfwesen, die öffentliche Sicherheit, hier zB die Polizei und auch bestimmte Funktionen der Rechtspflege, wie notarielle Beurkundungen. Der Rechtfertigungsgrund der Ausübung hoheitlicher Gewalt spielt heute jedoch kaum mehr eine Rolle.

---

314 *Hailbronner/Nachbaur* EuZW 1992, 105.
315 EuGH 26.5.2005 – C-20/03, Slg. 2005, I-4133 Rn. 35 = BeckRS 2005, 70390 – Burmanjer.
316 *Pache* in Ehlers Europäische Grundrechte und Grundfreiheiten § 11 Rn. 17 ff.
317 EuGH 12.12.1974 – 36/74, Slg. 1974, 1405 Rn. 16–19 = BeckRS 2004, 70975 – Walrave & Koch; EuGH 15.12.1995 – C-415/93, Slg. 1995, I-4921 Rn. 83 = BeckRS 2004, 77129 – Bosman.
318 S. dazu auch *Kort* JZ 1996, 132.

2. Art. 62 iVm Art. 52 I AEUV

825 Einschränkungen der Dienstleistungsfreiheit durch Sonderregelungen für Ausländer können aus Gründen der öffentlichen Ordnung, Sicherheit oder Gesundheit gerechtfertigt sein. Entgegen dem Wortlaut gilt diese Rechtfertigungsmöglichkeit aufgrund eines »Erst-Recht-Schlusses« nicht nur für diskriminierende, sondern auch für unterschiedslos anwendbare Vorschriften.[319] Insofern ist auch auf die zu Art. 51 AEUV gemachten Ausführungen zu verweisen (→ Rn. 793 ff.).

826 Beschränkungen der Dienstleistungsfreiheit sind zudem am Grundsatz der Verhältnismäßigkeit zu messen.

827 Im Bereich des Gesundheitswesens kann der freie Dienstleistungsverkehr nur eingeschränkt werden, soweit die Erhaltung eines bestimmten Niveaus der ärztlichen Versorgung im eigenen Staat für die Gesundheit der Bevölkerung erforderlich ist.[320]

3. Rechtfertigung aufgrund zwingender Allgemeinwohlinteressen

828 Parallel zur *Cassis*-Rechtsprechung für die Warenverkehrsfreiheit hat der EuGH für die Dienstleistungsfreiheit den Grundsatz entwickelt, dass die Mitgliedstaaten, soweit kein Sekundärrecht besteht, Art. 56 AEUV aufgrund zwingender Allgemeinwohlinteressen zulässigerweise beschränken können.[321]

829 Ursprünglich wurde diese Rechtsprechung ausschließlich für Maßnahmen entwickelt, die Inländer und EU-Ausländer unterschiedslos treffen, dh die nichtdiskriminierend sind. Mittlerweile wird eine Rechtfertigung bzw. immanente Schrankenziehung aufgrund zwingender Allgemeinwohlinteressen vom EuGH wohl auch bei diskriminierenden Maßnahmen für möglich gehalten.[322]

830 Zwingende Interessen des Allgemeinwohls können bspw. bestimmte Berufs- und Standesregeln etwa für die Tätigkeit von Ärzten, Rechtsanwälten oder Wirtschaftsprüfern sein, oder auch der Schutz geistigen Eigentums, die Betrugsvorbeugung und Bekämpfung der Kriminalität, die Lauterkeit des Handelsverkehrs und der Verbraucherschutz.[323] Dabei können rein wirtschaftliche Interessen eine Beschränkung nicht rechtfertigen.[324]

831 Maßnahmen, die aufgrund von zwingenden Allgemeinwohlinteressen getroffen werden, sind nur gerechtfertigt, wenn sie *verhältnismäßig* sind. Die Maßnahmen müssen zum Erreichen des von den Mitgliedstaaten angestrebten Ergebnisses geeignet sein und dieses Ergebnis darf nicht auch durch weniger einschneidende Mittel zu erreichen sein.[325]

---

319 EuGH verb. C-34/95 und andere, Slg. 1997, I-3843 Rn. 51 f. – De Agostini.
320 EuGH C-158/96, Slg. 1998, I-1931 Rn. 51 – Kohll.
321 EuGH 3.12.1974 – 33/74, Slg. 1974, 1299 Rn. 18 ff. = BeckRS 2004, 70832 – van Binsbergen; EuGH 25.7.1991 – C-288/89, Slg. 1991, I-4007 Rn. 13 = BeckRS 2004, 76016 – Gouda; stRspr.
322 EuGH 14.11.1995 – C-484/93, Slg. 1995, I-3955 Rn. 15, 16 = BeckRS 2004, 77468 – Svensson.
323 Vgl. dazu *Pache* in Ehlers Europäische Grundrechte und Grundfreiheiten § 11 Rn. 1; Lenz/Borchardt/*Hakenberg* EG Art. 49/50 Rn. 25 mwN.
324 EuGH 28.4.1998 – C-158/96, Slg. 1998, I-1931 Rn. 41 = BeckRS 2004, 74534 – Kohll.
325 EuGH 4.12.1986 – 205/84, Slg. 1986, 3755 Rn. 29 = BeckRS 2004, 72268 – Kommission/BRD; EuGH 25.7.1991 – C-288/89, Slg. 1991, I-4007 Rn. 15 = BeckRS 2004, 76016 – Gouda.

Im Bereich des Glücksspielrechts steht es jedem Mitgliedstaat grundsätzlich frei zu ent-   **832**
scheiden, welches Schutzsystem er wählt. Allein das von dem Mitgliedstaat angestrebte
Schutzniveau und die mit seiner Glücksspielpolitik verfolgten Ziele sind anhand der
vom EuGH aufgestellten Grundsätze der Verhältnismäßigkeit und Transparenz zu
überprüfen.[326] Hierbei kann die Bekämpfung der Kriminalität ein zwingender Grund
des Allgemeininteresses sein, der geeignet ist, Beschränkungen hinsichtlich der Wirtschaftsteilnehmer zu rechtfertigen. Daneben ist insbesondere der Verbraucherschutz
ein legitimes Ziel, das selbst ein staatliches Glücksspielmonopol zu rechtfertigen vermag. Allerdings muss dann der Verbraucherschutz in kohärenter und systematischer
Weise verfolgt werden, was nicht der Fall ist, wenn der Staat trotz eines staatlichen Monopols etwa zum Spielen übermäßig anreizt.[327] Bei sämtlichen Maßnahmen darf der
Mitgliedstaat ausländische Anbieter nicht aus Gründen der Staatsangehörigkeit diskriminieren; entscheidet er sich daher für die beschränkte Öffnung des Glücksspielmark-
tes, muss er bei der Vergabe von Konzessionen aus Gründen der Transparenz und
Gleichbehandlung eine öffentliche Ausschreibung vornehmen und darf Anbieter aus
anderen Mitgliedstaaten grundsätzlich nicht vom Bieterverfahren ausschließen.[328]

III. Relevantes Sekundärrecht

Rechtsgrundlage einschlägigen Sekundärrechts ist zumeist Art. 53 AEUV, auf den   **833**
Art. 62 AEUV verweist. So sind Rat und Parlament nach Art. 53 I AEUV dazu ermächtigt, gemeinsam Richtlinien zur gegenseitigen Anerkennung der Diplome, Prüfungszeugnisse und sonstiger Befähigungsnachweise zu erlassen (→ Rn. 777 f.). Auf
der Rechtsgrundlage des Art. 47 II EG (nunmehr in Art. 53 I 2. Alt. AEUV geregelt)
sind mehrere in der Praxis sehr bedeutsame Richtlinien erlassen worden, die im Anschluss erläutert werden. Jedoch ist zu beachten, dass schon aus den Grundfreiheiten
und dem unionsrechtlichen Diskriminierungsverbot die Pflicht folgt, einen Antrag auf
Zulassung zu einem Beruf dahingehend zu prüfen, ob die im EU-Ausland erworbenen
Qualifikationen den nationalen Vorgaben entsprechen. Die praktische Wirksamkeit
dieser Pflicht verlangt indes nicht, dass niedrigere Anforderungen an die Qualifikationen zu stellen sind, schließt eine Lockerung aber auch nicht aus.[329]

1. Die Richtlinie über audiovisuelle Mediendienste[330]

In der 1989 erlassenen Fernsehrichtlinie[331] wurde die Dienstleistungsfreiheit als für den   **834**
Mediensektor anwendbar erklärt. Das Hauptziel der Richtlinie war die Freiheit des
Empfangs und der Weiterverbreitung von Fernsehsendungen aus anderen Mitglied-

---

326 EuGH 21.9.1999 – C-124/97, Slg. 1999, I-6067 Rn. 36 = BeckRS 2004, 74258 – Läärä; EuGH NJW
     2009, 3221 Rn. 58 f. – Liga, Bwin./.Santa Casa.
327 EuGH EuZW 2011, 841 Rn. 30 ff. – Dickinger, vgl. auch *Fremuth* Anmerkung zu EuGH verb. C-
     316 (358, 359, 360, 409, 410)/07 – Markus Stoß und andere, EuZW 2010, 417 ff. sowie *Fremuth*
     EuZW 2007, 565 ff.
328 EuGH EuZW 2010, 821 Rn. 32 ff. – Engelmann.
329 EuGH EuZW 2010, 97 Rn. 34 ff. – Pesla.
330 RL 1989/552/EWG v. 3.10.1989 zur Koordinierung bestimmter Rechts- und Verwaltungsvor-
     schriften der Mitgliedstaaten über die Bereitstellung audiovisueller Mediendienste, ABl. 2007
     L 332, 27.
331 RL 1989/552/EWG v. 3.10.1989 zur Koordinierung bestimmter Rechts- und Verwaltungsvor-
     schriften der Mitgliedstaaten über die Ausübung der Fernsehtätigkeit, ABl. 1989 L 298, 23; zul. ge-
     änd. durch RL 2007/65/EG, ABl. 2007 L 332, 27.

staaten (Art. 2a I der RL in der Fassung von 1997). Die Überwachung eines einheitlichen Standards sollte dabei grundsätzlich bei dem Mitgliedstaat liegen, dessen Rechtshoheit der jeweilige Fernsehveranstalter unterworfen ist und zu dem der Fernsehveranstalter sonst die engste Verbindung hat (Art. 2 RL). Darüber hinaus galt der Grundsatz der freien Weiterverbreitung von Fernsehsendungen unter Aufsicht des Sendestaates; die Weiterverbreitung konnte nur aus besonderen Gründen wie etwa besonderen Gefahren bei Verstößen gegen den Jugendschutz verhindert werden. Art. 4 und 5 der RL sahen Begünstigungen von sog. »europäischen Werken« hinsichtlich der Gestaltung des Fernsehprogramms und auch der Finanzierung bis zur Festlegung sog. Mindestquoten vor. Durch Art. 5 fand zudem ein besonderer Schutz für europäische Werke von Produzenten statt, die unabhängig von Fernsehveranstaltern arbeiten. Dies sollte der Förderung europäischer Medien und der europäischen Filmindustrie dienen. Jedoch ist zu beachten, dass dies an »Kulturprotektionismus« heranreichte und einen nicht unerheblichen Eingriff in die Arbeit von Fernsehveranstaltern und deren Unabhängigkeit darstellte.[332]

835 Auf der Grundlage des im Dezember 2005 von der Kommission verabschiedeten Änderungsvorschlags[333], der Wettbewerbsvorteile der Fernsehanbieter gegenüber anderen Medienanbietern aufgrund verschiedener rechtlicher Behandlung beseitigen sollte, wurde am 11.12.2007 die RL 2007/65/EG des Europäischen Parlaments und des Rates zur Änderung der Fernsehrichtlinie erlassen. Hauptziel der Richtlinie, durch welche die Umbenennung der Fernsehrichtlinie – wie bereits im Richtlinienvorschlag intendiert – in die »Richtlinie über audiovisuelle Mediendienste« vorgenommen wurde, ist die Anpassung des Rechtsrahmens an die neuen Übertragungstechniken und gleichzeitig die Schaffung einheitlicher Rahmenbedingungen für den Wettbewerb unter Achtung der kulturellen Vielfalt. Die Richtlinie berücksichtigt die besonderen Belange, die sich durch die den audiovisuellen Mediendiensten eigene Konvergenz von Kommerzialisierung auf der einen und kulturellen Inhalten auf der anderen Seite ergeben, welche die Anwendung besonderer Vorschriften rechtfertigen. Es werden einheitliche Mindeststandards eingeführt, die es den Mitgliedstaaten verwehren, die Verbreitung von Sendungen zu beschränken, die diese Standards erfüllen. In den Anwendungsbereich der Richtlinie fallen audiovisuelle, massenmediale Dienste wirtschaftlicher Art. Dabei ist der Begriff »audiovisuell« derart auszulegen, als dass darunter bewegte Bilder zu verstehen sind, die mit oder ohne Ton abgespielt werden. Nicht erfasst werden dagegen die private Korrespondenz und die elektronische Ausgabe von Presseerzeugnissen, solange deren audiovisuellen Elemente nicht zum »Hauptzweck« aufgewertet werden. Bedeutsam ist in diesem Zusammenhang die Unterscheidung zwischen linearen und nicht-linearen Diensten. Nicht-lineare Dienste sind solche Angebote, die der Kunde abrufen kann und die nicht nach Programm gesendet werden. Diese Unterscheidung ist für die Umsetzung der Richtlinie von Bedeutung, insbesondere da im Falle der nicht-linearen Dienste aufgrund der weitreichenden Gestaltungsmöglichkeiten des Verbrauchers auch weiterhin eine abgestufte Regulierung bestehen bleibt. Daneben werden die Mitgliedstaaten dazu verpflichtet, die Staatsunabhängigkeit der Medienaufsicht zu gewährleisten. Dies berührt jedoch nicht die bereits bestehenden Mechanismen zur Ko- und Selbstregulierung. Schließlich erhalten die Anbieter der Mediendienste die Möglichkeit, bei gleich bleibender Höchstwerbedauer die Werbeunterbrechungen flexibler zu gestal-

---

332 Krit. zur ersten Richtlinie bereits *v. Bogdandy* EuZW 1992, 9.
333 Vorschlag der Kommission v. 13.12.2005, KOM (2005) 646 endg.

ten. Zudem werden Produktplatzierungen in Spielfilmen unter der Bedingung für zulässig erklärt, dass vor bzw. nach der Sendung auf die Produktplatzierung hingewiesen wird. Schleichwerbung ist dagegen weiterhin unzulässig.

2. Die Entsenderichtlinie[334]

Die Entsenderichtlinie gilt für Arbeitnehmer, die im Namen und unter der Leitung **836** eines Unternehmens eines Mitgliedstaats Dienstleistungen für einen entsprechenden Empfänger in einem anderen Mitgliedstaat erbringen (Art. 1 III lit. a), für Arbeitnehmer, die in die Niederlassungen in einem anderen Mitgliedstaat entsandt werden (Art. 1 III lit. b) und für sog. Leiharbeitnehmer (Art. 1 III lit. c).

Art. 3 der RL legt Mindestarbeits- und Beschäftigungsbedingungen wie Mindestlöhne, **837** Höchstarbeitszeiten, Mindestjahresurlaub, Gesundheitsschutz und Hygiene am Arbeitsplatz fest. Diese werden den aus dem Staat des Dienstleistungserbringers entsandten Arbeitnehmern nach dem Recht des Staates des Dienstleistungsempfängers garantiert.[335]

3. Die Dienstleistungsrichtlinie[336]

Die Richtlinie über Dienstleistungen im Binnenmarkt ist Bestandteil der Lissabon- **838** Strategie und soll durch die Schaffung eines einheitlichen Rechtsrahmens zur Beseitigung von Hemmnissen im Dienstleistungsbereich beitragen. Bereits während des Gesetzgebungsverfahrens war die ebenfalls auf Art. 62 iVm Art. 53 I 2. Alt. AEUV gestützte Richtlinie Gegenstand vielfältiger Diskussion.

Heftige Kritik und Proteste richteten sich dabei gegen das in Art. 16 des ursprünglichen **839** Vorschlags der Kommission[337] statuierte Herkunftslandprinzip. Danach sollte der Dienstleistungserbringer in allen Mitgliedstaaten lediglich den Rechtsvorschriften seines Niederlassungsstaates unterliegen, dem auch Kontrolle und Rechtsdurchsetzung allein anvertraut werden sollten. Befürchtet wurde hier vor allem in den alten Mitgliedstaaten ein »Systemwettbewerb nach unten«, mithin die Verlagerung von Unternehmern in Länder mit geringeren Anforderungen und entsprechenden Kostenvorteilen und dadurch eine Verwässerung der eigenen hohen Qualitäts-, Arbeitsschutz-, Gesundheits- und Sozialvorschriften. Zudem wurde die Effektivität von Kontrollen durch das jeweilige Herkunftsland bezweifelt. Nach zweijährigen Beratungen hatte das nach damaligem Recht zur Mitentscheidung nach Art. 251 II EG berufene Parlament schließlich in seiner Stellungnahme v. 16.2.2006[338] substantiierte Änderungen vorgeschlagen und unter anderem das Herkunftslandprinzip gestrichen. Nachdem die Kommission in ihrem zweiten Vorschlag[339] diesen Änderungen weitgehend gefolgt ist, ist in der Richtlinie nur noch vom Recht des freien Dienstleistungsverkehrs die Rede. Der Dienstleister ist damit weiterhin der Gesetzgebung des Aufnahmestaates unterworfen.

---

334 RL 1996/71/EG v. 16.12.1996 über die Entsendung von Arbeitnehmern im Rahmen der Erbringung von Dienstleistungen, ABl. 1997 L 18, 1.
335 *Koenigs* DB 1997, 225.
336 RL 2006/123/EG des Europäischen Parlaments und des Rates v. 12.12.2006 über Dienstleistungen im Binnenmarkt, ABl. 2006 L 376, 36.
337 Vorschlag v. 25.2.2004, KOM (2004) 2 endg.
338 Dokument des EP, zu finden unter http://EP-PE_TC1-COD(2004)0001_en.
339 Vorschlag v. 4.4.2006, KOM (2006) 160 endg.

840 Die Richtlinie gilt nach Art. 2 Nr. 1 grundsätzlich für sämtliche Dienstleistungen, die gegen Entgelt erbracht werden, um die auf eine Vielzahl von Einzelregelungen verteilten Dienstleistungsbestimmungen zu bündeln. Allerdings finden sich in Art. 2 II auch zahlreiche Bereichsausnahmen, so etwa für Finanzdienstleistungen und Dienstleistungen von allgemeinem wirtschaftlichem Interesse. Nach Art. 16 II gewährleisten die Mitgliedstaaten die freie Aufnahme und Ausübung von Dienstleistungen in ihren Hoheitsgebieten. Anforderungen an die Aufnahme und Ausübung dürfen nicht diskriminieren und müssen aus Gründen der öffentlichen Ordnung, Sicherheit und Gesundheit gerechtfertigt und verhältnismäßig sein. Insbesondere darf es dabei keine Pflicht zur Gründung einer Niederlassung oder zur Einholung einer Genehmigung geben. Nach Art. 9 darf die Gründung einer Niederlassung zwar unter bestimmten Voraussetzungen von einer Genehmigung abhängig gemacht werden, auch diese dürfen jedoch nicht diskriminieren und müssen aus zwingenden Gründen des Allgemeininteresses gerechtfertigt sein. Für die Erteilung einer solchen Genehmigung dürfen sodann nur bestimmte Kriterien herangezogen werden. Sie darf zum Beispiel nicht von einem wirtschaftlichen Bedarf abhängig gemacht werden (Art. 14 Nr. 5). Des Weiteren ist eine Vereinfachung der die Aufnahme und Ausübung der Dienstleistungen betreffenden Verwaltungsverfahren, etwa durch die Einrichtung von einheitlichen Anlaufstellen, vorgesehen. Schließlich werden Regeln zum Verbraucherschutz getroffen. So soll es den Unternehmen nach Art. 21 verboten sein, Verbraucher aufgrund ihrer Staatsangehörigkeit oder des Wohnortes zu diskriminieren. Zudem gewähren Art. 21 und 22 den Dienstleistungsempfängern unter anderem weitreichende Informationsrechte bezüglich der ihnen bei Streitfällen mit dem Dienstleistungserbringer zur Verfügung stehenden Rechtsbehelfe sowie der zuständigen Ansprechpartner und der zur Kontaktaufnahme mit dem Dienstleistungserbringer erforderlichen Angaben.

Der deutsche Gesetzgeber hat weitreichende Rechtsanpassungen zur Umsetzung der Richtlinie vorgenommen.[340] Mit dem Vierten Gesetz zur Änderung verwaltungsverfahrensrechtlicher Vorschriften (4. VwVfÄndG)[341] sind die Vorgaben der Dienstleistungsrichtlinie durch die Einführung eines neuen Verwaltungsverfahrenstyps, umfangreiche Informationspflichten, Regelungen über eine Genehmigungsfiktion sowie Regelungen in Bezug auf die elektronische Verfahrensweise und zur Aufsicht über den in Art. 6 I DLRL vorgesehenen einheitlichen Ansprechpartner umgesetzt worden.[342]

IV. Die europäische Telekommunikationsordnung als Ausprägung grenzüberschreitender Dienstleistungserbringung

Literatur: *Scheurle* (Hrsg.), Telekommunikationsrecht, 2000.

841 Der Telekommunikationsmarkt ist heute weltweit einer der größten Dienstleistungssektoren. Der Telekommunikationssektor sorgt zusammen für ein Viertel des Gesamtwachstums in Europa. Die Schaffung eines funktionierenden Binnenmarkts für die Telekommunikation hat daher in der EU höchste politische Priorität.

---

340 Hierzu *Lemor/Haake* EuZW 2009, 65.
341 Gesetz v. 11.12.2008, BGBl. I S. 2418.
342 *Lemor/Haake* EuZW 2009, 65.

Unter dem Gesichtspunkt des freien Dienstleistungsverkehrs besteht die Problematik **842**
darin, dass historisch gewachsene Ordnungen des Fernmeldewesens in den Mitgliedstaaten in der Regel monopolistische Strukturen aufwiesen. Im Grünbuch der Kommission über die Entwicklung des Gemeinsamen Marktes für Telekommunikationsdienst-
leistungen und Telekommunikationssendegeräte von 1987 wurde die Entwicklung zur
Stärkung des Wettbewerbs und die Öffnung der Märkte angestoßen, um Marktbedingungen zu schaffen, die Innovationen, Experimente und einen hohen Grad an Flexibilität begünstigen.[343] So wurde die Trennung der hoheitlichen und betrieblichen Funktionen der Fernmeldeverwaltung angeregt, wobei bei den betrieblichen Funktionen
private Anbieter zugelassen werden sollten. Zudem sollte das Telekommunikationsmo-
nopol zum 1.1.1998 abgeschafft und dadurch der Binnenmarkt im Bereich der Tele-
kommunikationsdienstleistungen iSd Art. 106 AEUV (zuvor Art. 86 EG) geöffnet werden.

Durch den Vertrag von Maastricht wurde dann ein eigener Abschnitt über transeuro- **843**
päische Netze im Bereich Telekommunikation eingefügt. Da ein solches transeuropäi-
sches Netz nur im Rahmen eines Systems offener und wettbewerbsorientierter Märkte
denkbar ist, wurden die Mitgliedstaaten zur stufenweisen Aufhebung aller bis dahin
noch bestehenden ausschließlichen und besonderen Rechte und damit zur vollständi-
gen Marktöffnung im Bereich der Telekommunikation verpflichtet.[344]

Aufgrund der dennoch weiter bestehenden Dominanz der marktbeherrschenden Be- **844**
treiber bezüglich entscheidender Marktsegmente und der durch unterschiedliche
Rechtsanwendungen in den Mitgliedstaaten vorhandenen Behinderung der Wahlfrei-
heit der Verbraucher begann die Kommission Ende 2005 mit einer öffentlichen Konsultation zur Frage nach der Reformierung des Rechtsrahmens für die elektronische
Kommunikation. Deren Evaluierungsergebnisse dienten als Grundlage für den am
13.11.2007 von der Kommission vorgelegten Vorschlag zur Schaffung eines Binnenmarktes im Bereich der elektronischen Kommunikation.[345] Dieser sieht neben der Änderung der Universaldienstrichtlinie, der Datenschutzrichtlinie sowie drei weiterer
Richtlinien,[346] die Einrichtung einer Europäischen Behörde für die Märkte der elektronischen Kommunikation vor. Hauptziel des Vorschlags ist die Förderung des Wettbewerbs durch Deregulierung des Marktes, ebenso wie die Stärkung der Verbraucher-
rechte, der Sicherheit und Zuverlässigkeit der Netze. Bei der Begriffsbestimmung
muss die technologische Entwicklung berücksichtigt und veraltete Bestimmungen ge-

---

343 KOM (1987) 290 endg.
344 S. etwa RL 1990/388/EWG v. 28.6.1990 über den Wettbewerb auf dem Markt für Telekommunikationsdienste, ABl. 1990 L 192, 10; geänd. unter anderem durch RL 1995/51/EG (Kabelfernsehen),
  RL 1996/2/EG (Mobilkommunikation) und RL 1996/19/EG, nun ersetzt durch RL 2002/77/EG v.
  16.9.2002 über den Wettbewerb auf den Märkten für elektronische Kommunikationsdienste und
  -netze, ABl. 2002 L 249, 21; Rahmenrichtlinie 2002/21/EG v. 7.3.2002 für elektronische Kommunikationsnetze und -dienste, ABl. 2002 L 108, 33, in Deutschland umgesetzt durch das Telekommu-
  nikationsG.
345 KOM (2007) 697 endg.; KOM (2007) 698 endg.; KOM (2007) 699 endg.
346 Namentlich die RL 2002/21/EG über einen gemeinsamen Rechtsrahmen für elektronische Kommunikationsnetze und -dienste (Rahmenrichtlinie), ABl. 2002 L 108, 33; die RL 2002/19/EG über
  den Zugang zu elektronischen Kommunikationsnetzen und zugehörigen Einrichtungen sowie deren Zusammenschaltung (Zugangsrichtlinie), ABl. 2002 L 108, 7; die RL 2002/20/EG über die Genehmigung elektronischer Kommunikationsnetze und -dienste (Genehmigungsrichtlinie), ABl.
  2002 L 108, 21.

strichen werden. Zudem soll eine Anpassung der Frequenzpolitik durch Neuordnung der Funkfrequenzen und Reformierung der Funkfrequenzverwaltung vorgenommen werden. Ebenfalls vorgesehen sind die Einrichtung eines effizienteren Vergabeverfahrens bezüglich der Nutzungsrechte und die Gewährleistung der reibungslosen Einführung des Frequenzhandels. Die Rechte der Verbraucher sollen unter anderem durch das Recht zur vertragsstrafenfreien Lösung vom Vertrag sowie die leichte Zugänglichkeit zu Informationen, die einen Vergleich der Tarife und die Übertragbarkeit von Rufnummern ermöglichen, gestärkt werden. Daneben sollen die Anbieter im Falle von Sicherheitsverletzungen dazu verpflichtet werden, die jeweiligen Verbraucher über diese Verletzung und über die zur Folgenreduzierung erforderlichen Maßnahmen zu informieren. Ein weiterer zentraler Gesichtspunkt ist die Vereinheitlichung der europaweiten Notdienste und die Steigerung des Bekanntheitsgrades der Notrufnummer 112, über deren Zugangsmöglichkeiten der Verbraucherbereits bei Vertragsschluss informiert werden soll. Des Weiteren sollen die Unabhängigkeit der Marktaufsicht und die Bekämpfung von unerlaubter Werbung gewährleistet werden. Nicht zuletzt ist zudem die mit der Änderung der Genehmigungsrichtlinie verbundene Erleichterung der Genehmigung bestimmter europaweiter Satellitendienste zu beachten, welche der Verwirklichung der Ziele der europäischen Raumfahrtpolitik dient.[347]

845 Außer den genannten Änderungen soll eine Europäische Behörde für die Märkte der elektronischen Telekommunikation eingerichtet werden, die eng mit den nationalen Regulierungsbehörden (NRB) und der Kommission zusammen arbeiten soll. Hauptaufgaben der Behörde sind die Schaffung der Rahmenbedingungen für die Zusammenarbeit der NRBs, die Wahrnehmung einer Aufsichtsrolle in den Bereichen Marktdefinition, Analyse und Abhilfemaßnahmen und die Beratung zur Harmonisierung der Funkfrequenzen. Insbesondere soll die Behörde die Aufgaben der Europäischen Agentur für Netz- und Informationssicherheit übernehmen und der Kommission einen Jahresbericht über die Entwicklungen im Bereich der elektronischen Kommunikation vorlegen. Die Änderungsvorschläge sind Ende 2009 in Kraft getreten.

V. Das Sonderrecht für Dienstleistungen von Banken und Versicherungen

Literatur: *Deckert*, Europäische Privatrechtsharmonisierung am Beispiel des Bankrechts – eine Problemübersicht, JA 1997, 75; *Roth*, Die Vollendung des europäischen Binnenmarktes für Versicherungen, NJW 1993, 3028; *Weber*, Banken im Gemeinsamen Binnenmarkt – Stand und Perspektiven, EuZW 1993, 27; *Weiser*, Der Binnenmarkt für Versicherungen, EuZW 1993, 29; *Woopen*, Banken und Versicherungen im Binnenmarkt – will die EU ihren Bürgern die Märkte wirklich öffnen?, EuZW 2007, 495; *Zantis*, Die Verwirklichung des Europäischen Binnenmarktes für Bankdienstleistungen, EuZW 1993, 31.

846 Gemäß Art. 58 II AEUV wird die Liberalisierung der mit dem Kapitalverkehr verbundenen Dienstleistungen der Banken und Versicherungen im Einklang mit der Liberalisierung des Kapitalverkehrs durchgeführt. Die Liberalisierung des Kapitalverkehrs erfolgte erst spät und damit auch die Liberalisierung der damit verbundenen Dienstleistungen der Banken und Versicherungen, sodass lange Zeit auch keine unmittelbare Wirkung der Art. 56 ff. AEUV für Banken und Versicherungen bestand. Mittlerweile sind allerdings mehrere Richtlinien sowohl zur Liberalisierung des Kapitalverkehrs,

---

347 Mitteilung der Kommission an den Rat und das Europäische Parlament – Europäische Raumfahrtpolitik – KOM (2007) 212.

als auch zur Liberalisierung des Tätigkeitsbereichs der Banken und Versicherungen ergangen.

1. Banken

Aufgrund der mittlerweile erfolgten Liberalisierung des Bankensektors können Kreditinstitute heute Zweigniederlassungen ohne Neuzulassung im Gastland errichten und ihre Dienstleistungen uneingeschränkt ohne Auslandsniederlassungen über die Grenzen anbieten. Es gelten jedoch die nationalen Vorschriften des Gastlandes, soweit diese keine Handelshemmnisse darstellen und dem Allgemeininteresse dienen. Aus dem Bereich des Sekundärrechts ist die RL 2000/12/EG v. 20.3.2000 über die Aufnahme und Ausübung der Tätigkeit der Kreditinstitute hervorzuheben.[348] Ziel dieser Regelung ist es, neben der Gewährleistung eines gerechten Wettbewerbs zwischen vergleichbaren Gruppen von Kreditinstituten den Sparern vergleichbare Sicherheiten zu bieten. Kreditinstitute, welche die Zulassung eines Mitgliedstaats haben, dürfen danach europaweit tätig werden. Sie unterliegen dabei für alle Bankaktivitäten in der gesamten Union nach dem Prinzip der gegenseitigen Anerkennung der Gleichwertigkeit nationaler Vorschriften der Kontrolle ihres Herkunftslandes. Des Weiteren wurden Vorschriften zur inneren Organisation bzw. Finanzierung der Banken getroffen und nationale Rechtsvorschriften insoweit harmonisiert. Nachdem diese Richtlinie in den letzten Jahren bereits mehrfach in wesentlichen Punkten geändert wurde, wurde durch die RL 2006/48/EG eine Neufassung vorgenommen.[349] Ein wichtiges Element stellt dabei die Änderung der Vorschriften bezüglich der Eigenmittelbestimmung dar, so waren bisher pauschal ein Mindestanfangskapital oder bestehende Eigenmittel von 5 Mio. EUR vorgeschrieben. Es wird nunmehr eine Unterscheidung nach der Qualität der Eigenmittelbestandteile in Basiseigenmittel und ergänzende Eigenmittel vorgenommen. Dabei darf unter anderem der Anteil der ergänzenden Eigenmittel den der Basiseigenmittel im Rahmen der Berechnung nicht überschreiten. Bei der Ermittlung der Mindesteigenkapitalanforderungen ist der Vielfalt der Kreditinstitute sowie dem Schutz personenbezogener Daten Rechnung zu tragen.

847

2. Versicherungen

Mit dem 1.7.1994, dem Ende der Umsetzungsfrist der letzten in den vergangenen Jahren hierzu erlassenen Richtlinien, wurde der Versicherungsbinnenmarkt hergestellt. Zu diesem Zeitpunkt wurden die nationalen Märkte vollständig für ausländische Versicherungsanbieter geöffnet, welche nun Niederlassungen gründen und grenzüberschreitende Dienstleistungen erbringen können. Seit diesem Zeitpunkt gilt das Prinzip der Herkunftslandkontrolle für die Finanz- und die Tätigkeitsaufsicht (Art. 9 RL 1992/49/EWG,[350] Art. 10 RL 2002/83/EG[351]). Nationale Behörden können jedoch weiterhin eine Rechtsaufsicht bezüglich im Allgemeininteresse liegender Rechtsvorschriften aus-

848

---

348 ABl. 2000 L 126, 1; neugefasst in der RL 2006/48/EG v. 14.6.2006, ABl. 2006 L 177, 1 ff.

349 RL 2006/48/EG des Europäischen Parlaments und des Rates v. 14.6.2006 über die Aufnahme und Ausübung der Tätigkeit der Kreditinstitute, ABl. 2006 L 177, 1, zul. geänd. durch die RL 2007/18/EG der Kommission v. 27.3.2007, ABl. 2007 L 87, 9.

350 RL 1992/49/EWG des Rates v. 18.6.1992, ABl. 1992 L 228, 1, (3. RL Schadensversicherung), geänd. durch die RL 2007/44/EG v. 5.9.2007, ABl. 2007 L 247, 1.

351 RL 2002/83/EG v. 5.11.2002 über Lebensversicherungen, ABl. 2002 L 345, 1, geänd. durch die RL 2007/44/EG v. 5.9.2007, ABl. 2007 L 247, 1.

üben. Zudem gibt es eine einheitliche, EU-weit gültige Zulassung zum Versicherungsgeschäft (Art. 5 RL 1992/49/EWG, Art. 5 RL 2002/83/EG). Schließlich werden Mindestnormen für die Bildung und Anlage von versicherungstechnischen Rückstellungen festgelegt (Art. 17 RL 1992/49/EWG; Art. 20 ff. RL 2002/83/EG). Durch den Erlass der RL 2007/44/EG[352] wurden im Wege der Harmonisierung einheitliche Beurteilungskriterien und Verfahrensregeln geschaffen, die im Falle eines beabsichtigten direkten oder indirekten Erwerbs einer qualifizierten Beteiligung an einem Versicherungsunternehmen, sowie der Erhöhung einer solchen, für Rechtssicherheit, Klarheit und Vorhersehbarkeit bezüglich des Beurteilungsprozesses sorgen sollen.

VI. Übungsfall: van Binsbergen./.Bestuur van de Bedrijfsvereniging voor de Metaalnijverheid, EuGH 3. 12. 1974 – 33/74, Slg. 1974, 1299

849 **Sachverhalt:** Herr van Binsbergen hat einen niederländischen, in den Niederlanden wohnhaften Rechtsanwalt mit der Erhebung einer Klage in den Niederlanden beauftragt. Während des Verfahrens zog dieser Anwalt von den Niederlanden nach Belgien. Nach niederländischem Recht können jedoch nur in den Niederlanden ansässige Personen Prozessbevollmächtigte oder Rechtsbeistände vor Gericht sein. Der Anwalt berief sich insoweit jedoch auf die Dienstleistungsfreiheit. Das Gericht setzte daraufhin das Verfahren zwecks Vorabentscheidung durch den EuGH aus.

Vorlagefragen:

13. Ist die Dienstleistungsfreiheit unmittelbar anwendbar? Können sich daraus Rechte für den Einzelnen ergeben, welche die nationalen Gerichte beachten müssen?

14. Falls dies der Fall ist, wie können solche Rechte eingeschränkt werden?

Prüfung:
1. Schutzbereich der Dienstleistungsfreiheit
Zunächst müsste der Schutzbereich der Dienstleistungsfreiheit eröffnet sein.

a) Definition: Dienstleistung
Art. 57 AEUV definiert in den Absätzen 1 und 2 den Begriff der Dienstleistung im Sinne der Vertrags, dh es besteht ein eigener europarechtlicher Dienstleistungsbegriff. Dieser umfasst alle selbstständigen, entgeltlichen und grenzüberschreitenden Tätigkeiten, soweit sie nicht bereits dem Anwendungsbereich einer anderen Grundfreiheit unterliegen. Der Rechtsanwalt des B erbringt für diesen eine selbstständige, entgeltliche Tätigkeit; nach seinem Umzug nach Belgien ist die Dienstleistungserbringung auch grenzüberschreitend, da er sich, um die Dienstleistung – die Vertretung des Mandanten vor Gericht – zu erbringen, von Belgien in die Niederlande begeben muss.

b) Subsidiarität
Die Tätigkeit darf allerdings nicht in den Anwendungsbereich einer anderen Grundfreiheit fallen. Anders als bei der Arbeitnehmerfreizügigkeit (Art. 45 AEUV) handelt es sich vorliegend um eine selbstständige und keine abhängige Beschäftigung. Die Niederlassungsfreiheit (Art. 49 AEUV) setzt eine dauerhafte wirtschaftliche Tätigkeit in einem anderen Mitgliedstaat voraus, wohingegen der Rechtsanwalt nur für den Prozess des B – also nur vorübergehend – in den Niederlanden tätig sein wollte. Art. 34 AEUV ist nicht einschlägig, da es sich um die Erbringung einer nicht körperlichen Leistung, also nicht um eine Ware im Sinne der Warenverkehrsfreiheit handelt. Mithin ist die Dienstleistungsfreiheit nicht subsidiär.

c) Persönlicher Schutzbereich
Als natürliche Person, die die Staatsangehörigkeit eines Mitgliedstaates besitzt, ist für den Rechtsanwalt der persönliche Anwendungsbereich der Art. 56 ff. AEUV eröffnet.

---

352 ABl. 2007 L 247, 1.

d) Unmittelbare Anwendbarkeit
Die Grundfreiheiten sind unmittelbar anwendbar; daraus ergeben sich Rechte für die Unionsbürger, auf die diese sich direkt berufen können und die von allen mitgliedstaatlichen Stellen zu beachten sind.

2. Eingriff in den Schutzbereich der Dienstleistungsfreiheit
a) Beeinträchtigung
Die freie Erbringung von Dienstleistungen müsste durch die niederländische Regelung beeinträchtigt sein. Das ist bei allen Anforderungen der Fall, die an den Leistenden gestellt werden – namentlich aus Gründen seiner Staatsangehörigkeit oder mangels ständigen Aufenthalts in dem Staat, in dem die Leistung erbracht wird – und die nicht für im Staatsgebiet Ansässige gelten oder in anderer Weise geeignet sind, die Leistungserbringung zu erschweren oder zu verhindern.
Laut EuGH liegt durch das Erfordernis, in den Niederlanden ansässig zu sein, eine solche Beschränkung vor.
Reichweite der Gewährleistung: Die Beeinträchtigung muss geeignet sein, den freien Dienstleistungsverkehr zu behindern (analog zur *Dassonville*-Formel) und darf keine bloße Vertriebsmodalität darstellen (entsprechend der *Keck*-Formel). Durch die niederländische Regelung kann der Rechtsanwalt seine Dienstleistung nicht erbringen; eine bloße Vertriebsregelung liegt nicht vor. Solche Beschränkungen sind verboten, es sei denn, es besteht ein Rechtfertigungtatbestand.

b) Ausnahmen von der Dienstleistungsfreiheit
Tätigkeiten, die mit der *Ausübung hoheitlicher Gewalt* verbunden sind, unterfallen ausdrücklich nicht der Dienstleistungsfreiheit (Art. 62 iVm Art. 51 I AEUV). Rechtsanwälte sind Organe der Rechtspflege, deren Aufgabe es ist, als Rechtsbeistände vor Gericht die Interessen ihrer Mandanten zu wahren und dadurch zB einen fairen Prozess zu gewährleisten. Daher nehmen sie in gewissem Maße hoheitliche Aufgaben wahr. Der EuGH hat aber festgestellt, dass die Ausnahmen zur Dienstleistungsfreiheit eng auszulegen sind und nur Tätigkeiten erfasst werden, die eine unmittelbare und spezifische Ausübung von hoheitlicher Gewalt darstellen. Insofern ist eine Beschränkung auf Tätigkeiten erforderlich, die zur Wahrung der Interessen eines Mitgliedstaats, insbesondere der inneren und äußeren Sicherheit, unbedingt erforderlich sind. Zu denken wäre an eine entsprechende Ausnahme bei Richtern, aber nicht bei Rechtsanwälten.

3. Rechtfertigung
Die Beeinträchtigung könnte gerechtfertigt sein. Hier ist zu unterscheiden, ob die staatliche Maßnahme, hier das niederländische Gesetz, formal diskriminiert (dann nur Rechtfertigung über Art. 62 iVm Art. 52 AEUV) oder ob es sich um eine formal nichtdiskriminierende Maßnahme handelt, die sowohl über Art. 62 iVm Art. 52 AEUV als auch über »zwingende Erfordernisse des Allgemeinwohls« gerechtfertigt sein kann. Eine formale Diskriminierung liegt vor, wenn der diskriminierende Tatbestand explizit an die Staatsangehörigkeit als Unterscheidungskriterium anknüpft. Vorliegend knüpft das Gesetz nicht an die Staatsangehörigkeit an, sondern differenziert danach, ob der Wohnsitz im In- oder Ausland liegt. Daher kann eine Rechtfertigung neben Art. 62 iVm Art. 52 AEUV auch über die zwingenden Allgemeinwohlinteressen erfolgen.
Laut EuGH kann eine solche Regelung gerechtfertigt sein, wenn sie sachlich geboten ist, »um die Einhaltung von Berufsregelungen zu gewährleisten, die sich namentlich auf das Funktionieren der Justiz und die Erfüllung von Standespflichten beziehen« (Slg. 1974, 1299, Rn. 16 der Entscheidungsgründe). Das Wohnsitzerfordernis ist jedoch nicht geeignet, diesen Kriterien, der Wahrung der öffentlichen Ordnung oder Sicherheit (Art. 52 AEUV) oder sonstigen Allgemeinwohlinteressen zu dienen. Ein in einem Nachbarstaat ansässiger Rechtsanwalt vermag die Interessen seiner Mandantschaft grundsätzlich in gleichem Maße wahrzunehmen und zu schützen wie ein Rechtsanwalt, der seinen Wohnsitz im Inland hat.

Ergebnis: Daher ist die niederländische Regelung nicht gerechtfertigt, sondern stellt eine verbotene Beschränkung der Art. 56 ff. AEUV dar.

§ 19 Kapital- und Zahlungsverkehr

Literatur: *Bieber/Epiney/Haag,* Die Europäische Union, 10. Aufl. 2012, § 11; *Fischer,* Die Kapitalverkehrsfreiheit in der Rechtsprechung des EuGH, ZEuS 2000, 391; *Freitag,* Mitgliedstaatliche Beschränkungen des Kapitalverkehrs und Europäisches Gemeinschaftsrecht, EWS 1997, 186; *Grundmann/Möslein,* Die Golden Shares Grundsatzentscheidungen des EuGH, BKR 2002, 758; *Jarass,* Elemente einer Dogmatik der Grundfreiheiten, EuR 1995, 202; *Krause,* Von »goldenen Aktien«, dem VW-Gesetz und der Übernahmerichtlinie, NJW 2002, 2747; *Oppermann/Classen/Nettesheim* EuropaR § 30; *Pießkalla,* Zur Unvereinbarkeit des deutschen VW-Gesetzes mit EU-Recht, EuZW 2007, 702; *Rohde,* Wirtschafts- und Währungsunion und freier Kapitalverkehr, EWS 1999, 453; Schwarze/*Glaesner* AEUV Art. 63; *Sander,* Volkswagen vor dem EuGH – der Schutzbereich der Kapitalverkehrsfreiheit am Scheideweg, EuZW 2005, 108; *Streinz* EuropaR § 12; *Wunderlich,* Anmerkung zu Skatteverket, EuZW 2008, 122; *v. Wilmowsky* in Ehlers, Europäische Grundrechte und Grundfreiheiten, § 12.

I. Die Liberalisierung des Kapital- und Zahlungsverkehrs bis 1994

850 Nach dem ursprünglichen EWG-Vertrag war die Freiheit des Kapitalverkehrs gewährleistet, »soweit es für das Funktionieren des Gemeinsamen Marktes notwendig ist« (Art. 67 EWGV). Insofern vollzog sich die Liberalisierung des Kapitalverkehrs anfänglich nur auf der Ebene des Sekundärrechts, zunächst durch die Erste Richtlinie zur Durchführung des Art. 67 EWGV v. 10.5.1960[353] und durch die Zweite Richtlinie 1963/21/EWG v. 18.12.1962 zur Ergänzung und Änderung der ersten Richtlinie.[354] Aber insgesamt zeigte sich, dass beide Richtlinien nur sehr schleppend umgesetzt wurden. Durch die RL 1988/361/EWG des Rates v. 24.6.1988 zur Durchführung des Art. 67 EWGV[355] kam es dann zu ersten größeren Liberalisierungs-fortschritten, da sie die Liberalisierung aller, auch kurzfristiger monetärer Geschäfte vorsieht.

851 Heute ist die weitere Liberalisierung des Kapital- und Zahlungsverkehrs eng mit der Entwicklung der Wirtschafts- und Währungsunion verknüpft (insbesondere → Rn. 942 ff.).

852 Im Maastrichter Vertrag von 1992, welcher die Wirtschafts- und Währungsunion als eines seiner Hauptziele regelte, kam es zur primärrechtlichen Verankerung der Liberalisierung des Kapital- und Zahlungsverkehrs in Art. 56 EG. Die vorher getrennten Bereiche des freien Kapitalverkehrs und des freien Zahlungsverkehrs wurden nunmehr verknüpft und beide Freiheiten als grundsätzlich gleichwertig neben die Waren- und Personenverkehrsfreiheiten gestellt. Der Vertrag von Maastricht sah die vollständige Liberalisierung des Kapital- und Zahlungsverkehrs mit unmittelbarer Wirkung für die Bürger in den Mitgliedstaaten vor. Über das Verbot der Beschränkung innerhalb der ehemaligen Gemeinschaft hinausgehend, weitete der Vertrag in Art. 56 EG die Liberalisierung auch auf Drittstaaten aus. Dies ist nicht zuletzt dem Umstand geschuldet, dass ein freier internationaler Zahlungs- und Kapitalverkehr infolge der Globalisierung der Wirtschaft immer wichtiger wird.

Der Vertrag von Lissabon hat die Regelungen des Maastrichter Vertrags nahezu unverändert übernommen. Änderungen sind hauptsächlich verfahrenstechnischer Natur, so

---

353 ABl. 1960 L 43, 921.
354 ABl. 1963 L 9, 62.
355 ABl. 1988 L 178, 5, sie ist auch nach Änderung des Vertrags nicht aufgehoben worden und daher
   ergänzend anwendbar.

gilt bspw. gem. Art. 64 II AEUV für diese Bereiche das ordentliche Gesetzgebungsverfahren. Weitere Änderungen regeln den Erlass von restriktiven Kapitalverkehrsliberalisierungsmaßnahmen mit Drittländern (Art. 64 III AEUV und Art. 65 IV AEUV).

II. Freier EU-Geldverkehr seit 1994

1. Allgemeines

Am 1.1.1994 begann die zweite Stufe der Währungsunion. Diese umfasste unter anderem die primärrechtliche Liberalisierung des Kapitalverkehrs gem. Art. 56 I EG sowie des Zahlungsverkehrs nach Art. 56 II EG. Im Vertrag von Lissabon ist der Kapital- und Zahlungsverkehr nunmehr im Titel IV, Kapitel 4 (Art. 63–66 AEUV) enthalten. Die Kapitalverkehrsfreiheit ist eine »echte« Grundfreiheit, die Zahlungsverkehrsfreiheit demgegenüber eine Hilfsfreiheit, die der Verwirklichung anderer Grundfreiheiten dient. Da die Zahlungsverkehrsfreiheit indes nicht mehr an jene gekoppelt ist (anders noch Art. 106 EWG aF), greift sie auch für Zahlungen im Zusammenhang mit sonstigen Geschäften. **853**

Darüber hinaus bemüht sich die Union um die Schaffung eines integrierten europäischen Finanzraums, der sich durch dem Binnenmarkt vergleichbare einheitliche rechtliche Rahmenbedingungen für die Marktteilnehmer auszeichnet und mit der Erstreckung des Art. 26 II AEUV auf das Kapital auch intendiert ist.[356] In diesem Zusammenhang wurden in den Bereichen des Wertpapier- und Börsenrechts, des Bank- und Versicherungsrechts sowie des Verbraucherschutzes in finanziellen Belangen bereits erhebliche Vereinheitlichungen geschaffen.[357] Die Wirtschafts- und Währungsunion (→ Rn. 942 ff.) leistet hierzu ihrerseits einen gewichtigen Beitrag. **854**

2. Anwendungsbereich

a) Sachlicher Anwendungsbereich

aa) Freiheit des Kapitalverkehrs (Art. 63 I AEUV). Der Vertrag enthält keine Legaldefinition dieser Freiheit. Aber die Begriffe werden in der RL 1988/361/EWG des Rates zur Durchführung von Art. 67 EWG[358] erläutert, die nach Ansicht des EuGH »Hinweischarakter« hat.[359] Im Anhang der Richtlinie findet sich eine – nicht abschließende – Aufzählung von Kapitaltransaktionen, die unter die Kapitalverkehrsfreiheit fallen. Obwohl durch die Änderung des Primärrechts die Richtlinie ihre Grundlage im Vertrag verloren hat, bleibt sie, soweit sie inhaltlich mit dem jetzt geltenden Primärrecht vereinbar ist, anwendbar. **855**

Danach kann man davon ausgehen, dass unter Kapitalverkehr iSd Art. 63 I AEUV die selbstständige einseitige Wertübertragung in Form von Geld- (Wertpapiere, mittel- und langfristige Kredite) und Sachkapital (Immobilien, Unternehmensbeteiligungen) von einem Mitgliedstaat in einen anderen zu verstehen ist. Art. 63 I AEUV gewährt also das Recht, Kapital sowohl zwischen den Mitgliedstaaten als auch im Verkehr mit **856**

---

356 *Bieber/Epiney/Haag,* Die Europäische Union, 10. Aufl. 2013, § 11 S. 377 ff.
357 Überblick bei *Bieber/Epiney/Haag,* Die Europäische Union, 10. Aufl. 2013, § 11 S. 377 ff.; *Oppermann/Classen/Nettesheim* EuropaR § 30 Rn. 14 ff.
358 RL 1988/361/EWG v. 24.6.1988, ABl. 1988 L 178, 5.
359 EuGH 4.6.2002 – C-367/98, Slg. 2002, I-4731 Rn. 374 = BeckRS 2004, 76788 – Kommission/Portugal; krit. wegen der Bezugnahme auf Sekundärrecht *Kilian* EuZW 2005, 441.

Drittstaaten frei und ungehindert zu bewegen. Dem liegt der Gedanke zugrunde, dass das Kapital ungehindert dorthin fließen können soll, wo es den meisten Ertrag bringt (optimale Allokation).[360]

857 Geschützt ist damit etwa die freie Kapitalbeteiligung an einer Gesellschaft durch Anteilserwerb und damit einhergehend auch das Recht, sich an der Verwaltung und Kontrolle der Gesellschaft effektiv zu beteiligen. Über diese Brücke wird damit die Prüfung von Vorschriften zur aktienrechtlichen Willensbildung nach Art. 63 I AEUV ermöglicht.

858 **Beispiel:** Jüngstes Beispiel dazu ist die Entscheidung des EuGH zum VW-Gesetz. Dieses sah für die Volkswagen AG bislang eine anteilsunabhängige Stimmrechtsbegrenzung auf 20 %, eine Herabsetzung der Sperrminorität auf 20 % und ein Entsenderecht des Bundes und des Landes Niedersachsen für den Aufsichtsrat vor. Der EuGH entschied nun, dass alle diese Einschränkungen geeignet sind, eine Investition bei VW weniger attraktiv zu machen und potenzielle Käufer vom Anteilserwerb abzuhalten, und damit eine Beschränkung der Kapitalverkehrsfreiheit darstellen.[361] In der dadurch nötig gewordenen Novelle zum VW-Gesetz wurde die Niedersachsen begünstigende 20 %-Sperrminorität dennoch aufrechterhalten.[362] Die Kommission hat daher erneut ein Vertragsverletzungsverfahren eingeleitet.[363] Nachdem die Bundesregierung die von der Kommission am 27.11.2008 gesetzte Frist zur Umsetzung der Entscheidung des EuGH[364] mit dem Hinweis, dass das neue Gesetz eine vollständige Implementierung darstelle, hat verstreichen lassen, wird nunmehr die Novelle des VW-Gesetzes ebenfalls Gegenstand eines Verfahrens vor dem Gerichtshof sein.

859 **bb) Freiheit des Zahlungsverkehrs (Art. 63 II AEUV).** Unter freiem Zahlungsverkehr wird die grenzüberschreitende Übertragung von Zahlungsmitteln als Gegenleistung im Rahmen einer dieser Leistung zugrunde liegenden Transaktion, etwa einer Warenlieferung oder Dienstleistung, verstanden, also die *grenzüberschreitende Erfüllung von Zahlungsverbindlichkeiten.*[365] Die Art der Erfüllung ist unerheblich, sodass die bargeldlose Überweisung ebenso erfasst ist, wie der Transfer von Banknoten. Damit stellt der Grundsatz der Zahlungsverkehrsfreiheit die monetäre Ergänzung der anderen Grundfreiheiten dar. Die Zahlungsverkehrsfreiheit ermöglicht die grenzüberschreitende Zahlung von Kaufpreisen, Arbeitslöhnen und die Bezahlung von Dienstleistungen; insofern erfüllt sie eine dienende Funktion und wird deshalb oft als *Hilfsfreiheit* bezeichnet.

860 **cc) Abgrenzung zu den anderen Grundfreiheiten.** Solange Münzen und Banknoten als gesetzliche Zahlungsmittel verwendet werden, sind sie keine Waren, sondern unterstehen dem Regelungsbereich des Art. 63 II AEUV.[366] Anders zu beurteilen wäre etwa der grenzüberschreitende Vertrieb von Sammlermünzen; dieser unterfiele dem Anwendungsbereich des Art. 34 AEUV. Die Abgrenzung der Kapital- und Zahlungsver-

---

360 *v. Wilmowsky* in Ehlers Europäische Grundrechte und Grundfreiheiten § 12 Rn. 2.

361 EuGH 23.10.2007 – C-112/05, Slg. 2007, I-8995 = BeckRS 2007, 70828 – Kommission/Deutschland mAnm *Pießkalla* EuZW 2007, 702.

362 Gesetz über die Überführung der Anteilsrechte der Volkswagenwerk Gesellschaft mit beschränkter Haftung in private Hand v. 8.12.2008, BGBl. I S. 2369, zul. geänd. durch das Gesetz v. 30.7.2009, BGBl. I S. 2479.

363 S. dazu die Presseerklärung der Kommission v. 4.6.2008 (IP/08/873).

364 IP/08/1797.

365 *v. Wilmowsky* in Ehlers Europäische Grundrechte und Grundfreiheiten § 12 Rn. 6.

366 EuGH 23.11.1978 – 7/78, Slg. 1978, 2247 Rn. 26 = BeckRS 2004, 73562 – Thompson.

kehrsfreiheit zur Arbeitnehmerfreizügigkeit dürfte kaum Schwierigkeiten bereiten.[367] Hinsichtlich des Verhältnisses der Kapitalverkehrsfreiheit zur Niederlassungsfreiheit können indes Überschneidungen bei mitgliedstaatlichen Regelungen zum Erwerb gewerblich genutzter Immobilien und Direktinvestitionen (Beispiel: Aktienerwerb) auftreten. Unklar bleibt insbesondere, ob der Erwerb von Unternehmensanteilen und damit von Einfluss zugleich unter die Niederlassungsfreiheit zu subsumieren ist oder hier ein Verhältnis der Exklusivität besteht.[368] In der jüngeren Rechtsprechung differenziert der EuGH danach, ob es vorrangig um Investition und die Erzielung von Kapitalerträgen (dann Kapitalverkehrsfreiheit) oder um das Erlangen von Kontrolle und eines bestimmenden Einflusses geht. Im letzteren Falle ist nur die Niederlassungsfreiheit einschlägig.[369] Hinsichtlich der Dienstleistungsfreiheit ist zu beachten, dass die Tätigkeit von Banken, Wertpapierfirmen, Börsen und Versicherungen häufig sowohl unter die Dienstleistungsfreiheit als auch unter die Kapitalverkehrsfreiheit fallen kann.[370] So fällt bspw. die Überweisung einer Versicherungssumme bei Eintritt eines Versicherungsfalls unter den freien Kapitalverkehr, während die Risikoübernahme durch die Versicherung als Dienstleistung anzusehen ist und die Zahlung der Prämie wiederum unter die Freiheit des Zahlungsverkehrs fällt.[371] Aber auch zwischen der Kapitalverkehrs- und der Zahlungsverkehrsfreiheit selbst gibt es Verknüpfungen. Während die grenzüberschreitende Investition (zumindest) von der Kapitalverkehrsfreiheit gedeckt ist, fällt die Auszahlung möglicher Erlöse unter die Zahlungsverkehrsfreiheit.[372]

b) Persönlicher Anwendungsbereich

In den Anwendungsbereich der beiden Freiheiten sind alle Unionsbürger und alle juristischen Personen mit Sitz in einem der Mitgliedstaaten einbezogen. Aber auch juristische und natürliche Personen außerhalb der Union können sich für innereuropäische Kapital- und Zahlungstätigkeiten auf Art. 63 AEUV berufen, da nach nunmehr herrschender Meinung das Kriterium der Staatsangehörigkeit und Ansässigkeit nicht mehr erforderlich ist.[373]   **861**

3. Rechtsfolgen

Die Kapital- und die Zahlungsverkehrsfreiheit begründen ein allgemeines Beschränkungsverbot mit unmittelbarer Wirkung in den Mitgliedstaaten und gehen damit über die Beseitigung der Ungleichbehandlung hinaus.[374] Alle direkten und indirekten legis-   **862**

---

367 Dazu Schwarze/*Glaesner* EG Art. 56 Rn. 15; *v. Wilmowsky* in Ehlers Europäische Grundrechte und Grundfreiheiten § 12 Rn. 2.

368 In der Rechtssache EuGH 18.11.1999 – C-174/04, Slg. 2005, I-4933 = BeckRS 2004, 74096 – Kommission/Italien hat der EuGH eine Stimmrechtsbegrenzung ausschließlich am Maßstab des Art. 56 EG, eine Verletzung der Niederlassungsfreiheit hingegen nicht geprüft. Teilweise lässt die EuGH die Prüfung der Niederlassungsfreiheit offen, da jedenfalls eine Verletzung der Kapitalverkehrsfreiheit vorliege, vgl. EuGH 4.6.2002 – C-367/98, Slg. 2002, I-4731 Rn. 56 = BeckRS 2004, 76788 – Kommission/Portugal. Vgl. auch *Streinz* EuropaR § 12 Rn. 897 sowie *Oppermann/Classen/Nettesheim* EuropaR § 23 Rn. 11, der von einem grds. Vorrang der Art. 56 ff. EG ausgeht.

369 EuGH EuZW 2013, 29 Rn. 21 – Kommission/Griechenland.

370 Vgl. Art. 51 II EG, der von »mit dem Kapitalverkehr verbundenen Dienstleistungen« spricht sowie Art. 57 I EG, der »Finanzdienstleistungen« erwähnt.

371 Vgl. Lenz/Borchardt/*Schürmann* AEUV vor Art. 63 Rn. 11.

372 *Streinz* EuropaR § 12 Rn. 895.

373 Schwarze/*Glaesner* AEUV Art. 63 Rn. 18; v. d. Groeben/Schwarze/*Kiemel* EG Art. 56 Rn. 23; Lenz/Borchardt/*Schürmann* EG Art. 56 Rn. 14; aA *Jarass* EuR 1995, 202 (208).

374 EuGH 4.6.2002 – C-483/99, Slg. 2002, I-4781 Rn. 40 = BeckRS 2004, 77466 – Goldene Aktien II.

lativen, administrativen und sonstigen Beschränkungen, denen der grenzüberschreitende Kapital- und Zahlungsverkehr unterliegen kann, fallen hierunter.[375] Verboten sind alle staatlichen Maßnahmen, die geeignet sind, den freien Kapital- und Zahlungsverkehr zu behindern. Dies gilt etwa für Regelungen, die Anleger aus anderen Mitgliedstaaten davon abhalten, in das Kapital inländischer Unternehmen zu investieren und die damit den freien Kapitalverkehr illusorisch machen.[376] So darf ein Staat, trotz verbleibender Kompetenz in Steuerfragen, Dividenden, die ein in seinem Gebiet ansässiges Unternehmen an Gesellschaften in anderen Mitgliedstaaten auszahlt, nicht anders besteuern, als solche Dividenden, die an Gesellschaften in diesem Mitgliedstaat gezahlt werden.[377]

863 Hingegen stellt es keine Beschränkung des Art. 63 AEUV dar, wenn sich die Einschränkung mittelbar aus unionsrechtlich zulässigen Beschränkungen anderer Grundfreiheiten ergibt. So hat der EuGH zB judiziert, dass Beiträge zur freiwilligen Krankenversicherung nur insoweit von den zu versteuernden Erwerbseinkünften abzugsfähig seien, als die Erträge an in diesem Mitgliedstaat anerkannte Versicherungseinrichtungen geleistet wurden. Die Stellungnahme des EuGH bezog sich hier nur auf die Art. 19 und 49 EG (jetzt Art. 45 und 56 AEUV); für die Freiheit des Kapitalverkehrs stellte er lediglich fest, dass Art. 63 AEUV Beschränkungen nicht untersage, die nicht den Kapitalverkehr beträfen, sondern sich mittelbar aus Beschränkungen anderer Grundfreiheiten ergäben.[378]

4. Schranken und Ausnahmen

a) Immanente Schranken

864 Der EuGH erkennt unter Berufung auf die anhand von Art. 34 AEUV (zuvor Art. 28 EG) entwickelte *Cassis de Dijon*-Rechtsprechung auch eine immanente Begrenzung des weiten Anwendungsbereichs der Kapital- und Zahlungsverkehrsfreiheit an. Alle im Allgemeininteresse erlassenen und für alle im Hoheitsgebiet des betreffenden Staates tätigen Personen und Unternehmen geltenden Maßnahmen fallen darunter, soweit sie sachlich geboten sind, um den Schutz der Interessen, den sie bezwecken, zu gewährleisten und dem Grundsatz der Verhältnismäßigkeit entsprechen.[379]

865 **Beispiel:** Für zulässig gehalten hat der Gerichtshof etwa die Sicherstellung einer pluralistischen Ausgestaltung des Rundfunks durch gesetzliche Beschränkungen der Beteiligung einer nicht kommerziellen Rundfunkanstalt an kommerziellen Rundfunkanstalten in einem anderen Mitgliedstaat, insbesondere wenn dies der Umgehung inländischer Regelungen dient.[380] Sehr zurückhaltend ist der EuGH bei der Anerkennung von Golden Shares, dh gesetzlichen Ausgestaltungen, die einem Mitgliedstaat besondere Kontrollrechte über ein Unternehmen verleihen, diesen damit gegenüber anderen Kapitalanlegern bevorzugen und eine Anlage unattraktiv ma-

---

375 S. EuGH 23.2.1995 – C-358/93, Slg. 1995, I-361 Rn. 25 = BeckRS 2004, 76713 – Aldo Bordessa.
376 EuGH 4.6.2002 – C-367/98, Slg. 2002, I-4731 Rn. 44 = BeckRS 2004, 76788 – Kommission/Portugal: Genehmigung für den Erwerb einer Beteiligung an einem portugiesischen Unternehmen über eine bestimmte Höhe hinaus; EuGH 6.6.2000 – C-35/98, Slg. 2000, I-4071 Rn. 34 = BeckRS 2004, 76643 – Staatsecretaris van Financien: Steuerbegünstigungen nur für Dividenden, die von inländischen Unternehmen ausgezahlt werden.
377 EuGH EuZW 2010, 18 Rn. 28 ff. – Kommission/Italien.
378 EuGH 28.1.1992 – C-204/90, Slg. 1992, I-249 Rn. 34 = BeckRS 2004, 74945 – Bachmann.
379 EuGH 1.6.1999 – C-302/97, Slg. 1999, I-3099 Rn. 40 = BeckRS 2004, 76163 – Konle.
380 EuGH 3.2.1993 – C-148/91, Slg. 1993, I-487 Rn. 8 ff. = BeckRS 2004, 74437 – Veronica.

chen können.[381] Die Einführung und Aufrechterhaltung dieser mit Sonderrechten versehenen Aktien stellen in der Regel eine Verletzung des freien Kapitalverkehrs und der Niederlassungsfreiheit dar. Eine Rechtfertigung, etwa aus Gründen der nationalen Sicherheit, kommt zwar in Betracht, jedoch muss dargelegt werden, wie die Sonderrechte dem Ziel dienen, zudem muss hinreichend genau bestimmt werden, unter welchen Voraussetzungen die Sonderrechte für diesen Zweck ausgeübt werden dürfen.[382]

b) Art. 64 I AEUV

Art. 64 I AEUV begrenzt bereits den Anwendungsbereich des Kapitalverkehrs – nicht aber des Zahlungsverkehrs – und ist daher von erlaubten Beschränkungen nach Art. 65 AEUV und im Sinne der *Cassis*-Formel zu unterscheiden. Gemäß Abs. 1 blieben am 31.12.1993 aufgrund einzelstaatlicher oder europarechtlicher Rechtsvorschriften bereits bestehende Bestimmungen im Verhältnis zu Drittstaaten wirksam. Es handelt sich um eine sog. »Stillstandsklausel«, die keine Verpflichtung zu weitergehender Liberalisierung enthält. Um die Beschränkungsmöglichkeiten des Art. 64 I AEUV wahrnehmen zu können, berechtigt die Norm die Mitgliedstaaten ebenfalls, Art und Umfang der betreffenden Transaktionen oder Transfers zu überprüfen. Im Falle von Bulgarien, Estland und Ungarn war der maßgebliche Zeitpunkt gem. Art. 64 I 2 AEUV der 31.12.1999.   **866**

c) Art. 65 AEUV

Nach dieser Vorschrift dürfen die Mitgliedstaaten weiterhin einschlägige Vorschriften ihres Steuerrechts anwenden, die Steuerpflichtige mit unterschiedlichem Wohnort oder Kapitalanlageort unterschiedlich behandeln (Art. 65 I lit. a AEUV). Die damit grundsätzlich erlaubte Diskriminierung bedarf indes einer sachlichen Begründung oder muss sich aus einer objektiv nicht vergleichbaren Situation des Betroffenen gegenüber einem Inländer ergeben.[383] Ferner können sie unerlässliche Maßnahmen treffen, um Zuwiderhandlungen gegen innerstaatliche Rechts- und Verwaltungsvorschriften, insbesondere auf den Gebieten des Steuerrechts und der Aufsicht über Finanzinstitute, zu verhindern, sowie Meldeverfahren für den Kapitalverkehr einführen und Maßnahmen aus Gründen der öffentlichen Ordnung oder Sicherheit treffen (Abs. 1 lit. b). Dazu gehören steuer- und bankenaufsichtsrechtliche Zwecke sowie die Bekämpfung von hinreichend schwerwiegenden Rechtsverstößen wie Geldwäsche, Drogenhandel und Terrorismus. Oft ergibt sich eine Schwierigkeit bei der Auslegung der Vorbehalte »Rechtsbruchsverhinderung« sowie »öffentliche Ordnung«. Hier wird dann ein Vergleich der Vorschriften der Art. 63 ff. AEUV mit Art. 34 ff. AEUV angestellt. Insofern bietet sich eine enge Auslegung an, da der EuGH die parallele Vorschrift des Art. 30 EG (nun Art. 36 AEUV) ebenfalls eng auslegt.   **867**

d) Ausnahmeregelungen nach Art. 143, 144 AEUV

Die Geltungsdauer der Ausnahmeregelungen nach Art. 143, 144 AEUV endete mit dem Eintritt in die dritte Stufe der Währungsunion. Damit entfalten diese Vorschriften, die Ausnahmen bei Zahlungsbilanzschwierigkeiten eines Mitgliedstaats bzw. zu-   **868**

---

381 EuGH 4.6.2002 – C-483/99, Slg. 2002, I-4781 Rn. 42 ff. = BeckRS 2004, 77466 – Goldene Aktien II, vgl. *Grundmann/Möslein* BKR 2002, 758 ff. und zuletzt EuGH 23.10.2007 – C-112/05, Slg. 2007, I-8995 = BeckRS 2007, 70828 – Kommission/Deutschland.

382 EuGH EuZW 2011, 17 ff. – Kommission/Portugal.

383 EuGH 6.6.2000 – C-35/98, Slg. 2000, I-4071 Rn. 43 ff. = BeckRS 2004, 76643 – Staatssecretaris van Financien.

lässige Schutzmaßnahmen bei einer plötzlichen Zahlungsbilanzkrise vorsahen, nur noch Rechtswirkungen für die Staaten, die nicht an der Währungsunion teilnehmen (→ Rn. 940).

5. Relevantes Sekundärrecht

869 Zur Durchsetzung der Zahlungsverkehrsfreiheit und Realisierung eines einheitlichen Zahlungsverkehrsraums wurde zudem auf Art. 114 AEUV (zuvor Art. 95 EG) gestütztes Sekundärrecht erlassen. So sieht die Verordnung über grenzüberschreitende Zahlungen in Euro[384] aus dem Jahr 2001 vor, dass für Bargeldabhebungen und Kartenzahlungen in Euro im Ausland sowie für grenzüberschreitende Euro-Überweisungen bis zu 12.500 EUR keine höheren Gebühren erhoben werden dürfen, als für dieselbe Dienstleistung innerhalb des eigenen Mitgliedstaats. Die Verordnung bezieht sich auch auf Zahlungen in anderen Währungen, sofern der jeweilige Mitgliedstaat – so etwa Schweden – dies wünscht.

870 Ende 2007 wurde zudem die Richtlinie über Zahlungsdienste[385] verabschiedet, die bis 2009 in nationales Recht umgesetzt werden musste.[386] Durch die Richtlinie wird ein einheitlicher Rechtsrahmen für den ursprünglich vom europäischen Bankwesen ins Leben gerufenen einheitlichen Euro-Zahlungsverkehrsraum *(Single Euro Payments Area, SEPA)* geschaffen. Damit sollen nun sämtliche Zahlungsdienstleistungen innerhalb der EU inländischen Zahlungen gleichgestellt werden und einfach und sicher vorgenommen werden können. Zudem enthält die Richtlinie Vorschriften zum Verbraucherschutz. Seit dem 1.2.2014 sind nunmehr alle Überweisungen und Lastschriften verpflichtend als SEPA-Überweisung, bzw. als SEPA-Lastschrift geführt. Die innerstaatlichen Kontonummern und Bankleitzahlen werden durch IBAN und BIC ersetzt.

6. Kapital- und Zahlungsverkehr mit Drittstaaten

871 Seit dem 1.1.1994 sind auch Beschränkungen des Kapital- und Zahlungsverkehrs mit Drittstaaten verboten. Der EuGH legt insoweit den Begriff der Beschränkung grundsätzlich zwar genauso weit aus wie im innereuropäischen Kontext, lässt hier jedoch erweiterte Rechtfertigungsmöglichkeiten zu.[387] Art. 64 II AEUV statuiert als Ziel für den Rat und das Parlament, einen freien Kapitalverkehr mit Drittstaaten anzustreben, begründet dabei allerdings weder für die Drittstaaten noch für dort ansässige Individuen Rechte. Dies unterstreicht der erstmalig eingefügte Abs. 3, welcher dem Rat die Möglichkeit einräumt, in einem besonderen Verfahren und nach Anhörung des Europäischen Parlaments Maßnahmen zu beschließen, die für die Liberalisierung des Kapitalverkehrs mit Drittländern einen Rückschritt darstellen.

---

384 VO 2560/2001/EG v. 19.12.2001, ABl. 2001 L 344, 13.

385 RL 2007/64/EG v. 13.11.2007, ABl. 2007 L 319, 1, ABl. 2009 L 187, 5.

386 Vgl. den Gesetzesentwurf der Bundesregierung, Entwurf eines Gesetzes zur Umsetzung der aufsichtsrechtlichen Vorschriften der Zahlungsdienstrichtlinie (Zahlungsdienstumsetzungsgesetz), BT-Drs. 16/11613 v. 16.1.2009. Das Gesetz wird flankiert von der Zahlungsinstituts-Eigenkapitalverordnung – ZIEV, Referentenentwurf v. 4.6.2008 sowie von dem Gesetz zur Umsetzung der Verbraucherkreditrichtlinie, des zivilrechtlichen Teils der Zahlungsdienstrichtlinie sowie zur Neuordnung der Vorschriften über das Widerrufs- und Rückgaberecht, Entwurf BR-Drs. 848/08.

387 EuGH 18.12.2007 – C-101/05, Slg. 2007, I-11531 = BeckRS 2007, 71068 – Skatteverket mAnm *Wunderlich* EuZW 2008, 122.

Der frühere Art. 60 EG ist neu geregelt worden. Zuvor ordnete er die Zulässigkeit 872
von im Verfahren nach Art. 301 EG aF beschlossenen Embargomaßnahmen an
(→ Rn. 1185f.), die eine Beschränkung des freien Kapital- und Zahlungsverkehrs darstellten. Ebenso wie der bisherige Art. 60 EG erlaubt auch der diese Regelung ersetzende
Art. 75 AEUV Einschränkungen des Kapital- und Zahlungsverkehrs aus politischen
Gründen. Sachlich beschränkt sich die Bestimmung nunmehr allein auf Maßnahmen
zur Verhütung und Bekämpfung des Terrorismus.

§ 20 Rechtsangleichung

I. Problemstellung

Literatur: *Epping/Lenz* Fallrep EuropaR 17–23 (Fall 3), 43–52 (Fall 6); *Gundel,* Die Neuordnung der
Rechtsangleichung durch den Vertrag von Amsterdam – neue Vorschriften für den »nationalen Alleingang«, JuS 1999, 1171; *Möllers,* Europäische Richtlinien zum Bürgerlichen Recht, JZ 2002, 121; *Möstl,*
Grenzen der Rechtsangleichung im europäischen Binnenmarkt – Kompetenzielle, grundfreiheitliche
und grundrechtliche Schranken des Gemeinschaftsgesetzgebers, EuR 2002, 318; *Oehlert,* Harmonisierung durch EG-Richtlinien: Kompetenzen, Legitimation, Effektivität, JuS 1997, 317; *Oppermann/
Classen/Nettesheim* EuropaR § 32; *Schwartz,* Rechtsangleichung und Rechtswettbewerb im Binnenmarkt – Zum europäischen Modell, EuR 2007, 208; *ter Steeg,* Eine neue Kompetenzordnung für die
EU, EuZW 2003, 325.

Eines der zentralen Instrumente zur Herstellung des Binnenmarktes ist neben den 873
Grundfreiheiten, dem freien Wettbewerb und den gemeinsamen Politiken, das Instrument der Angleichung der innerstaatlichen Rechtsvorschriften. Dies ist das Mittel, mit
dem bei Weiterbestehen unterschiedlicher nationaler Rechtsordnungen in den Bereichen, in denen die Union entsprechende Aufgabenerledigungskompetenzen übertragen bekommen hat, für die Wirtschaftsteilnehmer im Binnenmarkt möglichst gleiche
Bedingungen geschaffen werden sollen (Art. 3 I lit. b AEUV).

Art. 114 und 115 AEUV (zuvor Art. 94 und 95 EG) statuieren die Voraussetzungen für 874
die Angleichung von Rechtsvorschriften in den Mitgliedstaaten. Art. 114 AEUV (zuvor Art. 95 EG), der als allgemeine Grundsatzbestimmung keine Spezialbestimmung
zu Art. 115 AEUV mehr darstellt, ermächtigt Parlament und Rat im ordentlichen Gesetzgebungsverfahren die Maßnahmen zur Rechtsangleichung zu erlassen, welche die
Errichtung und das Funktionieren des Binnenmarktes zum Gegenstand haben. Demgegenüber eröffnet Art. 115 AEUV (zuvor Art. 94 EG) dem Rat die Möglichkeit, im
Wege des besonderen Gesetzgebungsverfahrens Vorschriften für die Harmonisierung
des Binnenmarktes zu erlassen, die entsprechender nationaler Umsetzung bedürfen.
Zudem gibt es weitere spezielle Rechtsgrundlagen für die Harmonisierung der verschiedenen nationalen Rechtsordnungen, wie etwa Art. 43, 50 I, 50 II lit. g, 52 II und
53 II AEUV.

Art. 114 IV AEUV ermöglicht den sog. *nationalen Alleingang.* Danach kann ein Mit- 875
gliedstaat unter bestimmten Umständen einzelstaatliche Bestimmungen aufrechterhalten, obwohl Parlament und Rat bzw. Rat und Kommission eine Harmonisierungsmaßnahme auf dem entsprechenden Gebiet erlassen haben. Möglich ist dies dann, wenn die
mitgliedstaatliche Regelung durch wichtige Erfordernisse iSd Art. 36 AEUV oder in
Bezug auf den Schutz der Arbeitsumwelt oder den Umweltschutz gerechtfertigt ist.

Die entsprechende nationale Bestimmung sowie die Gründe für ihre Beibehaltung müssen der Kommission allerdings notifiziert werden, wobei diese innerhalb eines Zeitrahmens von sechs Monaten über die Genehmigung oder Ablehnung der Vorschrift zu entscheiden hat (Art. 114 IV, VI AEUV).

876 Nachfolgend sollen verschiedene Beispiele für eine bereits erfolgte Rechtsangleichung gegeben werden. Dabei verdient noch einmal festgehalten zu werden, dass die Union nur in Bereichen, in denen sie überhaupt eine Kompetenz hat, entsprechende Harmonisierungsmaßnahmen einleiten kann.

II. Ausgewählte Bereiche der Rechtsangleichung

1. Zivilrecht

a) Europäisches Verfahrens- und Privatrecht

Literatur: *Dietze/Schnichels,* Die Rechtsprechung des EuGH zum EuGVÜ und zur EuGV-VO im Jahre 2004, EuZW 2005, 552; *Grunewald,* Europäisierung des Übernahmerechts, AG 2001, 288; *Jayme/Kohler,* Europäisches Kollisionsrecht 2005, IPRax 2005, 481.

877 Der europäische Binnenmarkt schuf ein zunehmendes Bedürfnis zur Rechtsangleichung im Europäischen Verfahrens- und Privatrecht. Neben dem mitgliedstaatlichen Kollisionsrecht (IPR) entwickelte sich so zunächst ein gemeinsames europäisches Kollisionsrecht. Zunächst bestand dieses aus zwischenstaatlichen Abkommen, nämlich dem Europäischen Gerichtsstands- und Vollstreckungsübereinkommen von 1968/89 (EuGVÜ)[388] und dem Luganer Abkommen von 1988[389] zwischen den EFTA-Staaten. Diese sind durch das Ende 2007 unterzeichnete und am 1.1.2010 in Kraft getretene Übereinkommen über die gerichtliche Zuständigkeit, die Anerkennung und Vollstreckung von Entscheidungen in Zivil- und Handelssachen ersetzt worden.[390]

878 Mit dem Amsterdamer Vertrag wurde für die frühere Europäische Gemeinschaft im Bereich der justiziellen Zusammenarbeit eine Harmonisierungskompetenz in Art. 61 f. EG geschaffen. Auf dieser Grundlage wurde die VO 44/2001/EG über die gerichtliche Zuständigkeit und die Anerkennung und Vollstreckung von Entscheidungen in Zivil- und Handelssachen (EuGV-VO)[391] erlassen. Alle drei vorgenannten Regelungen ähneln sich inhaltlich und als Grundgedanke liegt ihnen die einheitliche Bestimmung der Gerichtsstände sowie die Anerkennung und Vollstreckung von Urteilen zugrunde. Dabei wird die EuGV-VO geprägt unter anderem durch das Prinzip der Vorhersehbarkeit, der Prozessökonomie, der Sachnähe des zuständigen Gerichts sowie des Prinzips der Waffengleichheit. Der EuGH hat in 2005 klargestellt, dass das europäische Kollisionsrecht, um dem Integrationsziel gerecht zu werden, auch für Inlandsfälle gilt, sofern ein Auslandsbezug gegeben ist.[392] Seine Rechtsprechung trägt erheblich zur Integration auch in diesem Bereich bei und ein Vorschlag der Kommission plant eine Revision der EuGV-VO, um erkannte Defizite auszugleichen.[393]

---

388 ABl. 1972 L 299, 32.
389 ABl. 1988 L 319, 9.
390 Beschluss des Rates 712/2007/EG, ABl. 2007 L 339,1; BGBl. 2009 I S. 2862.
391 ABl. 2001 L 12, 1 = EuZW 2002, Beil. zu Heft 5; zul. geänd. durch VO 280/2009/EG v. 6.4.2009, ABl. 2009 L 93, 13.
392 EuGH 1.3.2005 – C-281/02, Slg. 2005, I-1383 = BeckRS 2005, 70156 – Owusu/Jackson.
393 Näher dazu *Schnichels/Stege* EuZW 2011, 817 ff.

Daneben gilt als Kollisionsregelung bezüglich der Anwendung des materiellen Rechts **879** das Europäische Schuldrechtsübereinkommen (EVÜ) v. 29.11.1996. Es wird seit dem 1.8.2004 durch zwei Auslegungsprotokolle ergänzt.[394]

Ferner wird durch die Zustellungs-VO 1393/2007/EG,[395] welche die VO 1348/2000/ **880** EG[396] ersetzt, die Rechtshilfe bei grenzüberschreitenden Zustellungen von gerichtlichen und außergerichtlichen Schriftstücken in Zivil- oder Handelssachen geregelt. Die VO 1206/2001/EG[397] normiert die Zusammenarbeit zwischen Gerichten der Mitgliedstaaten bezüglich der Beweisaufnahme in Zivil- und Handelssachen. Die RL 2003/8/EG[398] enthält Mindestvorschriften für die Prozesskostenhilfe. Zur Erleichterung der Zusammenarbeit und zur Gewährleistung des Zugangs zu Informationen für die Allgemeinheit, werden diese Maßnahmen im Rahmen eines »Europäischen Justiziellen Netzes« unterstützt. Letzteres wurde durch den Rat eingerichtet[399] und es wird durch mitgliedstaatliche Anlaufstellen koordiniert.

Weiter wird mit der VO 2201/2003/EG[400] das Verfahren von Entscheidungen in Ehe- **881** sachen und bei elterlicher Verantwortung (Sorge) harmonisiert. Schließlich ist mit der VO 805/2004/EG[401] ein Europäischer Vollstreckungstitel für unbestrittene Forderungen eingeführt worden, deren Regelungen in die ZPO (§§ 1082–1086) integriert worden sind. Zuletzt wurde Ende 2006 mit der VO 1896/2006/EG ein Europäisches Mahnverfahren eingeführt.[402]

Dass diese vorgenannten Regelungen nicht das Ende der Angleichung des Zivil- und **882** Prozessrechtes darstellen, zeigen zahlreiche Vorhaben, wie die geplante Anerkennung von Entscheidungen im Familienvermögens- und Erbrecht oder einer EU-weiten, grenzüberschreitenden Kostenpfändung. Auch macht man sich über eine umfassende europäische Zivilprozessordnung Gedanken, wie auch über eine europäische Zivilrechtsordnung, insbesondere zur Harmonisierung des Vertrags- und Schuldrechts, die jeweils Gegenstand der Diskussion seit Ende der 1980er Jahre sind.[403]

Mit dem Vertrag von Lissabon ist die Angleichung von Rechtsvorschriften im Bereich **883** der justiziellen Zusammenarbeit ausdrücklich zulässig geworden (Art. 81 I 2 AEUV) wobei sich die Harmonisierung auf die in den lit. a)–h) genannten Bereiche beschränkt. Für die Rechtsangleichung im Familienrecht gilt abweichend vom Grundsatz nicht das ordentliche Gesetzgebungsverfahren, vielmehr muss hier der Rat einstimmig beschließen (Art. 81 III AEUV).

---

394 ABl. 2005 C 334, 1 (konsolidierte Fassung).
395 ABl. 2007 L 324, 79.
396 ABl. 2000 L 160, 37.
397 ABl. 2001 L 174, 1; zul. geänd. durch VO 1103/2008/EG v. 22.10.2008, ABl. 2008 L 304, 80.
398 ABl. 2003 L 26, 41; ber. durch ABl. 2003 L 32, 15.
399 ABl. 2001 L 174, 25, vgl. http://ec.europa.eu/civiljustice/index_de.htm (Stand: 31.10.2009).
400 ABl. 2003 L 338, 1; zul. geänd. durch VO 2116/2004/EG v. 2.12.2004, ABl. 2004 L 367, 1.
401 ABl. 2004 L 143, 15; zul. geänd. durch VO 1103/2008/EG v. 22.10.2008, ABl. 2008 L 304, 80.
402 ABl. 2006 L 399, 1ff.
403 Vgl. KOM (2001) 1ff. und KOM (2003) 1ff. in ABl. 2001 L 255, 1 und ABl. 2003 C 63, 1.

b) Verbraucherschutz (Art. 169 AEUV)

884 **Literatur:** *Grunewald,* Europäisierung des Übernahmerechts, AG 2001, 288; *Hadding/Hopt/Schimansky/Assmann,* Deutsches und europäisches Bank- und Börsenrecht, 1994; *Heinrichs,* Die EG-Richtlinie über missbräuchliche Klauseln in Verbraucherverträgen, NJW 1993, 1817; *Pützhoven,* Harmonisierung des europäischen Verbraucherschutzrechts, EWS 1999, 447; *Staudenmayer,* Europäisches Verbraucherschutzrecht nach Amsterdam – Stand und Perspektiven, RIW 1999, 733; *Zerres,* Stand des europäischen Verbrauchervertragsrechts, JA 2002, 166.

aa) Entwicklung. Nachdem der Vertrag ursprünglich nicht darauf ausgerichtet war, entwickelte sich ab Anfang der 1970er Jahre eine eigenständige EG-Verbraucherpolitik. Der Rat verabschiedete 1975 das »1. Programm der EWG für eine Politik zum Schutz und zur Unterrichtung der Verbraucher«.[404] Daraufhin wurde eine Vielzahl von Verbraucherrichtlinien erlassen, zunächst auf der Grundlage von Art. 308 EG, später auf der Grundlage von Art. 94 EG. Einige seien hier beispielhaft genannt: So etwa die Richtlinie zur irreführenden Werbung RL 2006/114/EG v. 12.12.2006,[405] welche die RL 1984/450/EWG v. 10.9.1984[406] ersetzt, die Produkthaftpflichtrichtlinie 1985/374/EWG des Rates v. 25.7.1985, geändert durch RL 1999/34/EG v. 10.5.1999,[407] die Richtlinie zu Haustürgeschäften 1985/577/EWG v. 20.12.1985,[408] die in Deutschland durch das Haustürwiderrufsgesetz (nun §§ 312ff. und 355ff. BGB) umgesetzt wurde; die Verbraucherkreditrichtlinie 1987/102/EWG v. 22.12.1986,[409] in Deutschland durch das Verbraucherkreditgesetz (nun §§ 491ff. BGB) umgesetzt; die Pauschalreiserichtlinie 1990/314/EWG v. 13.6.1990,[410] die RL 1993/13/EWG v. 5.4.1993 über missbräuchliche Klauseln in Verbraucherverträgen[411] (nun §§ 305f. BGB) sowie die Richtlinie über Teilzeitnutzungsrechte 2008/122/EG v. 14.1.2009, welche die Time Sharing-Richtlinie 1994/47/EG v. 26.10.1994[412] ersetzt, und die Fernabsatzrichtlinie 1997/7/EG v. 20.5.1997,[413] die durch das Fernabsatzgesetz (nun §§ 312 lit. b f. BGB) in Deutschland umgesetzt ist. Zu nennen sind außerdem die Verbrauchsgüterkauf-Richtlinie 1999/44/EG[414] und die E-Commerce-Richtlinie 2000/31/EG.[415] Alle Umsetzungen und die beiden letztgenannten Richtlinien sind auch in die Novelle des Bürgerlichen Gesetzbuches von 2001 eingegangen, welche am 1.1.2002 in Kraft getreten ist.

885 In der Einheitlichen Europäischen Akte kam es erstmals zur Aufnahme des Verbraucherschutzgedankens in das Primärrecht im damaligen Art. 100a EG, der später durch den Art. 95 EG ersetzt wurde. Heute regeln Art. 12 AEUV sowie Art. 69 AEUV den Verbraucherschutz.

886 **bb) Geltende Rechtslage.** Der durch den Lissabonner Vertrag eingeführte Art. 169 AEUV formuliert die Verbraucherschutzpolitik als eine eigenständige Unionspolitik,

---

404 ABl. 1975 C 92, 15.
405 ABl. 2006 L 367, 21.
406 ABl. 1984 L 250, 17.
407 ABl. 1999 L 141, 20.
408 ABl. 1985 L 372, 31.
409 ABl. 1987 L 42, 48 zul. geänd. durch RL 1998/7/EG v. 16.2.1998, ABl. 1998 L 101, 17.
410 ABl. 1990 L 158, 59.
411 ABl. 1993 L 95, 29.
412 ABl. 1994 L 280, 83.
413 ABl. 1997 L 144, 19, zul. geänd. durch RL 2007/64/EG v. 13.11.2007, ABl. 2007 L 319, 1.
414 ABl. 1999 L 171, 12.
415 ABl. 2000 L 178, 1.

wobei die Gewährleistung eines hohen Verbraucherschutzniveaus als eigenständiges Ziel genannt wird. Zudem wird der Verbraucherschutz als Querschnittsklausel in Art. 12 AEUV genannt, wonach dem Verbraucherschutz auch bei Festlegung und Durchführung der anderen Unionspolitiken und -maßnahmen Rechnung zu tragen ist. Schließlich wird in Art. 169 II lit. b AEUV eine »Ermächtigung für Maßnahmen zur Unterstützung, Ergänzung und Überwachung der Politik der Mitgliedstaaten« formuliert. Die Schutzverstärkungsklausel des Art. 169 IV AEUV gestattet den Mitgliedstaaten, soweit dies mit Primärrecht vereinbar ist, einen höheren Schutzstandard beizubehalten oder einzuführen. Dies bedarf jeweils der Notifikation an die Kommission.

Aus dem Wortlaut der primärrechtlichen Verbraucherschutzbestimmungen ergibt sich, dass innerstaatlich und unionsweit nach wie vor primär die Mitgliedstaaten für den Verbraucherschutz verantwortlich sind. Der Union kommt insoweit lediglich eine Unterstützungskompetenz zu (Art. 169 II lit. b AEUV). **887**

c) Handels- und Gesellschaftsrecht

Nachdem von den Rechtsvereinheitlichungs- und Harmonisierungsbestrebungen im Gesellschaftsrecht bereits an anderer Stelle die Rede gewesen ist (→ Rn. 801 ff.), soll hier der Schwerpunkt auf die kurze Skizzierung der Harmonisierungstendenzen im Bereich des Handelsrechts gelegt werden. **888**

Um insbesondere Wettbewerbsverfälschungen und Diskriminierungen soweit wie möglich zu eliminieren, bedarf es bezüglich der wirtschaftlichen Betätigung von Unternehmen, die über Art. 34, 56, 63 AEUV (zuvor Art. 28, 49, 56 EG) geschützt ist, bestimmter Harmonisierungsmaßnahmen in Bezug auf deren Gründung, Registrierung, Vertretung und Rechnungslegung. **889**

Grundlage für die Harmonisierung sind Art. 50 II lit. g und 114 f. AEUV (zuvor Art. 44 II lit. g und 94 f. EG). Das europäische Handelsrecht regelt dabei die Rechtsverhältnisse der Unternehmen gegenüber Dritten im Binnenmarkt, soweit eine potentiell grenzüberschreitende Wirkung vorliegt und nicht spezielleres Binnenmarktrecht, insbesondere Gesellschafts-, Bank- und Wertpapierrecht, eingreift.[416] **890**

Insbesondere wurde auf europäischer Ebene wegen der vermehrten Häufigkeit von Übernahmen und Fusionen börsennotierter Gesellschaften über die Schaffung einer europaeinheitlichen Regelung diskutiert. **891**

Im Mittelpunkt stand dabei die sog. *Übernahmerichtlinie,* die allerdings im Juli 2001 im Europäischen Parlament zunächst nicht die erforderliche Mehrheit erlangte. Die Richtlinie sah im Wesentlichen ein europaweit einheitliches Verfahren bei sog. feindlichen Übernahmen von Aktiengesellschaften, unter anderem durch den Schutz von Kleinaktionären und Beschäftigten vor. Wesentlicher Kritikpunkt namentlich Deutschlands war dabei das Neutralitätsgebot des Vorstands der Zielgesellschaft einer Übernahme, das diesen zur Enthaltung von jeglichen die Übernahme hindernden Handlungen verpflichtet hätte. Abwehrhandlungen hätten nur nach Billigung durch eine ordentliche Hauptversammlung innerhalb der Annahmefrist des Angebots ergriffen werden können.[417] Die Kommission hat daraufhin im Jahr 2003 erneut einen Entwurf (WpÜG- **892**

---

416 Zum Bank- und Börsenrecht s. etwa *Hadding/Hopt/Schimansky/Assmann,* Deutsches und Europäisches Bank- und Börsenrecht, 1994, 61 f.
417 S. *Grunewald* AG 2001, 288.

Novelle)[418] dem Europäischen Parlament vorgelegt, den das Europäische Parlament mit einigen wesentlichen Änderungen am 16.12.2003 angenommen hat. Am 21.4.2004 wurde die RL 2004/25/EG betreffend Übernahmeangebote erlassen.[419] Danach müssen die Unternehmensleitungen angegriffener Unternehmen vor Verteidigungsmaßnahmen ihre Aktionäre um eine Entscheidung bitten. Dabei müssen die Aktionäre über genügend Zeit und ausreichende Informationen verfügen, um in ausreichender Kenntnis der Sachlage über das Angebot entscheiden zu können. Im Falle der Übernahme der Kontrolle einer Gesellschaft durch eine natürliche oder juristische Person ist diese verpflichtet, den Minderheitsaktionären ein Angebot zur Übernahme ihrer Anteile zu einem angemessenen Preis zu unterbreiten.

893 Abschließend ist zudem auf die Notwendigkeit der Unterscheidung einer Rechtsharmonisierung auf dem Gebiet des Handelsrechts von der gemeinsamen Handelspolitik, die die Rechts- und Handelsbeziehungen zu Drittstaaten regelt, hinzuweisen. Letztere Grundsätze werden durch Art. 207 AEUV festgelegt und betreffen ausschließlich die Außenkompetenzen der Union (→ Rn. 1178ff.).

d) Unlauterer Wettbewerb

Literatur: *Weinand,* Europarecht und Recht gegen den unlauteren Wettbewerb, 1998.

894 Ergänzend zu den Vorschriften des Primärrechts (Art. 101, 102, 114, 115 AEUV, zuvor Art. 81, 82, 94, 95 EG) gibt es einige Regelungen des Sekundärrechts zur Regelung von Problemen unlauteren Wettbewerbs.

895 Hier ist zunächst die *Richtlinie über die irreführende Werbung* (kodifizierte Fassung) 2006/114/EG v. 12.12.2006[420] zu nennen. Die Richtlinie legt Mindeststandards zum Problem der irreführenden Werbung in der Perspektive des Verbraucherschutzes fest. Die verfahrensmäßige Durchführung bleibt insofern den Mitgliedstaaten vorbehalten. Deutschland hat die Richtlinie durch § 3 UWG umgesetzt. Als irreführende und damit verbotene Werbung wird verstanden »jede Werbung, die in irgendeiner Weise – einschließlich ihrer Aufmachung – die Personen, an die sie sich richtet oder die von ihr erreicht werden, täuscht oder zu täuschen geeignet ist und die infolge der ihr innewohnenden Täuschung deren wirtschaftliches Verhalten beeinflussen kann oder aus diesen Gründen einen Wettbewerber schädigt oder zu schädigen geeignet ist« (Art. 2 lit. b der RL).

896 Darüber hinaus wurde auf der Grundlage der Art. 94 und 95 EG (nunmehr Art. 114, 115 AEUV) die Richtlinie des Rates 97/55/EG v. 6.10.1997[421] zwecks Einbeziehung vergleichender Werbung erlassen. Vergleichende Werbung ist grundsätzlich zulässig unter Ausschluss der wettbewerbsverzerrenden, mitbewerberschädigenden und den Verbraucher negativ beeinflussenden Werbung.

897 Im Bereich des Kartellrechts wurden auf der Grundlage der Art. 81, 82 EG (jetzt Art. 101, 102 AEUV) die Kartellverordnung als Grundlage für die Umsetzung und

---

418 KOM (2002) 534 endg. ABl. 2003 C 45, E 1–17.

419 ABl. 2004 L 142, 12.

420 ABl. 2006 L 376, 21. Die Richtlinie ersetzt die mehrfach geänderte Richlinie über irreführende Werbung RL 1984/450/EWG v. 10.9.1984, ABl. 1984 L 250, 17.

421 Die RL 97/55/EG ändert die RL 84/450/EWG über irreführende Werbung zwecks Einbeziehung vergleichender Werbung ab, ABl. 1997 L 290, 18.

Durchführung dieser Vorschriften, VO 1/2003/EG,[422] sowie verschiedene Gruppen-
freistellungsverordnungen erlassen (→ Rn. 1031 ff.). Hierzu gibt es sekundärrechtliche
Sonderregelungen für spezielle Bereiche und Branchen auf der Grundlage des Art. 83
II lit. c EG (jetzt Art. 103 II lit. c AEUV).

Auf der Grundlage von Art. 86 III EG (jetzt Art. 106 III AEUV) wurden schließlich **898**
die sog. Transparenzrichtlinie 1980/723/EWG,[423] die RL 1988/301/EWG[424] über den
Wettbewerb auf dem Markt für Telekommunikationsendgeräte sowie RL 1990/388/
EWG über den Wettbewerb auf dem Markt für Telekommunikationsdienste[425] erlassen.

e) Gewerblicher Rechtsschutz und Urheberrecht

> **Literatur:** Calliess/Ruffert/*Kingreen* AEUV Art. 34; *Rebel,* Gewerbliche Schutzrechte, 2001; *Schricker/*
> *Bastian/Dietz* (Hrsg.), Konturen eines europäischen Urheberrechts, 1996.

Nach der Rechtsprechung des Europäischen Gerichtshofs fallen das Patentrecht, das **899**
Warenzeichen- und Urheberrecht sowie das Geschmacksmuster- und Gebrauchsmus-
terrecht unter den Schutz des gewerblichen und kommerziellen Eigentums, welches gewissen Harmonisierungsbemühungen unterworfen ist. Die Ausprägung dieser Rechte
im Einzelnen und ihre Wirkungen standen bislang in der Kompetenz der Mitgliedstaaten.[426] Der Vertrag von Lissabon hat eine neue Rechtsgrundlage geschaffen, die ein Handeln der Union im Bereich des geistigen Eigentums ermöglicht. Gemäß Art. 118 AEUV
können Parlament und Rat Maßnahmen zur Schaffung europäischer Rechtstitel über
einen einheitlichen Schutz des geistigen Eigentums und zur Einführung zentraler Zulas-
sungs-, Koordinierungs- und Kontrollregelungen erlassen. Die Rechte auf Unionsebene stehen allerdings lediglich ergänzend neben den nationalen Rechten.

Dabei umfasst das *Urheberrecht* sowohl Persönlichkeitsrechte hinsichtlich eines Wer- **900**
kes als auch die Befugnis, dieses durch Inverkehrbringen kommerziell zu nutzen. Im
Bereich des Urheberrechts besteht zudem ein einheitlicher Schutzstandard, da alle
Mitgliedstaaten die *Berner Übereinkunft zum Schutz von Werken der Literatur und
Kunst* anerkannt haben. Sie haben allerdings teilweise unterschiedliche Fassungen der
Berner Übereinkunft ratifiziert. Ferner schafft das *WTO/TRIPs-Abkommen* von 1994
einen einheitlichen Rechtsstandard auch im Verhältnis zu Staaten, die nicht Unter-
zeichner des Berner Abkommens sind.

Insgesamt besteht im Bereich des Urheberrechts eine Tendenz, über Einzelmaßnah- **901**
men der Harmonisierung zu einer gesamteuropäischen Harmonisierung des Urheberrechts zu gelangen. Hintergrund dieser Entwicklung ist, dass der Schutz der Rechte am
geistigen Eigentum, insbesondere der Patente, Teil der Lissabon-Strategie für Wachstum und Beschäftigung ist, da diese die Innovation als Wachstumsmotor Europas anerkennt. Nachhaltig beeinflusst wird dieser Prozess von nationalen Reformbemühun-
gen etwa in der Bundesrepublik Deutschland, die auf eine völlige Neuordnung des

---

422 ABl. 2003 L 1, 1.
423 Zuletzt geänd. durch RL 2006/318/EG 17–25, vgl. hierzu auch → Rn. 1055.
424 Zuletzt geänd. durch RL 1994/46/EG.
425 Aufgehoben durch RL 2002/77/EG, vgl. dazu auch → Rn. 841 ff.
426 Vgl. EuGH 28.1.1989 – 341/87, Slg. 1989, 79 Rn. 11 = BeckRS 2004, 70887 – EMI Electrola
    GmbH/Patricia Im- und Export und andere; s. auch Calliess/Ruffert/*Epiney* Art. 36 AEUV Rn. 38.

Urheberrechts hinauslaufen. Beispiele für Sekundärrechtssetzung sind etwa die Hauptkoordinierungsrichtlinie 1993/83/EWG beim Satelliten- und Kabelrundfunk,[427] die Schutzdauerharmonisierungsrichtlinie 2006/116/EG[428] sowie die RL 1996/9/EG zum urheberrechtlichen Schutz von Datenbanken,[429] die RL 1996/9/EG zum urheberrechtlichen Schutz von Daten sowie die am 13.9.2003 umgesetzte[430] RL 2001/29/EG zum »Urheberrecht in der Informationsgesellschaft«,[431] die sich mit dem Schutz des Urhebers bezogen auf die Verwertung von Werken im Internet und der Anfertigung von Privatkopien befasst, sowie die RL 2001/84/EG über das Folgerecht des Urhebers des Originals eines Kunstwerks.[432] Die Durchsetzung der Rechte des geistigen Eigentums wird seit 2004 durch die RL 2004/48/EG geregelt.[433]

902 *Patentschutz* verleiht als Kompensation für die geistige bzw. erfinderische Leistung des Inhabers diesem das ausschließliche Recht, das entsprechende Erzeugnis herstellen und in den Verkehr bringen zu können. Es gibt nun verschiedene Harmonisierungsansätze. So existiert ein europäisches Patentübereinkommen (EPÜ) und dessen Ausführungsordnung v. 16.6.1999,[434] dessen Partner die EG-Mitgliedstaaten und weitere europäische Staaten sind. Das EPÜ verleiht die Möglichkeit, Patente beim Europäischen Patentamt in München oder in Den Haag zu beantragen. Das Patent entfaltet Rechtswirkung nur nach dem nationalen Patentrecht des jeweils relevanten Mitgliedstaates des Übereinkommens. Es verschafft also keinen einheitlichen Schutzstandard. Nationale Patente bleiben daneben bestehen. Ansätze zur Schaffung eines Unionspatents finden sich im Übereinkommen über das Europäische Patent für den Gemeinsamen Markt (GPÜ),[435] welches einen EU-einheitlichen Schutzstandard vorsieht. Es ist allerdings bislang mangels Vorliegens einer entsprechenden Anzahl von Ratifikationen nicht in Kraft getreten.

903 Im Bereich des *Geschmacksmusterrechts* gibt es die Harmonisierungsrichtlinie 1998/71/EG v. 13.10.1998 über den rechtlichen Schutz von Mustern und Modellen.[436] Ferner gehört ein Teil der Mitgliedstaaten den Haager Abkommen über die Hinterlegung von Mustern und Modellen an, nämlich Deutschland, Belgien, Frankreich, Griechenland, Italien, Luxemburg, die Niederlande, Slowenien und Ungarn. Grundsätzlich ist der Musterschutz aber weiterhin Gegenstand nationaler Gesetze, die sich auch nur auf das Gebiet des jeweiligen Mitgliedstaats beziehen. Die erheblichen Unterschiede zwischen den nationalen Musterschutzgesetzen verhindern bzw. verzerren den europaweiten Wettbewerb zwischen den Herstellern geschützter Waren. Im Vergleich zum innerstaatlichen Handel mit Erzeugnissen, in denen ein Muster Verwendung findet, wird der innereuropäische Handel durch eine große Zahl von Anmeldungen, Behörden, Verfahren, Gesetzen, einzelstaatlich begrenzten ausschließlichen Rechten sowie

---

427 ABl. 1993 L 248, 15.
428 ABL. 2006 L 372, 12; abgelöst durch RL 1993/98/EWG, ABl. 1993 L 290, 9, kodifiziert.
429 ABl. 1996 L 77, 20; s. zu weiteren Einzelheiten *Oppermann/Classen/Nettesheim* EuropaR § 36 Rn. 21 ff.
430 BGBl. 2003 I S. 1774.
431 ABl. 2001 L 167, 10. Berichtigte Fassung in ABl. 2002 L 6, 71.
432 ABl. 2001 L 272, 32.
433 ABl. 2004 L 195, 16. Berichtigte Fassung in ABl. 2004 L 195, 16.
434 ABl. 1999 L 7, 437.
435 ABl. 1989 L 401, 1.
436 ABl. 1998 L 289, 28.

einem hohen Verwaltungsaufwand mit Kosten und Gebühren für Anmelder verhindert bzw. beeinträchtigt.

Um diese Schwierigkeiten zu vermeiden, hat die Kommission einen Verordnungsvorschlag für Unionsgeschmacksmuster erarbeitet. Die VO 6/2002/EG des Rates v. 12.12.2001 über das Gemeinschaftsgeschmacksmuster[437] sieht ein einziges Registrierungsverfahren beim Harmonisierungsamt für den Binnenmarkt in Alicante, Spanien, vor. Dadurch soll die Bekämpfung von Produktpiraterie und Produktnachahmung erleichtert werden. Rechtsgrundlage der Geschmacksmusterverordnung ist Art. 308 EG (jetzt Art. 352 AEUV). Inhaltlich definiert die Verordnung Muster und Modelle, legt Kriterien für die Schutzfähigkeit sowie die Schutzdauer und den Schutzumfang fest und steckt die Grenzen des Geschmacksmusterrechts ab.

904

Zur Unionsmarke und zum Markenschutz § 15 → Rn. 726 ff.

905

2. Steuerrecht

Literatur: *Bungenberg/Nowak*, Europäische Umweltverfassung und EG-Vergaberecht, ZUR 2003, 10; *Huschens*, Die Entwicklung des Mehrwertsteuerrechts im Jahr 1999, EuZW 2000, 357; *Hey*, Die Entwicklung des EG-Mehrwertsteuerrechts in den Jahren 2000 und 2001, EuZW 2002, 613; *Laule*, Harmonisierung der Steuern in Europa, ZEuS 2002, 381; *Sharaf*, Nationale Steuerautonomie sowie Besteuerungshoheit im Spannungsverhältnis zu den EG-Grundfreiheiten, EuZW 2008, 721; *Stewen*, Der EuGH und die nationale Steuerhoheit – Spannungsverhältnis und Konfliktlösung, EuR 2008, 445; *Tiedtke/Mohr*, Die Grundfreiheiten als zulässiger Maßstab für die direkten Steuern, EuZW 2008, 424; *Vetter/Bergmann*, De-facto-Vergaben und In-house-Geschäfte im Lichte des effet utile, EuZW 2005, 589 ff.

a) Allgemeines

Es liegt auf der Hand, dass die Frage der Besteuerung von Individuen und Unternehmen zentral für die Ausübung der Binnenmarktfreiheiten ist. Grundsätzlich liegt die Steuerhoheit bei den Mitgliedstaaten. Die Europäische Union selbst darf keine Steuern einführen oder erheben. Sie ist lediglich für die Angleichung der nationalen Steuervorschriften zuständig. Die Unterschiede in den verschiedenen Steuersystemen der Mitgliedstaaten schlagen sich in den Preisen der Waren nieder. Die direkten Steuern werden regelmäßig auf jeder Stufe der Herstellung und des Vertriebs erhoben, indirekte Steuern (Umsatzsteuer) werden dagegen auf den Endverbraucher umgelegt. Neben aus unterschiedlichen Steuersätzen resultierenden Wettbewerbsverfälschungen können von den Mitgliedstaaten erlassene Steuervorschriften auch den freien Verkehr von Waren, Dienstleistungen und Kapital behindern.[438] Die mitgliedstaatlichen steuerrechtlichen Regelungen können insbesondere als Beschränkung der Grundfreiheiten – etwa der Niederlassungsfreiheit, wenn Steuervergünstigungen an eine fünfjährige Niederlassung geknüpft werden – doch durch das Unionsrecht beeinflusst und den EuGH geprüft werden.[439] Hier erkennt der Gerichtshof die Aufteilung der Besteuerungsbefugnis zwischen den Mitgliedstaaten sowie die Wahrung der Kohärenz des nationalen

906

---

437 ABl. 2002 L 3, 1. Zuletzt geänd. durch VO 1891/2006/EG v. 18.12.2006, ABl. 2006 L 386, 14.

438 Zum Spannungsverhältnis zwischen nationaler Steuerhoheit und dem Binnenmarkt *Stewen* EuR 2008, 445; zur aktuellen Rspr. in diesem Bereich *Sharaf* EuZW 2008, 721.

439 EuGH EuZW 2013, 191 Rn. 32 ff. – DADV.

Steuersystems an, nicht aber das Interesse, die nationalen Steuereinnahmen zu erhöhen.[440]

Die angestrebte Rechtsangleichung kann auf verschiedene Weise vollzogen werden.

b) Rechtsgrundlagen für die Harmonisierung des Steuerrechts

907 Art. 110 AEUV (zuvor Art. 90 EG), welcher jegliche steuerliche Diskriminierung verbietet und Art. 113 AEUV (zuvor Art. 93 EG), welcher die Harmonisierung der indirekten Steuern fordert, sind zunächst Grundlagen für die Harmonisierung der indirekten Steuern. Für die direkten Steuern besteht keine eigene Rechtsgrundlage, sodass Harmonisierungsmaßnahmen auf diesem Gebiet auf die allgemeinen Ermächtigungsgrundlagen, wie etwa Art. 114, 115 AEUV und Art. 352 AEUV gestützt werden. Dabei scheiterten Versuche auf dem Ratsgipfel von Nizza, die Harmonisierung der direkten Steuern durch eine Ausweitung des Mehrheitsprinzips voranzubringen; vielmehr wurde von einigen Mitgliedstaaten ausdrücklich auf dem Einstimmigkeitsgrundsatz beharrt.[441] Nunmehr werden Harmonisierungsmaßnahmen im ordentlichen bzw. im besonderen Gesetzgebungsverfahren erlassen, die im Regelfall eine qualifizierte Mehrheitsentscheidung beinhalten (Art. 294 AEUV und Art. 16 III EUV).

Der EuGH misst in ständiger Rechtsprechung nationale Regelungen des direkten Steuerrechts am Maßstab der Grundfreiheiten, dh der Warenverkehrsfreiheit, der Freiheit des Personenverkehrs, der Freiheit des Dienstleistungsverkehrs und an der Freiheit des Kapitalverkehrs.[442] Konsequenz ist, dass die Mitgliedstaaten, auch wenn es an einer Harmonisierungskompetenz im Bereich des direkten Steuerrechts fehlt, zu europarechtskonformen Neuregelungen gezwungen werden, was aber im Hinblick auf die erheblichen Auswirkungen der nationalen Steuerregelungen auf den Binnenmarkt folgerichtig ist.[443]

c) Die Mehrwertsteuer

908 Rechtsgrundlage der diesbezüglichen Steuerharmonisierung ist Art. 113 AEUV. Bereits 1970 wurde zur Steuerharmonisierung die Mehrwertsteuer durch die 1. und 2. Mehrwertsteuerrichtlinie eingeführt und trat an die Stelle der in den Mitgliedstaaten bis dahin angewandten unterschiedlichen Erzeugungs- und Verbrauchssteuern. 1987 schlug die Kommission vor, die Mehrwertsteuer nicht mehr wie bisher in dem Bestimmungsland der Ware oder Dienstleistung, sondern nach dem Herkunftslandprinzip (dh Besteuerung nur im Herkunftsmitgliedstaat) zu erheben und einen Ausgleichsmechanismus einzuführen, um größere Verlagerungen der Steuereinnahmen unter den Mitgliedstaaten zu vermeiden. Hierauf konnten sich die Mitgliedstaaten jedoch nicht einigen. Mit Inkrafttreten des Binnenmarktes am 1.1.1993 haben die Mitgliedstaaten zwar nicht einheitliche Mehrwertsteuersätze, jedoch Mindeststandards in diesem Bereich beschlossen. Es gibt einen 19-prozentigen Normalsatz und einen siebenprozentigen ermäßigten Satz, der zB für Bücher und Lebensmittel gilt. Den Mitgliedstaaten

---

440 EuGH EuZW 2013, 191 Rn. 32ff. – DADV.

441 Seit dem 1.1.2004 haben zwölf Mitgliedstaaten ein automatisches Informationssystem über alle Zinseinkünfte der Gebietsfremden eingeführt.

442 EuGH C-270/83, Slg. 1986, 273; Schlussanträge des GA *Manduro*, EuGH C-446/03, Slg. 2005, I-10837.

443 Hierzu *Tiedtke/Mohr* EuZW 2008, 424.

steht es jedoch frei, über diese Mindestsätze hinauszugehen. Von dieser Möglichkeit haben fast alle Mitgliedstaaten Gebrauch gemacht.

Trotz des Erlasses einer Mehrwertsteuersystemrichtlinie,[444] die allerdings lediglich eine **909** formale Neuordnung mit sich brachte, der RL 2007/75/EG[445] sowie der VO 143/2008/EG fehlt es auch weiterhin an einer Steuersatzharmonisierung, sodass sich die Vorstellung der Kommission, dass die Besteuerung in Zukunft nicht mehr im Bestimmungsland, sondern im Ursprungsland erfolgen soll, bislang nicht durchsetzen konnte. Die Steuer würde demnach dem Importeur im Ursprungsland in Rechnung gestellt und diesem im Bestimmungsland als Vorsteuer abgezogen. Seit 1993 besteht dieses System allerdings nur bei Waren, die für den privaten Ge- und Verbrauch bestimmt sind, wie etwa bei neuwertigen Kfz. In allen anderen Fällen gilt weiterhin das Prinzip der Besteuerung im Verbrauchsland. Das bislang geltende System schafft nun die Gefahr der Steuerhinterziehung dann, wenn etwa eine Ware nur zum Schein an einen Kunden in einen anderen Mitgliedstaat geliefert wird, die von der Mehrwertsteuer im Herkunftsland befreiten Waren aber im Herkunftsland verkauft werden, sodass die Mehrwertsteuer auf den Endverbrauch hinterzogen wird. Um diesen Missbrauch möglichst einzudämmen und zu kontrollieren, ist ein europaweites Steuer-Informationssystem (MIAS) eingeführt worden.[446] Zudem hat die Kommission einen Vorschlag zur Änderung der RL 2006/112/EG und der VO 1798/2003/EG zum Zweck der Bekämpfung des Steuerbetrugs bei innereuropäischen Umsätzen vorgelegt.[447]

3. Öffentliches Recht

a) Öffentliche Auftragsvergabe

Literatur: *Bungenberg/Nowak*, Europäische Umweltverfassung und EG-Vergaberecht, ZUR 2003, 10; *Prieß*, Handbuch des europäischen Vergaberechts, 2005; *Vetter/Bergmann*, De-facto-Vergabe und Inhouse-Geschäfte im Lichte des effet-utile, EuZW 2005, 589.

Das Vergaberecht befasst sich mit den rechtlichen Bedingungen für die Vergabe öffent- **910** licher Aufträge als der Gesamtheit der Regeln und Vorschriften, die den Staat, seine Behörden und Institutionen sowie seit einigen Jahren auch private Auftraggeber auf den Sektoren der Wasser-, Energie- und Verkehrsversorgung sowie der Telekommunikation zu einer bestimmten Vorgehensweise bei der entgeltlichen Vergabe von öffentlichen Aufträgen verpflichten.[448]

---

444 RL 2006/112/EG v. 28.11.2006, ABl. 2006 L 347, 1, die bereits am 19.12.2007 durch die RL 2006/138/EG geänd. wurde, ABl. 2006 L 384, 92. Zuletzt geänd. durch die RL 2009/69/EG v. 25.6.2009, ABl. 2009 L 175, 12.

445 ABl. 2007 L 346, 13.

446 Durch VO 218/1992/EWG des Rates v. 27.1.1992 über die Zusammenarbeit der Verwaltungsbehörden auf dem Gebiet der indirekten Besteuerung, ABl. 1992 L 24, 1.

447 KOM (2008) 147 endg.

448 RL 2004/17/EG v. 30.4.2004 zur Koordinierung der Zuschlagserteilung durch Auftraggeber im Bereich der Wasser-, Energie- und Verkehrsversorgung sowie Postdienste, ABl. 2004 L 358, 35, geänd. durch VO 2083/2005/EG v. 19.12.2005, ABl. 2005 L 333, 28; zu beachten ist in diesem Zusammenhang auch die neuere Tendenz in der Rspr. des EuGH, auf die Notwendigkeit der Herstellung praktischer Konkordanz zwischen umwelt- und wirtschaftsverfassungsrechtlichen Vorgaben des EG-Vertrags hinzuweisen, vgl. EuGH 17.9.2002 – C-513/99, Slg. 2002, I-7213 = BeckRS 2004, 77525 – Concordia Bus Finland; s. dazu auch *Bungenberg/Nowak* ZUR 2003, 10.

911   Die Vergabe öffentlicher Aufträge ist ein wichtiger Wirtschaftsfaktor, der ca. 16 % des Bruttoinlandsprodukts (BIP) der Union ausmacht. Das öffentliche Vergabewesen ist grundsätzlich in nationale Vergabemärkte aufgespalten. Die Verträge enthalten zwar keine ausdrückliche Regelung. Es ist aber seit 1971 zum Erlass mehrerer Richtlinien zur Koordinierung der öffentlichen Auftragsvergabe gekommen, die im Kern vorsehen, dass ab bestimmten Schwellenwerten, also einem bestimmten finanziellen Auftragsvolumen, die europaweite Ausschreibung der Aufträge erforderlich ist, sodass Bieter aus allen Mitgliedstaaten die Möglichkeit haben, ein Angebot einzureichen. Zu nennen sind hier etwa die Baukoordinierungsrichtlinie[449] und die Lieferkoordinierungsrichtlinie[450] von 1993, die Dienstleistungskoordinierungsrichtlinie[451] von 1992 und die Sektorenrichtlinie[452] von 1993, wobei diese Richtlinien nun in einer Richtlinie und ergänzt durch eine Verordnung zusammengefasst wurden.[453] Zusätzlich sind neue Vorschriften zur Handhabung öffentlich-privater-Partnerschaften, ÖPP (Grünbuch zu den ÖPP vom April 2004), die für Investitionen in die Infrastruktur und öffentliche Dienstleistungen als Finanzierungsmodelle zum Tragen kommen, hinzukommen.

912   **Beispiel:** Die Stadt Köln hatte in einem »Mietvertrag« mit einer privaten Investitionsfirma die Errichtung der neuen Messehallen nach genauen Spezifikationen vereinbart und dafür eine Mietzusage für 30 Jahre gegen 600 Millionen EUR abgegeben. Die Messehallen sollten dann an die KölnMesse GmbH weitervermietet werden. Eine öffentliche Ausschreibung nach europäischem Vergaberecht erfolgte nicht. Darin hat der EuGH eine Vertragsverletzung erkannt,[454] was hier nach dem Recht der neuen Ausschreibungsrichtlinie RL 2004/18/EG nachgezeichnet werden soll: Der Gerichtshof stellte fest, dass die »Miete« der Errichtung des Bauwerkes diente und die Komponenten »Errichtung« und »Vermietung« des Vertrags ein untrennbares Ganzes darstellten. Der Hauptgegenstand des Vertrags sei dabei die Errichtung der Messehallen nach den Erfordernissen der Stadt Köln, denn deren Vorgaben gingen weit über die üblichen Vorgaben einer entsprechenden Immobilie hinaus. Damit liege entgegen der Vertragsbezeichnung ein Bauauftrag iSv Art. 1 II lit. b RL vor. Die Stadt Köln ist als Gebietskörperschaft auch ein öffentlicher Auftraggeber nach Art. 1 IX RL und die Messehallen stellen ein Bauwerk nach Art. 2 II lit. b RL dar, denn sie sind Ergebnis einer Gesamtheit von Tief- oder Hochbauarbeiten, das seinem Wesen nach eine wirtschaftliche oder technische Funktion erfüllen soll. Da zudem der Schwellwert nach Art. 7 I lit. c) der Ausschreibungsrichtlinie von 5.278.000 EUR erreicht wurde, hätte eine unionsweite Ausschreibung auch nach neuem Recht erfolgen müssen.

913   Zu beachten ist allerdings, dass die fundamentalen Prinzipien des Unionsrechts auch dort zum Tragen kommen, wo das Sekundärrecht, insbesondere mangels Überschreitung der Grenzwerte, keine Anwendung findet. Dies sind neben dem Grundsatz der

---

449 RL 1993/37/EWG des Rates v. 14.6.1993, ABl. 1993 L 199, 54, ber. durch ABl. 1994 L 111, 115, aufgeh. durch RL 2004/18/EG v. 31.3.2004, ABl. 2004 L 134, 114, geänd. durch VO 2083/2005/EG v. 17.12.2005, ABl. 2005 L 333, 28.

450 RL 1993/36/EWG des Rates v. 14.6.1993, ABl. 1993 L 199, 1.

451 RL 1992/50/EWG des Rates v. 18.6.1992, ABl. 1992 L 209, 1.

452 RL 1993/38/EWG des Rates v. 14.6.1993, ABl. 1993 L 199, 84.

453 RL 2004/18/EG v. 31.3.2004, ABl. 2004 L 134, 114; geänd. durch VO 2083/2005/EG v. 17.12.2005, ABl. 2005 L 333, 28, die aus dem Vorschlag der Kommission für eine Richtlinie über die Koordinierung der Verfahren zur Vergabe öffentlicher Lieferaufträge, Dienstleistungsaufträge und Bauaufträge v. 10.5.2000, KOM (2000) 275 endg. sowie den Richtlinienvorschlag zur Koordinierung der Auftragsvergabe durch Auftraggeber im Bereich der Wasser-, Energie- und Verkehrsversorgung (KOM [2000] 276 endg.) v. 10.5.2000, sowie die Einigung über die Richtlinie über das Öffentliche Auftragswesen v. 2.12.2003 hervorgegangen ist.

454 EuGH EuZW 2010, 58 Rn. 43 ff. – KölnMesse (noch zur alten RL).

Gleichbehandlung, Transparenz und der Verhältnismäßigkeit insbesondere die Grundfreiheiten. Daraus kann etwa folgen, dass der automatische Ausschluss von Unternehmen aus dem Bieterverfahren sowie die strafrechtliche Sanktionierung, für den Fall, dass diese Angebote im Rahmen eines Konsortiums und gesondert abgegeben haben, unzulässig ist.[455] Dies setzt allerdings voraus, dass an den streitgegenständlichen Aufträgen ein eindeutig grenzüberschreitendes Interesse besteht, wie es etwa bei hohen Auftragsvolumina und geographisch grenzüberschreitenden Ballungsgebieten der Fall sein kann.[456]

Die Brisanz des Vergaberechts auch hinsichtlich der Beihilfenkontrolle ist in den Entscheidungen des EuGH in den Rechtsachen Teckal[457] und Stadt Halle[458] deutlich geworden. Die vorgenannten Entscheidungen haben die Schlupflöcher im Bereich der »De-facto-Vergaben« (Entscheidungen, die außerhalb oder im Vorfeld einer Vergabe entschieden werden) und der »In-house-Geschäfte« (Rechtfertigung für den Ausschluss eines Vergabeverfahrens innerhalb des eigenen Unternehmensbereichs) geschlossen und klargestellt, dass das Fehlen eines ordnungsgemäßen Vergabeverfahrens einen beihilfenrelevanten Vorteil für ein begünstigtes Unternehmen darstellt.[459] Die Problematik der In-house-Geschäfte folgt daraus, dass das Vergaberecht einen schriftlichen, entgeltlichen Vertrag zwischen einem Wirtschaftsteilnehmer und einem öffentlichen Auftraggeber verlangt. Der Wirtschaftsteilnehmer kann dabei selbst ein öffentlicher Auftraggeber sein. Es ist unerheblich, ob er vorrangig Gewinne anstrebt, eine unternehmerische Struktur aufweist oder ständig auf dem Markt ist. Eine Ausnahme vom Vergaberecht der Union kommt nur in Betracht, wenn:[460]

1. Ein Vertrag zwischen einer öffentlichen Einrichtung und einer rechtlich verschiedenen Person, über welche die Einrichtung eine ähnliche Kontrolle ausübt, wie über die eigenen Dienststellen und wenn diese Person im Wesentlichen für diese Einrichtung oder solche Einrichtungen tätig ist, die ihre Anteile innehat bzw. innehaben oder
2. ein Vertrag vorliegt, mit dem öffentliche Einrichtungen die Wahrnehmung der ihnen allen obliegenden Gemeinwohlaufgaben vereinbaren. Dann dürfen keine Privaten beteiligt, keine privaten Anbieter bessergestellt und die Zusammenarbeit nicht durch andere Erwägungen bestimmt werden, als solche, die mit der Verfolgung des im öffentlichen Interesse liegenden Ziels im Zusammenhang stehen. Die Vergabe des Auftrags der Reinigung von Verwaltungsgebäuden an eine öffentliche Einrichtung, für die diese auch auf Private zurückgreifen kann, erfüllt diese kumulativ zu verstehenden Anforderungen nicht.[461]

b) Chemikalienrichtlinie[462]

Eine höchst kontroverse Debatte wurde bezüglich der Harmonisierung des EU-Chemikalienrechts, des sog. »Reach-Programms« (Registrierung, Evaluierung und Autorisierung von Chemikalien) geführt. Es sollte laut dem Weißbuch der Kommission

914

915

---

455 EuGH EuZW 2010, 150 Rn. 26 ff. – Serrantoni.
456 EuGH 15.5.2008 – C-147/06, Slg. 2008, I-3565 Rn. 32 = BeckEuRS 2008, 479802 – SECAP und Santorso.
457 EuGH 18.11.1999 – C-107/98, Slg. 1999, I-8121 Rn. 371 = BeckRS 2004, 74096 – Teckal.
458 EuGH 11.1.2005 – C-26/03, Slg. 2005, I-1 = BeckRS 2005, 70003 – Stadt Halle.
459 Vgl. *Vetter/Bergmann* EuZW 2005, 589 ff.
460 EuGH EuZW 2013, 591 Rn. 33 ff. – Piepenbrock.
461 EuGH EuZW 2013, 591 Rn. 33 ff. – Piepenbrock.
462 RL 2006/121/EG, ABl. 2006 L 396, 852, ber. Fassung ABl. 2007 L 136, 281.

zur nachhaltigen Verwendung von Chemikalien v. 27.2.2001 eine gemeinsame Chemi-
kalienpolitik eingeführt werden,[463] die europaweit sowohl ein hohes Gesundheits- und
Umweltschutzniveau gewährleistet, gleichzeitig aber auch das reibungslose Funktionieren des Binnenmarktes sicherstellt sowie Innovation und Wettbewerb in der chemi-
schen Industrie fördert. »*Reach*« verlangt von den Unternehmen, binnen elf Jahren
umfassende Datensätze von rund 30.000 Stoffen, die vor 1981 auf den Markt kamen,
zu erheben. Eine zu Beginn des Programms noch zu schaffende Behörde sollte die Daten prüfen und die Substanzen ggf. zulassen.

916 Die verschiedenen Interessensvertretungen verbanden mit der geplanten Richtlinie den
Schutz von Verbrauchern und Umwelt vor Chemikalien einerseits, kostenträchtige In-
formationspflichten für die Industrie andererseits, sodass eine kontroverse öffentliche
Debatte entstand.

917 Obwohl die positive Abstimmung des Europäischen Parlaments v. 16.11.2005, der
eine Veränderung des Richtlinientextes zugrunde lag, und des Rates v. 13.12.2005 von
Kritikern als »Verwässerung« zulasten des Verbraucher- und Umweltschutzes gewertet wurde, wurden mit der RL 2006/121/EG und der VO 1907/2006/EG[464] zur Schaffung einer Europäischen Agentur für chemische Stoffe die entsprechenden Vorschriften erlassen.

c) Spielzeugrichtlinie[465]

918 Einen besonders sensiblen Bereich der Produktsicherheit und des Verbraucherschutzes betrifft die Richtlinie über die Sicherheit von Spielzeug, denn sie soll durch die
Harmonisierung von Sicherheitsanforderungen einerseits Kinder vor Gefahren schützen, andererseits aber den freien Warenverkehr in einem großen und lukrativen Markt-
segment erleichtern.

919 Mit Ablauf der Umsetzungsfrist zum 20.7.2011 und entsprechender nationaler Maßnahmen sehen sich Hersteller, Importeure und Händler nun deutlich verschärften Sicherheitsanforderungen ausgesetzt, die je nach Person unterschiedlich ausgeprägt sind.
Dabei ist die Kette der Beteiligten zu dokumentieren und insbesondere dem Händler
obliegt eine weitreichende Pflicht zur Überwachung der Einhaltung der EU-Vorgaben.
Die Sicherheitsmaßnahmen umfassen unter anderem Beobachtungs- und Rückhol-
pflichten, sichtbare Warnhinweise auf Verpackungen von gefährlichen Produkten,
Kennzeichnungspflichten sowie die allgemeine Pflicht zur Konformität des Spielzeugs
mit den Sicherheitsanforderungen nach Art. 10 I der RL iVm deren Anhang II, welche
sehr detaillierte Vorgaben für die einzelnen Spielzeugkategorien trifft. Mit Art. 10 II
enthält die Richtlinie eine allgemeine Bestimmung zur Abwehr von Gefahren.

920 Die Umsetzung der Richtlinien erfolgt zeitlich gestaffelt; erst ab dem 20.7.2013 muss
sämtliches Spielzeug auch den Richtlinien über Chemikalien entsprechen. Dabei gelten
für krebserregende, allergieauslösende oder fruchtbarkeitsschädigende Stoffe (CMR-
Stoffe) Sonderbestimmungen. Die vorliegende Novellierung betrifft damit die erste
Richtlinie, die nach dem sog. neuen Konzept verabschiedet wurde, das Interventionen
des Staates im Binnenmarkt reduziert und die Handlungsoptionen der Marktteilneh-

---

463 KOM (2001) 88 endg.
464 ABl. 2006 L 396,1, zul. geänd. durch VO 552/2009/EG v. 22.6.2009, ABl. 2009 L 164, 7f.
465 RL 2009/48/EG, ABl. 2009 L 170, 1, näher dazu: *Kapoor* EuZW 2011, 784ff.

mer erweitert, indem die Binnenmarktharmonisierung auf wesentliche Anforderungen beschränkt wird, sodass Produkte, die dem entsprechen, marktfähig sind.

2. Abschnitt. Wirtschafts- und Währungsunion

§ 21 Die Währungsunion als Ergebnis eines Entwicklungsprozesses

Literatur: *Bredt,* Der europäische »Stabilitätspakt« benötigt mitgliedstaatliche Verankerung, EuR 2005, 104; *Haede,* Der Vertrag von Nizza und die Wirtschafts- und Währungsunion, EWS 2001, 97; *Haede,* Die Wirtschafts- und Währungsunion im Vertrag von Lissabon, EuR 2009, 200ff.; *Haede,* Haushaltsdisziplin und Solidarität im Zeichen der Finanzkrise, EuZW 2009, 399; *Kämmerer,* Bahn frei der Bankenunion? Die neuen Aufsichtsbefugnisse der EZB im Lichte der EU-Kompetenzordnung, NVwZ 2013, 830; *Kilb,* Rechtsgrundlagen des Euro, JuS 1999, 10; *Kirchhof,* Stabilität von Recht und Geldwert, NJW 2013, 1; *Kotzur,* Zur Klage der Kommission gegen die Aussetzung des Defizitverfahrens gegen Deutschland und Frankreich, JZ 2004, 1072; *Michaelis,* Der Weg zur Währungsunion nach dem Vertrag von Maastricht, JA 1996, 987; *Nettesheim,* Europarechtskonformität des Europäischen Stabilitätsmechanismus, NJW 2013, 14; *Nicolaysen,* Zum Defizitverfahren, DVBl. 2004, 1321; *Oppermann/Classen/Nettesheim* EuropaR § 19; *Palm,* Der Bruch des Stabilitäts- und Wachstumspakts, EuZW 2004, 71; *Ruffert,* Verfassungsrechtliche Überlegungen zur Finanzmarktkrise, NJW 2009, 2093; *Seidel,* Konstitutionelle Schwächen der Währungsunion, EuR 2000, 861; *Streinz* EuropaR Rn. 1080ff.; *Weiß,* Kompetenzverteilung in der Währungspolitik und Außenvertretung des Euro, EuR 2002, 165.

I. Die Europäische Währungsunion: Bedeutung und Vorgeschichte

> »Europa wird durch das Geld geschaffen oder überhaupt nicht.«
> (Jean Monnet)

1. Bedeutung

Die Europäische Währungsunion wird vielfach neben der Gründung der EGKS, EWG und EAG als Krönung und Vollendung der wirtschaftlichen Integration Europas angesehen. Sie begründet einen einheitlichen Währungsraum für 331 der 502 Mio. Unionsbürger.[466] Neben dem Dollar – und Yen – ist der Euro-Raum nunmehr eines der wichtigsten Währungsgebiete der Welt und der Euro übernimmt zunehmend die Funktion einer Leitwährung neben dem Dollar. **921**

Trotz eines überzeugenden Starts könnte der längerfristige Erfolg der Währungsunion immer noch gefährdet sein. Ein Binnenmarkt setzt die Koordinierung der Währungspolitik voraus. In diesem Zusammenhang stehen sich schon seit langem das Konzept der sog. *Monetaristen,* die die Währungsunion als Motor für die wirtschaftliche Integration betrachten, und das der *Ökonomisten,* die die Währungsunion als Krönung einer nahezu vollendeten wirtschaftlichen Harmonisierung betrachten, gegenüber. Die Lösung des Maastrichter Vertrags wurde in dieser Perspektive als pragmatischer Mittelweg angesehen.[467] Dasselbe gilt ebenfalls für den Vertrag von Lissabon. Die Währungsunion wurde in Art. 105 EG bzw. heute in Art. 127 AEUV auf Preisstabilität **922**

---

466 Eurostat, Tabelle Gesamtbevölkerung, Stand Januar 2012.
467 *Michaelis* JA 1996, 987.

konzipiert.[468] Dazu werden die Mitgliedstaaten in Art. 126 AEUV (zuvor Art. 104 EG) verpflichtet, übermäßige öffentliche Defizite zu vermeiden. Doch gerade diese Verpflichtung wurde in Zeiten innerstaatlicher Wirtschaftsprobleme bereits mehrfach von den Mitgliedstaaten ignoriert. Dieses Vorgehen gefährdet die genannten Grundkonzeptionen der Währungsunion. Ein Misserfolg der Währungsunion könnte aber den Einigungsprozess insgesamt infrage stellen.

2. Geschichte

Die Geschichte der zunehmenden Harmonisierung bis zur Vereinheitlichung der europäischen Währung kann wie folgt skizziert werden:

923 Zunächst war in den Art. 104ff. des EWG-Vertrags lediglich vorgesehen, dass im Rahmen der Währungspolitik vor allem die Zahlungsbilanzen der Mitgliedstaaten koordiniert werden sollten. Es wurde der sog. *Beratende Währungsausschuss*, bestehend aus Vertretern der Mitgliedstaaten und der Kommission, und anschließend im Jahre 1964 ein Ausschuss der Präsidenten der Zentralbanken gegründet. Mit einer gemeinsamen Wechselkurspolitik und einem Währungsbeistand zwischen den Mitgliedstaaten und ihren Zentralbanken sollten potenzielle Krisen bekämpft und überwunden werden.

924 Der *Werner-Bericht* von 1971 enthielt dann erstmals ein umfassendes Konzept zur Wirtschafts- und Währungsunion mit drei geplanten Stufen, von denen die letzte 1980 erreicht werden sollte. Er scheiterte jedoch an den Partikularinteressen der Mitgliedstaaten.

925 1973 kam es nach dem Zusammenbruch des weltweiten Systems fester Wechselkurse (sog. *Bretton-Woods-System*) zur Einführung des Europäischen Wechselkursverbundes (sog. *Währungsschlange*).

926 Ab 1978 wurde das Europäische Währungssystem (EWS) auf der Grundlage des Art. 308 EG gegründet. Es sah die Zusammenarbeit der Mitglieder der Währungsschlange zur weiteren Reduzierung von Wechselkursschwankungen vor. Für innergemeinschaftliche Abrechnungsvorgänge wurde die ECU (European Currency Unit) verwendet, eine zusammengesetzte künstliche Währung.

927 Die Funktion der ECU bestand darin, eine feste Bezugsgröße für Wechselkurs-, Interventions- und Kreditmechanismen des Währungssystems zu schaffen. Das EWS sah bestimmte Schwankungsbreiten für die Umtauschkurse vor, wobei ab einem deutlichen Überschreiten der Schwankungsbreiten eine Interventionspflicht bestand. Neben Art. 308 EG bildete zunächst die VO 3181/1978/EWG v. 18.12.1978[469] über das EWS eine weitere Rechtsgrundlage zur Vereinheitlichung, die am 22.12.1994 durch die VO 3320/1994/EG[470] ersetzt wurde.

928 Die Wiedervereinigung Deutschlands im Jahr 1990 war schließlich der entscheidende politische Auslöser, der erstmals die Zielvorstellung formulierte, eine vollständige Währungsunion zu schaffen. Es war der Wunsch der Mitgliedstaaten, das größer und souveräner gewordene Deutschland durch eine gemeinsame Währung noch stärker in

---

468 Das Ziel der Preisstabilität ist sogar in Art. 3 III AEU als eine der erklärten Zielvorstellungen der Union enthalten.
469 ABl. 1978 L 379, 2.
470 ABl. 1994 L 350, 27.

die EU einzubinden.[471] Nachdem es im Jahre 1992 zu sehr starken Kursschwankungen kam, waren einige Mitgliedstaaten allerdings gezwungen, vorübergehend das noch gültige EWS zu verlassen (Großbritannien, Irland, Italien, Portugal und Spanien). Diese Krise konnte das Zustandekommen der Währungsunion letztlich aber nicht mehr verhindern.

II. Stufen der Verwirklichung der Währungsunion

Im Auftrag des Europäischen Rates von Hannover im Jahre 1988 hatte der damalige Kommissionspräsident *Jacques Delors* einen Bericht zur Erreichung der Währungsunion vorgelegt, der drei Etappen vorsah. Dieser war die wesentliche Grundlage für die spätere Beschlussfassung über den Vertrag von Maastricht. Der Bericht sah die Verwirklichung der Währungsunion in drei Stufen vor: 929

1. Erste Stufe v. 1. 7. 1990 – 31. 12. 1993

Noch vor der Maastrichter Konferenz von 1992 wurde im Sinne des *Delors-Plans* die Einführung der ersten Stufe vom Europäischen Rat beschlossen.[472] Auf der ersten Stufe sollte die Koordinierung der Wirtschaftspolitiken der Mitgliedstaaten verstärkt und die nationalen Haushaltspolitiken multilateral überwacht werden.[473]   930

2. Zweite Stufe v. 1. 1. 1994 – 31. 12. 1998

Ohne weitere Beschlussfassung kam es dann am 1.1.1994 zum Eintritt in die zweite Stufe der Verwirklichung der Währungsunion. Mit den Art. 105–124 EG (jetzt Art. 127–138 AEUV) waren durch den Vertrag von Maastricht die normativen Voraussetzungen für die primärrechtliche Liberalisierung von Kapital- und Zahlungsverkehr sowie das Inkrafttreten der Währungsunion geschaffen worden. So wurde das Europäische Währungsinstitut (EWI) in Frankfurt errichtet (Art. 117 EG). Das EWI sollte vor allem die dritte Stufe vorbereiten und zu diesem Zweck die nationalen Finanzpolitiken koordinieren, die Funktionsfähigkeit des Europäischen Währungssystems überwachen sowie die Tätigkeit der Europäischen Zentralbank und die Einführung des Euro organisatorisch vorbereiten. Die Geldpolitik blieb während der gesamten zweiten Stufe nach wie vor in der Zuständigkeit der Mitgliedstaaten. Allerdings wurden die vier sog. Konvergenzkriterien festgelegt, welche die notwendigen Voraussetzungen potentieller Mitglieder der Währungsunion benennen.   931

Dies waren im Einzelnen: 932
- Hoher Grad an Preisstabilität,
- Dauerhaft tragbare Finanzlage der öffentlichen Hand,
- Einhaltung der Bandbreite des EWS-Wechselkursmechanismus und
- Dauerhaftigkeit der Konvergenz selbst.

Darüber hinaus diente die zweite Stufe der endgültigen Fixierung der Gewichtung aller nationalen Währungen.

---

471 *Oppermann/Classen/Nettesheim* EuropaR § 19 Rn. 12.
472 ABl. 1990 L 78, 23.
473 ABl. 1990 L 78, 23.

933 Zwei Verordnungen bestimmten das weitere Vorgehen. Dies war zum einen die Euro-Verordnung I,[474] welche den ECU durch den Euro im Verhältnis 1:1 ersetzte und die Umrechnung der nationalen Währungen in Euro festlegte sowie, zum anderen, die Euro-Verordnung II,[475] in der Inhalt und Ablauf der 3. Stufe auf der Grundlage des Art. 123 IV 3 EG festgelegt waren.

934 Zum 1.8.1998 nahm dann die Europäische Zentralbank mit *Wim Duisenberg* als ihrem ersten Präsidenten in Frankfurt ihre Arbeit auf. Seit dem 1.11.2011 ist der Italiener*Mario Draghi* Präsident der EZB.

935 Der Maastrichter Vertrag räumte dem Rat die Möglichkeit ein, über den Beginn der dritten Stufe bis zum 31.12.1996 selbst zu entscheiden, sofern eine Mehrheit der Mitgliedstaaten die Konvergenzkriterien erfüllte (Art. 121 III EG, durch den AEUV aufgehoben). Da dies aber nicht der Fall war, begann die dritte Stufe, wie von Art. 121 IV EG vorgesehen, am 1.1.1999.

3. Dritte Stufe seit dem 1.1.1999

936 Mit dem Beginn dieser dritten Stufe der Währungsunion haben die teilnehmenden Mitgliedstaaten ihre Zuständigkeit für die Geldpolitik verloren und die entsprechenden Kompetenzen auf das Europäische System der Zentralbanken (ESZB) übertragen.[476] Die dritte Stufe begann mit elf Mitgliedstaaten: Belgien, Deutschland, Finnland, Frankreich, Irland, Italien, Luxemburg, Niederlande, Österreich, Portugal und Spanien, die die Konvergenzkriterien des Art. 121 EG erfüllen konnten (→ Rn. 951).

937 Griechenland erfüllte zunächst die formalen Kriterien für den Eintritt in die Währungsunion nicht, trat aber nachträglich bei. Auch Schweden erfüllte die formalen Kriterien nicht, hatte aber bereits nicht am Wechselkursmechanismus des EWS teilgenommen. Mit Referendum v. 14.9.2003 wurde die Euro-Einführung in Schweden abgelehnt. Großbritannien und Dänemark entschlossen sich nach längeren Verhandlungen gegen eine Teilnahme (sog. *opting out*).

938 Mit dem Beginn der dritten Stufe wurde das Europäische Währungsinstitut aufgelöst (Art. 123 II 2 EG) und von einem unabhängigen Europäischen System der Zentralbanken abgelöst (sog. ESZB). Dieses System besteht aus den nationalen Zentralbanken und der Europäischen Zentralbank (Art. 8 iVm Art. 107 I EG, jetzt Art. 129 AEUV).

939 Im bargeldlosen Zahlungsverkehr galt der Euro seit dem 1.1.1999 und seit dem 1.1.2002 ist auch das nationale Bargeld durch den Euro ersetzt worden. Dieses verlor zum 28.2.2002 seine Eigenschaft als Zahlungsmittel. Damit haben die Mitgliedstaaten die ursprünglich vorgesehene sechsmonatige Übergangsfrist verkürzt. In der Bundesrepublik Deutschland wurde mit dem 3. Euro-Einführungsgesetz festgelegt, dass die Deutsche Mark nur bis zum 31.12.2001 als gesetzliches Zahlungsmittel gültig war, die Umstellung zum Euro also direkt erfolgen sollte.

---

474 VO 1103/1997/EG des Rates v. 17.6.1997 über bestimmte Vorschriften im Zusammenhang mit der Einführung des Euro, ABl. 1997 L 162, 1; zul. geänd. durch VO 2595/2000, ABl. 2000 L 300, 1. Die Verordnung 1103/1997/EG wurde auf der Grundlage von Art. 308 EG erlassen.

475 VO 974/1998/EG des Rates v. 3.5.1998 über die Einführung des Euro, ABl. 1998 L 139, 1; zul. geänd. durch VO 693/2008/EG, ABl. 2008 L 195, 1.

476 S. dazu die Änderung des Art. 88 GG, wonach nunmehr bestimmt ist, dass Aufgaben und Befugnisse der Bundesbank auf die EZB übertragen werden können.

Eine Übernahme der Regelungen des EG-Vertrags, die sich auf den ECU-Währungs-   **940**
korb und das EWI bezogen, war nicht erforderlich. Diese wurden daher im Vertrag
von Lissabon gestrichen. Ebenso sind die Bestimmungen über die erstmalige Einführung des Euro veraltet und nicht mehr in den neuen Verträgen enthalten. Da jedoch
immer noch nicht alle Mitgliedstaaten den Euro eingeführt haben, enthalten die neuen
Verträge auch weiterhin Regelungen über die Bedingungen zur Einführung der gemeinsamen Währung sowie über die Stellung der Mitgliedstaaten, welche diese bislang
nicht eingeführt haben (Art. 139ff. AEUV).

4. Beitritt weiterer Mitgliedstaaten

Inzwischen ist der Euro die gemeinsame Währung von 18 Mitgliedstaaten. Von den   **941**
neuen Mitgliedstaaten konnte als erstes Slowenien im Jahr 2007 den Euro einführen.
Anfang 2008 traten auch Malta und Zypern der Währungsunion bei. Dann wurde der
Euro in der Slowakei zum 1.1.2009, in Estland zum 1.1.2011 und in Lettland zum
1.1.2013 eingeführt. Die Kommission hat sich bereits zugunsten der Einführung des
Euro in Litauen zum 1.1.2015 ausgesprochen, worüber der Rat im Sommer 2014 beschließen wird.[477]

Laut den jeweiligen Beitrittsabkommen sind alle neuen Mitgliedstaaten verpflichtet,
den Euro einzuführen, sobald sie die rechtlichen und wirtschaftlichen Voraussetzungen dafür erfüllen. Eine *opting out*-Klausel ist insoweit nicht vorgesehen, allein Dänemark und das Vereinigte Königreich unterliegen infolge einer Sonderregelungen, die
bereits mit dem Vertrag von Maastricht ausgehandelt wurde, einer solchen Pflicht nicht
und können somit der Währungsunion fernbleiben. Insbesondere für das Vereinigte
Königreich ist eine Einführung des Euro höchst unwahrscheinlich. Hinsichtlich der
verbleibenden sieben Mitgliedstaaten, die den Euro einführen müssen (Bulgarien, die
Tschechische Republik, Kroatien, Ungarn, Polen, Rumänien und Schweden), stellt
der Konvergenzbericht 2014[478] der Kommission, die die Fähigkeit eines Landes zur
Einführung des Euro prüft, fest, dass gegenwärtig keines dieser Länder die Voraussetzungen erfüllt – im Falle von Schweden, das nicht am Europäischen Wechselkurs-
mechniamus teilnimmt, fehlt freilich auch der politische Wille.

III. Grundkonzeption der Wirtschafts- und Währungsunion

1. Gemeinsame Wirtschaftspolitik

Die Währungsunion ist nicht unabhängig von einer gemeinsamen Wirtschaftspolitik   **942**
zu realisieren, deshalb sprach bereits der Maastrichter Vertrag bzw. spricht heute der
Lissabonvertrag von der Wirtschafts- *und* Währungsunion. Zwingende Voraussetzung
für eine einheitliche Geldpolitik ist etwa die ungehinderte Mobilität des Kapitals, weshalb die Kapitalfreiheit (Art. 63 AEUV, zuvor: Art. 56 EG) im Zuge der Entwicklung
der Währungsunion immer weiter aufgewertet wurde. Im Gegensatz zu der gänzlich
vergemeinschafteten Währungspolitik liegt die Wirtschaftspolitik weiterhin in der Verantwortung der Mitgliedstaaten. Wenn Staaten mit einer gemeinsamen Währung eine

---

477 Europäische Kommission, Pressemitteilung vom 4.6.2014, abrufbar: http://europa.eu/rapid/press-
release_IP-14-627_de.htm.
478 Abrufbar: http://ec.europa.eu/economy_finance/publications/european_economy/2014/pdf/ee4_
en.pdf.

unterschiedliche Wirtschaftspolitik betreiben, kann das nachteilige Folgen für die Stabilität der Währung haben. Daher sind die Staaten verpflichtet, gemeinsame Vorgaben zu beachten, deren Einhaltung einem Kontrollverfahren unterliegt. Im Zusammenhang mit der Bekämpfung der Finanzkrise und der Euro-Rettung wird zudem die Einführung einer Wirtschaftsregierung diskutiert (vgl. § 21).

943 Gemäß Art. 120 AEUV (zuvor: Art. 98 EG) richten die Mitgliedstaaten ihre nationalen Wirtschaftspolitiken so aus, dass sie zur Verwirklichung der in Art. 3 AEUV festgelegten Ziele der Union beitragen. Dieser Beitrag orientiert sich an den vom Europäischen Rat auf Grundlage von Art. 121 AEUV (zuvor: Art. 99 EG) erörterten und vom Rat als Empfehlung verabschiedeten *Grundzügen der Wirtschaftspolitik der Mitgliedstaaten und der Gemeinschaft.*[479] So verständigte sich der Europäische Rat im Jahre 2000 in Lissabon auf das ehrgeizige Ziel, bis 2010 zum wettbewerbsfähigsten und dynamischsten wissensgestützten Wirtschaftsraum der Welt aufzusteigen. Aufgrund zunächst mäßiger Erfolge im Vergleich zu Asien und den USA wurde die *Lissabon*-Strategie im Jahr 2005 mit weniger hohen Zielen neu aufgelegt.

944 Eine solche Empfehlung enthält an die Mitgliedstaaten adressierte Leitlinien, deren Einhaltung eine harmonische, ausgewogene und nachhaltige Entwicklung des Wirtschaftslebens innerhalb der Union fördert, ein beständiges, nicht inflationäres Wachstum, ein hohes Maß an Umweltschutz und eine Verbesserung der Umweltqualität, einen hohen Grad von Wettbewerbsfähigkeit, ein hohes Beschäftigungsniveau und ein hohes Maß an sozialem Schutz, die Gleichstellung von Männern und Frauen und die Hebung der Lebensqualität gewährleistet sowie den wirtschaftlichen und sozialen Zusammenhalt und die Solidarität zwischen den Mitgliedstaaten begünstigt. Zur Verbesserung der Umsetzung dieser Ziele wurde innerhalb des Ministerrates ein *Rat für Wettbewerbsfähigkeit* eingesetzt. Als Umsetzungsinstrument dient vielfach die sog. *offene Methode der Koordinierung,* welche durch die Vereinbarung rechtlich unverbindlicher Zielvorstellungen und einer regelmäßigen Überwachung der Fortschritte gekennzeichnet ist (→ Rn. 437).

945 Die Wahrung der Preisstabilität der gemeinsamen Währung ist den Mitgliedstaaten vollständig entzogen. Diese soll durch die Europäische Zentralbank gem. Art. 127 I 1 AEUV (zuvor: Art. 105 I 1 EG) und durch das von Rat und Kommission durchgeführte Defizitverfahren gem. Art. 126 AEUV (zuvor: Art. 104 EG) gewährleistet werden. Es gilt zudem ergänzend zu Art. 126 AEUV die Erklärung Nr. 30 zu Art. 126 AEUV[480] sowie das Protokoll über das Verfahren bei einem übermäßigen Defizit.

2. Institutioneller Rahmen der Wirtschafts- und Währungsunion

Institutionell hat der Lissabonvertrag zu einigen Veränderungen geführt.

946 Eine der grundlegendsten Änderungen ist, dass die Europäische Zentralbank (EZB) nunmehr ausdrücklich als Organ der EU genannt wird (Art. 13 I AEUV). Dennoch bleibt die Stellung der EZB eine besondere, da sie als einziges Organ über eine eigene

---

479 Vgl. hierzu Empfehlung des Rates 2008/390/EG v. 14.5.2008 zu den Grundzügen der Wirtschaftspolitik der Mitgliedstaaten und der Gemeinschaft (2008–2010), ABl. 137 v. 27.5.2008.
480 ABl. 2007 C 115, 347. In ihr wird bekräftigt, dass die Wirtschafts- und Haushaltspolitik der Union und der Mitgliedstaaten auf zwei fundamentale Ziele ausgerichtet ist, namentlich das Wachstumspotential zu steigern und eine solide Haushaltspolitik zu gewährleisten.

Rechtspersönlichkeit verfügt. Der EZB kam bereits nach altem Recht Rechtspersönlichkeit zu (Art. 107 II EG), was vereinzelt als Argument gegen die Einordnung der EZB als Organ der Union angeführt worden war. Nunmehr ist die fortwährende Unsicherheit, ob es sich bei der EZB um ein Organ oder um eine selbstständige Organisation neben der EU handelt, beseitigt worden.[481] Die EZB hat als Exekutivorgan ein Direktorium, welches aus Präsident, Vizepräsident und vier weiteren Mitgliedern besteht. Wichtigstes Beschlussorgan ist der etwa alle zwei Wochen tagende EZB-Rat, der aus dem Direktorium und den Zentralbankpräsidenten der Euro-Staaten besteht. Daneben tagt auch der sog. Erweiterte Rat der Europäischen Zentralbank, der unter anderem die Notenbankpräsidenten der nicht an der gemeinsamen Währung teilnehmenden Staaten über die Beschlüsse des EZB-Rates informiert. Ihm gehören neben dem Präsidenten und dem Vizepräsidenten die siebenundzwanzig Präsidenten der Zentralbanken der Mitgliedstaaten an.

Eine Organstellung hat nur die EZB, nicht aber das Europäische System der Zentralbanken erhalten (ESZB). Das ESZB hat eine wichtige Stellung innerhalb der Währungsunion inne, weil es die von den Mitgliedstaaten übertragenen währungspolitischen Aufgaben und Befugnisse wahrnimmt. Es ist ein von der Europäischen Union sowie den Nationalstaaten unabhängiges Gremium, welches aus der Europäischen Zentralbank und den nationalen Zentralbanken *aller* Mitgliedstaaten besteht (Art. 282 I AEUV). Zu den Aufgaben des ESZB gehören die Festlegung der Geldpolitik der Union, die Durchführung der Devisengeschäfte, die Verwaltung der offiziellen Währungsreserven sowie die Förderung der Funktionstüchtigkeit der Zahlungssysteme (Art. 127 II AEUV). **947**

Insgesamt zehn Mitgliedstaaten gehören nach wie vor nicht der Währungsunion an (neben dem Vereinigten Königreich, Schweden[482] und Dänemark sind dies die neuen Beitrittsländer bis auf Slowenien und Estland). **948**

Neu ist, dass die im EG-Vertrag nicht vorgesehene, auf französisches Betreiben eingerichtete Eurogruppe der Wirtschafts- und Finanzminister nunmehr ausdrücklich in den neuen Verträgen genannt wird. Deren Bestand und Aufgabenbereich wird nun von Art. 137 AEUV iVm dem Protokoll über die Euro-Gruppe umfasst. Sie soll, als ein Gegengewicht zur EZB, einen kontinuierlichen Meinungsaustausch über die gesamtwirtschaftliche Situation fördern.[483] **949**

Schließlich ist von Bedeutung, dass die Unterschiede zwischen den Mitgliedstaaten, die den Euro eingeführt haben, und denen, welche die Einführung des Euro nicht bzw. noch nicht vollzogen haben, stärker betont werden als bisher. Letztere sind bei bestimmten Entscheidungen des Rates, die nur die Euro-Staaten betreffen, nicht stimmberechtigt (Art. 139 IV UAbs. 1 lit. a und b AEUV). Außerdem erlässt der Rat Maßnahmen, die nur für die Mitgliedstaaten mit Euro-Währung gelten (Art. 136 AEUV). Hiermit sollen einerseits die Koordinierung und Überwachung der Haushaltsdisziplin **950**

---

481 In der Literatur gab und gibt es Befürchtungen, der neue Status der EZB als Organ der Union könne die Unabhängigkeit der EZB beeinflussen und sie hinsichtlich der Fokussierung auf das vorrangige Ziel der Preisstabilität beeinträchtigen. Vgl. hierzu *Haede* EuR 2009, 200 (215). Zur Haftung der EZB → Rn. 575.

482 Am 14.9.2003 hat Schweden in einem Referendum erneut gegen die von der Regierung vorgeschlagene Einführung des Euro gestimmt.

483 Krit. dazu *Streinz* EuropaR Rn. 1063.

der Euro-Staaten verstärkt werden und zum anderen die Grundzüge der Wirtschaftspolitik dieser Staaten homogen ausgearbeitet werden. Insgesamt soll durch diese Diffe-
renzierungen die Wirtschafts- und Haushaltspolitik der Mitgliedstaaten mit Euro-
Währung intensiver abgestimmt werden, als dies bei den Staaten ohne Euro-Währung
der Fall ist.

3. Kriterien für die Teilnahme an der Währungsunion im Einzelnen

951   Für den Eintritt in die dritte Stufe der Währungsunion legte Art. 121 EG, der nunmehr
nahezu wortgleich durch Art. 140 AEUV ersetzt wurde, vier sog. *Konvergenzkriterien*
fest. Danach müssen Mitgliedstaaten die folgenden Voraussetzungen für einen Eintritt
in die Währungsunion erfüllen:

- Anhaltende Preisstabilität, dh die Inflationsrate der Mitgliedstaaten darf höchstens
1,5 % über der Inflationsrate der drei preisstabilsten Mitgliedstaaten liegen.
- Kein übermäßiges Haushaltsdefizit, dh das Defizit darf in der Regel nicht 3 % des
Bruttoinlandsproduktes überschreiten und die Staatsverschuldung sollte unter
60 % des Bruttoinlandsproduktes liegen.
- Währungsstabilität im Sinne der Einhaltung der normalen Bandbreiten des Wechselkursmechanismus des EWS seit mindestens drei Jahren ohne Abwertung gegenüber
der Währung eines anderen Mitgliedstaats und
- Konvergenz der ersten drei Kriterien, die sich durch das Niveau der Zinssätze zeigt;
dh während des Jahres vor Prüfung der Eintrittskriterien darf der durchschnittliche
langfristige Nominalzins höchstens 2 % über dem Durchschnitt der drei preisstabilsten Mitgliedstaaten liegen.

952   Neben den Kriterien für die Einführung der Währungsunion in Art. 140 I AEUV, ist
auch das Protokoll Nr. 21 zum Maastrichter Unionsvertrag über die Konvergenzkriterien[484] beachtlich.

953   Die durchschnittliche Inflationsrate der Mitgliedstaaten darf danach zunächst höchstens 1,5 % über der Inflationsrate der drei preisstabilsten Mitgliedstaaten liegen. Dafür
soll der Verbraucherpreisindex auf vergleichbarer Grundlage maßgebend sein (Art. 1
Konvergenzprotokoll). Bereits die Formulierung dieses Kriteriums lässt eine gewisse
Flexibilität erkennen. Es ist nicht deutlich, ob etwa der Durchschnittswert der drei
preisstabilsten Mitgliedstaaten oder etwa der Wert des drittbesten Mitgliedstaates das
Referenzkriterium abgeben soll. Auch wäre die Orientierung am preisstabilsten Mitgliedstaat eine mögliche Orientierungsmarke.

954   Diese Kriterien werden durch Prot. Nr. 21 über die Konvergenzkriterien[485] näher definiert. Danach soll die Inflationsrate anhand des Verbraucherpreisindex auf vergleichbarer Grundlage gemessen werden, was eine gewisse Flexibilität zulässt. Zudem hängt
die Erfüllung des Kriteriums der Finanzlage der öffentlichen Hand letztlich nicht von
den genannten Bezugsgrößen ab. Vielmehr soll nach Art. 2 des Konvergenzprotokolls
entscheidend sein, ob der Rat, der über die Aufnahme der Mitgliedstaaten in die Währungsunion entscheidet, ein übermäßiges Defizit festgestellt hat.

---

484 Abgedr. in: Sart. II, Nr. 151. Das Protokoll ist als Annex dem Vertrag von Lissabon angehangen.
485 Abgedr. in: Sart. II, Nr. 151.

4. Der Stabilitäts- und Wachstumspakt

Gegenstand des Stabilitäts- und Wachstumspaktes ist die Sicherstellung stabiler öffentlicher Finanzen in der Eurozone durch Präzisierung des primären Vertragsrechts, insbesondere des Verfahrens in Art. 126 AEUV (früher Art. 104 EG). Er wurde auf Initiative Deutschlands durch den Europäischen Rat in Amsterdam am 17.6.1997 beschlossen. Deutschland fürchtete eine Schwächung des Euro im Vergleich zur Deutschen Mark aufgrund unsolider Haushaltspolitiken in den einzelnen Mitgliedstaaten.   **955**

Der Pakt besteht aus drei Teilen, zunächst der Entschließung des Europäischen Rates von Amsterdam v. 17.6.1997[486] (der eigentliche Pakt), der VO 1466/1997/EG[487] über den Ausbau der haushaltspolitischen Überwachung und der Überwachung und Koordinierung der Wirtschaftspolitiken der Mitgliedstaaten (präventive Komponente) sowie schließlich der VO 1467/1997/EG[488] über die Beschleunigung und Klärung des Verfahrens bei einem übermäßigen Defizit (repressive Komponente).   **956**

Die praktische Umsetzung des Stabilitäts- und Wachstumspaktes besteht zum einen aus der Offenlegung der öffentlichen Haushalte und der mittelfristigen Finanzziele durch die Mitgliedstaaten gegenüber Kommission und Rat. Das *Frühwarnverfahren* ist als integraler Bestandteil des Systems der multilateralen Überwachung dazu vorgesehen, das Auftreten eines übermäßigen Defizits zu verhindern, und umfasst unter anderem an den betreffenden Mitgliedstaat gerichtete Empfehlungen der Kommission und des Rates.   **957**

Außerdem dient das Verfahren der Feststellung eines übermäßigen Haushaltsdefizits. Es wird eingeleitet, wenn ein Mitgliedstaat ein höheres öffentliches Defizit als 3 % des Bruttoinlandsprodukts (BIP) aufweist. Die Einzelheiten, Definitionen und Konsequenzen des Verfahrens finden sich in den erwähnten Verordnungen zum Stabilitätspakt.   **958**

Durch die Reform sind die Regelungen hinsichtlich der Haushaltspolitik und des Defizitverfahrens inhaltlich im Wesentlichen gleich geblieben. Allerdings gibt es einige verfahrensrechtliche Änderungen, deren Wirkung nicht unterschätzt werden sollte. Von besonderer Bedeutung ist zunächst, dass die Stellung der Kommission bei der Einleitung eines Defizitverfahrens gestärkt worden ist (Art. 126 VI AEUV). Bislang konnte die Kommission lediglich eine unverbindliche Empfehlung an den Rat geben, ein Verfahren einzuleiten. Jetzt hat die Kommission ein Vorschlagsrecht, von dem der Rat nur mit einstimmiger Entscheidung abweichen kann (Art. 293 I AEUV). Im Übrigen bleibt es bei der bestimmenden Rolle des Rates, der regelmäßig auf Vorschlag der Kommission tätig wird.   **959**

Stellt der Rat auf Vorschlag der Kommission ein übermäßiges Defizit gem. Art. 126 VI AEUV fest, so richtet er auf Empfehlung der Kommission an den betreffenden Mitgliedstaat Empfehlungen, damit dieser Maßnahmen zur Beendigung des übermäßigen Defizits ergreift (Abs. 7). Kommt der Mitgliedstaat diesen Empfehlungen nicht nach oder trifft er keine anderen geeigneten Abhilfemaßnahmen, so kann der Rat Sanktionen verhängen (Art. 126 XI AEUV). Eine Sanktion ergeht zunächst in Form einer unverzinslich zu hinterlegenden Einlage bei der Union, die anschließend regelmäßig   **960**

---

486 ABl. 1997 C 236, 1.
487 ABl. 1997 L 209, 1; zul. geänd. durch VO 1055/2005/EG v. 27.6.2005, ABl. 2005 L 174, 1.
488 ABl. 1997 L 209, 6; zul. geänd. durch VO 1056/2005/EG v. 27.6.2005, ABl. 2005 L 174, 5ff.

in eine Geldbuße umgewandelt wird, wenn das übermäßige Defizit in den folgenden zwei Jahren nicht bereinigt wird.

961 Auf Grundlage des Paktes sind bereits mehrere Verfahren gegen sog. Defizitsünder geführt worden. Hierbei sind gewisse Schwächen offenbart worden. So stellte der EuGH mit Urteil v. 13.7.2004 anlässlich der Defizitverfahren gegen Deutschland und Frankreich[489] fest, dass das Verfahren und die bisherige Anwendung des Paktes reformbedürftig seien. Im Einzelnen:

962 Die ersten Defizitverfahren nach Art. 126 AEUV (ex-Art. 104 EG) richteten sich gegen Portugal, Deutschland und Frankreich. Diese Länder erhielten 2002 bzw. 2003 sog. »Blaue Briefe«, in denen der Rat jeweils übermäßige Defizite in den nationalen Haushalten feststellte.[490]

963 Der Rat erlässt verfahrenseinleitend Beschlüsse nach Art. 126 VI AEUV, die konstitutive Wirkung haben. Zugleich setzt er den Mitgliedstaaten in Empfehlungen gem. Art. 126 VII AEUV eine Frist zur Behebung des übermäßigen Defizits. Wenn diese Fristen nicht eingehalten werden, schlägt die Kommission dem Rat gem. Art. 126 XIII AEUV Maßnahmen nach den Abs. 8 (Veröffentlichung) und Abs. 9 (Inverzugsetzung) vor, um die Defizitverfahren voranzubringen. In der Vergangenheit fand sich indes für keine dieser Sanktionen jemals eine Mehrheit im Rat. Stattdessen stellte der Rat die Defizitverfahren in der Vergangenheit mit Verweis auf die schlechte Konjunkturlage vorläufig ein.

964 Diese vorläufige Einstellung war Gegenstand der Kritik, die zunehmend am Verfahren geäußert wurde. So reichte die Kommission schließlich gegen diese Einstellungsbeschlüsse Nichtigkeitsklage vor dem EuGH ein.[491] Das Gericht stellte die Unwirksamkeit der Beschlüsse fest, weil den Schlussfolgerungen des Rates keine vorherige Initiative der in diesem Bereich das Initiativrecht besitzenden Kommission vorangegangen sei. Damit stärkte der EuGH vor allem das institutionelle Gleichgewicht zugunsten des Stabilitätspakts,[492] ohne weiter auf die materiellen Inhalte des Stabilitäts- und Wachstumspaktes einzugehen.

965 Dennoch wurde Reformbedarf hinsichtlich der Auslegung des Paktes und der Maßstäbe für einen ausgeglichenen Haushalt gesehen. Im September 2004 schlug die Kommission eine Reihe von Verbesserungen des Paktes vor, bei der besonderes Augenmerk auf die Entwicklung der wirtschaftlichen Faktoren in den Mitgliedstaaten und die langfristige Tragfähigkeit der öffentlichen Finanzen gelegt wurde.[493]

Diese Vorschläge wurden im Jahr 2005 durch die VO 1055/2005/EG[494] zur Änderung der VO 1466/1997/EG,[495] und die VO 1056/2005/EG zur Änderung der VO 1467/1997/EG[496] umgesetzt.

---

489 EuGH EuZW 2004, 465 – Kommission/Rat.
490 Vgl. die Entscheidung des Rates v. 21.1.2003 über das Bestehen eines übermäßigen Defizits in Deutschland, ABl. 2003 L 34, 16.
491 EuGH EuZW 2004, 465 – Kommission/Rat; s. zum Gesamten *Palm* EuZW 2004, 71.
492 *Kotzur* JZ 2004, 1075.
493 KOM (2004) 581 endg.
494 ABl. 2005 L 174, 1.
495 ABl. 1997 L 174, 1.
496 ABl. 1997 L 174, 5.

Auch durch die Reform ist das Defizitverfahren in verfahrensrechtlicher Hinsicht verschärft worden. Die Verträge sehen nunmehr vor, dass der Staat, um dessen Schuldenpolitik es jeweils geht, nicht stimmberechtigt bei der Entscheidung des Rates nach Art. 126 VI AEUV ist. Hiermit soll verhindert werden, dass der verfahrenseinleitende Beschluss durch den betroffenen Staat und ihm wohlgesonnene Mitgliedstaaten blockiert werden kann.

966

Insbesondere nach den Reformen 2005 konnten mehrere Länder nicht zuletzt wegen der wesentlich verbesserten wirtschaftlichen Umstände ihre Defizite erfolgreich reduzieren. Es liefen zeitweise nur noch sechs Defizitverfahren, die sich vor allem gegen neue Mitgliedstaaten richteten. Es bestand die berechtigte Hoffnung, dass das Vertrauen in die Glaubwürdigkeit des Paktes aufgrund der umfassenden Reformen zurückgewonnen werden könnte.[497]

967

Mit der Finanzmarktkrise und der weltweiten Abschwächung des Wirtschaftswachstums haben sich indes die wirtschaftspolitischen Bedingungen grundlegend geändert. Im ersten Halbjahr des Jahres 2009 hat die Kommission Defizitverfahren gegen Litauen, Malta, Polen, Rumänien und Ungarn eingeleitet. Auch die Länder Belgien, Österreich, Rumänien, Slowenien und Slowakei wiesen eine erhebliche Verschlechterung ihrer Haushaltslage auf.[498] Aktuell laufen lediglich gegen Bulgarien, Deutschland, Estland, Luxemburg, Malta, Finnland und Schweden keine Defizitverfahren.[499]

968

Da somit nahezu jeder Staat kurzfristig Probleme haben wird, die von der Union geforderten Referenzwerte einzuhalten, stellt sich die Frage, ob diese zwingend sind, oder ob Ausnahmen möglich sind. Eine solche Ausnahme sieht Art. 126 II 2 lit. a 2. Spiegelstrich AEUV vor (zuvor: Art. 104 II 2 lit. a 2. Spiegelstrich EG). Wenn nämlich der Grenzwert nur ausnahmsweise und nur vorübergehend überschritten wird, ist die Haushaltsdisziplin nicht als verletzt anzusehen. Der Ausnahmetatbestand wird in der VO Nr. 1467/97[500] näher konkretisiert. Demnach gilt der Referenzwert dann als ausnahmsweise und nur vorübergehend überschritten, wenn dies auf ein außergewöhnliches Ereignis, das sich der Kontrolle des betreffenden Mitgliedstaates entzieht und die staatliche Finanzlage erheblich beeinträchtigt, oder auf einen schwerwiegenden Wirtschaftsabschwung zurückzuführen ist (Art. 2 der VO). Die weltweite Finanzmarktkrise dürfte sich zwar als ein solches außergewöhnliches Ereignis einordnen lassen.[501] Jedoch könnte die Weiterführung der Defizitverfahren als Indikator dafür interpretiert werden, dass die Mitgliedstaaten auch in wirtschaftlich schwierigen Zeiten ihr Verhalten weiterhin an den Vorgaben des Stabilitäts- und Währungspakts orientieren müssen und Abweichungen von diesen zu vermeiden haben. Auch außerhalb dieser ausdrücklichen Regelung zeigen die Verträge eine gewisse Flexibilität beim Umgang

969

---

497 Vgl. hierzu die Pressemitteilung des Rates, »Wirtschaft und Finanzen« v. 8.11.2005, 13678/05 (Presse 277). Zu finden unter http://ue.eu.int/ueDocs/cms_Data/docs/pressData/de/ecofin/86974.pdf.

498 Vgl. hierzu die Pressemitteilung »EU-Kommission leitet Defizitverfahren gegen fünf Mitgliedstaaten ein«, becklink 284190, zu finden unter http://beck-online.beck.de.

499 Vgl. Pressemitteilung v. 29.5.2013, zu finden unterhttp://europa.eu/rapid/press-release_MEMO-13-463_de.htm.

500 VO (EG) Nr. 1467/97 des Rates v. 7.7.1997 über die Beschleunigung und Klärung des Verfahrens bei einem übermäßigen Defizit, ABl. 1997 L 209, 6. Zuletzt geänd. durch die VO (EG) Nr. 1056/2005 des Rates v. 27.6.2005, ABl. 2005 L 174, 5.

501 Vgl. *Haede* EuZW 2009, 399 (400).

mit der Staatsverschuldung (vgl. Art. 126 III AEUV), wonach die Kommission alle sonstigen einschlägigen Faktoren mitberücksichtigt, einschließlich der mittelfristigen Wirtschafts- und Haushaltslage.

970 Am 13.12.2011 ist schließlich ein verschärfter Stabilitäts- und Wachstumspakt in Kraft getreten.[502] Basierend auf fünf Verordnungen und einer Richtlinie (»Six-Pack«) haben sich die Mitgliedstaaten auf neue Regeln für eine wirtschafts- und haushaltspolitische Überwachung verständigt. Bedeutsam ist insbesondere, dass zukünftig gegen Staaten, die keine den Empfehlungen des Rates entsprechenden angemessenen Maßnahmen gegen ein übermäßiges Defizit treffen, finanzielle Sanktionen verhängt werden können, sofern nicht eine qualifizierte Mehrheit der Mitgliedstaaten dagegen stimmt. Als Sanktion wird idR 0,2 % des BIP als Einlage zu leisten sein. Ein Defizitverfahren kann nunmehr bereits eingeleitet werden, wenn sich der Abstand zwischen Schuldenstand und 60 %-Wert nicht im Dreijahresdurchschnitt um jährlich ¹/₂₀ verringert – dies gilt auch, wenn das Defizit weniger als 3 % beträgt. Die neuen Regeln enthalten zudem eine präventive Komponente auch für Staaten außerhalb des Defizitverfahrens, etwa ein mittelfristiges Haushaltsziel mit Richtwerten für die Ausgaben zur Steigerung der Tragfähigkeit der öffentlichen Finanzen. Schließlich schaffen die Maßnahmen noch einen Überwachungs- und Durchsetzungsmechanismus, um Unterschiede bei der Wettbewerbsfähigkeit und bedeutende makroökonomische Ungleichgewichte zu erkennen und zu korrigieren. Dies umfasst neben einem Frühwarnsystem auch Präventions- und Korrekturmaßnahmen auf Grundlage von Empfehlungen von Kommission und Rat sowie Sanktionen, wenn Mitglieder der Eurozone diese Korrekturen nicht vornehmen.

IV. Die Finanz-, Wirtschafts- und Schuldenkrise – eine Gefahr für die Europäische Union?

>>Scheitert der Euro, dann scheitert Europa.<<
(Angela Merkel)

1. Übersicht

971 Die Welt sieht sich einer Herausforderung ausgesetzt, die aus der Verflechtung einer Immobilien-, Finanz- und Wirtschaftskrise besteht. Deren Bekämpfung hat eine Krise der Staatsfinanzen bewirkt, oder angelegte und bestehende Schuldenkrisen zumindest verschärft. In der partiell-supranationalen Europäischen Union hat diese Krise eine besondere, originär europäische Dimension. Im Folgenden sollen die im Rahmen der Union unternommenen Anstrengungen und Maßnahmen zur Krisenbewältigung – freilich nur in Grundzügen – vorgestellt werden. Diese Vorstellung umfasst etwa den Ankauf von Staatsanleihen durch die EZB, das Aufspannen von Rettungsschirmen für überschuldete Banken und Staaten, die Errichtung einer besonderen Finanzaufsicht auf europäischer Ebene sowie weitere Maßnahmen und Vorhaben. Schließlich werden auch insoweit relevante Entscheidungen des BVerfG referiert. Dessen Betonung der Integrationsverantwortung und Haushaltshoheit des Bundestages werden bei allen künftigen Maßnahmen sorgfältig(er) zu berücksichtigen sein. Schließlich sei darauf

---

502 Zusammenfassend dazu EU-Parlament, MEMO/11/898, v. 12.12.2011.

hingewiesen, dass der Stabilitätspakt und die makroökonomische Haushaltsüberwachung der Mitgliedstaaten verschärft wurden und künftiger rascher Sanktionen verhängt werden können.

2. Die Arten, Ursachen und Akteure der Krisen

Die aktuelle Finanz- und Wirtschaftskrise wird zunehmend als Gefahr für die Währungsunion, von manchen gar als Gefahr für die Europäische Union überhaupt angesehen. Tatsächlich sehen sich die Mitglieder der EU, wenngleich in abgestufter Weise, einer dreifachen Krise ausgesetzt: Einer Finanzkrise, einer Wirtschaftskrise und einer Staatsschuldenkrise. Diese Krisen nahmen ihren Anfang mit der Finanzkrise, die als Immobilienkrise 2007 in den USA begann. Dort hatten Banken, durchaus auf Betreiben der Politik und infolge einer Niedrigzinspolitik der US-Notenbank (Federal Reserve, FED), massenhaft Kredite zum Immobilienerwerb an Schuldner vergeben, deren Bonität und Zahlungsmoral äußerst zweifelhaft war (sog. *subprimes*). Die Erwartung weiterer Wertsteigerung der Immobilien ließ hier das Risiko geringer erscheinen, als es tatsächlich war und es entstand eine Spekulationsblase. Jene Kredite wurden dann verbrieft, durch die Kreditgeber in unterschiedliche Risikoklassen tranchiert und schließlich als Wertpapier global gehandelt. Damit stieg die Zahl der Gläubiger erheblich und der Derivate-Handel (Verträge über das Recht, zu einem fixen Preis und Termin in der Zukunft den Gegenstand zu erwerben oder zu verkaufen) potenzierte das Spekulationsrisiko erheblich. Mit dem Ausfall vieler Kreditnehmer infolge eines Anstiegs der variablen Zinssätze wurden die zuvor verbrieften Kredite als »faul« entlarvt. Aufgrund sinkender Immobilienpreise wiesen die Kreditforderungen zunehmend eine Untersicherung auf und ihr Wert in den Bilanzen der Banken, Versicherungen und Fonds musste entsprechend abgeschrieben werden. Banken sahen sich unter Druck, ihre Eigenkapitalquote sicherzustellen und mussten zur Refinanzierung andere Vermögenswerte verkaufen, was zu weiteren Wertkorrekturen in den Büchern führte. Es kam zu Verlusten und Insolvenzen, die im Zusammenbruch der Lehman-Bank ihren vorläufigen Höhepunkt fanden. Die USA waren nicht bereit, diese Investmentbank zu retten und wollten ein Zeichen gegen eine zu hohe Risikobereitschaft und die Erwartung einer Sozialisierung der Schulden setzen. Ein *too big to fail* (zu groß/relevant für eine Insolvenz) sollte nicht mehr unbeschränkt gelten und die Risikobereitschaft gerade auch der großen systemrelevanten Banken reduziert werden. Dies erwies sich allerdings als Brandbeschleuniger der Krise.

972

Infolgedessen kam es zu massiven Kurseinbrüchen an den Börsen, das Vertrauen der Finanz- und Wirtschaftsakteure litt erheblich und der Inter-Bankenhandel kam zum Erliegen. Systemrelevante Banken gerieten in (Finanz-)Not und insbesondere, da Banken einander und anderen Wirtschaftsteilnehmer kein Geld mehr liehen, griff die Finanzkrise ab 2008 auf die Realwirtschaft über. Die Zinsen an den Geldmärkten stiegen, eine Refinanzierung wurde erheblich teurer und die Aktienkurse brachen erneut ein. So kam es auch in der Realwirtschaft zu Verlusten, Entlassungen und Firmeninsolvenzen. Die Staaten waren aufgefordert, die Finanzinstitute zu stützen und die Realwirtschaft zu stabilisieren und stimulieren. Es kam zu Übernahmen und Rekapitalisierungen von Banken, zudem wurden kostenintensive Maßnahmen zur Konjunkturbelebung und Minderung der Folgen des Wirtschaftseinbruchs, wie etwa die staatlich subventionierte Kurzarbeit, ergriffen.

973

974 Nachdem die Wachstumsraten der Wirtschaft in vielen Ländern wieder anzogen, gerieten die Staatsfinanzen zunehmend in den Fokus des Interesses. Die Maßnahmen zur Bekämpfung der Finanz- und Wirtschaftskrise haben die Staatshaushalte weiter belastet und die Verschuldung in die Höhe getrieben. Zudem haben viele Staaten in den vergangenen Jahren, von niedrigen Zinsen verführt, eine unsolide, konsumtive und schuldenfinanzierte Wirtschafts- und Ausgabenpolitik betrieben. Der Stabilitätspakt der EU zur Sicherung solider Staatshaushalte wurde von mehreren Staaten gebrochen, darunter 2003 auch Frankreich und Deutschland hinsichtlich der Verschuldungsgrenze von 3 %, was zu einer rechtswidrigen[503] Aussetzung des Defizitverfahrens durch den Rat führte. Staaten sind ihrerseits darauf angewiesen, sich über die Finanzmärkte zu kapitalisieren. Über Staatsanleihen erhalten sie Geld von Privaten und zahlen dafür einen entsprechenden Zins. Der Zinssatz ist abhängig vom Risiko eines Kreditausfalls, der von Ratingagenturen auf einer Skala von AAA (Topbonität) bis D (Default, Ausfall) bewertet wird. Die Ratingagenturen sind private Unternehmen, deren namhafte Vertreter (Standard und Poors, Fitch, Moody's) in den USA sitzen, und deren Bewertungen sich in der Vergangenheit manchmal durchaus als fragwürdig und falsch entpuppt hatten.[504] Galten früher Staatsanleihen als sicher, hat die stark gestiegene Verschuldung Zweifel an der vermeintlichen Insolvenzunfähigkeit von Staaten genährt. So konnten Griechenland, Portugal und Irland nur zu stark überhöhten Zinsen Geld an den Märkten aufnehmen und insbesondere Griechenland drohte der Staatsbankrott.

975 Die enge Verflechtung der Wirtschaften innerhalb der EU und die gemeinsame Währung der 17 beteiligten Staaten ließ die Politik nach einem gemeinsamen Ansatz zur Lösung der Krisen suchen. Dabei standen zunächst die Mitgliedstaaten im Mittelpunkt aller Bemühungen. Sie retteten die Finanzinstitute, belebten die Konjunktur und agierten intergouvernemental zur Krisenbewältigung. Daneben bemühte sich die Staatengemeinschaft insgesamt um eine koordinierte Krisenbewältigung insbesondere im Rahmen der G20. Auf dem Weltfinanzgipfel im November 2008 in Washington war bereits eine Reihe von Einzelmaßnahmen vereinbart worden, die von einer Überwachung der Ratingagenturen, über eine stärkere Regulierung der Finanzmärkte bis hin zu einer Koppelung von Managergehältern an den mittelfristigen Erfolg des Unternehmens reichen. Dem folgten weitere Finanzgipfel, von denen das Treffen in London am 1./2. April 2009 erwähnenswert ist, da hier ein Konjunkturstimulus von über 1.1 Billionen US-Dollar vereinbart wurde. Während die *Bretton Woods*-Institutionen, der Internationale Währungsfond (IWF) und die Weltbank bei der Krisenlösung eine zentrale Rolle spielen, scheinen die Vereinten Nationen (VN) an der Krisenbewältigung kaum beteiligt zu sein.

3. Die europäische Dimension der Krisen und der Reformbedarf

976 Die beschriebenen Krisen haben zudem eine spezifisch europäische Dimension, die durch die besondere, sich als unzureichend herausstellende Konstruktion der Wirtschafts- und Währungsunion geprägt ist. Sie soll in der 2014 zu berücksichtigenden Vorläufigkeit nachfolgend in ihren Grundzügen und Lösungsansätzen skizziert werden. Als Kernproblem lässt sich insoweit identifizieren, dass man bei der Schaffung der Währungsunion den Weg einer gemeinsamen Währung mit insoweit ausschließli-

---

503 EuGH EuZW 2004, 465 Rn. 89 – Kommission/Rat.
504 So erhielt etwa eine Investment-Bank noch kurz vor deren Insolvenz eine Top-Bewertung.

cher Kompetenz der EU gegangen ist, ohne eine einheitliche, zumindest aber stärker harmonisierte Wirtschaftspolitik verwirklicht zu haben. Zudem bestand zwischen den an der Währungsunion beteiligten Staaten eine erhebliche Diskrepanz hinsichtlich deren wirtschaftlicher Leistungsfähigkeit, von der zweifelhaften und verfrühten Mitgliedschaft einzelner Mitglieder ganz zu Schweigen. Aufgrund der einheitlichen Währung verloren die wirtschaftlich schwachen Staaten die Möglichkeit, durch die Abwertung ihrer Währung einen die Wirtschaft stimulierenden Wettbewerbsvorteil zu erlangen. Andererseits erhielten sie Zugang zu günstigen Krediten, die allerdings häufig konsumtiv und nicht für nachhaltige Investitionen genutzt wurden.

Dieser Ausgangsbefund wird reflektiert durch die Art. 119 ff. AEUV. Diese Regelungen zeugen von der Eigenverantwortlichkeit der Staaten, deren eigenständige Wirtschaftspolitik koordiniert werden soll (Art. 119 AEUV) und die zunächst nur auf eine offene Marktwirtschaft und einen freien Wettbewerb verpflichtet sind (Art. 120 AEUV). Zwar besteht die Möglichkeit, Grundzüge der Wirtschaftspolitik zu bestimmen, die multilaterale Überwachung bleibt jedoch schwach (Art. 121 AEUV). Die Mitglieder der Euro-Gruppe sind zu weitergehenden Koordinierungs- und Abstimmungsmaßnahmen verpflichtet (Art. 136 AEUV). Korrespondierend enthält Art. 125 AEUV ein *bail out*-Verbot, indem er bestimmt, dass weder die Union noch die Mitgliedstaaten für die Verbindlichkeiten einzelner Mitgliedstaaten haften. Von dieser Bestimmung macht Art. 122 II AEUV insoweit eine Ausnahme, als bei »*Naturkatastrophen oder anderen außergewöhnlichen Ereignissen*« ein finanzieller Beistand der Union gewährt werden kann. Flankiert werden diese Bestimmungen durch das an die Zentralbanken der Mitgliedstaaten und die EZB gerichtete Verbot, anderen Mitgliedstaaten unmittelbar Kredit einzuräumen oder deren Schuldtitel unmittelbar zu erwerben (Art. 123 I AEUV). Ob bilaterale Hilfen der Mitgliedstaaten im Umkehrschluss zu Art. 122 II AEUV, der eine Ausnahmebestimmung bei Nothilfemaßnahmen allein für die Union enthält, zulässig sind, ist ebenso umstritten,[505] wie die Frage, ob und inwieweit das Unionsrecht im Übrigen die Rettungsmaßnahmen deckt.[506]

977

Gemeinsam verdeutlichen die Bestimmungen aber, dass die Union zwar solidarisch ist, aber weder eine Haftungsgemeinschaft noch eine Transferunion darstellt. Vielmehr sollen sich die Staaten mit ihrer Wirtschafts- und Haushaltspolitik am Markt behaupten. Dieser Umstand wurde schon im Maastricht-Urteil und bestätigt durch das Lissabon-Urteil vom BVerfG mit dem Begriff der »Stabilitätsunion« zu beschreiben versucht. Jene Stabilitätsunion ist zudem das erklärte Ziel der von den Staats- und Regierungschefs der Euro-Gruppe vereinbarten Reformen und Vertragsänderungen,[507] auf die nach Vorstellung der im Rahmen der Union getroffenen Hilfsmaßnahmen zurückzukommen sein wird (→ Rn. 979 ff.).

978

4. Im Rahmen der EU getroffene Maßnahmen im Einzelnen

a) Erste Maßnahmen zur Wirtschafts- und Finanzstabilisierung

In einem ersten Schritt haben die Regierungen der Mitgliedstaaten, die Europäische Kommission und die Europäische Zentralbank eng zusammengearbeitet, um zunächst

979

---

505 *Weber* EuZW 2011, 937, aA *Hentschelmann* EuR 2011, 291 ff.
506 Krit. Betrachtung bei *Kube/Reimer* NJW 2010, 1911 ff.
507 Vgl. die Erklärung der Staats- und Regierungschefs der Eurozone v. 9.12.2011, abrufbar unter: http://www.consilium.europa.eu/uedocs/cms_Data/docs/pressdata/en/ec/126658.pdf.

die Finanzstabilität sowie Spareinlagen und günstige Kredite für Unternehmen und Haushalte zu sichern sowie bessere Rahmenbedingungen für die Zukunft einzufassen. Hierbei umfassten die Aktivitäten der EZB folgende drei Maßnahmenpakete: Zunächst senkte die EZB den Leitzins in mehreren Intervallen auf den historischen Tiefstand von 1 %.[508] Ziel der Zinssenkung war, dass sich Banken bei der EZB günstiger mit Geld versorgen und damit auch günstigere Kredite an Unternehmen und Verbraucher vergeben konnten. Ferner entschied sich die EZB zum direkten Ankauf von Unternehmensanleihen und Pfandbriefen (sog. *Commercial Papers*), um das Risiko dieser Papiere von den Banken auf die EZB zu verlagern.[509] Insgesamt beliefen sich die Anleihenkäufe auf einen Wert von ca. 60 Milliarden EUR.[510] Schließlich ermöglichte die EZB die Verlängerung der Laufzeiten ihrer Refinanzierungsgeschäfte mit den Banken von sechs auf zwölf Monate.[511]

b) Der Ankauf von Staatsanleihen durch die EZB

980 Zwischenzeitlich ist die EZB indes dazu übergegangen, Staatsanleihen hochverschuldeter Staaten wie Griechenland, Italien und Portugal auf dem Markt in erheblichem Umfang (im geschätzten Wert von 213 Mrd. EUR von Mai 2010–Januar 2012) aufzukaufen. Zwar sieht Art. 123 I AEUV ein Verbot von direkten Krediten und dem unmittelbaren Erwerb von Staatsanleihen vor. Der Direkterwerb ist indes vom Erwerb von Staatsanleihen auf dem (Sekundär-)Markt zu unterscheiden, der durch Art. 123 I AEUV nach wohl überwiegender Auffassung[512] nicht verboten ist. Dessen ungeachtet sieht sich diese Praxis der EZB allerdings heftiger und profunder Kritik ausgesetzt. Die Bank erwirbt die Staatsanleihen auf dem Markt und sorgt damit dort künstlich für Nachfrage, wo diese mitunter gänzlich ausbleibt. Damit reduziert sie den Druck auf die verschuldeten Mitgliedstaaten, sich um das Vertrauen der Märkte bemühen zu müssen. Zugleich lastet sie sich und den letztlich mit ihrer Einlage haftenden Mitgliedstaaten erhebliche Abschreibungsrisiken im Falle eines Zahlungsausfalls auf. Verbreitet ist die Sorge, dass dies zu einer gesteigerten Inflation im Euro-Raum führen könnte und damit dem zentralen Ziel der Wirtschafts- und Währungsunion, der Preisstabilität, zuwider liefe. Das BVerfG hat diese Praxis der EZB in seinem Finanzmarktstabilisierungs-Urteil (→ Rn. 994) trotz entsprechender Rügen nicht verworfen.

c) Die neue Finanzaufsichtsarchitektur der Europäischen Union

981 Die EU-Kommission hat am 23.9.2009 Legislativentwürfe beschlossen, um die Aufsicht über den Finanzsektor in Europa erheblich zu verschärfen.[513] Auf dieser Grundlage wurde im September 2010 ein Europäisches System für die Finanzaufsicht (European System of Financial Supervision, ESFS) geschaffen, das sich aus den nationalen Aufsichtsbehörden und drei neuen europäischen Aufsichtsbehörden für die Bereiche Bankwesen, Wertpapierhandel sowie Versicherungswesen und betriebliche Altersvor-

---

508 Hierzu »EUR-Zentralbank senkt Leitzins auf ein Prozent«, Artikel aus dem Spiegel v. 7.5.2009, zu finden unter www.spiegel.de.
509 »EZB: Mit Fes-Strategie gegen die Krise«. Artikel aus dem Handelsblatt v. 3.3.2009, zu finden unter www.handelsblatt.com.
510 »EZB gibt Gas im Kampf gegen die Krise«. Artikel aus dem Stern v. 7.5.2009, zu finden unter www.stern.de.
511 S. dazu die Presseerklärung v. 3.12.2009, abrufbar unter: http://www.ecb.europa.eu/press/pr/date/2009/html/pr091203_1.en.html.
512 Vedder/Heintschel von Heinegg/*Rodi* AEUV Art. 123 Rn. 7.
513 »Stärkung der Finanzaufsicht in Europa«, Presseartikel in EuZW 2009, 714f.

sorge zusammensetzt.[514] Ergänzt wird dieses ESFS durch einen Europäischen Ausschuss für Systemrisiken (European Systemic Risk Board, ESRB), der bei der EZB in Frankfurt angesiedelt ist. Während dieser Ausschuss makroprudentiell arbeitet, dh Risiken für den gesamten Finanzmarkt erkennen, vor ihnen warnen und an deren Bekämpfung durch geeignete Empfehlungen mitwirken soll, wirken die Aufsichtsbehörden mikroprudentiell. Ihre Aufgabe ist es, die handelnden Akteure branchenspezifisch und auf Grundlage einer Trennung von Regulierung und Aufsicht konkret zu überwachen. Dabei können die Behörden im Einzelfall, insbesondere bei Krisen, auch konkrete Maßnahmen gegenüber den nationalen Behörden und den privatrechtlichen Akteuren treffen und Entscheidungen erlassen. Schließlich sind sie zur Rechtssetzung im Hinblick auf technische Detailfragen, die häufig dennoch einen politischen Charakter haben, ermächtigt. Als Aufgabenbereiche lassen sich unterscheiden: Die Rechtssetzung, die Umsetzung des EU-Rechts, die Krisenreaktion, die Konfliktbewältigung sowie die Beschränkung von Finanzprodukten. Bei den ersten drei Aufgaben ist – ungeachtet einer Notfallkompetenz – die Kommission maßgeblich beteiligt, bei der vierten und fünften hingegen können die Behörden autonome Entscheidungen treffen. Die EU-Wertpapieraufsichtsbehörde wird außerdem künftig die Aufsicht über die Kredit-Rating-Agenturen übernehmen.

Dieses Aufsichtsmodell räumt den europäischen Behörden, die mit Vertretern aus den nationalen Behörden bestückt werden, weitreichende Kompetenzen ein und schafft eine partielle und komplementäre »Expertenregierung« in diesem eng gefassten, aber wirtschaftlich relevanten Bereich. Aus den Direktoren der Behörden wird ein gemeinsamer Ausschuss gebildet und mit einer Beschwerdekammer ausgestattet. Jene kann von betroffenen Unternehmen und sonstigen Marktakteuren angerufen werden, falls diese aufgrund eines unmittelbaren und individuellen Interesses eine Entscheidung der jeweiligen Aufsichtsbehörde anfechten wollen. Die nationalen und europäischen Aufsichtsbehörden sowie der ESRB sind im Geiste gegenseitiger Loyalität zur Kooperation verpflichtet und zeugen von der zunehmenden Verschränkung der Behörden im Rahmen eines gesamteuropäischen Verwaltungsverbundes.

982

Als weitere Ergänzung der Wirtschafts- und Währungsunion hat die EU-Kommission im September 2012 Vorschläge für die Errichtung einer *Bankenunion* erarbeitet. Die *Bankenunion* soll auf drei Säulen stehen, namentlich auf einer europäischen Bankenaufsicht, einem System zur Bankenabwicklung und -sanierung sowie einer Einlagensicherung. Mittelpunkt des Vorhabens ist der einheitliche Bankenaufsichtsmechanismus (Single Supervisory Mechanism – SSM). Die entsprechende SSM-VO (inkraftgetreten am 3.11.2013) überträgt der EZB ab November 2014 eine direkte Aufsicht über die Großbanken in der Eurozone, deren Bilanzsumme über 30 Milliarden EUR oder 20 % der Wirtschaftsleistung eines Landes ausmacht. Die weitreichenden Aufsichtsbefugnisse der EZB sind in Art. 4 I SSM-VO geregelt. Daraus ergibt sich, dass nunmehr nur eine relativ geringe Zahl von Aufgaben in ausschließlicher Zuständigkeit der nationalen Aufsichtsbehörden verbleibt. Vor dem Hintergrund, dass der EZB zudem gemäß Art. 9 ff. SSM-VO weitere umfassende Befugnisse eingeräumt werden, die auch

---

514 Die sind die Europäische Bankaufsichtsbehörde (European Banking Authority, EBA) in London, die Europäische Wertpapier- und Marktaufsichtsbehörde (European Securities and Markets Authority, ESMA) in Paris sowie die Europäische Aufsichtsbehörde für das Versicherungswesen und die betriebliche Altersversorgung (European Supervisory Authority Insurance and Occupational Pensions, EIOPA) in Frankfurt.

Durchgriffsermächtigungen gegenüber nationalen Aufsichtsbehörden beinhalten, wird diskutiert, ob Art. 127 VI AEUV als Rechtsgrundlage der Verordnung hinreichend tragfähig sei.[515]

d) Rettungsschirme für hoch verschuldete Euro-Staaten

983 Neben der Schaffung einer effizienten Aufsicht stellt die Bekämpfung der Staatsschuldenkrise und damit verbunden der Liquiditätsengpässe der Mitgliedstaaten ein zentrales Anliegen der Krisenbewältigung dar. Ziel ist es, eine Insolvenz von EU-Mitgliedstaaten, deren Konsequenzen jedenfalls nach herrschender Auffassung wohl für den gesamten Euro-Raum fatal wären,[516] abzuwenden. Auslöser war die Finanzkrise Griechenlands, die im März 2010 eskalierte und in deren Folge das Land innerhalb weniger Monate, weil es keine Mittel mehr auf den Finanzmärkten generieren konnte, zahlungsunfähig geworden wäre. Trotz des Rates mancher Experten,[517] entschieden sich die Mitgliedstaaten gegen eine – mehr oder weniger geordnete – Staatsinsolvenz und planten stattdessen, Griechenland unter allen Umständen zu stützen. Dies war der Sorge geschuldet, dass einerseits die Insolvenz eines Mitgliedstaates das Vertrauen in die Euro-Zone insgesamt erschüttern und zu Spekulationen gegen weitere Mitglieder führen könne, andererseits hatten insbesondere Frankreich und Deutschland ein Interesse an der Stabilisierung Griechenlands, da deren Banken zu den Hauptgläubigern gehörten und im Falle der Insolvenz destabilisiert zu werden drohten.

984 Als Reaktion auf die Griechenlandkrise wurden zunächst bilaterale Kreditgarantien und Hilfen des IWF iHv 110 Mrd. EUR von den Mitgliedstaaten zugesagt. Dies reichte indes nicht aus, um die Märkte zu beruhigen, sodass sich die Mitgliedstaaten Anfang Mai 2010 auf einen vorläufigen Stabilisierungsmechanismus verständigten, der einen »Rettungsschirm« für gefährdete Länder aufspannte. In dessen Rahmen wurden Kredite bis zu 750 Mrd. EUR für hilfsbedürftige Mitgliedstaaten vereinbart.

Diese Kredite wurden zum einen durch die EU selbst (60 Mrd. EUR) im Rahmen des auf Art. 122 II AEUV gestützten Europäischen Finanzstabilisierungsmechanismus (European Financial Stabilisation Mechanism, EFSM) bereitgestellt. Der IWF steuerte 250 Mrd. EUR bei,[518] während der restliche Betrag durch die Europäische Finanzstabilisierungsfazilität (European Financial Stability Facility, EFSF) aufgebracht wurde. Jene Fazilität ist eine nach luxemburgischem Recht gegründete Zweckgesellschaft, deren Mitglieder die Staaten der Euro-Gruppe sind und die, basierend auf Garantien der Mitglieder,[519] an den Kapitalmärkten durch die Ausgabe von Anleihen Geld aufnehmen soll. Um ein Toprating zu erhalten und zu behalten, können von den 750 Mrd. EUR der gesamten Garantiesumme der EFSF indes nur 440 Mrd. EUR an Krisenlän-

---

515 Hierzu ausführlich *Kämmerer* NVwZ 2013, 830.

516 *Aumüller/Knappmann*, Griechenland vor der Insolvenz: Wenn Athen wirklich pleitegeht, Süddeutsche Zeitung v. 12.9.2012, abrufbar unter http://www.sueddeutsche.de/wirtschaft/drohende-pleite-schlacht-um-griechenland-1.1141928; *Bremser*, Staatsbankrott: Die Folgen einer Staatspleite, Financial Times Deutschland v. 7.6.2011, abrufbar unter http://www.ftd.de/finanzen/maerkte/: staatsbankrott-die-folgen-einer-staatspleite/60059864.html.

517 *Bernholz* im Handelsblatt v. 17.12.2011, abrufbar unter http://www.handelsblatt.com/finanzen/ boerse-maerkte/anlagestrategie/die-rolle-der-ezb-ist-absolut-gefaehrlich/5951950.html.

518 Zweifel an der wirtschaftsvölkerrechtlichen Zulässigkeit des Engagements des IWF in Europa äußert *Gaitanides* NVWZ 2011, 848.

519 Deutschland ist an den Garantien, entspr. der Beteiligung am Kapitalanteil der EZB, mit 28 % beteiligt. Näher zum EFSF *Regling* EWS 2011, 261ff.

der ausgezahlt werden. Der restliche Betrag soll als Sicherheit fungieren und die zwischenzeitlich gefährdete[520] Bonität absichern. Durch einen Hebel soll das Gesamtvolumen der EFSF und damit der Rettungskapazität auf über eine Billion EUR erhöht werden. Eine Hebelung erfolgt, indem durch eine staatliche Teil-Ausfallversicherung zusätzliche private Mittel generiert werden. Dazu beabsichtigen die beteiligten Staaten, ohne dass sie weitere Mittel direkt bereitstellen müssten, bei neuen Staatsanleihen für 20 % der Summe im Falle eines Ausfalls vorrangig zu haften. Private Kapitalanleger wären insoweit vor einem Verlust in besagter Höhe geschützt und das Risiko bei einer Umschuldung (partieller Verzicht auf Forderungen durch die Gläubiger) des Staates Forderungsausfälle abschreiben zu müssen, sänke. Dies soll dazu animieren, weiterhin Staatsanleihen zu erwerben. Deren Zinssatz soll sich dadurch in einem akzeptablen Rahmen halten. Da private Investoren bislang zurückhaltend agieren, wird bereits eine Anhebung der Garantie einer vorrangigen Haftung auf 30 % diskutiert.[521] Eine Banklizenz hat die EFSF ungeachtet entsprechender Forderungen indes nicht erhalten. Damit hätte sie sich bei der EZB über den zugewiesenen Betrag hinaus finanzielle Mittel besorgen können, was mit gewisser Wahrscheinlichkeit in eine inflationäre Politik und den Verlust jedweder Kontrolle hätte münden können.

Mitte 2013 wurde die EFSF durch den dauerhaften Europäischen Stabilitätsmechanismus (ESM) ersetzt, da bereits nach kurzer Zeit erkennbar geworden war, dass es eines langfristigen Krisenreaktionsmechanismus bedarf. Die EFSF wird daher noch ihre bereits zugesagten Finanzhilfen an die Programmländer ausgeben und anschließend schrittweise abgewickelt. Für die Einrichtung eines permanenten Stabilisierungsmechanismus waren zunächst die vertraglichen Voraussetzungen zu schaffen. Bilaterale Hilfen und die Einrichtung des EFSF wurden weithin als zulässig erachtet.[522] Deutlicher fiel die Kritik am EFSM jedoch als Teil des vorläufigen Rettungsschirms auf, soweit dieser auf Art. 122 II AEUV, also eine außergewöhnliche (unverschuldete) Notsituation, gestützt wird.[523] Sie lautete insbesondere, dass eine unsolide Wirtschafts- und Haushaltspolitik Ursache der Staatsverschuldung und diese mithin weder unverschuldet noch außergewöhnlich sei. Die wirtschaftliche Krise und die Reaktionen der Märkte hätten zwar verstärkend gewirkt, würden aber kein unverschuldetes Ereignis begründen. Für die Schaffung eines dauerhaften Rettungsschirms wurde daher nun Art. 136 AEUV um einen Abs. 3 mit folgendem Wortlaut ergänzt: »*Die Mitgliedstaaten, deren Währung der Euro ist, können einen Stabilitätsmechanismus einrichten, der aktiviert wird, wenn dies unabdingbar ist, um die Stabilität des Euro-Währungsgebiets insgesamt zu wahren. Die Gewährung aller erforderlichen Finanzhilfen im Rahmen des Mechanismus wird strengen Auflagen unterliegen.*«[524] Im Oktober 2012 nahm der ESM mit derkonstituierenden Sitzung des Gouverneursrates seine Tätigkeit auf. Der ESM entwickelt die EFSF fort, auch wenn beide Institutionen einige Monate parallel

985

520 Zwischenzeitlich hat die Ratingagentur Fitch erklärt, dass AAA-Rating des EFSF sei wegen der Bonitätsbedenken gegenüber Frankreich gefährdet, vgl. http://news.orf.at/stories/2095752/; am 17.1.2012 stufte Standard&Poors den EFSF schließlich, gemeinsam unter anderem mit Frankreich, auf AA+ herab.

521 Handelsblatt v. 8.1.2012, abrufbar unter http://www.handelsblatt.com/politik/international/30-prozent-garantie-soll-investorenlocken/6044178.html.

522 *Weber* EuZW 2011, 937.

523 *Hentschelmann* EuR 2011, 296 ff.

524 Vgl. http://www.bundestag.de/dokumente/analysen/2011/europaeischer_stabilitaetsmechanismus.pdf.

bestanden. Auch der ESM stellt verschuldeten Mitgliedstaaten Kredite zur Verfügung und refinanziert sich am Kapitalmarkt. Die Gewährung von Krediten unterliegt dabei ebenfalls strikten Auflagen (Konditionalität etwa durch Anpassungs- und Sparprogramme), für die der IWF verantwortlich zeichnet. Zudem erfolgt eine Schuldentragfähigkeitsanalyse. Anders als die EFSF ist der ESM allerdings eine Organisation nach internationalem Recht mit Sitz in Luxemburg.

Nach dem Beitritt Lettlands im März 2013 verfügt der ESM über ein Stammkapital iHv 701.935.300.000 EUR. Der Betrag teilt sich auf in rund 80,2 Milliarden EUR einzuzahlendes Kapital und 621,7 Milliarden EUR Garantien.[525] Die Finanzierung[526] des einzuzahlenden Kapitals sowie die Garantien übernehmen die einzelnen Mitgliedsstaaten gemäß ihres Anteils am Kapital der EZB. Für einige neue Mitgliedstaaten gelten befristete Übergangsvorschriften. Über die Höhe und Bedingungen von Notkrediten bestimmen die im Gouverneursrat vereinigten Finanzminister des Euro-Raums einstimmig. Schließlich wird der ESM auch Staatsanleihen der Mitgliedstaaten aufkaufen können. Insbesondere aus ökonomischer Sicht wird die Errichtung des ESM jedoch als Systembruch und Schritt in die Transferunion auf Ausgabenseite kritisiert.[527]

986

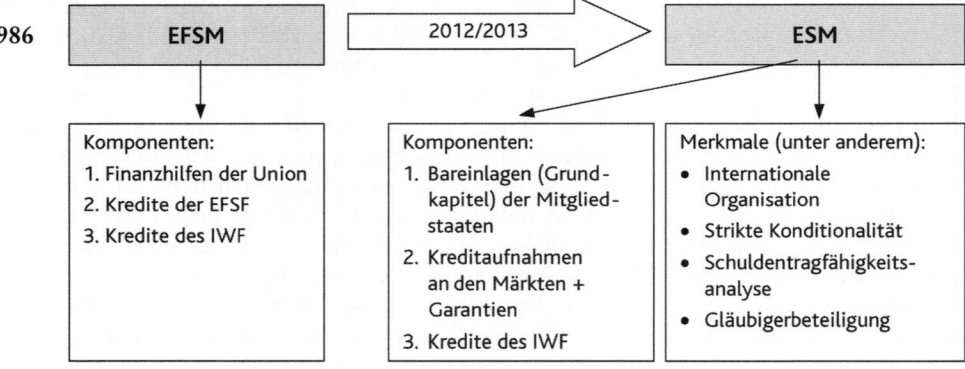

5. Weitere Reformansätze und -diskussionen

987 Die wiederholten Verletzungen des Stabilitäts- und Wachstumspaktes haben zur Verschärfung der Finanz-, Wirtschafts- und Schuldenkrise beigetragen. Deren Bewältigung verlangt daher auch Ansätze zur Steigerung der Haushaltsdisziplin der Mitgliedstaaten. Wesentliche Reformen haben insoweit die Staats- und Regierungschefs des Euro-Raums anlässlich des Europäischen Rates v. 9.12.2011 vereinbart, um eine »fiskalische Stabilitätsunion« zu schaffen.[528] Dazu wurden außerhalb der EU im Wege

---

525 Vgl. http://www.bundesfinanzministerium.de/Web/DE/Themen/Europa/Stabilisierung_des_Eu roraums/Stabilitaetsmechanismen/EU_Stabilitaetsmechanismus_ESM/eu_stabilitaetsmechanis mus_esm.html.

526 Deutschland muss einen Betrag iHv 22 Mrd. EUR tragen. Dieser Kapitalanteil wurde in fünf Raten eingezahlt. Die ersten beiden Raten wurden im Jahr 2012 eingezahlt, die nächsten zwei 2013. Die Zahlung der letzten Rate erfolgte im April 2014. Daneben bürgt Deutschland für einen Betrag von 168 Mrd. EUR.

527 *Weber* EuZW 2011, 938.

528 Abrufbar unter http://www.consilium.europa.eu/uedocs/cms_data/docs/pressdata/de/ec/126678. pdf.

eines völkerrechtlichen Vertrags die erforderlichen rechtlichen Regelungen geschaffen (sog. »Fiskalpakt«). Das Ausweichen in den intergouvernementalen Raum zur Anpassung des EU-Rechts ist nicht unumstritten,[529] wird wegen der Verweigerung des Vereinigten Königreichs aber von den Beteiligten als wohl unvermeidbar bewertet und mit dem Ziel verbunden, die Übereinkunft binnen fünf Jahren in das Unionsrecht aufzunehmen. Allerdings werden auch Zweifel an der Notwendigkeit dieses Paktes sowie Verstöße gegen das Unionsrecht geltend gemacht.[530] Insbesondere das EU-Parlament hatte den Pakt als inakzeptabel zurückgewiesen[531] und dessen Präsident, Martin Schulz, hatte angekündigt, der »Vergipfelung« der Politik entschieden entgegentreten zu wollen.[532]

Mit Ausnahme des Vereinigten Königreichs und Tschechiens haben die übrigen Mitglieder der Union, also auch solche, die nicht Teil des Euroraums sind, den Vertrag über Stabilität, Koordinierung und Steuerung in der Wirtschafts- und Währungsunion (SKSV) am 2.3.2012 unterzeichnet.[533] In Deutschland wurde der Fiskalpakt im Juni 2012 durch Bundestag und Bundesrat angenommen. Nachdem das BVerfG am 12.9.2012[534] im Eilrechtsschutzverfahren nach summarischer Prüfung die Verfassungsmäßigkeit des Fiskalpakts feststellte, erfolgte im September 2012 auch die Ratifikation. Irland führte als einziger Mitgliedsstaat ein Referendum durch, in dessen Rahmen im Juni 2012 für den Fiskalpakt gestimmt wurde. Der Fiskalpakt ist am 1.1.2013 in Kraft getreten.

Der Vertrag, der nur insoweit gilt, als er mit dem Recht der EU vereinbar ist (Art. 2 II SKSV), bezweckt eine Förderung der Haushaltsdisziplin, eine Verstärkung der Koordination der Wirtschaftspolitiken sowie eine bessere Steuerung des Euro-Raums (Art. 1 I SKSV).

Zunächst sollen die mitgliedstaatlichen Haushalte ausgeglichen sein oder einen Überschuss aufweisen, wozu das strukturelle Defizit 0,5 % des nominalen BIP nicht überschreiten darf (Art. 3 I lit. a und b SKSV). Möglichst auf Verfassungsebene soll eine »Schuldenbremse« verankert werden und der Fiskalpakt sieht bei Überschreitung der Staatsschuldengrenze automatische Korrekturmaßnahmen nach Vorgabe der Kommission vor (Art. 3 I lit. e; Abs. 2 SKSV). Kommt der betroffene Staat den Korrekturmaßnahmen nicht nach, stellt die Kommission dies nach Stellungnahme des betroffenen Mitgliedstaats in einem Bericht fest. Andere Staaten können dann den Gerichtshof befassen, der verbindlich über die erforderlichen Maßnahmen entscheidet. Kommt der Mitgliedstaat auch dem Urteil des Gerichtshofs nicht nach, kann dieser finanzielle Sanktionen verhängen, die im Falle von Euro-Staaten in den ESM fließen (Art. 8 SKSV). Vorgesehen ist zudem ein Sanktionsautomatismus für den Fall, dass ein Mitgliedstaat gegen die Haushaltsgrundsätze nach Art. 126 AEUV verstößt, sofern nicht die Euro-Staaten dies mit qualifizierter Mehrheit zurückweisen. Defizitsünder müssen

---

529 FAZ v. 13.12.2011, Auch Juristen stellen Fiskalpakt infrage, unter: http://www.faz.net/aktuell/wirtschaft/ergebnis-des-eu-gipfels-auch-juristen-stellen-fiskalpakt-in-frage-11561501.html.

530 Vgl. das Gutachten für die Fraktion der Grünen von *Pernice,* unter: http://www.greens-efa.eu/file admin/dam/Documents/Background_notes/International_Agreement_on_a_Reinforced_Econo mic_Union.pdf.

531 http://orf.at/stories/2 http://orf.at/stories/2099031/099031/.

532 Das Parlament, Auf Augenhöhe abgeordnet, Nr. 4 v. 23.1.2012, 11.

533 Abrufbar unter http://european-council.europa.eu/media/639244/04_-_tscg.de.12.pdf.

534 BVerfGE 132, 195 = BeckRS 2012, 56667.

außerdem ein Haushalts- und Wirtschaftspartnerprogramm auflegen und Rat und Kommission zur Genehmigung und Überwachung vorlegen (Art. 5 SKSV).

Daneben verpflichten sich die Vertragsstaaten, auf eine gemeinsame Wirtschaftspolitik hinzuarbeiten, unter anderem durch einen intensivierten Austausch unter Beteiligung der Organe der Union (Art. 9–11 SKSV).

Schließlich sind für Mitglieder der Euro-Zone künftig regelmäßige Euro-Gipfel – mindestens zweimal jährlich – mit dem Kommissionspräsidenten sowie Beteiligungsmöglichkeiten der Präsidenten der EZB und des Parlaments sowie der anderen Vertragsstaaten vorgesehen (Art. 12 SKSV).

988 Neben einer geordneten Staatsinsolvenz wird gelegentlich auch ein Austritt oder gar ein Ausschluss unter Druck geratener Mitgliedstaaten aus der Euro-Zone diskutiert,[535] was aber mit einer Anpassung der Primärverträge, die bislang allein den freiwilligen Austritt aus der Union vorsehen, einhergehen müsste (→ Rn. 173). Ein solcher Schritt erscheint, jedenfalls gegenwärtig,[536] höchst unwahrscheinlich, drohten doch ein Domino-Effekt sowie ein Ansturm auf den Euro in solchen Staaten, die zu ihrer vorherigen Währung zurückkehren würden. Zu gering erscheinen demgegenüber die Vorteile der Möglichkeit einer Abwertung der eigenen Währung, als dass die betroffenen Staaten einer erforderlichen Änderung der Verträge zustimmen dürften.

989 Die Diskussion in der jüngsten Zeit rankt sich insbesondere um die Einführung sog. Euro-Bonds. Im Kern geht es um die Frage, ob gemeinsame Anleihen der Euro-Staaten an die Stelle der einzelstaatlichen Anleihen treten sollen, sodass sich alle Staaten zu einem gemeinsamen Zinssatz am Markt refinanzieren könnten. Dies hätte zur Folge, dass die Schwäche einzelner Staaten nicht zu einem dramatischen Anstieg der zu leistenden Zinsen für Staatsanleihen (die kritische Grenze wird insoweit bei 7 % gesehen) führen würde. Der einheitliche Zinssatz spiegelte dann vielmehr das Vertrauen der Investoren in die gesamte Euro-Gruppe wider. Während Staaten wie Griechenland, Spanien und Italien davon profitieren dürften, hätte insbesondere Deutschland das Nachsehen und könnte nicht zu solch historisch niedrigen Zinsen wie gegenwärtig Geld an den Märkten erlangen.[537] Aus diesem Grund und weil damit die Wertung des AEU-Vertrags für Eigenverantwortlichkeit und einen Wettbewerb auch zwischen den Staaten unterminiert würde, lehnt insbesondere Deutschland Euro-Bonds derzeit ab. Dementsprechend wurde im Koalitionsvertrag der 18. Wahlperiode des Bundestages durch CDU/CSU/SPD vereinbart, Eurobonds nicht einzuführen.

990 Weiterhin wird diskutiert, ob nicht eine europäische Ratingagentur errichtet werden solle, die dann eigenständig die Bonität nicht nur von Finanzprodukten, sondern insbesondere auch der Staaten selbst bewerten soll.[538] Hintergrund dieser Überlegung ist die Dominanz US-amerikanischer Agenturen, die durch ihre Bewertungen der Euro-Staaten, insbesondere durch die fehlerhafte Herabstufung Frankreichs, die Union und ihre Mitgliedstaaten nachhaltig verärgert haben. Trotz der ebenfalls erfolgten Herab-

---

535 *Sonder* ZRP 2011, 35.
536 Dennoch wird er auch von betroffenen Mitgliedstaaten diskutiert, etwa Griechenland, vgl. FAZ v. 4.1.2012, S. 11.
537 Am 11.2.2012 konnte Deutschland sogar zu negativen Zinsen Geld an den Kapitalmärkten aufnehmen.
538 Welt online v. 18.1.2012 unter http://www.welt.de/print/welt_kompakt/print_wirtschaft/article 13820500/Ruf-nach-europaeischer-Ratingagentur.html.

stufung der USA lautet der Vorwurf insbesondere auf eine »tendenziöse Blindheit« gegenüber den Vereinigten Staaten und dem Vereinigten Königreich als den zentralen Finanzhandelszentren sowie auf eine unzureichende Würdigung der unternommenen Anstrengungen zur Krisenbewältigung. Der Aufbau einer europäischen Ratingagentur ist jedoch im April 2013 zunächst gescheitert.[539] Künftige Entwicklungen bleiben abzuwarten.

Zudem haben Deutschland und Frankreich sich über die Einrichtung einer Europäischen Wirtschaftsregierung verständigt. Ob sich die Euro-Gruppe oder die EU zur Schaffung einer solchen werden durchringen können, welche Befugnisse eine solche haben soll und wie das Verhältnis zur Kommission beschaffen sein könnte, ist jedoch gegenwärtig noch völlig offen und wird zwischen den Mitgliedstaaten, die insbesondere eine Dominanz der beiden großen Finanzplätze New York City und London fürchten, kontrovers diskutiert.

6. Das BVerfG in der Finanz- und Wirtschaftskrise

Die Folgen der Finanz- und Wirtschaftskrise haben auch das BVerfG befasst. Das Gericht erkennt die Notwendigkeit einer kurzfristigen Reaktion im Rahmen der EU durchaus an, schreibt aber seine Rechtsprechung von Lissabon konsequent fort und betont in zwei hier relevanten Entscheidungen insbesondere die zentrale Rolle der nationalen Parlamente, deren Integrationsverantwortlichkeit und haushaltspolitische Gesamtverantwortung zu wahren sei.[540] Bei künftigen Maßnahmen und selbst eiligen Rettungsaktionen wird die Bundesregierung die Vorgaben des Gerichts sorgfältiger als bislang zu berücksichtigen haben.

991

Anlass des ersten hier zu referierenden Urteils war die Verbürgung Deutschlands gemeinsam mit anderen Staaten, was eine Belastung Deutschlands von bis zu 170 Mrd. EUR nach sich ziehen könnte. Diese potenzielle Belastung bewog einige Bürger zur Anrufung des BVerfG. Das Gericht erklärte mit Urteil v. 7.9.2011[541] die Verfassungsbeschwerden in Ansehung von Art. 38 I 1; Art. 20 I und II iVm Art. 79 III GG für zulässig, soweit sie gegen das »Währungsunion-Finanzstabilitäts«-Gesetz und das »Europäischer Stabilisierungsmechanismus«-Gesetz als nationale Akte zur Umsetzung der Unterstützungsmaßnahmen gerichtet waren. Das Gericht rekurriert in der Essenz auf die bereits im Lissabon-Urteil betonte Integrationsverantwortung des Parlaments und hebt hervor, dass deren Kehrseite dessen Budgetverantwortung sei. Was in Lissabon inhaltlich bestimmt wurde, wird vorliegend finanzpolitisch konkretisiert: Der Bundestag darf sich seiner Budgetverantwortung weder durch unbestimmte haushaltspolitische Ermächtigungen auf andere Akteure begeben, noch ist eine automatische Haftungsübernahme für Willensentscheidungen anderer Staaten zulässig. Die für eine begründete Verfassungsbeschwerde erforderliche (»offensichtliche«!) Gefahr einer evidenten Verletzung der Haushaltsautonomie erkennt das BVerfG, auch unter Berufung auf den weiten Einschätzungsspielraum des Gesetzgebers, aktuell noch nicht. Es be-

992

---

539 http://www.sueddeutsche.de/wirtschaft/prestigeprojekt-gescheitert-chef-der-europaeischen-ra
   tingagentur-wirft-hin-1.1661943.
540 Vgl. zuletzt BVerfG DÖV 2014, 446.
541 BVerfG BeckRS 2010, 48738, krit. dazu *Philipp* ZRP 2011, 240ff., der dem Gericht mangelnden
   Schutz des Steuerzahlers vorwirft und verfassungsrechtliche Gründe gegen die Krisenbekämpfung
   diskutiert.

tont jedoch, dass der Bundestag über jede Einzelmaßnahme konstitutiv befinden und auch sein hinreichender Einfluss auf die Art und Weise des Umgangs mit den Finanzmitteln sichergestellt sein müsse. Eine verfassungskonforme Auslegung der entsprechenden Gesetze ergebe daher insbesondere, dass der Haushaltsausschuss vor jeder Maßnahme, mit Ausnahme von Notfallsituationen, konstitutiv zu beteiligen sei. Mit diesem Urteil stärkt das Gericht den Bundestag weiter zulasten einer exekutiv-supranational determinierten Politik. Der Hinweis des Gerichts auf die Währungsunion als »Stabilitätsgemeinschaft« dürfte auch diskutierten künftigen Vertragsänderungen Grenzen aufzeigen. Zudem darf sich Deutschland auch künftig nicht in eine unüberschaubare, nicht mehr steuerbare Haftungsgemeinschaft integrieren. Eine absolute Schranke dürfte dabei die Festlegung über Art und Höhe der die Bürger treffenden Abgaben darstellen. Dem ESM selbst stellt sich das BVerfG immerhin nicht entgegen. In einem fortwährenden Balanceakt des Ausgleichs zwischen notwendiger europäischer Integration einerseits und der Verteidigung souveräner Staatlichkeit andererseits, müht sich das Gericht um das Aufzeigen »roter Linien«, belässt den politischen Akteuren im Übrigen aber einen beachtlichen Handlungsspielraum.

993 Per einstweiliger Anordnung durch Beschluss v. 28.10.2011[542] hat das BVerfG den Schutz der Rechte des Parlaments und der Abgeordneten vorläufig bestätigt und gestärkt. Das Stabilisierungsmechanismus-Gesetz regelt die deutsche Beteiligung am EFSF und sieht in diesem Rahmen auch einen Zustimmungsvorbehalt zugunsten des Parlaments vor. In Fällen besonderer Eilbedürftigkeit und Vertraulichkeit sollen die Beteiligungsrechte allerdings von einem aus dem Haushaltsausschuss zu wählenden Neuner-Gremium wahrgenommen werden. Auf dieses können auch die Unterrichtungsrechte des Bundestags übertragen werden. Das Gremium soll insbesondere bei Notmaßnahmen zur Verhinderung von Ansteckungsgefahren entscheiden, im Übrigen, wenn die Bundesregierung die Erfüllung der genannten Kriterien geltend macht und ein Widerspruch des Gremiums selbst ausbleibt. Das Gericht hat auf Antrag von Abgeordneten entschieden, dass bis zur Entscheidung in der Hauptsache das Gremium die Beteiligungsrechte des Bundestags nicht wahrnehmen darf. Auch wenn der Folgenabwägung im Rahmen des § 32 BVerfGG selbst *keine* materielle Prüfung zugrunde liegt, mag man der einstweiligen Anordnung vielleicht den Hinweis entnehmen, dass das Gericht die Haushaltsverantwortung des Bundestags durch das Neuner-Gremium nicht gewahrt sieht, jedenfalls aber die Herabstufung von Informations- und Beteiligungsrechten zunächst auf den Haushaltsausschuss (41 Mitglieder) und dann ein Gremium aus nur neun Personen kritisch hinterfragt.

Schließlich hat das BVerfG mit Urteil v. 18.3.2014[543] die Krisenbewältigungsmechanismen der EU bestätigt, in dem es den ESM und begleitende unionale und nationale Rechtsakte verfassungsrechtlich gebilligt hat. In Fortschreibung seiner Rechtsprechung – insbesondere im einstweiligen Rechtsschutz in gleicher Angelegenheit – führt es aus, dass keine unbegrenzte Zahlungsverpflichtung auf Deutschland zukomme und die Integrationsverantwortung und haushaltspolitische Gesamtverantwortung des Deutschen Bundestages gesichert bleibe. Im Rahmen der detailreichen Begründung stellt das Gericht maßgeblich darauf ab, dass sich die Mitgliedstaaten in einer gemeinsamen Erklärung sowie Deutschland erneut in einer gesonderten Erklärung darauf verständigt

---

542 BVerfG BeckRS 2011, 55325, vgl. auch BVerfG BeckRS 2012, 59277.
543 BVerfG DÖV 2014, 466.

hätten, dass eine Erweiterung der Zahlungsverpflichtungen über den Anteil am genehmigten Stammkapital hinaus nicht ohne Zustimmung aller Regierungen erfolgen könne. Auf einer entsprechende Erklärung hatte das Gericht selbst im einstweiligen Rechtsschutz bestanden. Wichtig ist ihm zudem, dass in wichtigen Fragen Einstimmigkeit herrschen müsse und der deutsche Vertreter durch das nationale Recht in ausreichender Weise an die Beschlüsse des Bundestages gebunden sei. Da jedoch eine Aussetzung der Stimmrechte nach dem ESM-Vertrag möglich sei, wenn ein Staat seinen Verpflichtungen nicht nachkomme, müsse Deutschland sicherstellen, dass Kaptialabrufen fristgerecht und vollständig nachgekommen werden könne. Das Stimmrecht, welches gemeinsam mit der Einstimmigkeit, die Rechte des Bundestages über ein Veto-Recht garantiere, solle so von deutscher Seite aus garantiert werden. Die gleichwohl erfolgte Veränderung der Wirtschafts- und Währungsunion, die zu einer Beschränkung der Eigenständigkeit nationaler Haushalte geführt habe, sei unter diesen Voraussetzungen verfassungsrechtlich nicht zu beanstanden, zumal die stabilitätsgerichtete Ausrichtung der WWU nicht aufgegeben werde. Das BVerfG betont zugleich an mehreren Stellen die Verantwortung von Regierung und Parlament, deren Einschätzungsprärogative es nicht ersetzen dürfe. Diese Zurückhaltung des Gerichts weist der Exekutive damit die Aufgabe der Krisenbewältigung zu und verleiht ihr den Freiraum, dessen es dafür auf supranationaler Ebene bedarf.

7. Ausblick

Es bleibt unklar, ob die getroffenen und geplanten Maßnahmen ausreichen werden, um die Krisen wirksam zu bekämpfen. Zu ungewiss und unvorhersehbar erscheinen die Reaktionen der Märkte und auch der staatlichen und europäischen Akteure. Die EZB hat erneut gewarnt, dass die europäische Finanzkrise systemische Ausmaße erreicht habe – ein schlüssiges, umfassendes und mehrheitlich anerkanntes Konzept dagegen scheint gegenwärtig schwer zu finden zu sein. Mit dem ESM scheint jedoch ein wirksames Mittel gefunden zu sein und erste Anzeichen einer Erholung werden deutlich. So haben bereits Irland und Spanien erklärt, künftig keine Hilfen des ESM mehr in Anspruch nehmen zu müssen. Hoffnungen bestehen, dass auch Portugal nach Ablauf des Hilfsprogamms im Sommer 2014 keine weiteren Hilfen in Anspruch nehmen muss. Unklar bleibt trotz Besserungstendenzen die Situation in Griechenland und auch die Krim-Krise hat Potenzial, die Erholung der europäischen Konjunktur zu belasten. Eines dürfte jedoch bereits jetzt erkennbar sein: Wenn der EU die Überwindung der Krise gelingen sollte, wird sie eine andere sein als zuvor. Es geht in der gegenwärtigen Krise darum, die marktwirtschaftliche Verfassung der EU zu wahren, wonach im sicherlich modifizierbaren aber im Kern beizubehaltenden Grundsatz ein Wettbewerb zwischen den Mitgliedstaaten nicht nur vorgesehen ist und im Sinne der Stärkung von Eigenverantwortung der Mitgliedstaaten Solidarität im Interesse aller geübt werden sollte, sondern von diesen auch einzufordern ist. Dies bedeutet nicht zuletzt die Wahrung von Haushaltsdisziplin und intensiver Bemühungen um die Stabilität des Euro.[544]

994

V. Rechtsstellung der Nichtmitgliedstaaten der Währungsunion

Art. 139ff. AEUV regeln den Sonderstatus der Staaten, die nicht an der Währungsunion teilnehmen. Sie sind von den Rechten und Pflichten der Währungsunion ausge-

995

---

544 So überzeugend *Sonder* ZRP 2011, 34f.

nommen und haben innerhalb der Europäischen Zentralbank bzw. des Systems der Zentralbanken keine Stimmrechte bei der Festlegung der europarechtlichen Geld- und Währungspolitik. Vor dem Beitritt zur Währungsunion müssen sie zudem wenigstens zwei Jahre am sog. Wechselkursmechanismus II teilnehmen. Diese Regelung soll den späteren Einstieg in die Währungsunion erleichtern und zugleich die Freiheit des Geldverkehrs über die Währungsunion hinaus sicherstellen. Diese Option wird derzeit von baltischen Staaten sowie Dänemark wahrgenommen. Dabei wird für die jeweilige Währung ein Leitkurs gegenüber dem Euro festgelegt. Bei einer Abweichung von mehr als 15 % von diesem Leitkurs (eine Vereinbarung mit Dänemark sieht als Grenze von Wechselkursschwankungen 2,25 % vor) intervenieren die Europäische Zentralbank und die Zentralbanken der Mitgliedstaaten. Zudem gelten die Schutzklauseln der Art. 143, 144 AEUV für Mitgliedstaaten in Zahlungsbilanzschwierigkeiten weiterhin für die Staaten, die nicht an der Währungsunion teilnehmen. Bei einer entsprechenden Krise eines Staates können von dem betroffenen Staat, ggf. unter Mitwirkung der Kommission, sämtliche Maßnahmen erlassen werden, die in der vorliegenden Situation zur Bekämpfung der Krise erforderlich sind und im Hinblick auf die damit verbundene Beeinträchtigung des Gemeinsamen Marktes verhältnismäßig erscheinen. Für die Mitgliedstaaten in der Währungsunion haben die Schutzklauseln ihre Geltung verloren (vgl. Art. 143 IV, Art. 144 IV AEUV).

3. Abschnitt. Die Wettbewerbsordnung

§ 22 Die europäische Wettbewerbsordnung

Literatur: *Dörr/Haus*, Das Wettbewerbsrecht des EGV, JuS 2001, 313; Streinz/*Eilmansberger* AEUV Art. 101; Lenz/Borchardt/*Grill* AEUV Art. 101; *Haus/Cole*, Grundfälle zum Europarecht, JuS 2003, 978; *Heinemann*, Europäisches Kartellrecht – Einführung und aktuelle Entwicklung, JURA 2003, 649; *Hirsbrunner*, Neue Entwicklung der Europäischen Fusionskontrolle, EuZW 2003, 709; *K. Lange*, Handelsvertretervertrieb nach den neuen Leitlinien der Kommission, EWS 2001, 18; *Martinek*, Das uneingestandene Auswirkungsprinzip des EuGH zur extraterritorialen Anwendbarkeit der EG-Wettbewerbsregeln, IPRax 1989, 347; *Oppermann/Classen/Nettesheim* EuropaR § 20; *Pfeffer*, Die neue Gruppenfreistellungsverordnung 1400/2002/EG für die Automobilbranche, NJW 2002, 2910; v. d. Groeben/Schwarze/*Schröter*, EG Art. 81; *Soyez*, Die Bußgeldleitlinien der Kommission – mehr Fragen als Antworten, EuZW 2007, 596; *Streinz* EuropaR Rn. 992.

I. Einführung

996 Neben den Grundfreiheiten stellt auch die Wettbewerbsordnung ein Ordnungsinstrument im Binnenmarkt dar. Mit Art. 3 I lit. b und Art. 119 I AEUV wurde ein System etabliert, das den Wettbewerb innerhalb der Union vor Verfälschungen schützen soll und eine Grundentscheidung zugunsten einer offenen Marktwirtschaft mit freiem Wettbewerb trifft (Art. 119 I AEUV). Der Europäischen Union obliegt daher ein von der Kommission ausgeübtes Wächteramt gegenüber den Mitgliedstaaten und den Marktteilnehmern zur Sicherung des freien Wettbewerbs im Binnenmarkt.

Die vorgenannte Grundentscheidung wurde im EG-Vertrag in den Wettbewerbsvorschriften der Art. 81 ff. EG aufgegriffen, die nunmehr in den Art. 101 ff. AEUV integriert sind. Die Wettbewerbsregeln errichten eine Rahmenordnung zur Garantie des ungehinderten Wettbewerbs zwischen den Wirtschaftssubjekten im Binnenmarkt.[545] Die europäische Wettbewerbsordnung ruht hierbei auf drei Säulen: Dem Kartellverbot, dem Missbrauchsverbot und der Fusionskontrolle. Sie alle haben in letzter Zeit weitreichende Änderungen durch europäisches Sekundärrecht erfahren.

Art. 101 I AEUV normiert das Verbot von Kartellen und Art. 102 AEUV verbietet den Missbrauch einer marktbeherrschenden Stellung durch ein Unternehmen. Beide Artikel beruhten bisher auf dem sog. Verbotsprinzip, wonach wettbewerbsbeschränkende Absprachen und der Missbrauch einer marktbeherrschenden Stellung stets verboten sind, ohne dass es hierzu einer besonderen Feststellung durch die Kommission bedarf.   997

Seit dem Inkrafttreten der VO EG/1/2003[546] (»Kartellverordnung«) am 1.5.2004 gilt jedoch für viele Bereiche und damit im Prinzip der Grundsatz der »Legalausnahme«, dh bestimmte Vereinbarungen, die die Voraussetzungen des Art. 101 III AEUV erfüllen, bedürfen keiner ausdrücklichen Freistellung durch die Kommission. Für häufig vorkommende Vereinbarungen, die freigestellt werden sollen, greifen sog. GruppenfreistellungsVOen.   998

Darüber hinaus kann die Union Unternehmenszusammenschlüsse aufgrund der Fusionskontrollverordnung (FK-VO) 139/2004/EG[547] des Rates v. 20.1.2004, die ebenfalls zum 1.5.2004 in Kraft trat, konkretisieren und ggf. untersagen.   999

Ebenfalls im Bereich des Sekundärrechts gibt es allgemeine[548] oder spezielle[549] Gruppenfreistellungsverordnungen (»GVOen«) sowie die Bekanntmachungen der Kommission zu den sog. »De-minimis-Schwellen«[550] und zur Definition des relevanten Marktes,[551] die im Wettbewerbsrecht von Bedeutung sind. Letztere dient der genauen Abgrenzung des Gebietes, auf dem Unternehmen miteinander in Wettbewerb stehen.   1000

Nach dieser Bekanntmachung umfasst der *sachlich relevante* Produktmarkt:

> »sämtliche Erzeugnisse und/oder Dienstleistungen, die von den Verbrauchern hinsichtlich ihrer Eigenschaften, Preise und ihres vorgesehenen Verwendungszwecks als austauschbar oder substituierbar angesehen werden.«.

Der *geographisch relevante* Markt umfasst: 1001

> »das Gebiet, in dem die beteiligten Unternehmen die relevanten Produkte oder Dienstleistungen anbieten, in dem die Wettbewerbsbedingungen hinreichend homogen sind und das sich von den benachbarten Gebieten durch spürbar unterschiedliche Wettbewerbsbedingungen unterscheidet.«

Hierunter fällt regelmäßig das Territorium eines einzelnen Mitgliedstaates, aber bei größeren Staaten auch schon ein ausreichend großes Teilgebiet.   1002

---

545 Die historisch bedingte Unterscheidung zwischen Gemeinsamen Markt und Binnenmarkt ist mit den Änderungen des Vertrags von Lissabon aufgehoben und ausnahmslos durch Binnenmarkt ersetzt worden. Im Übrigen sind die Wettbewerbsregeln nahezu unverändert übernommen worden.
546 ABl. 2003 L 1, 1. Zuletzt geänd. durch VO 1419/2006/EG v. 25.9.2006, ABl. 2006 L 269, 1.
547 ABl. 2003 L 1, 1. Zuletzt geänd. durch VO 1419/2006/EG v. 25.9.2006, ABl. 2006 L 269, 1.
548 S. etwa die allgemeine Vertikal-GVO 2790/1999/EG, ABl. 1999 L 336, 21.
549 S. etwa die GVO für die Automobilbranche 1400/2002/EG v. 31.7.2002, ABl. 2002 L 203, 30; hierzu *Pfeffer* NJW 2002, 2910.
550 »Bagatellbekanntmachung«, ABl. 2001 C 368, 13.
551 ABl. 1997 C 372, 5.

Schließlich gibt die Kommission Leitlinien und andere Verlautbarungen heraus, in denen sie ihre Beurteilungsmaßstäbe für besonders häufige Kooperationsformen öffentlich macht, wie etwa die für vertikale[552] und horizontale[553] Beschränkungen. Bekanntmachungen und Leitlinien sind als verwaltungsinterne Dokumente unverbindlich, *de facto* kommt ihnen jedoch eine große Bedeutung zu. Die Zulässigkeit derartiger Veröffentlichungen ist vom EuGH anerkannt.

1003 Die in den Binnenmarktfreiheiten festgelegten Verbote staatlicher Handelsbeschränkungen werden im Wettbewerbsrecht durch ein Verbot privater Handelsbeschränkungen abgesichert. Die Art. 101 ff. AEUV richten sich primär an Unternehmen – Art. 106 AEUV speziell an solche, die staatlicherseits kontrolliert oder zumindest privilegiert sind – während die Beihilfenkontrolle gem. Art. 107–109 AEUV (s. unten § 23) sich wiederum an die Staaten wendet. Durch die auf diesen Gebieten und zusätzlich im Energiebereich (→ Rn. 1271 ff.) auf sekundärrechtlicher Ebene vorgenommenen Reformen wurde in den letzten Jahren die europäische Wettbewerbsordnung insgesamt modernisiert.

1004 Durch das Auslaufen des EGKS-Vertrags am 23.6.2002 ist das spezielle Kartellrecht der Montanunion weggefallen. Der Euratom-Vertrag enthält keine eigenen Wettbewerbsregeln.

1. Persönlicher Anwendungsbereich

1005 Das Wettbewerbsrecht ist auf Unternehmen sowie Unternehmensvereinigungen anwendbar (vgl. Art. 101 I AEUV). Der europarechtliche Unternehmensbegriff erfasst jede eine wirtschaftliche Tätigkeit ausübende Einheit unabhängig von ihrer Rechtsform, dem Vorliegen oder Fehlen einer Gewinnerzielungsabsicht bzw. der Art ihrer Finanzierung (»funktionaler Unternehmensbegriff«). Die Regeln gelten vorbehaltlich des Art. 106 AEUV auch für öffentliche Unternehmen (→ Rn. 1049 ff.).

1006 Auch die Mitgliedstaaten sind gem. Art. 4 III EUV sowie Art. 101 ff. AEUV indirekt an das Wettbewerbsrecht gebunden. Sie dürfen keinerlei hoheitliche Maßnahmen treffen, die die praktische Wirksamkeit der europäischen Wettbewerbsregeln aufheben könnten. Dies hat in der Vergangenheit dazu geführt, dass der EuGH auch gegen staatliche bzw. staatlich geförderte Wettbewerbsbeschränkungen vorgegangen ist.[554]

2. Sachlicher Anwendungsbereich

1007 Entscheidend ist, ob ein Verhalten unmittelbar oder mittelbar, tatsächlich oder potentiell geeignet ist, die Freiheit des Handels zwischen den Mitgliedstaaten in einer Weise zu gefährden, die die Verwirklichung des Zieles eines einheitlichen zwischenstaatlichen Marktes nachteilig betrifft.[555] Eine Vereinbarung kann allerdings nach der Rechtsprechung des EuGH auch bei Nichteignung zur Wettbewerbsverfälschung dann unter das Verbot des Art. 101 AEUV fallen, wenn im Verbund mit anderen Vereinbarungen eine entsprechende Wirkung bezüglich des wirtschaftlichen und rechtlichen Gesamt-

---

552 ABl. 2000 C 291, 1.
553 ABl. 2001 C 3, 2.
554 ZB EuGH 11.4.1989 – 66/86, Slg. 1989, 803 Rn. 48 = BeckRS 2004, 73511 – Ahmed Saeed Flugreisen.
555 EuGH 13.7.1966 – 56/64, Slg. 1966, 322 Rn. 6 = BeckRS 2004, 7333 – Consten Grundig.

zusammenhangs erzielt wird, wie etwa bei langfristigen Bierlieferverträgen (sog. Bündeltheorie).[556]

3. Räumlicher Anwendungsbereich

Die Wettbewerbsregeln greifen nur dann ein, wenn sich das Verhalten der Wirtschaftsteilnehmer auf den Binnenmarkt auswirkt (»Zwischenstaatlichkeitsklausel«). Dazu müssen die Unternehmen weder ihren Sitz in der Union haben, noch müssen sie ihr wettbewerbswidriges Verhalten im Geltungsbereich der Verträge planen, sondern es reicht, wenn eine marktbeschränkende Maßnahme im Binnenmarkt »durchgeführt« wird,[557] auch wenn dies im Endeffekt zu einer extraterritorialen Wirkung europäischen Wettbewerbsrechts führen kann.[558]   **1008**

4. Vollzug

In der Regel hat die Union nicht nur die Kompetenz zum Erlass von Rechtsakten, sondern vollzieht die Kartellvorschriften auch selbst. Die zwangsweise Durchsetzung obliegt indes den Mitgliedstaaten aufgrund des ihnen verbleibenden Gewaltmonopols. Wenn jedoch nationale Behörden das europäische Wettbewerbsrecht selbst anwenden, richtet sich das Verfahren nach den nationalen Verfahrensvorschriften. Dieses ist jedoch auch dabei europarechtlich überformt. Jüngst etwa hat der EuGH festgestellt, dass eine nationale Behörde nicht befugt ist, eine negative Feststellungsentscheidung dahingehend zu treffen, dass ein Verstoß gegen Art. 102 AEUV *nicht* vorliege. Dies gefährde die einheitliche Anwendung der Art. 101 f. AEUV und sei als Beeinträchtigung der Zuständigkeit der Kommission mit dem System der Zusammenarbeit zwischen dieser und nationalen Behörden unvereinbar.[559]   **1009**

II. Kartellverbot (Art. 101 AEUV)

Literatur: Streinz/*Eilmansberger* AEUV Art. 101; Lenz/Borchardt/*Grill* EG Art. 81; *Heinemann*, Europäisches Kartellrecht (Teil I), JURA 2003, 649; *K. W. Lange*, Handelsvertretervertrieb nach den neuen Leitlinien der Kommission, EWS 2001, 18; *Soyez*, Die Bußgeldleitlinien der Kommission – mehr Fragen als Antworten, EuZW 2007, 596; v. d. Groeben/Schwarze/*Schröter* EG Art. 81; *Weitbrecht*, Das neue EG-Kartellverfahrensrecht, EuZW 2003, 69.

1. Verbot wettbewerbsbeschränkender Verhaltensweisen (Art. 101 I AEUV)

a) Sachlicher Anwendungsbereich

Gemäß Art. 101 I AEUV sind alle Vereinbarungen zwischen Unternehmen, Beschlüsse von Unternehmensvereinigungen und aufeinander abgestimmte Verhaltensweisen, die geeignet sind, den Handel zwischen den Mitgliedstaaten zu beeinträchtigen und die den Wettbewerb innerhalb des Marktes verhindern, einschränken oder verfälschen, mit dem Binnenmarkt unvereinbar. Zudem enthält die Bestimmung eine beispielhafte Aufzählung besonders schwerwiegender verbotener Verhaltensweisen.   **1010**

---

556 EuGH 28.2.1991 – C-234/89, Slg. 1991, I-935 Rn. 14 = BeckRS 2004, 75294 – Delimitis.
557 EuGH 20.1.1994 – 89/85, Slg. 1988, 5193 Rn. 16–18 = BeckRS 2004, 73858 – Zellstoff.
558 Hierzu *Martinek* IPRax 1989, 347.
559 EuGH EuZW 2011, 514 Rn. 26 ff. – Netia.

1011 **aa) Beeinträchtigung des Handels zwischen den Mitgliedstaaten.** Nach Auffassung von Kommission und Gerichtshof ist die sog. Zwischenstaatlichkeitsklausel weit auszulegen. Entscheidend ist nach Ansicht des Gerichtshofs, ob eine Vereinbarung bzw. abgestimmte Verhaltensweise unmittelbar oder mittelbar, tatsächlich oder möglicherweise dazu geeignet ist, den Handel zwischen den Mitgliedstaaten in einer Weise zu beeinflussen und so das Ziel eines einheitlichen zwischenstaatlichen Handels zu beeinträchtigen.[560] Als ungeschriebenes Tatbestandsmerkmal kommt hier jedoch das Erfordernis der Spürbarkeit der Wettbewerbsbeschränkung hinzu (→ Rn. 1019) – sofern nicht eines der Regelbeispiele aus Art. 101 I AEUV verwirklicht ist –, um sog. Bagatellfälle außer Acht lassen zu können.

1012 **bb) Vereinbarung.** Unter einer Vereinbarung ist eine Übereinkunft zwischen zwei oder mehr Parteien zu verstehen, durch die sich wenigstens einer der Beteiligten zu einem bestimmten Tun oder Unterlassen verpflichtet. Wettbewerbsbeschränkende Vereinbarungen sind gem. Art. 101 II AEUV von vornherein nichtig, sodass weder Rechtsbindungswille noch Wirksamkeit der Vereinbarung erforderlich sind.[561] Art. 101 I AEUV ist unabhängig von der Form der Abrede anwendbar. Sie kann schriftlich, mündlich oder auch konkludent abgeschlossen werden. Dabei erfasst der Tatbestand nicht nur Kartelle im eigentlichen Sinne, also »horizontales« Zusammenwirken von auf dem gleichen Markt konkurrierenden Unternehmen, sondern auch sog. »vertikale« Wettbewerbsbeschränkungen. Darunter sind abgestimmte Verhaltensformen von Unternehmen zu verstehen, die nicht auf demselben Markt bzw. auf derselben Wirtschaftsstufe tätig sind, also nicht direkt untereinander im Wettbewerb stehen, sich jedoch in einer engen, zumeist nachgelagerten Wirtschaftsbeziehung miteinander befinden.[562] Damit wird der Anwendungsbereich des Art. 101 AEUV erheblich ausgeweitet und gleichzeitig die privatautonome Gestaltung von Vertragsbeziehungen eingeschränkt.

1013 **cc) Beschlüsse von Unternehmensvereinigungen.** Hierbei handelt es sich um Willensäußerungen der nach der Satzung zuständigen Organe von Unternehmensvereinigungen, die im Einklang mit den Vorschriften der Satzung zustande gekommen sind. Ob nur bindende Beschlüsse erfasst werden, ist umstritten,[563] wobei im Fall unverbindlicher Akte (zB bloßer Empfehlungen) immer noch eine Abstimmung des Verhaltens vorliegen kann. Der EuGH stellt bei unverbindlichen Beschlüssen darauf ab, ob die Empfehlungen durch einige oder alle Mitglieder befolgt werden.[564]

1014 **dd) Aufeinander abgestimmte Verhaltensweisen.** Mit diesem Auffangtatbestand sollen auch Maßnahmen und Verhaltensweisen erfasst werden, die nicht unter den Begriff der »Vereinbarung« oder des »Beschlusses« fallen, aber trotzdem erkennbar auf eine Abstimmung von Wettbewerbsverhalten der beteiligten Unternehmen abzielen. Nach der Definition des EuGH handelt es sich bei abgestimmten Verhaltensweisen um

---

560 EuGH 5.10.1988 – 247/86, Slg. 1988, 3775 Rn. 11 = BeckRS 2004, 72604 – Alsatel.
561 *Heinemann* JURA 2003, 649 (652).
562 Etwa Alleinvertriebsvereinbarungen zwischen Hersteller und Absatzmittler für eine Marke, EuGH 13.7.1966 – 56/64, Slg. 1966, 322 (324) = BeckRS 2004, 7333 – Consten Grundig sowie langfristige Bierlieferungsverträge, EuGH 28.2.1991 – C-234/89, Slg. 1991, I-935 Rn. 27 = BeckRS 2004, 75294 – Delimitis.
563 S. Streinz/*Eilmansberger* AEUV Art. 1011 Rn. 13ff.
564 EuGH 29.10.1980 – 209/78, Slg. 1980, 3125 Rn. 85f. = BeckRS 2004, 72290 – van Landewyck Sarl.

»eine Form der Koordinierung zwischen Unternehmen, [...] die zwar noch nicht bis zum Abschluss eines Vertrags im eigentlichen Sinne gediehen ist, jedoch bewusst eine praktische Zusammenarbeit an die Stelle des mit Risiken verbundenen Wettbewerbs treten lässt. Die aufeinander abgestimmten Verhaltensweisen erfüllen daher schon ihrem Wesen nach nicht alle Tatbestandsmerkmale einer Vereinbarung, sondern können sich insbesondere auch aus einer im Verhalten der Beteiligten zu Tage tretenden Koordinierung ergeben«.[565]

Abzugrenzen von den abgestimmten Verhaltensweisen ist das auf dem Grundsatz der Unternehmensfreiheit beruhende bloße *bewusste Parallelverhalten,* im Sinne einer bewussten Anpassung eines Mitbewerbers an den Markt (Beispiel: Benzinpreise).[566] Jenes fällt nicht in den Anwendungsbereich des Art. 101 AEUV. **1015**

Durch das EU-Kartellverfahrensrecht durch VO 1/2003/EG[567] wird der Bereich der primärrechtlichen Regeln des Art. 101, 102 AEUV ergänzt. Seither obliegt der Vollzug des Kartellrechts im Rahmen einer Dezentralisierung der Kartellkontrolle grundsätzlich den Wettbewerbsbehörden der Mitgliedstaaten. Die allgemeine Anwendung und Durchsetzung des EU-Wettbewerbsrechts sowie die Entscheidung besonders bedeutender Fälle kommt hingegen der Kommission zu. Bedeutung erlangte die Verordnung vor allem für Art. 101 I AEUV, den seither auch die nationalen Wettbewerbsbehörden anwenden müssen, sofern die Zwischenstaatlichkeitsklausel erfüllt ist. Das bedeutet, dass Vereinbarungen nur noch nach nationalem Recht unbeanstandet bleiben dürfen, wenn sie nicht gegen Art. 81 EG bzw. Art. 101 AEUV verstoßen, bzw. durch die nationale Behörde nur verboten werden dürfen, wenn sie auch nach EU-Recht verboten sind. Dieser erweiterte Vorrang des Unionsrechts hat insofern eine faktische Verdrängungswirkung, weil nur bei einseitigen Maßnahmen (Art. 102 AEUV, siehe unten) Mitgliedstaaten ausnahmsweise an einem höheren Schutzstandard festhalten dürfen. Damit gibt es keine Auswirkungen in Ländern, die ein den Art. 101 ff. AEUV identisches Wettbewerbsrecht haben, wie zB in Deutschland, das sein Kartellrecht entsprechend angepasst hatte. **1016**

b) Persönlicher Anwendungsbereich

Zwar sind grundsätzlich nur Unternehmen und Unternehmensvereinigungen von der Bindungswirkung des Art. 101 AEUV betroffen. Sobald Mitgliedstaaten und private Unternehmen allerdings so zusammenwirken, dass die Wettbewerbsverhältnisse auf einem Markt beschränkt werden, liegt eine unerlaubte Verhaltensweise vor. In diesem Fall könnte der Mitgliedstaat wegen Verstoßes gegen die Unionstreue gem. Art. 4 EUV iVm Art. 101 AEUV verurteilt werden. **1017**

Verbundene Unternehmen, bei denen das eine beherrschenden Einfluss auf das andere hat, gelten als Einheit. Ihr Verhalten fällt nicht unter Art. 101 I AEUV, solange das beherrschte Unternehmen sein Marktverhalten nicht autonom bestimmen kann. Ebenfalls nicht in den Anwendungsbereich des Art. 101 I AEUV fallen Arbeitsgemeinschaften als Zusammenschlüsse kleinerer Unternehmen, die allein nicht in der Lage wären, **1018**

---

565 EuGH 14.7.1972 – 48/69, Slg. 1972, 619 Rn. 64/67 = BeckRS 2004, 73172 – Imperial Chemical Industries Ltd.

566 v. d. Groeben/Schwarze/*Schröter* EG Art. 81 Rn. 80.

567 VO 1/2003/EG des Rates v. 16.12.2002 zur Durchführung der in den Art. 81 und 82 EG niedergelegten Wettbewerbsregeln, ABl. 2003 L 1, 1. Zuletzt geänd. durch VO 1419/2006/EG v. 25.9.2006, ABl. 2006 L 269, 1.

einen bestimmten Auftrag zu erfüllen[568] und unter bestimmten Umständen Handels-
verträge.[569]

c) Tatbestandsausnahmen vom Verbot des Art. 101 AEUV

1019 **aa) De-Minimis-Regel/Spürbarkeit.** Von dem Bereich der verbotenen Vereinbarungen sind solche Kartellabsprachen ausgenommen, die eine geringe Auswirkung auf
den innereuropäischen Handelsverkehr haben. Die dies regelnde Bagatellbekanntmachung der Kommission[570] ist zwar rechtlich unverbindlich,[571] allerdings praktisch bedeutsam. Sie empfiehlt allen Rechtsanwendern, die untere Grenze für spürbare horizontale Vereinbarungen bei 10%, für spürbare vertikale Vereinbarungen bei 15% des
Gesamtanteils der beteiligten Unternehmen am relevanten Markt anzusiedeln.[572] Das
bedeutet, dass solche Verhaltensweisen von Unternehmen grundsätzlich nicht unter
Art. 101 I AEUV fallen, da keine spürbaren Auswirkungen auf den jeweiligen Markt
erwartet werden.

1020 **bb) Entgegenstehende nationale Vorschriften.** Weiter macht der EuGH über den
Wortlaut des Art. 101 I AEUV hinaus dann eine Ausnahme von der Anwendbarkeit
der Norm, wenn einem Unternehmen ein wettbewerbswidriges Verhalten durch nationales Recht vorgeschrieben wird oder das nationale Recht sonst jedes Wettbewerbsverhalten ausschließt. In einem solchen Fall geht die Kommission allenfalls gegen den jeweiligen Mitgliedstaat wegen Verstoßes gegen seine Verpflichtung aus Art. 4 III EUV
iVm Art. 101 AEUV vor. Auf das Unternehmen ist das Kartellverbot nur dann anwendbar, wenn sich herausstellt, dass die nationale Vorschrift die Möglichkeit eines
Wettbewerbs bestehen lässt, der durch selbstständige Verhaltensweisen des Unternehmens verhindert, eingeschränkt oder verfälscht werden kann.[573]

d) Rechtsfolgen des Verstoßes (Art. 101 II AEUV)

1021 Art. 101 II AEUV sieht als Rechtsfolge eines Verstoßes gegen Art. 101 I AEUV die
Nichtigkeit der entsprechenden Absprache oder Vereinbarung vor. Diese Rechtsfolge
tritt automatisch ein. Einer besonderen Verwaltungsentscheidung bedarf es nicht. Insofern können nationale Gerichte selbstständig entscheiden, ob der Tatbestand dieser
Vorschrift erfüllt ist. Zusätzlich kann die Kommission bei Kartellverstößen erhebliche
Geldbußen bis zu einer Höhe von 10% des weltweiten Gesamtumsatzes verhängen,
vgl. Art. 23 VO 1/2003/EG. Im Jahr 2006 hat die Kommission neue Leitlinien zur
Bußgeldfestsetzung herausgegeben, mit denen die abschreckende Wirkung weiter erhöht werden soll.[574] Die bisher höchsten nach den neuen Leitlinien verhängten Geldbußen betrafen fünf an einem Aufzugs- und Rolltreppenkartell beteiligte Konzerne

---

568 Leitlinien der Kommission zur Anwendung von Art. 81 EG auf Vereinbarungen über horizontale
   Zusammenarbeit, ABl. 2001 C 3, 2 Rn. 24.
569 Leitlinien der Kommission für vertikale Beschränkungen, ABl. 2000 C 291, 1 Rn. 12ff.; dazu
   K. W. Lange EWS 2001, 18.
570 Vgl. Bekanntmachung der Europäischen Kommission v. 22.12.2001, ABl. 2001 C 368, 13.
571 EuGH EuZW 2013, 114 Rn. 24 – Expedia.
572 Vgl. auch Lenz/Borchardt/*Grill* AEUV Art. 101 Rn. 19.
573 EuGH 11.11.1997 – C-359/95P und C-379/95P, Slg. 1997, I-6265 Rn. 34 = BeckRS 2004, 76721 –
   Ladbroke Racing Ltd.
574 Leitlinien für die Methode zur Festsetzung von Geldbußen, ABl. 2006 C 210, 2; dazu *Soyez* EuZW
   2007, 596.

und betrugen insgesamt ca. 992 Mio. EUR, die größte Einzelgeldbuße betrug dabei ca. 480 Mio. EUR.

In diesem Zusammenhang bekommt die sog. *Leniency-Notice*[575] der Kommission große Bedeutung. Damit wird Unternehmen, die als erste ihre Beteiligung an einem Kartell offen legen, eine Reduzierung oder sogar der völlige Erlass der Geldbuße in Aussicht stellt, was zu einem regelrechten Wettlauf von Kartellteilnehmern führen kann. | 1022

2. Freistellungen (Art. 101 III AEUV)

Art. 101 III AEUV sieht Ausnahmen vom Kartellverbot des Art. 101 I AEUV vor. Seit der Änderung durch die VO 1/2003/EG ist Art. 101 III AEUV unmittelbar anwendbar, dh einzelne Vereinbarungen oder Typen (»Gruppen«) von Vereinbarungen zwischen Unternehmen, Beschlüsse von Unternehmensvereinigungen sowie aufeinander abgestimmte Verhaltensweisen sind vom Kartellverbot *ex lege* ausgenommen (»Freistellung«), wenn die dort genannten Voraussetzungen erfüllt sind, mithin die Maßnahmen, die insbesondere zur Verbesserung der Warenerzeugung oder Warenverteilung oder aber zur Förderung des technischen oder wirtschaftlichen Fortschritts beitragen. Hierzu bedarf es einer Abwägung der gesamtwirtschaftlichen Vor- und Nachteile, wie zB von Rationalisierungs- und Optimierungseffekten. Dies kommt der aus dem US-Recht stammenden Doktrin der »Rule-of-Reason« nahe, deren Anwendbarkeit im europäischen Kartellrecht jedoch weiterhin umstritten ist.[576] | 1023

Zu dieser Freistellung nach Art. 101 III AEUV bedarf es grundsätzlich keiner Entscheidung der Kommission (Art. 1 II VO 1/2003/EG). Art. 101 III AEUV ist vielmehr eine Legalausnahme, mit der Rechtsfolge, dass eine Vereinbarung, die unter Art. 101 III AEUV subsumiert werden kann, nicht dem Verbot aus Art. 101 I AEUV unterliegt. Dies hat vor allem zur Konsequenz, dass ein Ermessensspielraum für die Freistellungsentscheidung nicht besteht. Hintergrund dieser Regelung ist die weite Auslegung des Art. 101 I AEUV durch die Kommission und die damit von ihr als allein zuständiger Stelle nicht mehr zu bewältigende Menge an Freistellungsanträgen. | 1024

Die Kommission bleibt zuständig, aus Gründen des öffentlichen Interesses der Union die Vereinbarkeit mit Art. 101 AEUV festzustellen (Art. 10 VO 1/2003/EG). Die Zuständigkeit der nationalen Behörden beschränkt sich insoweit auf die Auskunft, ob nach dem ihnen vorliegenden Informationsstand die Voraussetzungen für ein Verbot nicht gegeben sind (Art. 5 VO 1/2003/EG). Die betroffenen Unternehmen sollen grundsätzlich selbstständig entscheiden, ob eine Absprache erlaubt ist (»Selbstveranlagung«). | 1025

Eine Erfüllung der Voraussetzungen der Generalklausel des Art. 101 III AEUV zieht als Rechtsfolge eine automatische Tatbestandsausnahme vom Kartellverbot nach sich. Kumulativ müssen hierzu folgende Voraussetzungen vorliegen:[577] | 1026

---

575 Mitteilung der Kommission über den Erlass und die Ermäßigung von Geldbußen in Kartellsachen, ABl. 2006 C 298, 17.
576 Vgl. *Streinz* EuropaR Rn. 992 mwN.
577 S. hierzu die entsprechenden Leitlinien der Kommission zu Art. 81 III EG v. 27.4.2004, ABl. 2004 C 101, 97.

- Verbesserung der Warenerzeugung bzw. -verteilung oder Förderung des technischen oder wirtschaftlichen Fortschritts,
- angemessene Beteiligung der Verbraucher an dem entstehenden Gewinn,
- Unerlässlichkeit der Wettbewerbsbeschränkung für die Erreichung der angestrebten Verbesserungen,
- wesentlicher Restwettbewerb.

1027 Von den genannten vier möglichen Arten von Effizienzgewinnen muss jedenfalls ein Ziel erreicht werden. Dies kann die Verbesserung der Warenerzeugung (gilt analog für Dienstleistungen) durch Synergie- bzw. Rationalisierungseffekte der Absprachen sein oder die Verbesserung der Warenverteilung durch einen besseren Zugang zu Verkaufsstätten oder zum Vertriebssystem von Konkurrenten oder auch technischer oder wirtschaftlicher Fortschritt, bspw. durch Kooperation, welche die gemeinsame Auswertung von Know-how ermöglichen kann.

1028 Eine angemessene Beteiligung der Verbraucher an dem entstehenden Gewinn wird etwa dann angenommen, wenn die Vorteile für den Verbraucher, die sich durch die Abrede ergeben, die daraus resultierenden Nachteile überwiegen, wobei es sich nicht unbedingt um Preissenkungen handeln muss.

1029 Die Wettbewerbsbeschränkung muss unerlässlich sein, womit der Verhältnismäßigkeitsgrundsatz formuliert ist. Eine Freistellung kann nur erfolgen, wenn objektiv keine weniger wettbewerbsbeschränkende Maßnahme ersichtlich ist, um dieselben Wirkungen zu erreichen.

1030 Schließlich muss ein wesentlicher Restwettbewerb vorliegen, darf also die Absprache den Wettbewerb nicht für wesentliche Teile der Waren/Dienstleistungen ausschalten. Ein wesentlicher Restwettbewerb liegt idR nicht mehr vor, wenn die Marktanteile der betroffenen Unternehmen bei über 50 % liegen. Bei unter 20 % bestehen in der Regel keine Bedenken gegen eine Freistellung, ab 80 % ist die Freistellung ausgeschlossen.[578]

1031 Bisher war zwischen Einzelfreistellungen und Gruppenfreistellungen zu unterscheiden. Einzelfreistellungen, die als Entscheidung der Kommission nach Art. 249 IV EG auf Grundlage der alten Kartell-VO 17/1962/EG ergingen, sind nach der Rechtslage der VO 1/2003/EG nicht mehr vorgesehen. Bestehende Einzelfreistellungen dürften wohl Vertrauensschutz der betroffenen Unternehmen begründen.[579] Die Gruppenfreistellungen, die ohnehin von weit größerer praktischer Bedeutung waren, sind seither das einzige Instrument. Ihnen kommt nach der unmittelbaren Anwendbarkeit des Art. 101 III AEUV durch die Kartell-VO 1/2003/EG jedoch nur noch deklaratorischer Charakter zu. Es handelt sich bei den Gruppenfreistellungen um Verordnungen iSv Art. 288 UAbs. 2 AEUV, die bestimmte Gruppen von Absprachen zwischen Unternehmen von der Verbotssanktion des Art. 101 I AEUV befreien. Auch hier wurde allerdings der Kommission ein gewisser Beurteilungsspielraum zuerkannt. Sofern die Bedingungen für eine Freistellung erfüllt sind, hat das Unternehmen einen Anspruch auf diese.[580]

---

578 Streinz/*Eilmansberger* AEUV Art. 101 Rn. 146 ff.
579 Calliess/Ruffert/*Weiß* AEUV Art. 101 Rn. 153.
580 Lenz/Borchardt/*Grill* AEUV Art. 101 Rn. 55.

Als Beispiele können die GVO für vertikale Vereinbarungen[581] und aus letzter Zeit die GVO für Technologietransfer-Vereinbarungen[582] genannt werden.

III. Verbot des Missbrauchs einer marktbeherrschenden Stellung (Art. 102 AEUV)

Literatur: *Heinemann,* Europäisches Kartellrecht und aktuelle Entwicklungen (Teil II), JURA 2003, 721.

1. Einführung

Während Art. 101 AEUV das Vorliegen einer Vereinbarung zwischen mehreren   1032
Marktteilnehmern voraussetzt, erfasst Art. 102 AEUV einseitiges Verhalten. Art. 102
AEUV verbietet die missbräuchliche Ausnutzung einer beherrschenden Stellung auf
dem Binnenmarkt oder auf einem wesentlichen Teil desselben durch ein oder mehrere
Unternehmen, soweit dies dazu führen kann, den Handel zwischen den Mitgliedstaaten zu beeinträchtigen. II enthält dann in seinen lit. a–d einen Katalog von Regelbei-
spielen (»insbesondere«), bei denen der Missbrauchstatbestand regelmäßig verwirklicht ist. Art. 102 AEUV soll Wettbewerbsverzerrungen durch marktbeherrschende
Unternehmen, also solche, die in der Lage sind, auf die Preisgestaltung bzw. Angebots-
und Nachfragesteuerung zu ihren eigenen Gunsten einzuwirken, im Wege der Miss-
brauchsaufsicht verhindern. Ebenso wie das Kartellverbot ist dieses ergänzende Missbrauchsverbot unmittelbar und direkt anwendbar, allerdings besteht, anders als in
Art. 101 AEUV, keine Möglichkeit der Freistellung oder Genehmigung. Derzeit ist
die Kommission dabei, die Anwendung von Art. 102 AEUV zu reformieren. Dabei
sollen insbesondere klare Kriterien festgelegt und Effizienzgewinne besser berücksichtigt werden.[583]

2. Die marktbeherrschende Stellung

Voraussetzung für die Feststellung einer marktbeherrschenden Stellung eines Unter-   1033
nehmens ist zunächst die Festlegung des relevanten Marktes. EuGH und Kommission
folgen hier dem sog. *»Bedarfsmarktprinzip«,* wonach zum relevanten Markt alle Anbieter solcher Produkte oder Dienstleistungen hinzuzurechnen sind, die aus Sicht der
Marktgegenseite als untereinander austauschbar erscheinen. Außerdem werden alle
Anbieter berücksichtigt, die ohne besondere Schwierigkeiten ihr Angebot auf das fragliche Produkt bzw. die Dienstleistung umstellen können, dh deren Markteintritt keine
besonderen Marktzutrittsschranken entgegenstehen. Ferner werden nach Kommissionspraxis all solche Angebote erfasst, auf die die Nachfrage umschwenkt, wenn der
Preis um eine bestimmte geringfügige Menge erhöht wird (sog. Kreuzpreiselastizi-
tät).[584]

---

581 VO 2790/1999/EG v. 22.12.1999, ABl. 1999 L 336, 21.

582 VO 772/2004/EG v. 27.4.2004, ABl. 2004 L 123, 11.

583 S. unter http://ec.europa.eu/comm/competition/antitrust/art82 (Stand: 31.10.2009). Am 9.2.2009
     hat die Kommission eine Mitteilung mit »Erläuterungen zu den Prioritäten der Kommission bei
     der Anwendung von Art. 82 des EG-Vertrags auf Fälle von Behinderungsmissbrauch durch markt-
     beherrschende Unternehmen« veröffentlicht, vgl. KOM (2009) 864 endg.

584 S. dazu die Bekanntmachung der Kommission zur Definition des relevanten Marktes im Wettbe-
     werbsrecht, ABl. 1997 C 372, 5.

1034 Nach der Rechtsprechung des EuGH ist die marktbeherrschende Stellung eine wirtschaftliche Machtstellung, die ein oder mehrere Unternehmen (Oligopole) in die Lage versetzt, die Aufrechterhaltung eines wirksamen Wettbewerbs auf dem relevanten Markt zu verhindern, indem sie dem jeweiligen Unternehmen bzw. Oligopol die Möglichkeit verschafft, sich seinen Wettbewerbern, Abnehmern und Verbrauchern gegenüber in einem nennenswerten Umfang unabhängig zu verhalten.[585] Der EuGH bejaht in der Regel eine marktbeherrschende Stellung bei einem Marktanteil von 50 %.[586] Bei einem Anteil von unter 25 % scheidet sie zumeist aus.

3. Wesentlicher Teil des Gemeinsamen Marktes

1035 Art. 102 AEUV ist nur anwendbar, wenn sich die beherrschende Stellung auf einen wesentlichen Teil oder den gesamten Binnenmarkt bezieht. Dabei kann es sich auch lediglich um ein Teilgebiet des Territoriums eines Mitgliedstaats handeln, allerdings muss die Zwischenstaatlichkeitsklausel erfüllt sein. Nicht nur die räumliche Größe, sondern auch die wirtschaftliche Bedeutung des Gebietes ist dabei relevant.[587]

4. Missbräuchliche Ausnutzung

1036 Nicht das Erreichen einer marktbeherrschenden Stellung, sondern die missbräuchliche Ausnutzung der marktbeherrschenden Stellung wird vom Wettbewerbsrecht missbilligt. Dabei handelt es sich um einen objektiv, nicht subjektiv gefassten Begriff, der damit vom Verschulden des Unternehmens unabhängig ist. Es werden Verhaltensweisen des marktbeherrschenden Unternehmens erfasst, die die Struktur eines Marktes objektiv beeinflussen können und auf dem der Wettbewerb gerade wegen der Anwesenheit des fraglichen Unternehmens bereits geschwächt ist. Weiterhin werden Verhaltensweisen erfasst, die die Aufrechterhaltung des auf dem Markt noch bestehenden Wettbewerbs oder dessen Entwicklung durch die Verwendung von Mitteln behindern. Diese Mittel müssen zudem von den Mitteln eines normalen Produkt- und Dienstleistungswettbewerbs auf der Grundlage der Leistungen der Marktteilnehmer abweichen.[588] Es geht also um die Durchsetzungsmöglichkeit einer von Wettbewerbern, Handelspartnern oder Verbrauchern unabhängigen Marktstrategie. Insgesamt gibt es keine allgemeine Formel für den Missbrauch; unterschieden wird zwischen Ausbeutungs- und Behinderungsmissbrauch. Wesentlich ist jeweils eine Einzelfallprüfung, wobei die Aufzählung der Missbrauchstatbestände in Art. 102 II AEUV nicht abschließend ist.

1037 In jüngerer Zeit folgt dabei die Praxis zunehmend der sog. *»essential facilities«*-Doktrin, die ihre Grundlage im amerikanischen *Antitrust*-Recht hat. Danach ist zunächst die beherrschende Stellung eines Unternehmens bezüglich der Einrichtungen, die für die Lieferung von Waren oder die Erbringung von Dienstleistungen auf einem Markt wesentlich sind (sog. *essential facilities,* zB Hafenanlagen), festzustellen. Ein Missbrauch der Stellung liegt vor, wenn das Unternehmen ohne sachlichen Grund den Zugang zu diesen Einrichtungen verweigert. Hier wird marktbeherrschenden Unterneh-

---

585 EuGH 14.2.1978 – 27/76, Slg. 1978, 207 Rn. 65 = BeckRS 2004, 72814 – United Brands; EuGH 13.2.1979 – 85/76, Slg. 1979, 461 Rn. 38 ff. = BeckRS 2004, 73814 – Hoffmann-La Roche; EuGH 11.12.1980 – 31/80, Slg. 1980, 3775 Rn. 26 = BeckRS 2004, 70718 – L' Oréal.

586 EuGH 3.7.1991 – C-62/86, Slg. 1991, I-3359 Rn. 60 = NJW 1992, 677 (Ls.) – Akzo Chemie BV.

587 EuGH 10.12.1991 – C-179/90, Slg. 1991, I-5889 Rn. 15 = BeckRS 2004, 74716 – Merci (für den Hafen von Genua).

588 EuGH 13.2.1979 – 85/76, Slg. 1979, 461 Rn. 91 = BeckRS 2004, 73814 – Hoffmann-La Roche.

men zudem abverlangt, den Wettbewerb aktiv zu fördern, indem sie potentiellen Wettbewerbern den Zugang zu eigenen Einrichtungen, wie etwa einem Vertriebssystem, zu gewähren haben, falls es dazu keinen potentiellen Ersatz gibt.[589]

Der prominenteste Fall zu Art. 102 AEUV (bzw. ex-Art. 82 EG) betrifft die Firma *Microsoft*. Im März 2004 verhängte die Kommission gegen *Microsoft* ein Bußgeld iHv 497 Mio. EUR, weil es sein Monopol für PC-Betriebssysteme missbräuchlich ausgenutzt habe, indem es konkurrierenden Programmanbietern die nötigen Schnittstelleninformationen vorenthalten habe und zudem sein Betriebssystem *Windows* nur gekoppelt mit eigenen Programmen wie dem *Media Player* vertreibe. Zudem wurden *Microsoft* entsprechende Abhilfemaßnahmen auferlegt.[590] Im September 2007 wurde diese Entscheidung vom Gericht erster Instanz im Wesentlichen bestätigt.[591] Da die Auflagen dennoch nicht umgesetzt worden sind, verhängte die Kommission gegen *Microsoft* Zwangsgelder iHv 280 bzw. zuletzt im Februar 2008 von 899 Mio. EUR. **1038**

5. Beeinträchtigung des Handels zwischen den Mitgliedstaaten

Nach der Rechtsprechung des EuGH muss eine spürbare, tatsächliche Beeinträchtigung des Handels zwischen den Mitgliedstaaten nicht nachgewiesen werden. Vielmehr genügt der Nachweis, dass das missbräuchliche Verhalten zur Beeinträchtigung geeignet ist.[592] **1039**

IV. Fusionskontrolle

Literatur: *Böge*, Reform der Europäischen Fusionskontrolle, WuW 2004, 138; *Heinemann*, Europäisches Kartellrecht und aktuelle Entwicklungen (Teil II), JURA 2003, 721; *Hirsbrunner*, Entwicklungen der Europäischen Fusionskontrolle im Jahr 2005, EuZW 2006, 711; *Oppermann/Classen/Nettesheim* EuropaR § 20 Rn. 33–39; *Staebe/Denzel*, Die neue Europäische Fusionskontrollverordnung (VO 139/2004/EG), EWS 2004, 194.

1. Fusionskontrollverordnung

Weder Art. 101 noch Art. 102 AEUV, noch andere Normen des EU-Primärrechts regulieren unmittelbar Fusionen verschiedener Unternehmen im Sinne einer präventiven Kontrolle der Gewinnung von Marktmacht durch Unternehmenszusammenschlüsse. Da dies wettbewerbspolitisch aber geboten ist, um etwa der Missbrauchsmöglichkeit einer marktbeherrschenden Stellung (siehe oben) frühzeitig entgegenzuwirken, hatte der EuGH früher Art. 81 EG und 82 EG als Rechtsgrundlagen herangezogen.[593] **1040**

In drei Etappen, nämlich mit der VO 4064/89/EWG über die Kontrolle von Unternehmenszusammenschlüssen v. 21.12.1989,[594] die zunächst durch die VO 1310/1997/EG **1041**

---

589 Vgl. EuGH 26.11.1998 – C-7/97, Slg. 1998, I-7791 Rn. 41 = BeckRS 2004, 77717 – Oscar Bronner; s. zu den Einzelheiten *Dörr/Haus* JuS 2001, 313 (316).

590 Informationen zum Fall abrufbar unter http://ec.europa.eu/comm/competition/antitrust/cases/microsoft (Stand 31.10.2009).

591 EuG 17.9.2007 – T-201/04, Slg. 2007, II-3601 = BeckRS 2007, 70806 – Microsoft/Kommission.

592 EuGH 19.11.1983 – 322/81, Slg. 1983, 3461 Rn. 104 = BeckRS 2004, 70794 – Michelin.

593 EuGH 18.4.1975 – 6/72, Slg. 1973, 215 Rn. 26 = BeckRS 2004, 73396 – Europemballage Corporation und andere.

594 ABl. 1989 L 395, 1.

v. 30.6.1997[595] und schließlich durch die neue Fusionskontrollverordnung (FK-VO) 139/2004/EG v. 20.1.2004[596] ersetzt wurde, wurde im Sekundärrecht eine Rechtsgrundlage geschaffen. Die Fusionskontrollverordnung basiert auf Art. 103 und 352 AEUV. Nach ihrem Art. 1 gilt sie für alle Unternehmenszusammenschlüsse mit europaweiter Bedeutung.

1042 Gemäß der Legaldefinition des Art. 3 FusionskontrollVO (FK-VO) ist unter Zusammenschluss die dauerhafte Veränderung der Kontrolle (über ein Unternehmen) in der Weise zu verstehen, dass zwei oder mehr voneinander unabhängige Unternehmen fusionieren oder vertraglich die näher spezifizierte Kontrolle durch eine oder mehrere Personen von einem auf weitere Unternehmen ausgeweitet wird.

1043 Der Unternehmenszusammenschluss muss von europaweiter Bedeutung sein. Dies ist in Art. 1 II und III der VO präzisiert in dem Sinne, dass unter anderem bei einem weltweiten Gesamtumsatz aller beteiligten Unternehmen von insgesamt über 5 Mrd. EUR und einem europaweiten Gesamtumsatz von mindestens zwei beteiligten Unternehmen in einer Gesamthöhe von mehr als 250 Mio. EUR die europaweite Bedeutung anzunehmen ist. Unterhalb der dort genannten Schwellen richtet sich die Fusionskontrolle ausschließlich nach nationalem Recht.

1044 Oberhalb der Schwellenwerte müssen Unternehmenszusammenschlüsse gem. Art. 4 FK-VO bei der Kommission angemeldet werden. Art. 4 FK-VO enthält zudem ein detailliertes Verweisungsregime, um in flexibler Weise sicherzustellen, dass über Fusionen dort – dh auf europäischer oder auf nationaler Ebene – entschieden wird, wo der Markt am ehesten betroffen ist.

1045 Art. 2 FK-VO legt die materiellen Kriterien für die Überprüfung der Vereinbarkeit mit dem Binnenmarkt fest. War bisher das Merkmal »marktbeherrschende Stellung« aus Art. 102 AEUV ausschlaggebend für die Prüfung, ob ein Unternehmen fusionieren darf, soll nun das Merkmal »erhebliche Beeinträchtigung eines wirksamen Wettbewerbs« (*significant impediment to effective competition,* sog. SIEC-Test) zum Tragen kommen. Das Merkmal »marktbeherrschende Stellung« dient insofern nur noch als ein einfaches – jedoch wesentliches – Indiz.

1046 Trotz einiger Kritik aus den Mitgliedstaaten, insbesondere aus Deutschland, wurde dieser, der amerikanischen Fusionskontrolle ähnlichen Ansatz durchgesetzt. Dies wurde befördert durch Probleme aufgrund unterschiedlicher Bewertung durch europäische und amerikanische Wettbewerbsbehörden bei internationalen Unternehmensfusionen in der Vergangenheit.[597]

2. Kommissionspraxis

1047 Die Statistik wies eine starke Zunahme der Unternehmenszusammenschlüsse in den Jahren 2000 und 2001 auf, die 2002–2003 leicht zurückgingen und seitdem kontinuierlich ansteigen. Waren im Jahre 1997 142 Anmeldungen zu verzeichnen, so stieg diese Zahl über 335 im Jahr 2001 auf insgesamt 402 Anmeldungen im Jahr 2007. Insgesamt

---

595 ABl. 1997 L 180, 1.
596 ABl. 2004 L 24, 1; abgedr. in Sart. II, Nr. 701.
597 S. zu den Fusionsfällen – Boing/McDonnell Douglas und General Electric/Honeywell; *Heinemann* JURA 2003, 721 (728 f.) mwN.

wurden der Kommission zwischen September 1990 und März 2008 3.759 Fusionen notifiziert.[598] Dabei machen in Deutschland tätige in- und ausländische Firmen ca. die Hälfte der Fälle aus. Ein Verbot von Zusammenschlüssen ist in der Praxis eher selten. So wurden insgesamt nur 20 Vorhaben endgültig untersagt. Dies ist zum Teil darauf zurückzuführen, dass Anmeldungen dann zurückgezogen werden, wenn sich die Ablehnung eines Zusammenschlusses durch die Kommission abzeichnet. Zum Teil werden die Genehmigungen aber auch mit Bedingungen verknüpft, um dadurch eine Fusion zu ermöglichen (245 Fälle). So wurde etwa der Zusammenschluss von Vodafone und Mannesmann wegen Bedenken bezüglich des Vorliegens einer marktbeherrschenden Stellung im Bereich der europäischen Mobilfunkdienste erst nach einer Reihe von Zusagen seitens der beteiligten Unternehmen genehmigt.[599]

Die Kommission hatte bei ihren Kontrollentscheidungen bisher einen erheblichen Spielraum. In diesem Bereich ist jedoch eine gestiegene Bereitschaft insbesondere des EuG festzustellen, Fusionskontrollentscheidungen der Kommission genauer zu überprüfen und sowohl Untersagungen als auch Freigabeentscheidungen nötigenfalls aufzuheben.[600] Zudem hat das EuG im Jahr 2007 erstmals einem Unternehmen Schadenersatz wegen einer rechtswidrigen Untersagung eines Zusammenschlussvorhabens zugesprochen.[601] **1048**

V. Öffentliche Unternehmen und Wettbewerbsordnung (Art. 106 AEUV) sowie relevantes Sekundärrecht (Transparenzrichtlinie)

Literatur: *Weiß*, Öffentliche Unternehmen und EGV, EuR 2003, 165.

Im Binnenmarkt soll grundsätzlich freier Wettbewerb herrschen. Öffentliche Unternehmen und solche mit gesetzlich vorgesehenen Monopolen könnten möglicherweise Wettbewerbsvorteile gegenüber privaten Unternehmen haben. In allen Mitgliedstaaten gibt es öffentliche Unternehmen, die bestimmten Gemeinwohlbelangen zu dienen bestimmt sind, indem sie etwa Bürger mit bestimmten Gütern oder Dienstleistungen zu bestimmten Konditionen versorgen sollen, wie zB Energie- und Wasserversorgung oder Arbeitsvermittlung. Dies ist seit dem Amsterdamer Vertrag auch durch Art. 16 EG bzw. nunmehr durch Art. 14 AEUV anerkannt. Nach Art. 106 I AEUV gilt die EU-Wettbewerbsordnung jedoch grundsätzlich auch für diese Unternehmen. Die Vorschrift enthält kein generelles Verbot, allerdings bestimmte Einschränkungen und Kontrollen für das Verhalten solcher Unternehmen. **1049**

Nach Art. 106 I AEUV sind öffentliche Unternehmen und auch die gesetzliche Übertragung von Monopolen grundsätzlich zulässig. Die Mitgliedstaaten dürfen allerdings keine den Vertragsbestimmungen widersprechenden Maßnahmen treffen und insbe- **1050**

---

598 European Merger Control Statistics, abrufbar unter http://ec.europa.eu/comm/competition/mergers/statistics. Zum Vergleich: Beim Bundeskartellamt gingen im Jahr 2006 1.829 Anmeldungen ein, s. BT-Drs. 16/5710.
599 Entscheidung v. 12.4.2000, M.1795 – Vodafone Airtouch/Mannesmann.
600 Vgl. zur Aufhebung einer Untersagungsentscheidung: EuG EuR 2002, 720 – Airtours/Kommission; zur Aufhebung einer Freigabeentscheidung: EuG 13.7.2006 – T-464/04, Slg. 2006, II-2289 = BeckRS 2006, 70709 – Impala/Kommission.
601 EuG 11.7.2007 – T-351/03, Slg. 2007, II-2237 = BeckRS 2007, 12040 – Schneider Electric SA/Kommission.

sondere nicht gegen Wettbewerbsvorschriften und das Diskriminierungsverbot verstoßen. Diese Vorschrift richtet sich an die Mitgliedstaaten.

1051 Art. 106 II AEUV ist an die Unternehmen gerichtet, die mit Dienstleistungen von allgemeinem wirtschaftlichen Interesse betraut sind oder den Charakter eines Finanzmonopols haben. Hier gelten ebenfalls die Bestimmungen des Vertrags, soweit dadurch nicht die Erfüllung der den Unternehmen übertragenen Aufgaben tatsächlich und rechtlich verhindert wird. Hier sind Ausnahmen möglich, an die aber von der Rechtsprechung strenge Anforderungen gestellt werden. Nach der Rechtsprechung des EuGH sind beide Absätze im Zusammenspiel zu sehen.[602] Durch die Ausnahmemöglichkeiten soll das Interesse der Mitgliedstaaten am Einsatz bestimmter Unternehmen als Instrumente der Wirtschafts- und Fiskalpolitik mit dem Interesse der Union am Erhalt der Wettbewerbsbedingungen in Einklang gebracht werden.[603]

1052 Unter den Begriff der öffentlichen Unternehmen fallen solche Unternehmen, auf welche die öffentliche Hand (etwa aufgrund einer Beteiligung) beherrschenden Einfluss ausübt.[604] Ein Beispiel ist etwa die Deutsche Bahn, deren Alleinaktionär noch der Bund ist. Die neuere Rechtsprechung des EuGH lässt Tendenzen erkennen, den Anwendungsbereich des Wettbewerbsrechts auch dann auf die Wahrnehmung klassischer Staatsfunktionen zu erstrecken, wenn Verwaltungsträger mit dem Angebot von Leistungen in Wettbewerb mit privaten Unternehmen treten.[605]

1053 Art. 106 II AEUV ist erst dann anwendbar, wenn eine Freistellung nach Art. 101 III AEUV nicht möglich ist. Im Beihilfenrecht gilt Art. 106 II AEUV als weitere Rechtfertigung, die nachrangig zu den Ausnahmen in Art. 107 II und III AEUV im Notifizierungsverfahren gem. Art. 108 AEUV von der Kommission zu berücksichtigen ist. Eine Ausnahme von den Wettbewerbsvorschriften des Vertrags wird dann möglich, wenn sie im Einzelfall für die Erfüllung der Aufgaben erforderlich ist, wenn also nur so die übertragenen Aufgaben durch das Unternehmen in einer wirtschaftlich tragbaren Art und Weise erfüllt werden können.[606]

1054 Eine Ausnahme gilt nach der Rechtsprechung des EuGH auch, wenn die Anwendung der Vertragsvorschriften »die Erfüllung der besonderen Verpflichtungen, die diesem Unternehmen obliegen, sachlich oder rechtlich gefährden würde«.[607]

1055 Mit der sog. »Transparenzrichtlinie« 2006/111/EG[608] werden die Bedingungen festgelegt, nach denen die Mitgliedstaaten die Transparenz der finanziellen Beziehungen zwischen der öffentlichen Hand und den öffentlichen Unternehmen gewährleisten müssen. Es findet eine Verpflichtung zur Offenlegung etwa einer unmittelbaren Be-

---

602 EuGH 19.5.1993 – C-320/91, Slg. 1993, I-2533 Rn. 13 = BeckRS 2004, 76342 – Corbeau.

603 EuGH C-202/88, Slg. 1991, I-1223 Rn. 12 – Frankreich/Kommission.

604 Vgl. Art. 2 lit. b) der RL 06/111/EG der Kommission, ABl. 2006 L 318, 17.

605 Beispiel: Französische Sozialversicherungsanstalt, EuGH 16.11.1995 – C-244/94, Slg. 1995, I-4013 Rn. 13 ff. = BeckRS 2004, 75393 – Caisse Centrale.

606 EuGH 23.10.1997 – C-159/94, Slg. 1997, I-5815 Rn. 96 = BeckRS 2004, 74543 – Kommission/Frankreich.

607 EuGH 23.10.1997 – C-159/94, Slg. 1997, I-5815 Rn. 59 = BeckRS 2004, 74543 – Kommission/Frankreich.

608 ABl. 2006, L 318, 17, abgedr. in Sart. II, Nr. 169.

reitstellung öffentlicher Mittel durch die öffentliche Hand für öffentliche Unternehmen sowie deren Verwendung statt (vgl. Art. 1 RL).

Die Transparenz muss gewahrt werden hinsichtlich des Ausgleichs von Betriebsverlusten, Kapitalanlagen bzw. Kapitalausstattungen, nicht rückzahlbaren Zuschüssen oder Darlehen zu vergünstigten Bedingungen, des Verzichts auf Rückforderung oder normaler Verzinsung und des Ausgleichs von staatlichen Belastungen (vgl. Art. 3 RL). **1056**

VI. Zum Verhältnis von nationalem zu europäischem Wettbewerbsrecht

Die Art. 101 ff. AEUV erfassen nur wettbewerbswidrige Verhaltensweisen, an denen Unternehmen aus verschiedenen Mitgliedstaaten beteiligt sind und/oder die den Handel zwischen zwei oder mehr Mitgliedstaaten beeinträchtigen. Verhaltensweisen, die nicht über einen Mitgliedstaat hinaus wirken, werden ausschließlich durch den nationalen Gesetzgeber geregelt. Die Kompetenz der Union im Rahmen des Wettbewerbs bleibt also für rein interne Sachverhalte unanwendbar, hier gelten etwa im deutschen Staatsgebiet das Gesetz gegen Wettbewerbsbeschränkungen (GWB) und das Gesetz gegen unlauteren Wettbewerb (UWG). **1057**

Aufgrund der Änderungen durch die Kartellverordnung 1/2003 hat sich Deutschland entschlossen, sein nationales Kartellrecht freiwillig an das europäische Recht anzupassen und durch eine dynamische Verweisung auch die europäischen Gruppenfreistellungsverordnungen zu übernehmen. Diese 7. GWB-Novelle ist zum 1.7.2005 in Kraft getreten. Nunmehr gilt auch im deutschen Recht die Umstellung von einer Präventivkontrolle auf eine nachträgliche Kontrollmöglichkeit der Kartellbehörden. **1058**

Allgemein gilt jedoch, dass ein Verstoß gegen das Kartellverbot gem. Art. 101 AEUV auf nationaler Ebene zum einen eine Schadenersatzverpflichtung der Kartellmitglieder gem. § 823 II BGB nach sich ziehen kann; zum anderen sind entsprechende Absprachen gem. § 134 BGB nichtig. **1059**

Zu unterscheiden ist ferner zwischen der Behördenzuständigkeit und der Frage des anwendbaren Rechts. Allerdings findet eine ausdrückliche Abgrenzung von nationalem und europäischem Wettbewerbsrecht nur vereinzelt statt. So schreibt zB Art. 21 III der FK-VO den Mitgliedstaaten vor, ihr innerstaatliches Wettbewerbsrecht nicht auf Unternehmenszusammenschlüsse von europaweiter Bedeutung anzuwenden. Dort gilt also ausschließlich Unionsrecht (»Einschrankentheorie«). **1060**

Grundsätzlich wenden im Kartellrecht nationale Behörden sowohl nationales als auch europäisches Wettbewerbsrecht, oftmals sogar nebeneinander, an (»Zweischrankentheorie«). Es kann jedoch zwei Konstellationen geben, in denen europäisches und nationales Wettbewerbsrecht kollidieren. Zum einen kann eine Maßnahme europarechtswidrig und damit unzulässig, nach nationalem Recht aber rechtmäßig oder zumindest genehmigungsfähig sein. Andererseits kann die Kommission unter Umständen eine Freistellung für einen Sachverhalt erteilen, die nach nationalem Recht unzulässig wäre. Insgesamt ist an die Pflicht der Mitgliedstaaten zur loyalen Umsetzung des Unionsrechts aus Art. 4 III EUV zu erinnern. Die Anwendung des nationalen Wettbewerbsrechts neben dem Unionsrecht ist daher nur statthaft, **1061**

> »soweit sie die einheitliche Anwendung des Gemeinschaftskartellrechts und die volle Wirksamkeit der zu seinem Vollzug ergangenen Maßnahmen auf dem gesamten Gemeinsamen Markt nicht beeinträchtigt«.[609] »Für den Fall, dass sich eine Entscheidung der nationalen Kartellbehörde mit der Entscheidung als unvereinbar erweisen sollte, durch welche die Kommission ein von ihr eingeleitetes Verfahren abgeschlossen hat, muss jene Behörde den Wirkungen dieser letztgenannten Entscheidung Rechnung tragen«.[610]

1062   Insgesamt gilt also auch hier der Vorrang des Unionsrechts, wie er auch in der Kartell-VO 1/2003/EG ausdrücklich festgelegt ist.

1063   Um eine europaweit einheitliche Entscheidungspraxis zu ermöglichen, haben die Kommission und die nationalen Kartellbehörden 2001 das *»European Competition Network«* errichtet.

§ 23   Beihilfenkontrolle

Literatur: *Bartosch,* Die private Durchsetzung des gemeinschaftlichen Beihilfenverbots, EuZW 2008, 235; *Bungenberg/Birnstiel/Heinrich,* Europäisches Beihilfenrecht, 2013; *v. Carnap-Bornheim,* Einführung in das Europäische Beihilfenrecht, JuS 2013, 215; Calliess/Ruffert/*Cremer* AEUV Art. 107; *Giesberts/Kleve,* »Private Investor Test« im EG-Beihilfenrecht – Das Ryanair-Urteil des EuG, EuZW 2009, 287; *Giesberts/Streit,* Anforderungen an den »Private Investor Test« im Beihilfenrecht, EuZW 2009, 484; *Hobe,* Das europäische Beihilfenrecht in Baur, Möglichkeiten europäischer und nationaler Industrie- und Beschäftigungspolitik unter dem europäischen Beihilfenrecht, 2000, 19ff.; *Ismer/Karch,* Das EEG im Konflikt mit dem Unionsrecht, ZUR 2013, 526; *Kilb,* Subventionskontrolle durch europäisches Beihilferecht – Eine Übersicht, JuS 2003, 1072; *Koenig/Kühling,* Grundfragen des EG-Beihilfenrechts, NJW 2000, 1065; *Köster/Molle,* Gilt das Privatgläubigerprinzip bei der Beihilfenrückforderung?, EuZW 2007, 534; *Ludwig,* Die Verordnung (EG) Nr. 659/1999 und die neuere Rechtsprechung der Gemeinschaftsgerichte zum Beihilfeverfahrensrecht, JURA 2006, 41; *Martin-Ehlers,* Private Rechtsdurchsetzung im EG-Beihilfenrecht – Konkurrentenklagen vor deutschen Zivilgerichten, EuZW 2008, 745; v. d. Groeben/Schwarze/*Mederer* vor EG Art. 87–89; *Petzold,* Vereinfachung, Best Practices und gerichtliche Durchsetzung – Neues von der Kommission zum Beihilfenverfahren, EuZW 2009, 645; *Sinnaeve,* Die neue Verfahrensordnung in Beihilfesachen, EuZW 1999, 270; *Soltész,* Die Belastung des Staatshaushaltes als Tatbestandsmerkmal einer Beihilfe, EuZW 1998, 747; *Soltész,* Die Entwicklung des europäischen Beihilferechts im Jahr 2013, EuZW 2014, 89; *Soltész,* Wo endet die Allzuständigkeit des Europäischen Beihilferechts? – Grenzen der beihilfenrechtlichen Inhaltskontrolle, EuZW 2008, 97; *v. Welser,* Grundzüge des Europäischen Beihilfenkontrollrechts, JA 2002, 240.

I. Grundkonzeption

1064   Die Europäische Wettbewerbsordnung umfasst neben dem Kartellverbot und der Fusionskontrolle auch das in den Art. 107–109 AEUV (zuvor: Art. 87–89 EG) niedergelegte Konzept, Wettbewerbsverzerrungen durch staatliche Finanzhilfen an Unternehmen zu verhindern. Während das Ziel, »den Wettbewerb im Binnenmarkt vor Verfälschungen zu schützen« noch ausdrücklich in Art. 3 lit. g EG genannt war, wird dies nunmehr weder im AEU-Vertrag noch im EU-Vertrag als Zielvorstellung genannt. Dessen ungeachtet sind die Regelungen zu Wettbewerbsverstößen und zum Beihilfenverbot nahezu unverändert geblieben, sodass die Streichung der Zielsetzung

---

609   EuGH 13.2.1969 – 14/68, Slg. 1969, 1 Rn. 4 = BeckRS 2004, 71606 – Walt Wilhelm.
610   EuGH 13.2.1969 – 14/68, Slg. 1969, 1 Rn. 7 = BeckRS 2004, 71606 – Walt Wilhelm.

rein rechtlich keine größeren Veränderungen nach sich ziehen wird. Hiervon abgesehen hat die Reform eine weitere, rein textliche, Veränderung gebracht. Zukünftig ist allein der Binnenmarkt Bezugspunkt der Wirtschaftspolitik. Die sprachliche Unterscheidung zwischen Binnenmarkt und Gemeinsamen Markt ist damit aufgehoben.

Im Unterschied zur eigentlichen Wettbewerbspolitik der Union richtet sich die Beihilfenkontrolle allein gegen staatliches Handeln. Dabei ist das System der Beihilfenkontrolle von einem Spannungsverhältnis bestimmt. Einerseits erweist sich die finanzielle Unterstützung von Unternehmen durchaus als legitimes Mittel mitgliedstaatlicher Wirtschaftspolitik, andererseits aber kann gerade die unterschiedliche Finanzkraft der Mitgliedstaaten Wettbewerbsverzerrungen hervorrufen. Darüber hinaus ist zu bedenken, dass der gesamte Agrarsektor sich weitestgehend durch eine umfangreiche Beihilfengewährung auszeichnet und diese Beihilfen zum großen Teil von der EU selbst gewährt werden.   **1065**

Die Zahl der Beihilfeverfahren und der Gesamtumfang der gewährten staatlichen Beihilfen ist in den letzten Jahren kontinuierlich zurückgegangen und vor allem in den alten Mitgliedstaaten konzentriert sich die Beihilfe zunehmend auf horizontale Ziele wie Forschung und Entwicklung, Förderung kleinerer und mittlerer Unternehmen und Umweltschutz.[611] Dennoch bemüht sich die Kommission auf diesem höchst aktuellen Politikfeld weiterhin um Reformen, wie sich etwa in dem State Aid Plan 2005–2009 zeigt.[612] Dabei geht es nicht allein um den maximalen Abbau von Beihilfen, sondern um ein Konzept, das ihre Prüfung, Koordinierung und Begrenzung nach den Maßstäben des Unionsinteresses gewährleisten soll. Vorgesehen sind ein vereinfachtes Verfahren bei unproblematischen Beihilfen,[613] ein Verhaltenskodex,[614] der ebenfalls der Verfahrensbeschleunigung dient sowie eine Bekanntmachung an nationale Gerichte mit praktischen Hinweisen zur Anwendung der zur Verfügung stehenden Rechtsschutzinstrumente im Beihilfeverfahren.[615] Ein entsprechender Vorschlag der Kommission v. 5.12.2012 wurde zur Überarbeitung der Verfahrensordnung angenommen und durch die VO 734/213/EU umgesetzt.[616]   **1066**

---

611 Nach Angabe der Kommission in der Herbstausgabe 2012 des Anzeigers für staatliche Beihilfen (KOM [2012] 778 endg.) und dem von der GD Wettbewerb auf deren Homepage einsehbaren Update für 2013 (http://ec.europa.eu/competition/state_aid/scoreboard) lag die Gesamthöhe der staatlichen Beihilfen EU-weit in den 1980er Jahren bei rund 2 % des Gesamt-BIP, fiel dann in den 1990er Jahren auf knapp 1 % und ist nach kontinuierlichem Rückgang derzeit (Stand: Ende 2012) bei etwa 0,5 % anzusiedeln. Im Zeitraum zwischen 2008 und 2012 wurden zusätzlich krisenbedingte Beihilfen an den Finanzsektor ausgereicht, die ihren Gipfel 2009 in einem Anteil von 7,7 % am EU-BIP 2012 (906 Mrd. EUR) fanden; der Anteil dieser Beihilfen ist seitdem ebenfalls rückläufig und befindet sich 2012 auf einem Niveau von nunmehr etwa 4 %. Die von allen Mitgliedstaaten gewährten staatlichen nicht krisenbedingten Beihilfen beliefen sich 2007 auf ca. 68 Mrd. EUR, sind bis 2009 leicht auf einen Betrag von 78 Mrd. EUR angestiegen und befinden sich 2012 wieder bei etwa 67 Mrd. EUR. Insgesamt meldeten die Mitgliedstaaten im Jahre 2013 574 Beihilfemaßnahmen bei der Kommission an. Mit etwa 18 % hatte Deutschland den größten Anteil daran, gefolgt von Frankreich mit 12 %, Italien mit 9 % und Polen mit 6 %.

612 State Aid Action Plan, 2005–2009, KOM (2005) 107 endg. Hierzu *Petzold* EuZW 2009, 645 ff.

613 Mitteilung der Kommission über ein vereinfachtes Verfahren, ABl. 2009 C 136, 3.

614 ABl. 2009 C 136, 13.

615 Bekanntmachung der Kommission über die Durchsetzung des Beihilfenrechts durch die einzelstaatlichen Gerichte, ABl. 2009 C 85, 1.

616 ABl. 2013 L 2014, 15.

1067   Die Gewährung staatlicher Beihilfen ist in den Art. 107–108 AEUV im Sinne eines präventiven Verbots mit Genehmigungsvorbehalten ausgestaltet.[617] Im Rahmen der Beihilfenaufsicht gem. Art. 108 AEUV müssen staatliche Beihilfen von den Mitgliedstaaten bei der Kommission angemeldet werden und können nach Prüfung der Ausnahmetatbestände von dieser erlaubt werden. Entsprechend dieser Grundkonzeption ist Art. 107 AEUV in drei Teile gegliedert.

1068   Art. 107 I AEUV enthält den Grundsatz, dass staatliche Beihilfen verboten sind. Art. 107 II AEUV normiert sodann Legalausnahmen vom Beihilfenverbot, die per se mit dem Binnenmarkt vereinbar sind, deren Vorliegen aber von der Kommission festgestellt werden muss. Schließlich beinhaltet Art. 107 III AEUV weitere Ausnahmen vom Beihilfenverbot, die in das Ermessen der Kommission als Beihilfenaufsichtsbehörde gestellt werden.

1069   In Art. 108 AEUV ist schließlich das Verfahren der Beihilfenaufsicht geregelt. Seine nach Art. 109 AEUV mögliche sekundärrechtliche Ausformung hat das Beihilfeverfahren in der VO 659/1999/EG gefunden.[618]

1070   Erwähnenswert ist ferner, dass staatliche Beihilfen nicht als Maßnahmen gleicher Wirkung iSd Art. 34 AEUV (zuvor: Art. 28 EG) qualifiziert werden, sondern in den Art. 107–109 AEUV Sonderregelungen aufgestellt worden sind, die dem Verbot des Art. 34 AEUV idR als Spezialregelungen vorgehen.[619]

1. Begriff der staatlichen Beihilfe

1071   Die Schwierigkeit der Beihilfenkontrolle liegt in der Auslegung des durch eine ausufernde Rechtsprechung und Literatur interpretierten Beihilfentatbestandes. Hierbei werden Begriffe wie Subvention, Zuwendung oder Finanzhilfe teilweise synonym verwendet. Der Beihilfenbegriff iSd Art. 107 AEUV ist ein umfassender Begriff, der nicht nur positive Leistungen beschreibt, sondern »jede Maßnahme, die in verschiedener Form die Belastungen vermindert, welche ein Unternehmen normalerweise zu tragen hat«.[620]

1072   Das Vorliegen einer Beihilfe ist Voraussetzung für die Anmeldepflicht (»Notifizierung«) bei der Kommission (vgl. Art. 108 III 1 AEUV). Eine Fehleinschätzung bezüglich der Beihilfeneigenschaft einer Maßnahme kann erhebliche wirtschaftliche Konsequenzen (zB die Pflicht zur Rückzahlung der gewährten Beihilfen) haben.

1073   In Art. 107 I AEUV werden fünf Tatbestandsmerkmale genannt, die kumulativ für das Vorliegen einer Beihilfe erfüllt sein müssen. Es muss sich (1.) um eine Begünstigung handeln, die (2.) staatlich oder aus staatlichen Mitteln gewährt worden ist. Ferner muss die Maßnahme (3.) bestimmte Unternehmen oder Produktionszweige begünstigen, (4.) den Wettbewerb verfälschen und (5.) den Handel zwischen den Mitgliedstaaten beeinträchtigen.

---

617 S. etwa *Baur/Hobe,* Rechtsprobleme von Auslandsinvestitionen, 2003, 19 (22–36).
618 ABl. 1999 L 83, 1, zul. geänd. durch VO 734/2013/EU des Rates v. 22.7.2013, ABl. 2013 L 204, 15.
619 S. v. d. Groeben/Schwarze/*Mederer* EG vor Art. 87–89 Rn. 10.
620 StRspr seit EuGH 23.2.1961 – 30/59, Slg. 1961, 3, 42 = BeckRS 2004, 73052 – De Gezamenlijke Steenkolenmijnen Limburg/Hohe Behörde.

2. Tatbestandsmerkmale des Art. 107 I AEUV

Das Merkmal »*Begünstigung*«[621] wird im Vertrag nicht definiert. Nach der ständigen   **1074**
Rechtsprechung des Europäischen Gerichtshofs[622] wird das Merkmal Begünstigung
entsprechend dem Wortlaut des Art. 107 I AEUV und dem Normzweck, nämlich
Wettbewerbsverzerrungen zu verhindern, weit ausgelegt. Die Konsequenz einer Beihilfengewährung ist, dass unterstützte Unternehmen ihre Produkte zu günstigeren
Konditionen als andere Unternehmen am Markt anbieten können und eigentlich un-
rentable Akteure am Markt gehalten werden. Dies führt nicht nur zu einer Verzerrung
der Wettbewerbsverhältnisse, sondern stellt auch ein Hemmnis für den freien Warenverkehr und eine Beeinträchtigung des Binnenmarktes dar.

Begünstigung ist daher jeder wirtschaftliche Vorteil, den ein Unternehmen ohne ange-   **1075**
messene, dh marktübliche Gegenleistung erlangt.[623] Die Kommission hat teilweise
festgesetzt, was im Einzelnen als marktüblich zu verstehen ist.[624] Als besonders
schwierig erweist sich die Beurteilung der Angemessenheit der Gegenleistung, wenn
die Maßnahme des Staates durch ein prognostisches Element beeinflusst wird. Hier
wird der sog. »*Private Market Investor-Test*« angewandt.[625]

Die Kommission überprüft dabei die Beihilfeneigenschaft einer staatlichen Vergünsti-   **1076**
gung am Maßstab eines unter Marktbedingungen rational handelnden Investors.[626]
Entspricht das staatliche Handeln dem eines potentiellen privaten Kapitalgebers, liegt
keine Begünstigung vor.[627] Tritt der Staat wie andere Teilnehmer im Wirtschaftsleben
auf und verhält sich wettbewerbskonform, bedarf es keiner Regulierung mittels des
Europäischen Beihilfenrechts.

---

621 Zum Tatbestandsmerkmal der Begünstigung ausf. Birnstiel/Bungenberg/Heinrich/*Kleine/Sühnel*
    Kap. 1 Rn. 89 ff.
622 Statt vieler und mwN EuGH 8.11.2001 – C-143/99, Slg. 2001, I-8365 Rn. 38 = BeckRS 2004, 74406
    – Adria-Wien-Pipeline.
623 Der langjährige Streit um die Frage, ob eine marktübliche Gegenleistung das Tatbestandsmerkmal
    Begünstigung ausschließen kann, ist nun endgültig und bejahend entschieden durch EuGH
    24.7.2003 – C-280/00, Slg. 2003, I-7747 Rn. 84 = BeckRS 2004, 75950 – Altmark.
624 Vgl. zB zu der Gewährung von Darlehen: Mitteilung der Kommission betreffend Elemente staat-
    licher Beihilfe bei Verkäufen von Bauten oder Grundstücken durch die öffentliche Hand, ABl.
    1997 C 209, 3, und Mitteilung der Kommission über die Anwendung der Art. 87 und 88 auf staat-
    liche Beihilfen in Form von Haftungsverpflichtungen und Bürgschaften, ABl. 2000 C 71, 14.
625 Etwa EuGH 21.3.1991 – C-305/89, Slg. 1991, I-1603 Rn. 19 f. = BeckRS 2004, 76186 – Alfa Romeo;
    EuGH 21.3.1991 C-303/89, Slg. 1991, I-1433 – ENI-Lanerossi; EuG 21.1.1999 T-129/95, Slg.
    1999, II-17 Rn. 20 – Neue Maxhütte Stahlwerke; s. insgesamt dazu Streinz/*Koenig/Kühling* EG
    Art. 87 Rn. 32 mwN; zum private Investor Test ausf. auch Birnstiel/Bungenberg/Heinrich/*Kleine/
    Sühnel* Kap. 1 Rn. 105 ff.
626 Das Vorbild des marktwirtschaftlich handelnden Kapitalgebers wurde insbesondere in der EuG
    21.1.1999 T-129/95, Slg.1999, II-17 Rn. 104 ff. – Neue Maxhütte Stahlwerke, als Vergleichsmaßstab
    betont.
627 Mit Urt. v. 17.12.2008 hat das EuG erstmals eine Entscheidung der Kommission im Hinblick auf
    die Anwendung des »*Private Market Investor-Test*« für rechtsfehlerhaft und damit nichtig erklärt,
    vgl. EuG BeckRS 2008, 71341 – Ryanair/Kommission. Das Gericht stellte fest, dass ein Handelsge-
    schäft bei Anwendung des Kriteriums des privaten Kapitalgebers in seiner Gesamtheit zu betrach-
    ten sei. Die Kommission habe es im konkreten Fall unterlassen, die Region Wallonien und die
    BSCA als eine wirtschaftliche Einheit zu betrachten. Hierzu *Giesberts/Kleve* EuZW 2009, 287 ff.;
    Giesberts/Streit EuZW 2009, 484 ff.

1077   In der *Altmark*-Entscheidung hat der EuGH zudem entschieden, dass auch dann keine Beihilfe vorliegt, wenn der Staat einem Unternehmen einen Vorteil lediglich als Ausgleich für eine von diesem zu leistenden Aufgabe von allgemeinem wirtschaftlichen Interesse (insbesondere Daseinsvorsorge) gewährt. Dabei müssen indes die vier sog. *Altmark-Kriterien* kumulativ eingehalten werden: Das begünstigte Unternehmen muss erstens tatsächlich mit einer öffentlichen Aufgabe betraut sein (Betrauungsakt), zweitens müssen die Kriterien für die Berechnung der Ausgleichszahlungen zuvor objektiv und transparent festgelegt worden sein, drittens dürfen die Ausgleichszahlungen die Kosten für die Leistungserbringung (unter Einschluss der Einnahmen und eines angemessenen Gewinns aus der Erfüllung der Aufgabe) nicht übersteigen und viertens müssen die tatsächlichen Ausgleichszahlungen objektiv ermittelt werden.[628] Sind diese Kriterien nicht erfüllt, liegt eine Beihilfe iSd Art. 107 ff. AEUV vor.

1078   In der Praxis wurden unter anderem folgende staatliche Maßnahmen als Beihilfen gewertet: Verlorene, also nicht rückzahlbare Zuschüsse; verbilligte Darlehen oder Kredite zu Konditionen, die unter Marktbedingungen liegen; Befreiung und Ermäßigung von Abgaben (Steuern, Beiträge, Gebühren), soweit sie keine allgemeinen wirtschaftlichen Maßnahmen darstellen; Verzicht und Stundung von Forderungen ohne angemessene Gegenleistungen; staatliche Schuldübernahmen; Bürgschaften; Wechselkursgarantien; »vergünstigte Verträge« iSv Vermietung, Verpachtung, Verkauf und Dienstleistungserbringung unter Marktpreis; sonstige kostenlose oder verbilligte staatliche Leistungen sowie kostenlose Erschließung von Grundstücken für Unternehmen.[629]

1079   Zudem muss die Beihilfe »*staatlich* bzw. *aus staatlichen Mitteln*«[630] gewährt sein.[631] Diese Differenzierung dient dazu,

> »in den Beihilfebegriff die unmittelbar vom Staat gewährten Vorteile sowie diejenigen, die über eine vom Staat benannte oder errichtete öffentliche oder private Einrichtung gewährt werden, einzubeziehen«.[632]

Dabei bedeutet »*staatlich*« unmittelbar vom Staat und »*aus staatlichen Mitteln*« eine mittelbare Zurechnung zum Staat, also jede Zuwendung, die von einer privaten oder öffentlichen Einrichtung, die vom Staat kontrolliert wird, getätigt wird. Der EuGH hat dies allerdings dahingehend eingeschränkt, dass der Staat in irgendeiner Weise an der Entscheidung über die Gewährung der Zuwendung beteiligt sein muss.[633]

1080   Ein Vorteil, der einem Unternehmen durch staatliches Handeln entstanden ist, ist zudem dann nicht als Beihilfe zu verstehen, wenn er auf Kosten eines anderen privaten Wirtschaftsteilnehmers erfolgt, wobei dies auch dann gilt, wenn der Vorteil Folge zwingender staatlicher Gesetzgebung ist.[634] Bereits im Jahr 2001 hatte der EuGH in der

---

628 EuGH 24.7.2003 – C-280/00, Slg. 2003, I-7747 Rn. 84 = BeckRS 2004, 75950 – Altmark mAnm *Werner/Köster* EuZW 2003, 496; s. hierzu auch Birnstiel/Bungenberg/Heinrich/*Kleine/Sühnel* Kap. 1 Rn. 194 ff.
629 S. unter anderem den Katalog bei Calliess/Ruffert/*Cremer* AEUV Art. 107 Rn. 27 f.
630 Birnstiel/Bungenberg/Heinrich/*Pache/Pieper* Kap. 1 Rn. 48 ff.
631 S. dazu *Soltész* EuZW 1998, 747.
632 EuGH 7.5.1998 – C-52/97, Slg. 1998, I-2629 Rn. 13 = BeckRS 2004, 77538 – Viscido.
633 EuGH 16.5.2002 – C-482/99, Slg. 2002, I-4397 Rn. 52 = BeckRS 2004, 77464 – Stardust Marine.
634 EuGH 13.3.2001 – C-379/98, Slg. 2001, I-2099 Rn. 59 ff. = BeckRS 2004, 76881 – Preussen-Elektra (zur Abnahmepflicht von Öko-Strom).

Rechtssache PreussenElektra[635] zum Stromeinspeisungsgesetz (StrEG) entschieden, dass die dort geregelten Abnahme- und Vergütungspflichten für regenerativen Strom keine Beihilfen darstellten, da staatliche Mittel weder unmittelbar noch mittelbar übertragen worden seien. Eine solche Übertragung staatlicher Mittel ergebe sich auch nicht aus der Verpflichtung, den regenerativen Strom zu bestimmten Mindestpreisen anzubieten, da die Kosten von den privaten Elektrizitätsunternehmen zu tragen seien. Hinsichtlich des nachfolgenden Erneuerbaren-Energien-Gesetzes (EEG) aus dem Jahr 2012 ist die EU-Kommission jedoch der Auffassung, dass dies nicht mehr lediglich eine beihilferechtlich zulässige Regelung zur Preisfestsetzung und Umverteilung beinhalte. Hierbei sieht die Kommission die Freistellung von stromintensiven Wirtschaftsunternehmen von der sog. EEG-Umlage, die Stromkunden zur Förderung erneuerbarer Energien zahlen, als eine unzulässige Beihilfe an und hat daher im Dezember 2013 gegen Deutschland ein Beihilfeverfahren eingeleitet.[636] Sie ist der Ansicht, dass es für die Annahme einer Beihilfe bereits genüge, dass der Staat umfangreiche Regelungen für die Ermittlung der EEG-Umlage und ihre Verwendung aufstelle und durch entsprechende Kontrollmechanismen überwache. Gegen dieses Verfahren hat die Bundesregierung im Februar 2014 vorsorglich Nichtigkeitsklage erhoben, da es sich ihrer Auffassung nach bei der EEG-Umlage nicht um eine von einer *staatlichen* Stelle ausgezahlte Beihilfe handelt.

Schließlich fallen unter Art. 107 I AEUV nur Beihilfen, die auf *»die Begünstigung bestimmter Unternehmen bzw. Produktionszweige«*[637] gerichtet sind und damit selektive Wirkung entfalten. Maßnahmen, die als staatliche Fördermaßnahmen der gesamten Wirtschaft zugute kommen, sind demnach ausgenommen. Dies kann besonders im Bereich von Steuervergünstigungen relevant werden.[638] Hier ist zunächst die gewöhnliche steuerrechtliche Regelung zu ermitteln, um in einem zweiten Schritt zu prüfen, ob die fragliche Steuermaßnahme Unterschiede zwischen Wirtschaftsteilnehmern einführt, die sich rechtlich und tatsächlich in einer vergleichbaren Situation befinden.[639] *»Unternehmen«* in diesem Sinne ist – dem einheitlichen Unternehmensbegriff des europäischen Wettbewerbsrechts entsprechend – jede wirtschaftlich tätige Einheit, unabhängig von ihrer Rechtsform oder Finanzierungsart, soweit es sich nicht ausschließlich um Verbraucher oder Arbeitnehmer handelt; umfasst sind demnach grundsätzlich auch öffentliche Unternehmen.[640] Unter den weit auszulegenden Begriff der *»Produktionszweige«* sind ganze Branchen und Wirtschaftszweige zu fassen, sodass Selektivität nicht dadurch ausgeschlossen ist, dass eine Beihilfe Unternehmen eines bestimmten Produktionszweiges zukommt – es genügt dann, wenn die Beihilfe nicht auch von Unternehmen anderer Produktionszweige in Anspruch genommen werden kann.[641]

1081

---

635 EuGH 13.3.2001 – C-379/98, Slg. 2001, I-2099 = BeckRS 2004, 76881 – Preussen-Elektra.

636 http://www.zeit.de/wirtschaft/2014-02/eeg-umlage-oekostrom-klage-eu.

637 Hierzu ausf. Birnstiel/Bungenberg/Heinrich/*Pache/Pieper* Kap. 1 Rn. 205 ff.

638 Vgl. Mitteilung der Kommission über die Anwendung der Vorschriften über staatliche Beihilfen auf Maßnahmen im Bereich der direkten Unternehmensbesteuerung, ABl. 1998 C 384, 3 Rn. 13.

639 EuGH EuZW 2011, 878 Rn. 49 – Paint Graphos.

640 Zum Unternehmensbegriff s. Birnstiel/Bungenberg/Heinrich/*Pache/Pieper* Kap. 1 Rn. 207 sowie ausf. Birnstiel/Bungenberg/Heinrich/*Bungenberg* Kap. 1 Rn. 24 ff.

641 MwN Birnstiel/Bungenberg/Heinrich/*Pache/Pieper* Kap. 1 Rn. 208.

1082 Ferner muss die Beihilfe den Wettbewerb *»verfälschen«* oder jedenfalls *»zu verfälschen drohen«*.[642] Eine solche Verfälschung liegt nach der Definition des Europäischen Gerichtshofs dann vor, wenn die Beihilfe tatsächlich oder potentiell in ein bestehendes oder in ein im Entstehen befindliches Wettbewerbsverhältnis zwischen Unternehmen oder Produktionszweigen zugunsten des Beihilfeempfängers eingreift und damit den Ablauf des Wettbewerbs verändert.[643] Ausreichend ist bereits die Möglichkeit der Marktverfälschung und des Vorliegens eines Wettbewerbsverhältnisses.

1083 Schließlich muss eine *»Beeinträchtigung des Handels«*[644] zwischen den Mitgliedstaaten vorliegen. Auch insoweit genügt nach dem EuGH die bloße Eignung zu einer Beeinträchtigung,[645] die bei bejahter Wettbewerbsverfälschung in der Regel gegeben ist. Insbesondere liegt eine solche Beeinträchtigung bereits vor, wenn die Stellung des begünstigten Unternehmens gegenüber Konkurrenten in diesem Handel gestärkt wird. Dabei muss das Unternehmen nicht selbst außerhalb des Heimatmarktes tätig werden, ausreichend ist schon, dass der Marktzutritt für andere Unternehmen durch die Begünstigung erschwert wird.[646]

3. Ausnahmen von der Anmeldepflicht

a) Bereichsausnahmen, Gruppenfreistellungsverordnungen

1084 Das Beihilfenverbot gilt dort nicht, wo spezielle Ausnahmen im Vertrag, sog. Bereichsausnahmen, vorgesehen sind, wie etwa für den Agrarsektor (Art. 42 II AEUV, früher Art. 36 II EG).

1085 Ausnahmen können jedoch auch gem. Art. 109 iVm Art. 288 AEUV durch Verordnungen (Gruppenfreistellungen, sog. GFVO) geschaffen werden. So sieht die auf altem Recht beruhende (Art. 89 EG) Durchführungsverordnung 994/1998/EG vor, dass die Kommission bestimmte Gruppen von horizontalen Beihilfen mittels Verordnung vom Beihilfeverbot freistellen kann.[647] Somit gibt es eine steigende Zahl von Beihilfemaßnahmen, welche die Kriterien einer solchen Gruppenfreistellung erfüllen und damit von einer vorherigen Prüfung durch die Kommission ausgenommen sind.

1086 Wichtigste Rechtsgrundlage sind die *»De-Minimis«*-Verordnung[648] und die *»Allgemeine Gruppenfreistellungsverordnung«* (AGFVO).[649] Bereits seit 1992 geht die Kom-

---

642 Ausf. dazu aus rechtlicher Sicht Birnstiel/Bungenberg/Heinrich/*Eilmansberger* Kap. 1 Rn. 287 ff.; aus ökonomischer Sicht Kap. 1 Rn. 335.

643 EuGH 17.9.1980 – 730/79, Slg. 1980, 2671 Rn. 11 – Philip Morris.

644 Hierzu umfassend Birnstiel/Bungenberg/Heinrich/*Heinrich* Kap. 1 Rn. 236 ff.

645 EuGH 17.9.1980 – 730/79, Slg. 1980, 2671 Rn. 12 – Philip Morris.

646 EuGH EuZW 2011, 878 Rn. 79 f. – Paint Graphos.

647 VO 994/1998/EG des Rates v. 7.5.1998 über die Anwendung der Art. 92 und 93 des Vertrags zur Gründung der Europäischen Gemeinschaft auf bestimmte Gruppen horizontaler Beihilfen, ABl. 1998 L 142, 1.

648 Zunächst VO 1998/2006/EG v. 15.12.2006 über die Anwendung der Art. 87 und 88 EG auf De-minimis Beihilfen, ABl. 2006 L 379, 5, nach Ende deren Gültigkeit zum 31.12.2013 nunmehr neu gefasst in VO 1407/2013/EU v. 18.12.2013, ABl. 2013 L 325, 1; vgl. im Einzelnen Birnstiel/Bungenberg/Heinrich/*Terhechte* Kap. 1 Rn. 390.

649 VO 800/2008/EG der Kommission v. 6.8.2008 zur Erklärung der Vereinbarkeit bestimmter Gruppen von Beihilfen mit dem Gemeinsamen Markt in Anwendung der Artikel 87 und 88 EG-Vertrag, ABl. 2008 L 214, 3, durch VO 1224/2013/EU in ihrer Gültigkeit verlängert bis zum 30.6.2014; zu Einzelfragen vgl. die umfassenden Kommentierungen bei Birnstiel/Bungenberg/Heinrich Kap. 1, 4. Teil, Rn. 2125 ff.

mission davon aus, dass bei geringfügigen Beihilfen keine Beeinträchtigung des innereuropäischen Handels vorliegt. Die »*De-Minimis*«-Verordnung nimmt dementsprechend vorbehaltlich einiger Ausnahmen Beihilfen vom Beihilfeverbot aus, bei denen
binnen dreier Steuerjahre an ein Unternehmen lediglich ein Betrag bis zur Höhe von
200.000 EUR gewährt wurde (bzw. 100.000 EUR, wenn dieses Unternehmen ausschließlich im Straßengüterverkehr tätig ist, für den Agrarsektor gilt allerdings nach
Art. 3 II VO 1408/2013 eine Summe von nur 15.000 EUR).

Daneben bezogen sich ursprünglich zahlreiche Gruppenfreistellungsverordnungen auf   **1087**
bestimmte Sachverhalte und nahmen diese vom Beihilfenverbot aus, zB regionale In-
vestitionsbeihilfen (VO 1268/2006), Ausbildungsbeihilfen (VO 68/2001/EG), Beihilfen für kleinere und mittlere Unternehmen (KMU) (VO 70/2001/EG) und Beschäfti-
gungsbeihilfen (VO 2204/2002). Die Bestimmungen dieser verschiedenen GFVO sind
in der AGFVO zusammengefasst und harmonisiert worden. Folge dieser AGFVO ist,
dass eine Reihe von staatlichen Beihilfemaßnahmen nicht mehr unter Art. 107 I AEUV
fällt und daher auch nicht mehr der Notifizierungspflicht bei der Kommission unterliegt.

Hintergrund der Schaffung dieser Ausnahmetatbestände durch die Kommission ist,   **1088**
dass mit nunmehr 28 Mitgliedstaaten in der Union eine Prüfung jeder einzelnen staatlichen Maßnahme nicht mehr möglich ist. Erforderlich war daher eine Beschleunigung
und Vereinfachung des Prüfungsverfahrens sowie eine Reduzierung des Verwaltungsaufwandes. Letztlich werden auch Kapazitäten bei der Kommission frei, um verbleibende Prüfverfahren genauer durchführen zu können. Seit 2009 ist EU-weit ein
deutlicher Rückgang von noch 969 gewährten Ausnahmen auf 2013 noch 349 zu verzeichnen.[650]

b) Art. 107 II AEUV (Legalausnahmen)

Sind die Voraussetzungen eines der in Art. 107 II AEUV genannten drei Ausnahmetat-   **1089**
bestände erfüllt, muss die Kommission die Beihilfe ohne Weiteres genehmigen, ohne
dass aber die formelle Notifizierungspflicht aus Art. 108 III AEUV entfiele.[651] Nach
der Rechtsprechung des EuGH hat die Kommission bei der Anwendung der Legalausnahmen kein Ermessen.[652]

In der bisherigen Praxis der Kommission sind die Legalausnahmen eher unbedeutend.   **1090**
Sie beziehen sich einmal auf Beihilfen sozialer Art an einzelne Verbraucher
(-gruppen), auf sog. Katastrophenbeihilfen sowie auf Beihilfen aus Gründen der Teilung Deutschlands. Unter letzteren Bereich wurden bis zur Wiedervereinigung die Zo-
nenrandförderung, die Förderung Westberlins und des Saarlandes gefasst. Auf die
neuen Bundesländer insgesamt ist die Vorschrift – obwohl unverändert im Vertrag –
nicht anwendbar.[653] Nunmehr sieht Art. 107 II lit. c AEUV vor, dass der Rat auf Vorschlag der Kommission fünf Jahre nach Inkrafttreten der Verträge einen Beschluss erlassen kann, mit dem die Regelungen über die Beihilfen aus Gründen der Teilung
Deutschlands aufgehoben werden.

---

650 http://ec.europa.eu/competition/state_aid/statistics, Stand 19.11.2013.
651 Zu den Legalausnahmen ausf. Birnstiel/Bungenberg/Heinrich/*Penner* Kap. 1 Rn. 997 ff.
652 EuGH 17.9.1980 – 730/79, Slg. 1980, 2671 Rn. 17 – Philip Morris.
653 EuGH 30.92003 – C-301/96, Slg. 2003, I-9919 Rn. 64–75 = BeckRS 2004, 76154 – Deutschland/
     Kommission.

c) Art. 107 III AEUV (Ermessensausnahmen)

1091 Im Unterschied zu Abs. 2 hat die Kommission im Rahmen des Abs. 3 einen weiten Ermessensspielraum hinsichtlich der Genehmigung der Beihilfe.[654] Dieser Ermessensspielraum wird vom EuGH nur eingeschränkt überprüft. Die Ermessensausübung erfolgt anhand von drei Kriterien:

- Die Beihilfe muss der Verwirklichung eines der in Abs. 3 genannten Ziele dienen, wobei die Grundsätze der Union sowie das Primär- und Sekundärrecht zu beachten sind;
- die Beihilfe muss notwendig sein, um die gewünschte Entwicklung herbeizuführen;
- es muss ein angemessenes Verhältnis der Beihilfe zum verfolgten Zweck vorliegen.

1092 Die Kommission hat für diese Ermessensausübung zu einzelnen Fragen oder Beihilfearten sog. Gemeinschaftsrahmen, Leitlinien und Mitteilungen erlassen. Dabei handelt es sich um »soft law« mit einer Wirkung ähnlich wie allgemeine Verwaltungsvorschriften, das in jedem Falle die Kommission bindet, aber auch bei den Mitgliedstaaten Bindungswirkung entfalten kann, wenn diese es ausdrücklich anerkennen.[655]

1093 Zu den einzelnen von Art. 107 III AEUV erfassten Fällen ist Folgendes auszuführen:

Im Bereich der Regionalbeihilfen[656] für Fördergebiete (Art. 107 III lit. a AEUV) darf das pro Kopf-Bruttoinlandsprodukt eines Gebietes mit außergewöhnlich niedriger Lebenshaltung den Schwellenwert von 75 % des Unionsdurchschnitts nicht überschreiten.[657] Bei den Vorhaben von gemeinsamem europäischen Interesse (lit. b) muss es sich um genuin transnationale Maßnahmen unter Berücksichtigung der Ziele der Union handeln.[658] Zur Behebung einer beträchtlichen Störung im Wirtschaftsleben eines Mitgliedstaates (ebenfalls lit. b) müssen allgemeine krisenhafte Störungen im gesamten Wirtschaftsleben eines Mitgliedstaates vorliegen.[659] Diese Ausnahmeregelung hat enorme praktische Bedeutung während der weltweiten Finanz- und Wirtschaftskrise erhalten (→ Rn. 1117ff.).

1094 Die praktisch bedeutendste Ausnahme ist die des Art. 107 III lit. c AEUV, welche Maßnahmen zur Entwicklung gewisser Wirtschaftszweige oder Wirtschaftsgebiete umfasst. Es kann sich um sektorbezogene Beihilfen, zB für den Schiffbau, die Kohle- und Stahlindustrie, die Kfz-Industrie, die Kunstfaserindustrie, den Verkehr, die Landwirtschaft oder die Fischerei handeln.[660] Für einige Sektoren hat die Kommission hier eigene Regelungsrahmen in Form von Mitteilungen erlassen, für andere Sektoren gelten nur die normalen Beihilfevorschriften. Neben den sektorbezogenen Beihilfen sind auch regionale Beihilfen von lit. c erfasst. Maßgeblich sind insoweit die Leitlinien für

---

654 EuGH 21.3.1991 – C-303/88, Slg. 1991, I-1433 Rn. 34 = BeckRS 2012, 80903 – Italien/Kommission. Zu den Ermessensausnahmen vgl. auch Birnstiel/Bungenberg/Heinrich/*Heithecker* Kap. 1 Rn. 1056ff.

655 EuGH 5.10.2000 – C-288/96, Slg. 2000, I-8237, Rn. 65 = BeckRS 2004, 76019 – Deutschland/Kommission.

656 Hierzu umfassend Birnstiel/Bungenberg/Heinrich/*Birnstiel* Kap. 1 Rn. 1063ff.

657 Leitlinien für staatliche Beihilfen mit regionaler Zielsetzung 2014–2020 Rn. 150, ABl. 2013 C 209,1.

658 EuGH 8.3.1988 – 62/87, Slg. 1988, 1573 Rn. 22, 25 = BeckRS 2004, 73454 – Exécutif régional Wallon.

659 Anwendungsbeispiel: Nach der Erdölkrise nur Anwendung auf Griechenland, vgl. XVII. Wettbewerbsbericht 1987, Rn. 186.

660 Vgl. eingehend zu Sonderbereichen Birnstiel/Bungenberg/Heinrich/*Böttger/Gödeke* Kap. 3, 2.–4. Teil.

Regionalbeihilfen, die die Kriterien für Genehmigungen sowohl nach lit. a als auch nach lit. b festlegen. Ziel ist hier die Förderung der Entwicklung benachteiligter Gebiete durch Investitionsanreize und die Schaffung von Arbeitsplätzen im Rahmen einer langfristigen Entwicklung. Deshalb wird die Genehmigung von Beihilfen unter anderem von der Mindestdauer der Investition bzw. der Anzahl der geschaffenen Arbeitsplätze abhängig gemacht.[661]

Die Leitlinien für Regionalbeihilfen werden durch den »*multisektoralen Beihilferahmen für Großvorhaben*« ergänzt. Zweck des Beihilferahmens ist die systematische Kontrolle der regionalen Beihilfen für große mobile Investitionsvorhaben und die Vermeidung von Subventionswettläufen bzw. Standortwettbewerben zwischen den einzelnen Mitgliedstaaten. Die Beihilfen für solche Großvorhaben sollen auf ein Niveau beschränkt werden, das nachteilige Auswirkungen auf den Wettbewerb weitestgehend verhindert und gleichzeitig die Attraktivität des Fördergebiets aufrechterhält. **1095**

Schließlich gibt es horizontale Beihilfen, die unabhängig von Standort und Wirtschaftszweig des Unternehmens zur Lösung bestimmter Probleme oder zur Schaffung spezieller Anreize gewährt werden. Dabei geht es etwa um Beihilfen für Forschung und Entwicklung, Umweltschutzmaßnahmen, Risikokapitaleinsatz bei KMU und die Rettung und Umstrukturierung von Unternehmen.[662] Zwar bieten Abs. 2 und Abs. 3 bei wortlautgetreuer Auslegung keine Ermächtigungsgrundlage für eine Genehmigung dieser Beihilfen. Allerdings entspricht es ständiger Kommissionspraxis, die sich etwa in den entsprechenden Leitlinien und dem Gemeinschaftsrahmen zeigt, solche Sachverhalte unter Abs. 2 und Abs. 3 zu fassen.[663] **1096**

Schließlich können Beihilfen nach lit. d zur Förderung der Kultur und der Erhaltung des kulturellen Erbes gewährt werden. Ferner kann der Rat nach lit. e weitere zulässige Arten von Beihilfen bestimmen. Von dieser Ermächtigung ist allerdings nur sehr vereinzelt Gebrauch gemacht worden. **1097**

d) Art. 106 II AEUV (weitere Rechtfertigung)

Schließlich kann für die Finanzierung von Dienstleistungen von allgemeinem wirtschaftlichem Interesse, die die *Altmark*-Kriterien nicht erfüllen und damit eine Beihilfe darstellen, Art. 106 II AEUV (zuvor: Art. 86 II EG) in engen Grenzen als weitere Ausnahme herangezogen werden. Dazu hat die Kommission zum einen eine Gruppenfreistellungsentscheidung sowie für die davon nicht erfassten Fälle einen sog. Gemeinschaftsrahmen verabschiedet.[664] Erstere bestimmt, unter welchen Voraussetzungen staatliche Beihilfen, die Unternehmen gewährt werden, welche Dienstleistungen von allgemeinem wirtschaftlichem Interesse erbringen, von der Notifizierungspflicht ausgenommen sind. Der Gemeinschaftsrahmen nimmt darüber hinaus weitere Beihilfen von der Notifizierungspflicht aus, wenn sie für das Funktionieren der Dienstleistun- **1098**

---

661 Leitlinien für staatliche Beihilfen mit regionaler Zielsetzung 2014–2020 Rn. 150, ABl. 2013 C 209, 1.

662 Zu den einzelnen Ermessensausnahmen ganz ausf. Birnstiel/Bungenberg/Heinrich/*Heithecker* Kap. 1 3. Teil.

663 S. etwa den Gemeinschaftsrahmen für staatliche Beihilfen für Forschung, Entwicklung und Innovation, ABl. 2006 C 323, 1 und die Leitlinien der Gemeinschaft für staatliche Umweltschutzbeihilfen, ABl. 2008 C 82, 1.

664 Entscheidung 2005/842/EG der Kommission v. 28.11.2005, ABl. 2005 L 312, 67 und Gemeinschaftsrahmen für staatliche Beihilfen, die als Ausgleich für die Erbringung öffentlicher Dienstleistungen gewährt werden, ABl. 2005 C 297, 4.

gen von allgemeinem wirtschaftlichen Interesse unabdingbar sind und die Entwicklung des Handelsverkehrs nicht in einem Maße beeinträchtigen, das dem Interesse der Union zuwiderläuft. Diesen Gemeinschaftsrahmen hat die Kommission Ende 2011 durch ein neues »Maßnahmenpaket« aktualisiert, insbesondere durch die Mitteilung der Kommission über die Anwendung der Beihilfevorschriften der EU auf Ausgleichsleistungen für die Erbringung von Dienstleistungen von allgemeinem wirtschaftlichen Interesse,[665] den Beschluss der Kommission über die Anwendung von Art. 106 II AEUV auf staatliche Beihilfen (»Freistellungsbeschluss«)[666] sowie durch den EU-Rahmen für staatliche Beihilfen.[667]

Mit diesem Maßnahmenpaket wurden vor allem die Anforderungen an den Betrauungsakt weiter konkretisiert.[668] In Anlehnung an die *Altmark Trans*-Entscheidung kommt Art. 106 II AEUV als Rechtfertigung einer Beihilfe dann in Betracht, wenn die ersten drei *Altmark*-Kriterien erfüllt sind (vgl. Rn. 1077). Auf das 4. *Altmark*-Kriterium – namentlich die objektive Ermittlung der tatsächlichen Ausgleichszahlungen – kann auf dieser Grundlage hingegen verzichtet werden.[669]

4. Beihilfenaufsicht und -aufsichtsverfahren (Art. 108 AEUV)

1099 Art. 108 AEUV gibt der Kommission eine umfassende Zuständigkeit, um einerseits – repressiv – bestehende Beihilfen zu überwachen und andererseits – präventiv– neue Beihilfen zu kontrollieren. Die Vorschrift wurde durch die Rechtsprechung des EuGH und die VO 659/1999/EG konkretisiert. Letztere Verordnung ist Grundlage des Beihilfeverfahrens.[670] Sie gilt in allen Sektoren unbeschadet der besonderen Verfahrensregeln für bestimmte Sektoren.

a) Repressives Verfahren

1100 Gemäß Art. 108 I 1 AEUV überprüft die Kommission laufend *bestehende* Beihilferegeln in Zusammenarbeit mit den Mitgliedstaaten. Unter bestehenden Beihilfen werden solche verstanden, die vor Inkrafttreten der Verträge in den Mitgliedstaaten eingeführt wurden und auch danach noch anwendbar sind, sowie (durch Kommission und Rat) genehmigte Beihilfen bzw. solche, die als genehmigt gelten, weil die Kommission die Frist zur Entscheidung über die Genehmigung der Beihilfe untätig hat verstreichen lassen (Art. 1 lit. b Beihilfen-VO). Zudem können individuelle Beihilfen, die nach einer allgemeinen Beihilferegelung gewährt werden, jederzeit ohne Notifizierung erlassen werden.[671]

b) Präventives Verfahren

1101 Das Überwachungs- bzw. Anzeigeverfahren gilt für alle sog. *neuen* Beihilfen, also für all diejenigen Beihilfen, die keine bestehenden Beihilfen im Sinne der Verordnung sind. Diese sind – soweit keine Gruppenfreistellung einschlägig ist – gem. Art. 108 III AEUV

665 ABl. 2012 C 8, 4.
666 ABl. 2012 L 114, 8.
667 ABl. 2012 C 8, 15.
668 *Haratsch/König/Pechstein* EuropaR Rn. 1238.
669 *Haratsch/König/Pechstein* EuropaR Rn. 1238.
670 VO 659/1999/EG, ABl. 1999 L 83, 1, zul. geänd. durch VO 734/2013/EU des Rates v. 22.7.2013, ABl. 2013 L 204, 15.
671 EuGH 16.5.2002 – C-321/99, Slg. 2002, I-4287 Rn. 76 = BeckRS 2004, 76355 – ARAP.

und Art. 2 der Beihilfen-VO bei der Kommission unter vollständiger Angabe aller relevanten Informationen anzumelden. Bevor die Kommission die Maßnahme nicht genehmigt hat, darf der Mitgliedstaat sie nicht ausführen (Durchführungsverbot bzw. Stillhalteverpflichtung nach Art. 108 III 3 AEUV, Art. 3 Beihilfen-VO). Die Verletzung der Notifizierungspflicht führt nach der Rechtsprechung des EuGH automatisch zur Rechtswidrigkeit der Beihilfemaßnahme, wobei dieser Mangel auch nicht rückwirkend dadurch geheilt werden kann, dass die Kommission später die Beihilfe für europarechtskonform erklärt.[672] Ein Unternehmen, dessen Beihilfe nicht notifiziert wurde, kann sich deswegen grundsätzlich auch nicht auf Vertrauensschutz berufen.[673] Um des Vertrauensschutzes nicht verlustig zu gehen, müssen Unternehmen also selbst kontrollieren, ob die nationalen Behörden ihrer Anzeigepflicht aus Art. 108 III AEUV nachgekommen sind. Wenn der Anmeldepflicht nicht nachgekommen wird, kann dies sowohl von der Kommission als auch von Konkurrenten angegriffen werden. Der BGH hat in seiner Rechtsprechung ausdrücklich festgehalten, dass die privatrechtliche Folge nicht vorab notifizierter Beihilfen – und immanent ein Verstoß gegen das Durchführungsverbot– die Nichtigkeit iSd § 134 BGB ist.[674] Konkurrenten können sich daher im Zivilprozess auf den Verstoß gegen ein Verbotsgesetz berufen. Der EuGH hat allerdings entschieden, dass die nationalen Gerichte nach einer letztlich positiven Kommissionsentscheidung nicht zwingend verpflichtet sind, die Rückzahlung der rechtswidrigen Beihilfen anzuordnen – es genügt, wenn zwischenzeitlich erlangte (Zins-)Vorteile abgeschöpft werden.[675] Dann, so der EuGH, sei der Zweck des Art. 108 III 3 AEUV, mit dem Binnenmarkt unvereinbare Beihilfen zu verhindern, nicht infrage gestellt.[676] Soweit ersichtlich, hält der BGH allerdings an seiner Rechtsprechung zur zwingenden Nichtigkeit fest.[677]

Nach erfolgter Anmeldung wird die Beihilfe kursorisch auf ihre Vereinbarkeit mit dem Binnenmarkt geprüft (Art. 4 Beihilfe-VO). Gibt eine Maßnahme nach dieser Prüfungsphase »Anlass zu Bedenken« wird das förmliche Verfahren nach Art. 108 II AEUV (sog. Hauptprüfverfahren) eingeleitet. Beschlüsse, dass keine oder eine bestehende Beihilfe vorliege, sowie die Weigerung, das Hauptprüfungsverfahren durchzuführen, sind als endgültige Beschlüsse der Kommission nach Art. 263 IV AEUV wegen der Entfaltungen von Rechtswirkungen nach außen anfechtbar, wenn der Kläger auf diese Weise seine (Verfahrens-)Rechte wahren möchte.[678] Beteiligte, denen nach Art. 108 II AEUV und der Beihilfe-VO Verfahrensrechte zukommen, können eine Entscheidung der Kommission, nach der Vorprüfung, kein formelles Verfahren durchzuführen und die Beihilfe damit zu billigen, anfechten, da ihnen sonst die Beteiligungsrechte in jenem formellen Verfahren abgeschnitten würden. Dabei reicht es aus, dass der Kläger dartut, die Beihilfe könne sich auf seine Situation konkret auswirken.[679]

1102

---

672 EuGH 21.11.1991 – C-354/90, Slg. 1991, I-5505 Rn. 16 f. = BeckRS 2004, 76677 – Saumon/Frankreich.

673 S. EuGH 20.9.1990 – C-5/89, Slg. 1990, I-3437 Rn. 17 = BeckRS 2004, 77494 – Milchkontor BUG-Alutechnik.

674 BGH BGH-Report 2004, 672 f.; EuZW 2003, 444 (445); 2011, 440 (444); vgl. weiter und krit. dazu auch Birnstiel/Bungenberg/Heinrich/*Bungenberg/Motzkus* Kap. 5 Rn. 86, 107 ff.

675 EuGH EuZW 2008, 145 Rn. 47 ff., 45 – CELF.

676 EuGH EuZW 2008, 145 Rn. 45–50 – CELF; hierzu *Bartosch* EuZW 2008, 235.

677 Krit. dazu Birnstiel/Bungenberg/Heinrich/*Bungenberg/Motzkus* Kap. 5 Rn. 109 ff.

678 EuGH EuZW 2011, 105 Rn. 53 ff. – NDSHT.

679 EuGH EuZW 2011, 592 Rn. 43 ff. – ZSG.

1103 Erlässt die Kommission innerhalb von zwei Monaten nach Notifizierung keine Entscheidung, so darf der Mitgliedstaat die Maßnahme durchführen, wenn er dies vorher der Kommission angezeigt hat und die Kommission nicht innerhalb von fünfzehn Arbeitstagen eine Entscheidung getroffen hat (Art. 4 VI Beihilfen-VO).

1104 In Art. 10 ff. regelt die Beihilfen-VO das Verfahren für Beihilfen, die entgegen dem Durchführungsverbot des Art. 3 eingeführt worden sind (sog. »rechtswidrige Beihilfen«). Bis die Kommission über die Vereinbarkeit dieser Beihilfen entschieden hat – dazu ist sie trotz des Verstoßes verpflichtet – kann sie gegenüber dem Mitgliedstaat anordnen, die Beihilfe auszusetzen (sog. Aussetzungsanordnung) bzw. unter bestimmten Umständen die Beihilfe einstweilig zurückzufordern (sog. Rückforderungsanordnung), vgl. Art. 11 Beihilfen-VO. Stellt sich die Beihilfe auch materiell als mit dem Binnenmarkt unvereinbar heraus, so ordnet die Kommission gem. Art. 14 zwingend die Rückforderung der Beihilfe an.[680] Der durch Beschluss adressierte Mitgliedstaat hat im Folgenden alle geeigneten Maßnahmen zu treffen, um zu Unrecht gezahlte oder nicht erhobene Beträge (wieder-)zu erlangen.[681] Gegen diese Pflicht aus Art. 288 AEUV kann er lediglich unter sehr engen Grenzen eine absolute Unmöglichkeit der Rückforderung erheben, deren Nachweis eine intensive Konsultation mit der Kommission voraussetzt und faktisch nur selten zu führen sein wird.[682]

1105 Wenn der Mitgliedstaat die Anordnung der Kommission nicht befolgt, kann diese beim EuGH die Feststellung eines Vertragsverstoßes gem. Art. 258 AEUV beantragen. Innerstaatlich stellt zudem das Durchführungsverbot nach Art. 108 III 3 eine Schutznorm iSv § 823 II BGB dar, sodass Wettbewerber den Beihilfegeber auf Rückforderung in Anspruch nehmen können. Sofern die Klage innerhalb der Verjährungsfrist erhoben und nicht verzögert wird, kann sich der Beihilfeempfänger nach § 242 BGB zudem nicht auf einen späteren Ablauf der Verjährungsfrist berufen.[683]

II. Schema für die Beihilfenkontrolle

1106   **A. Tatbestandsvoraussetzungen**
    I. Anwendbarkeit des Beihilfenrechts und Ausnahmen:
      1. Vorliegen wirtschaftlicher Tätigkeit (europäischer Unternehmensbegriff)
      2. Bereichsausnahmen: Art. 42 (Landwirtschaft); Art. 93 (Verkehr); Art. 96 (Unterstützungs- und Schutztarife)
      3. Weitere Ausnahmen laut Gruppenfreistellungsverordnung, zB der »De-minimis«-Verordnung, die Beihilfen bis zu 200.000 EUR innerhalb von drei Jahren von der Beihilfenkontrolle ausnimmt
    II. Beihilfentatbestand:
      1. Begünstigung = Empfang einer geldwerten Leistung ohne angemessene Gegenleistung (zB *Altmark*)
      2. Staatlich oder aus staatlichen Mitteln (zB *Preussen-Elektra*)
      3. Für bestimmte Unternehmen oder Produktionszweige

---

680 Zu den Einzelheiten der Rückforderung → Rn. 1106.
681 Zu den Einzelheiten umfassend Birnstiel/Bungenberg/Heinrich/*Bungenberg/Motzkus* Kap. 5 Rn. 96 ff.
682 EuGH EuZW 2011, 517 Rn. 31 ff. – Kommission/Italien.
683 BGH EuZW 2011, 440 ff.

4. Wettbewerbsverfälschung
5. (Zwischenstaatlichkeitsklausel) Beeinträchtigung des Handels zwischen den Mitgliedstaaten

III. Rechtfertigungsmöglichkeiten, die von der Kommission geprüft werden:
1. Art. 107 II AEUV (Legalausnahmen)
2. Art. 107 III AEUV (Genehmigungstatbestände)
3. Art. 106 II AEUV (Abwägung mit Daseinsvorsorgeerwägungen)

B. Rechtsfolge

I. Rechtsfolge bei Vorliegen von I und II:
Notifizierungspflicht gem. Art. 108 III AEUV; vor Abschluss des Verfahrens dürfen Beihilfen nicht gewährt werden (vgl. unten: Rückforderung von Beihilfen)

II. Rechtsfolge bei Vorliegen von III:
Kommission kann die Beihilfen für mit dem Binnenmarkt vereinbar erklären

III. Sonderproblem: Rückforderung europarechtswidrig gewährter Subventionen

Literatur: *Bartosch*, Die private Durchsetzung des gemeinschaftlichen Beihilfenverbots – Das CELF-Urteil vom 12.2.2008 und seine Auswirkungen auf Deutschland, EuZW 2008, 235 ff.; *Birnstiel/Bungenberg/Heinrich*, Europäisches Beihilfenrecht, 2013; *Bungenberg/Motzkus*, Die Praxis des Subventions- und Beihilfenrechts in Deutschland, WiVerw 2013, 73; *Fiebelkorn/Petzold*, Durchführungsverbot gem. Art. 88 III 3 EG, Rückforderungsverpflichtung und Nichtigkeitsfolge: Ist die BGH-Rechtsprechung praxisgerecht? EuZW 2009, 323; *Goldmann*, Rechtsfolgen des Verstoßes gegen das EG-Beihilfenrecht für privatrechtliche Verträge und ihre Rückabwicklung, JURA 2008, 275; *Haratsch*, Zur Dogmatik von Rücknahme und Widerruf von Rechtsakten der Europäischen Gemeinschaft, EuR 1998, 387; *Kreße*, Das Verbot des venire contra factum proprium bei vertraglichen Beihilfen, EuZW 2008, 394 ff.; *Martin-Ehlers/Strohmayr*, Private Rechtsdurchsetzung im EG-Beihilfenrecht – Konkurrentenklagen vor deutschen Zivilgerichten, EuZW 2008, 745; *Michaelis*, Grenzen der Anwendung nationalen Rechts bei der Rückabwicklung europarechtswidriger Beihilfen, JA 1997, 754; *Reich*, Verlangt das Gemeinschaftsrecht ein »Verbot des Verbots der ›reformatio in peius‹?«, EuZW 2008, 325; *Streinz* EuropaR Rn. 560; *Zivier*, Grundzüge und aktuelle Probleme des EU-Beihilferechts unter Berücksichtigung der Bezüge zum deutschen Verwaltungsrecht, JURA 1997, 116.

Die Rückforderung europarechtswidrig gewährter Subventionen ist Teil des Verwaltungsvollzuges und damit Sache der nationalen Behörden. Ein allgemeines Unionsverwaltungsrecht gibt es hierfür nicht, sodass sich die Rückforderung nach Vorschriften des nationalen Rechts richtet. Nach dem EU-Vertrag sind die Mitgliedstaaten zur effektiven Durchsetzung des Europarechts im Wege loyaler Zusammenarbeit mit den Unionsorganen und unter Berücksichtigung der Unionsbelange (Art. 4 III EUV) verpflichtet. Dies ist bei der Anwendung des jeweiligen nationalen Verwaltungsverfahrensrechts zu berücksichtigen. **1107**

Art. 14 I Beihilfen-VO[684] legt fest, dass die Kommission bei Vorliegen einer rechtswidrigen Beihilfe beschließt, dass der betreffende Mitgliedstaat alle notwendigen Maßnah- **1108**

---

684 VO 659/1999/EG, ABl. 1999 L 83, 1, zul. geänd. durch VO 734/2013/EU des Rates v. 22.7.2013, ABl. 2013 L 204, 15.

men zu ergreifen hat, um die Beihilfe vom Empfänger zurückzufordern. Sie verlangt die Rückforderung nur dann nicht, wenn dies gegen einen allgemeinen Grundsatz des Unionsrechts verstoßen würde. Der zurückzufordernde Betrag umfasst auch Zinsen, deren Höhe sich nach einem von der Kommission festgesetzten Satz richtet. Gemäß Art. 14 III Beihilfen-VO hat die Rückforderung unverzüglich und nach dem Verfahren des jeweiligen Mitgliedstaats zu erfolgen, sofern hierdurch die sofortige und tatsächliche Vollstreckung der Kommissionsentscheidung ermöglicht wird. Stehen nationale Vorschriften der Rückforderung im Weg, sind diese unionsrechtskonform auszulegen bzw. müssen insoweit unangewendet bleiben (effet utile). Art. 15 Beihilfen-VO begrenzt die Rückforderungsmöglichkeit für eine Beihilfe auf eine großzüge Frist von zehn Jahren ab Gewährung der Beihilfe an den Empfänger.

1109 Bei nicht erfolgender Rückforderung seitens des Mitgliedstaates, kann die Kommission nach Art. 108 II UAbs. 2, 258 ff. AEUV ein Vertragsverletzungsverfahren einleiten.

1110 Seit dem Jahr 2000 wurden bis einschl. 2013 europaweit 184 Rückforderungsentscheidungen getroffen, von denen 137 bisher abgeschlossen wurden; das Volumen der nominellen Rückforderungen betrug dabei 18,6 Mrd. EUR, von denen 14,2 Mio. EUR tatsächlich zurückgeführt wurden.[685]

1111 Die strikte Anwendbarkeit des nationalen Verwaltungsverfahrensrechts[686] zur Durchsetzung der Rückforderung berücksichtigt häufig europarechtliche Spezialitäten nicht zur Genüge, so etwa bei der Frage des Ermessensspielraums der Behörde, der Bestandskraft der Bewilligung, der Beurteilung des zu gewährenden Vertrauensschutzes und der Berücksichtigung der Rückforderung im Insolvenzverfahren.[687] Nationale Verwaltungsverfahrensrechte sind unterschiedlich ausgestaltet und jeweils erst mit europarechtlichen Vorgaben kompatibel zu machen, um letztlich das Beihilfenverbot in allen Mitgliedstaaten einheitlich durchsetzen zu können.

1112 Insofern setzt das Europarecht der Anwendung nationalen Rechts in diesen Fällen Grenzen. Die Gewährung einer Beihilfe, die gegen unmittelbar anwendbares Unionsrecht verstößt, ist rechtswidrig und wegen des Vorrangs des Unionsrechts und dessen unmittelbarer Geltung auch im innerstaatlichen Recht dementsprechend zu behandeln.[688] Zumeist liegt der Gewährung einer Beihilfe ein Verwaltungsakt zugrunde. Damit kommt in der Bundesrepublik Deutschland § 48 VwVfG (Rücknahme eines rechtswidrigen Verwaltungsaktes) zur Anwendung.[689] Aber auch wenn die Beihilfe durch privatrechtlichen Vertrag gewährt wurde, soll sie laut einer (umstrittenen) Entscheidung des OVG Berlin-Brandenburg durch Verwaltungsakt zurückgefordert werden dürfen.[690]

---

685 http://ec.europa.eu/competition/state_aid/studies_reports/number_recovered_amounts.jpg.

686 Zur Rückforderung rechtswidriger Beihilfen bei Konkurrentenklagen im deutschen Zivilrecht vgl. *Martin-Ehlers/Strohmayr* EuZW 2008, 745 ff.; *Fiebelkorn/Petzold* EuZW 2009, 323.

687 Vgl. ausf. *Bungenberg/Motzkus* WiVerw 2013, 72 (104 ff.); zur Rückforderung im Rahmen von Insolvenzverfahren *Bungenberg/Motzkus* WiVerw 2013, 72 (117 ff.); weiter auch *Köster/Molle* EuZW 2007, 534. Zur strittigen Frage ob der Grundsatz der *reformatio in peius* im Unionsrecht anwendbar ist vgl. *Reich* EuZW 2008, 325 ff.

688 S. etwa *Derpa*, Europarechtliche Bezüge in der öffentlich-rechtlichen Fallbearbeitung, JA 2002, 571 (574).

689 Bzw. die entsprechenden Vorschriften der Verwaltungsverfahrensgesetze der Bundesländer.

690 Das Rechtsverhältnis zum Beihilfenempfänger werde durch den Beschluss der Kommission »öffentlich-rechtlich geprägt«, OVG Berlin-Brandenburg NVwZ 2006, 104; hierzu und allg. zur

Bei der Anwendung des § 48 VwVfG sind mehrere Einschränkungen zu beachten. Zunächst besteht eine Verpflichtung der nationalen Behörde zur Rückforderung, womit der Wortlaut des § 48 I VwVfG (»kann«) hin zu einer gebundenen Entscheidung (»muss«) zu modifizieren ist. Da die Beihilfe begünstigend wirkt, kann eine Rücknahme gem. § 48 I VwVfG unter nationalrechtlichen Gesichtspunkten nur unter den Einschränkungen der Abs. 2–4 erfolgen. Nach der Rechtsprechung des EuGH ist aber zum einen keine Berufung des Mitgliedstaates auf abgelaufene Fristen möglich, wie dies § 48 IV VwVfG vorsieht. Nach der Rechtsprechung des EuGH könnte nämlich ansonsten die Ausschlussfrist dazu missbraucht werden, um eine europarechtlich gebotene Rückforderung wegen Fristablaufs nicht mehr durchzuführen. Hier darf also entgegen dem Wortlaut des § 48 IV VwVfG die Frist nicht berücksichtigt werden, da sonst die Durchsetzung des Unionsrechts »praktisch unmöglich« gemacht würde.[691]   **1113**

Des Weiteren ist Vertrauensschutz nach § 48 II VwVfG selbst dann zu verneinen, wenn die genehmigende nationale Behörde für die Rechtswidrigkeit der Beihilfengewährung verantwortlich ist. Auch in diesen Fällen stellt die Rücknahme keinen Verstoß gegen den Vertrauensschutz des Bürgers bzw. gegen Treu und Glauben dar. Denn ansonsten hätte es der Mitgliedstaat in der Hand, rechtswidrige Beihilfen zu gewähren, bräuchte sie wegen des nationalen Vertrauensschutzes nicht zurückzufordern und könnte so bewusst und irreversibel gegen das Beihilfenrecht verstoßen. Unionsrechtlicher Vertrauensschutz ist zwar nicht von vornherein ausgeschlossen. Ein begünstigtes Unternehmen kann auf die Ordnungsmäßigkeit der Beihilfe allerdings nur dann in berechtigter Weise vertrauen, wenn diese unter Einhaltung des Verfahrens nach Art. 108 AEUV gewährt wurde. Den begünstigten Unternehmen wird es somit zugemutet, sich selbst etwa über das Amtsblatt zu vergewissern, dass der Mitgliedstaat dieses Verfahren eingehalten hat und die Kommission die Beihilfe oder die Beihilferegelung genehmigt hat. Diese Prüfungspflicht wird damit gerechtfertigt, dass es sich bei den Unternehmen regelmäßig um Gewerbetreibende handelt, die ihre Tätigkeit mit einer gewissen unternehmerischen Sorgfalt erbringen müssen. Diese Prüfungspflicht gilt selbst dann, wenn der betreffende Staat dem Unternehmen die Beihilfe praktisch aufgedrängt hat.[692]   **1114**

Schließlich kann ein Begünstigter sich in aller Regel auch nicht auf den Wegfall der Bereicherung gem. § 49a II VwVfG berufen, weil damit die unionsrechtlich gebotene Rückforderung ebenfalls praktisch unmöglich gemacht und so gegen das Effektivitätsprinzip verstoßen würde.[693]   **1115**

Insgesamt wird daher der Konflikt zwischen dem europarechtlichen Prinzip des »effet utile« und den Grundsätzen des nationalen Verwaltungsrechts ganz überwiegend zugunsten der unionsrechtlichen Vorgaben entschieden, um eine einheitliche Praxis zu gewährleisten.   **1116**

Rückforderung bei zivilvertraglicher Beihilfenausgestaltung *Bungenberg/Motzkus* WiVerw 2013, 72 (110ff.).

691 EuGH 20.3.1997 – C-24/95, Slg. 1997, I-1591 Rn. 34–38 = BeckRS 2004, 75353 – Alcan.

692 EuGH 20.9.1990 – C-5/89, Slg. 1990, I-3437 Rn. 12ff. = BeckRS 2004, 77494 – Milchkontor.

693 EuGH 20.3.1997 – C-24/95, Slg. 1997, I-1591 Rn. 49–54 = BeckRS 2004, 75353 – Alcan.; zu Einzelheiten *Bungenberg/Motzkus* WiVerw 2013, 72 (108ff.).

1117   Rücknahme unionsrechtswidriger Subventionen gem. § 48 VwVfG*

A. Voraussetzungen:

I. Vorliegen eines Verwaltungsaktes
   Subvention üblicherweise durch nationalen Bescheid (VA)

II. Rechtswidriger oder rechtmäßiger Verwaltungsakt?
   (Abgrenzung zu § 49 VwVfG)
   → rechtswidrige Beihilfe: Verstoß gegen Unionsrecht reicht
   - zB *materielle* RW aufgrund bestandskräftiger Entscheidung der Kommission (wegen Unvereinbarkeit mit Art. 107 AEUV) → bindende Wirkung für nat. Behörden (Art. 288 AEUV)
   - *formelle* RW, wenn der EU-Kommission von mitgliedstaatlicher Seite entgegen Art. 108 III AEUV die Beihilfe nicht notifiziert wurde

III. Beihilfe üblicherweise begünstigend
   → zusätzliche Voraussetzungen gem. § 48 II–IV VwVfG:
   - § 48 II: Bei *Geld-* oder Sachleistungen
     - tatsächliches *Vertrauen* des Empfängers?
       (-) wenn Verfahren nach Art. 108 AEUV nicht eingehalten wurde
       → S. 3 Nr. 3: Grobe Fahrlässigkeit?
       P: Eigene Prüfungsmöglichkeiten
       Nachfragen bei Mitgliedstaat bzgl. Notifizierung?
     - Vertrauen schutzwürdig? (zB Verbrauch)
       Abwägung zwischen Individual- und Unionsinteresse?
       → grundsätzlicher Vorrang des Unionsinteresses
   - § 48 IV: *Ausschlussfrist* bei Untätigkeit der Behörde (1 Jahr)?
     → (-), da sonst Rückforderung durch (Nicht-)Handeln des Mitgliedstaats »praktisch unmöglich« gemacht werden könnte

B. Rechtsfolge (§ 48 I 1):

VA »kann« zurückgenommen werden (Entschließungsermessen der Behörde)
→ hier aber *Ermessensreduzierung auf Null* durch vorrangiges Europarecht

Faustregel: *»Europarechtswidrigkeit indiziert Rücknahmepflicht.«*

Exkurs: Staatliche Beihilfen und die Finanzkrise

Literatur: Arhold, Globale Finanzkrise und europäisches Beihilfenrecht – Die (neuen) Spielregeln für Beihilfen an Finanzinstitute und ihre praktische Anwendung, EuZW 2008, 713ff.; *v. Rijn*, Die Rolle der Gemeinschaftsinstitutionen während der Krise, EuZW 2009, 193ff.

1118   Infolge der Finanzkrise hatten viele Mitgliedstaaten Unterstützungsmaßnahmen für den Finanzsektor in bislang unbekanntem Ausmaß angekündigt. Eine Vielzahl dieser Unterstützungsmaßnahmen unterliegt dabei der Beihilfenkontrolle. Insofern ist die Zahl der Beihilfeanmeldungen im Finanzsektor um ein Vielfaches gestiegen. Demgegenüber fallen allgemeine Maßnahmen im Gegensatz zu selektiven Maßnahmen zugunsten einzelner Banken nicht unter das Beihilfenrecht.

---

* Bei Handeln der Landesbehörden gelten die insofern weitgehend wortgleichen § 48 VwVfG der Länder.

Als sich die frühen Auswirkungen der US-Subprime-Krise auf den europäischen Fi-   **1119**
nanzmärkten bemerkbar machten, ergriffen die Mitgliedstaaten erste Rettungsmaßnahmen für einzelne Banken. Die Kommission prüfte diese Maßnahmen zunächst an
den normalen Vorschriften für Rettungs- und Strukturierungsbeihilfen.[694] So meldete
Deutschland zum Beispiel Maßnahmen zur Rettung der IKB und der SachsenLB,
Großbritannien Maßnahmen zur Rettung der Northern Rock und Dänemark Maßnahmen zur Rettung der Roskilde Bank an. Als die britische Hypothekenbank Brad-
ford and Bingley im September 2008 in Schwierigkeiten geriet, beschloss die britische
Regierung ein umfassendes Hilfspaket bei ständiger Beratung durch die Kommission.
Bei der Abwicklung des Rettungspakets ging die Kommission letztlich bis an die
Grenze dessen, was nach den einschlägigen Leitlinien genehmigt werden kann.

Als sich die Krise im Herbst 2008 zuspitzte, zeigte sich, dass verstärkte Koordinie-   **1120**
rungsmaßnahmen durch die Kommission notwendig wurden, um die Mitgliedstaaten
bei der Absicherung des Finanzsektors zu unterstützen. Am 13.10.2008 gab die Kommission daraufhin ihre Bankenmitteilung[695] heraus, in der sie erläuterte, wie die Mitgliedstaaten ihre Finanzinstitute am besten unterstützen könnten ohne gegen EU-Bei-
hilfevorschriften zu verstoßen. Etwa zu dieser Zeit wendete die Kommission auch
erstmals Art. 107 III lit. b AEUV (nach alter Rechtslage Art. 87 III lit. b EG) umfassend
an,[696] um mitgliedstaatliche Maßnahmen genehmigen zu können. Demzufolge kann
die Kommission staatliche Beihilfen »zur Behebung einer beträchtlichen Störung im
Wirtschaftsleben eines Mitgliedstaates« genehmigen. Auf dieser Grundlage genehmigte die Kommission zahlreiche Rekapitalisierungsmaßnahmen sowie Einzelrekapi-
talisierungsbeihilfen.

Hierdurch drohten alsbald erhebliche Wettbewerbsverzerrungen, die den Markt wei-   **1121**
ter zu schwächen geeignet gewesen wären. Daher äußerten sowohl Mitgliedstaaten als
auch die von den Maßnahmen Begünstigten den Wunsch nach präziseren Vorgaben
hinsichtlich der Vereinbarkeit dieser Maßnahmen mit europarechtlichen Vorgaben.
Daraufhin erließ die Kommission am 5.12.2008 ihre Rekapitalisierungsmitteilung.[697]
Darin legte sie konkret dar, unter welchen Bedingungen Rekapitalisierungsmaßnahmen mit dem Beihilfenrecht vereinbar sein könnten. Insgesamt wurden sieben nationale Regelungen hieran überprüft.

Ende 2008/Anfang 2009 ergänzten zahlreiche Mitgliedstaaten bisherige Rettungsmaß-   **1122**
nahmen durch Maßnahmen zur Entlastung wertgeminderter Aktiva. Vor diesem Hintergrund erließ die Kommission auf Empfehlung der EZB am 25.2.2009 die Mitteilung
über die Behandlung wertgeminderter Aktiva.[698] Gegenwärtig werden erste nationale
Maßnahmen auf Grundlage dieser Mitteilung geprüft.

---

694 »Leitlinien der Gemeinschaft für staatliche Beihilfen zur Rettung und Umstrukturierung von Unternehmen in Schwierigkeiten«, ABl. 2004 C 244, 2.
695 »Mitteilung über die Anwendung der Vorschriften für staatliche Beihilfen auf Maßnahmen zur Stützung von Finanzinstituten im Kontext der derzeitigen globalen Finanzkrise«, ABl. 2008 C 270, 8.
696 Dennoch betonte vor allem das Gericht erster Instanz wiederholt, dass Art. 87 III lit. b EG eng auszulegen ist, vgl. EuGH EuR 2000, 420 – Freistaat Sachsen und Volkswagen AG/Kommission, sowie
   die bestätigenden Kommissionsentscheidungen C 47/1996 – Crédit Lyonnais, ABl. 1998 L 221, 28.
697 »Die Rekapitalisierung von Finanzinstituten in der derzeitigen Finanzkrise: Beschränkung der Hilfen auf das erforderliche Minimum und Vorkehrungen gegen unverhältnismäßige Wettbewerbsverzerrungen«, ABl. 2009 C 10, 2.
698 Mitteilung der Kommission über die Behandlung wertgeminderter Aktiva im Bankensektor der Gemeinschaft, ABl. 2009 C 72, 1.

1123 Insgesamt wurden 23 nationale Regelungen aufgrund der Banken- und Rekapitalisierungsmitteilung genehmigt, hierunter Garantie- und Rekapitalisierungsregelungen
und Regelungen, die verschiedene Arten von Maßnahmen beinhalteten sowie *ad-hoc*-
Maßnahmen zugunsten einzelner Finanzinstitute. Die Mitgliedstaaten müssen diese
Regelungen mindestens alle sechs Monate überprüfen und der Kommission Bericht er-
statten.

1124 Um den seit Ende 2008 befürchteten Konjunkturabschwung zu dämpfen und Nachfrage und Vertrauen in die Märkte zu stärken, legte die Kommission das *»Europäische
Konjunkturprogramm«* auf.[699] Dieses Paket unterschiedlicher Krisenbewältigungs-
maßnahmen umfasste auch verschiedene staatliche Beihilfen. Zudem nahm die Kommission den *»Vorübergehenden Gemeinschaftsrahmen«* an,[700] um den Mitgliedstaaten
zusätzliche Möglichkeiten zur Unterstützung betroffener Unternehmen zu bieten.
Gegenwärtig sind 24 nationale Maßnahmen aufgrund des *»Vorübergehenden Gemein-
schaftsrahmens«* genehmigt worden, darunter Beihilferegelungen zur Gewährung von
Zuwendungen und Zinszuschüssen sowie zur Gewährung zinsgünstiger Kredite für
Unternehmen.

1125 Die Finanzkrise machte eine Straffung des Verfahrens und des Verwaltungsaufwandes
erforderlich, da schnelles und effizientes Handeln von der Kommission gefordert war.
Somit wurden einige verfahrensrechtliche Neuerungen eingeführt, wie zum Beispiel
ein vereinfachtes Konsultationsverfahren, ein schriftliches Eilverfahren sowie eine vereinfachte Sprachenregelung. Aufgrund dieser Neuerungen konnte die Kommission
häufig Entscheidungen innerhalb kürzester Zeit, häufig sogar innerhalb weniger Tage,
fällen.

Da die in diesem Zusammenhang auf Art. 107 III lit. b AEUV gestützten Maßnahmen
für Banken von vornherein vorübergehender Natur sein sollten, wurden die insofern
erlassenen »Bankmitteilungen« bis dato nur begrenzt verlängert.[701] Im Juli 2013 erließ
die Kommission nunmehr die »Siebte Bankmitteilung«, mit der eine erneute Anpassung der vorherigen Mitteilungen an die jüngsten Entwicklungen vorgenommen
wurde. Darin ist insbesondere ein strafferes Verfahren zur Genehmigung von »Kapi-
talbeihilfen«, eine gerechtere und weitergehende Lastenverteilung – die insbesondere
auch Anteilseigner involviert – sowie die Einführung einer Obergrenze für die Vergütung von Führungskräften vorgesehen.[702]

---

699 Mitteilung der Kommission an den Europäischen Rat über ein »Europäisches Konjunkturprogramm«, KOM (2008) 800 v. 26.11.2008.
700 »Vorübergehender Gemeinschaftsrahmen für staatliche Beihilfen zur Erleichterung des Zugangs zu
Finanzierungsmitteln in der gegenwärtigen Finanz- und Wirtschaftskrise«, ABl. 2009 C 16, 1; konsolidierte Fassung im ABl. 2009 C 83, 1.
701 *Soltész* EuZW 2014, 89.
702 Mitteilung der Kommission über die Anwendung der Vorschriften für staatliche Beihilfen ab dem
1.8.2013 auf Maßnahmen zur Stützung von Banken im Kontext der Finanzkrise (»Bankenmitteilung«), ABl. v. 30.7.2013, C 216/1.

5. Teil. Der Raum der Freiheit, der Sicherheit und des Rechts (RFSR)

§ 24 Die polizeiliche und justizielle Zusammenarbeit in Strafsachen (PJZS)

Literatur: *Akmann,* Die Zusammenarbeit in den Bereichen Justiz und Inneres als »3. Säule« des Maastrichter Unionsvertrags, JA 1994, 49; *Basedow,* Grundlagen des Europäischen Privatrechts, JuS 2004, 89; *Böse,* Ein europäischer Ermittlungsrichter, Rechtswissenschaft 2012, 172ff.; *Schwarze/Böse* EU Art. 29; *Fetzer/Groß,* Die Pupino-Entscheidung des EuGH – Abkehr vom intergouvernementalen Charakter der EU, EuZW 2005, 550; *Gas,* Die Verfassungswidrigkeit des europäischen Haftbefehlsgesetzes – gebotener Grundrechtsschutz oder europaskeptische Überfrachtung?, EuR 2006, 285; *Hatje,* Die institutionelle Reform der Europäischen Union – der Vertrag von Nizza auf dem Prüfstand, EuR 2001, 143; *Hailbronner/Jochum* EuropaR Rn. 184ff.; *Herdegen* EuropaR § 20 Rn. 10–15; *Hobe* JURA 2006, 859; *Jour-Schröder/Konow,* Die Passerelle des Art. 42 EU-Vertrag – Macht sie die Regeln des Verfassungsentwurfs für einen europäischen Raum der Freiheit, der Sicherheit und des Rechts obsolet? EuZW 2006, 550; *Vedder/Heintschel von Heinegg/Kretschmer* AEUV Art. 87; *F.-S. Lindner,* Europol: Baustein europäischen Polizeirechts – Ein Überblick über die rechtlichen Grundlagen und Grundstrukturen, BayVBl. 2001, 193; *Monar,* Die Entwicklung des »Raumes der Freiheit, der Sicherheit und des Rechts«, Integration 2000, 18; *Müller-Graff/Kainer,* Die justizielle Zusammenarbeit in Zivilsachen in der Europäischen Union, DRiZ 2000, 350; *Oppermann/Classen/Nettesheim* EuropaR § 32 Rn. 20–42; *Pechstein/Koenig* EU Rn. 345–367; *Streinz/Weiß/Satzger* AEUV Art. 67; *Streinz/Ohler/Hermann* § 21; *v. Unger,* Pupino: Der EuGH vergemeinschaftet das intergouvernementale Recht, NVwZ 2006, 46; *Vogel,* Europäischer Haftbefehl und deutsches Verfassungsrecht, JZ 2005, 801.

I. Entwicklung

Förmlich erst durch den Maastrichter Vertrag (Art. K–K 9 EU) in das ehemalige Gemeinschaftsrecht einbezogen, gab es doch schon in früherer Zeit Formen der intergouvernementalen Zusammenarbeit zwischen einigen Mitgliedstaaten im Bereich der Justiz und in bestimmten Bereichen der Innenpolitik. Sichtbarster Ausdruck waren die beiden Schengener Abkommen von 1985 bzw. 1990,[1] die 1995 in Kraft traten. Sie erleichterten die Kontrollen an den Binnengrenzen und sahen Angleichungsmaßnahmen in den Bereichen Außengrenzkontrollen, Visa-, Ausländer- und Asylrecht sowie polizeiliche und justizielle Zusammenarbeit vor. Der vertragliche Rahmen wurde durch den Maastrichter Vertrag zur Europäischen Union hergestellt. Er räumte bereits in engabgegrenzten Bereichen der früheren Gemeinschaft entsprechende Befugnisse ein (Art. 100c EG). Das Schengener Abkommen wird derzeit von 28 Staaten angewendet, wobei in einigen Ländern Sonderregelungen gelten. Hiervon sind 25 Mitgliedstaaten der EU sowie zusätzlich Island, Norwegen und die Schweiz. Damit erstreckt sich der Schengenraum auf ca. 3,6 Millionen Quadratkilometer mit ca. 400 Millionen Einwohnern. **1126**

Durch den Vertrag von Amsterdam wurden die Bereiche Asylpolitik, Außengrenzen und Einwanderungspolitik sowie die justizielle Zusammenarbeit in Zivilsachen mit **1127**

---

1 1. Schengener Abkommen, GMBl. 1986, 79; 2. Schengener Abkommen (Schengener Durchführungs-Übereinkommen – SDÜ), BGBl. 1993 II S. 1013, abgedr. in Sart. II, Nr. 280.

grenzüberschreitenden Bezügen direkt in den EG-Vertrag (Art. 61 ff. EG) überführt.[2] Dabei wurde in Kauf genommen, dass die im neuen Titel enthaltenen Bestimmungen und das auf ihrer Grundlage erlassene Sekundärrecht im Vereinigten Königreich sowie in Irland und Dänemark nicht gelten, sofern diese Staaten nicht auf ihre in den Zusatzprotokollen[3] vereinbarten Sonderstellungen verzichten. Dieser neue Titel symbolisiert damit ein »Europa der verschiedenen Geschwindigkeiten«. Als weitere Folge der Vergemeinschaftung wurde der Anwendungsbereich der Art. 29 ff. EU auf die Polizeiliche und Justizielle Zusammenarbeit in Strafsachen reduziert. Zugleich wurde die Rolle des Parlaments gestärkt und die Zuständigkeit des EuGH im Rahmen des Art. 35 EU auf diesen Bereich ausgedehnt.[4] Ein Protokoll zum Amsterdamer Vertrag[5] führte zur Einbeziehung des bereits erwähnten Schengen-Besitzstandes in den Rahmen der EU.

1128   Wie sehr die Schengener Übereinkommen auch unmittelbar die Rechtsstellung von Unionsbürgern betreffen können wurde in einem Urteil deutlich, das der EuGH kürzlich gesprochen hat. Der Gerichtshof war aufgerufen, über die Reichweite des *ne bis in idem*-Grundsatzes im Rahmen des Art. 54 des Schengener Durchführungsübereinkommens zu befinden. Er entschied, dass Art. 54 SDÜ einer Strafverfolgung in einem der beteiligten Staaten auch dann entgegenstünde, wenn die betroffene Person in einem anderen Staat zur Ahndung des begangenen Unrechts Auflagen erfüllt habe und das Verfahren infolgedessen – auch ohne Beteiligung eines Gerichts – eingestellt wurde.[6] Dabei betont der Gerichtshof die Bedeutung des Verbotes der Doppelbestrafung für die Freizügigkeit der Unionsbürger und entnimmt Art. 54 SDÜ den zwingenden Grundsatz des gegenseitigen Vertrauens der Staaten in ihre jeweiligen Strafrechtssysteme. Daraus wird ersichtlich, dass die Rechtsordnungen der Mitgliedstaaten auch im Bereich der dritten Säule zunehmend miteinander verzahnt werden.

1129   Im Vertrag von Nizza wurde lediglich »*Eurojust*« an die Stelle der bereits existierenden Europäischen Stelle zur Justiziellen Zusammenarbeit gesetzt. Freilich rückt namentlich nach den Terroranschlägen vom 11.9.2001 in den USA und vom 11.3.2004 in Madrid der Bereich der inneren Sicherheit zunehmend in den Mittelpunkt des Interesses und kann hier steigende Aktivitäten, so etwa die Einrichtung eines Sicherheitskoordinators auf dem Europäischen Rat von Brüssel am 25./26.3.2004 und die Einrichtung eines »*Europäischen Haftbefehls*«, aufweisen.

1130   Mit dem Vertrag von Lissabon ist die gesamte PJZS nun in Art. 3 II EUV nF und in Art. 67–89 AEUV zusammengefasst. Einschließlich mit den Politikbereichen Visa, Asyl, Einwanderung und andere Bereiche betreffend den freien Personenverkehr ist die PJZS in den Primärrechtsteil »Freiheit des Raumes, der Sicherheit und des Rechts« eingefügt worden. Hierdurch ist die intergouvernementale Struktur nahezu vollständig aufgehoben worden,[7] was vor allem für Gesetzgebung und Rechtsschutz von Be-

---

2 S. hierzu *Müller-Graff/Kainer* DRiZ 2000, 350, sowie insgesamt zum »Europäischen Privatrecht« *Basedow* JuS 2004, 89.

3 Vgl. ABl. 1997 C 340, 99 (101) zu den Positionen Dänemarks, des Vereinigten Königreichs und Irlands.

4 Schwarze/*Herrnfeld* AEUV Art. 67 Rn. 3.

5 ABl. 1997 C 340, 93 (96); zul. geänd. durch den Vertrag von Lissabon zur Änderung des Vertrags über die Europäische Union und des Vertrags zur Gründung der Europäischen Gemeinschaft sowie angehängte Protokolle, ABl. 2007 C 306, 165 ff.

6 EuGH 11.2.2003 – C-187/01, Slg. 2003, I-1345 Rn. 27 ff. = BeckRS 2004, 74878 – Gözütok.

7 Wie bei der GASP handelte es sich bei der PJZS um eine Form der intergouvernementalen Zusammenarbeit, wobei insbesondere bei der PJZS als frühere Dritte Säule diskutiert wurde, inwiefern diese su-

deutung ist, da diese sich jetzt nach allgemeinen Grundsätzen richten. Verbleibende intergouvernementale Züge zeigen sich in der Leitungsfunktion des Rates gem. Art. 68 AEUV, dem eingeschränkten Initiativrecht eines Viertels der Mitgliedstaaten im Bereich der polizeilichen und strafrechtlichen Zusammenarbeit (Art. 76 AEUV) sowie der Vetomöglichkeit in Art. 82 III und Art. 83 III AEUV.

II. Aufgaben

Gemäß Art. 3 II EUV iVm Art. 67 AEUV (zuvor Art. 29 EU) bietet die Union,   **1131**

> »ihren Bürgerinnen und Bürgern einen Raum der Freiheit, der Sicherheit und des Rechts ohne Binnengrenzen, in dem – iVm geeigneten Maßnahmen in Bezug auf Kontrollen an den Außengrenzen, das Asyl, die Einwanderung sowie die Verhütung und Bekämpfung der Kriminalität – der freie Personenverkehr gewährleistet ist.«
> »Sie bildet einen Raum der Freiheit, der Sicherheit und des Rechts indem die Grundrechte und die verschiedenen Rechtsordnungen und -traditionen der Mitgliedstaaten geachtet werden.«

Als Zielvorgabe der Union benennt Art. 3 II EUV die als eher unscharf zu bezeich-   **1132** nende Vorgabe, dass die Union ihren Bürgern eben jenen Raum bieten will. Die hierin enthaltenen Einzelziele bleiben vage. Deutlich wird allein der Wille der Union, einen Binnenraum zu schaffen, in dem die Bürger sich ohne Grenzkontrollen bewegen können. Der Wegfall der Grenzen darf aber nicht zu einem Verlust der Sicherheit führen.

Zu diesem Zweck regelt der Vertrag von Lissabon in dem Kapitel über den Raum der   **1133** Freiheit, der Sicherheit und des Rechts nach allgemeinen Bestimmungen zu Grenzkontrollen, Asyl und Einwanderung sowie zu der justiziellen Zusammenarbeit in Zivilsachen in den Art. 82 ff. AEUV (zuvor Art. 31 EU) die justizielle Zusammenarbeit in Strafsachen und in den Art. 87 ff. AEUV (zuvor Art. 30 EU) die polizeiliche Zusammenarbeit. Damit werden die Folgen und Risiken, die die innereuropäische Grenzöffnung mit sich bringt, zu beseitigen versucht.

Als konkrete Ziele werden im Bereich der polizeilichen Zusammenarbeit in Strafsa-   **1134** chen die gegenseitige Anerkennung gerichtlicher Urteile und Entscheidungen sowie die Zusammenarbeit im Rahmen der Strafverfolgung und des Strafvollzugs sowie der Entscheidungsvollstreckung genannt (Art. 82 AEUV). Gemäß Art. 87 AEUV umfasst die polizeiliche Zusammenarbeit die Arbeit der Polizei, des Zolls und anderer Strafverfolgungsbehörden.

Für das Vereinigte Königreich und Irland, die sich bereits nicht – wie zuvor erwähnt –   **1135** am Schengener Abkommen und an der Visa-, Asyl- und Einwanderungspolitik der EG beteiligt haben, gilt weiterhin eine Sonderregelung. Beide Mitgliedstaaten nehmen nicht an der Gesetzgebung in dem Raum der Freiheit, der Sicherheit und des Rechts teil.[8] Dänemark beteiligt sich in diesem Bereich ebenfalls nicht an dem Erlass von Maßnahmen, mit Ausnahme von Maßnahmen zum Bereich der Visum-Politik.[9]

---

pranationale Züge aufwies, vgl. zur durch das EuGH-Urteil – Pupino ausgelösten Diskussion, näher → Rn. 1154.

8 Vgl. Art. 3 des Protokolls über die Position des Vereinigten Königreichs und Irland zum Raum der Freiheit, der Sicherheit und des Rechts. Das Protokoll sieht eine »opt-in« Option vor, sodass sich beide Länder Maßnahmen anschließen können.

9 *Jour-Schröder/Konow* EuZW 2006, 550 (551).

III. Institutioneller Aufbau

1136 Anders als in der GASP sehen die Bestimmungen über die Zusammenarbeit im Bereich Inneres und Justiz keine Regelung über eine Vertretung der Unionsstaaten durch den Vorsitz vor. Ferner sind die früheren Regelungen zum institutionellen Aufbau der Union in der PJZS (Art. 34–37 EU aF) vollständig aufgehoben worden.

1137 Jetzt regelt Art. 68 AEUV, dass der Europäische Rat die strategischen Leitlinien für die gesetzgeberische und operative Programmplanung festlegt. Der Rat erlässt auf Vorschlag der Kommission nach Art. 70 AEUV Maßnahmen, mit denen Einzelheiten festgelegt werden, nach denen die Mitgliedstaaten in Zusammenarbeit mit der Kommission eine Bewertung der Durchführung der Unionspolitik bezüglich des RFSR vornehmen. Außerdem ist er gem. Art. 74 AEUV auf Vorschlag der Kommission und nach Anhörung des Parlaments befugt, Maßnahmen zur Verbesserung der Verwaltungszusammenarbeit zu erlassen. Unterstützt wird die Arbeit des Rates von einem ständigen Ausschuss (früher: Koordinierungsausschuss), der mit der Koordinierung der Maßnahmen der mitgliedstaatlichen Behörden beauftragt ist (Art. 71 AEUV). Über die Aktivitäten des Ausschusses sind sowohl das Europäische Parlament als auch die nationalen Parlamente zu unterrichten.

1138 Die Einschränkung der Befugnisse des Parlaments, die sich bislang auf Anhörungsrechte beschränkten, ist aufgehoben worden. So erlassen nunmehr Parlament und Rat gemeinsam im ordentlichen Gesetzgebungsverfahren Maßnahmen, um die in Art. 82 I UAbs. 2 lit. a–d AEUV festgelegten Ziele zu erreichen. Im Rahmen der polizeilichen Zusammenarbeit sind zudem Rat und Parlament im ordentlichen Gesetzgebungsverfahren ermächtigt, in den in Art. 87 II lit. a–c genannten Bereichen Maßnahmen zu beschließen, die den Zwecken des Abs. 1 zu dienen bestimmt sind.[10] Parlament und Rat können ferner durch Richtlinien Mindestvorschriften zu einzelnen verfahrenstechnischen Fragen im Bereich der PJZS festlegen (Art. 82 II AEUV und Art. 83 AEUV). Teilweise kommt es hierbei auf die Zustimmung des Parlaments an.[11]

1139 Hinsichtlich der Befugnisse der Kommission ist zu erwähnen, dass diese ein Vertragsverletzungsverfahren (Art. 258 AEUV) nunmehr auch im Bereich der polizeilichen und strafjustiziellen Zusammenarbeit einleiten kann.

1140 Ferner kommen den Einrichtungen *Eurojust* und *Europol* spezielle Befugnisse zu, die in Art. 85 AEUV und Art. 88 AEUV näher spezifiziert sind.

1141 Nur vermeintlich beachtlich ist Art. 69 AEUV, wonach die Parlamente über die Einhaltung des Subsidiaritätsprinzips wachen. Denn vom inhaltlichen Gehalt ist die Vorschrift rechtlich überflüssig,[12] da die nationalen Parlamente ohnehin über Art. 5 III UAbs. 2 EUV die Einhaltung des Subsidiaritätsprinzips überwachen. Wenngleich der Wortlaut in Art. 69 AEUV unterschiedlich ist (»Sorge zu tragen«), so ändert dies nichts an dieser Bewertung, zumal dies schlicht auf unterschiedliche Übersetzungen zurückzuführen ist.

---

10 Vgl. Art. 87 II AEUV. Daneben ist für den Erlass bestimmter Maßnahmen das besondere Gesetzgebungsverfahren vorgesehen.

11 Vgl. Art. 82 II lit. d AEUV, Art. 83 I UAbs. 3 AEUV und Art. 86 I AEUV.

12 Vgl. Vedder/Heintschel von Heinegg/*Kretschmer* AEUV Art. 87.

IV. Handlungsinstrumentarien und Beschlussverfahren

1. Handlungsinstrumente

Die noch unter dem Vertrag von Nizza vorgesehenen allgemeinen Handlungsinstrumentarien, die im Bereich der polizeilichen und justiziellen Zusammenarbeit in Strafsachen zur Verfügung standen, sind aufgehoben worden. Statt der bekannten Handelsinstrumente wie Konsultationen (Art. 34 I EU aF), Gemeinsame Standpunkte (Art. 34 II lit. a EU aF), Rahmenbeschlüsse (Art. 34 II lit. b EU aF) sowie sonstige Beschlüsse (Art. 34 II lit. c EU aF) und Übereinkommen (Art. 34 II lit. d EU aF) gelten nunmehr die allgemeinen Regeln. Alle spezifischen eher intergouvernementalen Handlungsformen des Art. 34 EU aF sind somit durch die allgemeinen Handlungsformen des Art. 288 AEUV (zuvor Art. 249 EU aF) ersetzt worden. Dies ist vor allem im Hinblick auf den Rahmenbeschluss bemerkenswert, der vollständig beseitigt wurde. **1142**

In vielen Bereichen sind alle Handlungsformen zulässig, so in der strafjustiziellen Zusammenarbeit (Art. 82 II AEUV), in der Kriminalprävention (Art. 84 AEUV) und bei der Tätigkeit mitgliedstaatlicher Behörden im Hoheitsgebiet eines anderen Mitgliedstaates (Art. 89 AEUV). In diesen Bereichen kann die Union somit durch Verordnungen, Richtlinien, Beschlüsse und Empfehlungen tätig werden. **1143**

Demgegenüber ist sie auf den Erlass von Richtlinien beschränkt, wenn es um die Festlegung von Mindestvorschriften geht. Dies ist der Fall bei Maßnahmen zur Erleichterung der gegenseitigen Anerkennung gerichtlicher Urteile und Entscheidungen sowie bei der polizeilichen und justiziellen Zusammenarbeit in Strafsachen mit grenzüberschreitender Dimension (Art. 82 II AEUV). Außerdem dürfen Mindestvorschriften zur Festlegung von Straftaten und Strafen in Bereichen besonders schwerer Kriminalität (Art. 83 I AEUV) sowie bei Harmonisierungsmaßnahmen (Art. 83 II AEUV) nur in Form von Richtlinien erlassen werden. **1144**

Schließlich ist für die institutionelle Ausgestaltung von *Eurojust* (Art. 85 I AEUV), der *Europäischen Staatsanwaltschaft* (Art. 86 I AEUV) und *Europol* (Art. 88 II AEUV) der Erlass von Verordnungen vorgesehen. **1145**

2. Beschlussverfahren

Das ordentliche Gesetzgebungsverfahren nach Art. 294 AEUV ist als Regelfall vorgesehen, so zB in der justiziellen Zusammenarbeit (Art. 82 II AEUV), in der Festlegung von Mindestvorschriften für Straftaten und Strafen für besonders schwere Kriminalität (Art. 83 I AEUV), zur Förderung und Unterstützung der Kriminalprävention (Art. 84 AEUV), bei Eurojust (Art. 85 I AEUV) und bei Europol (Art. 88 II AEUV) sowie bei der polizeilichen Zusammenarbeit (Art. 87 II AEUV). Allerdings besteht hier eine Ausnahme vom prinzipiellen Vorschlagsmonopol der Kommission, da gem. Art. 76 AEUV auch die Mitgliedstaaten ein Vorschlagsrecht haben, wobei sie allerdings eines Quorums bedürfen. Dh nur wenn sich mindestens ein Viertel der Staaten beteiligen, können sie von ihrem Initiativrecht Gebrauch machen. **1146**

Als weitere Besonderheit des Beschlussverfahrens ist zu nennen, dass das Einstimmigkeitsprinzip im Rat an mehreren Stellen beibehalten wurde, so zB bei Einbezug zusätzlicher spezieller strafverfahrensrechtlicher Aspekte in die justizielle Zusammenarbeit (Art. 82 II lit. d AEUV), beim Einbezug zusätzlicher Kriminalitätsbereiche zur **1147**

Festlegung von Mindestvorschriften für Straftaten und Strafen (Art. 83 I AEUV) sowie bei der Einsetzung einer Europäischen Staatsanwaltschaft. Wird das geforderte Einvernehmen im Rat nicht erreicht, steht der Weg zu einer verstärkten Zusammenarbeit offen, sofern sich hieran mindestens neun Mitgliedstaaten beteiligen.

1148 Abschließend ist auf das vorgesehene Vetorecht eines Mitgliedstaates hinzuweisen (so zB in Art. 83 III AEUV, Art. 86 I UAbs. 2 AEUV), mit dem das ordentliche Gesetzgebungsverfahren ausgesetzt werden kann und sich der Europäische Rat mit dem Maßnahmenentwurf befassen muss. Wird trotz Mitwirkung des Europäischen Rates kein Einvernehmen erzielt, steht auch hier der Weg zu einer verstärkten Zusammenarbeit offen, an der sich mindestens neun Mitgliedstaaten beteiligen müssen.

3. Exkurs: Rahmenbeschlüsse

1149 Rahmenbeschlüsse stellten nach altem Recht ein wichtiges Instrument der PJZS dar. Nunmehr sind sie als Handlungsinstrument vollständig aufgegeben. Vor dem Inkrafttreten des Reformvertrags erlassene Rahmenbeschlüsse gelten aber so lange fort, bis sie nach Maßgabe der Verträge ersetzt bzw. modifiziert worden sind.

1150 Rahmenbeschlüsse waren Richtlinien gem. Art. 288 UAbs. 3 AEUV (zuvor: Art. 249 EG) nachgebildet und gem. Art. 34 II lit. b EU aF auf die Angleichung der Rechts- und Verwaltungsvorschriften in den Mitgliedstaaten gerichtet. Sie waren hinsichtlich ihres Zieles verbindlich, überließen jedoch den Mitgliedstaaten die Wahl der Form und Mittel zur Umsetzung. Art. 34 II lit. b EU hielt ausdrücklich fest, dass diese Rahmenbeschlüsse keine unmittelbare Wirkung entfalten können, womit einer entsprechenden Rechtsprechung des EuGH hinsichtlich der Richtlinien vorgebeugt wurde. Ihre Wirkung beschränkte sich eher auf eine völkerrechtliche Verpflichtung der Mitgliedstaaten, alle erforderlichen rechtlichen und tatsächlichen Voraussetzungen zur innerstaatlichen Umsetzung des jeweiligen Rahmenbeschlusses zu treffen. Vor diesem Hintergrund ist es umso bemerkenswerter, dass das Instrument des Rahmenbeschlusses mit seiner beschränkten Rechtswirkung aufgehoben und durch supranationale Handlungsformen ersetzt worden ist.

1151 In jüngster Vergangenheit waren zwei Rahmenbeschlüsse infolge der Rechtsprechung des EuGH und der Verfassungsgerichte in der Bundesrepublik Deutschland und in Polen von größerem öffentlichen Interesse: Es sind dies der Rahmenbeschluss über den Europäischen Haftbefehl und die Übergabeverfahren zwischen den Mitgliedstaaten[13] sowie der Rahmenbeschluss über die Stellung des Opfers im Strafverfahren.[14]

1152 Der Europäische Haftbefehl dient der Erleichterung der Auslieferung Tatverdächtiger unter den Mitgliedstaaten und verzichtet bei bestimmten Katalogstraftaten auf das Erfordernis der beiderseitigen Strafbarkeit. Die Umsetzung des Rahmenbeschlusses erfolgte in Deutschland durch Gesetz v. 21.7.2004.[15] Dieses Umsetzungsgesetz erklärte das BVerfG mangels Trennbarkeit der als verfassungswidrig eingestuften Normen vom restlichen Gesetz für insgesamt verfassungswidrig. Das Gericht erkannte in einigen Regelungen einen unverhältnismäßigen Eingriff in Art. 16 GG, den es als »Auslie-

---

13 Rahmenbeschluss 2002/584/JI des Rates v. 13.6.2002, ABl. 2002 L 190, 1; zul. geänd. durch Rahmenbeschluss 2009/299/JI des Rates v. 26.2.2009, ABl. 2009 L 81, 24.
14 Rahmenbeschluss 2001/220/JI des Rates v. 15.3.2001, ABl. 2001 L 82, 1.
15 BGBl. 2004 I S. 1748.

ferungsfreiheit« begreift, sowie die Rechtsschutzgarantie nach Art. 19 IV GG.[16] Dabei ging es offenbar von einer rein völkerrechtlichen Natur des Rahmenbeschlusses aus und prüfte den deutschen Umsetzungsakt allein am Maßstab der deutschen Grundrechte, ohne eine Einwirkung oder gar einen Vorrang des Unionsrechts ernsthaft zu erwägen.[17] Der Gesetzgeber ist nun gehalten, unter Ausnutzung der Möglichkeiten, die der Rahmenbeschluss bietet, jenen in grundrechtskonformer Weise umzusetzen.

Auch der polnische Verfassungsgerichthof erklärte den nationalen Umsetzungsakt für verfassungswidrig.[18] Beide Gerichte haben damit die nationale Verfassung zum alleinigen Maßstab der Umsetzungsakte erhoben, ohne Besonderheiten im Hinblick auf die unionsrechtliche Pflicht zur Umsetzung des Rahmenbeschlusses anzuerkennen.   **1153**

Schließlich ist ein weiteres Urteil des EuGH von erheblicher Bedeutung für den Bereich der dritten Säule. In der Rs. C-105/03 »Pupino«[19] hatte der Gerichtshof über die Auslegung eines Rahmenbeschlusses über die Stellung des Opfers im Strafverfahren zu befinden. Anlass war ein Verfahren in Italien gegen die Kindergärtnerin *Maria Pupino*, der vorgeworfen wurde, Kleinkinder misshandelt zu haben. Das vorlegende Gericht wollte den Kindern die Möglichkeit einräumen, im Rahmen des Ermittlungsverfahrens unter besonderen Modalitäten auszusagen und dieser Aussage den gleichen Beweiswert wie einer Aussage in der öffentlichen Hauptverhandlung einräumen. Dies sah das italienische Recht für die infrage stehenden Taten indes nicht vor, sodass sich die Frage stellte, ob die Berufung auf den Rahmenbeschluss, der einen spezifischen Schutz von besonders gefährdeten Opfern verlangt, eine solche Möglichkeit eröffnen könne. Der EuGH entschied, dass eine Pflicht zur rahmenbeschlusskonformen Auslegung bestehe (Art. 249 III EG), notfalls unter Heranziehung des gesamten nationalen Rechts. Sie ergebe sich aus dem unionsrechtlichen Grundsatz der loyalen Zusammenarbeit und dem an die EG-Richtlinie angelehnten Wortlaut des Art. 34 II lit. b EU, dem sich der zwingende Charakter des Rahmenbeschlusses entnehmen lasse. Zudem wäre die Zuständigkeit des Gerichtshofes unter Art. 35 EU ihrer praktischen Wirksamkeit beraubt, wenn sich der Einzelne nicht auf eine rahmenbeschlusskonforme Auslegung des nationalen Rechts berufen könne.   **1154**

Das Urteil gab Anlass zu vielfältiger Kritik. Insbesondere wurde die Frage aufgeworfen, ob der Gerichtshof die Grenzen zwischen Unions- und Gemeinschaftsrecht nicht entgegen der Systematik des EU-Vertrags verwische.[20]   **1155**

4. Stärkung des Rechtsschutzes

Der gesamte Raum der Freiheit, der Sicherheit und des Rechts ist mit Inkrafttreten des Vertrags von Lissabon der Jurisdiktion des europäischen Gerichtshofs unterstellt worden. Allerdings gelten nach wie vor gewisse Einschränkungen. So bleiben die Befug-   **1156**

---

16 BVerfG NJW 2005, 2289. Vgl. die krit. Anmerkung von *Vogel* JZ 2005, 801 ff.

17 Vgl. indes das Sondervotum des Richters *Gerhardt*, Urt. v. 18.7.2002, Rn. 189, der insbesondere eine Auseinandersetzung mit dem *Pupino*-Urteil des EuGH vermisst und die rein nationalstaatliche Argumentation des BVerfG bedauert.

18 Urt. v. 27.4.2005 – P1/05, eine deutsche Zusammenfassung ist abrufbar unter http://www.trybunal. gov.pl/eng/summaries/documents/P_1_05_DE.pdf (Stand: 31.10.2009).

19 EuGH 16.6.2005 – C-105/03, Slg. 2005, I-5285 = BeckRS 2005, 70453 – Pupino.

20 Vgl. *Herrmann*, Urteilsanmerkung EuZW 2005, 436; *v. Unger* NVwZ 2006, 48; *Hobe* JURA 2006, 859; keine Abkehr vom intergouvernementalen Charakter der EU erkennen *Fetzer/Groß* EuZW 2005, 550 f.

nisse des EuGH für maximal fünf Jahre nach Inkrafttreten des Reformvertrags unverändert.[21] Außerdem gelten Sonderregeln für das Vereinigte Königreich, die in Art. 10 IV und V des Protokolls über die Übergangsbestimmungen festgehalten sind.

V. Europol

1157 Europol mit Sitz in Den Haag hat seine Arbeit im Juli 1999 aufgenommen, nachdem das Europol-Übereinkommen[22] von allen EU-Staaten ratifiziert worden war.[23] Als Vorläuferorganisation von Europol hatte die Europol-Drogenstelle (EDS) bereits am 3.1.1994 ihre Arbeit in Den Haag aufgenommen. Seit dem 6.4.2009 ist das Europol-Übereinkommen durch den Europol-Beschluss ersetzt worden.[24]

1158 Europol ist nun zu einer Einrichtung der Union mit eigener Rechtsfähigkeit geworden.[25] Auftrag Europols ist nach Art. 88 I AEUV die Unterstützung und Verstärkung der Tätigkeit und Zusammenarbeit der Polizei- und Strafverfolgungsbehörden der Mitgliedstaaten bei der Verhütung und Bekämpfung der in Abs. 1 aufgeführten Kriminalität. Kennzeichnend für diese ist die Betroffenheit mehrerer Mitgliedstaaten bzw. eines gemeinsamen Interesses, welches Gegenstand der Unionspolitik ist. Nach alter Rechtslage handelte es sich demgegenüber um eine unabhängige internationale Organisation. Die Aufgaben von Europol ergeben sich aus Art. 5 iVm Art. 4 des Europol-Beschlusses. Im Unterschied zur früheren Rechtslage beschränken sie sich nicht mehr ausschließlich auf Datenspeicherungen zur Unterstützung von innerstaatlichen Ermittlungsverfahren sowie auf die Koordinierung eines Informationsaustauschs zwischen den Mitgliedstaaten. Nunmehr hat Europol eine erhebliche Aufwertung seiner Stellung insoweit erfahren, als es künftig auch operative Maßnahmen durchführen darf (Art. 88 II lit. b, III AEUV). Dies ist allerdings ausschließlich in Verbindung und Absprache mit den Behörden desjenigen Mitgliedstaates zulässig, dessen Hoheitsgebiet betroffen ist. Zwangsmaßnahmen bleiben den zuständigen innerstaatlichen Behörden vorbehalten (Art. 88 III AEUV).

1159 Europol werden keine eigenen von den Ermittlungstätigkeiten der nationalen Polizeibehörden unabhängigen Hoheitsbefugnisse übertragen.[26] Die Aufrechterhaltung von Recht und Ordnung und die Gewährleistung der inneren Sicherheit verbleiben vielmehr in der Zuständigkeit der Mitgliedstaaten. Die Mitgliedstaaten benennen und errichten jeweils eine nationale Stelle, die mit Europol verbunden ist (Art. 1 III iVm Art. 8 des Europol-Beschlusses). Außerdem kann das Europol-Personal in unterstützender Funktion an gemeinsamen Ermittlungsgruppen der Mitgliedstaaten teilnehmen (Art. 6 Europol-Beschluss). Zu einer Übertragung von Befugnissen zur Ergreifung von Zwangsmaßnahmen kommt es also – wie bereits ausgeführt – ausdrücklich nicht. Daneben hat jeder Mitgliedstaat eine nationale Kontrollinstanz zu bezeichnen, welche für die Überprüfung der erhobenen Daten im Hinblick auf mögliche Verletzungen individueller Rechte auf nationaler Ebene zuständig ist (Art. 33 Europol-Beschluss). Für

---

21 Vgl. Art. 10 I und III des Protokolls über die Übergangsbestimmungen v. 13.12.2007, ABl. 2007 C 306, 157.

22 ABl. 1995 C 316, 1 ff.; zuletzt ber. in ABl. 2005 C 110, 24.

23 Das Europol-Abkommen trat am 1.10.1998 in Kraft; prägnante Darstellung bei *Hailbronner/Jochum* EuropaR Rn. 162 ff.

24 Beschl. des Rates v. 6.4.2009 zur Errichtung von Europol, ABl. 2009 L 121, 37 ff.

25 *Streinz/Ohler/Hermann* § 21 S. 141; vgl. hierzu auch Art. 2 des Europol-Beschlusses.

26 *Haratsch/König/Pechstein* EuropaR Rn. 1098.

die Kontrolle der Speicherung, Verarbeitung und Nutzung der bei Europol vorhandenen Daten durch Europol wird eine gemeinsame Kontrollinstanz geschaffen, welche sich aus Mitgliedern der nationalen Kontrollinstanzen zusammensetzt (Art. 34 Europol-Übereinkommen).[27]

Organe von Europol sind gem. Art. 36 des Europol-Beschlusses der Verwaltungsrat **1160** und der Direktor. Mit der Integration Europols in die Europäische Union entfiel die Notwendigkeit für den Finanzkontrolleur und den Haushaltsausschuss. Der Verwaltungsrat regelt die wesentlichen Angelegenheiten außerhalb der täglichen Praxis von Europol und der Direktor erfüllt die Geschäfte der laufenden Verwaltung, die Personalverwaltung und die Ausarbeitung und Durchführung der durch den Verwaltungsrat getroffenen Beschlüsse. Entsprechend Art. 41 des Übereinkommens sind Bedienstete von Europol zur Zurückhaltung und Verschwiegenheit verpflichtet.

Weiterhin unklar ist die Frage des Rechtsschutzes gegen Maßnahmen von Europol,[28] **1161** insbesondere solche, die gegenüber dem Bürger getroffen werden, jedoch unterhalb der Ebene von Verwaltungszwang anzusiedeln sind. Nach alter Rechtslage bestand auf Europarechtsebene nur in geringem Maße Rechtsschutz, da nur eine indirekte EuGH-Zuständigkeit hinsichtlich Europol-Maßnahmen gegeben war. Durch die Eingliederung von Europol in die Europäische Union greift nunmehr wohl Art. 263 I 2 AEUV, demnach Rechtsschutz auch gegenüber sonstigen Handlungen der Einrichtungen der Union gegeben ist.[29] Auf nationaler Ebene ist die Gerichtsbarkeit wegen des Immunitätsschutzes der Europol-Bediensteten gem. Art. 51 Europol-Beschluss eingeschränkt. Entsprechend Art. 2 des Europol-Auslegungsprotokolls von 1996[30] können nationale Gerichte Vorabentscheidungen des EuGH über die Auslegung des Europol-Übereinkommens einholen, wenn die jeweiligen Mitgliedstaaten eine entsprechende Erklärung abgegeben haben. Entsprechend dem deutschen Europol-Auslegungsprotokollgesetz ist in Deutschland jedes Gericht, dessen Entscheidung selbst nicht mehr mit Rechtsmitteln angefochten werden kann, verpflichtet, den EuGH anzurufen, wenn in einem schwebenden Verfahren die Auslegung des Europol-Übereinkommens fraglich ist. Daneben kann auch jedes andere Gericht eine entsprechende Frage vorlegen, wenn dieses für seine Entscheidung erforderlich ist (Art. 2 Europol-Auslegungsprotokollgesetz).

Frühere Bedenken in Zusammenhang mit dem Rechtsschutz des Einzelnen wegen des **1162** Protokolls über die Vorrechte und Immunitäten für Europol sind ebenfalls obsolet geworden.[31] Gemäß Art. 51 I und II Europol-Beschluss finden das Immunitätenprotokoll der EG sowie die auf Art. 16 des Immunitätenprotokolls erlassene Verordnung[32] auf den Direktor, die stellvertretenden Direktoren und auf das Personal von Europol Anwendung. Europol wird darin Immunität von der Gerichtsbarkeit wegen unzuverlässiger oder unrichtiger Datenverarbeitung und den Mitarbeitern weitreichende Immunität für in amtlicher Eigenschaft vorgenommene Äußerungen und Handlungen eingeräumt. Zuvor bestanden deshalb Bedenken, weil nach alter Rechtslage unberück-

---

27 Dazu *Herdegen* EuropaR § 20 Rn. 15.
28 Streinz/*Dannecker* AEUV Art. 88 Rn. 24f.
29 Vedder/Heintschel von Heinegg/*Pache* AEUV Art. 263 Rn. 16.
30 BGBl. 1997 II S. 2172, abgedr. in Sart. II, Nr. 301.
31 Vgl. hierzu die Vorauflage Rn. 1046.
32 BGBl. 1998 II S. 974, zuletzt BGBl. 2004 II S. 83.

sichtigt blieb, dass gegen Handlungen der EG-Bediensteten der Rechtsweg zum EuG gegeben ist, also ein wirksamer Rechtsschutz besteht, während der Rechtsschutz gegenüber Europol insoweit Lücken aufwies.[33] Dies ist nunmehr mit der Integration von Europol als Einrichtung der Union beseitigt worden.

Probleme könnten sich jedoch daraus ergeben, dass es in der Praxis nicht immer ohne Weiteres möglich sein wird, Maßnahmen von Europol von denen der Mitgliedstaaten zu unterscheiden. Gegen Letztere ist Rechtsschutz allein vor den nationalen Gerichten eröffnet. Dabei genügt es nicht, darauf abzustellen, ob die betreffende Handlung durch einen Bediensteten von Europol oder einen der Mitgliedstaaten vorgenommen wird. Vielmehr ist die Zurechenbarkeit der Handlung entscheidend.[34]

VI. Eurojust

1163 Mit Beschluss v. 28.2.2002[35] wurde, insbesondere gestützt auf Art. 31, 34 II lit. c EU aF, eine zentrale Europäische Stelle für Justizielle Zusammenarbeit mit Namen *Eurojust* und ebenfalls mit Sitz in Den Haag errichtet. Als Auftrag Eurojusts ergibt sich aus Art. 85 AEUV namentlich die Koordinierung und Zusammenarbeit zwischen den nationalen Ermittlungs- und Verfolgungsbehörden, welche im Falle internationaler schwerer Kriminalität zuständig sind, zu unterstützen und zu verstärken. Durch den Vertrag von Nizza wurde sie in die Dritte Säule aufgenommen (Art. 29 II, III. Spiegelstrich iVm Art. 31 f. EU aF) und erlangte damit auch im Primärrecht einen mit Europol vergleichbaren Stellenwert. Eurojust ist mit Rechtspersönlichkeit ausgestattet und erfüllt im Kern die Funktion einer Dokumentations- und Clearing-Stelle im Sinne einer Koordination und Erleichterung der Zusammenarbeit der nationalen Justizbehörden bei der grenzüberschreitenden Strafverfolgung und Strafvollstreckung.[36] Eurojust erfährt durch den Vertrag von Lissabon insofern eine Aufwertung, als dass die Institution selbst künftig nach Erlass einer entsprechenden Verordnung durch den Rat und das Parlament strafrechtliche Ermittlungsmaßnahmen einleiten bzw. strafrechtliche Verfolgungsmaßnahmen durchführen kann (Art. 85 I UAbs. 2 lit. a AEUV). Die förmlichen Prozesshandlungen werden jedoch gem. Art. 85 II AEUV, unbeschadet der Fälle der Straftaten gegen die finanziellen Interessen der Union iSd Art. 86 AEUV, weiterhin durch die zuständigen Bediensteten der Mitgliedstaaten vorgenommen.

VII. Europäische Staatsanwaltschaft

1164 Gemäß Art. 86 AEUV kann der Rat durch Verordnung eine Europäische Staatsanwaltschaft einsetzen. Bislang ist eine solche Verordnung noch nicht erlassen worden. Der Rat muss diese einstimmig nach Anhörung des Parlaments beschließen. Hauptaufgabe der Europäischen Staatsanwaltschaft ist der Schutz finanzieller Interessen der EU. Hierzu kann die Staatsanwaltschaft strafrechtliche Untersuchungen erheben sowie Straftaten zum Nachteil dieses finanziellen Interesses verfolgen und Anklage erheben (Art. 86 II AEUV). Der Rat kann die Befugnisse der Staatsanwaltschaft auf Antrag der Kommission und nach Zustimmung des Parlaments durch einstimmigen Beschluss auf

---

33 Schwarze/*Böse* AEUV Art. 88 Rn. 9.
34 So auch *Streinz/Ohler/Hermann* § 21 S. 142.
35 Beschluss des Rates 2002/187/JI, ABl. 2002 L 63, 1, zul. geänd. durch Beschluss des Rates 2009/426/ JI v. 16.12.2008, ABl. 2009 L 138, 14.
36 S. dazu im Einzelnen *Hatje* EuR 2001, 143 (153f.) und *Hailbronner/Jochum* EuropaR Rn. 184ff.

die Bekämpfung von schwerer Kriminalität mit grenzüberschreitender Dimension erweitern (Art. 86 IV AEUV).

VIII. Evolutivklausel

Die Evolutivklausel des Art. 42 EU aF, die eine besondere Verbindung zwischen EU-Vertrag und EG-Vertrag schaffte, ist mit der Reform und der Eingliederung der PJZS in das supranationale Recht aufgehoben worden.   1165

§ 25 Weitere Politikbereiche im Raum der Freiheit, der Sicherheit und des Rechts

Literatur: *Bungenberg,* Außenbeziehungen und Außenhandelspolitik, EuR 2009, Beiheft 1, 195 ff.; *Streinz/Ohler/Hermann* §§ 20 f.; Vedder/Heintschel von Heinegg/*Rosenau/Petrus* AEUV Art. 87–89; *Zuleeg,* Europa als Raum der Freiheit, der Sicherheit und des Rechts, 2007.

I. Allgemeines

Neben der PJZS regelt der Raum der Freiheit der Sicherheit und des Rechts (RFSR) die bereits im EG-Vertrag enthaltene Asyl- und Einwanderungspolitik sowie die justizielle Zusammenarbeit in Zivilsachen.   1166

Für diese Bereiche gelten die bereits erläuterten Grundsätze. Die Leitlinienkompetenz liegt beim Europäischen Rat (Art. 68 AEUV) während der Rat auf Vorschlag der Kommission konkrete Maßnahmen festlegen kann (Art. 70 AEUV). Unterstützt wird er gem. Art. 71 AEUV von dem Ständigen Ausschuss (früher: Koordinierungsausschuss), der bereits aus den Verträgen von Maastricht und Amsterdam bekannt ist. Der Ausschuss nimmt im Unterschied zur früheren Rechtslage keine legislativen Befugnisse mehr wahr, da seine Aufgaben auf die Optimierung der operativen Zusammenarbeit beschränkt sind. Neben der Kommission haben auch die Mitgliedstaaten ein eingeschränktes Initiativrecht (vgl. Art. 76 AEUV).   1167

Auch hier ist die Ausweitung der Befugnisse des EuGH begrüßenswert, die insbesondere im Hinblick auf den Individualrechtsschutz deutlich gestärkt wurden. Außerdem kann die Kommission, wie bereits erwähnt, ein Vertragsverletzungsverfahren in diesem Bereich anstrengen.   1168

II. Grenzkontrollen, Asyl, Einwanderung

Der Freiraum des Personenverkehrs setzt die politische und rechtliche Verständigung über Asyl und Einwanderung voraus. Die bereits im Vertrag von Maastricht enthaltenen Regelungen zum Asyl und zur Einwanderung (vgl. Art. 62 ff. EG) stellen ein eigenes Kapitel im Titel V des AEU-Vertrags (Art. 77–80 AEUV) dar.   1169

Aufgabe der Union ist es, sicherzustellen, dass Personen sich frei im Unionsgebiet ohne Grenzkontrollen bewegen können. Die von Dänemark im Juni 2011 unter Berufung auf die Bekämpfung grenzüberschreitender Kriminalität wieder eingeführten, stichprobenhaften Grenzkontrollen erscheinen vor diesem Hintergrund rechtlich   1170 zweifelhaft und haben deutliche Kritik der Kommission erfahren.[37] Da die neue Regierung Dänemarks die Kontrollen im Oktober 2011 wieder abgeschafft hat, bestand für die von der Kommission erwogene Klage kein Anlass mehr.

An den Außengrenzen wird hingegen eine wirksame Überwachung des Grenzübertritts gewährleistet. In diesem Zusammenhang ist eine neue Kompetenz der Union eingeführt worden, namentlich die Einführung eines integrierten Grenzschutzsystems an den Außengrenzen (vgl. Art. 77 I lit. c, II lit. d AEUV). Gemeint ist hiermit vor allem die Koordinierung mitgliedstaatlicher Grenzschutzbehörden. Inwiefern die Wahrnehmung dieser Kompetenz auch institutionelle Folgen haben wird, ist noch nicht abzusehen. Noch auf der Grundlage von Art. 62 II lit. a und 66 EG ist die europäische Grenzschutztruppe »Europäische Agentur für die operative Zusammenarbeit an den Außengrenzen« (FRONTEX) eingerichtet worden,[38] die ebenfalls im Rahmen der Überwachung der Außengrenzen tätig ist.

1171 Der bereits in Ansätzen vorhandene Asyl- und Flüchtlingsschutz ist durch die Reform ausgeweitet und konkretisiert worden. Kernbestandteil der bereits bestehenden Regelung war die Bestimmung des zuständigen Mitgliedsstaates für die Antragsstellung durch die Dublin-VO, jüngst aus dem Jahr 2013.[39] Regelmäßig ist dies der Staat dessen Grenzen (illegal) überschritten wurden, Art. 13 der VO.

Die europäische Asylregelung umfasst nunmehr einen einheitlichen Schutzstatus sowie gemeinsame Regelungen und Verfahren für dessen Gewährung (Art. 78 II lit. a–d AEUV). Am 12. 6. 2013 verabschiedete das Europäische Parlament zudem Regelungen für ein Gemeinsames Europäisches Asylsystem. Gegenstand sind Vorschriften für gemeinsame Verfahren und Fristen für die Bearbeitung von Asylanträgen. Ferner stimmte das Parlament der Einführung von Grundrechten für Asylsuchende, die in der EU ankommen, zu. Im Übrigen soll durch das Gemeinsame Asylsystem die Überstellung von Asylbewerbern in Mitgliedstaaten verhindert werden, in denen angemessene Lebensbedingungen für sie nicht gewährleistet werden können.[40]

1172 Art. 79 AEUV beinhaltet im Hinblick auf die Einwanderungspolitik klare Zielvorgaben. Wie bereits unter dem EG-Vertrag erlässt demnach die Union Regelungen, welche (a) die Einreise und Aufenthaltsvoraussetzungen und die Voraussetzungen für die Visaerteilung festlegen sowie (b) Regelungen über die Rechte von Drittstaatsangehörigen, die sich rechtmäßig in den Mitgliedstaaten aufhalten und solchen, die sich (c) illegal im Unionsgebiet aufhalten. Neu hinzugefügt wurde der Kompetenztitel zur Bekämpfung des Menschenhandels, insbesondere des Handels mit Frauen und Kindern (vgl. Art. 79 II lit. c und d AEUV).

1173 Der in Art. 63 Nr. 2 lit. b EG enthaltene Grundsatz der Solidarität zwischen den Mitgliedstaaten hinsichtlich der mit der Aufnahme von Flüchtlingen verbundenen Belastungen hat mit Art. 80 AEUV eine präzisere Formulierung erhalten.

---

37 Die Kommission ließ sich auch bei einer Visitation nicht von der Rechtmäßigkeit überzeugen, vgl. MEMO/11/518 v. 18.7.2011.

38 Vgl. hierzu VO (EG) Nr. 2007/2004, ABl. 2004 L 349, 1.

39 VO Nr. 604/2013, ABl. 2013 L 180/13.

40 http://www.europarl.europa.eu/news/de/news-room/content/20130607IPR11389/html/Parla ment-verabschiedet-gemeinsames-europaeisches-Asylsystem.

III. Justizielle Zusammenarbeit in Zivilsachen

Mit der gegenseitigen Anerkennung und Vollstreckung gerichtlicher und außergericht-licher Entscheidungen soll den Bürgern der Zugang zum Recht erleichtert werden (Art. 67 IV AEUV). Zu diesem Zweck werden in den in Art. 81 II lit. a–h AEUV ge-nannten Bereichen verschiedene Maßnahmen ergriffen, wobei auch die Angleichung von Rechtsvorschriften zulässig ist. Die Bereiche umfassen die gegenseitige Anerken-nung und Vollstreckung gerichtlicher und außergerichtlicher Entscheidungen, die grenzüberschreitende Zustellung von Schriftstücken, die Zusammenarbeit bei der Er-hebung von Schriftstücken sowie weitere, vorwiegend verfahrensrechtliche Regelungs-bereiche.

1174

Es gilt der Grundsatz des ordentlichen Gesetzgebungsverfahrens. Nur im Falle von Maßnahmen mit grenzüberschreitenden Zügen betreffend das Familienrecht muss der Rat einstimmig beschließen (Art. 81 III AEUV).

6. Teil. Das Auswärtige Handeln der Union

§ 26 Die Gemeinsame Handelspolitik

Literatur: *Bungenberg,* Außenbeziehungen und Außenhandelspolitik, EuR 2009, Beiheft 1, 195; *Bungenberg/Griebel/Hindelang,* Internationaler Investitionsschutz und Europarecht, 2010; *Everling,* Die Rolle des Europäischen Rates gegenüber den Gemeinschaften, EuR 1995, Beiheft 2, 44; Calliess/Ruffert/*Hahn* AEUV Art. 207; *Griebel,* Überlegungen zur Wahrnehmung der neuen EU-Kompetenz für ausländische Direktinvestitionen nach Inkrafttreten des Vertrags von Lissabon, RIW 2009, 469ff.; *Haus/Cole,* Grundfälle zum Europarecht, JuS 2003, 1173; *Herdegen* EuropaR § 27 Rn. 3ff.; *C. Herrmann,* Vom misslungenen Versuch der Neufassung der gemeinsamen Handelspolitik durch den Vertrag von Nizza, EuZW 2001, 269; Vedder/Heintschel von Heinegg/*Hummer* EUV Art. 21–22, AEUV Art. 205ff.; *Kilian* EuropWirtschaftsR Rn. 541–576; Schwarze/*Terhechte* EUV Art. 23ff.; *Nachbaur,* Türkische Arbeitnehmer in der EU – Drittstaatsangehörige Unionsbürger? Die Eroglu-Entscheidung des EuGH, NVwZ 1995, 344; *Oppermann/Classen/Nettesheim* EuropaR § 40 Rn. 1–51; *Schwarz,* Einführung in das Europäische Außenwirtschaftsrecht, JA 2003, 169; Streinz/Ohler/*Hermann* § 18; *Tietje,* Die Außenwirtschaftsverfassung der EU nach dem Vertrag von Lissabon, Beiträge zum Transnationalen Wirtschaftsrecht, 2009; Grabitz/Hilf/Nettesheim/*Weiß* AEUV Art. 207.

I. Allgemeine Regelungen

Der Vertrag von Lissabon hat die Bestimmungen des Verfassungsvertrags über das auswärtige Handeln der Union mit Ausnahmen unverändert übernommen und in Art. 21, 22 EUV, Art. 23–46 EUV sowie im fünften Teil des AEU-Vertrags (Art. 205–222 AEUV) geregelt. Art. 205–222 AEUV fasst die externen Politikfelder zusammen, nämlich die Gemeinsame Handelspolitik, die Entwicklungszusammenarbeit, die Wirtschaftliche und Technische Zusammenarbeit mit Drittländern und die humanitäre Hilfe. Nicht im AEU-Vertrag geregelt ist die Gemeinsame Außen- und Sicherheitspolitik, die im EU-Vertrag (Art. 23–46 EUV) verblieben ist. **1175**

Die Mitwirkung und Teilnahme der Union auf internationaler Ebene setzt deren Rechtspersönlichkeit voraus, die ihr mit Art. 47 EUV verliehen worden ist. Daher ist die Union nunmehr in der Lage, völkerrechtliche Abkommen abzuschließen (vgl. Art. 3 II und Art. 216 AEUV). **1176**

II. Grundkonzeption

1. Überblick

Wie bereits im Verfassungsvertrag vorgesehen, wird die Gemeinsame Handelspolitik (GHP) Teil des auswärtigen Handelns der Union. Art. 206 und Art. 207 AEUV stimmen teilweise mit den in Art. 131, 133 EG enthaltenen Regelungen überein. So sind etwa die Vorschriften über die Vereinheitlichung von Ausfuhrbeihilfen (Art. 132 EG) und über die Verhinderung der Verlagerung von Handelsströmen (Art. 134 EG) entfallen. Eine wichtige Änderung ergibt sich allerdings insoweit, als die in Art. 133 EG genannten Kompetenzen nun in Art. 207 AEUV besonders auch um den Bereich der ausländischen Direktinvestitionen ergänzt wurden. **1177**

Art. 21 EUV legt die allgemeinen Grundsätze fest, nach denen die Union ihr auswärtiges Handeln ausrichten will. Diese sind Demokratie, Rechtsstaatlichkeit, Menschenrechte, Grundfreiheiten und Menschenwürde (Abs. 1) sowie die in Abs. 2 lit. a–h genannten Werte und Ideale. Diese allgemeine Zielsetzung wird für die Gemeinsame Handelspolitik in Art. 206 und 207 AEUV auf die harmonische Entwicklung des Welthandels sowie – insoweit neu – die Beseitigung nichttarifärer Handelshemmnisse im Handelsverkehr konkretisiert (Art. 207 I 2 AEUV).

2. Kompetenzen

1178 Die Gemeinsame Handelspolitik fällt in den Bereich der ausschließlichen Zuständigkeit der Union (Art. 3 I lit. e AEUV).[1] So ist etwa die Zollerhebung vollständig den Mitgliedstaaten entzogen. Die gemeinsame Handelspolitik ersetzt somit diejenige der Mitgliedstaaten. Entsprechend ihrem Initiativmonopol arbeitet die Kommission Vorschläge für die Gemeinsame Handelspolitik aus. Hier wird die »Doppelhutlösung« des Hohen Vertreters der Union deutlich, der wie bereits erläutert, Vizepräsident der Kommission ist und daher Vorschläge der Kommission stark beeinflussen kann. Gleichzeitig ist er nämlich Leiter der GASP. Dagegen werden vereinzelt Bedenken im Hinblick auf drohende Interessenkonflikte und einen möglichen Trend zur Intergouvernementalisierung der Handelspolitik geltend gemacht.[2]

1179 Aufgrund der ausschließlichen Kompetenz der Union sind Beschränkungen des Handelsverkehrs mit Drittstaaten im nationalen Alleingang grundsätzlich nicht möglich, es sei denn, ausdrückliche Ermächtigungen durch die Kommission, durch spezielle Verordnung oder durch einen völkerrechtlichen Vertrag rechtfertigten dies.

Diese Ausnahmen können zum einen auf Art. 351 AEUV (früher Art. 307 EG) gestützt werden, wenn sie erforderlich sind, um sicherzustellen, dass der betreffende Mitgliedstaat Verpflichtungen gegenüber Drittstaaten erfüllt, die sich aus einer vor dem Beitritt des Staates zur Union geschlossenen Übereinkunft ergeben.[3] Sodann bietet VO 2603/69/EWG des Rates zur Festlegung einer gemeinsamen Ausfuhrregelung[4] Ausnahmen vom Grundsatz der Ausfuhrfreiheit in Drittstaaten. Die Mitgliedstaaten dürfen gem. Art. 6 I, Art. 11 VO 2603/69/EWG Schutzmaßnahmen gegen einen Mangel an lebenswichtigen Gütern aus Gründen der öffentlichen Sicherheit, Ordnung oder Sittlichkeit, zum Schutze der Gesundheit und des Lebens von Menschen, Tieren oder Pflanzen des nationalen Kulturguts von künstlerischem, geschichtlichem oder archäologischem Wert oder des gewerblichen oder kommerziellen Eigentums treffen.[5] Schließlich sehen Art. 346 I lit. b, 347 AEUV (zuvor Art. 296 I lit. b, 297 EG) eine Ausnahme bei schwer-

---

1 EuGH 15.12.1976 – 41/76, Slg. 1976, 1921 Rn. 31, 37 = BeckRS 2004, 71135 – Donckerwolcke; Gutachten 1/78, Slg. 1979, 2871 Rn. 44f. – Internationales Naturkautschuk-Übereinkommen. So auch die herrschende Literaturansicht, Calliess/Ruffert/*Hahn* AEUV Art. 207 Rn. 4; Grabitz/Hilf/Nettesheim/*Weiß* AEUV Art. 207 Rn. 14f.

2 Hierzu Vedder/Heintschel von Heinegg/*Hummer* Art. III-314 Rn. 4f.

3 Dazu EuGH 14.1.1997 – C-124/95, Slg. 1997, I-81 Rn. 55, 61 = BeckRS 2004, 74256 – Centro; Beispiel: Unterzeichnung der UN-Charta.

4 ABl. 1969 L 324, 25, zul. geänd. durch VO 3918/91/EWG des Rates v. 19.12.1991, ABl. 1991 L 372, 31.

5 EuGH 18.2.1986 – 174/84, Slg. 1986, 559 = BeckRS 2004, 71980 – Bulk Oil.

wiegenden innerstaatlichen Störungen bzw. der Wahrung der eigenen Sicherheitsinteressen der Mitgliedstaaten vor.[6]

Die angesprochene Kompetenzübertragung im Bereich der ausländischen Direktinvestitionen wirft erhebliche Rechtsprobleme auf.[7] Zum einen stellt sich die Frage nach dem Schicksal der ca. 1.300 bilateralen Investitionsschutzabkommen, welche die Mitgliedstaaten bislang geschlossen haben. Insoweit ist damit zu rechnen, dass für eine Übergangszeit deren vorläufige Fortgeltung bzw. eine Suspendierung möglicher Neuverhandlungspflichten der Mitgliedstaaten bis auf weiteres im Wege einer Verordnung geregelt wird. Zum anderen ist die zukünftige Strategie einer europäischen Investitionspolitik noch nicht vorhersehbar. Insoweit bestehen die Optionen eines bilateralen oder multilateralen Ansatzes hinsichtlich des Abschlusses von Investitionsschutzabkommen. Denkbar wäre aber auch eine Verbindung von Handels- und Investitionsschutzaspekten innerhalb einheitlicher Abkommen.

3. Handelspolitische Instrumentarien der Gemeinsamen Handelspolitik

Im Rahmen der gemeinsamen Handelspolitik ist die Union zum Abschluss von Zoll- und Handelsabkommen ermächtigt sowie zur Gewährung von Ausfuhrbeihilfen und Exportkrediten, zur Festlegung von Ausfuhrregeln, Anti-Dumping-Maßnahmen[8] und Anti-Subventions-Maßnahmen.[9] Hinzugekommen sind nunmehr Handelsaspekte betreffend das geistige Eigentum und ausländische Direktinvestitionen (→ Rn. 1180).

Der Rahmen für die Umsetzung der Gemeinsamen Handelspolitik wird durch von Rat und Parlament im ordentlichen Gesetzgebungsverfahren verabschiedete Verordnungen bestimmt (Art. 207 II AEUV). Da hierdurch lediglich der Rahmen der Gemeinsamen Handelspolitik festgelegt wird, handelt es sich hier nicht um einzelfallbezogene handelspolitische Maßnahmen.

Die Einführung des ordentlichen Gesetzgebungsverfahrens hat die Beteiligung des Parlaments von einer bloßen Anhörung zu einem echten Mitentscheidungsrecht aufgewertet, sodass das Parlament erstmals Mitwirkungsrechte in der Gemeinsamen Handelspolitik hat. Dies bedeutet zudem eine Schwächung der Kommission, zumal Rat und Parlament im Vermittlungsausschuss von dem ursprünglichen Vorschlag der Kommission abweichen können (Art. 294 X–XIII AEUV). Zentraler Teil der Gemeinsamen Handelspolitik ist das Aushandeln völkerrechtlicher Abkommen. Hierfür hat die Kommission, wie sich aus Art. 207 III UAbs. 2 und 3 AEUV ergibt, weiterhin die ausschließliche Organkompetenz. Allerdings ist gem. Art. 218 VI UAbs. 2 lit. a–v AEUV künftig die Zustimmung des Parlaments für den Abschluss von Abkommen im Bereich der GHP erforderlich.[10]

---

6 EuGH 15.5.1986 – 222/84, Slg. 1986, 1651 60 = BeckRS 2004, 72403 – Johnston; EuGH 16.9.1999 – C-414/97, Slg. 1999, I-5585 Rn. 21f. = BeckRS 2004, 77125 – Kommission/Spanien.

7 S. hierzu insbes. *Tietje,* Außenwirtschaftsverfassung, 2009, sowie *Griebel* RIW 2009, 469ff.

8 Beispiel: VO 1472/2006 des Rates v. 5.10.2006, ABl. 2006 L 275, 1, Antidumpingzoll gegen Lederschuhe aus China und Vietnam; ABl. 2007 L 130, 48.

9 VO 2026/1997/EG des Rates v. 6.10.1997 über den Schutz gegen subventionierte Einfuhren aus nicht zur EG gehörenden Ländern, ABl. 1997 L 288, 1, zul. geänd. durch VO 461/2004/EG, ABl. 2004 L 77, 12.

10 Zumindest sofern man die grds. vorrangigen Art. 207 IV AEUV lediglich als Regelung der Abstimmungserfordernisse im Rat ansieht. Hierzu *Streinz/Ohler/Hermann* § 18 S. 130f.

1184 Grundsätzlich gilt für alle Maßnahmen der Gemeinsamen Handelspolitik der Grundsatz der qualifizierten Mehrheit (Art. 16 III AEUV, Art. 218 VIII AEUV). Abweichend hiervon gelten Sonderregeln für den Dienstleistungshandel, den Schutz geistigen Eigentums und ausländische Direktinvestitionen (Art. 207 IV UAbs. 2 AEUV) bezüglich derer der Beschluss einstimmig zu erfolgen hat, sofern das betreffende Abkommen Bestimmungen enthält, bei denen für die Annahme interner Vorschriften Einstimmigkeit erforderlich ist. Einstimmigkeit gilt ebenfalls für den Abschluss von Abkommen über kulturelle und audiovisuelle Dienstleistungen, wenn diese Abkommen die kulturelle und sprachliche Vielfalt in der Union beeinträchtigen können sowie für den Abschluss von Abkommen über den Handel mit Dienstleistungen des Sozial-, des Bildungs- und des Gesundheitssektors, wenn diese Abkommen die einzelstaatliche Organisation dieser Dienstleistungen ernsthaft stören und die Verantwortlichkeit der Mitgliedstaaten für ihre Erbringung beeinträchtigen könnten (Art. 207 IV UAbs. 3 AEUV). Diese Regelungen zeigen, dass Einstimmigkeit nur für besonders sensible Bereiche mit genau definierten Begrenzungen gefordert wird. Das Einstimmigkeitserfordernis stellt sicher, dass die Mitgliedstaaten in diesen Bereichen die Kontrolle behalten. Außerdem wird die Union bei den Handelsabkommen zum alleinigen Vertragspartner, sodass gemischte Abkommen nicht länger notwendig und somit auch nicht zulässig sind.

1185 Im Falle von Embargo- und Boykott-Maßnahmen ist der Titel IV (Art. 215 AEUV) »Restriktive Maßnahmen« des AEU-Vertrags (zuvor Art. 301 EG) als *lex specialis* zu Art. 206 AEUV zu betrachten, der als Schnittstelle zwischen GASP und Handelspolitik fungiert. Entsprechende Embargo-Beschlüsse müssen zuvor im Rahmen der Gemeinsamen Außen- und Sicherheitspolitik nach Art. 28 und 29 EUV (zuvor Art. 14 und 15 EU aF) beschlossen werden, woraufhin der Rat mit qualifizierter Mehrheit die erforderlichen Maßnahmen auf gemeinsamen Vorschlag des Hohen Vertreters der Union und der Kommission beschließen kann (→ Rn. 1218 f.). Neuerdings besteht eine Unterrichtungspflicht zugunsten des Parlaments. Art. 215 AEUV bietet den Mitgliedstaaten die Möglichkeit, die handelspolitischen Kompetenzen der Union zur Durchsetzung von GASP-Beschlüssen zu nutzen. Die Verhängung von Sanktionen nach Art. 215 AEUV beruht auf dem konzertierten Handeln der Mitgliedstaaten und ist deshalb völkerrechtlich als »Kollektivembargo« zu werten.[11]

1186 Art. 215 AEUV bietet auch die Möglichkeit, Wirtschaftssanktionen nach Kapitel VII der UN-Charta durchzuführen. Die Rechtfertigung ergibt sich unmittelbar aus der UN-Charta. Entsprechende Sicherheitsratsbeschlüsse binden lediglich die Mitgliedstaaten, nicht aber die Union, solange sie selbst kein Mitglied der UN ist. Soweit es die Umsetzung eines Sicherheitsratsbeschlusses erfordert, sind die Mitgliedstaaten als UN-Mitglieder aber völkerrechtlich verpflichtet, die Handlungsmöglichkeiten der GASP zu nutzen, wobei eben auch die Boykott- oder Embargo-Maßnahmen des Art. 215 AEUV zur Verfügung stehen.[12] Als Beispiel für einen Rechtsakt, mit dem »Restriktive Maßnahmen« erlassen wurden, ist etwa die VO 1064/1999/EG des Rates zur Verhängung eines Flugverbots zwischen den Gebieten der damaligen EG und der Bundesrepublik Jugoslawien für jugoslawische Fluggesellschaften zu nennen.[13] Diese Verord-

---

11 Calliess/Ruffert/*Cremer* AEUV Art. 215 Rn. 8.
12 S. Calliess/Ruffert/*Cremer* AEUV Art. 215 Rn. 13 f.
13 ABl. 1999 L 129, 27.

nung basierte auf dem gemeinsamen Standpunkt 98/426/GASP,[14] der das Flugverbot als Maßnahme einsetzte, um die Regierung von Jugoslawien zur Erfüllung der Resolution 1160 (1998) des Sicherheitsrates der Vereinten Nationen zu veranlassen. Mit dem Flugverbot sollte der »ernsthaften Verletzung der Menschenrechte und des humanitären Völkerrechts« durch die jugoslawische Regierung entgegengewirkt werden. Es ging also um die Durchsetzung einer UN-Sanktion im Rahmen der GASP durch die damalige EG.

III. Bilateral-regionale Handelspolitik

Im Rahmen ihrer Außenhandelskompetenz hat die Union zahlreiche Handels-, Kooperations- und Assoziationsabkommen abgeschlossen. Der Abschluss dieser Abkommen vollzieht sich nach den allgemeinen Regeln des Unionsrechts (Art. 207, 218 AEUV; zuvor Art. 133, 300 EG). Man unterscheidet eigentliche Handelsabkommen iSd Art. 207 AEUV sowie über Handelsabkommen hinausreichende Kooperationsverträge, die zusätzlich in Art. 352 AEUV (zuvor Art. 308 EG) bzw. Art. 208 AEUV (zuvor Art. 181 EG) eine Rechtsgrundlage haben. **1187**

1. Der Europäische Wirtschaftsraum (EWR)[15]

> **Literatur:** *Kahil-Wolff,* Das Abkommen über die Freizügigkeit EU-Schweiz, EuZW 2001, 5; *Streit,* Das Abkommen über den Europäischen Wirtschaftsraum, NJW 1994, 555.

Mit dem 1992 zwischen der Europäischen Gemeinschaft und einigen EFTA-Staaten (inzwischen nur noch Island, Liechtenstein und Norwegen) abgeschlossenen Abkommen über den europäischen Wirtschaftsraum[16] wird das Unionsrecht auch weitgehend auf die EFTA-Staaten erstreckt. Insofern gelten die Waren-, Personen-, Dienstleistungs- und Kapitalverkehrsfreiheiten seit dem 1.1.1994 EWR-weit, allerdings bestehen Sonderregelungen für Agrarprodukte. Des Weiteren kennt das EWR-Abkommen Wettbewerbsbestimmungen und sonstige Regeln. Zur institutionellen Abstützung dient die Einrichtung eines EWR-Rates und des EFTA-Gerichtshofes. Für die laufenden Geschäfte ist ein Gemeinsamer EWR-Ausschuss zuständig, ferner gibt es Gemeinsame Parlamentarische und Beratende EWR-Ausschüsse. Art. 110 des EWR-Abkommens sieht ein Streitbeilegungsverfahren vor. Die Schweiz hat den EWR-Vertrag 1992 zunächst unterzeichnet, nach einem negativen Referendum am 6.12.1992 allerdings nicht ratifiziert. **1188**

Jedoch hat die Schweiz am 21.6.1999 sieben eigene, bilaterale Abkommen mit der Europäischen Union und ihren Mitgliedstaaten geschlossen, welche nach einem positiven Referendum in der Schweiz und der Ratifikation durch die EU-Mitgliedstaaten im Juni 2002 in Kraft traten. Inhaltlich betreffen die Verträge den Luft- und den Landverkehr, den Personenverkehr, die Forschung, das öffentliche Beschaffungswesen, die Landwirtschaft sowie die Beseitigung technischer Handelshemmnisse. Das Abkommen über die Personenfreizügigkeit sieht eine schrittweise Öffnung des Arbeitsmarktes vor, wobei die dadurch gewährte Freizügigkeit von den Schweizer Staatsbürgern bereits zwei Jahre nach Inkrafttreten des Abkommens in Anspruch genommen werden **1189**

---

14 ABl. 1998 L 190, 3.
15 Abgedr. in Sart. II, Nr. 310.
16 Abgedr. in Sart. II, Nr. 310; s. im Einzelnen → Rn. 134.

kann. Für die Unionsbürger erfolgt die Öffnung in mehreren Etappen, die sich auf insgesamt zwölf Jahre erstrecken. Im Oktober 2004 wurde ein zweites Verhandlungspaket unterzeichnet (Bilaterale Verhandlungen II), das unter anderem die Assoziierung der Schweiz zum Schengen Acquis und die Bekämpfung des Steuerbetrugs behandelt.

2. Die Zusammenarbeit mit den Vereinigten Staaten

1190   Grundsätzlich gilt im Verhältnis zwischen der Union und den Vereinigten Staaten von Amerika das Weltwirtschaftsrecht; es gelten also insbesondere die WTO-Regeln (→ Rn. 1194 ff.). In diesem Rahmen kommt es immer wieder zu Auseinandersetzungen und Streitbeilegungsverfahren etwa zu Strafzöllen der USA auf Stahlimporte oder zur Subventionierung von Airbus bzw. Boeing. Für gesonderte Bereiche gibt es auch Einzelabkommen. Auf einem Gipfeltreffen 1995 wurde die sog. *Neue Transatlantische Agenda* unterzeichnet. Sie sieht neben politischen auch wirtschaftliche Ziele vor und markiert damit den Beginn einer Diskussion um die Schaffung einer transatlantischen Freihandelszone *(Transatlantic Free Trade Area)*. Unter anderem betreffen die Bestimmungen die gegenseitige Anerkennung von Produktstandards, so zB für hormonbehandelte oder genmanipulierte Lebensmittel und deren Einfuhrmöglichkeiten. 1998 kam es zur Unterzeichnung eines Abkommens zwischen der Union und den USA über die gegenseitige Anerkennung von Produktstandards in bestimmten Sektoren, zB Telekommunikation und medizinische Geräte.[17] Im April 2007 wurde ein, allerdings unverbindliches, Transatlantisches Wirtschaftsabkommen[18] zwischen der EU und den USA unterzeichnet, das unter anderem die Finanzmärkte, den Energiesektor und Dienstleistungen betrifft und einen Transatlantischen Wirtschaftsrat einrichtet. Schließlich trat am 30.3.2008 das neue Luftverkehrsabkommen *Open Skies*[19] zwischen der Union, ihren Mitgliedstaaten und den USA in Kraft, wodurch EU-Fluggesellschaften erstmals Flüge in die USA von jedem Ort in der Europäischen Union aus durchführen dürfen.

Seit Mitte 2013 laufen konkrete Verhandlungen über eine transatlantische Handels- und Investitionspartnerschaft (TTIP), einem Freihandelsabkommen zwischen den Vereinigten Staaten und der EU. Mit dem Abkommen soll die Beseitigung von Handelshemmnissen und damit die Erleichterung des Kaufs und Verkaufs von Waren und Dienstleistungen zwischen den Partnern angestrebt werden.[20]

3. Die Zusammenarbeit mit den AKP-Staaten

Literatur: *Wolf,* Partnerschaft auf dem Prüfstand: Die EU und die AKP-Staaten, Integration 1997, 160.

1191   Für die Zusammenarbeit mit bestimmten Staaten aus dem afrikanischen, karibischen und pazifischen (AKP) Raum wurden spezifische Kooperationsvereinbarungen mit dem Ziel der Entwicklungsförderung abgeschlossen. Sie betreffen ca. 70 Staaten des vorbezeichneten Raumes, die im Wesentlichen frühere Kolonien der EU-Mitgliedstaaten sind. Für sie bestand in Art. 179 III EG eine Sonderregelung. Nunmehr beinhalten

---

17 ABl. 1999 L 31, 3.

18 Abrufbar   unter   http://trade.ec.europa.eu/doclib/docs/2007/may/tradoc_134654.pdf   (Stand: 31.5.2008).

19 ABl. 2007 L 34, 4.

20 http://ec.europa.eu/trade/policy/in-focus/ttip/about-ttip/index_de.htm.

die Art. 208–214 AEUV die Bestimmungen über Entwicklungszusammenarbeit, wirtschaftliche, finanzielle und technische Zusammenarbeit mit Drittländern sowie über humanitäre Hilfe, ohne dass hierin noch Ausnahmeregelungen für AKP-Länder enthalten sind.

Bekannt geworden ist diese spezifische Form der Entwicklungszusammenarbeit durch   **1192** die sog. *Lomé-Abkommen.* Diese hatten im Wesentlichen wirtschaftliche und finanzielle Entwicklungshilfe zum Inhalt. Nach vier Abkommen, *Lomé I–IV,* kam es im Jahre 2000 zum Folgeabkommen von *Cotonou.*[21] Das neue Abkommen verknüpft die Bereiche Politik sowie Handel und Entwicklung. Der politische Dialog zwischen den Vertragsparteien soll unter Betonung des Schutzes der Menschenrechte sowie der Weiterentwicklung der Grundsätze von Demokratie und Rechtsstaatlichkeit verstärkt werden.

4. Sogenannte Assoziierungsabkommen zur Beitrittsvorbereitung

Assoziierungsabkommen sind »integrierende Bestandteile der Gemeinschafts- bzw.   **1193** Unionsrechtsordnung«.[22] Hier sind zum einen die mittlerweile überholten Europaabkommen mit den vormaligen Beitrittsstaaten zu nennen. Ziel der Europaabkommen war es, in der Perspektive eines späteren Beitritts diese Staaten an Strukturprinzipien wie Demokratie und Rechtsstaatlichkeit heranzuführen, den gegenseitigen Handel zu liberalisieren und eine allmähliche Anpassung der Rechtsordnung vorzunehmen. Mit der Türkei, mit der mittlerweile Beitrittsverhandlungen geführt werden, existiert ein spezifisches Assoziationsabkommen mit einem eigenen beschlussfähigen Assoziationsrat EG/Türkei.[23] Mit den osteuropäischen Staaten und ehemaligen Sowjetrepubliken (Armenien, Belarus, Georgien, Kasachstan, Kirgisistan, Republik Moldau, Russische Föderation, Ukraine und Usbekistan), die derzeit für einen Beitritt nicht in Betracht kommen oder keinen Beitritt wünschen, wurden Abkommen über Partnerschaft und Zusammenarbeit geschlossen. Mit einzelnen Staaten auf dem westlichen Balkan wurden Stabilisierungs- und Assoziierungsabkommen geschlossen.[24] Diese sollen ähnlich wie die früheren Europaabkommen zu einem späteren Beitritt hinführen. Dabei ist Mazedonien mittlerweile bereits offizieller Beitrittskandidat. Während das Abkommen mit Albanien am 1.4.2009 in Kraft getreten ist, müssen die Abkommen mit Montenegro, Serbien und Bosnien-Herzegowina noch ratifiziert werden.

IV. Weltweite multinationale Handelspolitik

Literatur: *Hobe,* Einführung in das Völkerrecht, 399 ff.; *Meier,* Endbericht des WTO-Panels im Bananenmarktstreit, EuZW 1997, 566; *Meier,* WTO-Revisionsentscheidung zur EG-Bananenmarktverordnung, EuZW 1997, 719; *Ohler:* Die Bindung der Europäischen Union an das WTO-Recht, EuR-Bei 2012, 137; *Schmidt,* Immer wieder Bananen: Der Status des GATT/WTO-Systems im Gemeinschaftsrecht, NJW 1998, 190.

---

21 ABl. 2000 L 317, 3 (376), geänd. durch Abkommen in ABl. 2005 L 209, 27.
22 EuGH 30.9.1987 – 12/86, Slg. 1987, 3719 Rn. 7 = BeckRS 2004, 71371 – Demirel. Auch → Rn. 129 ff.
23 S. dazu *Nachbaur* NVwZ 1995, 344.
24 Zur Integrationsstrategie der EU gegenüber den Balkanstaaten s. Mitteilung der Kommission – Der westliche Balkan auf dem Weg in die EU v. 27.1.2006, KOM (2006) 27 endg.

1. Das neue Rechtsregime der WTO

1194 Die 1994 gegründete Welthandelsorganisation (*World Trade Organization*, WTO) mit derzeit 151 Mitgliedstaaten umfasst nunmehr über 97 % des Welthandels. Ihr vorausgegangen war das nicht förmlich institutionalisierte *General Agreement on Tariffs and Trade* von 1947, das sog. GATT 1947, als Kern einer liberalen Welthandelsordnung. Es beruhte auf den Grundprinzipien der Meistbegünstigung, des Verbots der diskriminierenden Behandlung von Waren aus anderen Mitgliedstaaten gegenüber inländischen Produkten, des fortschreitenden Abbaus von Zöllen und der Beseitigung zollfremder Handelshemmnisse.[25] Zollunionen wie die Europäischen Gemeinschaften waren vom Grundsatz der Meistbegünstigung ausgenommen. Die einzelnen Mitgliedstaaten der EG waren dem GATT 1947 beigetreten, die EG aber nicht. Als Folge der zur Reform des GATT durchgeführten Uruguay-Runde wurde dann 1994 die WTO geschaffen und unter ihrem Dach das GATT 1947 durch das weitgehend identische GATT 1994 abgelöst. Zudem wurden das *General Agreement on Trade in Services* (GATS), das Abkommen über *Trade-Related Aspects of Intellectual Property Rights* (TRIPS), also über handelsbezogene Aspekte der Rechte des geistigen Eigentums, sowie ein Abkommen über Streitbeilegung (*Dispute Settlement Understanding*, DSU) als integrale Bestandteile des WTO-Abkommens verabschiedet. Die Union übernimmt als Rechtsnachfolgerin der EG die Rechte und Pflichten, welche sich aus deren seit dem 1.1.1995 bestehender Mitgliedschaft in der WTO und den dazu gehörenden Abkommen GATT, GATS, TRIPS und DSU sowie den neueren multilateralen Handelsabkommen ergeben.[26]

1195 Bemerkenswert ist in diesem Zusammenhang, dass durch den Vertrag von Nizza die Kompetenzverteilung zwischen Union und Mitgliedstaaten in Bezug auf die wesentlichen vom Welthandelsrecht geregelten Bereiche (GATT 94, GATS und TRIPS) neu geregelt wurde. Nunmehr zählen der Handel mit Dienstleistungen und Handelsaspekte des geistigen Eigentums (geregelt in GATS und TRIPS) zur Gemeinsamen Handelspolitik (Art. 207 IV AEUV, zuvor Art. 133 V UAbs. 1 EG, → Rn. 150).

1196 Es stellt sich die Frage, ob die Vorschriften etwa des GATT in der Union unmittelbar anwendbar und damit auch Prüfungsmaßstab für das Unionsrecht sind. Bislang hat der EuGH in ständiger Rechtsprechung die Auffassung vertreten, die GATT-Vorschriften besäßen keine unmittelbare Anwendbarkeit, so auch im Rahmen des Streits um die EG-Bananenmarktordnung.[27]

2. Sonstige weltweite und multinationale Handelsabkommen

1197 Hier ist insbesondere im Verhältnis der Union zum Mercosur, der lateinamerikanischen Freihandelszone zwischen Argentinien, Brasilien, Paraguay und Uruguay, der Abschluss von bilateralen Verträgen erfolgt.[28] Zudem bestehen regelmäßige Kontakte

---

25 S. *Hobe* VölkerR 399ff.
26 ABl. 1994 L 336, 1.
27 EuGH 5.10.1994 – C-280/93, Slg. 1994, I-4973 Rn. 110 = BeckRS 2004, 75955 – Bananenmarktordnung; EuGH 23.11.1999 – C-149/96, Slg. 1999, I-8395 Rn. 47f. = BeckRS 2004, 74445 – Portugal/Rat.
28 S. etwa das Abkommen zwischen der EG und ihren Mitgliedstaaten einerseits und dem Mercosur und seinen Mitgliedstaaten andererseits, ABl. 1996 L 69, 4.

zur südostasiatischen ASEAN-Gruppe. Bei den G 8-Weltwirtschaftsgipfeln ist die EU durch den Kommissionspräsidenten und den EU-Ratspräsidenten vertreten.

§ 27 Die Gemeinsame Außen- und Sicherheitspolitik

Literatur: *Burghardt/Tebbe*, Die Gemeinsame Außen- und Sicherheitspolitik der Europäischen Union. Rechtliche Struktur und politischer Prozeß, EuR 1995, 1; *Epping*, Die Verfassung Europas?, JZ 2003, 821; *Everling*, Die Rolle des Europäischen Rates gegenüber den Gemeinschaften, EuR 1995, Beiheft 2, 41; *Garbagnati-Ketvel*, The Jurisdiction of the European Court of Justice in Respect oft the Common Foreign and Security Policy, ICLQ 2006, 77; *Gottschald*, Die GASP von Maastricht bis Nizza, 2001; *Herdegen* EuropaR § 28; *Kugelmann*, Die Gemeinsame Außen- und Sicherheitspolitik, EuR 1998, Beiheft 2, 99; *Lange*, Die Gemeinsame Außen- und Sicherheitspolitik der Europäischen Union, JZ 1996, 442; *Lecheler*, Die Pflege der auswärtigen Beziehungen in der Europäischen Union, AdV 1994, 1; *Oppermann/Classen/Nettesheim* EuropaR § 39 Rn. 1–23; *Pechstein/Koenig* EU Rn. 256–344; *Pechstein*, Die Justitiabilität des Unionsrechts, EuR 1999, 1; *Ruffert*, Institutionen, Organe und Kompetenzen – der Abschluss eines Reformprozesses als Gegenstand der Europawissenschaft, EuR 2009, Beiheft 1, 31; *Schoo*, Das neue institutionelle Gefüge der EU, EuR 2009, Beiheft 1, 51; *Schwarze*, Der Reformvertrag von Lissabon – Wesentliche Elemente des Reformvertrags, EuR 2009, Beiheft 1, 9; *Thym*, Die neue institutionelle Architektur europäischer Außen- und Sicherheitspolitik, AVR 43 (2004), 44 ff.

I. Entwicklung einer Gemeinsamen Außen- und Sicherheitspolitik

Die europäische Integration war von ihren frühen Tagen an zunächst als im Kern wirtschaftliche Kooperation konzipiert, wobei indes der ökonomische Kern immer nur als Mittel zum Zweck der Erreichung einer politischen Integration dienen sollte. Allerdings erhielt die politische Integration durch das Scheitern des Projektes der Europäischen Verteidigungsgemeinschaft nach deren Ablehnung durch die Französische Nationalversammlung im Jahre 1954 einen herben Rückschlag. Seither ist zu beobachten, dass sich die Integration im Schwerpunkt im wirtschaftlichen Bereich vollzieht und erst in jüngerer Zeit versucht wird, auch politische Steuerungsmechanismen zu entwickeln. Zwar wurden auf Grundlage der Ermächtigungen des (früheren) Gemeinschaftsrechts durchaus außenpolitische Ziele verfolgt,[29] die Idee einer Gemeinsamen Außen- und Sicherheitspolitik wurde jedoch erst 1969 auf der Den Haager Gipfelkonferenz erneut ins Gespräch gebracht. Auf Grundlage des *Davignon*-Berichtes v. 27. 10. 1970 kam es zu dem Beschluss regelmäßiger Außenministertreffen der Mitgliedstaaten im Sinne einer regelmäßigen Unterrichtung und Konsultation sowie Harmonisierung und Abstimmung von Standpunkten und Haltungen im Bereich der Außen- und Sicherheitspolitik. Diese intergouvernementale, dh zwischenstaatliche und somit rein völkerrechtliche Kooperation trug den Titel »Europäische Politische Zusammenarbeit« (EPZ). 1972 wurde die Zahl der Treffen auf vier im Jahr erhöht.

1198

Eine völkerrechtlich verbindliche Grundlage bekam die Europäische Politische Zusammenarbeit erst durch die Einheitliche Europäische Akte im Jahre 1986.[30] Durch Art. 30 VI lit. a EEA wurden erstmals Fragen der Sicherheit in den europarechtlichen Rahmen eingestellt, wobei die rein zwischenstaatliche Zusammenarbeit allerdings er-

1199

---

29 Vgl. *Lecheler* AdV 1994, 4 ff.
30 ABl. 1987 L 169, 1.

halten blieb. Die Verknüpfung der EPZ mit den damaligen Europäischen Gemeinschaften erfolgte über Art. 1 I EEA, der somit eine Zwei-Säulen-Struktur schuf.

1200 Eine zusammenhängende Konzeption der Gemeinsamen Außen- und Sicherheitspolitik (GASP) wurde dann 1992 in den Art. J–J. 11 EU (Maastrichter Fassung) vorgenommen (sog. zweite Säule in der früheren Drei-Säulen-Struktur). Dadurch wurde die EPZ institutionell fortentwickelt und ersetzt (vgl. Art. 50 II EU aF). Diese Grundkonzeption wurde durch den Amsterdamer Vertrag in Art. 11 EU aF beibehalten und in Art. 12 EU aF ergänzt. Auch hier blieb es dabei, dass es sich um ein Feld mitgliedstaatlicher Zusammenarbeit ohne die Übertragung von Kompetenzen auf die damalige EG oder die Union handelte.

1201 Im Vertrag von Nizza wurde die GASP dann teilweise in den Anwendungsbereich einer verstärkten Zusammenarbeit mit einbezogen (Art. 27 lit. a–lit. e EU aF), wobei jene nicht Fragen mit militärischen und verteidigungspolitischen Bezügen betreffen durfte (Art. 27 lit. b EU). Zudem wurde ein Politisches und Sicherheitspolitisches Komitee eingerichtet (Art. 25 EU),[31] das neben der Beobachtung der internationalen Lage auch die Durchführung vereinbarter Politiken überwachte und die politische Kontrolle und strategische Leitung von Operationen zur Krisenbewältigung wahrnahm. Daneben wurde ein Militärausschuss geschaffen,[32] dem ein im Sekretariat des Rates eingerichteter Militärstab[33] aus nationalen Experten unterstand. Dies schuf eine ständige politische und militärische Infrastruktur.[34]

1202 Ein wichtiges Ziel des Verfassungsvertrags war die Auflösung der Säulenstruktur und die Eingliederung der intergouvernementalen Politiken in die supranationale Rechtsordnung der Union. Außerdem sollte der gesamte Bereich des Außenhandels durch den neu einzuführenden »Europäischen Außenminister« mit Unterstützung durch einen »Europäischen Auswärtigen Dienst« geleitet werden. Diese strukturelle Neugliederung scheiterte dann aber an der Ablehnung der Ratifikation des Verfassungsvertrags in einigen Mitgliedstaaten.

1203 Der Vertrag von Lissabon hat insofern nunmehr einen Rückzieher von diesen Entwicklungen gemacht, als dass er den intergouvernementalen Charakter der GASP grundsätzlich beibehält. Diese verbleibt im EU-Vertrag und wird nicht in den AEU-Vertrag integriert. Allerdings sind insofern Inkonsistenzen zu verzeichnen, als die neue GASP stark mit der supranationalen Rechtsordnung der Union verschränkt ist.

1204 Insgesamt ist die GASP vor dem Hintergrund des Zieles der Union zu sehen, ihre Identität auch auf internationaler Ebene zu behaupten (Art. 3 EUV), wozu nach Maßgabe der Art. 42–46 EUV auch die Integration einer Gemeinsamen Verteidigungspolitik gehört. Immerhin findet sich die Erklärung des Ziels im EU-Vertrag, dass dies »zu einer gemeinsamen Verteidigung führen *kann,* falls der Europäische Rat dies beschließt«.[35]

1205 In Zukunft gibt es also eine Unterscheidung zwischen Gemeinschaftsrecht und Unionsrecht der zweiten Säule in früher bekannter Form nicht mehr. Die GASP ist in-

---

31 ABl. 2001 L 27, 1.
32 ABl. 2001 L 27, 4.
33 ABl. 2001 L 27, 7.
34 *Herdegen* EuropaR § 28 Rn. 10.
35 Vgl. hierzu noch die vage Formulierung in Art. 17 I EU: »[...] die zu einer gemeinsamen Verteidigung führen könnte, falls der Europäische Rat dies beschließt«.

tegraler Bestandteil des Unionsrechts geworden, auch wenn für sie einige Besonderheiten gelten. Diese neue Struktur wirft zahlreiche Fragen auf, insbesondere inwiefern die Rechtsprechung des EuGH zu unmittelbarer Wirkung sowie zum Vorrang des Unionsrechts zukünftig auch für die im Rahmen der GASP erlassenen Beschlüsse des Rates Geltung haben wird.[36] Kompetenziell stellt die GASP einen eigenständigen Bereich, wie auch die Koordinierung der Wirtschafts- und Beschäftigungspolitik, dar und steht außerhalb der Systematik der ausschließlichen, geteilten und unterstützenden Kompetenzen (Art. 2 IV AEUV). Ähnlich wie dort verbleiben auch im Rahmen der GASP die Kompetenzen grundsätzlich bei den Mitgliedstaaten.[37]

II. Aufgaben

Die Bestimmungen über die Gemeinsame Außen- und Sicherheitspolitik sind in Kapitel 2 des EU-Vertrags (Art. 23–42 EUV) enthalten. Eine Aufführung spezifischer GASP-Ziele, wie sie zuvor in Art. 11 EU aF enthalten waren,[38] gibt es nach der Reform nicht mehr. Vielmehr verweist Art. 23 EUV auf die in Kapitel 1 (Art. 1–8 EUV) genannten Grundsätze und Ziele der gesamten Union, welche auch bei den Aktivitäten der GASP beachtet und verfolgt werden sollen. Im Rahmen der GASP gelten indes besondere Bestimmungen und Verfahren, wobei der Erlass von Gesetzgebungsakten ausgeschlossen ist und der Gerichtshof der Europäischen Union nicht zuständig ist. **1206**

Neu ist die Klarstellung in Art. 24 EUV, wonach sich die Zuständigkeit der Union in der GASP auf alle Bereiche der Außenpolitik erstreckt sowie auf Fragen im Zusammenhang mit der Sicherheit der Union. **1207**

III. Institutioneller Aufbau

Die GASP ist eingebunden in den bereits durch den Vertrag von Nizza bekannten institutionellen Rahmen, der durch die Reform einige Änderungen erfahren hat. Es wirken die bekannten Unionsorgane mit, wobei dem Europäischen Rat eine wichtige Leitungsfunktion zukommt, da er gem. Art. 22, 26 EUV die allgemeinen Leitlinien der GASP, einschließlich Fragen mit verteidigungspolitischem Inhalt festlegt. Im Übrigen wird den Mitgliedstaaten und solchen Organen, in denen sie unmittelbar mitwirken, insbesondere dem Rat als Vertretungsorgan der Mitgliedstaaten, ein besonders starkes Gewicht verliehen. Dies unterstreicht den intergouvernementalen Charakter der GASP ebenso, wie die fehlende Zuständigkeit des Gerichtshofs der Europäischen Union in der GASP.[39] **1208**

Wie soeben erwähnt, bestimmt der Europäische Rat gem. Art. 22, 26 EUV die politische Zielkoordinierung. Allerdings obliegt ihm, anders als bislang, nicht die Leitung und rechtliche Vertretung der Union im Bereich der GASP. Die rechtliche Vertretung oblag nämlich nach altem Recht dem Rat als Vorsitz (Art. 18 I EU aF iVm Art. 28 I EU aF iVm Art. 203 II EG). Nunmehr ist der Hohe Vertreter der Union für Außen- und **1209**

---

36 Hierzu *Streinz/Ohler/Hermann* § 17 S. 119.

37 Vgl. Erklärung Nr. 13 und Nr. 14 zur Gemeinsamen Außen- und Sicherheitspolitik.

38 Als inhaltliche Ziele der GASP waren zB die Wahrung der gemeinsamen Werte und grundlegender Interessen sowie der Unabhängigkeit und der Unversehrtheit der Union im Einklang mit den Grundsätzen der Charta der Vereinten Nationen genannt.

39 Zu den Schnittstellen der Jurisdiktion im Unionsrecht mit der GASP → Rn. 1225f. Letztlich könnten die Mitgliedstaaten sogar den IGH anrufen, vgl. *Garbagnati-Ketvel* ICLQ 2006, 82.

Sicherheitspolitik zur rechtlichen Vertretung der Union im Bereich der GASP benannt worden.[40]

1210 Der Rat erlässt gem. Art. 26 II EUV (zuvor Art. 13 III EU aF) die für die Festlegung und Durchführung der Gemeinsamen Außen- und Sicherheitspolitik erforderlichen Entscheidungen auf der Grundlage der vom Europäischen Rat festgelegten allgemeinen Leitlinien.[41] Weiterhin erlässt der Rat als Rat »Auswärtige Angelegenheiten« alle zur Durchführung der GASP erforderlichen europäischen Beschlüsse (Art. 16 VI, Art. 26 II EUV). Für die Beschlussfassung im Ministerrat im Bereich der Außenpolitik ist abweichend von den allgemeinen Regeln grundsätzlich Einstimmigkeit vorgesehen. Das Parlament hat keine Mitentscheidungskompetenz, ist aber über die Entwicklung der GASP zu unterrichten und seine Auffassungen sind gebührend zu berücksichtigen (vgl. Art. 36 EUV; zuvor Art. 21 EU aF). Dafür dürfte bereits die starke Stellung sorgen, die dem Parlament im Haushaltsverfahren zukommt (→ Rn. 300 und 348). Der Kommission kommen indes keinerlei Mitwirkungsrechte zu.[42]

1211 Die Leitung und rechtliche Vertretung in Bereichen der GASP ist neu ausgestattet worden. Gemäß Art. 18 II EUV, Art. 27 II EUV vertritt der Hohe Vertreter der Union für Außen- und Sicherheitspolitik die Union gegenüber Dritten und in internationalen Konferenzen in der GASP. Im Übrigen gilt Art. 220 II AEUV, wonach die Vertretung der Union gegenüber Drittländern und bei Internationalen Organisationen in allen anderen Bereichen dem Hohen Vertreter und der Kommission gemeinsam obliegen. Das Amt des Hohen Vertreters ist bekannt, da durch den Amsterdamer Vertrag bereits das Amt des »Hohen Vertreters für die GASP« geschaffen wurde (Art. 26 EU aF). Nunmehr entspricht das Amt des Hohen Vertreters in vollem Umfang dem vom Verfassungsvertrag vorgesehenen Amt eines »Außenministers der Union«. Der Hohe Vertreter wird vom Europäischen Rat mit qualifizierter Mehrheit und mit Zustimmung des Kommissionspräsidenten ernannt. Des Weiteren führt der Hohe Vertreter gem. Art. 18 III, Art. 27 I EUV den Vorsitz im Rat »Auswärtige Angelegenheiten«. Gleichzeitig ist er Vizepräsident der Kommission (Art. 18 IV EUV).[43] Diese doppelte Funktion wird als »Doppelhutlösung« bezeichnet und ist wegen drohender Interessenkonflikte in der Literatur bereits kritisch diskutiert worden.[44] Früher war der Hohe Vertreter zugleich Generalsekretär des Rates und nahm auch das Amt des Generalsekretärs der Westeuropäischen Union (WEU) wahr. Nach dem Vertrag von Lissabon kommen ihm diese Stellungen als Generalsekretär im Rat bzw. in der WEU nicht mehr zu.[45] Unterstützt wird der Hohe Vertreter gem. Art. 27 III EUV von einem Europä-

---

40 *Oppermann/Classen/Nettesheim* EuropaR § 39 Rn. 9 f.

41 Indes dürfte ein Verstoß gegen die Leitlinien des Europäischen Rates keine Rechtswidrigkeit des Rechtsaktes des Rates bewirken, vgl. *Everling* EuR 1995, Beiheft 2, 44, der von einer rein politischen Bindungswirkung der Leitlinien ausgeht.

42 Die frühere Regelung des Art. 27 EU aF, demnach die Union vollumfänglich an den Arbeiten zu beteiligen war, ist mit der Reform aufgehoben worden.

43 *Schwarze* EuR 2009, Beiheft 1, 9 (24).

44 *Epping* JZ 2003, 821 (830); *Ruffert* EuR 2009, Beiheft 1, 31 (44); *Schoo* EuR 2009, Beiheft 1, 51 (64). Als Vizepräsident der Kommission und Vorsitzenden des Rates »Auswärtige Angelegenheiten« hat er sowohl die Beschlüsse des Rates umzusetzen als auch die Vorgaben der Kommission zu beachten.

45 Vgl. hierzu Art. 240 II AEU, wo es nur noch heißt, dass der Rat von einem Generalsekretär unterstützt wird. Demgegenüber lautete Art. 207 II 1 EG »Der Rat wird von einem Generalsekretariat unterstützt, das einem Generalsekretär und einem Hohen Vertreter für die Gemeinsame Außen- und Sicherheitspolitik untersteht.«

ischen Auswärtigen Dienst (EAD), dessen Organisation und Arbeitsweise durch Beschluss des Rates festgelegt werden. Durch das Amt des Hohen Vertreters der GASP war schon bisher eine gewisse Personifizierung gegeben, wobei die Vertretung der Union ausschließlich auf den Bereich der GASP beschränkt war. Seit 1999 hatte der frühere NATO-Generalsekretär *Javier Solana* dieses Amt inne. Mit Ernennung der ersten Außenministerin der Union, *Catherine Ashton,* wurde *Javier Solanas* Aufgabe beendet.

Die Kompetenzen des bereits zuvor bestehenden »*Politischen und Sicherheitspolitischen Komitees*« sind gem. Art. 38 EUV (zuvor Art. 25 EU aF) weitgehend unverändert gelassen worden. Es ist das maßgebliche Vorbereitungsgremium für die Entscheidungen und für das Krisenmanagement der Union im Rahmen der GASP, indem es mit der Beobachtung der internationalen Lage und der Strategievorbereitung sowie vor allem zur Entscheidungsvorbereitung durch den Rat und zur Implementierung der Ratsbeschlüsse ermächtigt worden ist. Schließlich wurde in das Generalsekretariat des Rates durch den Amsterdamer Vertrag eine neu geschaffene Strategie- und Frühwarneinheit eingebunden,[46] die dem Hohen Vertreter zuarbeitet. Sie besteht aus Personal des Generalsekretariats, der Mitgliedstaaten, der Kommission und der Westeuropäischen Union. Ferner analysiert, bewertet und unterbreitet sie dem Rat Vorschläge über politische Optionen. **1212**

IV. Aktionsmöglichkeiten im Rahmen der GASP

Art. 24 I UAbs. 2 S. 3 EUV stellt ausdrücklich klar, dass der Erlass von Gesetzgebungsakten im Rahmen der GASP ausgeschlossen ist. Die der Union zur Verfügung stehenden Handlungsformen sind in Art. 25 EUV genannt. Demnach bestimmt die Union allgemeine Leitlinien, erlässt Beschlüsse und baut die systematische Zusammenarbeit der Mitgliedstaaten aus. Da die Union mit der Reform des Vertrags von Lissabon Rechtspersönlichkeit erlangt hat, kommt sie auch als Zurechnungsobjekt von auch unterhalb der Schwelle der Rechtsverbindlichkeit befindlichen Handlungen in Betracht.[47] Allerdings besteht im Bereich der GASP keine Zuständigkeit des EuGH, sodass Handlungen der Union grundsätzlich keiner gerichtlichen Kontrolle unterliegen (Art. 24 EUV; wiederholt in Art. 275 AEUV). Ausnahmen gelten hinsichtlich einer gerichtlichen Kontrolle, ob eine Maßnahme überhaupt in den Bereich der GASP fällt und für die Kontrolle der Rechtmäßigkeit von Beschlüssen über restriktive Maßnahmen, die der Rat im Bereich der GASP erlässt. Hauptakteure bleiben nach wie vor die in der Union zusammengeschlossenen Staaten (vgl. Art. 24 I UAbs. 2 EUV). Die Mitgliedstaaten sind zur gegenseitigen Unterrichtung und Abstimmung in jeder außenpolitischen Frage von allgemeiner Bedeutung verpflichtet. Diese Verpflichtung ist in Art. 32 EUV (zuvor Art. 16 EU aF) durch den neuen Zusatz ergänzt worden, dass ein Mitgliedstaat, bevor er auf internationaler Ebene in einer Weise tätig wird, welche die Interessen der Union berührt, die anderen Mitgliedstaaten im Rat oder im Europäischen Rat zu konsultieren hat. Ausdrücklich heißt es zudem, dass die Mitgliedstaaten untereinander solidarisch sind. Die Norm ist eine spezielle Ausformung der allgemeinen Förderungs- **1213**

---

46 ABl. 1997 C 340, 132.
47 Zuvor hatte die Union keine Rechtspersönlichkeit, → Rn. 120, vgl. zum Meinungsstand Streinz/ *Pechstein* EU Art. 1 Rn. 15 f.; und kam als Zurechnungssubjekt nicht in Betracht, sondern erschien als Forum der Zusammenarbeit, vgl. *Herdegen* EuropaR, 11. Aufl. 2009, § 30 Rn. 2.

pflicht (vgl. Art. 24 II EUV) und die einzige generelle Verpflichtung der Mitgliedstaaten in der GASP.[48]

1214 Die vormaligen GASP-Handlungsinstrumente Gemeinsame Strategien, Aktionen und Standpunkte finden sich terminologisch in Art. 25 lit. b EUV wieder. Allerdings dienen diese Bezeichnungen nunmehr als inhaltliche Klassifizierung der von der Union zu erlassenen Beschlüsse, deren Rechtswirkung sich künftig nach allgemeinen Regeln bestimmt. Folglich lautet Art. 25 I lit. b EUV: Die Union erlässt Beschlüsse zur Festlegung der von der Union durchzuführenden Aktionen (i), der von der Union einzunehmenden Standpunkte (ii) und zur Festlegung der Durchführung der unter (i) und (ii) genannten Beschlüsse. Das Instrument der konstruktiven Enthaltung ist in den Vertrag von Lissabon übernommen worden, sodass dem Mitgliedstaat weiterhin die Möglichkeit gegeben ist, die Bindung an die Beschlüsse der GASP zu unterlaufen (Art. 31 I UAbs. 2 EU).

Zu den Handlungsinstrumenten der Union im Bereich der GASP im Einzelnen:

1. Gemeinsame Erklärung

1215 Die Gemeinsame Erklärung wird in den Verträgen nicht ausdrücklich genannt, es ist aber davon auszugehen, dass sie auch weiterhin ein im Rahmen der GASP häufig angewandtes Instrument bleiben wird. Sie erfordert zwar Einstimmigkeit unter den Mitgliedstaaten, ist im Übrigen aber rechtlich unverbindlich. So erklärt sich auch ihre Zulässigkeit trotz fehlender vertraglicher Verankerung. Die Wirkung einer Gemeinsamen Erklärung ist regelmäßig nur deklaratorischer Natur.

2. Bestimmung der Grundsätze und der allgemeinen Leitlinien für die GASP

1216 Die gem. Art. 26 I EUV durch den Europäischen Rat beschlossenen Grundsätze und allgemeinen Leitlinien der GASP stellen den Rahmen für sämtliche Aktivitäten innerhalb der GASP dar.[49] Hierzu kann der Präsident des Europäischen Rates zudem eine außerordentliche Tagung einberufen, wenn die internationale Entwicklung oder Situation dies erfordert.

3. Gemeinsame Strategien

1217 Ein bereits durch den Amsterdamer Vertrag eingeführtes Instrument der GASP ist die vom Europäischen Rat zu beschließende Gemeinsame Strategie (Art. 13 II EU aF). Die Gemeinsame Strategie ist nunmehr im Vertrag von Lissabon nicht mehr enthalten. Gemeinsame Strategien sollten in Bereichen, in denen wichtige gemeinsame Interessen der Unionsstaaten bestehen, eine gemeinsame Zielsetzung, deren Dauer sowie die von den Mitgliedstaaten bereitzustellenden Mittel angeben. Der Zweck der Gemeinsamen Strategien lag in der Bündelung des politischen Willens, die es dem Rat ermöglichen sollte, auf ihrer Grundlage nach Art. 23 II EU aF Gemeinsame Aktionen, Standpunkte oder andere Beschlüsse mit qualifizierter Mehrheit anzunehmen.

---

48 Calliess/Ruffert/*Cremer* EUV Art. 24.
49 *Everling* EuR 1995, Beiheft 2, 44.

4. Beschluss zur Festlegung Gemeinsamer Aktionen

Beschlüsse zur Festlegung Gemeinsamer Aktionen dienen der Umsetzung politischer Vorgaben in konkrete Maßnahmen und betreffen spezifische Situationen, in denen eine operative Aktion der Union für notwendig erachtet wird (vgl. Art. 28 I EUV, zuvor Art. 14 EU aF). Zunächst wird durch den Rat beschlossen, dass eine internationale Situation ein operatives Vorgehen der Union erfordert. Die Beschlüsse des Rates legen die Mittel, Bedingungen und den Zeitraum der Durchführung fest. Sie sind für die Mitgliedstaaten völkerrechtlich verbindlich; sodass sie diejenigen Maßnahmen zu ergreifen haben, die zur Umsetzung erforderlich sind. Gemäß Art. 28 IV EUV steht es den Mitgliedstaaten allerdings frei, im Fall fehlender Entscheidung des Unionsrates und bei besonderer Dringlichkeit selbst die erforderlichen Sofortmaßnahmen zu ergreifen. Über Annahme und Durchführung eines solchen Beschlusses entscheidet der Rat grundsätzlich einstimmig. **1218**

5. Beschluss zur Festlegung Gemeinsamer Standpunkte

Ein Beschluss zur Festlegung eines Gemeinsamen Standpunktes durch den Rat (Art. 29 EUV) kommt inhaltlich einer Gemeinsamen Erklärung nahe. Ein Beschluss zur Festlegung eines Gemeinsamen Standpunktes dient der Erstellung eines Konzepts für eine bestimmte Frage geographischer oder thematischer Art. Es steht im Ermessen des Rates, ob er einen solchen festlegt oder nicht. Erforderlich ist eine einstimmige Entscheidung. Außerdem bestimmt Art. 29 S. 2 EUV ausdrücklich, dass die Vertragsstaaten »dafür Sorge (tragen), dass ihre einzelstaatliche Politik mit den Gemeinsamen Standpunkten in Einklang steht«. Diese Verpflichtung hat für die Mitgliedstaaten allerdings nur völkerrechtlich bindenden Charakter, insbesondere ist eine Überprüfung durch den EuGH ausgeschlossen. Auch dem Gemeinsamen Standpunkt kommt daher in erster Linie selbstdisziplinierende Wirkung zu. **1219**

Im Vertrag von Amsterdam wurde durch die Art. 40, 43 und 45 EU aF sowie Art. 11 EG eine neue Möglichkeit der verstärkten Zusammenarbeit der Dritten mit der Ersten Säule eingeführt. Durch den Vertrag von Nizza wurde dieser Mechanismus in den Art. 27 lit. a–e EU aF auch auf den Bereich der GASP ausgedehnt. Nach Art. 43 lit. b EU aF stand die Möglichkeit verstärkter Zusammenarbeit allen Mitgliedstaaten offen. Nunmehr regelt Art. 20 EUV nF die Möglichkeit der verstärkten Zusammenarbeit einheitlich für alle Bereiche der Union mit Ausnahme der ausschließlichen Zuständigkeiten. Die konkreten Bestimmungen über eine verstärkte Zusammenarbeit sind in Titel III (Art. 326–334 AEUV) enthalten. Wollen Mitgliedstaaten im Rahmen der GASP eine verstärkte Zusammenarbeit begründen, so ist ein entsprechender Antrag an den Rat zu richten, der den Antrag dem Hohen Vertreter und der Kommission zur Stellungnahme und dem Parlament zur Unterrichtung übermittelt. Durch einstimmigen Beschluss des Rates wird über die Einleitung einer verstärkten Zusammenarbeit entschieden. Eine verstärkte Zusammenarbeit ist allerdings für Beschlüsse des Rates mit militärischen oder verteidigungspolitischen Zielen ausdrücklich ausgeschlossen (Art. 333 III AEUV), sodass die Union weiterhin die Grundlinien der Außen- und Militärpolitik prinzipiell einstimmig festlegen muss.[50] **1220**

---

50 Streinz/*Regelsberger/Kugelmann* EU Art. 27e Rn. 6; eine Auflistung Gemeinsamer Aktionen und Standpunkte der EU findet sich bei *Gottschald*, Die GASP von Maastricht bis Nizza, 2001, 129ff.

6. Ausbau der regelmäßigen Zusammenarbeit der Mitgliedstaaten bei der Führung ihrer Politik

1221 Seit dem Vertrag von Amsterdam wird den Mitgliedstaaten der Union die Möglichkeit eingeräumt, gemeinsam völkerrechtliche Übereinkünfte mit Drittstaaten und internationalen Organisationen abzuschließen. Dies kann der Konzeption einer koordinierten Außenpolitik dienen. In den Erklärungen Nr. 13 und Nr. 14 zum Vertrag von Lissabon stellen die Mitgliedstaaten allerdings klar,[51] dass die derzeit bestehenden Zuständigkeiten der Mitgliedstaaten für die Durchführung ihrer Außenpolitik und ihrer nationalen Vertretung in Drittländern unberührt bleiben und dass weder der Kommission, noch dem Parlament weitergehende oder neue Befugnisse zur Einleitung von Beschlüssen übertragen worden sind.

7. Das Verfahren der Beschlussfassung nach Art. 31 EUV

1222 Beschlüsse, durch welche die Union die GASP festlegt, unterliegen dem Verfahren des Art. 31 EUV (vormals Art. 23 EU aF). Der Regelfall ist hierbei eine einstimmige Entscheidung des Europäischen Rates oder des Rates, wobei in Abs. 2 hiervon abweichend die Möglichkeit einer Beschlussfassung mit qualifizierter Mehrheit vorgesehen ist. Diese Möglichkeiten der Beschlussfassung mit qualifizierter Mehrheit wurden durch den Vertrag von Nizza um die Ernennung des Sonderbeauftragten[52] und durch den Vertrag von Lissabon um die Möglichkeit des Europäischen Rates, einstimmig über die Ausweitung der qualifizierten Mehrheit zu beschließen, erweitert (Art. 31 II EUV). Ausgeschlossen ist die Abstimmung mit qualifizierter Mehrheit allerdings bei allen Fragen mit militärischen oder verteidigungspolitischen Bezügen, (Art. 31 IV, 48 VII EUV). Innerhalb dieser grundsätzlichen Aufteilung sind weitere Besonderheiten zu beachten:

a) Die konstruktive Enthaltung

1223 Seit dem Vertrag von Amsterdam hindert bei erforderlicher Einstimmigkeit die Enthaltung eines Mitgliedstaates, wenn sie als konstruktiv deklariert wird, das Zustandekommen des Beschlusses nicht; der sich enthaltende Mitgliedstaat ist im Falle einer förmlichen Erklärung allerdings an die Beschlussfassung nicht gebunden. Diese in Art. 23 I 2 EU aF geregelte Möglichkeit der konstruktiven Enthaltung ist in Art. 31 I UAbs. 2 EU beibehalten. Durch die Möglichkeit der konstruktiven Enthaltung behalten die Mitgliedstaaten Handlungsspielraum in der Gemeinsamen Außen- und Sicherheitspolitik, wenn sich einzelne von ihnen etwa wegen Sonderverbindungen mit dritten Staaten nicht in der Lage sehen, einen entsprechenden Beschluss mitzutragen. Voraussetzung dafür, dass ein Beschluss trotz konstruktiver Enthaltungen zustande kommt, ist allerdings, dass die Anzahl der Mitglieder des Rates, die bei ihrer Stimment-

---

51 Vormals war eine entsprechende Erklärung in der Erklärung Nr. 4 zu den Art. 24 und 38 der Schlussakte von Amsterdam, ABl. 1997 C 340, 115, enthalten. Darin hatten die Vertragsstaaten deutlich gemacht, dass die der Union eingeräumte Möglichkeit, Übereinkünfte abzuschließen, keine Übertragung von Zuständigkeiten von den Mitgliedstaaten auf die Union bedeutet.

52 Den Sonderbeauftragten wird ein bestimmter Verantwortungsbereich für bestimmte Zeit zugewiesen. Dabei unterstehen sie dem Rat, handeln idR aber unter der Aufsicht und operativen Leitung des Hohen Vertreters. Ihre Tätigkeit reicht vom Anbieten guter Dienste über die Wahlbeobachtung bis zur Friedensförderung und Intensivierung guter Beziehungen. Sonderbeauftragte gibt es etwa für Bosnien-Herzegowina und den Friedensprozess im Nahen Osten. Durch Gemeinsame Aktionen v. 28.6.2005 hat der Rat eine Reihe von Mandaten verlängert, zT verändert und das Amt eines Sonderbeauftragten für Zentralasien neu geschaffen, vgl. Dok. 11595/05 (Presse 201).

haltung eine solche Erklärung abgeben, ein Drittel der Mitgliedstaaten, die zusätzlich ein Drittel der Unionsbevölkerung ausmachen, nicht überschreitet. Mit dieser Regelung wird verhindert, dass einem Beschluss der notwendige breite Rückhalt durch die Mitgliedstaaten fehlt.[53]

b) Die Blockademöglichkeit bei Mehrheitsentscheidungen

Da Mehrheitsentscheidungen auf dem Gebiet der Außen- und Sicherheitspolitik tendenziell die Möglichkeit beinhalten, dass die nach wie vor souveränen Staaten überstimmt werden, dominiert das Prinzip der Einstimmigkeit. Außerdem schafft Art. 31 II UAbs. 1 EU eine Blockadeoption in Bereichen, in denen die qualifizierte Mehrheit vorgesehen ist. Lehnt danach ein Ratsmitglied aus wesentlichen Gründen der nationalen Politik einen Beschluss ab, findet keine Abstimmung statt. Stattdessen kann der Rat mit qualifizierter Mehrheit veranlassen, dass die Frage zur einstimmigen Beschlussfassung an den Europäischen Rat verwiesen wird. Zuvor bemüht sich der Hohe Vertreter in engem Benehmen mit dem betroffenen Mitgliedstaat um eine annehmbare Lösung. Der Sache nach kommt dies im Bereich der Außen- und Sicherheitspolitik der Struktur des Luxemburger Kompromisses (→ Rn. 380) und dessen Inkorporation in den Vertragstext nahe.[54]

1224

8. Rechtsschutz in der GASP

Regelungen zum Rechtsschutz in der GASP sind mit dem Vertrag von Lissabon neu eingeführt worden und haben die Gerichtsbarkeit auf diesen Bereich erweitert. Zwar ist der Gerichtshof der Europäischen Union gem. Art. 24 I UAbs. 2 EUV und Art. 275 AEUV für Bestimmungen der GASP und für in diesem Zusammenhang erlassene Rechtsakte nicht zuständig. Eine wichtige Ausnahme hiervon ist allerdings die gerichtliche Kontrolle über die Abgrenzung der Zuständigkeit der GASP gem. Art. 40 EUV.

1225

Daneben besteht eine wichtige Ausnahmeregelung im Bereich der Sicherheits- und Verteidigungspolitik. Anders als bisher sollen Direktklagen Einzelner gegen polizeiliche Maßnahmen der Kommission sowie von Europol und Eurojust nach Maßgabe des Art. 263 IV AEUV möglich sein. Diese in Art. 275 AEUV normierte Ausnahme gilt gem. Art. 276 AEUV nur im Verfahren betreffend die Verteidigungs- und Sicherheitspolitik. Außerdem gelten für Dänemark, Großbritannien und Irland Ausnahmeregelungen, da diese Länder sich grundsätzlich nicht an Beschlüssen nach dem Titel über den Raum der Freiheit, der Sicherheit und des Rechts beteiligen.[55]

1226

9. Die Rolle der Gemeinsamen Sicherheits- und Verteidigungspolitik (GSVP) für die GASP

Bislang wurde die Gemeinsame Sicherheits- und Verteidigungspolitik in Art. 17 EU aF nur bruchstückhaft geregelt. Im Amsterdamer Vertrag erklärte Art. 17 I UAbs. 2 EU aF die Westeuropäische Union (WEU) zum integralen Bestandteil der Europäischen Union, die auf Ersuchen der Union deren verteidigungspolitische Maßnahmen ausarbeiten und durchführen sollte. Beide Organisationen bestanden somit selbstständig nebeneinander.

1227

---

53 S. *Kugelmann* EuR 1998, Beiheft 2, 107.
54 So auch *Kugelmann* EuR 1998, Beiheft 2, 108f.
55 Vgl. Protokolle 19–22 zum Vertrag von Lissabon.

1228 Im Vertrag von Nizza wurde dann, ablesbar an der Änderung des Art. 17 EU aF, auf den Rückgriff auf die WEU verzichtet, da es zu einer Übertragung wesentlicher operativer Aufgaben einschließlich des Kommandos für die Petersberg-Aufgaben von der WEU auf die GASP der EU kam. Im Rahmen der Petersberg-Aufgaben hatten sich 1992 die Mitgliedstaaten der WEU bereit erklärt, der WEU Verbände ihrer konventionellen Streitkräfte für militärische Einsätze unter Leitung der WEU zur Verfügung zu stellen. Die WEU-Mitgliedstaaten vereinbarten ferner die Arten möglicher militärischer Einsätze der WEU, die gem. Art. 17 II EU aF humanitäre Aktionen und Rettungseinsätze, friedenserhaltende Maßnahmen und Kampfeinsätze für das Krisenmanagement einschließlich Maßnahmen zur Wiederherstellung des Friedens umfassten. Die WEU wurde jedoch trotz ihrer eigentlichen Zweckerfüllung weiterhin als Organisation in Art. 17 IV EU aF anerkannt.[56]

1229 Mit dem Vertrag von Lissabon ist die Gemeinsame Sicherheits- und Verteidigungspolitik als Bestandteil der GASP erstmalig primärrechtlich geregelt worden. Es wird unterschieden zwischen einer gemeinsamen Sicherheitspolitik außerhalb des Unionsgebietes, welche die Friedenssicherung, Konfliktverhütung und Stärkung der internationalen Sicherheit in Übereinstimmung mit den Grundsätzen der Charta der Vereinten Nationen umfasst (Art. 42 I EUV) sowie der gemeinsamen Verteidigung (Art. 42 II EUV). Die gemeinsame Verteidigung ist jetzt als konkretes Ziel festgelegt,[57] allerdings setzt sie einen entsprechenden vorherigen einstimmigen Beschluss im Europäischen Rat voraus.

1230 Die Europäische Verteidigungsagentur, die bereits auf der Grundlage von einer Gemeinsamen Aktion des Rates v. 17.7.2004 errichtet worden ist,[58] wird durch den Reformvertrag primärrechtlich verankert. Sie unterstützt und koordiniert die Verteidigungsfähigkeit der Union, sie ermittelt den operativen Bedarf und wirkt auf eine Verbesserung der militärischen Fähigkeiten hin (Art. 42 III UAbs. 2, Art. 45 EUV).

1231 Die Mitgliedstaaten sind verpflichtet, der Union die notwendigen zivilen und militärischen Fähigkeiten zur Umsetzung der GSVP zur Verfügung zu stellen. Die Union erfüllt ihre Aufgaben im Bereich der GSVP durch Missionen, die sie mit den von den Mitgliedstaaten zur Verfügung gestellten Kräften durchführt und die vom Politischen und Sicherheitspolitischen Komitee gem. Art. 38 II EUV kontrolliert und geleitet werden.

10. Das Verhältnis der Vorschriften der GASP zum AEU- und EU-Vertrag

1232 Infolge der Aufhebung der Säulenstruktur ist die GASP zwar nicht mehr so ausdrücklich aus dem supranationalen Unionsrecht ausgegliedert, wie noch unter dem alten Rechtsregime. Sie ist aber auch nicht in den vergemeinschafteten Bereich überführt worden, sondern im Bereich der intergouvernementalen Zusammenarbeit der Mitgliedstaaten verblieben. Dies verdeutlicht insbesondere Art. 32 EUV, wonach die Initiativbefugnis im Bereich der GASP bei den Mitgliedstaaten liegt. Die Mitgliedstaaten

---

56 Zur Flexibilität der Bestimmungen s. *Gottschald,* Die GASP von Maastricht bis Nizza, 2001, 121f.

57 »Dies *führt* zu einer gemeinsamen Verteidigung« Art. 42 II EU. Zuvor hieß es in Art. 17 I UAbs. 1 EU aF »die zu einer gemeinsamen Verteidigung *führen könnte*«.

58 Gemeinsame Aktion 2004/551/GASP des Rates, ABl. 2004 L 245, 17.

stimmen sich im Rat zu jeder außen- und sicherheitspolitischen Frage ab, um ein gemeinsames Vorgehen festzulegen.

Art. 40 EUV nF stellt außerdem fest, dass die Durchführung der GASP die Anwendung der Verfahren und die Befugnisse der Organe nach den Zuständigkeiten der Art. 3–6 AEUV unberührt lassen. Gemäß Art. 24 I UAbs. 2 EUV gelten für die GASP besondere Bestimmungen und Verfahren. Insbesondere der Erlass von Gesetzgebungsakten ist ausgeschlossen. Der Gerichtshof hat im Bereich der GASP keine Zuständigkeit, mit Ausnahme der Kontrolle darüber, ob ein Rechtsakt tatsächlich der GASP zuzuordnen ist (vgl. Art. 34 I UAbs. 2 AEUV). Eine solche Zuständigkeit dürfte allerdings auch aus dem sonstigen Unionsrecht herzuleiten sein, insbesondere, wenn geltend gemacht wird, dass eine Norm außerhalb des Kapitels 2 des EU-Vertrags die rechtmäßige Ermächtigungsgrundlage darstellt.[59] Während sich der EuGH für einen solchen Fall zur Nichtigkeitserklärung des betroffenen Unionsrechtsaktes ermächtigt sieht,[60] hält die Gegenauffassung allein ein Feststellungsurteil für zulässig.[61]   **1233**

V. Praxis der GASP

Bislang war die Zusammenarbeit im Rahmen der GASP im Wesentlichen von der Verabschiedung gemeinsamer Standpunkte gekennzeichnet. Hierdurch wurde zwar eine Vereinheitlichung mitgliedstaatlicher Ansichten erreicht, tatsächliche Krisenbewältigung allerdings noch nicht geschaffen. Insbesondere der Kosovo-Konflikt im Jahre 1999 und der Irak-Konflikt 2003 haben gezeigt, wie wenig handlungsfähig Europa auf dem Gebiet der Außen- und Sicherheitspolitik ist und wie divergierende nationale Interessen einer *gemeinsamen* Position in der Außenpolitik entgegenstehen können.   **1234**

Abhilfe wurde zunächst durch den Vertrag von Nizza in der Weise angestrebt, dass eine wirksame Europäische Sicherheits- und Verteidigungspolitik auch zur Schaffung einer Europäischen Sicherheits- und Verteidigungsidentität führen sollte. Inzwischen ist das Vorhaben des Aufbaus einer schnellen Eingriffstruppe näher konkretisiert worden und soll eine gewisse Anzahl von Gefechtsverbänden in Bataillonsstärke und ein verlegbares Hauptquartier umfassen. Diese aus nationalen und multinationalen Stäben und Verbänden zu bildenden, rasch verfügbaren Einsatzkräfte sollen für Einsätze im Rahmen der UN und zur Verwirklichung der im Rahmen der GASP zu vollziehenden koordinierten Maßnahmen ziviler und militärischer Art zur Konfliktverhütung und Krisenbewältigung eingesetzt werden.   **1235**

Auf die im Zusammenhang mit dem Aufbau der Eingriffstruppe beabsichtigte Integration der WEU in die EU wurde verzichtet. Stattdessen wurden operationelle Funktionen der EU übertragen. Um die EU politisch und strategisch in die Lage zu versetzen, diese Missionen und Operationen führen zu können, wurden innerhalb des Rates ein Politisches und ein Sicherheitspolitisches Komitee, ein Militärausschuss und ein Militärstab eingerichtet.

---

59 Nach alter Rechtslage wurde eine solche Zuständigkeit auch aus dem EG-Recht angenommen, sofern geltend gemacht wurde, dass eine Norm aus diesem Bereich die rechtmäßige Ermächtigungsgrundlage darstellt. *Pechstein* EuR 1999, 11, hält nicht Art. 47 EU, sondern allein die allgemeinen Kompetenzzuweisungen für entscheidend.

60 EuGH 12.5.1998 – C-170/96, Slg. 1998, I-2763 Rn. 17 = BeckRS 2004, 74651 – Kommission/Rat.

61 *Pechstein* EuR 1999, 11 unter Verweis auf die Aufsichtsklage des EG-Rechts.

1236 Diese bereits im Nizza-Vertrag eingeleiteten Impulse sind mit dem Lissabon-Vertrag weiter ausgebaut worden. Art. 42 VII EUV sieht erstmals eine kollektive Beistandspflicht[62] im Falle eines bewaffneten Angriffs auf das Territorium eines Mitgliedstaates vor. Hierbei soll es sich indes nicht um eine Rechtspflicht zur Bereitstellung nationaler Streitkräfte für militärische Einsätze der Union handeln.[63] Die Mitgliedstaaten können sich gegenüber der Beistandspflicht auf prinzipielle inhaltliche Vorbehalte berufen (»wehrverfassungsrechtlicher Parlamentsvorbehalt«). Außerdem benennt Art. 24 I EUV die mitgliedstaatliche Verpflichtung zur schrittweisen Festlegung einer gemeinsamen Verteidigungspolitik, die zu einer gemeinsamen Verteidigung führt, sobald dies der Rat einstimmig beschließt (Art. 42 II EUV). Somit ist gewährleistet, dass kein Mitgliedstaat gegen seinen Willen zu einer militärischen Operation gezwungen werden kann.

1237 Die erste militärische Operation (»Concordia«) hatte die Europäische Union[64] in Mazedonien 2003 aufgenommen und im Dezember 2004 abgeschlossen. Sie war aufgrund der Gemeinsamen Aktion 2003/92/GASP[65] erfolgt, die wiederum auf eine Bitte der Regierung Mazedoniens zurückging und durch den Sicherheitsrat der Vereinten Nationen gestützt wurde.[66] Eine ebenfalls bedeutsame Rolle kommt der Union nach wie vor auf dem Balkan zu. Durch das Friedensabkommen von Dayton 1995 iVm der Sicherheitsratsresolution 1088 (1996) wurde die NATO beauftragt, dort eine stabilisierende Friedenstruppe (IFOR und ab 1996 SFOR) aufzustellen und zu führen. Die militärische Friedenssicherung in Bosnien wurde Ende 2004 von der Union durch die Gemeinsame Aktion 2004/570/GASP[67] als Operation »ALTHEA« übernommen. Die EUFOR, Nachfolgerin der SFOR, basiert auf der Sicherheitsratsresolution 1575 (2004) und ist mit 7.000 Soldaten dort vertreten.

1238 Die nächste Herausforderung folgte nach kurzer Zeit in Gestalt des EU-Einsatzes in der Demokratischen Republik Kongo. Dieser Einsatz sollte die ersten freien Wahlen in dem zentralafrikanischen Land garantieren und dazu mit Wahlhelfern, -beobachtern und vor allem Soldaten die dortige UN-Mission MONUC unterstützen. Ferner sollte der Flughafen in Kinshasa gesichert und notfalls Evakuierungen vorgenommen werden. Die Mission wurde unter dem Namen »EUFOR RD Congo« durchgeführt, ging auf eine Bitte der Vereinten Nationen v. 27.12.2005 zurück und war durch den Sicherheitsrat mandatiert.[68] Der Rat der EU beschloss am 27.4.2006 in einer Gemeinsamen Aktion den Rahmen für die Mission,[69] deren Hauptquartier in Potsdam eingerichtet wurde. Das für die Teilnahme von 500 Deutschen an insgesamt ca. 1.500 Soldaten vorausgesetzte Mandat des Deutschen Bundestages wurde am 1.6.2006 erteilt. Die Füh-

---

62 Zum Verhältnis der Beistandspflicht zu Verpflichtungen aus dem Nato-Vertrag sowie des sich abzeichnenden Prinzips »NATO first« vgl. Art. 42 VII EU sowie Calliess/Ruffert/*Cremer* EUV Art. 42 Rn. 18.

63 So BVerfG NJW 2009, 267 ff. – Lissabon; aA Calliess/Ruffert/*Cremer* EUV Art. 16 Rn. 2, 18.

64 Im Verkehr mit den beteiligten Völkerrechtssubjekten trat die Union als Einheit auf, was erneut die Frage nach deren Rechtsnatur aufgeworfen hatte, vgl. *Herdegen* EuropaR, 10. Aufl. 2008, § 28 Rn. 14.

65 ABl. 2003 L 34, 26.

66 S/Res/1371 (2001).

67 ABl. 2004 L 252, 10.

68 S/Res/1671 (2006).

69 Vgl. Pressemitteilung v. 27.4.2006, 8761/06 (Presse 121).

rung, Planung und Koordination oblag Deutschland, während Frankreich vor Ort den Gefechtsstand stellte.

Diese Beispiele verdeutlichen, dass Europa, unterstützt durch NATO-Ressourcen, **1239** durchaus bereit ist, auch militärisch für die Durchsetzung und den Erhalt gemeinsamer Werte Verantwortung zu übernehmen, zumindest sofern keine konfligierenden nationalstaatlichen Interessen betroffen sind.

7. Teil. Weitere ausgewählte Politiken der Union im Überblick

§ 28 Landwirtschaftspolitik (einschl. Fischereipolitik)

> **Literatur:** *Jessen,* Agenda 2000: Das Reformpaket von Berlin, ein Erfolg für Gesamteuropa, Integration 1999, 167; *Oppermann/Classen/Nettesheim* EuropaR § 24; *Pernice/Pahl,* Der Vertrag von Lissabon: Reform der EU ohne Verfassung?, 2008, 205; *Pünder,* Rechtsfragen der Europäischen Marktordnungen, DVBl. 1998, 771; *T. Stein,* Bananen-Split?, EuZW 1998, 261; *Wendt/Elicker,* Die Reform der gemeinsamen Agrarpolitik und ihre Umsetzung in der BRD, DVBl. 2004, 665.

Titel III, Art. 38–44 AEUV, (vormals Art. 32 ff. EG) stellt die Grundlage der europäischen Agrarpolitik dar. Gemäß der Zieldefinition des Art. 39 I AEUV soll die *Agrarpolitik* **1240**

- der Produktivitätssteigerung,
- der Gewährleistung einer angemessenen Lebenshaltung der landwirtschaftlichen Bevölkerung,
- der Stabilisierung der Märkte,
- der Sicherstellung der Versorgung und
- der Belieferung der Verbraucher zu angemessenen Preisen

dienen.

Zuständige Organe sind einmal der Rat, der im Wesentlichen mit dem Erlass von Rechtsakten, etwa Beihilfen und gemeinsamen Marktordnungen, befasst ist (Art. 42 UAbs. 2 AEUV sowie Art. 43 III AEUV), das Parlament, welches mit dem Rat unter anderem die gemeinsame Organisation der Agrarmärkte nach Art. 40 I AEUV festlegt (Art. 43 II AEUV), die Kommission (Generaldirektion Landwirtschaft), der Sonderausschuss Landwirtschaft im Rat, der Europäische Landwirtschaftsfonds für die Entwicklung des ländlichen Raumes und der Europäische Garantiefonds für die Landwirtschaft.[1] **1241**

Gemäß Art. 4 II lit. d AEUV unterfallen die Landwirtschaft und Fischerei der geteilten Zuständigkeit, mit Ausnahme der Erhaltung der biologischen Meeresschätze, die der ausschließlichen Zuständigkeit der Union vorbehalten bleibt. **1242**

Aus vielfältigen Gründen, die unter anderem mit der notwendigen Sicherstellung einer angemessenen Versorgung der Verbraucher zu angemessenen Preisen zu tun haben, wird im Agrarbereich stärker als in anderen wirtschaftlichen Bereichen ein koordiniertes Vorgehen der Union mit den Mitgliedstaaten angestrebt. Der Agrarmarkt ist Bestandteil des Binnenmarktes, solange nichts anderes bestimmt ist (Art. 38 I UAbs. 2, II **1243**

---

1 Vormals Europäischer Ausrichtungs- und Garantiefonds für die Landwirtschaft (EAGFL), der die Finanzierung der Gemeinsamen Agrarpolitik regelte. Mit Verordnung des Rates Nr. 1290/2005 v. 21.6.2005 wurde die Finanzierung neu geregelt und der EAGFL aufgeteilt in den Europäischen Landwirtschaftsfonds für die Entwicklung des ländlichen Raumes (ELER) und den Europäischen Garantiefonds für die Landwirtschaft.

AEUV). Die Vorschriften über Wettbewerb und Beihilfen sind etwa nur beschränkt anwendbar (Art. 42 I AEUV).

1244 Der wichtigste Mechanismus zur gemeinsamen Organisation der Agrarmärkte (vgl. Art. 40 I AEUV) ist das Instrument der »*Gemeinsamen Marktordnungen*«. Wichtigste Änderung durch den Vertrag von Lissabon ist hier der Übergang zum ordentlichen Gesetzgebungsverfahren (Art. 42 II AEUV), sodass der Rat nur auf Vorschlag der Kommission tätig werden kann. Im ordentlichen Gesetzgebungsverfahren können Maßnahmen für spezifische Produktgruppen erlassen werden, die eine Vielzahl von Lenkungsmechanismen enthalten. Dort kommt es zum einen zur Festlegung von Preisen. Der sog. »Richtpreis« wird vom Rat für jedes Erntejahr als Orientierungsgröße festgelegt. Der »Schwellenpreis« ist sodann der Mindesteinfuhrpreis, zu dem Importe aus Drittstaaten »an der Schwelle« zur Union eingeführt werden dürfen. Der »Interventionspreis« stellt schließlich den Stützungspreis dar, zu dem Interventionsstellen der Union Produkte der Mitgliedstaaten garantiert abnehmen.

1245 Quoten, Prämien und Beihilfen stellen Lenkungsmechanismen zur Förderung bestimmter Produkte bzw. von Flächenstilllegungen und Renaturierungen dar. Zudem wird mit den Instrumenten der Abschöpfungen und Ausgleichszahlungen als von Importeuren zu zahlenden Einfuhrzöllen operiert, wenn der Weltmarktpreis niedriger ist als der durch die Union festgelegte Mindesteinfuhrpreis. Hingegen kommt es zu Ausfuhrerstattungen iSv EU-Exportsubventionen, wenn Unionsprodukte teurer sind als der Weltmarktpreis für die entsprechenden Agrarprodukte.[2]

1246 Damit zielt die gemeinsame EU-Agrarpolitik im Wesentlichen darauf ab, den Erzeugern von Agrarprodukten im Binnenmarkt ein Mindesteinkommen zu garantieren. Dies macht auch deutlich, dass sich der Preis für Agrarprodukte in der Regel nicht oder nur zu einem geringen Teil über Angebot und Nachfrage reguliert. Entsprechend wird immer wieder Kritik an der mit über 40 % den größten Teil der Unionsausgaben beanspruchenden und deutlich marktfremde Elemente enthaltenden Landwirtschaftspolitik geäußert. Mit einer Agrarreform wurde im Jahr 1992 versucht, im Wege der teilweisen Preisangleichung an das Weltmarktniveau und des allgemeinen Abbaus von Produktionskapazitäten eine stärkere Marktorientierung zu bewirken. Zudem zielt die 1999 vom Europäischen Rat verabschiedete Agenda 2000[3] auf eine Anpassung der Agrarpolitik an die EU-Osterweiterung, indem ein bestimmter Finanzrahmen festgeschrieben und weitere Preissenkungen beschlossen wurden und ein Ausgleich für die Erzeuger durch Direktzahlungen festgelegt wurde.

1247 Ein weiteres Problem liegt im Grundsatz der Unionspräferenz, wonach es einen Absatzvorrang für EU-Produkte im Binnenmarkt gibt. Dies steht in einem Spannungsverhältnis zu den Freihandelsverpflichtungen im Rahmen der Welthandelsorganisation (WTO) (vgl. § 26). Zwei bedeutende Beispiele aus jüngerer Zeit sind die gemeinsame Marktordnung für Bananen, die den EU-Markt zugunsten der AKP-Staaten gegen den Import von »Dollar-Bananen« aus Mittel- und Südamerika durch US-amerikanische Konzerne abschirmen sollte,[4] und der gemeinsame Zuckermarkt, der den wenig

---

2 VO 800/1999/EG der Kommission v. 15.4.1999 über gemeinsame Durchführungsvorschriften für Ausfuhrerstattungen bei landwirtschaftlichen Erzeugnissen, ABl. 1999 L 102, 11, ABl. 2002 L 133, 43.
3 Schlussfolgerungen des Europäischen Rates, abgedruckt in: Bull. 1999, BReg. Nr. 30, 321 ff.
4 Vgl. dazu *Stein* EuZW 1998, 261 ff.

wettbewerbsfähigen südeuropäischen Zucker gegen den ein Drittel billigeren Weltmarktpreis protektionieren soll.[5]

Die gemeinsame Organisation der Agrarmärkte bzw. deren Protektion gegen Störun- **1248**
gen von außen wird durch eine Agrarstrukturpolitik flankiert, deren Rechtsgrundlage
Art. 38 IV AEUV bildet. Ziel der Agrarstrukturpolitik ist die Förderung rentabler
bzw. die Einstellung nicht rentabler Bereiche der Landwirtschaft. Insbesondere in den
1980er und 1990er Jahren gewann die Agrarstrukturpolitik zunehmend an Bedeutung.[6] Durch die Agrarreform 1992 kam es in steigendem Maße zu Stilllegungspro-
grammen und zur Reduzierung der Viehbestände. Die Agenda 2000 sah eine schrittweise Senkung der Interventionspreise vor. Schließlich wurde im Jahre 2003 eine
weitere Reform beschlossen, die Direktzahlungen an landwirtschaftliche Betriebe und
die dadurch geschaffenen Anreizsysteme weiter abzubauen suchte.[7]

Insgesamt wird man sagen müssen, dass die Agrarpolitik zwar einerseits einer der Be- **1249**
reiche ist, in denen die europäische Integration und Solidarität besonders weit fortge-
schritten ist, andererseits aufgrund ihrer wenig marktorientierten und stark protek-
tionistischen Tendenzen wachsender Kritik ausgesetzt ist.

Die »*Fischereipolitik*« unterfällt nunmehr ausdrücklich unter den Begriff »Landwirt- **1250**
schaft«, vgl. Art. 38 I UAbs. 2 AEUV iVm der VO 2371/2002/EG v. 20.12.2002.[8] Wie
bereits im EG-Vertrag wird der Begriff der Landwirtschaft nicht definiert, allerdings
stellt Art. 38 I UAbs. 2 AEUV klar, dass der Binnenmarkt die Landwirtschaft, die Fischerei und den Handel mit landwirtschaftlichen Erzeugnissen umfasst. Ziele der Fischereipolitik sind die Erzielung stabiler Fangquoten und die Erhaltung der natürlichen Ressourcen. So sind bestimmte Fangquoten für die Mitgliedstaaten innerhalb der
ausschließlichen Wirtschaftszone von 200 Seemeilen (sm) festgelegt.[9] Zudem gilt ein
alleiniges Fangrecht der Anrainerstaaten innerhalb der 12 sm-Zone. Erhaltungsmaß-
nahmen beinhalten die genaue Umschreibung zulässiger Fangmethoden. Wie auch die
allgemeine Landwirtschaftspolitik zeichnet sich die Fischereipolitik durch die Gewährung von Beihilfen und den Vollzug bestimmter Strukturmaßnahmen aus.[10]

§ 29 Sozialpolitik

Literatur: *Coen*, Abgestufte soziale Integration nach Maastricht, EuZW 1995, 50; *v. Danwitz*, Die
Rechtsprechung des EuGH zum Entsenderecht – Bausteine für eine Wirtschafts- und Sozialverfassung
der EU, EuZW 2002, 237–244; *Dieball*, Gleichstellung der Geschlechter im Erwerbsleben – neue Vorgaben des EG-Vertrags, EuR 2000, 274; *Eichenhofer*, Einführung in das Europäische Koordinierende Sozialrecht anhand der wichtigsten Fälle, JURA 1994, 11; *Hakenberg*, Europäisches Gemeinschaftsrecht;
Junker, Arbeits- und Sozialrecht in der Europäischen Union, JZ 1994, 277; *Oppermann/Classen/Net-*

---

5 Eine Reform mit dem Ziel der Senkung des Zuckerpreises um 36 % bis 2010 hat der Rat auf seiner
   Tagung v. 22.–24.11.2005 beschlossen, vgl. die Pressemitteilung http://ue.eu.int/ueDocs/cms_Data/
   docs/pressData/de/agricult/87512.pdf (Stand: 26.5.2006).
6 Zur Entwicklung s. *Oppermann/Classen/Nettesheim* EuropaR § 24 Rn. 11 ff.
7 VO 1782/2003/EG des Rates v. 29.9.2003, ABl. 2003 L 270, 1; ABl. 2006 L 279, 30–31.
8 ABl. 2002 L 358, 59.
9 S. zu den einzelnen »Zonen« gemäß des Seerechtsübereinkommens (SRÜ) der UNO von 1982 vgl.
   Hobe VölkerR 445 f.
10 Zu Einzelheiten vgl. *Oppermann/Classen/Nettesheim* EuropaR § 24 Rn. 38 ff.

tesheim EuropaR § 29 Rn. 1–19; *Stahn,* Streitkräfte im Wandel – Zu den Auswirkungen der EuGH-Urteile Sirdar und Kreil auf das deutsche Recht, EuGRZ 2000, 121; *Waltermann,* Einführung in das Europäische Sozialrecht, JuS 1997, 7.

1251 Rechtsgrundlagen der europäischen *Sozialpolitik* sind die Art. 151–161 AEUV (vormals Art. 136–145 EG). Dabei steht die Europäisierung des Sozialrechts seit jeher im Spannungsverhältnis unterschiedlicher rechtspolitischer Ansätze. Nach neoliberaler Auffassung stellt sich nämlich die Verbesserung der Lebens- und Arbeitsbedingungen als automatische Folge einer Wirtschaftsliberalisierung im Rahmen des Binnenmarktes dar. Sozialpolitik wird insofern wesentlich als Aufgabe der nationalen Gesetzgebung verstanden. Nach der Theorie des Sozialdumpings erweisen sich Sozialkosten hingegen regelmäßig als Wettbewerbshindernis. Dies hat dann die Notwendigkeit einer Vereinheitlichung sozialer Standards zur Folge, um Verzerrungen des Wettbewerbs zu vermeiden.

1252 Die gegenwärtige Sozialpolitik versteht sich insofern als Kompromiss. Gewisse Standards werden im Wege der Richtliniensetzung europäisch geregelt und die konkrete Ausgestaltung den einzelnen Mitgliedstaaten überlassen.[11]

1253 Insgesamt ist eine Entwicklung zu einer stärkeren Verbindlichkeit europäischer Sozialpolitik zu beobachten. Nach bloßen Rahmenprogrammen in den 1970er und 1980er Jahren nahm erstmals der Vertrag von Maastricht eine Institutionalisierung der Sozialpolitik vor. Das Zusatzprotokoll Nr. 14 zum Maastrichter Vertrag[12] erwies sich hier als Wegbereiter einer umfangreichen Sekundärrechtsetzung. Dabei ist auch eine teilweise Verschiebung der Rechtsetzungsbefugnisse von den Unionsorganen auf die Sozialpartner zu beobachten, welche gem. Art. 3, 4 des Protokolls auf Unionsebene Vereinbarungen treffen können, die nach Ratifikation durch den Rat zu bindendem Sekundärrecht werden. Der Amsterdamer Vertrag sah dann durch die Neufassung der Art. 136 ff. EG im Wege der Integration des Abkommens über die Sozialpolitik in den Vertragstext, der Einführung einer gemeinsamen Beschäftigungspolitik und der Förderung grenzüberschreitender Betriebsräte eine weitere Institutionalisierung vor.

1254 In Art. 137 EG in der Fassung des Vertrags von Nizza wurde in Abs. 1 der Maßnahmenkatalog zur Verwirklichung der allerdings nur unterstützenden und ergänzenden Sozialpolitik der früheren Gemeinschaft aufgelistet, wobei bestimmte Maßnahmen (lit. j und k) hinzutraten. Zudem wurde die Abstimmung mit qualifizierter Mehrheit in Art. 137 II lit. b EG erweitert, wobei aber die Mindestvorschriften nur unter Ausschluss jeglicher Harmonisierung beschlossen werden durften.

1255 Die Bestimmungen des Vertrags von Nizza sind in den Vertrag von Lissabon inhaltlich nahezu unverändert übernommen worden. Erwähnung verdient vor allem die neue horizontale Sozialklausel (Art. 3 III EUV nF), der zufolge soziale Gerechtigkeit und sozialer Schutz gesamteuropäische Ziele darstellen. Eine weitere wichtige Neuregelung ist die Anerkennung der Bedeutung der Sozialpartner in Art. 152 AEUV, demnach die Union die Rolle der Sozialpartner unter Berücksichtigung der Unterschiedlichkeit der nationalen Systeme anerkennt. Sie fördert den sozialen Dialog und achtet dabei die Autonomie der Sozialpartner. Insgesamt wird mit dem Vertrag von Lissabon

---

11 Vgl. *Hakenberg* Europäisches Gemeinschaftsrecht Rn. 131 ff.
12 ABl. 1992 C 191, 90.

die Aufgabe der Union, soziale Sicherheit und Beschäftigung zu schützen, nachhaltig unterstrichen. Demgegenüber wird im Bereich des Steuerwesens sowie in der Beschäftigungspolitik auch nach dem Vertrag von Lissabon deutlich die mitgliedstaatliche Zuständigkeit betont.

Wichtigste verfahrensrechtliche Neuerung ist der Übergang zum ordentlichen Gesetzgebungsverfahren, sodass das Parlament im Bereich der Sozialpolitik nunmehr gleichberechtigt neben dem Rat mitentscheidet (vgl. Art. 153 II UAbs. 2 AEUV). Das besondere Gesetzgebungsverfahren ist gem. Art. 153 II UAbs. 2 AEUV für die Bereiche (c) sozialer Arbeitnehmerschutz, (d) Arbeitnehmerschutz bei Beendigung des Arbeitsverhältnisses, (f) kollektive Arbeitnehmervertretung und (g) Beschäftigungsbedingungen von Drittstaatsangehörigen vorbehalten. Allerdings kann der Rat einstimmig auf Vorschlag der Kommission und nach Anhörung des Parlaments beschließen, dass das ordentliche Gesetzgebungsverfahren angewandt wird. **1256**

Die Angleichung nationaler Schutzregeln ist durch eine Fülle relevanten Sekundärrechts angestrebt, welches hier nur überblicksmäßig dargestellt werden soll. So gibt es etwa eine Richtlinie zur Angleichung der Rechtsvorschriften der Mitgliedstaaten über Massenentlassungen,[13] eine Richtlinie zur Angleichung der Rechtsvorschriften über die Wahrung von Ansprüchen der Arbeitnehmer beim Übergang von Unternehmen, Betrieben oder Betriebsteilen,[14] eine Richtlinie zur Angleichung der Rechtsvorschriften über den Schutz der Arbeitnehmer bei Zahlungsunfähigkeit des Arbeitgebers,[15] eine Richtlinie über die Pflicht des Arbeitgebers zur Unterrichtung des Arbeitnehmers über die für seinen Arbeitsvertrag oder sein Arbeitsverhältnis geltenden Bedingungen,[16] eine Richtlinie über bestimmte Aspekte der Arbeitszeitgestaltung[17] und eine Richtlinie zu Rahmenvereinbarungen über Teilzeitarbeit.[18] **1257**

Auch im Bereich des Verbots geschlechtsspezifischer Diskriminierungen im Arbeitsleben (Art. 157 AEUV, zuvor Art. 141 EG) gibt es eine Fülle einschlägigen Sekundärrechts, das etwa Fragen des gleichen Entgelts für Männer und Frauen, des Zugangs zur Beschäftigung,[19] der Gleichbehandlung im Bereich der sozialen Sicherheit, der Gleichbehandlung bei den betrieblichen Systemen der sozialen Sicherheit und den Mutterschutz betrifft. Die Geschlechtergleichstellung zählt zu den Zielen der Union (Art. 2, Art. 3 III EUV).[20] Der Harmonisierungsbedarf war unter anderem dadurch entstanden, dass der EuGH dem Art. 157 AEUV bzw. dem früheren Art. 141 EG eine unmittelbare Wirkung zugesprochen hatte. Dies hat zur Folge, dass geschlechtsspezifische Lohnunterschiede unter Berufung auf diese Vorschrift unmittelbar vor nationalen (Arbeits-)Gerichten eingeklagt werden können.[21] Zudem muss Schadenersatz bei **1258**

---

13 RL 1998/59/EG v. 20.7.1998, ABl. 1998 L 225, 16.
14 RL 1977/187/EWG v. 14.2.1977, ABl. 1997 L 61, 26; geänd. durch RL 1998/50/EG v. 29.6.1998, ABl. 1998 L 201, 88.
15 RL 1980/987/EWG v. 20.10.1980, ABl. 1980 L 283, 23; geänd. durch RL 2002/74/EG v. 23.9.2002, ABl. 2002 L 270, 10.
16 RL 1991/533/EWG v. 14.10.1991, ABl. 1991 L 288, 32.
17 RL 2003/88/EG v. 4.11.2003, ABl. 2003 L 299, 9.
18 RL 1997/81/EG v. 15.12.1997, ABl. 1997 L 14, 9.
19 S. etwa EuGH 11.1.2000 – C-285/98, Slg. 2000, I-69 = BeckRS 2004, 76000 – Kreil; hierzu *Stahn* EuGRZ 2000, 121.
20 Vgl. *Dieball* EuR 2000, 274.
21 EuGH 8.4.1976 – 43/75, Slg. 1976, 455 = BeckRS 2004, 71181 – Defrenne II.

einer Nichteinstellung aufgrund des Geschlechts bezahlt werden. Die Höhe des Schadenersatzes muss realistisch sein und darf nicht etwa symbolisch sein. Daher darf die Vorschrift des § 611 a BGB nicht etwa allein auf die Erstattung von Bewerbungskosten beschränkt sein.[22]

1259 In diesem Zusammenhang verdient der Erlass eines Antidiskriminierungspaketes aus den Jahren 2000–2002 Beachtung. Drei Richtlinien betreffend die Gleichbehandlung ohne Unterschied der Rasse oder ethnischen Herkunft,[23] die Festlegung eines allgemeinen Rahmens für die Verwirklichung der Gleichbehandlung in Beschäftigung und Beruf[24] und die Verwirklichung des Grundsatzes der Gleichbehandlung von Männern und Frauen[25] wurden zur Verwirklichung des Ziels diskriminierungsfreier Gleichbehandlung verabschiedet.

Inhalt ist jeweils die Herstellung der Gleichberechtigung in allen Bereichen des Arbeits- und Soziallebens. Diese Richtlinien sind inzwischen in Deutschland mit dem Entwurf eines umfassenden Antidiskriminierungsgesetzes in den Bundestag eingebracht worden, was zu kontroversen Diskussionen führte (→ Rn. 623).[26]

1260 Europäische *Strukturpolitik* als Bestandteil der Sozialpolitik hat ihre Grundlage in den Art. 162–164 AEUV (zuvor Art. 146–148 EG). Inhaltlich geht es um die Unterstützung diverser Programme zur Bekämpfung der (Jugend-)Arbeitslosigkeit bzw. zur Finanzierung von Umschulungs- und Umsiedlungsmaßnahmen. Diese Finanzierung erfolgt vor allem durch den europäischen Sozialfonds. Sein Zweck ist es, die berufliche Verwendbarkeit und die örtliche und berufliche Freizügigkeit der Arbeitnehmer zu fördern (Art. 162 AEUV). Dabei werden 75 % der Mittel dieses Fonds für die Bekämpfung der strukturell bedingten Arbeitslosigkeit in den weniger entwickelten europäischen Regionen und der Jugendarbeitslosigkeit verwendet.

1261 Im Bereich der *Beschäftigungspolitik,* deren Grundlage in Art. 145–150 AEUV (zuvor Art. 125–130 EG) liegt, geht es um die Erreichung eines hohen Beschäftigungsniveaus durch Anreizmaßnahmen (Art. 149 AEUV), die durch einen Beschäftigungsausschuss überwacht werden (Art. 150 AEUV). Hier haben die Mitgliedstaaten Jahresberichte über erreichte Fortschritte zu liefern (Art. 148 AEUV). Als wichtige Neuerung ist auch hier nochmals hervorzuheben, dass das ordentliche Gesetzgebungsverfahren mit umfassenden Mitwirkungsrechten des Parlaments bei der Gesetzgebung im Rahmen der Beschäftigungspolitik eingeführt worden ist, Art. 149 I AEUV.

---

22 EuGH 10.4.1984 – 14/83, Slg. 1984, 1891 = BeckRS 2004, 71617 – v. Colson und Kamann; zur weiteren Problematik der europarechtlichen Zulässigkeit von Frauenquoten s. EuGH 17.10.1995 – C-450/93, Slg. 1995, I-3051 = BeckRS 2004, 77327 – Kalanke sowie EuGH 11.11.1997 – C-409/95, Slg. 1997, I-6363 = BeckRS 2004, 77088 – Marschall.
23 RL 2000/43/EG v. 29.6.2000, ABl. 2000 L 180, 22.
24 RL 2000/78/EG v. 27.11.2000, ABl. 2000 L 303, 16.
25 RL 2002/73/EG v. 23.9.2002, ABl. 2002 L 269, 15.
26 BT-Drs. 15/4538; vgl. *Benecke/Kern* EuZW 2005, 360ff.

§ 30 Umwelt-, Verkehrs- und Energiepolitik

Literatur: *Beyer,* Gemeinschaftsrecht und Umweltschutz nach Maastricht, JuS 1997, 294; *Falke,* Neue Entwicklungen im Europäischen Umweltrecht, ZUR 2014, 249; *Hobe,* Energierecht, EuR-Bei 2009, 219 ff.; *Hobe,* Die Bedeutung des Abschlusses des Luftverkehrsabkommens zwischen der Europäischen Union und den USA, FS Stober, 2008, 761 ff.; *Kahl,* Die Kompetenzen der EU in der Energiepolitik nach Lissabon, EuR 2009, 601; *Knill,* Europäische Umweltpolitik: Steuerungsprobleme und Regulierungs-muster im Mehrebenensystem, 2008; *Lecheler/Gundel,* Ein weiterer Schritt zur Vollendung des Ener-gie-Binnenmarktes, EuZW 2003, 621; *Maichel,* Das Energiekapitel in der Europäischen Verfassung – mehr Integration oder mehr Zentralismus für die leitungsgebundene Energiewirtschaft Europas, FS Götz, 2005, 55 ff.; *Pechstein,* EG-Umweltrechtskompetenzen und nationale Alleingänge beim Um-weltschutz, JURA 1996, 176; *Pießkalla,* Die Kommissionsvorschläge zum »full ownership unbundling« des Strom- und Gasversorgungsnetzes im Lichte der Eigentumsneutralität des EG-Vertrags (Art. 295 EG), EuZW 2008, 199; *Scholkta/Baumbach,* Die Entwicklung des Energierechts seit Inkrafttreten des EnWG 2005, NJW 2008, 1128 ff.; *Scholtka/Baumbach,* Die Entwicklung des Energierechts in den Jah-ren 2002 und 2003, NJW 2004, 723 ff.

I. Umweltpolitik

Seit der Einheitlichen Europäischen Akte von 1986 hatte der Umweltschutz eine ei-genständige Rechtsgrundlage im EG-Vertrag, welche mit den Art. 191 ff. AEUV auch in den AEU-Vertrag übernommen wurde. Die Ziele des gemeinschaftlichen Umwelt-schutzes werden in Art. 191 AEUV festgehalten. Es geht um die Erhaltung und den Schutz der Umwelt sowie die Verbesserung ihrer Qualität, den Schutz der mensch-lichen Gesundheit, eine umsichtige und rationelle Verwendung natürlicher Ressourcen sowie die Förderung umweltschützender Maßnahmen, insbesondere zur Bekämpfung des Klimawandels. Daneben beschreibt Art. 191 II AEUV die Prinzipien des europä-ischen Umweltrechts. Es gilt zum einen das *Vorsorgeprinzip,* wonach mögliche Gefah-ren für die Umwelt bereits im Vorfeld, etwa bei der Produktentwicklung, ausgeschaltet werden sollen, sowie das *Ursprungsprinzip,* wonach nicht allein Symptome von Um-weltbeeinträchtigungen bekämpft, sondern Probleme an der »Quelle« angegangen werden sollen. Zudem gilt das *Verursacherprinzip,* wonach der Verursacher für Folge-schäden verantwortlich ist. Schließlich ist Umweltschutz eine *Querschnittsaufgabe,* die gem. Art. 11 AEUV obligatorisch in alle Gemeinschaftspolitiken einzubeziehen ist. **1262**

Neben diesen Prinzipien verzichten die Regelungen der Verträge auf die Formulierung eigenständigen europäischen Umweltrechts. Vielmehr werden im Wege der Sekundär-rechtssetzung gewisse Standards gesetzt, an die sich die Mitgliedstaaten anzunähern haben. Wesentliche durch Sekundärrecht eingeführte gemeinschaftsrechtliche Maß-nahmen des Umweltschutzes sind etwa die Umweltverträglichkeitsprüfung,[27] die frei-willige Beteiligung gewerblicher Unternehmen an einem Gemeinschaftssystem für das Umweltmanagement und die Umweltbetriebsprüfung (EMAS),[28] die Richtlinie über den Zugang der Öffentlichkeit zu Umweltinformationen[29] sowie eine Vielzahl von Richtlinien betreffend Trinkwasser, Abwasser, Kfz-Emissionen, Schwefeldioxyd und Lärmschutz. **1263**

---

27 Durch RL 1985/337/EWG v. 27.6.1985, ABl. 1985 L 175, 40; geänd. durch RL 2003/35/EG v. 26.5.2003, ABl. 2003 L 156, 17.
28 Durch VO 761/2001/EG v. 19.5.2001, ABl. 2001 L 114, 1.
29 RL 2003/4/EG v. 28.1.2003, ABl. 2003 L 41, 26.

1264 Das Grundproblem des europäischen Umweltrechts ist sein latentes Spannungsverhältnis zu den Marktfreiheiten. Umweltrechtliche Standards können wettbewerbsbeschränkend bzw. -verzerrend wirken. Der EuGH erkennt in ständiger Rechtsprechung die Belange des Umweltschutzes zwar nicht als Rechtfertigungsgrund etwa einer Beschränkung der Warenverkehrsfreiheit iSv Art. 36 AEUV an, allerdings als sog. zwingendes Erfordernis (→ Rn. 701 ff.),[30] und akzeptiert sie neuerdings auch als sog. »vergabefremdes« Kriterium im Vergaberecht (→ Rn. 911).[31]

1265 Die Grundtendenz zu einer Schaffung von europaweit gültigen Umweltstandards zur Verhinderung von Wettbewerbsverzerrungen kann durch ein »Nachobenabweichen« im Sinne der Setzung von höheren Standards, dem sog. nationalen Alleingang, unter bestimmten, von der Zustimmung der Kommission abhängigen Bedingungen »nach oben aufgeweicht« werden.

1266 Hinzuweisen ist schließlich auf das Bestehen der *Europäischen Umweltagentur* in Kopenhagen als ergänzender EU-Einrichtung, die seit Ende 1993 Umweltdaten in den einzelnen Mitgliedstaaten sammelt und auswertet.

II. Verkehrspolitik

1267 Grundlage der europäischen *Verkehrspolitik* sind die Art. 90 ff. AEUV. Art. 91 AEUV enthält dabei in Form eines Maßnahmenkatalogs die Kompetenzzuweisung für die Sekundärrechtssetzung. Ziel der europäischen Verkehrspolitik soll die Erreichung einer auf Dauer tragbaren Mobilität durch Abwägung der Interessen der Verkehrsteilnehmer, der Belange der Verkehrsunternehmen sowie der Bedürfnisse des Umweltschutzes sein. Für Deutschland besteht insofern eine Sonderregelung in Art. 98 AEUV, als dass Maßnahmen, die erforderlich sind, um die Nachteile, die der Wirtschaft bestimmter, von der Teilung Deutschlands betroffener Gebiete der Bundesrepublik entstehen, auszugleichen, den Bestimmungen des Titels VI nicht entgegenstehen. Mit dem Vertrag von Lissabon wurde dem Rat die Möglichkeit eingeräumt, fünf Jahre nach Inkrafttreten des Reformvertrags auf Vorschlag der Kommission diese Vorschrift durch Beschluss aufzuheben.

1268 Nach lange eher stiefmütterlicher Behandlung der Verkehrspolitik rief erst eine erfolgreiche Untätigkeitsklage des Parlaments gegen den Rat[32] eine Vielzahl von Sekundärrechtsakten hervor. Eine wesentliche Einzelfrage ist etwa die der Kabotage, also des Marktzugangs von Transportunternehmen zum Binnenverkehr, wo eine weitgehende Liberalisierung erreicht wurde.[33] Darüber hinaus folgt aus Art. 92 AEUV die Verpflichtung zu einheitlichen Steuern und Abgaben auf in- und ausländische Schwerlastfahrzeuge. Hier war etwa das Problem der in Deutschland geplanten Schwerlastabgabe einzuordnen, die in ihrer ursprünglich geplanten Form vom EuGH als unzulässig angesehen wurde.[34]

---

30 Vgl. etwa EuGH 9.7.1992 – C-2/90, Slg. 1992, I-4431 = BeckRS 2004, 74896 – Kommission/Belgien.
31 EuGH 17.9.2002 – C-513/99, Slg. 2002, I-7213 = BeckRS 2004, 77525 – Concordia Bus Finland.
32 EuGH 22.5.1985 – 13/83, Slg. 1985, 1513 = BeckRS 2004, 71503 – Parlament/Rat.
33 S. etwa VO 881/1992/EWG v. 26.3.1992, ABl. 1992 L 95, 1, über den Zugang zum Güterkraftverkehrsmarkt in der Gemeinschaft aus oder nach einem Mitgliedstaat oder durch einen oder mehrere Mitgliedstaaten.

Europarechtlicher Prüfstein für die nationale Lkw-Maut ist RL 1999/62/EG »über die Erhebung von Gebühren für die Benutzung bestimmter Verkehrswege durch schwere Nutzfahrzeuge«,[35] die wesentliche Eckpunkte wie die gebührenpflichtigen Fahrzeuge, die mautpflichtigen Straßen und die Berechnungsmodalitäten der Maut festlegt.

Art. 170 AEUV verschreibt sich zudem dem Ziel sog. transeuropäischer Netze im Sinne einer grenzüberschreitenden Verkehrsinfrastruktur im Binnenmarkt.   1269

Erwähnenswert ist schließlich, dass die Verkehrspolitik neben dem Straßen- auch den See- und Luftverkehr[36] umfasst.   1270

III. Energiepolitik

Die *Energiepolitik* gab es lange Zeit ohne ausdrückliche Kompetenzzuweisung: ihre   1271
Zulässigkeit basierte auf den Art. 3 I lit. u, 154–156 EG sowie hinsichtlich der Atom-energie auf den Art. 30 ff., 52 ff., 92 ff. EA. Sie wird oftmals als Querschnittsmaterie be-zeichnet. Ziel der erst seit den 1970er Jahren entwickelten gemeinschaftlichen Energie-politik ist die Gewährleistung einer autonomen Energieversorgung der EG bei gleichzeitiger Berücksichtigung von Sicherheit und Umweltschutz.[37] Anders als in an-deren Bereichen ist daher die bloße Schaffung eines Gemeinsamen Energiemarktes nicht ausreichend, sondern Angebot und Nachfragemüssen in einer langfristigen Ent-wicklungsperspektive auf europäischer Ebene gesteuert werden. Die frühen Gemein-schaftsbestimmungen bezogen sich allerdings immer nur auf einzelne Elemente der Energiepolitik. Eine grundlegende Neuregelung erfolgte zunächst durch den Erlass der Elektrizitätsbinnenmarktrichtlinie 1996/92/EG[38] sowie der Erdgasbinnenmarkt-richtlinie 1998/30/EG.[39] Diese beiden Richtlinien enthielten erstmals umfassende Vor-schriften für den Energiesektor auf Gemeinschaftsebene und haben in ihrer Liberali-sierungstendenz insbesondere die nationalen Energiemärkte grundlegend beeinflusst. Sie wurden mittlerweile durch die Beschleunigungsrichtlinien für Strom 2003/54/EG[40] und Gas 2003/55/EG[41] ersetzt. Letztere bilden zusammen mit der Verordnung über den grenzüberschreitenden Stromhandel-VO 1228/2003/EG[42] seit dem 1. 7. 2004 den neuen Ordnungsrahmen für den Energiebinnenmarkt, wodurch dessen Liberali-sierung und Deregulierung einen großen Schritt voran gebracht wurden.[43]

---

34 Vgl. zur Unzulässigkeit einer in Deutschland erhobenen Abgabe auf nicht in Deutschland einge-schriebene Schwerlastfahrzeuge EuGH 19.5.1992 – C-195/90, Slg. 1992, I-3141 = BeckRS 2004, 74856 – Kommission/Deutschland.
35 ABl. 1999 L 187, 42.
36 S. hier insbesondere die drei Maßnahmenpakete zur Liberalisierung des europäischen Luftverkehrs in der Form der VO 2407/1992/EWG, ABl. 1992 L 240, 1, VO 2408/1992/EWG, ABl. 1992 L 240, 8, VO 2409/1992/EWG, ABl. 1992 L 240, 15; zur Frage der Kompetenz der Gemeinschaft zum Ab-schluss bilateraler Luftverkehrsabkommen s. neuerdings EuGH 5.11.2002 – C-466/98, Slg. 2002, I-9427 und I-9855 = BeckRS 2004, 77383 – Open Skies; dazu *Hobe,* FS Stober, 2008, 761 ff.
37 S. im Einzelnen dazu *Tettinger,* FS Everling, Bd. 2, 1995, 1529; *Hobe* EuR 2009, Beiheft 1, 219.
38 ABl. 1997 L 27, 20.
39 ABl. 1998 L 204, 1.
40 RL 2003/54/EG v. 26.6.2003, ABl. 2003 L 176, 37.
41 RL 2003/55/EG v. 26.6.2003, ABl. 2003 L 176, 57, ABl. 2004 L 16, 74.
42 VO 1228/2003/EG v. 26.6.2003, ABl. 2003 L 176, 1.
43 Einen Überblick über die damalige Entwicklung verschaffen *Scholtka/Baumbach* NJW 2004, 723.

1272 Die zunehmende Aktualität und Bedeutung einer gemeinsamen europäischen Energie-politik wurde eindrucksvoll auf dem am 8./9.3.2007 unter deutscher Präsidentschaft durchgeführten Ratsgipfel bewiesen, dessen zentraler Diskussionspunkt sie war.

Seit dem 19.9.2007 sieht das 3. Liberalisierungspaket eine weitere Öffnung des europä-ischen Binnenmarktes für Energie vor. Die neue eigentumsrechtliche Entflechtung der Energieversorgungsnetze, das sog. »ownership unbundling« stellt die Existenz vertikal integrierter Energieversorgungsunternehmen infrage. War ursprünglich sogar vorge-sehen, dass die Mitgliedstaaten ihre Netzbetreiber zur Verbesserung des Wettbewerbs zum Verkauf ihrer Netze zwingen sollten, kam es im Laufe des Jahres 2008 zur Eini-gung über eine vollständige Trennung von Energieerzeugern und Übertragungsnetz-betreibern bzw. als weitere gleichberechtigte Option die Übertragung der Netze an einen unabhängigen Treuhänder bzw. die Überlassung der Netze an eine Tochterfirma. Sie beschränkten Mitbestimmungsrechte des Mutterkonzerns.[44]

1273 Im Vertrag von Lissabon ist entsprechend ein neuer Titel XXI Energie eingefügt wor-den.[45] Dadurch soll unter anderem das Funktionieren des Energiemarkts und die Energieversorgungssicherheit gewährleistet sowie die Energieeffizienz gewahrt und die erneuerbaren Energien entwickelt werden (Art. 194 I AEUV). Äußerste Grenze jedweder, im ordentlichen Gesetzgebungsverfahren (Art. 194 I iVm Art. 289, 294 AEUV) anzustrebenden Harmonisierung ist dabei das Recht jedes Mitgliedstaates, über die Bedingungen für die Nutzung seiner Energieressourcen, die Wahl der Ener-giequellen und die allgemeine Struktur seiner Energieversorgung selbst zu entscheiden (Art. 194 II und I AEUV).

§ 31 Forschungs-, Bildungs- und Kulturpolitik und weitere Politiken

Literatur: Dauses/*Lukes* § 29; *Hobe,* Prospects for a European space administration, Space Policy 2004; *Hobe/Kunzmann/Reuter/Neumann,* Rechtliche Rahmenbedingungen einer zukünftigen kohä-renten Struktur der europäischen Raumfahrt, 2006; *Hobe/Heinrich/Kerner/Froehlich,* Entwicklung der Europäischen Weltraumagentur als »implementing agency« der Europäischen Union: Rechtsrahmen und Anpassungserfordernisse, 2009; *Nettesheim,* Das Kulturverfassungsrecht der Europäischen Union, JZ 2002, 157; *Niedobitek,* Die kulturelle Dimension im Vertrag über die Europäische Union, EuR 1995, 349; *Oppermann/Classen/Nettesheim* EuropaR § 34; *Reuter,* The Framework Agreement between the European Space Agency and the European Community: A Significant Step Forward?, ZLW 2004, 56ff.; *Seidel/Beck,* Rechtliche Aspekte der Bildungspolitik der EG, JURA 1997, 393; *Terhechte,* Der Vertrag von Lissabon: Grundlegende Verfassungsurkunde der Europäischen Rechtsgemeinschaft oder techni-scher Änderungsvertrag?, EuR 2008, 143ff.

I. Forschungs-, Bildungs- und Kulturpolitik

1274 Forschung, Bildung und Kultur sind Bereiche, die in der Union als primär wirtschaft-lich ausgerichteter Gemeinschaft nur in sehr begrenztem Umfang Beachtung finden. Ausdrückliche Zuständigkeiten wurden erst durch den Maastrichter Vertrag von 1992 geschaffen. Rechtsgrundlagen für Forschung und Technologie sind Art. 179ff. AEUV, für Bildung Art. 165f. AEUV und für Kultur Art. 167 AEUV.

---

44 S. *Hobe* EuR 2009, Beiheft 1, 225.
45 S. zur neuesten Entwicklung *Scholkta/Baumbach* NJW 2008, 1128; zum Ursprung der Kompetenz der EU im Energierecht s. *Maichel,* FS Götz, 2005, 55.

Ziel der *Forschungspolitik* ist die Stärkung der wissenschaftlich-technologischen **1275**
Grundlagen der Union, indem ein europäischer Raum der Forschung geschaffen wird,
in welchem Freizügigkeit für Forscher herrscht und wissenschaftliche Erkenntnisse
und Technologien frei ausgetauscht werden und die Entwicklung der internationalen
Wettbewerbsfähigkeit einschließlich der Industrie gefördert wird (Art. 179 I AEUV).
Zur Erreichung dieser Ziele werden Forschungsprogramme, die Kooperation mit
Drittstaaten und internationalen Organisationen, Verbreitung und Auswertung der Er-
gebnisse sowie die Ausbildung gefördert (Art. 180 AEUV).

Hierzu stellen das Parlament und der Rat gemäß dem ordentlichen Gesetzgebungsver- **1276**
fahren gemeinsame Rahmen- und Einzelprogramme zur Förderung grenzüberschreitender Forschung etwa auf den Gebieten Energie, Landwirtschaft, Umwelt, Gentech-
nik, Medizin uÄ auf, Art. 182 ff. AEUV. Zudem können neuerdings der Rat und das
Parlament gemäß dem ordentlichen Gesetzgebungsverfahren ergänzende Maßnahmen
erlassen, Art. 182 V AEUV. Ein wesentlicher Bereich anwendungsorientierter Forschung, die europäische Raumfahrt (Art. 189 AEUV), vollzieht sich institutionell im
Wesentlichen außerhalb der Union, nämlich in der europäischen Weltraumagentur
ESA.[46]

Nach dem Vertrag von Lissabon ist zur Politik in den Bereichen Forschung und tech- **1277**
nologische Entwicklung (Art. 179 ff. AEUV, zuvor Art. 163 ff. EG) der neue Teilaspekt
Raumfahrt (Art. 189 AEUV) hinzugetreten. Zu diesem Zweck fördert die Kommis-
sion gemeinsame Initiativen zur Unterstützung der Forschung, der technologischen
Entwicklung und zur Koordinierung der Erforschung und Nutzung des Weltraumes.
Der Rat und das Parlament erlassen im ordentlichen Gesetzgebungsverfahren unter
ausdrücklichem Ausschluss der Rechtsharmonisierung die notwendigen Maßnahmen.
Im Übrigen wird das bereits im Politikbereich der Forschung und technologischen
Entwicklung bekannte Forschungsrahmenprogramm künftig als ordentlicher Gesetz-
gebungsakt von Parlament und Rat verabschiedet (Art. 182 AEUV, zuvor Art. 166
AEUV). Dieses Forschungsprogramm soll gemeinsam mit von der Kommission erlassenen Leitlinien und Indikatoren (Art. 181 II AEUV) sowie mit von den Mitgliedstaaten durchgeführten Aktionen (Art. 180 AEUV) dem in Art. 179 I AEUV genannten
Ziel dienen, nämlich einen europäischen Raum der Forschung zu schaffen, in dem
Freizügigkeit für die Forscher herrscht und wissenschaftliche Erkenntnisse und Technologien frei ausgetauscht werden. Zum Verhältnis der bislang intergouvernemental
operierenden European Space Agency (ESA) sagt der Vertrag nur, dass die Union die
zweckdienlichen Verbindungen herstellt (Art. 189 III AEUV).

Ziel der europäischen *Bildungspolitik* ist die Entwicklung einer qualitativ hochstehen- **1278**
den Bildung im allgemeinen (Art. 165 AEUV) und beruflichen Bereich (Art. 166
AEUV) unter besonderer Einbeziehung der Jugend. Auch hier wurde das ordentliche
Gesetzgebungsverfahren für den Erlass von Rechtsakten und gleichberechtigter Betei-
ligung des Parlaments eingeführt (Art. 165 IV AEUV). Die Union hat verschiedene
Aktionsprogramme, etwa für Hochschulen (zB *Sokrates* als Rahmenprogramm zur

---

46 Zu neueren Entwicklungen im Bereich der institutionellen Ausgestaltung der europäischen Raumfahrt s. *Hobe,* Prospects for a European space administration, 20/1 Space Policy, 2004, 25–29; *Reuter*
ZLW 2004, 56; *Hobe/Kunzmann/Reuter/Neumann,* Rechtliche Rahmenbedingungen einer zukünftigen kohärenten Struktur der europäischen Raumfahrt, 2006, 1 ff.; *Hobe/Heinrich/Kerner/Froeh-
lich,* Entwicklung der Europäischen Weltraumagentur, 2009, 1 ff.

Förderung des universitären Austauschs mit einer Vielzahl von Einzelprogrammen, *Erasmus* zur Förderung studentischer Mobilität), das *Leonardo da Vinci*-Programm im Bereich der Berufsbildung und im Jugendaustausch das Programm *Jugend für Europa* aufgelegt. Europäische Schulen sowie das *Europäische Hochschulinstitut* in Florenz gehören ebenso dazu. Der sog. *Bologna-Prozess* mit dem Ziel, europaweit vergleichbare Studienabschlüsse zu schaffen, vollzieht sich dagegen außerhalb der EU und hat mittlerweile 40 europäische Unterzeichnerstaaten.

1279 Ziel der europäischen *Kulturpolitik* ist die Entfaltung der Kulturen der Mitgliedstaaten und die Bewahrung des gemeinsamen kulturellen Erbes (Art. 167 AEUV). Dieses Ziel wird durch Fördermaßnahmen und Kooperation mit Drittstaaten und internationalen Organisationen zu erreichen versucht. Die Kompetenz der Union wird hierbei auf eine unterstützende Funktion begrenzt (Art. 167 II AEUV), die vom Rat und Parlament im ordentlichen Gesetzgebungsverfahren erlassen werden können. Hier sind – noch nach alter Rechtslage – diverse Aktionsprogramme (*Ariane* zur Förderung im Bereich Buch, Lesen und Übersetzung; *Kaleidoskop* zur Förderung von Aktivitäten künstlerischer und kultureller Art und *Raphael* zum Erhalt des kulturellen Erbes, die im Rahmenprogramm *Kultur 2000* zusammengefasst wurden) bzw. Einzelmaßnahmen, zB die Benennung von Städten zur Kulturhauptstadt Europas, zu verzeichnen.[47] Zudem muss die Union nach Art. 167 IV AEUV bei allen anderen Tätigkeiten den kulturellen Aspekten Rechnung tragen.

II. Übrige Politiken

1280 Überblicksmäßig seien neben den vorbenannten Politiken die auf Art. 168 AEUV (vormals Art. 152 EG) beruhende, die Union zur Sicherstellung eines hohen Schutzniveaus verpflichtende *Gesundheitsschutzpolitik*,[48] die auf der Basis des Art. 174 AEUV (vormals Art. 158 EG) fußende europäische *Regionalpolitik* zur Verringerung der Unterschiede im Entwicklungsstand zwischen den Regionen mit dem europäischen Regionalfonds (Art. 176 AEUV, zuvor Art. 160 EG) sowie dem Struktur- und Kohäsionsfonds (Art. 177 AEUV, zuvor Art. 161 EG) und die europäische *Industriepolitik* (Art. 173 AEUV, zuvor Art. 157 EG) mit dem Ziel der Erhaltung der Wettbewerbsfähigkeit der Industrie der Union innerhalb eines Systems offener und wettbewerbsorientierter Märkte genannt.

1281 Zudem wurden die Politikbereiche Sport (Art. 165 AEUV), Energie (Art. 194 AEUV), Tourismus (Art. 195 AEUV) und Katastrophenschutz (Art. 196 AEUV) neu in die Verträge integriert.

1282 Insgesamt ist aber eine sich auch nach dem Vertrag von Lissabon bestätigende Tendenz festzustellen, dass die Union, trotz gelegentlich pointiert vorgetragenen Pochens der Mitgliedstaaten auf die Einhaltung des Subsidiaritätsprinzips, ihre Aktivitäten auf zahlreiche neue Aufgabenfelder ausgedehnt hat.[49] Hierdurch wird deutlich, dass immer mehr Bereiche nicht mehr einer einzelstaatlichen Lösung zugänglich sind, sondern gemeinsame Lösungen erforderlich machen.

---

47 Im Einzelnen *Niedobitek* EuR 1995, 349.
48 Dazu im Einzelnen *v. Schwanenflügel* EuR 1998, 210.
49 *Terhechte* EuR 2008, 143 (173f.).

Übereinstimmungstabellen nach Art. 5 des Vertrags von Lissabon

A. Vertrag über die Europäische Union

Bisherige Nummerierung des Vertrags über die Europäische Union	Neue Nummerierung des Vertrags über die Europäische Union
TITEL I – GEMEINSAME BESTIMMUNGEN	TITEL I – GEMEINSAME BESTIMMUNGEN
Art. 1	Art. 1
	Art. 2
Art. 2	Art. 3
Art. 3 (aufgehoben)[1]	
	Art. 4
	Art. 5[2]
Art. 4 (aufgehoben)[3]	
Art. 5 (aufgehoben)[4]	
Art. 6	Art. 6
Art. 7	Art. 7
	Art. 8
TITEL II – BESTIMMUNGEN ZUR ÄNDERUNG DES VERTRAGS ZUR GRÜNDUNG DER EWG IM HINBLICK AUF DIE GRÜNDUNG DER EG	TITEL II – BESTIMMUNGEN ÜBER DIE DEMOKRATISCHEN GRUNDSÄTZE
Art. 8 (aufgehoben)[5]	Art. 9
	Art. 10[6]
	Art. 11
TITEL III – BESTIMMUNGEN ZUR ÄNDERUNG DES VERTRAGS ÜBER DIE GRÜNDUNG DER EGKS	TITEL III – BESTIMMUNGEN ÜBER DIE ORGANE
	Art. 12
Art. 9 (aufgehoben)[7]	Art. 13

---

1 Im Wesentlichen ersetzt durch Artikel 7 des Vertrags über die Arbeitsweise der Europäischen Union (AEUV) und Art. 13 I sowie Art. 21 III UAbs. 2 des Vertrags über die Europäische Union (EUV).

2 Ersetzt Art. 5 des Vertrags über die Gründung der Europäischen Gemeinschaft (EGV).

3 Im Wesentlichen ersetzt durch Art. 15 EUV.

4 Im Wesentlichen ersetzt durch Art. 13 II EUV.

5 Art. 8 EUV in der Fassung vor dem Inkrafttreten des Vertrags von Lissabon (im Folgenden »bisheriger EUV«) enthält Vorschriften zur Änderung des EGV. Die in diesem Artikel enthaltenen Änderungen wurden in den EGV eingefügt und Art. 8 wird aufgehoben. Unter seiner Nummer wird eine neue Bestimmung eingefügt.

6 Abs. 4 ersetzt im Wesentlichen Art. 191 I EGV.

7 Art. 9 des bisherigen EUV enthält Vorschriften zur Änderung des Vertrags über die Gründung der Europäischen Gemeinschaft für Kohle und Stahl. Der EGKS-Vertrag trat am 23.7.2002 außer Kraft. Art. 9 wird aufgehoben und unter seiner Nummer wird eine andere Bestimmung eingefügt.

Bisherige Nummerierung des Vertrags über die Europäische Union	Neue Nummerierung des Vertrags über die Europäische Union
	Art. 14[8]
	Art. 15[9]
	Art. 16[10]
	Art. 17[11]
	Art. 18
	Art. 19[12]
TITEL IV – BESTIMMUNGEN ZUR ÄNDERUNG DES VERTRAGS ZUR GRÜNDUNG DER EAG	TITEL IV – BESTIMMUNGEN ÜBER EINE VERSTÄRKTE ZUSAMMENARBEIT
Art. 10 (aufgehoben)[13] *Art. 27a–27e (ersetzt)* *Art. 40–40b (ersetzt)* *Art. 43–45 (ersetzt)*	Art. 20[14]
TITEL V – BESTIMMUNGEN ÜBER DIE GEMEINSAME AUSSEN- UND SICHERHEITSPOLITIK	TITEL V – ALLGEMEINE BESTIMMUNGEN ÜBER DAS AUSWÄRTIGE HANDELN DER UNION UND BESONDERE BESTIMMUNGEN ÜBER DIE GEMEINSAME AUSSEN- UND SICHERHEITSPOLITIK
	Kapitel 1 – Allgemeine Bestimmungen über das auswärtige Handeln der Union
	Art. 21
	Art. 22
	Kapitel 2 – Besondere Bestimmungen über die Gemeinsame Außen- und Sicherheitspolitik
	Abschnitt 1 – Gemeinsame Bestimmungen
	Art. 23
Art. 11	Art. 24
Art. 12	Art. 25
Art. 13	Art. 26

---

8 – Die Abs. 1 und 2 ersetzen im Wesentlichen Art. 189 EGV.
  – Die Abs. 1–3 ersetzen im Wesentlichen Art. 190 I–III EGV.
  – Abs. 1 ersetzt im Wesentlichen Artikel 192 I EGV.
  – Abs. 4 ersetzt im Wesentlichen Artikel 197 I EGV.
9 Ersetzt im Wesentlichen Art. 4 des bisherigen EUV.
10 – Abs. 1 ersetzt im Wesentlichen Artikel 202 erster und zweiter Gedankenstrich EGV.
  – Die Abs. 2 und 9 ersetzen im Wesentlichen Art. 203 EGV.
  – Die Abs. 4 und 5 ersetzen im Wesentlichen Art. 205 II und 4 EGV.
11 – Abs. 1 ersetzt im Wesentlichen Art. 211 EGV.
  – Die Abs. 3 und 7 ersetzen im Wesentlichen Art. 214 EGV.
  – Abs. 6 ersetzt im Wesentlichen Art. 217 I, III und IV EGV.
12 – Ersetzt im Wesentlichen Art. 220 EGV.
  – Abs. 2 UAbs. 1 ersetzt im Wesentlichen Art. 221 I EGV.
13 Art. 10 des bisherigen EUV enthielt Vorschriften zur Änderung des Vertrags zur Gründung der Europäischen Atomgemeinschaft. Die in diesem Art. enthaltenen Änderungen wurden in den Euratom-Vertrag eingefügt und Art. 10 wird aufgehoben. Unter seiner Nummer wird eine andere Bestimmung eingefügt.
14 Ersetzt auch die Art. 11 und 11a EGV.

Bisherige Nummerierung des Vertrags über die Europäische Union	Neue Nummerierung des Vertrags über die Europäische Union
	Art. 27
Art. 14	Art. 28
Art. 15	Art. 29
Art. 22 (umgestellt)	Art. 30
Art. 23 (umgestellt)	Art. 31
Art. 16	Art. 32
Art. 17 (umgestellt)	*Art. 42*
Art. 18	Art. 33
Art. 19	Art. 34
Art. 20	Art. 35
Art. 21	Art. 36
Art. 22 (umgestellt)	*Art. 30*
Art. 23 (umgestellt)	*Art. 31*
Art. 24	Art. 37
Art. 25	Art. 38
	Art. 39
Art. 47 (umgestellt)	Art. 40
Art. 26 (aufgehoben)	
Art. 27 (aufgehoben)	
Art. 27 a (ersetzt)[15]	*Art. 20*
Art. 27 b (ersetzt)[1]	*Art. 20*
Art. 27 c (ersetzt)[1]	*Art. 20*
Art. 27 d (ersetzt)[1]	*Art. 20*
Art. 27 e (ersetzt)[1]	*Art. 20*
Art. 28	Art. 41
	Abschnitt 2 – Bestimmungen über die gemeinsame Sicherheits- und Verteidigungspolitik
Art. 17 (umgestellt)	Art. 42
	Art. 43
	Art. 44
	Art. 45
	Art. 46
TITEL VI – BESTIMMUNGEN ÜBER DIE POLIZEILICHE UND JUSTIZIELLE ZUSAMMENARBEIT IN STRAFSACHEN (aufgehoben)[16]	
Art. 29 (ersetzt)[17]	

15 Die Art. 27a–27e des bisherigen EUV über die Verstärkte Zusammenarbeit werden auch durch die Art. 326–334 AEUV ersetzt.

16 Die Bestimmungen des Titels VI des bisherigen EUV über die polizeiliche und justizielle Zusammenarbeit in Strafsachen werden ersetzt durch die Bestimmungen des Dritten Teils, Titel V, Kapitel 1, 4 und 5 AEUV.

17 Ersetzt durch Art. 67 AEUV.

Bisherige Nummerierung des Vertrags über die Europäische Union	Neue Nummerierung des Vertrags über die Europäische Union
Art. 30 (ersetzt)[18]	
Art. 31 (ersetzt)[19]	
Art. 32 (ersetzt)[20]	
Art. 33 (ersetzt)[21]	
Art. 34 (aufgehoben)	
Art. 35 (aufgehoben)	
Art. 36 (ersetzt)[22]	
Art. 37 (aufgehoben)	
Art. 38 (aufgehoben)	
Art. 39 (aufgehoben)	
Art. 40 (ersetzt)[23]	*Art. 20*
Art. 40a (ersetzt)[1]	*Art. 20*
Art. 40b (ersetzt)[1]	*Art. 20*
Art. 41 (aufgehoben)	
Art. 42 (aufgehoben)	
TITEL VII – BESTIMMUNGEN ÜBER EINE VERSTÄRKTE ZUSAMMENARBEIT (ersetzt)[24]	
Art. 43 (ersetzt)[2]	*Art. 20*
Art. 43a (ersetzt)[2]	*Art. 20*
Art. 43b (ersetzt)[2]	*Art. 20*
Art. 44 (ersetzt)[2]	*Art. 20*
Art. 44a (ersetzt)[2]	*Art. 20*
Art. 45 (ersetzt)[2]	*Art. 20*
TITEL VIII – SCHLUSSBESTIMMUNGEN	TITEL VI – SCHLUSSBESTIMMUNGEN
Art. 46 (aufgehoben)	
	Art. 47
Art. 47 (ersetzt)	*Art. 40*
Art. 48	Art. 48
Art. 49	Art. 49
	Art. 50
	Art. 51
	Art. 52

18 Ersetzt durch die Art. 87 und 88 AEUV.
19 Ersetzt durch die Art. 82, 83 und 85 AEUV.
20 Ersetzt durch Art. 89 AEUV.
21 Ersetzt durch Art. 72 AEUV.
22 Ersetzt durch Art. 71 AEUV.
23 Die Art. 40–40b des bisherigen EUV über die Verstärkte Zusammenarbeit werden auch durch die Art. 326–334 AEUV ersetzt.
24 Die Art. 43–45 und Titel VII des bisherigen EUV über die Verstärkte Zusammenarbeit werden auch durch die Art. 326–334 AEUV ersetzt.

Bisherige Nummerierung des Vertrags über die Europäische Union	Neue Nummerierung des Vertrags über die Europäische Union
Art. 50 (aufgehoben)	
Art. 51	Art. 53
Art. 52	Art. 54
Art. 53	Art. 55

B. Vertrag über die Arbeitsweise der Europäischen Union

Bisherige Nummerierung des Vertrags zur Gründung der Europäischen Gemeinschaft	Neue Nummerierung des Vertrags über die Arbeitsweise der Europäischen Union
ERSTER TEIL – GRUNDSÄTZE	ERSTER TEIL – GRUNDSÄTZE
Art. 1 (aufgehoben)	
	Art. 1
Art. 2 (aufgehoben)[25]	
	Titel I – Arten und Bereiche der Zuständigkeit der Union
	Art. 2
	Art. 3
	Art. 4
	Art. 5
	Art. 6
	Titel II – Allgemein geltende Bestimmungen
	Art. 7
Art. 3 I (aufgehoben)[26]	
Art. 3 II	Art. 8
Art. 4 (umgestellt)	*Art. 119*
Art. 5 (ersetzt)[27]	
	Art. 9
	Art. 10
Art. 6	Art. 11
Art. 153 II (umgestellt)	Art. 12
	Art. 13[28]
Art. 7 (aufgehoben)[29]	
Art. 8 (aufgehoben)[30]	
Art. 9 (aufgehoben)	
Art. 10 (aufgehoben)[31]	

---

25 Im Wesentlichen ersetzt durch Art. 3 EUV.
26 Im Wesentlichen ersetzt durch die Art. 3–6 AEUV.
27 Ersetzt durch Art. 5 EUV.
28 Übernahme des verfügenden Teils des Protokolls über das Wohlergehen der Tiere.
29 Im Wesentlichen ersetzt durch Art. 13 EUV.
30 Im Wesentlichen ersetzt durch Art. 13 EUV und Art. 282 I AEUV.
31 Im Wesentlichen ersetzt durch Art. 4 III EUV.

Bisherige Nummerierung des Vertrags zur Gründung der Europäischen Gemeinschaft	Neue Nummerierung des Vertrags über die Arbeitsweise der Europäischen Union
Art. 11 (ersetzt)[32]	*Art. 326–334*
Art. 11 a (ersetzt)[1]	*Art. 326–334*
Art. 12 (umgestellt)	*Art. 18*
Art. 13 (umgestellt)	*Art. 19*
Art. 14 (umgestellt)	*Art. 26*
Art. 15 (umgestellt)	*Art. 27*
Art. 16	Art. 14
Art. 255 (umgestellt)	Art. 15
Art. 286 (ersetzt)	Art. 16
	Art. 17
ZWEITER TEIL – DIE UNIONS-BÜRGER-SCHAFT	ZWEITER TEIL – NICHTDISKRIMINIE-RUNG UND UNIONSBÜRGERSCHAFT
Art. 12 (umgestellt)	Art. 18
Art. 13 (umgestellt)	Art. 19
Art. 17	Art. 20
Art. 18	Art. 21
Art. 19	Art. 22
Art. 20	Art. 23
Art. 21	Art. 24
Art. 22	Art. 25
DRITTER TEIL – DIE POLITIKEN DER GE-MEINSCHAFT	DRITTER TEIL – DIE INTERNEN POLITIKEN UND MASSNAHMEN DER UNION
	Titel I – Der Binnenmarkt
Art. 14 (umgestellt)	Art. 26
Art. 15 (umgestellt)	Art. 27
Titel I – Der freie Warenverkehr	Titel II – Der freie Warenverkehr
Art. 23	Art. 28
Art. 24	Art. 29
Kapitel 1 – Die Zollunion	Kapitel 1 – Die Zollunion
Art. 25	Art. 30
Art. 26	Art. 31
Art. 27	Art. 32
Dritter Teil Titel X, Zusammenarbeit im Zollwesen (umgestellt)	Kapitel 2 – Die Zusammenarbeit im Zollwesen
Art. 135 (umgestellt)	Art. 33
Kapitel 2 – Verbot von mengenmäßigen Beschränkungen zwischen den Mitgliedstaaten	Kapitel 3 – Verbot von mengenmäßigen Beschränkungen zwischen den Mitgliedstaaten
Art. 28	Art. 34
Art. 29	Art. 35

---

32 Auch ersetzt durch Art. 20 EUV.

Bisherige Nummerierung des Vertrags zur Gründung der Europäischen Gemeinschaft	Neue Nummerierung des Vertrags über die Arbeitsweise der Europäischen Union
Art. 30	Art. 36
Art. 31	Art. 37
Titel II – Die Landwirtschaft	Titel III – Die Landwirtschaft und die Fischerei
Art. 32	Art. 38
Art. 33	Art. 39
Art. 34	Art. 40
Art. 35	Art. 41
Art. 36	Art. 42
Art. 37	Art. 43
Art. 38	Art. 44
Titel III – Die Freizügigkeit, der freie Dienstleistungs- und Kapitalverkehr	Titel IV – Die Freizügigkeit, der freie Dienstleistungs- und Kapitalverkehr
Kapitel 1 – Die Arbeitskräfte	Kapitel 1 – Die Arbeitskräfte
Art. 39	Art. 45
Art. 40	Art. 46
Art. 41	Art. 47
Art. 42	Art. 48
Kapitel 2 – Das Niederlassungsrecht	Kapitel 2 – Das Niederlassungsrecht
Art. 43	Art. 49
Art. 44	Art. 50
Art. 45	Art. 51
Art. 46	Art. 52
Art. 47	Art. 53
Art. 48	Art. 54
Art. 294 (umgestellt)	Art. 55
Kapitel 3 – Dienstleistungen	Kapitel 3 – Dienstleistungen
Art. 49	Art. 56
Art. 50	Art. 57
Art. 51	Art. 58
Art. 52	Art. 59
Art. 53	Art. 60
Art. 54	Art. 61
Art. 55	Art. 62
Kapitel 4 – Der Kapital- und Zahlungsverkehr	Kapitel 4 – Der Kapital- und Zahlungsverkehr
Art. 56	Art. 63
Art. 57	Art. 64
Art. 58	Art. 65
Art. 59	Art. 66
Art. 60 (umgestellt)	*Art. 75*

Bisherige Nummerierung des Vertrags zur Gründung der Europäischen Gemeinschaft	Neue Nummerierung des Vertrags über die Arbeitsweise der Europäischen Union
Titel IV – Visa, Asyl, Einwanderung und andere Politiken betreffend den freien Personenverkehr	Titel V – Der Raum der Freiheit, der Sicherheit und des Rechts
	Kapitel 1 – Allgemeine Bestimmungen
Art. 61	Art. 67[33]
	Art. 68
	Art. 69
	Art. 70
	Art. 71[34]
Art. 64 I (ersetzt)	Art. 72[35]
	Art. 73
Art. 66 (ersetzt)	Art. 74
Art. 60 (umgestellt)	Art. 75
	Art. 76
	Kapitel 2 – Politik im Bereich Grenzkontrollen, Asyl und Einwanderung
Art. 62	Art. 77
Art. 63 Nr. 1 und 2 und Art. 64 II[36]	Art. 78
Art. 63 Nr. 3 und 4	Art. 79
	Art. 80
Art. 64 I (ersetzt)	*Art. 72*
	Kapitel 3 – Justizielle Zusammenarbeit in Zivilsachen
Art. 65	Art. 81
Art. 66 (ersetzt)	*Art. 74*
Art. 67 (aufgehoben)	
Art. 68 (aufgehoben)	
Art. 69 (aufgehoben)	
	Kapitel 4 – Justizielle Zusammenarbeit in Strafsachen
	Art. 82[37]
	Art. 83[2]
	Art. 84
	Art. 85
	Art. 86

---

33 Ersetzt auch Art. 29 des bisherigen EUV.
34 Ersetzt auch Art. 36 des bisherigen EUV.
35 Ersetzt auch Art. 33 des bisherigen EUV.
36 Art. 63 Nummern 1 und 2 EGV wird durch Art. 78 I und II AEUV und Art. 64 II wird durch Art. 78 III AEUV ersetzt.
37 Ersetzt auch Art. 31 des bisherigen EUV.

Bisherige Nummerierung des Vertrags zur Gründung der Europäischen Gemeinschaft	Neue Nummerierung des Vertrags über die Arbeitsweise der Europäischen Union
	Kapitel 5 – Polizeiliche Zusammenarbeit
	Art. 87[38]
	Art. 88[3]
	Art. 89[39]
Titel V – Der Verkehr	Titel VI – Der Verkehr
Art. 70	Art. 90
Art. 71	Art. 91
Art. 72	Art. 92
Art. 73	Art. 93
Art. 74	Art. 94
Art. 75	Art. 95
Art. 76	Art. 96
Art. 77	Art. 97
Art. 78	Art. 98
Art. 79	Art. 99
Art. 80	Art. 100
Titel VI – Gemeinsame Regeln betreffend Wettbewerb, Steuerfragen und Angleichung der Rechtsvorschriften	Titel VII – Gemeinsame Regeln betreffend Wettbewerb, Steuerfragen und Angleichung der Rechtsvorschriften
Kapitel 1 – Wettbewerbsregeln	Kapitel 1 – Wettbewerbsregeln
Abschnitt 1 – Vorschriften für Unternehmen	Abschnitt 1 – Vorschriften für Unternehmen
Art. 81	Art. 101
Art. 82	Art. 102
Art. 83	Art. 103
Art. 84	Art. 104
Art. 85	Art. 105
Art. 86	Art. 106
Abschnitt 2 – Staatliche Beihilfen	Abschnitt 2 – Staatliche Beihilfen
Art. 87	Art. 107
Art. 88	Art. 108
Art. 89	Art. 109
Kapitel 2 – Steuerliche Vorschriften	Kapitel 2 – Steuerliche Vorschriften
Art. 90	Art. 110
Art. 91	Art. 111
Art. 92	Art. 112
Art. 93	Art. 113
Kapitel 3 – Angleichung der Rechtsvorschriften	Kapitel 3 – Angleichung der Rechtsvorschriften
Art. 95 (umgestellt)	Art. 114
Art. 94 (umgestellt)	Art. 115

38 Ersetzt auch Art. 30 des bisherigen EUV.
39 Ersetzt auch Art. 32 des bisherigen EUV.

Bisherige Nummerierung des Vertrags zur Gründung der Europäischen Gemeinschaft	Neue Nummerierung des Vertrags über die Arbeitsweise der Europäischen Union
Art. 96	Art. 116
Art. 97	Art. 117
	Art. 118
Titel VII – Die Wirtschafts- und Währungspolitik	Titel VIII – Die Wirtschafts- und Währungspolitik
Art. 4 (umgestellt)	Art. 119
Kapitel 1 – Die Wirtschaftspolitik	Kapitel 1 – Die Wirtschaftspolitik
Art. 98	Art. 120
Art. 99	Art. 121
Art. 100	Art. 122
Art. 101	Art. 123
Art. 102	Art. 124
Art. 103	Art. 125
Art. 104	Art. 126
Kapitel 2 – Die Währungspolitik	Kapitel 2 – Die Währungspolitik
Art. 105	Art. 127
Art. 106	Art. 128
Art. 107	Art. 129
Art. 108	Art. 130
Art. 109	Art. 131
Art. 110	Art. 132
Art. 111 I–III und IV (umgestellt)	*Art. 219*
Art. 111 IV (umgestellt)	*Art. 138*
	Art. 133
Kapitel 3 – Institutionelle Bestimmungen	Kapitel 3 – Institutionelle Bestimmungen
Art. 112 (umgestellt)	*Art. 283*
Art. 113 (umgestellt)	*Art. 284*
Art. 114	Art. 134
Art. 115	Art. 135
	Kapitel 4 – Besondere Bestimmungen für die Mitgliedstaaten, deren Währung der Euro ist
	Art. 136
	Art. 137
Art. 111 IV (umgestellt)	Art. 138
Kapitel 4 – Übergangsbestimmungen	Kapitel 5 – Übergangsbestimmungen
Art. 116 (aufgehoben)	
	Art. 139
Art. 117 I, II sechster Gedankenstrich und III–IX (aufgehoben)	
Art. 117 II erste fünf Gedankenstriche (umgestellt)	*Art. 141 II*

Bisherige Nummerierung des Vertrags zur Gründung der Europäischen Gemeinschaft	Neue Nummerierung des Vertrags über die Arbeitsweise der Europäischen Union
Art. 121 I (umgestellt) *Art. 122 II 2 (umgestellt)* *Art. 123 V (umgestellt)*	Art. 140[40]
Art. 118 (aufgehoben)	
Art. 123 III (umgestellt) *Art. 117 II erste fünf Gedankenstriche (umgestellt)*	Art. 141[41]
Art. 124 I (umgestellt)	Art. 142
Art. 119	Art. 143
Art. 120	Art. 144
Art. 121 I (umgestellt)	*Art. 140 I*
Art. 121 II–IV (aufgehoben)	
Art. 122 I, II 1, III–VI (aufgehoben)	
Art. 122 II 2 (umgestellt)	*Art. 140 II UAbs. 1*
Art. 123 I, II und IV (aufgehoben)	
Art. 123 III (umgestellt)	*Art. 141 I*
Art. 123 V (umgestellt)	*Art. 140 III*
Art. 124 I (umgestellt)	*Art. 142*
Art. 124 II (aufgehoben)	
Titel VIII – Beschäftigung	Titel IX – Beschäftigung
Art. 125	Art. 145
Art. 126	Art. 146
Art. 127	Art. 147
Art. 128	Art. 148
Art. 129	Art. 149
Art. 130	Art. 150
Titel IX – Gemeinsame Handelspolitik (umgestellt)	*Fünfter Teil Titel II – Gemeinsame Handelspolitik*
Art. 131 (umgestellt)	*Art. 206*
Art. 132 (aufgehoben)	
Art. 133 (umgestellt)	*Art. 207*
Art. 134 (aufgehoben)	
Titel X – Zusammenarbeit im Zollwesen (umgestellt)	*Dritter Teil Titel II Kapitel 2 – Zusammenarbeit im Zollwesen*
Art. 135 (umgestellt)	*Art. 33*

---

40 Art. 140 I übernimmt den Wortlaut des Art. 121.
    Art. 140 II übernimmt den Wortlaut des Art. 122 II 2.
    Art. 140 III übernimmt den Wortlaut des Art. 123 V.
41 Art. 141 I übernimmt den Wortlaut des Art. 123 III.
    Art. 141 II übernimmt den Wortlaut der fünf ersten Gedankenstriche des Art. 117.

Bisherige Nummerierung des Vertrags zur Gründung der Europäischen Gemeinschaft	Neue Nummerierung des Vertrags über die Arbeitsweise der Europäischen Union
Titel XI – Sozialpolitik, allgemeine und berufliche Bildung und Jugend	Titel X – Sozialpolitik
Kapitel 1 – Sozialvorschriften (aufgehoben)	
Art. 136	Art. 151
	Art. 152
Art. 137	Art. 153
Art. 138	Art. 154
Art. 139	Art. 155
Art. 140	Art. 156
Art. 141	Art. 157
Art. 142	Art. 158
Art. 143	Art. 159
Art. 144	Art. 160
Art. 145	Art. 161
Kapitel 2 – Der Europäische Sozialfonds	Titel XI – Der Europäische Sozialfonds
Art. 146	Art. 162
Art. 147	Art. 163
Art. 148	Art. 164
Kapitel 3 – Allgemeine und berufliche Bildung und Jugend	Titel XII – Allgemeine und berufliche Bildung, Jugend und Sport
Art. 149	Art. 165
Art. 150	Art. 166
Titel XII – Kultur	Titel XIII – Kultur
Art. 151	Art. 167
Titel XIII – Gesundheitswesen	Titel XIV – Gesundheitswesen
Art. 152	Art. 168
Titel XIV – Verbraucherschutz	Titel XV – Verbraucherschutz
Art. 153 I, III, IV und V	Art. 169
Art. 153 II (umgestellt)	*Art. 12*
Titel XV – Transeuropäische Netze	Titel XVI – Transeuropäische Netze
Art. 154	Art. 170
Art. 155	Art. 171
Art. 156	Art. 172
Titel XVI – Industrie	Titel XVII – Industrie
Art. 157	Art. 173
Titel XVII – Wirtschaftlicher und sozialer Zusammenhalt	Titel XVIII – Wirtschaftlicher, sozialer und territorialer Zusammenhalt
Art. 158	Art. 174
Art. 159	Art. 175
Art. 160	Art. 176
Art. 161	Art. 177

Bisherige Nummerierung des Vertrags zur Gründung der Europäischen Gemeinschaft	Neue Nummerierung des Vertrags über die Arbeitsweise der Europäischen Union
Art. 162	Art. 178
Titel XVIII – Forschung und technologische Entwicklung	Titel XIX – Forschung, technologische Entwicklung und Raumfahrt
Art. 163	Art. 179
Art. 164	Art. 180
Art. 165	Art. 181
Art. 166	Art. 182
Art. 167	Art. 183
Art. 168	Art. 184
Art. 169	Art. 185
Art. 170	Art. 186
Art. 171	Art. 187
Art. 172	Art. 188
	Art. 189
Art. 173	Art. 190
Titel XIX – Umwelt	Titel XX – Umwelt
Art. 174	Art. 191
Art. 175	Art. 192
Art. 176	Art. 193
	Titel XXI – Energie
	Art. 194
	Titel XXII –Tourismus
	Art. 195
	Titel XXIII –Katastrophenschutz
	Art. 196
	Titel XXIV –Verwaltungszusammenarbeit
	Art. 197
Titel XX – Entwicklungszusammenarbeit (umgestellt)	*Fünfter Teil Titel III Kapitel 1 – Entwicklungszusammenarbeit*
Art. 177 (umgestellt)	*Art. 208*
Art. 178 (aufgehoben)[42]	
Art. 179 (umgestellt)	*Art. 209*
Art. 180 (umgestellt)	*Art. 210*
Art. 181 (umgestellt)	*Art. 211*
Titel XXI – Wirtschaftliche, finanzielle und technische Zusammenarbeit mit Drittländern (umgestellt)	*Fünfter Teil Titel III, Kapitel 2 – Wirtschaftliche, finanzielle und technische Zusammenarbeit mit Drittländern*
Art. 181 a (umgestellt)	*Art. 212*

---

42 Im Wesentlichen ersetzt durch Art. 208 I UAbs. 2 S. 2 AEUV.

Bisherige Nummerierung des Vertrags zur Gründung der Europäischen Gemeinschaft	Neue Nummerierung des Vertrags über die Arbeitsweise der Europäischen Union
VIERTER TEIL – DIE ASSOZIIERUNG DER ÜBERSEEISCHEN LÄNDER UND HOHEITSGEBIETE	VIERTER TEIL – DIE ASSOZIIERUNG DER ÜBERSEEISCHEN LÄNDER UND HOHEITSGEBIETE
Art. 182	Art. 198
Art. 183	Art. 199
Art. 184	Art. 200
Art. 185	Art. 201
Art. 186	Art. 202
Art. 187	Art. 203
Art. 188	Art. 204
	FÜNFTER TEIL – DAS AUSWÄRTIGE HANDELN DER UNION
	Titel I – Allgemeine Bestimmungen über das auswärtige Handeln der Union
	Art. 205
Dritter Teil Titel IX – Gemeinsame Handelspolitik (umgestellt)	Titel II – Gemeinsame Handelspolitik
Art. 131 (umgestellt)	Art. 206
Art. 133 (umgestellt)	Art. 207
	Titel III – Zusammenarbeit mit Drittländern und humanitäre Hilfe
Dritter Teil Titel XX – Entwicklungszusammenarbeit (umgestellt)	Kapitel 1 – Entwicklungszusammenarbeit
Art. 177 (umgestellt)	Art. 208[43]
Art. 179 (umgestellt)	Art. 209
Art. 180 (umgestellt)	Art. 210
Art. 181 (umgestellt)	Art. 211
Dritter Teil, Titel XXI – Wirtschaftliche, finanzielle und technische Zusammenarbeit mit Drittländern (umgestellt)	Kapitel 2 – Wirtschaftliche, finanzielle und technische Zusammenarbeit mit Drittländern
Art. 181a (umgestellt)	Art. 212
	Art. 213
	Kapitel 3 – Humanitäre Hilfe
	Art. 214
	Titel IV – Restriktive Maßnahmen
Art. 301 (ersetzt)	Art. 215
	Titel V – Internationale Übereinkünfte
	Art. 216
Art. 310 (umgestellt)	Art. 217
Art. 300 (ersetzt)	Art. 218
Art. 111 I–III und V (umgestellt)	Art. 219

---

43 Abs. 1 UAbs. 2 S. 2 ersetzt im Wesentlichen Art. 178 EGV.

Bisherige Nummerierung des Vertrags zur Gründung der Europäischen Gemeinschaft	Neue Nummerierung des Vertrags über die Arbeitsweise der Europäischen Union
	Titel VI – Beziehungen der Union zu internationalen Organisationen und Drittländern sowie Delegationen der Union
Art. 302–304 (ersetzt)	Art. 220
	Art. 221
	Titel VII – Solidaritätsklausel
	Art. 222
FÜNFTER TEIL – DIE ORGANE DER GEMEINSCHAFT	SECHSTER TEIL – INSTITUTIONELLE BESTIMMUNGEN UND FINANZVORSCHRIFTEN
Titel I – Vorschriften über die Organe	Titel I – Vorschriften über die Organe
Kapitel 1 – Die Organe	Kapitel 1 – Die Organe
Abschnitt 1 – Das Europäische Parlament	Abschnitt 1 – Das Europäische Parlament
Art. 189 (aufgehoben)[44]	
Art. 190 I–III (aufgehoben)[45]	
Art. 190 IV, V	Art. 223
Art. 191 I (aufgehoben)[46]	
Art. 191 II	Art. 224
Art. 192 I (aufgehoben)[47]	
Art. 192 II	Art. 225
Art. 193	Art. 226
Art. 194	Art. 227
Art. 195	Art. 228
Art. 196	Art. 229
Art. 197 I (aufgehoben)[48]	
Art. 197 II, III und IV	Art. 230
Art. 198	Art. 231
Art. 199	Art. 232
Art. 200	Art. 233
Art. 201	Art. 234
	Abschnitt 2 – Der Europäische Rat
	Art. 235
	Art. 236
Abschnitt 2 – Der Rat	Abschnitt 3 – Der Rat
Art. 202 (aufgehoben)[49]	
Art. 203 (aufgehoben)[50]	

44 Im Wesentlichen ersetzt durch Art. 14 I und II EUV.
45 Im Wesentlichen ersetzt durch Art. 14 I–III EUV.
46 Im Wesentlichen ersetzt durch Art. 11 IV EUV.
47 Im Wesentlichen ersetzt durch Art. 14 I EUV.
48 Im Wesentlichen ersetzt durch Art. 14 IV EUV.
49 Im Wesentlichen ersetzt durch Art. 16 I EUV und die Art. 290 und 291 AEUV.
50 Im Wesentlichen ersetzt durch Art. 16 II und IX EUV.

Bisherige Nummerierung des Vertrags zur Gründung der Europäischen Gemeinschaft	Neue Nummerierung des Vertrags über die Arbeitsweise der Europäischen Union
Art. 204	Art. 237
Art. 205 II und IV (aufgehoben)[51]	
Art. 205 I und III	Art. 238
Art. 206	Art. 239
Art. 207	Art. 240
Art. 208	Art. 241
Art. 209	Art. 242
Art. 210	Art. 243
Abschnitt 3 – Die Kommission	Abschnitt 4 – Die Kommission
Art. 211 (aufgehoben)[52]	
	Art. 244
Art. 212 (umgestellt)	*Art. 249 II*
Art. 213	Art. 245
Art. 214 (aufgehoben)[53]	
Art. 215	Art. 246
Art. 216	Art. 247
Art. 217 I, III und IV (aufgehoben)[54]	
Art. 217 II	Art. 248
Art. 218 I (aufgehoben)[55]	
Art. 218 II	Art. 249
Art. 219	Art. 250
Abschnitt 4 – Der Gerichtshof	Abschnitt 5 – Der Gerichtshof der Europäischen Union
Art. 220 (aufgehoben)[56]	
Art. 221 I (aufgehoben)[57]	
Art. 221 II und III	Art. 251
Art. 222	Art. 252
Art. 223	Art. 253
Art. 224[58]	Art. 254
	Art. 255
Art. 225	Art. 256
Art. 225a	Art. 257
Art. 226	Art. 258
Art. 227	Art. 259

51 Im Wesentlichen ersetzt durch Art. 16 IV und V EUV.
52 Im Wesentlichen ersetzt durch Art. 17 I EUV.
53 Im Wesentlichen ersetzt durch Art. 17 III und VII EUV.
54 Im Wesentlichen ersetzt durch Art. 17 VI EUV.
55 Im Wesentlichen ersetzt durch Art. 295 AEUV.
56 Im Wesentlichen ersetzt durch Art. 19 EUV.
57 Im Wesentlichen ersetzt durch Art. 19 II UAbs. 1 EUV.
58 Abs. 1 S. 1 wird im Wesentlichen ersetzt durch Art. 19 II UAbs. 2 EUV.

Bisherige Nummerierung des Vertrags zur Gründung der Europäischen Gemeinschaft	Neue Nummerierung des Vertrags über die Arbeitsweise der Europäischen Union
Art. 228	Art. 260
Art. 229	Art. 261
Art. 229a	Art. 262
Art. 230	Art. 263
Art. 231	Art. 264
Art. 232	Art. 265
Art. 233	Art. 266
Art. 234	Art. 267
Art. 235	Art. 268
	Art. 269
Art. 236	Art. 270
Art. 237	Art. 271
Art. 238	Art. 272
Art. 239	Art. 273
Art. 240	Art. 274
	Art. 275
	Art. 276
Art. 241	Art. 277
Art. 242	Art. 278
Art. 243	Art. 279
Art. 244	Art. 280
Art. 245	Art. 281
	Abschnitt 6 – Die Europäische Zentralbank
	Art. 282
Art. 112 (umgestellt)	Art. 283
Art. 113 (umgestellt)	Art. 284
Abschnitt 5 – Der Rechnungshof	Abschnitt 7 – Der Rechnungshof
Art. 246	Art. 285
Art. 247	Art. 286
Art. 248	Art. 287
Kapitel 2 – Gemeinsame Vorschriften für mehrere Organe	Kapitel 2 – Rechtsakte der Union, Annahmeverfahren und sonstige Vorschriften
	Abschnitt 1 – Die Rechtsakte der Union
Art. 249	Art. 288
	Art. 289
	Art. 290[59]
	Art. 291[1]
	Art. 292

---

59 Ersetzt im Wesentlichen den Art. 202 dritter Gedankenstrich EGV.

Bisherige Nummerierung des Vertrags zur Gründung der Europäischen Gemeinschaft	Neue Nummerierung des Vertrags über die Arbeitsweise der Europäischen Union
	Abschnitt 2 – Annahmeverfahren und sonstige Vorschriften
Art. 250	Art. 293
Art. 251	Art. 294
Art. 252 (aufgehoben)	
	Art. 295
Art. 253	Art. 296
Art. 254	Art. 297
	Art. 298
Art. 255 (umgestellt)	*Art. 15*
Art. 256	Art. 299
	Kapitel 3 – Die beratenden Einrichtungen der Union
	Art. 300
Kapitel 3 – Der Wirtschafts- und Sozialausschuss	Abschnitt 1 – Der Wirtschafts- und Sozialausschuss
Art. 257 (aufgehoben)[60]	
Art. 258 I, II und IV	Art. 301
Art. 258 III (aufgehoben)[61]	
Art. 259	Art. 302
Art. 260	Art. 303
Art. 261 (aufgehoben)	
Art. 262	Art. 304
Kapitel 4 – Der Ausschuss der Regionen	Abschnitt 2 – Der Ausschuss der Regionen
Art. 263 I und V (aufgehoben)[62]	
Art. 263 II-IV	Art. 305
Art. 264	Art. 306
Art. 265	Art. 307
Kapitel 5 – Die Europäische Investitionsbank	Kapitel 4 – Die Europäische Investitionsbank
Art. 266	Art. 308
Art. 267	Art. 309
Titel II – Finanzvorschriften	Titel II – Finanzvorschriften
Art. 268	Art. 310
	Kapitel 1 – Die Eigenmittel der Union
Art. 269	Art. 311
Art. 270 (aufgehoben)[63]	

---

60 Im Wesentlichen ersetzt durch Art. 300 II AEUV.
61 Im Wesentlichen ersetzt durch Art. 300 IV AEUV.
62 Im Wesentlichen ersetzt durch Art. 300 I und IV AEUV.
63 Im Wesentlichen ersetzt durch Art. 310 IV AEUV.

Bisherige Nummerierung des Vertrags zur Gründung der Europäischen Gemeinschaft	Neue Nummerierung des Vertrags über die Arbeitsweise der Europäischen Union
	Kapitel 2 – Der mehrjährige Finanzrahmen
	Art. 312
	Kapitel 3 – Der Jahreshaushaltsplan der Union
Art. 272 I (umgestellt)	Art. 313
Art. 271 (umgestellt)	*Art. 316*
Art. 272 I (umgestellt)	*Art. 313*
Art. 272 II–X	Art. 314
Art. 273	Art. 315
Art. 271 (umgestellt)	Art. 316
	Kapitel 4 – Ausführung des Haushaltsplans und Entlastung
Art. 274	Art. 317
Art. 275	Art. 318
Art. 276	Art. 319
	Kapitel 5 – Gemeinsame Bestimmungen
Art. 277	Art. 320
Art. 278	Art. 321
Art. 279	Art. 322
	Art. 323
	Art. 324
	Kapitel 6 – Betrugsbekämpfung
Art. 280	Art. 325
	Titel III – Verstärkte Zusammenarbeit
Art. 11 und 11a (ersetzt)	Art. 326[64]
Art. 11 und 11a (ersetzt)	Art. 327[1]
Art. 11 und 11a (ersetzt)	Art. 328[1]
Art. 11 und 11a (ersetzt)	Art. 329[1]
Art. 11 und 11a (ersetzt)	Art. 330[1]
Art. 11 und 11a (ersetzt)	Art. 331[1]
Art. 11 und 11a (ersetzt)	Art. 332[1]
Art. 11 und 11a (ersetzt)	Art. 333[1]
Art. 11 und 11a (ersetzt)	Art. 334[1]
SECHSTER TEIL – ALLGEMEINE UND SCHLUSSBESTIMMUNGEN	SIEBTER TEIL – ALLGEMEINE UND SCHLUSSBESTIMMUNGEN
Art. 281 (aufgehoben)[65]	
Art. 282	Art. 335
Art. 283	Art. 336
Art. 284	Art. 337

64 Ersetzt auch die Artikel 27a–27e, 40–40b und 43–45 des bisherigen EUV.
65 Im Wesentlichen ersetzt durch Art. 47 EUV.

Bisherige Nummerierung des Vertrags zur Gründung der Europäischen Gemeinschaft	Neue Nummerierung des Vertrags über die Arbeitsweise der Europäischen Union
Art. 285	Art. 338
Art. 286 (ersetzt)	*Art. 16*
Art. 287	Art. 339
Art. 288	Art. 340
Art. 289	Art. 341
Art. 290	Art. 342
Art. 291	Art. 343
Art. 292	Art. 344
Art. 293 (aufgehoben)	
Art. 294 (umgestellt)	*Art. 55*
Art. 295	Art. 345
Art. 296	Art. 346
Art. 297	Art. 347
Art. 298	Art. 348
Art. 299 I (aufgehoben)[66]	
Art. 299 II UAbs. 2, 3 und 4	Art. 349
Art. 299 II UAbs. 1 und III–VI (umgestellt)	*Art. 355*
Art. 300 (ersetzt)	*Art. 218*
Art. 301 (ersetzt)	*Art. 215*
Art. 302 (ersetzt)	*Art. 220*
Art. 303 (ersetzt)	*Art. 220*
Art. 304 (ersetzt)	*Art. 220*
Art. 305 (aufgehoben)	
Art. 306	Art. 350
Art. 307	Art. 351
Art. 308	Art. 352
	Art. 353
Art. 309	Art. 354
Art. 310 (umgestellt)	*Art. 217*
Art. 311 (aufgehoben)[67]	
Art. 299 II UAbs. 1 und III–VI (umgestellt)	Art. 355
Art. 312	Art. 356
Schlussbestimmungen	
Art. 313	Art. 357
	Art. 358
Art. 314 (aufgehoben)[68]	

---

66 Im Wesentlichen ersetzt durch Art. 52 EUV.
67 Im Wesentlichen ersetzt durch Art. 51 EUV.
68 Im Wesentlichen ersetzt durch Art. 55 EUV.

Ausgewählte EuGH-Entscheidungen*

		Rn.**
AETR	Rs. 22/70, Slg. 1971, 263	150 ff., 207, 211, 406
Alcan	Rs. C-24/95, Slg. 1997, I-1591	1113, 1115
Alfa Romeo	Rs. C-305/89, Slg. 1991, I-1603	1113
Atlanta Fruchthandels-gesellschaft I	Rs. C-465/93, Slg. 1995, I-3761	568
Altmark Trans	Rs. C-280/00, Slg. 2003, I-7747	1113, 1115, 1098
Bananenmarktordnung	Rs. C-280/93, Slg. 1994, I-4973	450, 1196
Bickel und Franz	Rs. C-274/96, Slg. 1998, I-7637	622
Bidar	Rs. C-209/03, EuZW 2005, 276	633, 777
Becker	Rs. 8/81, Slg. 1982, 53	392
Bosman	Rs. C-415/93, Slg. 1995, I-4921	639, 741, 748, 757, 823
Brasserie du Pêcheur	verb. Rs. C-46/93 und C-48/93, Slg. 1996, I-1029	583, 587 f., 592, 595, 600, 310
Bresciani	Rs. 87/75, Slg. 1976, 129	443
Cartesio	Rs. C-210/06, NZG 2009, 61	786
Carp	Rs. C-490/04, Slg. 2007, I-6095	395
Cassis de Dijon (= Rewe ./. Bundes-monopolverwaltung für Branntwein)	Rs. 120/78, Slg. 1979, 649	701 ff.
Centros	Rs. C-212/97, Slg. 1999, I-1459	784 f., 796
Concordia Bus Finland	Rs. C-513/99, Slg. 2002, I-7213	911, 1264
Consten-Grundig	verb. Rs. 56/64 und 58/64, Slg. 1966, 321	1007, 1012
Costa ./. ENEL	Rs. 6/64, Slg. 1964, 1251	99, 114, 414, 439, 457, 734
Dänische Pfandflaschen	Rs. 302/86, Slg. 1988, I-4607	711
Daily Mail	Rs. 81/87, Slg. 1988, 5483	785
Dassonville	Rs. 8/74, Slg. 1974, 837	676 ff.
Defrenne ./. Sabena	Rs. 43/75, Slg. 1976, 455	168, 1258
Delimitis	Rs. C-234/89, Slg. 1991, I-935	1007, 1012
Demirel	Rs. 12/86, Slg. 1987, 3719	136, 443, 1193
Dillenkofer	verb. Rs. C-178, 179, 188 und	391, 587
	189/94, Slg. 1996, I-4845	

* Aufgenommen wurden nur in der Amtlichen Sammlung abgedruckte Entscheidungen.
** Die Randnummer bezieht sich auch auf Urteile, die lediglich in dem entsprechenden Abschnitt in einer Fußnote genannt werden.

		Rn.**
DocMorris	Rs. C-322/01, Slg. 2003, I-14887	671, 688, 715, 718ff.
Douwe Egberts	Rs. C-239/02, Slg. 2004, I-7007	617, 629ff., 687
EWR-Gutachten	Gutachten 1/91, Slg. 1991, I-6079	371
Factortame I	Rs. C-213/89, Slg. 1990, I-2433	225
Factortame II	Rs. C-221/89, Slg. 1991, I-3905	781
Fédéchar	Rs. 8/55, Slg. 1956, 195	208
Fleischkontor	Rs. 39/70, Slg. 1971, 49	474
Foto Frost	Rs. 314/85, Slg. 1987, 4199	540
Francovich	verb. Rs. C-6/90 und C-9/90, Slg. 1991, I-5357	226, 310, 414, 583, 586ff., 816
Fratelli Costanzo	Rs. 103/88, Slg. 1989, 1839	392
Gebhard	Rs. C-55/94, Slg. 1995, I-4165	637, 779, 783, 794f.
Gemeinde Almelo	Rs. C-393/92, Slg. 1994, I-1477	535, 672
Grogan	Rs. 159/90, Slg. 1991, I-4685	812
Gutachten 2/94	Gutachten 2/94, Slg. 1996, I-1759	205, 654
Haegemann II	Rs. 181/73, Slg. 1974, 449	441
Hedley Lomas	Rs. C-5/94, Slg. 1996, I-2553	584, 592, 596
Hoffmann-La Roche	Rs. 85/76, Slg. 1979, 461	1034, 1036
Inter-Environnement Wallonie	Rs. C-129/96, Slg. 1997, I-7411	227, 392
International Fruit Company	verb. Rs. 21-24/72, Slg. 1972, 1219	438, 443, 450
Kalanke	Rs. C-450/93, Slg. 1995, I-3051	1258
Keck	verb. Rs. C-267 und C-268/91, Slg. 1993, I-6097	682ff.
Klopp	Rs. 107/83, Slg. 1984, 2971	784, 787
Köbler	Rs. C-224/01, Slg. 2003, I-10239	592, 597
Kohll	Rs. C-158/96, Slg. 1998, I-1931	827, 830
Kramer	verb. Rs. 3, 4 und 6/76, Slg. 1976, 1279	153, 438
Kreil	Rs. C-285/98, Slg. 2000, I-69	1258
Lawrie-Blum	Rs. 66/85, Slg. 1986, 2139	743, 748, 765
Les Verts	Rs. 294/83, Slg. 1986, 1339	431
L'Oréal	Rs. 31/80, Slg. 1980, 3775	1034
Lütticke	Rs. 57/65, Slg. 1966, 257	366
Lütticke/Kommission	Rs. 4/69, Slg. 1971, 325	574

		Rn.**
Mangold	Rs. C-144/04, Slg. 2005, I- 885	395
Milchkontor	Rs. C-5/89, Slg. 1990, I-3437	1101, 1114
Morgan	verb. Rs. C-11/06 und C-12/06, Slg. 2007, I-9161	777
Mulder	verb. Rs. C-104/89 und C-37/90, Slg. 1992, I-3061	577f.
Navas	Rs. C-13/05, Slg. 2006, I-6467	625
Open Skies	verb. Rs. C-466–469/98, 471–472/98, 475–476/98, Slg. 2002, I-9427	1270
Philip Morris	Rs. 370/79, Slg. 1980, 2671	1082f.
Preussen Elektra AG	Rs. C-379/98, Slg. 2001, I-2099	709, 1081
Pupino	Rs. C-105/03, Slg. 2005, I-5285	392, 466, 1154
Ratti	Rs. 148/78, Slg. 1979, 1629	392
Rewe ./. Hauptzollamt Kiel	Rs. 158/80, Slg. 1981, 1805	410
Reyners	Rs. 2/74, Slg. 1974, 631	698
Sacchi	Rs. 155/73, Slg. 1974, 409	673
Schmidberger	Rs. C-112/00, Slg. 2003, I -5659	591, 693f., 723
Schöppenstedt	Rs. 5/71, Slg. 1971, 975	574f., 577
Simmenthal	Rs. 35/76, Slg. 1976, 1871	720
Simmenthal II	Rs. 106/77, Slg. 1978, 629	463, 475
Skatteverket	Rs. 101/05, Slg. 2007, I-11531	871
Stadt Halle	Rs. C-26/03, Slg. 2005, I-1	914
Stauder	Rs. 29/69, Slg. 1969, 419	650
T. Port	Rs. C-68/95, Slg. 1996, I-6065	522
Tabakwerbeverbot	Rs. C-376/98, Slg. 2000, I-8419	178, 185, 561
Tabakwerbeverbot II	Rs. C-380/03, Slg. 2006, I-11573	612
Teckal	Rs. C-107/98, Slg. 1999, I-8121	914
Titandioxid	Rs. 300/89, Slg. 1991, I-2867	561
TK Heimdienst	Rs. C-254/98, Slg. 2000, I-151	618, 687
Torfaen Borough Council./.B & Q	Rs. C-145/88, Slg. 1989, 3851	685
Tschernobyl I	Rs. C-70/88, Slg. 1990, I-2041	339
Überseering	Rs. C-208/00, Slg. 2002, I-9912	785
United Brands	Rs. 27/76, Slg. 1978, 207	1034
van Binsbergen	Rs. 33/74, Slg. 1974, 1299	815, 828, 849
van Gend & Loos	Rs. 26/62, Slg. 1963, 1	414, 439

		Rn.**
von Colson und Kamann	Rs. 14/83, Slg. 1984, 1891	225, 1258
Walrave & Koch ./. Association Union Cycliste Viking	Rs. 36/74, Slg. 1974, 1405	759, 823
	Rs. C-438/05, EuZW 2008, 246	655, 789
Walt Wilhelm	Rs. 14/68, Slg. 1969, 1	1061
WTO/GATT-Gutachten	Gutachten 1/94, Slg. 1994, I-5267	148, 155
Zwartveld	Rs. C-2/88, Slg. 1990, I-3367	229

Sachregister

Die Zahlen bezeichnen die Randnummern.